鞍钢集团 ANSTEEL 本钢集团有限公司 BENSTEEL GROUP CORPORATION LIMITED

本钢年鉴

BENGANG NIANJIAN

2023

《本钢年鉴》编纂委员会　编

辽宁人民出版社

图书在版编目（CIP）数据

本钢年鉴 . 2023 /《本钢年鉴》编纂委员会编 . —
沈阳 : 辽宁人民出版社 , 2023.11
ISBN 978-7-205-10875-5

Ⅰ . ①本… Ⅱ . ①本… Ⅲ . ①本溪钢铁公司— 2023 —
年鉴 Ⅳ . ① F426.31-54

中国国家版本馆 CIP 数据核字 (2023) 第 187862 号

出版发行：辽宁人民出版社
地址：沈阳市和平区十一纬路 25 号　邮编：110003
电话：024-23284321（邮　购）024-23284324（发行部）
传真：024-23284191（发行部）024-23284304（办公室）
http://www.lnpph.com.cn
印　　刷：辽宁鼎籍数码科技有限公司
幅面尺寸：185mm × 260mm
印　　张：37.25
插　　页：16
字　　数：850 千字
出版时间：2023 年 11 月第 1 版
印刷时间：2023 年 11 月第 1 次印刷
责任编辑：张婷婷
封面设计：G-Design
版式设计：新华印务
责任校对：吴艳杰
书　　号：ISBN 978-7-205-10875-5
定　　价：188.00 元

《本钢年鉴》编纂委员会

《本钢年鉴》编辑人员

主　编　常　勇

副主编　董家胜　闫　猛　赵　伟

编　辑　辛　莉　刘　欣　全英实

编 辑 说 明

《本钢年鉴》（2023）是由本钢集团公司主办，本钢集团各部门、子公司、直属单位供稿，本钢集团人力资源服务中心组织编纂而成的本钢集团第 37 部年鉴，是系统记载 2022 年度本钢集团各个方面工作情况的资料性工具书，为读者了解、认识、研究本钢集团工作提供参考。

《本钢年鉴》（2023）设有图片、特载、大事记、概述、经营管理、综合管理、党群工作、钢铁主业、多元产业、改制企业、统计资料、人事与机构、人物与表彰、附录等 14 个栏目，栏目下设分目。主体内容以条目为记述的基本形式，条目标题用黑体字加方括号显示，部分条目下配有照片、图表。

本钢集团有限公司在本部年鉴中简称“本钢集团”“本钢”，其他子公司、直属单位用全称或规范简称。

本部年鉴采用的稿件、资料、数据均由本钢集团各部门、子公司、直属单位及所属单位提供并审核，除特别说明外，记载的时间跨度均为 2022 年 1 月 1 日至 2022 年 12 月 31 日，所引用的数字及资料均以 2022 年 12 月底为限。

本部年鉴编纂过程中，得到了各级领导及有关部门和单位的积极支持与协助，对此，我们深表感谢。为进一步提高编纂质量，诚盼读者指正。

《本钢年鉴》编辑部

2023 年 7 月

图　　片

2022 年 6 月 7 日，鞍钢集团党委书记、董事长谭成旭到本钢调研安全生产、改革工作

2022 年 2 月 18 日，鞍钢集团总经理戴志浩到本钢调研

2022 年 2 月 18 日，鞍钢集团党委副书记栗宝卿到本钢集团北营炼钢厂调研

2022 年 1 月 7 日，鞍钢集团党委常委、纪委书记、国家监委驻鞍钢监察专员闫立兵到本钢集团调研指导

2022 年 7 月 19 日，中钢协副会长一行到本钢调研

2022 年 7 月 5 日，辽宁省税务局党委书记、局长杨勇到本钢集团调研

2022 年 11 月 3 日，本溪市委书记吴澜率队到本钢视察供暖工作

2022 年 4 月 12 日，本钢集团与 KG 制铁举行 2022 年度 MOU 签约仪式（视频签约）

2022 年 9 月 20 日，本钢集团与冶金工业信息标准研究院签署战略合作协议

2022 年 11 月 24 日，本钢集团与中铁物资集团举行战略合作签约仪式

2022 年 1 月 16 日，建龙集团董事长、总裁张志祥一行来访本钢

2022 年 8 月 12 日，攀钢集团谢俊勇一行到本钢集团对标交流

2022 年 8 月 15 日，浦项中国董事长宋容三一行来访本钢

2022 年 2 月 17 日，本钢集团党委书记、董事长杨维会见中冶北方工程技术有限公司党委书记、董事长董涛一行

2022 年 3 月 2 日，本钢集团党委书记、董事长杨维会见中国恩菲工程技术有限公司客人

2022 年 8 月 23 日，本钢集团党委书记、董事长杨维走访北京福田戴姆勒汽车有限公司

2022 年 8 月 25 日，本钢集团党委书记、董事长杨维走访中国兵工物资集团有限公司

2022 年 3 月 6 日，本钢集团党委书记、董事长杨维率队赴攀钢集团考察交流

2022 年 8 月 10 日，本钢集团盛装亮相 2022 第十五届国际汽车轻量化大会暨展览会

2022 年 11 月 5 日，本钢集团参加第五届中国国际进口博览会

2022 年 8 月 4 日，2022 年度钢铁行业铁路运输专家委员会主任委员会议在本钢召开

2022 年 12 月 12 日，辽宁省钢铁产业产学研创新联盟年度工作会议在本钢隆重召开

2022 年 1 月 24 日，本溪市政府与本钢集团合作领导小组 2022 年组长会商会召开

2022 年 3 月 3 日，本溪市地方企业与本钢集团人才交流座谈会召开

2022 年 4 月 28 日，后湖公交车始发站举行“双本融合”公交项目启动仪式

2022 年 1 月 15 日，本钢集团“热轧抗氧化免涂层热成形钢 CF-PHS1500”实现全球首发

2022 年 9 月 26 日，恒达公司获批成为首批“物联网监管技术创新与应用试点单位”

2022 年 6 月 18 日，本钢集团举行总部回迁白楼揭牌仪式

2022 年 10 月 15 日，本钢举行“新鞍钢 新本钢 回眸元年再出发 美丽本钢接力赛”活动

2022 年 4 月 20 日，本钢集团“AAA”级景区花园式工厂建设正式启动

2022 年 4 月 22 日，本钢集团召开首席工程师聘任大会

2022 年 7 月 19 日，本钢浦项举行庆祝成立十八周年庆典

2022 年 9 月 25 日，本钢集团领导干部及专家上讲台三年行动计划正式启动

2022 年 10 月 20 日，本钢集团召开市场化改革典型案例交流会

2022 年 10 月 15 日，本钢板材特殊钢事业部电炉热负荷试车成功

2022 年 6 月 29 日，本钢集团北营焦化二区、三区焦炉大型化改造工程正式开工

2022 年 7 月 15 日，矿业公司南芬绿色选矿提效及智能化改造一期 EPC 总承包工程正式开工

2022 年 10 月 16 日，本钢集团认真组织收听收看党的二十大开幕会盛况

2022 年 12 月 15 日，本钢集团举行学习宣传贯彻党的二十大精神专题辅导暨专题宣讲报告会

2022 年 1 月 25 日，本钢集团召开党史学习教育总结会议

2022 年 12 月 25 日，中国共产党本钢集团有限公司第二次党员代表大会胜利召开

2022 年 10 月 20 日，本钢集团召开三季度党委书记、董事长联络员恳谈会

2022 年 11 月 19 日，本钢集团第二届"本钢好人"年度盛典隆重举行

2022 年 1 月 17 日，本钢集团有限公司一届十二次职工代表大会胜利召开

2022 年 3 月 5 日，本钢举行“跟着郭明义学雷锋”志愿服务活动启动暨郭明义爱心团队本钢分队成立仪式

2022 年 1 月 26 日，本钢集团举办“青创杯”首届青年创新大赛决赛暨优秀青年创新成果展示会

2022 年 7 月 7 日，本钢集团举行群众性创新创效攻关活动启动仪式

2022 年 5 月 14 日，本钢集团召开庆祝中国共产主义青年团成立 100 周年
暨 2022 年五四青年表彰座谈会

编辑　　董家胜
摄影　　田　峥

目　录

特　载

大事记

概　述

经营管理

规划投资管理

科技管理

管理创新

人力资源管理

财务管理

资本管理

审计管理

法律合规管理

生产质量管理

设备工程管理

安全环保管理

能源管理

营销管理

采购管理

招标管理

计量管理

信息化建设

企业文化建设

综合管理

办公室工作

行政管理工作

档案工作

保卫信访工作

离退休人员和退养（离岗）职工管理工作

党群工作

组织工作

宣传工作

纪检监察工作

统一战线工作

工会工作

共青团工作

人民武装工作

科协工作

机关党委工作

钢铁主业

本钢板材股份有限公司

技术中心

炼铁总厂

炼钢厂

热连轧厂

冷轧总厂

本钢浦项公司

特殊钢事业部

铁运公司

能源管控中心

板材废钢厂

质检计量中心

储运中心

辽阳球团公司

不锈钢丹东公司

资源再生公司

物流中心

能源管控中心

质检计量中心

设备维护检修中心

生活服务中心

本溪钢铁（集团）矿业有限责任公司

南芬露天铁矿

歪头山铁矿

南芬选矿厂

石灰石矿

辽阳贾家堡铁矿有限责任公司

北台铁矿

炸药厂

储运中心

多元产业

本钢集团国际经济贸易有限公司

本钢板材股份有限公司采购中心

辽宁恒基资产经营管理有限公司

辽宁容大投资有限公司

机械制造有限责任公司

设备维护检修中心

设备工程有限公司

建设有限责任公司

辽宁恒通冶金装备制造有限公司

辽宁恒泰重机有限公司

信息自动化有限责任公司

实业发展有限责任公司

辽宁冶金职业技术学院

房地产开发有限责任公司

热力开发有限责任公司

北台钢铁（集团）有限责任公司

改制企业

本钢耐火材料有限责任公司

本钢汽车运输有限责任公司

本钢电气有限责任公司

本钢设计研究院有限责任公司

统计资料

人事与机构

人物与表彰

先进人物

荣誉表彰

科技奖项与专利

附　录

索　引

本钢年鉴 2023

鞍钢集团 ANSTEEL 本钢集团有限公司 BENSTEEL GROUP CORPORATION LIMITED

特　　载

以党的二十大精神为指引 打造重组改革示范和市场化经营标杆 为建设新时代基业长青新本钢而团结奋斗

——在中共本钢集团有限公司第二次党员代表大会上的报告

（2022 年 12 月 25 日）

杨 维

同志们：

现在，我代表中共本钢集团有限公司第一届委员会向大会作报告。

中共本钢集团有限公司第二次党员代表大会，是在鞍本重组取得圆满成功，深度整合融合和市场化改革加速推进，集团上下掀起全面贯彻落实党的二十大精神热潮的关键历史时刻，召开的一次十分重要的大会。

大会的主题是：以习近平新时代中国特色社会主义思想为行动指南，全面贯彻落实党的二十大精神，锚定打造重组改革示范和市场化经营标杆，解放思想、锐意进取，凝心聚力、勇毅前行，为建设新时代基业长青新本钢而团结奋斗。

一、首次党代会以来的工作总结和回顾

过去的七年，是本钢在改革发展道路上奋勇前进、持续拼搏的七年，是我们面对经济发展进入新常态、供给侧结构调整、新冠疫情冲击等一系列深刻变化，经受住各种困难和风险考验，历经坎坷，扭亏为盈，成功走出困境的七年。

七年来，面对复杂多变的市场形势和钢铁行业绿色低碳、转型升级挑战，本钢旗帜鲜明讲政治，全面贯彻落实党的十八大、十九大及历次全会精神，坚持用习近平新时代中国特色社会主义思想武装头脑、指导实践、推动工作。认真落实习近平总书记关于东北、辽宁振兴发展的重要讲话和指示批示精神，全面贯彻辽宁省委省政府和鞍钢集团对本钢的各项工作要求，充分发挥党委领导作用，创造性地构建“5+1”工作格局，推进“1+4”重点任务，确立“1357”工作指导方针，强党建、抓改革、促发展，确保了上级各项决策部署在本钢全面落实落地，历史性地扭转了企业长期亏损的被动局面，谱写了新本钢改革发展事业新篇章。

——鞍本重组取得标志性成效。认真贯彻落实党中央和国务院国资委关于钢铁产业重组的决策部署，在辽宁省委省政府和鞍钢集团的统筹领导下，“六措并举”全力推动鞍本重组取得圆满成功。企业管理体系覆盖、一体化信息管控体系移植以及以战略为引领的资源协同持续深入，融入国资央企平台的新本钢管理更加规范、管控更加严格。以资本为纽带，多元股东、混合所有制共同参与的现代公司治理体系运转更加高效，资

产质量明显提升，长期困扰本钢发展的瓶颈问题得以彻底解决。2021年实现经营利润75.6亿元，创历史最好水平，2022年在行业下行周期的巨大压力下，预计年内可全面实现鞍钢集团下达的“双跑赢”目标，新本钢的发展韧性、竞争优势和抗风险能力日益凸显。职工对企业的信心和外界对本钢的良好预期显著增强，鞍本重组工作得到国务院领导、国务院国资委和辽宁省委省政府充分肯定，成为国企改革三年行动标志性案例，为全面开启本钢高质量发展新征程奠定了坚实基础。

——发展质量实现跨越式提升。围绕提升竞争优势、打造精品钢铁基地，聚焦供给侧结构调整和钢铁产业政策要求，实施了以产线调整、装备升级、绿色低碳、节能环保、资源储备为标志的系列工程，实现了企业经营布局优化和运营质量提升。建设板材特钢电炉、新五号高炉，实施北营炼钢一区升级改造等，推动了板材和北营主体装备进入行业先进水平；实施新建板材三冷轧、完善1700热轧等提质增效项目，产线结构更加合理，为产线专业化分工，高端产品、前沿产品开发提供了有力支撑；高级别镀锌产品、高强度热轧汽车结构用钢等逐步实现市场引领，2000MPa热冲压成形钢、热轧抗氧化免涂层热成形钢实现全球首发，“拳头产品”比例提升至22.8%；围绕节能环保，实施高炉、转炉、焦炉煤气回收，板材CCPP高效发电，炼焦、炼铁、炼钢脱硫脱硝除尘等工艺技术改造，开启“AAA”级花园式工厂建设，绿色低碳发展取得实效。七年来，吨钢综合能耗降低34kgce/t，降幅5.4%，二氧化硫、氮氧化物、COD排放分别降低79%、43%、91%；充分发挥自有矿山优势，提升资源保障能力，自有矿占比提高至37%；鞍本重组以来，持续强化资本运作，加大融资结构调整，压缩融资规模，资产负债率较重组前降低15.8%，融资成本持续大幅下降，财务费用同比降低约50%，企业运营质量显著提升。

——深化企业改革成绩斐然。深入贯彻习近平总书记关于国资国企改革发展的重要指示批示精神，抢抓国企改革三年行动有利契机，开启了本钢历史上最为系统、最深层次、最具开创意义的深刻变革，企业焕发出崭新生机与活力。中国特色现代企业制度日趋成熟，推动党的领导融入公司治理，厘清了党委常委会、董事会、总经理办公会决策边界，实现了子企业董事会应建尽建和外部董事占多数两个“100%”，各治理主体权责明确，运行规范高效。市场化改革取得阶段性成效，国企改革三年行动加速推进，43项改革任务全部完成。重构管控体系，以“小总部”带活“大产业”，总部编制压减41.2%、机构总量压减27%、主业板块管理人员占比降至9%以内，170项核心权限、286项具体业务逐级下放，形成了组织机构科学精干、管理链条精简高效的市场化管控体系。经营机制有效转换，全面实施管理人员任期制和契约化，加大授权放权力度，实现“双合同”管理；推行全员岗位绩效考核，建立起以效益为中心的模拟市场考核体系和以“双跑赢”为目标的经营者考核机制，不断完善“季度效益奖、摘牌制”等精准激励手段，形成薪酬收入与业绩贡献相匹配的绩效文化；全员劳动生产率27.7万元/人·年，提高579%；钢铁主业劳动生产率721吨/人·年，提高67.8%。加大亏损企业治理、参股企业退出和“两非”“两资”处置工作力度，亏损企业同比减少36户，降幅72%；亏损额减少12.5亿元，降幅54%，低效无效资产有序退出，完成了改革既定目标。

推动企业布局优化和结构调整，法人压减至3级，历史性地完成了厂办大集体改革、退休人员社会化管理及“三供一业”分离移交等工作。

——创新发展新动能持续释放。深入实施创新驱动发展战略，强化企业创新主体地位，科技水平和创新能力持续提升。“国家级技术中心”“先进汽车用钢工程实验室”等国家级研发平台稳步运行；板材公司晋升“国家知识产权优势企业”和“辽宁省高价值专利培育中心”；信息自动化公司入围国务院国资委“科改示范企业”，牵头组建了“辽宁省钢铁产业产学研创新联盟”，创新要素进一步集聚，创新体系有效完善。推行首席工程师制度改革，5批75人竞聘到首席工程师岗位，建立、畅通了工程技术人员职业发展通道，实施研发人员薪酬激励政策，大力推进技术研发基地建设，改善研发环境，提升研发能力，技术研发力量显著增强。研发投入强度提升至3.9%，先后承担了3项国家级课题、4项省级课题、1项鞍钢集团重大科技项目，专利拥有量提升至543件，七年来增长300%，创新能力显著提升。获省部级科技奖40项，相继荣获冶金科技一等奖和辽宁省科技一等奖，11项科技成果达到国际水平，累计69项300多个牌号和规格产品通过认证，科技创新已成为推动本钢高质量发展的重要动力源。

——高质量党建引领改革发展。有效发挥党建工作对生产经营和企业改革的引领作用。坚持党委理论学习中心组学习和“第一议题”制度，扎实开展“三严三实”专题教育、“两学一做”学习教育、“不忘初心、牢记使命”主题教育和党史学习教育，以庆祝建国70周年、建党百年等为契机，开展丰富多彩的系列主题活动，政治思想建设不断强化。修订完善党委工作制度，充分发挥党委“把方向、管大局、保落实”作用，大力推进党支部标准化规范化建设，9个基层党支部获评辽宁省党支部标准化规范化建设示范点。强化党员教育管理，实施“万名党员进党校”培训。广泛开展建功立业活动，推动党建工作与生产经营深度融合，持续发挥基层党组织的战斗堡垒和党员的先锋模范作用，组织优势不断彰显。调整和完善干部选拔和任用机制，大力发现培养使用高素质年轻干部，45周岁及以下年轻干部占比27.7%，成功举办MBA培训班、综合能力提升培训班，树立起“重实干、重实绩、重担当”的选人用人导向，干部队伍日益高效精干。大力弘扬劳模精神、劳动精神、工匠精神，涌现出以罗佳全为代表的一批省级以上先进模范人物。牢牢把握意识形态工作主动权，深入推进鞍本文化整合融合，扎实开展信访、稳定、保卫、保密、统战、共青团等各项工作，有效提升新本钢发展活力。

——全面从严治党向纵深推进。坚持严的主基调不动摇，坚定不移正风肃纪，不断提升党风廉政建设和反腐败工作质量。坚持分级管理与监督一体推进，提高了纪检监督的有效性、及时性。保持反腐高压态势，形成“不敢腐”的震慑，“室组地”办案首次采取留置措施，移送地方监委采取留置措施4人，主动投案2人，把握运用监督执纪“四种形态”，给予党政纪处分949人。扎牢“不能腐”的笼子，对标整合融合工作，扎实推进企业纪检体制改革，加强监督保障作用，严格落实中央八项规定精神，持续有力纠治“四风”，坚决整治形式主义、官僚主义，深入开展“整严树”“靠钢吃钢”等专项治理，查处违规违纪行为1307起，处理1392人。注重警示教育，建立“不想腐”的自觉，适时开展党规党纪教育、警示教育等12万人次。贯彻落实党中央巡视巡察工作方针，成立党委巡察机构，深化政治巡察，先后开展八轮巡察，实现了对60家所属党组织的巡察监督“全覆盖”。

——厚植为民情怀见行见效。积极践行共建共享理念，将企业改革发展成果惠及职工群众，在岗职工人均工资较2015年增长88.7%。持续加大职工集体福利保障力度，累计发放职工集体福利1亿元以上。深化“我为群众办实事”实践活动，实施“10件民生实事”及系列民生工程，解决了全员餐补问题，改善职工就餐洗浴环境和外地大学生住宿条件，增加了职工通勤公交，建设职工停车场9个，增加停车位3494个。提高职工体检标准，实现了职工医疗互助保障全覆盖，理赔5万多人次，赔付4902万元，组织职工疗养3万余人次。持续推进困难职工解困脱困，下拨专项帮扶资金2943万元，“送温暖”筹集慰问款物总额1500余万元，走访慰问职工4万人次。众志成城抗击疫情，投入慰问资金近千万元，确保了生产稳定顺行和职工身心健康。积极履行社会责任，先后选派3批次7名驻村工作队成员开展精准帮扶，助力乡村振兴。

各位代表、同志们，七年来本钢所取得的一系列成绩、发生的一系列变革，根本在于习近平总书记作为党中央的核心、全党的核心掌舵领航，在于有习近平新时代中国特色社会主义思想科学指引，是党中央、国务院坚强领导的结果，是辽宁省委省政府和鞍钢集团大力支持、正确领导的结果，是本钢各级党组织、全体党员干部职工奋力拼搏的结果。在此，我代表中共本钢集团有限公司委员会，向上级组织和各级领导，向本钢全体党员职工，向所有为本钢改革发展作出贡献的同志们、朋友们，致以崇高的敬意和衷心的感谢！

回顾七年来的改革发展历程，我们深刻认识到，要想战胜前进道路上的各种风险和挑战，赢得发展主动权，就必须做到“五个坚持”：

一是必须坚持党的领导。党的领导是保证企业发展走得对、走得稳、走得好的前提。只有做到主动对表、坚定看齐，深刻领悟“两个确立”的决定性意义，做到“两个维护”，才能确保企业始终沿着习近平总书记指引的方向阔步前行。

二是必须坚持解放思想。思想是行动的先导。只有做到思想先行、开拓进取，立足新发展阶段，贯彻新发展理念，融入新发展格局，胸怀“两个大局”，心系“国之大者”，才能在融入国家战略全局、服务东北振兴辽宁振兴中勇担使命责任。

三是必须坚持深化改革。改革是企业求生存、谋发展的动力源泉。只有用好改革关键一招，以敢为人先的志气、迎难而上的勇气、革故鼎新的锐气，才能大力推动深化改革，推动质量变革、效率变革、动力变革，不断厚植企业竞争优势。

四是必须坚持创新驱动。创新是企业永葆生机、立于不败之地的制胜法宝。只有坚持科技是第一生产力、人才是第一资源、创新是第一动力，完善科技创新体系和高端人才战略布局，推动企业创新发展，才能不断塑造企业发展新动能新优势。

五是必须坚持以人民为中心。人是企业发展的决定性因素。只有深入贯彻以人民为中心的发展思想，全心全意依靠职工办企业，做到不忘初心、为民惠民，用心用情回应职工关切、增进职工福祉、推动共建共享，才能汇聚企业改革发展的强大合力。

在看到成绩的同时，我们也要清醒认识到自身存在的差距：一是思想观念还不能适应市场化改革的需要，部分干部职工对改革认识不清，忧患意识不足，缺乏改革的决心和意志。二是管理还不够精益，管理方式方法还不够系统，靠管理创效、向管理要效益的理念还没有深入人心。三是绿色低碳发展基础薄弱、欠账较多，环保升级改造、超低排放改造项目时间紧、任务重，仍需高度关注。四是核心竞争力不强，产能利用率低，高附加值产品比例和产品直供比例低，产品质量稳定性有待进一步提高。劳动生产率、信息化、数字化程度对比行业先进水平差距明显。五是科技创新能力不足，研发投入强度不够，基础性、前瞻性、战略性科技成果不突出，高层次科技人才和技能人才仍需加快引进和培养，重大创新创效项目较少。六是基层党建水平还不能完全满足新时代国企党建工作要求，基层党组织标准化规范化建设水平还不高，战斗堡垒作用发挥还不充分。这些问题需要引起我们的高度重视，在今后工作中着力加以解决。

二、今后五年工作的指导思想和战略目标

今后一个时期，是本钢加快推进鞍本整合融合、深化市场化改革和落实“十四五”规划三大任务的叠加期。当前，世界百年未有之大变局加速演进，局部冲突和动荡频发，加之世纪疫情影响持续，国内经济下行压力加大，钢铁行业资源保障、产业集中度、环保和能源约束等问题日益突出，企业面临的形势日趋严峻复杂。与此同时，我们也应该看到，未来五年是全面建设社会主义现代化国家开局起步的关键时期，党的二十大对党和国家事业发展作出了全面部署，提出坚持高质量发展是首要任务、发展是第一要务，加快构建以国内大循环为主体、国内国际双循环相互促进的新发展格局，必将推动我国经济社会开启新一轮大发展。我们有信心在全面建成社会主义现代化强国新征程上，奋力走出一条高质量的本钢改革发展之路。

对此，我们务必要有清醒的认识。要坚持用全面、辩证、长远的眼光分析当前企业面临的形势。要进一步加强党的领导，以科学的战略为指引，擘画发展蓝图，更加准确把握经济形势与发展机遇，在危机中育先机，于变局中开新局。明确今后五年工作的指导思想、战略目标如下：

指导思想是：以习近平新时代中国特色社会主义思想为指导，深入贯彻落实党的二十大精神，贯彻落实习近平总书记关于国有企业改革发展和党的建设重要论述，深刻领悟“两个确立”的决定性意义，增强“四个意识”、坚定“四个自信”、做到“两个维护”，全面加强党的领导，坚持“两个一以贯之”，紧紧抓住融入鞍钢战略机遇期，深度对接鞍钢集团“双核 + 第三极”战略，完整准确全面贯彻新发展理念，奋力开创本钢高质量发展新局面。

战略目标是：对标建设世界一流企业，坚持“钢铁 + 资源”“双核”战略和“改革 + 创新”“双轮”驱动，打造新时代东北全面振兴中深化国有企业改革的示范，建设极具国际竞争力的精品板材、国内一流优特钢棒线材及铁矿资源战略基地，打造非钢“第三极”，融入新形势，建设新本钢，支撑新鞍钢。

为实现上述目标，我们要依托“两条主线”：

一是深化改革“动力线”。改革永远在路上。要坚持问题导向和系统观念，全面推

动深化改革工作，着力破解制约企业高质量发展的深层次体制机制障碍。要全面巩固落实国企改革三年行动取得的成果，牢牢抓住三项制度改革“牛鼻子”，以进一步深化市场化改革为突破口，探索深化改革的新思路、新理念、新方法，全面落实企业市场主体地位。

二是强化管理“生命线”。把强化管理作为推动企业高质量发展的重要举措和基本抓手，树立精益管理理念，对标对表行业先进管理思想、管理经验，加速管理提档升级。由点及线、由线及面，横向到边、纵向到底，全面推行精益管理，向管理要效益、靠管理创效益，打牢企业创效基石。

坚持“三个引领”：

一是党建引领。新时代国有企业高质量发展，核心在于坚持党的全面领导，关键在于发挥党建引领作用。要进一步强化党委主体责任落实，增强党组织的政治功能和组织功能，推动各级党委不断提升把方向、谋大局、定政策、促改革的能力，以高质量党建引领企业高质量发展。

二是战略引领。强化战略思维，增强科学制定企业中长期发展战略能力，把战略引领力打造为企业核心能力之一，发挥战略目标在企业规划设计、实施和刚性控制中的核心作用，确保企业发展的战略符合性，为企业发展注入强劲动力，以战略领先提升企业可持续发展能力。

三是创新引领。进一步解放思想，树立“创新无处不在、人人皆可创新”的理念，大力实施创新驱动战略，提升企业核心竞争力。充分发挥创新在优化钢铁产业布局、提升装备制造能力、调整产线品种结构中的重要作用，使创新成为引领企业发展的第一动力和提升效率的重要抓手。

实施“三步走”战略：

第一步，攻坚期。从目前到2023年鞍本整合融合两年节点，全面推进整合融合和市场化改革攻坚，锻长板、补短板，推动各项工作全面提升，建立起集约高效可持续发展型企业。主要标志是，鞍本协同取得明显效果；基本完成超低排放改造；钢铁主业劳动生产率达到800吨/人·年，资产负债率至少降低一个百分点；低效无效企业得到有效治理。

第二步，加速期。从2024年到2025年鞍本整合融合四年节点，为企业高质量发展加速期，实现市场化改革成果固化，建成具有较强创新能力，极具行业竞争力的钢铁联合企业，全面实现本钢“25115+”“十四五”发展目标。主要标志是，拳头产品占比达50%；铁精矿1400万吨；相关产业平抑风险能力增强；资产负债率降到70%以下，钢铁主业劳动生产率1200吨/人·年以上；职工收入随企业效益同步增长，职工自豪感、幸福感显著提升。

第三步，跨越期。从2026年到2027年，实现鞍本从深度整合融合到化合的深刻转变，把本钢打造成为鞍钢集团核心资产。主要标志是，建成极具国际竞争力的精品板材、国内一流优特钢棒线材及铁矿资源战略基地，成为新时代东北全面振兴的典范和国有企业市场化改革的标杆。

三、凝心聚力，全力打造高质量发展新本钢

聚焦高质量发展，加快建设现代化经营体系。通过抓好五项重点工作，促进五方面能力提升，实现新本钢全方位战略突破、晋位升级。

（一）抓深化改革，促进企业活力充分

释放

1. 巩固国企改革三年行动成果。进一步完善中国特色现代企业制度管理体系，持续推进制度体系简化瘦身、制度管理规范高效、制度内容务实管用、专业职能监督到位。大力推动中国特色现代企业制度在本钢更加成熟定型，做到权责法定、权责透明、协调运转、有效制衡，切实把制度优势更好转化为治理效能。加强上市公司规范治理，不断提升板材公司治理水平、信息披露质量和规范运作能力，防范化解重大风险。加快健全市场化经营机制，强化授权体系建设，建立行权履职规范及评价机制，优化审批流程，提高决策效率。实现授权与监管相结合、放活与管好相统一，增强企业活力、效率和市场竞争力。持续深化事业部制改革，积极推进“科改示范行动”，推动市场化改革在更大范围更深层次破冰突围。优化考核评价机制，以效益为中心，以价值分配为导向，完善“两制一契”考核体系，配套全员岗位绩效，推行“四到”机制，全面实行精准即时激励，打造本钢特色绩效文化。

2. 推动鞍本从整合融合向化合转变。全面实现管理体系融合、化合，以更实举措推动管理整合再提档再升级，尽快完成三类38项管理信息系统全面贯通，加快推进板材、北营智慧管控系统建设，全面深化系统对标，推进管理升级。以更大力度推动业务整合再深化再拓展，深化平台化整合，加快推进物流、国际贸易业务实质性整合，深化钢铁和矿产资源主业协同整合，持续扩大协同采购品类，进一步优化鞍本品种结构和销售资源。

3. 加快培育非钢优势产业打造“第三极”。完善专业化整合顶层设计，推动专业化整合。组织推进跨板块同类业务整合、板块内部相邻相近业务整合，以及以业务驱动为核心的职能整合。坚持战略导向，破解发展难题，加快推进多元企业市场化改革步伐，“一企一策”精准发力，专注优势产业，清理退出低效无效资产，增强可持续发展能力。突出重点，发挥本钢轧辊、化产等存量资产优势，形成本钢“专精特新”产业，构建“第三极”发展新格局。

（二）抓战略落地，促进企业实现可持续发展

1. 推进绿色低碳发展战略。坚定贯彻落实习近平生态文明思想，牢固树立和践行“绿水青山就是金山银山”理念。树牢环保“红线”意识，深入推进环境污染防治，坚持精准治污、科学治污、依法治污，对各级环保督察问题立行立改，形成严管、严控常态化的长效机制，持续深入打好本钢蓝天、碧水、净土保卫战。按照国家碳达峰碳中和要求，有计划分步骤实施碳达峰行动，力争2025年实现碳达峰。以创建“A”级企业为目标，板材、北营2023年基本实现超低排放，成为“绿色工厂”典范。推动能源清洁低碳高效利用，开展全流程、全工序技术改造，“十四五”末，吨钢综合能耗降低到560kgce/t。推进美丽本钢建设，2024年建成“花园式”工厂，并申报“AAA”级景区。推进“双本”融合发展，探索消纳城市废弃物等环保项目，建设绿色城市钢厂。

2. 提升矿产资源保障能力。推进“基石计划”，打造矿产资源产业战略基地，将资源优势转变为竞争优势。实施“三个一批”项目，加速在产矿山改扩建和后备矿山有序开发，加快实施贾家堡子、花岭沟、大张北露天转地下工程，做好徐家堡子、南芬地采等后备矿山建设。合理开发、统筹推进，做好资源接续工作，争取花红沟铁矿、永安铁矿等潜在矿山的矿业权，研究掌控铁矿资源

量50亿吨、优质石灰石资源2亿吨以上，满足鞍钢石灰石需求，同时，深入挖掘潜力，加快智能矿山、绿色矿山建设，力争2025年铁精矿达到1400万吨。

3.提升国有资本配置效率。聚焦资本化、证券化、专业化、规范化，采用增资入股、联合投资、并购重组等方式，持续稳妥有序推进产业整合、优化产业布局，确保国有资本保值增值。聚焦股权和资本运作，深化混合所有制改革，通过定向增发、股权收购等方式，进一步优化资源配置，提高资产证券化水平。加大亏损企业治理力度，不断完善市场化经营机制，进一步规划产业分类，定位产业发展方向和目标，持续强化“双本”融合区域发展战略，聚焦重点项目和企业治理，推动问题解决，实现共同发展。

（三）抓创新驱动，促进企业效率效能提升

1.强化创新体系建设。加强党对科技工作的领导，强化技术创新体系建设，承接做好研发机构一体化整合工作。持续增加研发经费投入，推进科技成果转化平台、科技创新研发平台、外部资源协同合作平台、与客户合作研发平台建设，实现全链条创新。深化科研管理体制机制改革，进一步配齐配强首席工程师，发挥首席工程师在各专业领域的技术支撑作用，落实“卓越计划”“领军计划”，对于重点科技领军人才和高水平创新团队，赋予更大自主权，给予更大容错空间。深化科技评价改革，实施关键人才中长期激励，强化科技创效和成果转化激励，不断健全更加有利于创新创造的制度机制，激发科技创新活力。

2.促进产业链创新链深度融合。加强产学研深度融合，深化与国内外高校、科研院所、战略客户、政府部门等交流合作，面向国家重大需求，主动承担国家重大科技攻关任务，夯实“国家级技术中心”等研发平台，推进“辽宁省钢铁产业产学研创新联盟”建设。持续推进关键核心技术攻关，面向行业科技前沿，着力开展原创性引领性科技攻关，制定培育计划，提高创新成果、“拳头产品”比例，全面提升产品市场竞争力，建立调品指数测算与监控机制，调整品种结构，优化产线分配，有效提升产品市场竞争力。加快实现高水平科技自立自强，强化知识产权运营，围绕战略产品、核心装备、关键技术打造专利群，重点挖掘、培育拥有自主知识产权的核心技术和产品。

3.加快建设“数字本钢、智造强企”。补齐信息化短板，建立健全鞍本一体化经营和专业管理信息系统、配套支撑系统，建设能源管理、安全监督、环保管理等专业信息系统，进一步提升生产单元重点区域产线自控化率、生产执行系统建设覆盖率、3D岗位换人率、四化产线及四化工厂建设完成率。巩固完善“国资监管、集团监督、管控共享”系统应用和推广，完善灾备系统，加强网络安全防护，增强应急响应能力。加强创新能力建设和数字化转型，融合新一代信息技术，推动“产业数字化”转型升级，推进智能料场、能源集控、铁前集控和3D岗位机器人化，建设智能产线和智能工厂，培育“数字产业化”，实现“5G+智能制造”技术突破。积极打造智慧矿山，形成完整的采矿、选矿生产数字化和信息化管理体系。实现劳动生产率每年增长10%以上，2025年底钢铁主业劳动生产率达到1200吨/人·年。

（四）抓管理提升，促进企业效益持续改善

1.持续抓好安全生产和优化疫情防控举措。强化党对安全生产工作的领导，牢固树立"人民至上、生命至上"安全发展理念，以全员安全生产责任体系建设为核心，以安全风险分级管控和隐患排查治理双重预防机制建设为重点，以创建安全标准化企业和"科技兴安"为主要抓手，坚持问题导向，强化过程监管，持续反违章、除隐患、控风险，保持安全监管高压态势，努力实现较大以上生产安全事故和火灾事故"双为零"，完成鞍钢集团下达的一般事故和千人负伤率指标；按照中央部署实施好优化疫情防控各项措施，推动企业全面提升本质化安全水平。

2. 持续提升产品质量水平。深入推进全面质量管理工作，建立健全产品质量评价体系，推进质量分级分类评价，持续提高产品实物质量稳定性和一致性，加快推动产品提质升级。要瞄准下游产业升级与战略性新兴产业发展方向，重点发展高品质、高端、核心钢材，更好满足市场需求。从战略高度加大品牌建设力度，加强与上下游企业战略合作，优化营销、采购布局，坚持以客户为中心，以客户需求为起点、客户满意为终点，提高合同执行率和产品直供比例，打造全新服务型营销体系，实现核心区域内交货周期最短。

3. 深入推进极致降本工作。树立"一切成本皆可降"理念，建立以市场为导向的成本倒逼机制，推行极致降本，深挖生产经营各环节降本潜力，做到抓大不放小、抓面不漏点，将挖潜做到极致。建立系统思维，深化精准对标，突出选标找差距、追标补短板、越标扩优势，形成齐抓共管的对标降本管理体系。制订2023—2025年成本规划，促进单位降本增效常态化和连续性，同时，编制好"成本核算规程"，实现成本核算的合规、精准。强化大宗原燃料采购市场研判，优化采购策略，本着"遇涨缓涨、遇降快降"原则，增强平抑产品和原料价格"剪刀差"能力，实现低成本保产保供。用足用好产业政策和金融政策，积极推进绿色信贷融资，提高融资议价能力，力争融资利率打通下浮30%—40%通道。

4. 强力推进全面预算管理。树立"全方位、全过程、全员"全面预算理念，着力建立纵横贯通的全面预算管理体系，充分发挥全面预算管理的资源配置、决策支持和风险控制等功能。强化"日清日结系统""财务共享系统"运行管控，形成新型标准化财务核算体系。推动基层单位财务信息透明共享，进一步提升企业在优化资源配置、提高工作效率、强化过程管控等方面的财务管理能力。

5. 夯实各项基础管理工作。强化设备日常管理，做好设备功能精度维护，提高产线利用率。科学推行点检定修制，精准制定设备定修模型，坚定不移推进设备"逢修必改、逢改必升级"，以设备运行效率的稳步提升为生产顺行和降低成本提供保障。不断完善健全合规管理体系建设，深化合规与业务融合，将合规管理有效融入日常生产经营，嵌入员工岗位要求，真正推动合规管理实现全员参与、全方位支撑、全流程执行。持续强化审计监督职能，构建"全面覆盖和权威高效"内部审计监督体系，提升内部控制体系的健全性、合理性和有效性，多措并举推动审计问题整改，确保企业依法合规运营。全面加强国家安全和保密工作教育，提高各级领导干部统筹发展和安全能力，增强全体职工国家安全素养和保密意识，筑牢国安防线。

（五）抓人本人和，促进企业和谐发展

1. 发挥主力军作用，激励建功立业。持续完善劳模（职工）创新工作室、先进操作法、合理化建议、群众性创新创效攻关活动"四轮驱动"的一线职工创新活动模式，开展职工创新成果评选、展示和交流活动，促进创新成果转化。充分发挥各类创新活动载体在技术创新中示范引领作用，不断创新和完善班组建设的机制体制，组织开展好“建功‘十四五’、奋进新征程”主题劳动和技能竞赛，打造知识型、技能型、创新型职工队伍。

2. 增进职工福祉，促进发展成果共享。用心、用力、用情谋划推进“我为群众办实事”等重点民生实事项目，着力解决职工急难愁盼问题。推进多层次常态化梯度帮扶建设，构建以精准帮扶、普惠服务为重点的工会服务职工体系。健全以职工代表大会为基本形式的民主管理制度，维护职工合法权益，搭建集维权服务、帮扶救助、法律援助等多功能于一体的服务职工网上平台。完善常态化送温暖机制，营造“四季恒温”的服务氛围。

3. 开展主题活动，丰富文化生活。汇聚职工建设新本钢的精神源泉，释放支撑新鞍钢的奋进力量。持续做好职工运动会等品牌项目，推动职工文体协会建设。不断加强职工书屋建设，打造书香企业。充分利用网络新媒体平台，开展劳模演讲直播、职工线上朗读、网络书画摄影展等一系列网上活动，推动职工文化生活多样性健康发展。

四、政治引领，以高质量党建为企业发展保驾护航

突出政治引领，聚焦建设“产品卓越、品牌卓著、创新领先、治理现代的世界一流企业”，深入推进党建与经营双融互促，抓好“五个强化”，推进党的建设实现“五新”，以高质量党建为企业发展保驾护航。

（一）强化政治铸魂，推进党的政治建设取得新成就

1. 突出政治站位。各级党组织和广大党员干部要心怀“国之大者”，不折不扣贯彻习近平总书记重要指示批示精神和党中央重大决策部署，自觉在思想上政治上行动上同以习近平同志为核心的党中央保持高度一致。始终保持央企政治本色，坚定不移把政治建设摆在首位，不断提高政治判断力、政治领悟力、政治执行力，使企业始终成为党可以信赖的中坚力量。

2. 注重理论学习。加强理论武装，深入系统学习贯彻习近平新时代中国特色社会主义思想和党的二十大精神，坚持党委理论学习中心组学习制度，落实“第一议题”要求，用党的创新理论指导实践、推动工作。推进“万名党员进党校”工程，提升广大党员党性意识和能力素质。

3. 发挥领导作用。各级党组织要把“两个一以贯之”“四同步四对接”要求融入公司治理各环节，把企业党组织内嵌到公司治理结构之中，推动党建考核与经营业绩考核有效联动。坚持党对企业的全面领导，将党的路线方针政策不折不扣贯彻落实到企业改革发展各项工作中去，推动党建工作优势转化为企业竞争优势、发展优势。

（二）强化组织提升，推进基层组织建设迈上新台阶

1. 狠抓组织体系建设。贯彻新时代党的组织路线，牢固树立“大党建”意识，以深化党建工作责任制考核评价体系建设为主线，全面压实党委主体责任，形成齐抓共管的党建工作格局。持续深化在完善公司治理中加强党的领导，落实各级党委议事规则和党委前置讨论程序，确保党组织“把方向、管大局、保落实”作用得到充分发挥。

2. 夯实党建工作基础。坚持大抓基层的鲜明导向，持续整顿软弱涣散基层党组织，不断提升党支部标准化规范化建设水平，把

基层党组织建设成为有效实现党的领导的坚强战斗堡垒。进一步强化党员队伍建设，严格党员教育管理，坚持高标准做好发展党员工作。落实党内民主制度，保障党员权利，激励党员发挥先锋模范作用。

3. 创新党建工作载体。以推动党建工作与生产经营深度融合为目标，广泛开展“共产党员先锋工程”立项，“党员先锋岗”“党员责任区”创建以及建功立业活动，发挥党建在生产经营中的引领作用。探索“互联网+党建”工作模式，充分运用鞍钢党建网等信息化管理平台，做好日常党建成果展示、对标学习、示范提升工作。引导各单位围绕企业改革和生产经营开展“党建 1+1”工程等具有本单位特点特色的党建主题实践活动，全面打造本钢党建“品牌”。

（三）强化责任担当，推进选人用人工作焕发新气象

1. 突出事业为上选贤用能。坚持正确的选人用人导向，认真落实本钢领导干部选拔动议办法，严格干部任用工作程序，建立适应中国特色现代国有企业制度要求和市场竞争需要的选人用人机制。突出选人用人政治标准，坚决按照习近平总书记提出的国有企业领导人员要“对党忠诚、勇于创新、治企有方、兴企有为、清正廉洁”“20 字”要求和“德才兼备、以德为先”用人标准，选好忠诚干净担当的高素质领导干部。坚持干部作风淬炼，完善容错纠错机制，强化干部斗争精神和斗争本领养成，激励干部敢于担当、积极作为。

2. 突出干部制度深化创新。完善“两制一契”管理，大力推行竞争上岗、末位调整和不胜任退出等制度，激发干部队伍活力和干事创业内生动力。坚持提高干部履职能力建设，突出业绩导向，建立与市场化接轨的干部任用与绩效评价、薪酬激励机制，进一步规范职业经理人选聘与管理。健全干部综合考核评价体系，发挥好考核“指挥棒”“风向标”作用，在推动干部能上能下的同时，注重干部在企业攻坚克难过程中主动作为和表率作用的发挥。

3. 突出青年人才优选优培。加大青年人才选拔力度，加快推动三、四级企业领导班子 40 岁以下领导人员占比达到 20% 至 25%。大力实施人才强企战略，统筹推进“十四五”人力资源规划和人才发展规划，推动“摇篮计划”提档升级，不断充实各层级青年人才资源储备。加快青年人才综合能力提升，加速青年人才岗位历练、实践锻炼，建立一支适应新使命新任务新要求，经得起风浪考验、数量充足、充满活力的青年人才队伍。

（四）强化思想引领，推进思想文化建设开创新局面

1. 加强宣传思想工作。深入学习宣传贯彻党的二十大精神，坚持不懈用习近平新时代中国特色社会主义思想凝心铸魂，强化形势任务教育，针对互联网大数据时代职工队伍面临的新情况、新特点，强化舆论引导，引领广大职工群众坚定听党话、跟党走。大力选树先进典型，深入开展“本钢好人”推选和志愿服务活动。积极发挥统战、共青团等组织作用，凝聚各种发展力量，为企业发展提供全方位支持。

2. 压实意识形态责任。健全意识形态领域重大情况分析研判和定期通报制度，牢牢掌握意识形态工作领导权、管理权、话语权。进一步筑牢网络意识形态主阵地，加强网络舆情风险预判和处置，形成科学、安全、合规的网络舆情管控体系。

3. 创新企业文化建设。赓续红色血脉、

传承新时代“鞍钢宪法”精神，对照鞍本文化整合融合工作标的，践行统一的鞍钢集团核心文化理念，提炼和形成具有本钢特色的子企业文化。聚焦和塑造统一的鞍钢集团品牌形象，推动企业文化示范基地建设，推动本钢文史馆升级改造与花园式工厂企业文化植入，加大企业文化对外交流和品牌推广，增强企业影响力、感召力。

（五）强化正风肃纪，推进党风廉政建设和反腐败工作取得新成效

1. 严肃监督执纪，严明纪律规矩。坚定不移全面从严治党，紧紧围绕落实党中央、国务院和鞍钢集团决策部署情况开展监督，突出政治监督，强化日常监督。以严的主基调强化正风肃纪反腐，坚持无禁区、全覆盖、零容忍和重遏制、强高压、长震慑，紧盯“关键少数”，聚焦关键领域和重要环节的突出问题，精准发现、精准执纪、精准打击，一体推进不敢腐、不能腐、不想腐。深化标本兼治，加强新时代廉洁文化建设，大力开展廉洁教育，创新警示教育模式，提高党员干部党性修养，形成风清气正的良好氛围。

2. 完善监督体系，推动有效协同。健全完善全面从严治党责任体系，推动主体责任和监督责任贯通协同、一贯到底。履行好纪检监督专责，完善高质量监督检查、审查调查制度机制，积极推动党内监督和其他各类监督贯通融合，推进“大监督”体系运行走深走实。充分运用互联网技术和信息化手段，注重把大数据监督纳入纪检工作体系。巩固深化政治巡察，全面贯彻中央巡视巡察工作方针，落实巡察全覆盖任务，完善巡察工作制度，加强巡视巡察整改和成果运用。

3. 弘扬新风正气，深化作风建设。坚持刀刃向内、动真碰硬，锲而不舍落实中央八项规定精神，持续深化纠治“四风”树新风，重点纠治形式主义、官僚主义，做到标准不降、力度不减，推动作风建设常态化长效化，为企业改革发展保驾护航。

各位代表、同志们！雄关漫道真如铁，而今迈步从头越。新征程是充满光荣和梦想的远征。百年本钢经历一个多世纪的风雨淬炼，再次以崭新的面貌站在时代潮头，全面开启在央企平台践行钢铁报国使命的新征程，责任重大、未来可期。让我们把思想和行动统一到党的二十大决策部署上来，紧紧团结在以习近平同志为核心的党中央周围，踔厉奋发、笃行不怠，奋力打造新时代东北全面振兴的示范和国有企业市场化改革的标杆，为建设新时代基业长青新本钢而团结奋斗！

全面落实二次党代会精神
奋力开创本钢高质量发展新局面

——中共本钢二届二次全委（扩大）会议工作报告
（2023年1月3日）

杨 维

各位委员、同志们：

现在，我代表本钢集团党委常委会作工作报告，请审议。

一、2022年工作回顾

2022年是本钢立足新起点，锐意改革、勇毅前行的一年，也是本钢发展史上极为重要、极具挑战意义的一年。本钢党委始终坚持以习近平新时代中国特色社会主义思想为指导，认真学习贯彻党的十九大及历次全会精神和党的二十大精神，全面落实鞍钢集团党委决策部署，推动各项工作落实落地，做到了改革、经营“两手抓、两手硬”，各项工作取得了显著成效。

一年来，我们持续发扬斗争精神，提高政治站位，以永不懈怠的精神状态和一往无前的奋斗姿态，全面深化改革，既定590项鞍本整合融合一年节点工作标的和43项国企改革三年行动目标任务如期完成，鞍本重组成为国企改革三年行动标志性案例；三项制度改革取得显著成效，新本钢向着公司治理规范化、运营机制市场化、薪酬激励价值化、对标提升精细化发展迈出坚实的一步；一年来，我们聚焦“双跑赢”，坚持以效益为中心、以改革为引擎、以市场为战场，直面钢铁行业急剧下行和新冠疫情反复冲击“两大困难”给企业带来的严峻挑战，超前谋划、统筹部署，吹响“大干100天、冲刺四季度”冲锋号，跑出了“本钢加速度”，实现了“双跑赢”：全年完成铁精矿919万吨，同比增加103万吨，首次突破900万吨大关；生铁1688万吨，同比增加11万吨；粗钢1754.8万吨，同比增加10万吨，创历史最好水平；商品材1685万吨，同比增加9万吨；全年预计实现营业收入780亿元；利润总额10.2亿元，销售利润率1.3%；资产负债率76.2%，较年初下降3.2个百分点；安全生产实现“三为零”，为集团公司实现“三确保一争取”目标做出了本钢贡献。

——党的领导作用有效发挥，党建规范化水平显著提升。深刻领会“长子鞍钢”内涵，坚持党的领导，加强党的建设，确保了党的领导始终贯穿改革发展全过程。与集团党建工作部署全面对接，构建起齐抓共管的“大党建”工作格局。完善党建工作制度，承接形成了本钢党建工作责任制考核评价体系。夯实党建基础，高质量完成了本钢集团二次党代会换届工作。落实党支部组织生活会和“双评”工作，推动了党建作用充分发挥。党委议事程序实现规范化，严格落实党委会议制度和“三重一大”事项前置审议程序，规范了集体决策、民主决策流程，实现了党的领导与公司治理体系有机融合，党委把方向、管大局、保落实作用有效发挥。“第一议题”要求和党委理论学习中心组学习制度有效落实，确保了习近平总书记重要讲话和重要指示批示精神、党中央重大决策部署第一时间在本钢落实落地。党的二十大胜利召开后，迅速制订宣贯方案，组织广大党员干部职工掀起了学习宣传贯彻党的二十大精神热潮。组织建设和干部人才工作不断夯实。提出党支部建设三年总体规划和重点任务。积极推进“万名党员进党校”培训工程。持续创新领导人员和人才培养选用机制，进一步完善领导人员选拔任用办法，加强专业技术人才和特殊人才管理，建立多层次人才共享机制，为本钢发展提供了人才支撑。宣传思想工作持续深化。加强形势任务教育宣传和指导，严格落实意识形态工作责任制，构建起五级网格化管理体系及市场化改革思想引导体系。巩固党史学习教育成果，建立了“我为群众办实事”长效机制。全面从严治党持续向纵深发展。完成了鞍本纪委工作体系对接和制度对接，实现了所属党组织巡察工作全覆盖。持续强化作风建设，提出并落实“务实高效、攻坚克难、精准精细、少说多做”十六字作风建设新要求，以实际行动整治工作中存在的形式主义、官僚主义和“四风”问题，打造了风清气正的干事创业环境。

——全面深化改革取得实效，发展潜力活力持续释放。鞍本整合融合取得阶段性成效，融入国资央企平台的新本钢管理更加规范、管控更加严格、治理体系运转更加高效。资产负债率比年初下降3.2%，财务费用同比下降50.5%，资产质量明显提升。国企改革三年行动任务顺利完成，子企业董事会应建尽建和外部董事占多数实现两个100%，不同治理主体间决策界面清晰、权责明确，集团授权体系有效运转。亏损企业治理、参股企业退出、“两非”“两资”处置高效推进，超额完成“亏损户数减少1/2，亏损额减少1/3”的年度治理任务。以市场化方式推进法人压减48户，内部管理层级压缩至3级。三项制度改革取得显著成效，总部编制压减41.2%，作业区级及以上机构总量压减27%，主业板块管理人员占比降至9%以内。全面推行差异化薪酬体系，管理人员“两制一契”“双合同”管理及多种员工绩效考核激励机制同步实施。开展领导人员竞争性选拔，D级及以上人员竞争上岗占比50.7%。全面优化人力资源，员工市场化退出率1.4%，进入赋能中心人员比例达15.8%，主业实物劳动生产率同比提高22.6%。推行职业经理人选聘工作，5家公司成为试点单位。在鞍钢集团子企业重点改革任务完成情况评估中，本钢9项任务，8项名列前茅，成绩优异。市场化改革典型的示范引领作用逐步显现，以“授权+同利”为核心，全面推行“双跑赢、三区间”差异化考核，涌现出板材公司“穿透式”授权放权、北营公司“市场化”和“精益+”改革组合拳、矿业公司赋能提质“三增一提”等改革创新典型，以及建设公司率先推行的“无职级任用”、恒泰公司“项目单元自由组队、竞价摘牌承包运营”等可复制、可推广的市场化改革“样板”，实现了职工从“要我干”到“我要干”的转变。

——重大战略部署有序推进，可持续发展能力不断增强。落实鞍钢“双核”战略，以老矿山增产和后备矿山建设为抓手，推动资源保障战略落地取得突破。南芬选矿厂大型化改造和精矿管输工程陆续开工，棉花堡子、徐家堡子和花红沟铁矿等开发项目列入国家"基石计划"。践行低碳发展理念，加快实施绿色低碳战略，专项推进超低排放改造工程，规划实施的132个项目，2022年已按计划完成27项，累计完成49项。提升能源管控水平，吨钢综合能耗、万元产值能耗两项指标完成鞍钢集团考核值。全年外购能源成本同比吨钢降低37.7元，年创效益6亿元；吨钢综合能耗同比降低18kgce，节约28.9万吨标准煤，达到行业平均水平。自发电比例实现55.3%，同比提升11.4%。推进花园式工厂建设，全年新增绿化面积128.5万平方米，板材厂区降尘同比降低16.1%，北营厂区降尘同比降低9.1%。"数字本钢"战略有序推进，"国资监管、集团监督、管控共享"3类38项信息系统建设完成30项，板材基地一体化信息管控系统及配套支撑项目、高炉智能管理系统、日清日结系统、三冷无人行车系统投入运行，主产线MES系统覆盖率实现100%，3D岗位机器人换人率实现7%，铁前集控、能源集控系统建设正在快速推进。统筹推进多元产业整合和改革工作，积极培育"第三极"，完善了本钢专业化整合顶层设计，整合组建了资源综合利用、设备工程、建筑工程、城市服务4个专业化平台公司。坚持有所为、有所不为，清理退出18户企业。

——持续推进精细化管理，企业运营水平大幅提升。持续开展与鞍钢"五地"和行业先进水平对标，计划145项对标重点工作，完成141项，板材北营多项技经指标达"五地"领先水平。打造"明星产线"，贯彻"产线效率发挥到极致"理念，优化合同排产，将产品资源向盈利能力最大、效益最好的产线、产品倾斜，最大限度发挥优势产线效益，实现增效1.7亿元。强化设备管理，提升设备功能和精度，2022年功能精度点位完好率达到99%。其中板材铸机接弧精度合格率同比提高18.6%，板材2300轧线层流冷却集管完好率同比提高11%。优化采销模式，及时调整采购策略，煤炭采购坚持以长协为主、统购统销为辅，稳定了焦煤采购渠道；矿粉采购坚持以国内为主、国外为辅，加大长协矿采购力度，累计实现原燃料降本超过4亿元。加大产品出口力度，2022年出口钢材签约量200.5万吨，售价高于内贸252元每吨，累计增效超过5亿元。加大"跑市场"力度，开发更多战略客户和直供客户，板材新开发直供客户44家，北营新开发直供客户16家。全面预算管理效果凸显，2022年完成成本压降45亿元，折成吨材降本268元。安全管理水平明显提升，2022年实现重伤及以上生产安全事故和火灾事故为零。积极有效应对疫情冲击、加大保产保供力度，实现了疫情对生产经营零影响。

——科技创新体系日趋完善，创新驱动能力不断增强。完善科技创新体系，编制了本钢技术创新体系建设方案，成立了本钢集团科学技术协会，建立矿山、高炉、能源环保、冶金设备技术委员会。推进研发基地建设，改善研发环境，自主创新平台影响力逐步提升，在2022年度国家级技术中心评估中，本钢在全国钢铁行业排名第13位，排名较上次评价上升3位。加快创新人才培养，推行首席工程师制度改革，公开竞聘选拔首席工程师75名，设立科技项目62个。深化产学研用创新协同，推进本信公司"科改示范企业"建设，与辽宁科技大学、冶金工业信息标准研究院、辽宁科技学院签署战略合作协议，与辽宁工程技术大学共建"省部级协同创新中心"。知识产权管理取得成效，专利申请402件，同比增长70%，完成专有技术认定65项，首次参与2项国际标准研制，获得省级以上各类奖41项，完成产品认证22项共40个牌号。产品研发取得新进展，2022年完成研发投入3.9%，累计成功开发新产品58个牌号，完成新产品供货23.75万吨，同比提高114.4%，实现科技创效6675.8万元。

——坚持以人民为中心，共建共享取得明显成效。落实“共享鞍钢”理念，聚焦职工急难愁盼问题，办好民生实事，完成了“职工健康体检、职工互助保障”等13项民生项目。赋予“鞍钢宪法”时代精神，强化民主管理，所属企业涉及三项制度改革有关方案100%履行了民主程序。召开党委书记、董事长联络员恳谈会，解决联络员提出的提高住房公积金缴存比例、节日期间免费供餐送餐到岗、增加停车场停车位等问题。维护职工身心健康，在疫情封控期间，累计投入600余万元，为保产保供职工提供后勤生活保障。大力弘扬劳模精神、劳动精神、工匠精神，选树先进典型，获得全国工人先锋号1个，全国机械冶金建材行业工会经济技术工作先进单位1个、岗位能手3人，省劳动模范1人。评选出40名季度“本钢好人”和11名年度“本钢好人”，举办了第二届“本钢好人”年度盛典。释放改革红利，在行业下行压力和企业效益摊薄的严峻形势下，确保职工收入增长，在岗职工人均工资同比增长5.8%，2022年3月份，主业板块夜班津贴人均增加165元/月，7月份再增加295元/月，职工获得感持续提升。加大帮扶力度，持续开展常态化送温暖活动，为患重病、住院职工发放慰问金，发放节日职工福利，推广“小药箱进班组”普惠活动，实现了对困难职工100%帮扶。

此外，法律合规、审计、统战、武装、保卫、国安保密、信访维稳、治安综合治理等方面能够积极对接鞍钢集团工作部署，各项工作都取得明显成效。

各位委员、同志们！建设高质量发展新本钢，推动本钢向着世界一流企业迈进是全体干部职工的使命和责任！一年来，我们笃定“改革”“发展”两大主题，以刮骨疗毒的勇气，推动全体系整合融合、全方位深化改革、全流程对标提升、全工序提质增效，以“等不得”“慢不得”的紧迫感责任感加快实施“十四五”规划，经历了风雨，付出了辛苦，企业发展实现了三个明显转变：

——经营模式从生产导向型向市场导向型转变，效益理念深入人心，精打细算的“算账文化”逐渐形成；

——管理模式从粗放管理型向精益管理型转变，成本意识明显增强，极致降本的“对标文化”全面推开；

——绩效模式从岗位导向型向业绩导向型转变，差异薪酬普遍实施，多劳多得的“绩效文化”成为常态。

这些成绩的取得，是鞍钢集团党委正确领导和大力支持的结果，是全体干部职工努力奋斗和忘我拼搏的结果。在此，我代表本钢集团，向各位代表和在座的同志们，并通过你们向全体干部职工及家属，致以衷心的感谢和崇高的敬意。

在总结成绩的同时，也要清醒地认识到，企业还面临很多亟待解决问题：一是深化改革仍需强力推进。一些制约高质量发展的痛点、难点问题亟待解决，已有改革成果尚未建立起长效机制，还需进一步完善、巩固、推广和提升。二是企业核心竞争能力不足。高端产品占比低，产品总体竞争力不强，人员效率低、产线效率低、工序能源高、工序成本高，采购销售与市场契合度不够紧密，高技术人才无法满足企业未来发展需要。三是绿色发展水平较低。超低排放改造、绿色矿山建设和环保达标还需加快推进。四是安全管理基础薄弱。安全管理体系不完善，专业人员少，规范化水平不高。五是基层党建水平还不能完全满足新时代国企党建工作要求，标准化规范化建设水平还不高，战斗堡垒作用发挥还不充分。这些问题需要引起我们的高度重视，在今后工作中着力加以解决。

二、2023 年工作安排

2023 年是全面落实党的二十大精神，实现本钢二次党代会确定的“攻坚期”目标任务的决战之年，也是本钢继 2022 年全面实施深化改革后开启的“全面提升年”，要加速推动事关建设基业长青新本钢的重要战略任务落实落地落细，实现效益效率效能再提升。

当前，从国际环境看，俄乌局势持续动荡，中美中澳博弈加剧，大国关系不确定性上升，后疫情时代疫情走势对经济发展的影响仍无法估计。从钢铁行业看，消费需求不足，钢铁企业利润持续下降。面对严峻复杂的内外部形势，我们既要正视困难，也要坚定信念，党的二十大报告明确提出“坚持把发展经济的着力点放在实体经济上，推进新型工业化”“加快建设世界一流企业”等，中央经济工作会议指出要“更好统筹供给侧结构性改革和扩大内需”“推动经济运行整体好转”，这些必将为企业发展创造更多的发展机遇，预计明年钢铁市场会出现“前低后高”的发展态势。同时，从企业自身来看，鞍本重组一年来，新本钢资产质量显著改善，发展韧性和抗风险能力不断增强，社会对本钢的良好预期显著提升，为本钢迈向更高质量发展新征程奠定了坚实基础。

基于上述分析，做好 2023 年各项工作，要坚持以习近平新时代中国特色社会主义思想为指导，全面贯彻党的二十大精神，习近平总书记重要讲话、指示批示精神，认真落实集团公司党委决策部署，以鞍钢集团 7531 战略为指引，承接鞍钢集团二届六次全委（扩大）会议“实现五个开新局，聚焦五个重点”工作部署，落实本钢二次党代会精神和本钢“1357”工作方针，即聚焦 1 个根本目标：打造基业长青的具有示范意义的国有企业市场化改革标杆；紧盯 3 条核心主线：深化整合融合、统筹改革创新、提升品牌价值；坚持 5 大发展方向：改革促活力、创新求发展、效率增效益、品牌拓市场、对标“双跑赢”。实施 7 项重点任务：全面实现“两利四率”目标，销售收入利润率跑赢大盘；调品、提质、优化营销渠道促服务，吨钢调品指数挑战 140 元；夯实绿色低碳发展基础，基本实现超低排放；加快智慧制造平台建设，制订实施 2023—2025 年成本削减规划，推动成本、质量、交货期管理显著提升；强化亏损企业治理，亏损户数减少 50%，消灭亏损非钢企业；快速实现后备矿山增量，铁精矿产量挑战 930 万吨；持续深化技术创新体系建设，培养造就 8 名以上科技领军人才，锚定世界一流钢铁企业标准，围绕“提升年”主题，聚焦党建引领，全面实现企业改革发展提档升级、提质增效，奋力开创本钢高质量发展新局面。

生产经营主要目标：利润总额基本目标 8.8 亿元、奋斗目标 12.2 亿元、挑战目标 15.6 亿元；自产铁精矿挑战 930 万吨，生铁 1738 万吨、粗钢 1830 万吨（在产能不受限制情况下）、钢材 1766 万吨、安全生产实现“三为零”。

围绕上述目标，着力做好以下六项重点工作。

（一）加强党的领导，充分发挥党建引领在本钢深化改革发展中的关键作用

1. 加强政治建设，全面提升党的政治领导力。要加强党的政治建设，深入学习贯彻习近平新时代中国特色社会主义思想和党的二十大精神，将“两个确立”内化于心、外化于行，做到“两个维护”，心系“国之大者”，始终在思想上政治上行动上同以习近平同志为核心的党中央保持高度一致。要自觉加强政治历练，各级党组织和党员干部要善于从政治上看问题，不断提高政治判断力、政治领悟力、政治执行力。要落实好“两个一以贯之”，把党的领导落实到本钢改革发展的各环节全过程，坚定不移全面从严治党，筑牢本钢的“根”和“魂”，保证党和国家方针政策、重大部署和鞍钢集团决策部署在本钢落实见效。要进一步发挥好党委领导作用，把方向、管大局、保落实，把党的政治优势转化为企业的竞争优势，全面开创党建工作新局面。

2. 加强思想政治建设，突出抓好党的二十大精神宣贯工作。强化理论指导实践，教育广大干部职工学懂、弄通、做实习近平新时代中国特色社会主义思想，真正把理论水平提升转化为解决问题、推动工作的素质能力，把理论学习成果转化为贯穿企业改革发展稳定各项工作的行为习惯。坚持系统观念，把全面学习宣传贯彻党的二十大精神作为加强思想政治建设的首要政治任务，充分利用党委理论学习中心组学习、形势任务教育、培训、宣讲、理论研究、新闻宣传等系列活动，确保党的二十大和二次党代会精神在本钢落地见效。做好意识形态工作，定期分析研判意识形态领域情况，开展专项督查、党内通报，严格五级网格化管理及四级网评员队伍管理，实现舆情可控、在控，牢牢把握意识形态主动权。

3. 加强基层组织建设，发挥党建引领作用。推动党建工作与生产经营深度融合，紧紧围绕生产经营中心工作，创新党建工作活动载体，开展党建“1+1”主题实践活动，创建本钢党建品牌。全面提升基层党建工作规范化水平，深化党建工作责任制考核评价体系建设，推动党建考核与经营业绩考核有效联动，持续推进党支部标准化规范化建设，深入开展党支部建设提升年活动，进一步扩大先进党支部数量。大力选树先进典型，七一前夕，组织开展党内“两优一先”评选表彰，充分发挥先进典型的示范引领作用。加强党员教育管理，扎实推进“万名党员进党校”培训工程，实现在岗党员全覆盖。重点组织好党支部书记轮训、党建大讲堂等党内培训，提升各级党务工作者的履职能力。

4. 坚持党管干部原则，加强干部和人才队伍建设。深入实施人才强企工程。坚持人才是第一资源，培养造就大批德才兼备的年轻干部和高素质人才，持续完善干部、人才优选优培优用机制，通过“摇篮行动”、揭榜挂帅、“赛马”等工作，着力培育优秀年轻干部和8名科技领军人才，加大激励力度，推动干部、人才队伍建设开新局，为加快建设世界一流企业提供人才支撑。精准实施领导干部选拔任用和岗位调整，持续开展无任用调研，综合分析研判各级领导班子运行情况、整体功能、领导水平，精准掌握领导干部一贯表现、政治素养、工作实绩、发展潜力、岗位适配程度。强化党员干部培训，开展有针对性、多层面的领导干部培训，以鞍钢党校、本钢党校教育培训基地为依托，对重点关注的领导干部、优秀年轻干部分层次、有针对性地开设党建知识、领导能力、专业知识等方面精品课程。

5. 牢记“三个务必”，持续推进正风肃纪、党风廉政建设和反腐败工作走深走实。完善“大监督”体系，紧紧围绕学习贯彻党的二十大精神和上级决策部署落实情况开展监督，突出政治监督，强化日常监督，积极推进党内监督和其他各类监督联动融合，综合运用党政督查、“大数据”监督等工作机制，推动主体责任和监督责任贯通协同、一贯到底。深化党风廉政教育，加强廉洁文化建设，建立健全廉政档案，一体推进不敢腐、不能腐、不想腐。锲而不舍落实中央八项规定精神，坚决纠治“四风”树新风，营造风清气正的良好政治生态。巩固深化政治巡察，深入贯彻中央巡视巡察工作方针，健全完善巡察工作“3+X”制度体系，落实巡视巡察上下联动机制，压实三大板块党委巡察监督主体责任，做好巡视巡察整改和成果运用“后半篇文章”。以严的主基调强化关键领域肃纪反腐，深刻理解党的自我革命，持之以恒推进全面从严治党，加大监督执纪问责力度。紧盯物资采购、工程建设、原燃料消耗等领域存在的腐败问题和靠企吃企、利益输送等损害企业利益行为，坚持以勇往直前、敢打必胜的战斗姿态打赢反腐败攻坚战持久战。

（二）加速改革攻坚，持续完善以市场化为核心的体制机制建设，提升企业发展动力活力

立足打造新时代东北全面振兴中深化国有企业改革的示范，坚定不移走“改革 + 市场”发展之路。按照“三个明显成效”目标，牢牢把握改革的系统性和实效性，持续推动市场化改革向纵深挺进，体现“真改革”“动真格”，为实现高质量发展积蓄更强的新优势新动能。

1. 深化市场化改革探索。围绕鞍钢集团加快建设世界一流企业建设目标方案，坚持改革赋能，不断探索改革新思路新举措。持续提高授权放权行权的系统性、科学性、规范性和实效性，实现授权与监管相结合、放活与管好相统一。继续深化三项制度改革，优化“两制一契”体系，确保“双合同”有效运行，持续改革薪酬体系，以“四到”等精准激励机制为突破口，进一步探索以“划小核算单元、推进上下游实现市场模拟”为主攻方向的市场化管控运营机制，深度激发微观主体创新创效活力。

2. 巩固改革经验成果。对照“制度健全、动作到位、成效显著”要求，系统总结本钢“四化三效”改革要点，并结合新形势新要求进行完善，确保案例可借鉴、可复制，加快在更多子企业中推广应用，发挥以点带面、多点突破的促动作用。梳理“干得好、立得住、叫得响”的重要举措和经验，提炼精髓、总结规律，以制度形式进行固化和落实，形成更具规范和指导意义的长效机制，着力打造更多更具活力的微观市场主体，推动市场化改革取得更大突破。

3. 优化完善改革举措。围绕过去一年的改革举措，深入开展调查研究，听取实际运行情况反馈，及时纠偏、改错，确保改革措施务实管用。坚持对标提升，围绕劳动生产率、销售利润率、研发投入强度、全面预算管理等关键指标，对标行业先进水平，进一步查找差距，剖析体制机制弊端，靶向施策，持续改进。对照决策主体决策界面，持续完善决策清单，全面提升决策主体运行质量，促进现代企业制度更加成熟定型。

4. 发力改革难点攻坚。把握战略性和牵引性，以敢啃“硬骨头”的精神，加速推进深层次体制机制变革，全力构建结构科学、治理完善、创新强劲、活力迸发的新格局。加大“出血点”治理力度，强力推动丹东不锈钢、房地产公司、北钢公司等亏损企业治理和彩涂等低效无效产线利用，加大参股企业退出和“两非”“两资”处置力度，盘活低效无效资产，持续推动“瘦身健体”。深入推进多元产业改革，加快战略性优势产业培育，打造适应企业发展规律的多元产业市场化经营机制。深入推进整合融合向化合转变，以更大力度推动业务整合再深化再拓展，助力鞍钢加快打造“双核+第三极”产业发展新格局。

（三）加速管理提升，以对标为抓手目标为引领，提升企业全流程全口径成本竞争优势

把对标作为“提升年”重要抓手，聚焦效率效益，坚持刀刃向内，建立系统思维，围绕运营能力、产线设备效率、资本质量、本质安全和风险防控等推行极致降本举措，构建“全过程、全层级、全产业链”对标管理新模式，形成齐抓共管的对标降本管理体系。

1. 提升低成本运营能力。突出精益管理理念，以工序成本低于行业平均水平为目标，落实预算指标，制定和落实降本增效措施，协同推进管理降本、工序降本、技术降本、能耗降本，打造低成本竞争优势。坚决树牢“以效益为中心”的采购理念，持续优化采购策略和方式，强化市场研判，严格贯彻落实“调库存、调结构、调区域、转战略、搭平台、抓协同、重评价、防风险，严控绿色通道和独家供货”的“8+1”采购举措，提升“遇降速降、遇涨缓涨”能力，推动采购降本实现“双跑赢”。强化存货管理，持续完善大宗原燃料和存货管理体系，深入实施按天数管控原则，细化存货管理各环节管控时长，明确管控主体责任，强化考核，确保降库降本工作落到实处。强化物流管理，优化物流运输方式，积极争取降低运费和港口费用优惠政策，降低物流成本，提升物流管理水平。

2. 提升产线产能效率。本钢现有在产轧钢产线20条，其中产能利用率不足80%的产线占30%，产能利用率在80%—100%之间的产线占45%，产能利用率达到100%以上的产线仅占25%。要推动产线提效改造，对标设计产能、历史产能和行业同类型产线产能，集中力量对专业产线和低效、无效产线进行清理和升级改造，重点针对板材6#和7#铸机、浦项冷轧4#镀锌线、酸洗产线以及南芬矿采选改造等进行提产提效改造，对1780热轧产线、2300热轧、硅钢连退机组和2#单机架轧机提质提效，切实提升工序、工艺、装备、产线产能利用率。

3. 提升设备运行质量。树立“趋势管理”理念，深化“逢修必改、逢改必升级”。以“恢复设备功能、提升设备精度”为中心任务，坚持精度管理标准，实行功能精度“摘牌制”。不断拓展精密点检手段，掌握设备劣化趋势，做实做细定修模型，将设备劣化趋势与定修模型相结合，实现设备精准维护、精准检修。提升设备自控化率。同时，打造设备检修专业化队伍，减少设备维修费中人工成本占比，推动设备各项性能达到设计标准。

4. 提升资本运营质量。加强全面预算管理，聚焦“两利四率”，坚持量入为出、现金流为正，科学编制预算。开展全面、全员、全过程穿透式预算管理，实现经营预算与资金预算、资本预算、财务预算并行。强化预算分析，聚焦存货周转率、资金周转率，推进细化月度经营分析，健全生产、成本、利润、资金、投资、资产全面分析模型，多维度多角度分析对比，提升决策支撑能力。强化预算执行结果考核，健全预算考核制度，

实现预算闭环管理，用考核倒逼责任落实，使全面预算管理成为生产经营降本增效的“方向盘”。加大业财融合力度，健全资产长效机制，紧密产供销衔接，压缩融资规模，压减财务费用，降低资产负债率，多渠道降本增效。

5. 提升本质安全水平。要牢固树立安全生产红线意识，坚持目标导向、问题导向、责任导向，着重提升安全履职、危险源和风险管控、隐患排查治理、火灾防控四方面能力。规范安全生产费用计提和使用，提高安全生产标准化、可视化、智能化三方面管理水平，保障安全教育培训、安全专项整治、相关方安全监管三方面效果，全力维护安全生产形势持续稳定。

6. 提升重大风险防范能力。坚持底线思维，围绕企业运营面临的财务风险、安全风险、环保风险、法律风险等，加大风险评估和监测力度，充分发挥法律、审计等维护企业依法合规运行职能，强化合规与业务融合，持续做好重大决策等法律审核，深入贯彻落实风险评估与合规联合审查工作。强化审计监督职能，加强审计评价工作体系建设，持续完善违规经营投资责任追究工作机制，揭示管理漏洞，防范重大风险。

（四）加速品牌建设，打造质量最佳服务最优市场反应最快有竞争优势的品牌体系，提升企业影响力

品牌建设是本钢迈向世界一流企业的必由之路。要因地制宜，聚焦本钢已有技术、装备、资源优势，承接“双核 + 第三极”战略，聚焦核心产业、主打产品、生产管控、营销服务等方面，一体化、全方位推进品牌建设，全面提升企业品牌影响力。

1. 聚焦优势产业，打造本钢核心品牌。一是打造汽车板核心战略品牌。要坚定不移发挥本钢国际领先的汽车板装备优势，以满足客户在质量、成本、交付、研发和服务（QCDDS 能力建设）等方面的需求为重要抓手，狠抓以高端汽车板为代表的拳头产品增量，全年汽车板产量要实现 260 万吨，要提升高等级汽车面板比例和直供客户比例。坚决树立工序服从理念，提升原品种合格率，全面降低质量异议率，确保交货期，提升产品市场美誉度，不断满足客户差异性、定制化服务需求。二是打造优质高端特钢品牌。发挥历史传承和最新建成投产的世界顶级特钢装备优势，重塑本钢“金钥匙”的历史品牌，狠抓以高等级轴承钢和齿轮钢为代表的特钢产品，解决“特钢不特”问题。坚持绿色低碳理念，实现特钢产品从“优”到“特”的转变，首要任务是要提升产品质量，扩大产品认证范围、加大外部市场开拓力度，加快巩固和扩大高端特殊钢客户市场，提高市场占有率，推动改造项目快速达产达效，实现规模效益，提升成本竞争优势。三是重塑低磷低硫高纯“人参铁”品牌。发挥本钢特有的优质铁矿石资源优势，打造采选冶炼一条龙高端铸造生铁，开发高端应用客户，提升产品附加值。四是打造绿色矿山品牌。锚定绿色矿山、智慧矿山建设，重点打造南芬采选一体化龙头企业，将采选能力提升到行业先进水平，真正体现本钢矿业品牌影响力。五是加大多元产业品牌培育。积极对接鞍钢“第三极”战略，加快专业化平台建设，加快培育新兴产业，加快推动产业链延伸等。

2. 以品牌建设为导向，倒逼生产管控能力提升。以汽车钢合同交付为抓手，优化生产组织，提升合同执行率，杜绝主机厂合同逾期。以效益最大化为基准，以效率提升和能耗最低为原则，做好全年生产计划，确保完成生产经营目标。加大生产指挥力度，根

据生产实际及时优化平衡物料，强化工序服从，推进工序间模拟市场化考核，确保工序平稳衔接。坚持品牌导向，完善销研产联动机制，深入剖析从市场端到现场端存在问题，从管理提升、技术进步、工序保障三方面入手，系统制订提升方案，实现技术、品种、质量、装备、市场开发等方面相互支撑，持续提升产品和服务质量，提升拳头产品比例。强化质量管理，增强质量成本意识。

3. 强化品牌服务意识和客户至上理念。积极扩大终端用户市场，培养优质客户，增强客户黏性，保障合同交货期，不断提升高端市场占有率。加强客户关系管理，逐步淘汰低质贸易商。按照“6+2+1”的营销工作目标，不断加大调产线、调内外贸、调客户结构等措施，积极开发新产品、新客户，做好鞍本价格协同，提高吨钢售价和盈利水平。坚定长期稳定出口战略，维护长期客户，完善出口定价机制，有效预判价格变化趋势，开发海外市场，加大出口，实现出口效益最大化。

（五）加速战略落地，推动重大战略项目落实落细，提升企业可持续发展能力

立足企业战略定位，坚持动态调整原则，有序推动“十四五”规划落地见效。加大逆周期调整力度，抓住钢铁行业处于低谷期窗口，推动现有产线优化升级改造，为行业转入上行期充分释放竞争优势储备能量。强化投资管理，遵循确有必要原则，加强投资决策、实施、评价考核、责任追究等全过程管控，做到精准投资，提升投资收益。

1. 聚焦创新驱动，塑造发展新动能新优势。坚持科技是第一生产力、创新是第一动力，持续加大科技投入力度，规范研发费用归集管理，提高科研直接投入比例。加大新工艺、新技术在超低排、低碳冶金、关键核心技术、智能制造等投资项目上的应用，加快产品创新创效。激发科技创新活力，加大授放权力度，落实“卓越计划”“领军计划”，赋予项目负责人更大的人财物支配权、技术路线决策权。强化科技创效和成果转化激励，实现关键人才中长期激励。强化研发合作交流，加强与中国钢研、哈工大、中科院金属所等高校院所合作，深化协同创新，围绕“全氧富氢高炉冶炼”等项目深入对接并加快推进。夯实“辽宁省钢铁产业产学研创新联盟”建设，积极构建创新联合体，开展联盟合作项目。推进“四个平台”建设，重点开展调品指数专项攻关，坚持以效益为中心，努力提高吨钢售价和盈利水平，调品指数力争实现140元/吨目标。强化知识产权运营，完善专利发展战略规划，推进专利导航和专利布局，提高发明专利比例、核心专有技术认定数量。

2. 提升战略资源保障能力。突出战略引领，加快落实“双核”战略，打造具有成本竞争优势的资源企业，把矿产资源产业打造成为保障鞍钢集团产业链供应链安全的“稳定器”、防范钢铁市场周期性波动风险的“压舱石”。要深挖老矿山开采潜力，增加主要产品产量，降低固定费用；优化爆破设计、运输方式等采矿工艺，实施选矿工艺优化改造；加大生产定额对标挖潜，提质降耗；提高外部市场销售收入，加大外销岩石、碎石等实现外部创效。以产能稳定化为基础，发掘南芬露天矿资源潜力，强化升级改造力度，加快推进南芬选矿厂大型化改造，做好北台铁矿老一选恢复生产，最大能力提升歪头山铁矿辊磨干选系统作业率，确保铁精矿产量稳中有升，挑战930万吨目标。要加速后备矿山有序开发，推进实施“三个一批”项目，着眼长远，做好资源接续。加快推进国家“基

石计划”项目落实，其中南芬徐家堡子铁矿采选工程力争2023年上半年开工建设，棉花堡铁矿地下开采要履行完成招拍挂程序，南芬铁矿采选工程开展地采采矿权要件办理，花红沟铁矿采选工程及永安铁矿采选工程继续争取矿权。

3. 提升绿色低碳发展能力。持续完善低碳发展规划，按照国家碳达峰碳中和要求，推进生态优先、节约集约、绿色低碳发展。制定碳资产管理制度，建立双碳管理组织体系，有计划分步骤实施碳达峰行动。要加快推进超低排放改造，按照2023年基本完成目标，全面推进治理项目建设，确保按期建成，并及时开展项目后评价，板材2023年基本实现超低排放，成为“绿色工厂”典范。要深入推进环境污染防治，持续推进环保治理项目实施，强化环保设施稳定运行和在线监测，全面完成年度污染物排放目标。开展感官污染整治，严格做好环保督察问题整改，完成中央及省级督察问题销号，持续开展成效监察，增强人员环保责任意识，消除问题反弹隐患。要深入开展节能降耗，强化“能耗双控”红线意识，确保实现能耗强度、能耗总量双降低。持续优化能介平衡，重点做好煤气、蒸汽平衡，消灭高炉、焦炉煤气放散，增加转炉煤气回收、余热蒸汽回收，优化电网结构和电力负荷，减少上网电量，继续提高自发电比例，降低外购能源成本。不断提高能源使用效率。推进板材、北营能源集控项目实施，确保2023年末上线运行、吨钢综合能耗≤593kgce/t。要推进美丽本钢建设，2023年底完成花园式工厂主体景观设施建设，厂区环境改善项目同步实施，为2024年申报“AAA级旅游景区”创造条件。

4. 加速“数字本钢”建设。加快“数字蝶变”，推进产业数字化、数字产业化，以信息化水平提升带动管理全面升级，赋能钢铁主业转型升级，让数字科技成为助力本钢高质量发展的“倍增器”。围绕深度应用一体化项目、数据管理、流程深度优化、重点项目建设、运行及网信工控安全等持续提升专业化管理，促进板块公司信息化管理能力、业务能力整体提升。要持续推进信息化规划及项目管理，以钢铁产业管理与提升及配套支撑项目上线为试点，围绕“保好用”总体要求，开展授权规范管理、基础数据、业务数据管理、系统使用管理、系统深度应用管理等。要持续开展信息化对标，结合能源集控、铁前集控、智能料场等重点项目开展行业、五地对标工作，通过信息化投入对标、网络安全对标、运行管理对标、具体项目对标等，找差距定措施，通过项目实施效果对标，指导项目推进，达到系统好用、行业领先效果。

（六）加速共建共享，坚持以人民为中心的发展思想，持续增进民生福祉，提升企业的向心力凝聚力

1. 树立依靠职工办企业理念。发挥职工贴近基层、熟悉一线优势，积极构建“四条激励赛道”，开展群众性创新创效攻关活动，不断夯实创新工作室、合理化建议、先进操作法等载体，提升职工创新意识和创新潜能。推动职工建功立业提升创效水平，紧扣企业中心工作，开展节能降耗、提质增效、安全生产、技术研发等专项劳动竞赛，积极组织各级各类技能竞赛，培育技术能手和技能人才。提升职工民主管理能力，继续保持和发挥各级职代会主体作用，加强职代会提案工作，确保提案收到成效。

2. 充分发挥工人阶级主力军作用。弘扬企业家精神，有计划培养一批新时代本钢“企业家”，带动更多领导干部有担当、敢作为，

形成攻坚克难、干事创业的良好氛围。持续弘扬新时代劳模精神、劳动精神、工匠精神，做好各类先进典型的培养、选树和宣传工作。发挥先进典型的引领、示范作用，不断引发共鸣共振，切实产生干实事、抓落实、创效益的强大动力。深化“公开解难题、民主促发展”主题活动，做好职代会、厂务公开、集体协商等工作，发挥职工董事、职工监事作用。

3. 提升企业共建共享能力。深化“我为群众办实事”实践活动，用心、用力、用情谋划和推动年度民生实事项目，促进企业改革发展成果惠及广大职工。推动共建共享，建立企业效益与职工工资增长同步机制。继续开展结对帮扶、两节慰问等，不断完善常态化帮扶机制，坚持“四季恒温”，保持职工互助保障工作全覆盖。精准实施帮扶救助，全方位巩固困难职工解困脱困成果。

各位委员、同志们，新目标引领新征程，新使命展现新作为！让我们更加紧密地团结在以习近平同志为核心的党中央周围，全面学习贯彻党的二十大精神，在鞍钢集团党委的正确领导下，紧紧依靠和团结带领全体干部职工，踔厉奋发，砥砺奋进，奋力开创本钢高质量发展新局面，在助力鞍钢集团建设世界一流企业征程中贡献“本钢力量”。

全面落实二次党代会精神
奋力开创本钢高质量发展新局面

——在本钢集团一届十四次职工代表大会上的工作报告

（2023 年 1 月 4 日）

本钢集团总经理　王　军

各位代表，同志们：

现在，我代表本钢集团向大会作工作报告，请审议。

一、2022 年工作回顾

2022 年是本钢立足新起点，锐意改革、勇毅前行的一年，也是本钢发展史上极为重要、极具挑战意义的一年。本钢集团始终坚持以习近平新时代中国特色社会主义思想为指导，认真学习贯彻党的十九大及历次全会精神和党的二十大精神，在鞍钢集团和多元股东的正确领导下，推动各项工作落实落地，做到了改革、经营“两手抓、两手硬”，各项工作取得了显著成效。

一年来，我们持续发扬斗争精神，提高政治站位，以永不懈怠的精神状态和一往无前的奋斗姿态，全面深化改革，鞍本整合融合和国企改革三年行动实现既定目标，鞍本重组成为国企改革三年行动标志性案例；三项制度改革取得显著成效，新本钢向着公司治理规范化、运营机制市场化、薪酬激励价值化、对标提升精细化发展，迈出坚实的一步；一年来，我们聚焦“双跑赢”，坚持以效益为中心、以改革为引擎，以市场为战场，直面钢铁行业急剧下行和新冠疫情反复冲击“两大困难”给企业带来的严峻挑战，超前谋划、统筹部署，吹响“大干100天、冲刺四季度”冲锋号，跑出了“本钢加速度”，实现了“双跑赢”：全年完成铁精矿919万吨，同比增加103万吨，首次突破900万吨大关；生铁1688万吨，同比增加11万吨；粗钢1754.8万吨，同比增加10万吨，创历史最好水平；商品材1685万吨，同比增加9万吨；全年预计实现营业收入780亿元；利润总额10.2亿元，销售利润率1.3%；资产负债率76.2%，较年初下降3.2个百分点；安全生产实现“三为零”，为鞍钢集团实现“三确保一争取”目标做出了本钢贡献。

——全面深化改革取得实效，发展潜力活力持续释放。鞍本整合融合取得阶段性成效，融入国资央企平台的新本钢管理更加规范、管控更加严格、治理体系运转更加高效。资产负债率比年初下降3.2%，财务费用同比下降50.5%，资产质量明显提升。国企改革三年行动任务顺利完成，子企业董事会应建尽建和外部董事占多数实现两个100%，不同治理主体间决策界面清晰、权责明确，集团授权体系有效运转。亏损企业治理、参股企业退出、“两非”“两资”处置高效推进，超额完成“亏损户数减少1/2，亏损额减少1/3”的年度治理任务。以市场化方式推进法人压减48户，内部管理层级压缩至3级。三项制度改革取得显著成效，总部编制压减41.2%，作业区级及以上机构总量压减27%，主业板块管理人员占比降至9%以内。全面推行差异化薪酬体系，管理人员“两制一契”“双合同”管理及多种员工绩效考核激励机制同步实施。开展领导人员竞争性选拔，D级及以上人员竞争上岗占比50.7%。全面优化人力资源，员工市场化退出率1.4%，进入赋能中心人员比例达15.8%，主业实物劳动生产率同比提高22.6%。推行职业经理人选聘工作，5家公司成为试点单位。在鞍钢集团子企业重点改革任务完成情况评估中，本钢9项任务，8项名列前茅，成绩优异。市场化改革典型的示范引领作用逐步显现，以“授权+同利”为核心，全面推行“双跑赢、三区间”差异化考核，涌现出板材公司“穿透式”授权放权、北营公司“市场化”和“精益+”改革组合拳、矿业公司赋能提质“三增一提”等改革创新典型，以及建设公司率先推行的“无职级任用”、恒泰公司“项目单元自由组队、竞价摘牌承包运营”等可复制、可推广的市场化改革“样板”，实现了职工从“要我干”到“我要干”的转变。

——重大战略部署有序推进，可持续发展能力不断增强。落实鞍钢“双核”战略，以老矿山增产和后备矿山建设为抓手，推动资源保障战略落地取得突破。南芬选矿厂大型化改造和精矿管输工程陆续开工，棉花堡子、徐家堡子和花红沟铁矿等开发项目列入国家“基石计划”。践行低碳发展理念，加快实施绿色低碳战略，专项推进超低排放改造工程，规划实施的132个项目，2022年已按计划完成27项，累计完成49项。提升能源管控水平，吨钢综合能耗、万元产值能耗两项指标完成鞍钢集团考核值。2022年外购能源成本同比吨钢降低37.7元，年创效益6亿元；吨钢综合能耗同比降低18kgce，节约28.9万吨标准煤，达到行业平均水平。自发电比例实现55.3%，同比提升11.4%。推进花园式工厂建设，全年新增绿化面积128.5万平方米，板材厂区降尘同比降低16.1%，北营厂区降尘同比降低9.1%。“数字本钢”战略有序推进，“国资监管、集团监督、管控共享”3类38项信息系统建设完成30项，板材基地一体化信息管控系统及配套支撑项目、高炉智能管理系统、日清日结系统、三冷无人行车系统投入运行，主产线MES系统覆盖率实现100%，3D岗位机器人换人率实现7%，铁前集控、能源集控系统建设正在快速推进。统筹推进多元产业整合和改革工作，积极培育“第三极”，完善了本钢专业化整合顶层设计，整合组建了资源综合利用、设备工程、建筑工程、城市服务4个专业化平台公司。坚持有所为、有所不为，清理退出18户企业。

——持续推进精细化管理，企业运营水平大幅提升。持续开展与鞍钢“五地”和行业先进水平对标，计划145项对标重点工作，完成141项，板材北营多项技经指标达“五地”领先水平。打造“明星产线”，贯彻“产线效率发挥到极致”理念，优化合同排产，将产品资源向盈利能力最大、效益最好的产线、产品倾斜，最大限度发挥优势产线效益，实现增效1.7亿元。强化设备管理，提升设备功能和精度，2022年功能精度点位完好率达到99%。其中板材铸机接弧精度合格率同比提高18.6%，板材2300轧线层流冷却集管完好率同比提高11%。优化采销模式，及时调整采购策略，煤炭采购坚持以长协为主、统购统销为辅，稳定了焦煤采购渠道；矿粉采购坚持以国内为主、国外为辅，加大长协矿采购力度，累计实现原燃料降本超过4亿元。加大产品出口力度，2022年出口钢材签约量200.5万吨，售价高于内贸252元每吨，累计增效超过5亿元。加大“跑市场”力度，开发更多战略客户和直供客户，板材新开发直供客户44家，北营新开发直供客户16家。全面预算管理效果凸显，2022年完成成本压降45亿元，折成吨材降本268元。安全管理水平明显提升，2022年实现重伤及以上生产安全事故和火灾事故为零。积极有效应对疫情冲击、加大保产保供力度，实现了疫情对生产经营零影响。

——科技创新体系日趋完善，创新驱动能力不断增强。完善科技创新体系，编制了本钢技术创新体系建设方案，成立了本钢集团科学技术协会，建立矿山、高炉、能源环保、冶金设备技术委员会。推进研发基地建设，改善研发环境，自主创新平台影响力逐步提升，在2022年度国家级技术中心评估中，本钢在全国钢铁行业排名第13位，排名较上次评价上升3位。加快创新人才培养，推行首席工程师制度改革，公开竞聘选拔首席工程师75名，设立科技项目62个。深化产学研用创新协同，推进自动化公司“科改示范企业”建设，与辽宁科技大学、冶金工业信息标准研究院、辽宁科技学院签署战略合作协议，与辽宁工程技术大学共建“省部级协同创新中心”。知识产权管理取得成效，专利申请402件，同比增长70%，完成专有技术认定65项，首次参与2项国际标准研制，获得省级以上各类奖41项，完成产品认证22项共40个牌号。产品研发取得新进展，2022年完成研发投入3.9%，累计成功开发新产品58个牌号，完成新产品供货23.75万吨，同比提高114.4%，实现科技创效6675.8万元。

——坚持以人民为中心，共建共享取得明显成效。落实“共享鞍钢”理念，聚焦职工急难愁盼问题，办好民生实事，完成了“职工健康体检、职工互助保障”等13项民生项目。赋予“鞍钢宪法”时代精神，强化民主管理，所属企业涉及三项制度改革有关方案100%履行了民主程序，提高住房公积金缴存比例，实现了节日期间免费供餐送餐到岗，解决了增加停车场停车位等问题。维护职工身心健康，在疫情封控期间，累计投入600余万元，为保产保供职工提供后勤生活保障。大力弘扬劳模精神、劳动精神、工匠精神，选树先进典型，获得全国工人先锋号1个，全国机械冶金建材行业工会经济技术工作先进单位1个、岗位能手3人，省劳动模范1人。评选出40名季度“本钢好人”和11名年度“本钢好人”，举办了第二届“本钢好人”年度盛典。释放改革红利，在行业下行压力和企业效益摊薄的严峻形势下，确保职工收入增长，在岗职工人均工资同比增长5.8%，2022年3月份，主业板块夜班津贴人均增加165元/月，7月份再增加295元/月，职工获得感持续提升。加大帮扶力度，持续开展常态化送温暖活动，为患重病、住院职工发放慰问金，发放节日职工福利，推广“小药箱进班组”普惠活动，实现了对困难职工100%帮扶。

此外，法律合规、审计、统战、武装、保卫、国安保密、信访维稳、治安综合治理等方面能够积极对接鞍钢集团工作部署，各项工作都取得明显成效。

各位代表、同志们！建设高质量发展新本钢，推动本钢向着世界一流企业迈进是全体干部职工的使命和责任！一年来，我们笃定“改革”“发展”两大主题，以刮骨疗毒的勇气，推动全体系整合融合、全方位深化改革、全流程对标提升、全工序提质增效，以“等不得”“慢不得”的紧迫感责任感加快实施“十四五”规划，经历了风雨、付出了辛苦，企业发展实现了三个明显转变：

——经营模式从生产导向型向市场导向型转变，效益理念深入人心，精打细算的“算账文化”逐渐形成；

——管理模式从粗放管理型向精益管理型转变，成本意识明显增强，极致降本的“对标文化”全面推开；

——绩效模式从岗位导向型向业绩导向型转变，差异薪酬普遍实施，多劳多得的“绩效文化”成为常态。

这些成绩的取得，是鞍钢集团和多元股东正确领导和大力支持的结果，是全体干部职工努力奋斗和忘我拼搏的结果。在此，我代表本钢集团，向各位代表和在座的同志们，并通过你们向全体干部职工及家属，致以衷心的感谢和崇高的敬意。

在总结成绩的同时，也要清醒地看到，企业还面临很多亟待解决的问题：一是深化改革仍需强力推进。一些制约高质量发展的痛点、难点问题亟待解决，已有改革成果尚未建立起长效机制，还需进一步完善、巩固、推广和提升。二是企业核心竞争力不足。高端产品占比低，产品总体竞争力不强，高技术人才无法满足企业未来发展需要。三是人员效率低、产线效率低、工序能耗高、工序成本高，采购销售与市场契合度不够紧密。四是绿色发展水平较低。超低排放改造、绿色矿山建设和环保达标还需加快推进。五是安全管理基础薄弱。安全管理体系不完善，规范化水平不高，还存在不会管、不敢管现象。这些问题需要引起我们的高度重视，在今后工作中着力加以解决。

二、2023年工作安排

2023年是全面落实党的二十大精神，实现本钢二次党代会确定的“攻坚期”目标任务的决战之年，也是本钢继2022年全面实施深化改革后开启的“全面提升年”，要加速推动事关建设基业长青新本钢的重要战略任务落实落地落细，实现效益效率效能再提升。

当前，从国际环境看，俄乌局势持续动荡，中美中澳博弈加剧，大国关系不确定性上升，后疫情时代疫情走势对经济发展的影响仍无法估计。从钢铁行业看，消费需求不足，钢铁企业利润持续下降。面对严峻复杂的内外部形势，我们既要正视困难，也要坚定信念，党的二十大报告明确提出“坚持把发展经济的着力点放在实体经济上，推进新型工业化”“加快建设世界一流企业”等，中央经济工作会议指出要“更好统筹供给侧结构性改革和扩大内需”“推动经济运行整体好转”，这些必将为企业发展创造更多的发展机遇，预计2023年钢铁市场会出现“前低后高”的发展态势。同时，从企业自身来看，鞍本重组一年来，新本钢资产质量显著改善，发展韧性和抗风险能力不断增强，社会对本钢的良好预期显著提升，为本钢迈向更高质量发展新征程奠定了坚实基础。

基于上述分析，做好2023年各项工作，要坚持以习近平新时代中国特色社会主义思想为指导，全面贯彻党的二十大精神、习近平总书记重要讲话、指示批示精神，认真落实鞍钢集团决策部署，承接鞍钢集团二届六次全委扩大会议“实现五个开新局，聚焦五个重点”工作部署，落实本钢二次党代会精神和本钢2023年“1357”工作方针，即聚焦1个根本目标：打造基业长青的具有示范意义的国有企业市场化改革标杆；紧盯3条核心主线：深化整合融合、统筹改革创新、提升品牌价值；坚持5大发展方向：改革促活力、创新求发展、效率增效益、品牌拓市场、对标“双跑赢”。实施7项重点任务：全面实现“两利四率”目标，销售收入利润率跑赢大盘；调品、提质、优化营销渠道促服务，吨钢调品指数挑战140元；夯实绿色低碳发展基础，基本实现超低排放；加快智慧制造平台建设，制订实施2023—2025年成本削减规划，推动成本、质量、交货期管理显著提升；强化亏损企业治理，亏损户数减少50%，消灭亏损非钢企业；快速实现后备矿山增量，铁精矿产量挑战930万吨；持续深化技术创新体系建设，培养造就8名以上科技领军人才，锚定世界一流钢铁企业标准，围绕“提升年”主题，坚持党建引领，实现“五加速、五提升”，全面推动改革发展提档升级、提质增效，奋力开创本钢高质量发展新局面。

生产经营主要目标：利润总额基本目标8.8亿元、奋斗目标12.2亿元、挑战目标15.6亿元；自产铁精矿挑战930万吨，生铁1738万吨、粗钢1830万吨（在产能不受限制情况下）、钢材1766万吨、安全生产实现“三为零”。

围绕上述目标，着力做好以下五项重点工作：

（一）加速改革攻坚，持续完善以市场化为核心的体制机制建设，提升企业发展动力活力

立足打造新时代东北全面振兴中深化国有企业改革的示范，坚定不移走“改革+市场”发展之路。按照“三个明显成效”目标，牢牢把握改革的系统性和实效性，持续推动市场化改革向纵深挺进，体现“真改革”“动真格”，为实现高质量发展积蓄更强的新优势新动能。

1. 深化市场化改革探索。围绕鞍钢集团加快建设世界一流企业建设目标方案，坚持改革赋能，不断探索改革新思路新举措。持续提高授权放权行权的系统性、科学性、规范性和实效性，实现授权与监管相结合、放活与管好相统一。继续深化三项制度改革，优化“两制一契”体系，确保“双合同”有

效运行，持续改革薪酬体系，以“四到”等精准激励机制为突破口，进一步探索以“划小核算单元、推进上下游实现市场模拟”为主攻方向的市场化管控运营机制，深度激发微观主体创新创效活力。

2. 巩固改革经验成果。对照“制度健全、动作到位、成效显著”要求，系统总结本钢“四化三效”改革要点，并结合新形势新要求进行完善，确保案例可借鉴、可复制，加快在更多子企业中推广应用，发挥以点带面、多点突破的促动作用。梳理“干得好、立得住、叫得响”的重要举措和经验，提炼精髓、总结规律，以制度形式进行固化和落实，形成更具规范和指导意义的长效机制，着力打造更多更具活力的微观市场主体，推动市场化改革取得更大突破。

3. 优化完善改革举措。围绕2022年的改革举措，深入开展调查研究，听取实际运行情况反馈，及时纠偏、改错，确保改革措施务实管用。坚持对标提升，围绕劳动生产率、销售利润率、研发投入强度、全面预算管理等关键指标，对标行业先进水平，进一步查找差距，剖析体制机制弊端，靶向施策，持续改进。对照决策主体决策界面，持续完善决策清单，全面提升决策主体运行质量，促进现代企业制度更加成熟定型。

4. 发力改革难点攻坚。把握战略性和牵引性，以敢啃“硬骨头”的精神，加速推进深层次体制机制变革，全力构建结构科学、治理完善、创新强劲、活力迸发的新格局。加大“出血点”治理力度，强力推动丹东不锈钢、房地产公司、北钢公司等亏损企业治理和彩涂等低效无效产线利用，加大参股企业退出和“两非”“两资”处置力度，盘活低效无效资产，持续推动“瘦身健体”。深入推进多元产业改革，加快战略性优势产业培育，打造适应企业发展规律的多元产业市场化经营机制。深入推进整合融合向化合转变，以更大力度推动业务整合再深化再拓展，助力鞍钢加快打造“双核＋第三极”产业发展新格局。

（二）加速管理提升，以对标为抓手目标为引领，提升企业全流程全口径成本竞争优势

把对标作为“提升年”重要抓手，聚焦效率效益，坚持刀刃向内，建立系统思维，围绕运营能力、产线设备效率、资本质量、本质安全和风险防控等推行极致降本举措，构建“全过程、全层级、全产业链”对标管理新模式，形成齐抓共管的对标降本管理体系。

1. 提升低成本运营能力。突出精益管理理念，以工序成本低于行业平均水平为目标，落实预算指标，制定和落实降本增效措施，协同推进管理降本、工序降本、技术降本、能耗降本，打造低成本竞争优势。坚决树牢“以效益为中心”的采购理念，持续优化采购策略和方式，强化市场研判，严格贯彻落实“调库存、调结构、调区域、转战略、搭平台、抓协同、重评价、防风险，严控绿色通道和独家供货”的“8+1”采购举措，提升“遇降速降、遇涨缓涨”能力，推动采购降本实现“双跑赢”。强化存货管理，持续完善大宗原燃料和存货管理体系，深入实施按天数管控原则，细化存货管理各个环节管控天数，明确管控主体责任，强化考核，确保降库降本工作落到实处。强化物流管理，优化物流运输方式，积极争取降低运费和港口费用优惠政策，降低物流成本，提升物流管理水平。

2. 提升产线产能效率。本钢现有在产轧钢产线20条，其中产能利用率不足80%

的产线占30%，产能利用率在80%—100%之间的产线占45%，产能利用率达到100%以上的产线仅占25%。要推动产线提效改造，对标设计产能、历史产能和行业同类型产线产能，集中力量对专业产线和低效、无效产线进行清理和升级改造，重点针对板材6#和7#铸机、浦项冷轧4#镀锌线、酸洗产线以及南芬矿采选改造等进行提产提效改造，对1780热轧产线、2300热轧、硅钢连退机组和2#单机架轧机提质提效，切实提升工序、工艺、装备、产线产能利用率。

3. 提升设备运行质量。树立“趋势管理”理念，深化“逢修必改、逢改必升级”。以“恢复设备功能、提升设备精度”为中心任务，坚持精度管理标准，实行功能精度“摘牌制”。不断拓展精密点检手段，掌握设备劣化趋势，做实做细定修模型，将设备劣化趋势与定修模型相结合，实现设备精准维护、精准检修。提升设备自控化率。同时，打造设备检修专业化队伍，减少设备维修费中人工成本占比，推动设备各项性能达到设计标准。

4. 提升资本运营质量。加强全面预算管理，聚焦“两利四率”，坚持量入为出、现金流为正，科学编制预算。开展全面、全员、全过程穿透式预算管理，实现经营预算与资金预算、资本预算、财务预算并行。强化预算分析，聚焦存货周转率、资金周转率，推进细化月度经营分析，健全生产、成本、利润、资金、投资、资产全面分析模型，多维度多角度分析对比，提升决策支撑能力。强化预算执行结果考核，健全预算考核制度，实现预算闭环管理，用考核倒逼责任落实，使全面预算管理成为生产经营降本增效的“方向盘”。加大业财融合力度，健全资产长效机制，紧密产供销衔接，压缩融资规模，压减财务费用，降低资产负债率，多渠道降本增效。

5. 提升本质安全水平。要牢固树立安全生产红线意识，坚持目标导向、问题导向、责任导向，着重提升安全履职、危险源和风险管控、隐患排查治理、火灾防控四方面能力。规范安全生产费用计提和使用，提高安全生产标准化、可视化、智能化三方面管理水平，保障安全教育培训、安全专项整治、相关方安全监管三方面效果，全力维护安全生产形势持续稳定。

6. 提升重大风险防范能力。坚持底线思维，围绕企业运营面临的财务风险、安全风险、环保风险、法律风险等，加大风险评估和监测力度，充分发挥法律、审计等维护企业依法合规运行职能，强化合规与业务融合，持续做好重大决策等法律审核，深入贯彻落实风险评估与合规联合审查工作。强化审计监督职能，加强审计评价工作体系建设，持续完善违规经营投资责任追究工作机制，揭示管理漏洞，防范重大风险。

（三）加速品牌建设，打造质量最佳服务最优市场反应最快有竞争优势的品牌体系，提升企业影响力

品牌建设是本钢迈向世界一流企业的必由之路。要因地制宜，聚焦本钢已有技术、装备、资源优势，承接“双核+第三极”战略，聚焦核心产业、主打产品、生产管控、营销服务等方面，一体化、全方位推进品牌建设，全面提升企业品牌影响力。

1. 聚焦优势产业，打造本钢核心品牌。一是打造汽车板核心战略品牌。要坚定不移发挥本钢国际领先的汽车板装备优势，以满足客户在质量、成本、交付、研发和服务（QCDDS能力建设）等方面的需求为重要抓手，狠抓以高端汽车板为代表的拳头产品增量，全年汽车板产量要实现260万吨，要提升高等级汽车面板比例和直供客户比例。

坚决树立工序服从理念，提升原品种合格率，全面降低质量异议率，确保交货期，提升产品市场美誉度，不断满足客户差异性、定制化服务需求。二是打造优质高端特钢品牌。发挥历史传承和最新建成投产的世界顶级特钢装备优势，重塑本钢“金钥匙”的历史品牌，狠抓以高等级轴承钢和齿轮钢为代表的特钢产品，解决“特钢不特”问题。坚持绿色低碳理念，实现特钢产品从“优”到“特”的转变，首要任务是要提升产品质量，扩大产品认证范围、加大外部市场开拓力度，加快巩固和扩大高端特殊钢客户市场，提高市场占有率，推动改造项目快速达产达效，实现规模效益，提升成本竞争优势。三是重塑低磷低硫高纯“人参铁”品牌。发挥本钢特有的优质铁矿石资源优势，打造采选冶炼一条龙高端铸造生铁，开发高端应用客户，提升产品附加值。四是打造绿色矿山品牌。锚定绿色矿山、智慧矿山建设，重点打造南芬采选一体化龙头企业，将采选能力提升到行业先进水平，真正体现本钢矿业品牌影响力。五是加大多元产业品牌培育。积极对接鞍钢“第三极”战略，加快专业化平台建设，加快培育新兴产业，加快推动产业链延伸等。

2. 以品牌建设为导向，倒逼生产管控能力提升。以汽车钢合同交付为抓手，优化生产组织，提升合同执行率，杜绝主机厂合同逾期。以效益最大化为基准，以效率提升和能耗最低为原则，做好全年生产计划，确保完成生产经营目标。加大生产指挥力度，根据生产实际及时优化平衡物料，强化工序服从，推进工序间模拟市场化考核，确保工序平稳衔接。坚持品牌导向，完善销研产联动机制，深入剖析从市场端到现场端存在问题，从管理提升、技术进步、工序保障三方面入手，系统制订提升方案，实现技术、品种、质量、装备、市场开发等方面相互支撑，持续提升产品和服务质量，提升拳头产品比例。强化质量管理，增强质量成本意识。

3. 强化品牌服务意识和客户至上理念。积极扩大终端用户市场，培养优质客户，增强客户黏性，保障合同交货期，不断提升高端市场占有率。加强客户关系管理，逐步淘汰低质贸易商。按照“6+2+1”的营销工作目标，不断加大调产线、调内外贸、调客户结构等措施，积极开发新产品、新客户，做好鞍本价格协同，提高吨钢售价和盈利水平。坚定长期稳定出口战略，维护长期客户，完善出口定价机制，有效预判价格变化趋势，开发海外市场，加大出口，实现出口效益最大化。

（四）加速战略落地，推动重大战略项目落实落细，提升企业可持续发展能力

立足企业战略定位，坚持动态调整原则，有序推动“十四五”规划落地见效。加大逆周期调整力度，抓住钢铁行业处于低谷期窗口，推动现有产线优化升级改造，为行业转入上行期充分释放竞争优势储备能量。强化投资管理，遵循确有必要原则，加强投资决策、实施、评价考核、责任追究等全过程管控，做到精准投资，提升投资收益。

1. 聚焦创新驱动，塑造发展新动能新优势。坚持科技是第一生产力、创新是第一动力，持续加大科技投入力度，规范研发费用归集管理，提高科研直接投入比例。加大新工艺、新技术在超低排、低碳冶金、关键核心技术、智能制造等投资项目上的应用，加快产品创新创效。激发科技创新活力，加大授放权力度，落实“卓越计划”“领军计划”，赋予项目负责人更大的人财物支配权、技术路线决策权。强化科技创效和成果转化激励，实现关键人才中长期激励。强化研发合作交

流，加强与中国钢研、哈工大、中科院金属所等高校院所合作，深化协同创新，围绕“全氧富氢高炉冶炼”等项目深入对接并加快推进。夯实“辽宁省钢铁产业产学研创新联盟”建设，积极构建创新联合体，开展联盟合作项目。推进“四个平台”建设，重点开展调品指数专项攻关，坚持以效益为中心，努力提高吨钢售价和盈利水平，调品指数力争实现 140 元 / 吨目标。强化知识产权运营，完善专利发展战略规划，推进专利导航和专利布局，提高发明专利比例、核心专有技术认定数量。

2. 提升战略资源保障能力。突出战略引领，加快落实“双核”战略，打造具有成本竞争优势的资源企业，把矿产资源产业打造成为保障鞍钢集团产业链供应链安全的“稳定器”、防范钢铁市场周期性波动风险的“压舱石”。要深挖老矿山开采潜力，增加主要产品产量，降低固定费用；优化爆破设计、运输方式等采矿工艺，实施选矿工艺优化改造；加大生产定额对标挖潜，提质降耗；提高外部市场销售收入，加大外销岩石、碎石等实现外部创效。以产能稳定化为基础，发掘南芬露天矿资源潜力，强化升级改造力度，加快推进南芬选矿厂大型化改造，做好北台铁矿老一选恢复生产，最大能力提升歪头山铁矿辊磨干选系统作业率，确保铁精矿产量稳中有升，挑战 930 万吨目标。要加速后备矿山有序开发，推进实施“三个一批”项目，着眼长远，做好资源接续。加快推进国家“基石计划”项目落实，其中南芬徐家堡子铁矿采选工程力争 2023 年上半年开工建设，棉花堡铁矿地下开采要履行完成招拍挂程序，南芬铁矿采选工程开展地采采矿权要件办理，花红沟铁矿采选工程及永安铁矿采选工程继续争取矿权。

3. 提升绿色低碳发展能力。持续完善低碳发展规划，按照国家碳达峰碳中和要求，推进生态优先、节约集约、绿色低碳发展。制定碳资产管理制度，建立双碳管理组织体系，有计划分步骤实施碳达峰行动。要加快推进超低排放改造，按照 2023 年基本完成目标，全面推进治理项目建设，确保按期建成，并及时开展项目后评价，板材 2023 年基本实现超低排放，成为“绿色工厂”典范。要深入推进环境污染防治，持续推进环保治理项目实施，强化环保设施稳定运行和在线监测，全面完成年度污染物排放目标。开展感官污染整治，严格做好环保督察问题整改，完成中央及省级督察问题销号，持续开展成效监察，增强人员环保责任意识，消除问题反弹隐患。要深入开展节能降耗，强化“能耗双控”红线意识，确保实现能耗强度、能耗总量双降低。持续优化能介平衡，重点做好煤气、蒸汽平衡，消灭高炉、焦炉煤气放散，增加转炉煤气回收、余热蒸汽回收，优化电网结构和电力负荷，减少上网电量，继续提高自发电比例，降低外购能源成本。不断提高能源使用效率。推进板材、北营能源集控项目实施，确保 2023 年末上线运行、吨钢综合能耗≤ 593kgce/t。要推进美丽本钢建设，2023 年底完成花园式工厂主体景观设施建设，厂区环境改善项目同步实施，为 2024 年申报“AAA 级旅游景区”创造条件。

4. 加速“数字本钢”建设。加快“数字蝶变”，推进产业数字化、数字产业化，以信息化水平提升带动管理全面升级，赋能钢铁主业转型升级，让数字科技成为助力本钢高质量发展的“倍增器”。围绕深度应用一体化项目、数据管理、流程深度优化、重点项目建设、运行及网信工控安全等持续提升专业化管理，促进板块公司信息化管理能力、业务能力整体提升。要持续推进信息化规划及项目管理，以钢铁产业管理与提升及配套支撑项目上线为试点，围绕“保好用”总体要求，开展授权规范管理、基础数据、业务数据管理、系统使用管理、系统深度应用管理等。要持续开展信息化对标，结合能源集控、铁前集控、智能料场等重点项目开展行业、五地对标工作，通过信息化投入对标、网络安全对标、运行管理对标、具体项目对标等，找差距定措施，通过项目实施效果对标，指导项目推进，达到系统好用、行业领先效果。

（五）加速共建共享，坚持以人民为中心的发展思想，持续增进民生福祉，提升企业的向心力凝聚力

1. 树立依靠职工办企业理念。发挥职工贴近基层、熟悉一线优势，积极构建“四条激励赛道”，开展群众性创新创效攻关活动，不断夯实创新工作室、合理化建议、先进操作法等载体，提升职工创新意识和创新潜能。推动职工建功立业提升创效水平，紧扣企业中心工作，开展节能降耗、提质增效、安全生产、技术研发等专项劳动竞赛，积极组织各级各类技能竞赛，培育技术能手和技能人才。提升职工民主管理能力，继续保持和发挥各级职代会主体作用，加强职代会提案工作，确保提案收到成效。

2. 充分发挥工人阶级主力军作用。弘扬企业家精神，有计划培养一批新时代本钢“企业家”，带动更多领导干部有担当、敢作为，形成攻坚克难、干事创业的良好氛围。持续弘扬新时代劳模精神、劳动精神、工匠精神，做好各类先进典型的培养、选树和宣传工作。发挥先进典型的引领、示范作用，不断引发共鸣共振，切实产生干实事、抓落实、创效益的强大动力。深化“公开解难题、民主促发展”主题活动，做好职代会、厂务公开、集体协商等工作，发挥职工董事、职工监事作用。

3. 提升企业共建共享能力。深化“我为群众办实事”实践活动，用心、用力、用情谋划和推动年度民生实事项目，促进企业改革发展成果惠及广大职工。推动共建共享，建立企业效益与职工工资增长同步机制。继续开展结对帮扶、两节慰问等，不断完善常态化帮扶机制，坚持“四季恒温”，保持职工互助保障工作全覆盖。精准实施帮扶救助，全方位巩固困难职工解困脱困成果。

各位代表、同志们，新目标引领新征程，新使命展现新作为！让我们更加紧密地团结在以习近平同志为核心的党中央周围，全面学习贯彻党的二十大精神，在鞍钢集团的正确领导下，在多元股东大力支持下，紧紧依靠和团结带领全体干部职工，踔厉奋发，砥砺奋进，奋力开创本钢高质量发展新局面，在助力鞍钢集团建设世界一流企业征程中贡献“本钢力量”。

在中共本钢集团二届二次全委（扩大）会议上的讲话

（2023年1月3日）

杨 维

各位委员、同志们：

这次全委会议是本钢第二次党代会后，按照鞍钢集团党委会议模式，首次以全委（扩大）会议的形式召开年度工作会议。出席这次会议的人员为本钢集团新一届全体党委委员，列席人员包括本钢集团纪委委员，以及除了“两委”委员以外的本钢集团副总师、机关部门负责人、直属机构负责人、本钢集团专职董监事、直管党委党政主要负责人以及一些重要三级子企业负责人等本钢中层以上领导人员。会议的主要目的：为做好新一年工作，在中层以上领导层面统一思想、统一认识、明确任务、统一行动步调，真正发挥党委对改革发展“把关定向、统揽全局”的作用。

刚才，五位同志围绕报告讨论情况作了发言，提出了很好的意见建议，相关内容写作班子要充实在工作报告里面，落实到2023年的具体工作之中。下面，我再谈四点意见：

第一，要深刻领会报告起草的背景和今年本钢工作的主基调

这份工作报告是在充分调研基础上形成的。为了找准2023年工作定位，从8月中旬开始直到12月初，我先后带队到板材、北营、矿山，再到非钢板块各单位，围绕年初我们确定的全年“改革”“发展”两大主题，密集开展全工序、多层级的工作调研，有些单位我们直接穿透到所属子企业，目的主要有两个方面，一方面是了解各单位生产经营情况，另一方面是了解深化改革情况，尤其是了解三项制度改革的进展情况和取得的成效，既为确定新一年工作找准定位，同时也为各单位鼓鼓劲、加加油。系统调研后总体感觉可以说是喜忧参半：不论生产经营还是改革工作，既取得了一定成效，同时也存在明显的不足。从生产上看，一些单位与自己比有进步，但放在鞍钢“五地”和行业中看，差距还不小；深化改革工作，总体都开展起来，有些单位取得了较好的成果，但能够取得可推广、可借鉴成果的还不多，有些单位虽然在推改革，但对改革真正意义的理解尚不到位，给了市场化发展的权力，仍然不知道如何去应用。尤其是受行业整体下行压力和疫情反复等不利因素影响，有些单位在产量规模上甚至出现了倒退的问题，使我们的生产经营一度面临严峻挑战。在事关重组成败、事关改革是否成功的关键时刻，我们果断提出要“大干100天、冲刺四季度”，同时按照“摘帽子”“奖票子”两个维度，提出了硬约束和强激励目标值，重新签订“军令状”，提出转变工作作风“16字”方针，刚性提出既要确保完成2022年生产经营任务，也要确保深化改革取得预期效果。应该

说，经过100天的奋斗，2022年改革发展的成果值得肯定，但与我们对目标的极致追求仍有差距。行百里者半九十。基于这样的考虑，本钢集团班子决定把2023年工作基调定位为“全面提升年”，就是要“一张蓝图绘到底”，落实成旭书记在我们二次党代会上提出的，要以更大力度推动整合融合和深化改革，实现从“走近”到“走进”、从“进入”到“融入”、从“形似”到“神备”工作指示精神，把我们去年改革发展各项工作已取得的成果，全面推向更高质量和更高层次。按照这个思路，我们全面承接鞍钢集团提出的“实现五个开新局、做好五项重点工作”，结合本钢自身实际，确定了2023年工作重点为“抓好五个加速、实现五个提升”，推动各项工作全面提档升级、提质增效。具体内容和措施，报告中阐述得已经非常清晰，不再过多解读。谈这些，目的就是要求大家明确我们2023年工作的主基调，为新年开好头、起好步有个充分准备。

第二，要清醒地认识到我们的差距和不足

之所以确定2023年为本钢“全面提升年”，说明我们的工作还有差距，而工作上的差距，归根结底，实质是人的差距。建设高质量发展新本钢，就要从一点一滴做起，从认识和弥补我们的差距做起。表现之一：我们的一些领导人员，思想还不够解放，对改革的认识不清，责任感不强。工作中跟不上集团改革发展的思路，对待改革不积极，有应付心理。一些管理人员不善于思考、不善于学习、不善于斗争、不敢动真碰硬，工作中还在遵循传统路径，有路径依赖心理。比如，落实改革三年行动计划，我们成立了一批事业部，顾名思义，成立事业部就是赋予你闯市场的权力，要建立更加灵活的市场机制，可是我们有的事业部，还仅仅停留在名字的变更上，在闯市场上没有真正的动作。再比如，我们一些亏损企业，多年来一直是本钢“出血点”，常年无法“止血”，而作为经营者却拿不出止损扭亏的思路和有效的解决方案，这些都说明我们的事业心还不强、责任感还不够，还没有真正解放思想，做到撸起袖子，放手一搏。

表现之二：我们的一些领导人员，时间观念还不强，紧迫感不够，有官僚主义倾向。2023年是落实党的二十大和落实本钢二次党代会精神的元年，实现二次党代会确立的第一步“攻坚期”目标，涉及方方面面的工作。春节假期过后，就是二月份，我们四季度原计划的年修还没有开展，好多工作都需要我们往前抢，尽可能赢得时间的主动。比如，推动资源产业大发展是2023年的重要战略任务，但我们的后备矿山建设，一些时间节点一再向后顺延，最终可能导致完成后续任务非常紧迫。再比如，我们的超低排改造项目，作为红线项目和卡脖子项目，还有一大批要在2023年开工并实现当年竣工。我们还有相当一批产线产能利用率不高、设备精度不够，也都需要在2023年尽早做出完善。从当前外部大环境看，今年钢铁行业很可能是“前低后高”的走势，我们要抢抓一切有利时机，把该做的工作、能做的工作往前提，确保在市场形势好转时能够释放出应有的竞争力。调研中我们发现，还有些领导人员，对重要工作了解不深、把握不准，安排给下级处理，不再过问，这些问题，都要尽快加以改正。

第三，要进一步统一步调，增强做好重点工作的紧迫感

对于报告中提到的几项重点工作，这里我再点一下题，要引起我们足够的重视。

一是要提高站位，从讲政治的高度深刻

领会推动矿山资源大开发的现实意义。铁矿石资源是本钢特有的发展优势，落实鞍钢集团“双核”战略，加快自有矿山开发，是有时效性的。随着国内钢铁总量的不断增长，废钢循环利用将成为未来国内钢铁生产的主要形式，到那时我们拥有的矿石资源优势将不复存在。这也是2023年我们铁精矿全面挑战930万吨大关的原因所在，对此大家要有清晰的认识。

二是要深刻领会加快逆周期调节其中蕴含的发展逻辑。报告中提到要加快逆周期调节力度，其实质是前瞻性思维方式的运用，核心就是利用钢铁行业下行周期窗口，加速提升我们的短板弱项，待市场迎来上升期时，快速释放我们积累的竞争优势，这种越是困难越要寻求发展，靠发展解决发展中遇到的困难的逻辑，是符合企业发展规律的，要加快抓好推动落实。

三是要清醒认识做好超低排改造项目对我们的刚性约束。要牢固树立超低排放红线意识，深刻领会国家对超低排放的刚性约束，加快推动项目建设。不能抱半点侥幸心理，更不能因为超低排不达标，引发“灰犀牛”事件。

四是要准确把握推动“数字本钢”建设的内涵和本质。“数字本钢”建设是“全面提升年”的一个重要标志。在加快推进信息化建设过程中，要深刻领会一体化管理理念，通过信息化建设，实现新的流程再造，做到不符合的流程要改过来、缺失的流程和环节要补回来，真正发挥数字化建设对本钢发展的“倍增器”作用。

第四，领导人员要充分发挥先锋模范作用

在座的各位都是中层以上领导人员、都是各个单位的骨干力量，在“全面提升年”中要注重发挥先锋模范作用。

一是要带头转变工作作风。工作作风事关“全面提升年”能否取得预期成效，务必高度重视。七十三年前，在中国革命即将取得全国胜利之际，毛泽东同志在党的七届二中全会上提出“两个务必”，以冷静头脑“进京赶考”，开启了建设新中国的历史伟业。在党的二十大上习近平总书记告诫全党，全面建设社会主义现代化国家新征程，全党同志务必牢记“三个务必”，足以说明，作风建设对事业成败的重要影响。如今，我们正处在推动本钢实现高质量发展，打造基业长青新本钢的攻坚发力期，抓好作风建设，弘扬“16字”优良作风，是对每一位本钢人最基本的要求，广大党员干部要做转变工作作风的带头人。

二是要充分发扬斗争精神。面对当前企业存在的问题，要充分发扬斗争精神，增强斗争本领。在今后的工作中，要以问题为导向，直面问题不绕道，压实责任不悬空，敢于斗争、敢于胜利，以钉钉子精神抓落实，清单化、项目化、节点化推进各类问题的解决，逐步建立起科学、健康、规范、行稳致远的运转机制。同时，组织部门要着重选拔具有斗争精神的干部，把埋头苦干、真抓实干、敢于斗争、有斗争本领、有突出业绩的干部选出来、用起来，用正确用人导向促实干、开新局。

三是要率先垂范真抓实干。作为中层干部，要求在座的各位同志要进一步增强政治意识，要将自身融入改革发展的大格局，紧跟工作节奏，不观望、不犹豫、不拖延，勇于挑最重的担子、啃最硬的骨头，以只争朝夕的务实精神，积极落实各项工作，确保各项工作有序有力高效推进，落地落实见效。

四是要加强党建提高融入进入能力。面

对新时代新征程新要求，各级党组织和全体党员干部必须把握大势、着眼未来，进一步增强责任感、使命感和紧迫感，把个人的前途命运同本钢未来发展紧密相连，勇担使命、主动作为，以个人“小我”的奋斗成就企业高质量发展的“大我”，以披星戴月、昼夜兼程之姿，以披荆斩棘、革故鼎新之力，齐心协力、砥砺奋进，奋力开创本钢高质量发展新局面。

在本钢集团有限公司一届十四次职工代表大会上的讲话

（2023 年 1 月 3 日）

杨 维

各位代表、同志们：

本钢集团一届十四次职工代表大会经过各位代表的共同努力，圆满完成了各项任务。大会审议并通过了王军总经理所作的行政工作报告。报告全面客观地总结了过去一年来本钢改革发展取得的突出成绩，科学分析了本钢面临的内外部形势和存在的问题，有针对性地提出了 2023 年工作的指导思想和工作目标。同时，各位代表从对企业改革发展高度负责的角度，提出了很多建设性的意见和建议，对于报告和各位代表的意见建议我完全同意。鞍钢集团戴志浩总经理莅临我们的会议并作了重要讲话，对本钢的工作给予了充分肯定，对我们明年工作提出了殷切希望，我们要认真贯彻落实戴总的讲话要求。刚才，我们还召开了年度表彰会，表彰了先进集体和个人，希望大家能够再接再厉、再立新功，同时也希望全体干部职工以模范先进为榜样，在新一年的征程上再创新业绩。

下面，我再强调三个方面内容：

一、关于 2022 年的整体工作

刚刚过去的一年，是我们立足央企平台创新突破、锐意改革、成果丰硕的一年。公司各级党委和广大干部职工团结奋战，攻坚克难，积极践行“务实高效、攻坚克难、精准精细、少说多做”的工作作风，讲政治、敢担当，涉险滩、闯难关，在极其困难的环境下，破釜沉舟、逆势而上，立下“军令状”，决战决胜“双跑赢”，跑出了“本钢加速度”，新本钢释放出空前的发展活力和创造力。

回顾一年来的工作，主要呈现出以下几个特点：

一是我们充分发挥了国有企业独特的政治优势，引领改革发展始终沿着科学正确的方向前行。一年来，我们坚持以党的二十大精神为指引，高质量完成了本钢集团二次党代会换届工作，本钢的改革发展进入了新的阶段。我们始终旗帜鲜明讲政治，坚持和加强党的领导，坚守政治定力，坚决把国企改革三年行动、鞍本重组整合融合、市场化改革，以及在这个前提下实现“双跑赢”目标作为一项重大的政治任务部署推进，把党的组织优势充分转化为企业的发展优势和动能，为我们 2022 年战胜各种风险挑战提供了最可靠的政治保障和组织保障。

二是我们用好了改革关键一招，冲破了体制机制和利益固化的藩篱，下活了以改革促发展的先手棋。我们深入贯彻习近平总书记关于东北振兴和国资国企改革发展的重要指示批示精神，以空前的决心和力度推进市场化改革在更大范围更深层次破冰突围，解决了长期没能解决的体制机制问题，办成了事关企业长远发展的大事要事。国企改革三年行动、鞍本整合融合、三项制度改革等工作取得显著成效，“两制一契”“双合同”“授权 + 同利”以及对标提升、干部年轻化等一系列改革举措，成为本钢改革发展的“催化剂”，企业发展活力动力得到加速释放。

三是我们克服了极大的困难，取得了优异的生产经营业绩，彰显了承压前行、迎难而上的发展韧性。2022 年上半年我们考察走访先进企业，开展“外部对标找差距”，下半年密集调研“内部问诊补短板”。特别是针对 2022 年下半年钢铁市场和疫情的严峻形势，我们坚持问题导向、目标导向，审时度势，及时调整经营策略，以壮士断腕的决心勇气和敢打敢拼的斗争精神，及时扭转了生产经营极为困难的不利局面，为全年实现“双跑赢”奠定了坚实基础。

四是我们坚持创新驱动发展，加大科技投入，提升创新能力，为新本钢创新发展增添了新动能。一年来，我们坚持绿色低碳发展战略，一些新产品、新技术投产投用；“AAA”级花园式工厂和超低排项目顺利实施；我们加快信息化建设、加快智能制造、加快后备矿山开发，产品产线布局优化和结构调整取得成效，企业发展韧性、竞争优势和抗风险能力日益凸显，推动新本钢在攻坚克难、再攀高峰的征程上蹄疾步稳。

五是我们收获了勇往直前的宝贵精神财富，锻造了一支具有钢铁般意志、能打硬仗的干部职工队伍。我们坚持以人民为中心的发展思想，为职工群众办成了一系列实事好事。职工获得感、幸福感和对企业的认同感、归属感明显增强。特别值得一提的是，在 2022 年抗疫保产期间，3 万余名干部职工以生命赴使命，不畏艰险、逆行保产，以钢铁般的意志和强烈的责任担当，夺取了抗疫保产“双胜利”。我们这支能打硬仗的职工队伍和展现出的百折不挠的奋斗精神，是新本钢最宝贵的财富。

回望过去一年的“成绩单”，我们看到的是百年本钢浴火重生、勇往直前，看到的是本钢人风雨同舟、团结奋斗。这份“高分答卷”，是全体本钢人一道拼出来、干出来、奋斗出来的！在这里，我代表本钢领导班子及我本人，向一年来为本钢改革发展奋力拼搏的干部职工及其家属表示衷心的感谢并致以崇高的敬意！

二、企业当前存在的问题和面临的形势

2022 年，我们实现了前所未有的突破，但也存在一些不足，面临不少困难和问题。

一是改革的系统性和深入性还不够，市场化经营机制还不成熟，深层次的发展活力还没有充分释放。目前，我们的改革只是取得了阶段性成效，我们的市场化经营机制还没有系统形成适应自身发展实际的长效机制，还没有形成更加成熟有效的市场竞争力，多元化体制机制改革还不够彻底，微观主体活力还需要进一步激励释放，企业治理体系

和治理能力现代化有待进一步增强，向新时代高质量发展迈进还任重道远。

二是创新驱动的作用还没有充分发挥，企业的核心竞争力和可持续发展能力还需持续加强。对标世界一流企业和行业先进水平，我们在创新体系和能力、新产品开发和科研成果上还有待完善和提升；拳头产品和直供比例还需进一步扩大；产品质量、品牌服务提升空间较大；采购销售与市场契合度不够紧密，应变不够迅速；在推动信息化建设、实施绿色低碳发展、提高产品竞争力、加快矿产资源开发等方面，科技创新的推动作用还需要进一步发挥。

三是作风建设还没有彻底形成新常态，敢闯敢试、敢想敢干的拼劲不够，等不起、慢不得的紧迫感不强。形式主义、官僚主义作风还没有彻底根除，有的干部对待工作热衷于喊口号、做样子，缺乏脚踏实地、干事创业的韧劲。在改革发展和生产经营的困难和挑战面前，有的干部借口多、行动少，畏首畏尾、瞻前顾后，缺乏敢闯敢试、敢想敢干的拼劲和担当，斗争精神和斗争本领不强。

上述问题需要我们引起足够的重视，并且在今后的工作中着力加以解决。

三、关于 2023 年工作的几点要求

对于 2023 年我们面临的内外部形势，王军总经理在行政工作报告中进行了全面的分析，在这里我就不重复了。对于本钢来说，2023 年是全面贯彻党的二十大精神的开局之年，是实现本钢二次党代会确定“三步走”目标任务的首战之年，也是本钢在历经“重组年”“改革年”之后的“全面提升年”。我们把 2023 年定位为“全面提升年”，既是基于当前经济发展大背景进行的考量，也是立足央企肩负的责任使命，从助力鞍钢建设世界一流企业的角度，作出的重要决定。实现全面提升，是本钢经历重组和改革后着力破解长期制约发展难题、推动高质量发展的内在要求，是深化“国企改革三年行动标志性案例”、落实鞍钢集团“实现五个开新局，聚焦五个重点”的战略举措，是激发干部职工干事创业、奋力争先进位的实践载体，是回应上级关切、客户关注、职工群众期盼、实现新本钢基业长青的现实需要。我们要切实增强政治责任感、历史使命感和现实紧迫感，以新气象新担当新作为实现全面提升。

从服务国家战略的高度，我们要加强矿产资源开发，在加快后备矿山建设上实现提升；从应对市场不确定性挑战的维度，我们要在规划投资逆周期控制上实现提升；从增强市场竞争力、塑造良好口碑的角度，我们要从推动品牌建设上实现提升；从提高企业现代化、可持续发展能力上，我们要从深化改革、信息化建设、科技创新、绿色低碳、资产管理等方面实现提升。所以说，全本钢上下要充分理解“提升年”的重要内涵，从认识上、准备上、完成上形成共识，以鞍钢“7531”战略目标为引领，围绕本钢“1357”工作指导方针，提高工作标准，拿出有效措施，以各项工作水平的全方位、大幅度提升为标准，真正实现建设新本钢、支撑新鞍钢的目标。

结合过去一年我们发现的问题和 2023 年面临的形势，对下一步工作，我重点强调 5 个方面的要求：

第一，提高政治站位，加强党的领导，以高质量党建引领高质量发展。坚持党的领导、加强党的建设，是国有企业的“根”和“魂”。本钢作为国资央企，一是要提高政治站位，坚持“两个一以贯之”，把坚持党的领导作为增强“四个意识”、坚定“四个

自信”、做到“两个维护”的具体体现；二是要坚定不移贯彻落实上级决策部署。党的二十大、中央经济工作会议、鞍钢全委会、职代会，本钢二次党代会，都为本钢下一步发展指明了方向，我们要在实际工作中抓重点、攻难点、创亮点，把本钢的改革发展融入党和国家事业大局、融入新鞍钢和新本钢建设大局；三是要加快推动党的建设再上新水平，要结合“提升年”要求，把党建工作做新、做实、做细，将党建工作和深化改革、生产经营工作同谋划、同部署、同考核、同提升，创特色、树品牌、重融合，以高质量党建引领高质量发展。

第二，坚持深化改革，加速对标赶超，以更加高效彻底的改革激发新活力。习近平总书记在党的二十大报告中强调，“深化国资国企改革，加快国有经济布局优化和结构调整，推动国有资本和国有企业做强做优做大，提升企业核心竞争力”。面对新一轮改革任务，我们还有很多硬骨头要啃，更多的险滩要过，我们要从思想上正确认识，跳出改革本身看改革。要把改革放在服务国家战略的层面，立足推动我国国有经济高质量发展，来深刻认识改革的重大意义。要走出本钢看改革，从建设新本钢、支撑新鞍钢，助力鞍钢建设世界一流企业的高度，来持续推动改革。要放眼未来抓改革。一年来本钢改革取得的成绩证明，我们需要改革，也有信心和能力搞好改革，我们抓改革的有利条件越来越多，改革的思想基础、实践基础、制度基础、职工基础更加坚实。所以，我们要瞄准制约高质量发展的难点、堵点，在亏损企业治理、参股企业退出和“两非”“两资”处置、盘活低效无效资产、多元产业市场化经营机制上投入更多精力、下更大力气抓改革、促提升，加大攻坚克难的力度，以更加高效彻底的改革为高质量发展增活力添动力。

第三，坚持对标提升，把握核心关键，以塑造创新发展新动能开辟高质量发展新路径。2023年，能否实现提升，真正发挥支撑新鞍钢的作用，事关发展大局全局，我们肩上的责任重大。因此，我们首先要做到不辱使命、善作善成。“提升年”绝不是喊口号，各级领导干部要讲担当、重行动、有作为，形成以上率下、上下联动的良好局面。要敢闯敢试、大胆创新。各个层级、每名职工都要对照“提升年”要求，制定提升的小目标，勇于创新、大胆突破，以小目标的达成确保大目标的实现。要坚持对标提升，拉长“长板”，消除“短板”。要把握制约改革发展的核心关键，放眼全行业对标，以深化改革促提升，以产线优化促提升，以科技创新促提升，以强化管理促提升，以战略引领促提升，全方位推动效益效率效能再提升，“不拖鞍钢后腿”，为新鞍钢的高质量发展提供坚强支撑。

第四，牢记“三个务必”，强化作风建设，以新气象新作为推动改革发展取得新成效。作风建设是永恒课题。一年来本钢上下工作作风的转变，生动反映出，作风建设就是企业的凝聚力、战斗力和竞争力。因此，我们要继续坚持全面从严治党。今天参加会议的都是推动本钢改革发展的骨干力量，大家要始终把中央八项规定精神作为铁规矩、硬杠杠，坚决纠治“四风”树新风。要牢记“三个务必”，发扬斗争精神。务必不忘初心、牢记使命，务必谦虚谨慎、艰苦奋斗，务必敢于斗争、善于斗争，坚决铲除影响本钢改革发展的作风问题。要做到守信践诺。按照“十六字”工作方针要求，不找借口、不讲条件，立说立行、苦干实干，推动本钢改革发展取得新成效。

第五，坚持履职尽责，狠抓落实见效，以更实更细的举措推动形成改革发展新局面。这次职代会，我们以鞍钢集团“7531”战略为指引，与时俱进制定了今年的“1357”工作指导方针。围绕这些目标，我们要坚决抓好落实，聚焦助力鞍钢加快构建“双核+第三极”的产业发展新格局，聚焦“打造基业长青的具有示范意义的国有企业市场化改革标杆”这一根本目标，牢牢把握战略主动，科学谋划全局。要增强善作善成的韧性，要按照本次职代会确定的目标，围绕改革促活力、创新求发展、效率增效益、品牌拓市场、对标“双跑赢”等重点工作，用更实更细的举措，全力确保首季“开门红”、半年“双过半”、全面实现2023年生产经营目标。要弘扬企业家精神，增强干事创业的创造性，用新思维、新观念，解决好在改革发展过程中遇到的突出问题，以更强的创造力创新力把本钢的发展蓝图变为生动的现实。

各位代表、同志们，长风浩荡催征帆，意气风发踏新程。在习近平新时代中国特色社会主义思想和党的二十大精神的指引下，在鞍钢集团的坚强领导下，以这次职代会为开端，百年本钢一定会在改革发展的浪潮中，焕发出更加强大的前进动力，我们要以更加昂扬的奋斗姿态、更加坚定的必胜信念、更加强烈的行动自觉，为建设新本钢、支撑新鞍钢，加快建设世界一流企业贡献力量！

农历兔年春节将至，我代表本钢集团班子向大家致以节日的美好祝愿，并通过你们向全体本钢职工和家属拜个早年，祝大家在新的一年里身体健康，万事如意，阖家幸福，再创佳绩！

栏目编辑　董家胜

本钢年鉴 2023

鞍钢集团 ANSTEEL 本钢集团有限公司 BENSTEEL GROUP CORPORATION LIMITED

大 事 记

1月

1日 本钢集团党委书记、董事长杨维发表了二〇二二年新年贺词。

同日 本钢集团党委书记、董事长杨维深入矿业南芬露天矿采场、板材冷轧总厂三冷工序生产现场调研，了解节日期间安全环保、生产经营情况，看望慰问坚守岗位的干部职工，向他们致以节日的问候和祝福。本钢集团副总经理高烈，总经理助理齐振参加调研慰问。本钢集团安全环保部、运营管理部相关负责人参加调研。

4日 鞍钢集团党委党史学习教育第一巡回指导组对本钢党史学习教育开展评估。测评以视频形式在主、分会场进行，共100名代表参加。鞍钢集团党委党史学习教育第一巡回指导组组长孙晓辉，本钢党委书记、董事长杨维，总经理王军以及部分领导班子成员参加测评会议，党委副书记赵忠民主持会议并介绍了相关情况。鞍钢集团党委党史学习教育第一巡回指导组成员，本钢党委党史学习教育分管领导，党委宣传部、党委组织部、工会相关负责人，基层党员代表、青年党员代表、普通群众代表、离退休人员代表等参加访谈。

同日 本钢集团党委书记、董事长杨维率队到北营公司调研。鞍钢集团总法律顾问、整合融合推进工作组组长计岩，本钢集团领导班子成员参加调研，并提出相关工作要求。财务部、组织部（人力资源部）、纪委、办公室、管理创新部、运营管理部等本钢集团相关部门负责人参加调研。

同日 本钢集团召开2022年安全防火工作会议，贯彻落实鞍钢集团2022年安全防火工作会议精神，总结回顾2021年安全生产工作，研究部署2022年安全生产工作。会上，本钢集团安委会常务副主任、副总经理高烈作2021年安全工作总结和2022年安全工作部署，并代表本钢集团与板材公司、北营公司、矿业公司3家子公司负责人签订《本钢集团有限公司2022年安全生产（防火）目标责任状》。本钢集团安委会主任、党委书记、董事长杨维出席会议，本钢集团安委会主任、总经理王军主持会议。整合融合工作组组长计岩，本钢集团领导班子成员，以及总经理助理，本钢集团相关部门负责人，各子公司及所属单位负责人参加会议。

5日 本钢集团党委书记、董事长杨维到板材公司调研指导工作。本钢集团领导班子成员参加调研，并提出相关工作要求。财务部、党委组织部（人力资源部）、纪委、办公室、管理创新部、运营管理部等本钢集团相关部门负责人参加调研。

同日 本钢集团党委书记、董事长杨维到矿业公司调研，围绕进一步发挥自有矿山优势和作用，听取工作汇报，作出工作部署。鞍钢集团总法律顾问、整合融合推进工作组组长计岩，本钢集团领导班子成员参加调研。财务部、组织部（人力资源部）、纪委、办公室、管理创新部、运营管理部等本钢集团相关部门负责人参加调研。

7日 鞍钢集团党委常委、纪委书记、国家监委驻鞍钢监察专员闫立兵到本钢集团调研指导，听取本钢集团党委工作和纪委工作汇报。鞍钢集团总法律顾问、整合融合推进工作组组长计岩，鞍钢集团纪委副书记黄福军，本钢集团党委书记、董事长杨维，副总经理高烈、工会主席张彦宾、副总经理王代先、纪委书记曹宇辉以及总经理助理、总工程师蒋光炜，总经理助理齐振等在家领导班子成员，纪委、办公室、党委组织部、党委宣传部等本钢集团相关部门负责人参加调研座谈。调研期间，闫立兵一行深入了板材冷轧总厂、板材炼铁总厂、板材热连轧厂生产现场。

10 日 本钢集团党委常委会召开 2022 年第 1 次会议，传达学习习近平总书记在中央政治局党史学习教育专题民主生活会上的重要讲话精神和习近平总书记关于安全生产的重要论述，研究部署本钢集团贯彻落实工作。会议听取关于推荐提名鞍钢集团出席党的二十大代表候选人初步人选相关工作汇报；审议《职代会日程和议程方案》《职代会工作报告》。本钢集团党委书记、董事长杨维主持会议并提出工作要求。本钢集团领导班子成员参加会议，总经理助理，本钢集团党委组织部、党委宣传部、纪委、办公室、审计部相关负责人列席会议。

11 日 本钢集团党委理论学习中心组进行 2022 年第一次集体学习，围绕“大力弘扬伟大建党精神，坚持和发展党的百年奋斗历史经验，坚定历史自信，践行时代使命，厚植为民情怀，勇于担当作为，团结带领人民群众走好新的赶考之路”主题开展学习研讨，为开好党史学习教育专题民主生活会夯实思想基础。本钢集团党委书记、董事长杨维主持会议，并提出要求。本钢集团党委理论学习中心组成员参加集体学习。本钢集团党委组织部、党委宣传部、纪委、党委办公室等相关部门负责人列席会议。

12 日 本钢集团召开 2022 年《集体合同》平等协商会议。本钢集团党委副书记赵忠民受本钢集团法定代表人委托，作为企业方首席代表出席会议。本钢集团工会主席张彦宾作为职工方首席代表出席并主持会议。会上，双方代表经讨论协商，形成了《本钢集团有限公司 2022 年集体合同（草案）》。本钢集团组织部（人力资源部）、安全环保部、财务部、法律合规部、管理创新部、规划科技部、办公室等部门负责人，本钢集团工会负责人、本钢集团工会法律顾问、基层工会主席代表以及职工代表等参加会议。

13 日 本钢集团领导班子以“大力弘扬伟大建党精神，坚持和发展党的百年奋斗历史经验，坚定历史自信，践行时代使命，厚植为民情怀，勇于担当作为，团结带领人民群众走好新的赶考之路”为主题召开党史学习教育专题民主生活会。鞍钢集团党委副书记栗宝卿到会指导并作点评讲话。鞍钢集团党政督查办副主任王春明以及鞍钢党史学习教育第一巡回指导组成员参加会议。本钢集团党委书记、董事长杨维主持会议，并代表本钢集团领导班子作对照检查发言，本钢集团领导班子成员逐一作对照检查发言。

15 日 由本钢集团、东北大学和通用汽车中国科学研究院共同合作开发的“热轧抗氧化免涂层热成形钢 CF-PHS1500”，经中国工程院干勇院士、王国栋院士、毛新平院士等 11 位行业专家共同认定，该产品为国际首创，达到了国际领先水平，标志着本钢集团热轧抗氧化免涂层热成形钢 CF-PHS1500 实现全球首发。该项目授权专利 1 件，受理专利 8 件，发表 SCI 检索论文 3 篇，成功创造出一种全新的超高强热轧抗氧化免涂层热成形钢制造及应用技术，打破了长期以来国外铝硅涂层的专利垄断。

16 日 本钢集团党委书记、董事长杨维会见了来访的北京建龙重工集团有限公司（以下简称建龙集团）董事长、总裁张志祥一行。双方围绕深化战略合作，促进优势互补，推进体制机制改革，以及创新区域合作模式和延伸产业链合作，共同推动企业高质量发展等方面进行了深入交流。建龙集团副总裁高全宏，副总裁、抚顺新钢铁总经理杨宪礼，副总裁黄丹，投资总监王非；本钢集团总经理王军，副总经理、总法律顾问杨成广，副总经理高烈，总会计师张景凡；本溪龙新矿业、建龙集团行政部相关负责人；本钢集团规划科技部、资本管理部负责人参加会见。座谈前，张志祥一行到板材炼铁总厂、板材冷轧总厂生产现场参观。

17日 本钢集团党委书记、董事长杨维全程参加指导板材公司班子党史学习教育专题民主生活会，听取了板材公司班子党史学习教育专题民主生活会准备工作情况汇报和该公司班子以及班子成员的对照检查发言，并对专题民主生活会进行点评。本钢集团党委组织部负责人，本钢集团党史学习教育第一巡回指导组成员参加会议，板材公司党群工作部及纪委负责人列席会议。

17—18日 本钢集团有限公司召开第一届职工代表大会第十二次会议。鞍钢集团党委副书记、总经理戴志浩出席会议并讲话。省国资委副主任黄文玉，鞍钢集团总法律顾问、整合融合推进组组长计岩，省国资委综合监督处处长、本钢集团监事会主席邢晓东，本钢集团领导班子成员杨维、王军、赵忠民、杨成广、曹爱民、高烈、张彦宾、张景凡、王代先、曹宇辉以及总经理助理蒋光炜、齐振参加会议。会议由本钢集团工会主席张彦宾主持。会上，本钢集团总经理王军代表本钢集团作题为《持续深化改革 加速整合融合 为实现新本钢高质量发展而努力奋斗》的行政工作报告，本钢集团党委书记、董事长杨维作本钢集团有限公司领导班子及个人述职报告。会议听取审议了本钢集团有限公司行政工作报告（审议稿）；通过了《本钢集团有限公司2022年集体合同（草案）》《本钢集团有限公司2022年组织绩效评价考核办法（草案）》《本钢集团有限公司职工罚则（草案）》和《本钢集团有限公司薪酬管理办法（草案）》；签订2022年度《本钢集团经营层年度经营业绩责任书》《本钢集团子企业负责人年度经营业绩责任书》《本钢集团直属机构领导班子年度目标责任书》；签订《本钢集团有限公司2022年集体合同》；通过《关于本钢集团有限公司第一届职工代表大会第十二次会议的决议（草案）》。

18日 本钢集团召开2021年度先进集体、先进个人表彰大会。会议以视频方式召开。本钢集团党委书记、董事长杨维出席会议并讲话。本钢集团总经理王军宣读《关于表彰本钢集团有限公司2021年度先进集体和先进个人的决定》。本钢集团党委副书记赵忠民主持会议。会议授予板材热连轧厂等11个单位“本钢先进单位”称号，北营炼铁总厂炼铁分厂动力作业区等44个作业区“本钢先进作业区”称号，赵雅新等82名同志“本钢劳动模范”称号，高延伟等220名同志“本钢先进生产（工作）者”称号。

19日 本钢集团党委书记、董事长杨维到北营炼铁总厂全程参加指导党史学习教育专题民主生活会，听取了北营炼铁总厂班子以及班子成员的对照检查发言，并对党史学习教育专题民主生活会开展情况进行点评。本钢集团党委组织部负责人，北营公司党委筹建组负责人，北营炼铁总厂相关部门负责人列席会议。

20日 本钢集团党委常委会召开2022年第2次会议，传达学习习近平总书记关于加强党内法规制度建设的重要指示和王沪宁同志在全国党内法规工作会议上的讲话精神；传达学习习近平总书记在省部级主要领导干部学习贯彻党的十九届六中全会精神专题研讨班开班式上发表的重要讲话精神；传达学习翁杰明同志在加强专业化、体系化、法治化监管专题推进会上的讲话精神；传达学习鞍钢集团党委书记抓基层党建述职评议考核会议精神；传达本钢党史学习教育专题民主生活会鞍钢集团领导点评意见、整改任务清单及分工，并研究部署落实具体工作。本钢集团党委书记、董事长杨维主持会议并提出工作要求。本钢集团领导班子成员参加会议，总经理助理，本钢集团党委组织部、党委宣传部、纪委、办公室、审计部相关负责人列席会议。

同日 本钢集团党委书记、董事长杨维主持召开董事会第一届第一次（定期）会议，听取1月份生产经营情况汇报，审议通过《关于〈本钢集团有限公司职工代表大会管理办法〉等4项基本制度的议案》《关于鞍本招标公司整合方案》《关于本钢集团2021年度内部审计工作报告及2022年度内部审计工作计划的议案》《关于本钢集团2022年投资计划的议案》《关于本钢集团2022年全面预算的议案》《本钢集团董事会2021年度工作报告》6项议题。本钢集团董事计岩、王军、赵忠民、张彦宾、苏宇飞、于宝新、杨宪礼出席会议。本钢集团监事会主席邢晓东，监事褚乃立、陶玉民列席会议。鞍钢集团董事会秘书龙强，本钢集团领导杨成广、曹爱民、高烈、张景凡、王代先、曹宇辉，鞍钢集团董事会办公室相关工作负责人，本钢集团总经理助理，以及相关部门负责人列席会议。

21日 本钢集团党委召开2021年度直管单位党委书记抓基层党建工作述职评议会。本钢集团党委书记、董事长杨维主持会议，就进一步加强基层党的建设工作提出要求。本钢集团领导班子成员，总经理助理出席会议。会上，板材公司、修建（维检）公司、建设公司、冶金渣公司、保卫中心（武装信访部）5家直管单位党委书记现场述职，16家直管单位党委书记作书面述职，与会人员进行了民主测评。本钢集团党建领导小组办公室成员，直管单位党委书记、专职副书记、纪委书记，出席省级党代会代表，省级、市级和本钢集团优秀共产党员、优秀党务工作者代表，本钢集团党代会、职代会代表，基层党员干部群众代表等参加会议。

同日 本钢集团召开清欠工作专题会议，研究部署2022年本钢集团清欠工作任务。本钢集团党委书记、董事长杨维出席会议，并对进一步做好本钢集团清欠工作提出要求。本钢集团总会计师张景凡主持会议，本钢集团纪委书记曹宇辉参加会议。会上，本钢集团财务部汇报2021年清欠工作完成情况及2022年清欠工作要求。板材公司、北营公司、建设公司、机械制造公司汇报了本单位清欠工作进展及下一步工作安排；本钢集团纪委从纪检监督执纪工作角度进一步明确了清欠工作的目标任务，并提出了要求。本钢集团各部门、各子企业负责人及相关单位负责人参加会议。

同日 本钢集团党委副书记、总经理王军全程参加指导北营公司班子党史学习教育专题民主生活会，听取了北营公司班子党史学习教育专题民主生活会准备工作情况汇报和该公司班子以及班子成员的对照检查发言，并对专题民主生活会进行点评。本钢集团党史学习教育第二巡回指导组成员参加会议，北营公司党群工作部及纪委负责人列席会议。

24日 本溪市与本钢集团合作领导小组2022年组长会商会召开。会议由市委书记吴澜主持。市委副书记、市长吴世民，市委秘书长张健，副市长尹红炜，市政府秘书长栾奎杰；本钢集团党委书记、董事长杨维，总经理王军，党委副书记赵忠民，副总经理高烈，总会计师张景凡出席会议。市相关委办局主要负责人，本钢集团相关部门负责人列席会议。高烈通报了鞍本重组工作进展情况及本钢集团2022年重点改革发展工作安排。尹红炜就《本溪市人民政府 鞍钢集团本钢集团有限公司“双本”融合框架协议》起草情况作了说明。吴世民与王军现场签订《本溪市人民政府 鞍钢集团本钢集团有限公司“双本”融合框架协议》。

25日 本钢集团召开党史学习教育总结会议。会议以视频形式召开。鞍钢集团党委党史学习教育第一巡回指导组组长孙晓辉出席会议并讲话。本钢集团党委书记、董事长，党史学习教育领导小组组长杨维作本钢集团党史学习教育总结讲话。本钢集团党委副书记、总经理王军主持会议。本钢集团党委副书记、党史学习教育领导小组副组长赵忠民传达学习习近平总书记关于党史学习教育的重要指示精神、鞍钢集团党委党史学习教育总结会议精神，矿业南芬选矿厂党委、北营炼铁总厂党委、板材冷轧总厂党委、建设公司党委在主会场作现场经验交流。鞍钢集团党委党史学习教育第一巡回指导组成员，本钢集团领导班子成员、本钢集团高管，副处级以上领导干部、党史学习教育领导小组办公室成员、巡回指导组成员，各单位党群部门相关人员，党支部书记代表及党员、党外人士、先进典型、职工群众代表分别在主、分会场参加会议。

同日 本钢集团党委召开2021年四季度政工例会，总结四季度政工系统工作，查找存在问题，部署下一阶段重点工作。会议以视频形式召开。本钢集团党委书记、董事长杨维，党委副书记赵忠民，纪委书记曹宇辉参加会议，会议由本钢集团工会主席张彦宾主持。信息自动化公司、矿业北台铁矿、北营公运公司、板材特殊钢事业部4家基层单位党委主要负责人在主会场作工作汇报，本钢集团党委组织部、党委宣传部、工会3个党群部门对基层党组织相关工作进行了点评，并指出存在问题及下一步工作思路。本钢集团纪委、党委巡察办有关同志列席会议。本钢集团各单位党委书记、副书记、工会主席及党群工作干部在各分会场参加会议。

同日 本钢集团党委副书记、总经理王军全程参加指导板材炼铁总厂班子党史学习教育专题民主生活会，听取了板材炼铁总厂班子党史学习教育专题民主生活会准备工作情况汇报和该厂班子成员的对照检查发言，并对专题民主生活会进行点评。本钢集团党史学习教育第二巡回指导组、板材公司负责人参加会议，板材炼铁总厂党群工作室及纪委负责人列席会议。

26日 本钢集团党委常委会召开2022年第4次会议，传达学习习近平总书记对党的建设研究工作作出的重要指示；传达学习习近平总书记在十九届中央纪委六次全会上的重要讲话精神；传达学习辽宁省委十三届二次全会暨省委经济工作会议精神及省委书记张国清和省委副书记、省长李乐成重要讲话精神；传达鞍钢集团关于节日值班等工作要求，并研究部署相关工作。本钢集团党委书记、董事长杨维主持会议并提出工作要求。本钢集团领导班子成员参加会议，总经理助理，本钢集团党委组织部、党委宣传部、纪委、办公室、审计部相关负责人列席会议。

同日 “青创杯”本钢首届青年创新大赛决赛暨优秀青年创新成果展示会在金山宾

馆举行。本钢集团工会主席张彦宾，总经理助理、总工程师蒋光炜参会。本届青创赛有10个优秀创新项目进入决赛，板材热连轧厂刘鸿智、板材研发院富聿晶获得大赛一等奖，其余8位青年职工分获二等奖、三等奖。参与决赛的10名选手还获得本届大赛“十大青年创新人才”荣誉称号。本次决赛以视频方式召开。本钢集团相关部门负责人、各子公司相关部门负责人及一线青年职工代表等在各分会场参加了会议。

27日 鞍钢集团党委副书记、总经理戴志浩到本钢困难职工家中慰问。鞍钢集团总法律顾问、本钢党委负责人、本钢相关单位负责人参加走访慰问。

同日 本钢集团党委召开信访舆情工作会议。本钢集团党委副书记赵忠民出席会议并作工作部署。本钢集团工会主席张彦宾主持会议并就落实会议精神提出具体要求。会上，本钢集团党委办公室相关负责人传达鞍钢集团各项工作要求。党委宣传部负责人通报近期本钢舆情情况，并安排布置2022年重点工作。本钢保卫中心负责人作2021年本钢信访维稳工作报告，安排布置2022年重点工作。本钢集团党委与板材公司、北营公司、矿业公司及建设公司4家单位签订《2022年信访舆情工作责任状》。本钢集团相关部门、子公司、分支机构、基层单位负责人及信访舆情工作负责人，溪钢分局相关负责人分别在主会场和分会场参加会议。

同日 鞍钢集团总经理戴志浩在本钢督导检查安全生产、疫情防控工作，慰问一线职工，并听取重点工作汇报。本钢党政领导，本钢相关单位、部门负责人等参加相关活动。

31日 本钢集团领导深入板材、北营、矿业生产一线及非钢产业各基层单位，向广大干部职工致以新春的祝福并送上了慰问品，代表本钢集团感谢本钢人过去一年为企业生产经营、改革发展付出的努力和作出的贡献，鼓励大家齐心协力、奋发进取，新的一年为新本钢高质量发展再立新功。本钢集团相关部门负责人陪同看望慰问。

2月

3日 本钢集团召开生产协调会，汇报春节长假期间全集团生产情况，并就需要集团层面协调解决的问题进行汇总督办。本钢集团总经理王军参加会议并讲话。本钢集团副总经理高烈，以及总经理助理、总工程师蒋光炜，总经理助理齐振参加会议。

6日 本钢集团召开生产协调会，汇报春节长假期间全集团生产情况，并就需要集团层面协调解决的问题进行汇总督办。本钢集团总经理王军参加会议并讲话。本钢集团副总经理高烈，以及总经理助理、总工程师蒋光炜，总经理助理齐振参加会议。

7日 鞍钢集团党委书记、董事长谭成旭深入本钢一线调研，了解生产经营、企业改革等工作情况，部署重点工作，并与本溪市领导、本钢老领导进行会谈，与本钢领导班子成员谈话。鞍钢集团总法律顾问，本钢领导、本钢相关部门和单位负责人参加调研。

10日 本钢集团召开生产经营协调视频会。会议听取元月本钢集团生产工作情况汇报，研究部署2月份安全生产经营工作。本钢集团党委书记、董事长杨维提出要求。本钢集团领导班子成员、总经理助理出席会议。本钢集团总经理王军主持会议。本钢集团高管、相关部门负责人，各板块党政负责人，各主体厂矿、子公司党政正职、财务工作负责人，非钢协同板块子公司党政正职、财务负责人，北钢其他领导班子成员、财务负责人在现场或通过视频方式参加会议。

11—12 日　本钢集团党委书记、董事长杨维率队到朝阳钢铁和鞍钢矿业东烧厂走访调研，围绕加快推进转型升级、深化市场化改革和三项制度改革、强化精益管理等方面进行交流座谈。朝阳钢铁党委书记、董事长李红雨，总经理田勇，鞍钢矿业公司党委书记、总经理刘文胜，以及本钢集团副总经理高烈，总经理助理、总工程师蒋光炜，朝阳钢铁、鞍钢矿业公司领导和相关部门负责人，本钢集团相关部门和三大板块子公司负责人参加调研座谈。

15 日　本钢集团党委书记、董事长杨维率队到吉林建龙开展对标交流活动。双方围绕生产管理、财务管理、设备管理、采购销售等方面进行了深入交流和探讨。建龙集团副总裁、吉林建龙总经理张玉才，吉林建龙副总经理杜艳明，总工程师郑中，本钢集团总经理助理、总工程师蒋光炜；吉林建龙生产技术处、产品开发处、工程设备处、财企处等相关部门负责人；本钢板材公司、北营公司、矿业公司、国贸公司、采购中心以及本钢集团运营管理部、规划科技部、组织部（人力资源部）、资本管理部、管理创新部、丹东不锈钢公司、办公室等相关部门负责人参加对标交流活动。

16 日　本钢集团党委召开 2022 年统战工作暨党外人士座谈会。本钢集团党委书记、董事长杨维参加座谈会并讲话。座谈会由本钢集团党委常委、工会主席张彦宾主持。会上，本钢集团党委宣传部（统战部）部长陈军代表本钢集团党委对 2021 年党外人士征求意见建议落实情况进行了反馈和说明，同时结合《2022 年本钢统战工作安排（征求意见稿）》向与会人员征求了意见建议。本钢集团党委组织部（人力资源部）、党委宣传部（统战部）、办公室、规划科技部负责人，各民主党派基层组织负责人、无党派人士、党外青年代表，部分子公司党委书记代表、党群工作部部长代表、基层党委书记代表等参加座谈会。

17 日　本钢集团党委常委会召开 2022 年第 5 次会议，传达学习习近平总书记在中共中央政治局第三十六次集体学习时的重要讲话精神；传达学习谭成旭董事长就国务院国资委印发《关于中央企业〈国企改革三年行动简报〉编印有关情况的通报》所作批示及要求，并研究部署本钢集团“双碳”工作和其他相关工作。本钢集团党委书记、董事长杨维主持会议并提出工作要求。本钢集团领导班子成员参加会议，总经理助理，本钢集团党委组织部、党委宣传部、纪委、办公室、审计部相关负责人列席会议。

同日　本钢集团党委书记、董事长杨维会见了中冶北方工程技术有限公司党委书记、董事长董涛一行。双方就加强采矿技术交流、提升现有矿山产能、加速后备矿山开发、深入推进双方长期稳定合作等内容进行了座谈。中冶北方工程技术有限公司党委副书记、总经理郎俊彪，副总经理刘召胜、周志安，以及总经理助理陆锋；本钢集团总经理王军、副总经理高烈，以及总经理助理齐振；中冶北方工程技术有限公司副总工程师，矿山设计院院长，热电设计院院长，本钢矿业党委筹建组负责人参加座谈。

18 日　鞍钢集团总经理戴志浩到本钢调研，听取本钢信息化项目进展情况汇报，对加快推进信息化项目落地提出要求；听取本钢丹东不锈钢公司生产经营情况汇报，并与相关人员进行研讨。鞍钢集团总法律顾问、本钢领导、鞍钢集团相关部门负责人、本钢相关部门负责人参加调研。

同日 鞍钢集团党委副书记栗宝卿到本钢集团北营炼钢厂，围绕党的建设和国企三项制度改革，与基层党政负责人和职工代表等进行座谈调研。本钢集团党委副书记赵忠民，鞍钢集团党委组织部（人力资源部）相关负责人，本钢集团相关部门和单位负责人等参加调研。

18—19日 本钢集团党委书记、董事长杨维率队到鞍钢股份鲅鱼圈钢铁分公司调研交流。双方围绕生产经营、智能制造、节能环保等方面进行了深入探讨，并在智能制造、设备管理、制度体系、改革创新、人力资源、生产管理和财务管理等方面，进行了分专业对口交流。鞍山钢铁/鞍钢股份党委常委、鞍钢股份副总经理、鲅鱼圈钢铁分公司总经理张红军，本钢集团总经理助理、总工程师蒋光炜，总经理助理齐振；鞍钢股份鲅鱼圈钢铁分公司相关部门和单位负责人；本钢集团副总会计师、本钢集团首席信息官，板材公司、北营公司、矿业公司、运营管理部、规划科技部、组织部（人力资源部）、管理创新部、信息化部和办公室相关负责人参加调研交流活动。

20日 板材公司志愿服务支队正式成立。

23日 辽宁省卓越质量管理推广示范基地（本钢板材股份有限公司）揭牌仪式在板材冷轧总厂举行。辽宁省市场监管局党组成员、副局长惠银安，本溪市副市长尹红炜，本钢集团副总经理高烈，以及总经理助理、总工程师蒋光炜出席揭牌仪式。辽宁省市场监管局、本溪市市场监管局主要负责人，板材公司及板材冷轧总厂相关负责人参加揭牌仪式。

同日 北营公司特邀北京科技大学博士、日照钢铁营口中板炼铁厂厂长蒋海冰专家团队到北营炼铁总厂进行技术交流。蒋海冰博士专家团队作了《经济炼铁理念与实践——营钢、天钢降本增效》《炼铁降本增效先进技术应用和检测试验平台》《炼铁过程大数据和智能化》等精彩报告，介绍了高炉最新数字化、智能化技术应用及取得的效果。北营公司相关管理人员和技术人员与蒋海冰博士专家团队围绕高炉智能管理、质量管理数字化等相关技术进行了深入交流和探讨。

24日 本钢集团党委常委会召开2022年第6次会议，传达学习全国和中央企业安全生产电视电话会议、鞍钢集团党委常委会会议精神；传达学习中共中央办公厅、国务院办公厅印发《科技体制改革三年攻坚方案》主要内容；传达学习省委书记张国清与新提拔任职省管年轻干部进行集体谈话的讲话精神，并研究本钢集团贯彻落实相关工作。本钢集团党委书记、董事长杨维主持会议并提出工作要求。本钢集团领导班子成员参加会议，总经理助理，本钢集团党委组织部、党委宣传部、纪委、办公室、审计部、安全环保部、规划科技部相关负责人列席会议。

同日 板材公司举行《汽车板客户技术服务体系实施方案》宣贯会，并同组建的10个汽车板技术服务团队签订了“重点汽车板客户技术服务工作任务书”。

26日 本钢集团党委书记、董事长杨维深入本钢“十四五”规划超低排放项目建设现场调研，听取了规划科技部相关工作负责人对本钢当前超低排放项目建设情况的汇报，重点了解了碱性球团代替酸性球团工艺，以及未来超低排放项目长远规划和具体实施路线图。本钢集团副总经理、总法律顾问杨成广，本钢集团副总师，规划科技部相关工作负责人参加调研。

28日 本溪市政府服务本钢重点项目建设现场办公会在本钢宾馆召开。本次会议是落实“双本”融合框架协议的推进会。与会双方重点就“为本钢集团协调解决重点项目前期手续办理中存在的困难和问题”进行了深入交流，并表示将进一步密切沟通联系，建立常态化对接机制，促进相关重点项目高效顺利推进。本溪市政府常务副市长孟广华主持会议，本溪市政府副市长尹红炜，本钢集团副总经理高烈；本溪市应急局、发改委、工信局、住建局、自然资源局、生态环境局、不动产登记中心、国网本溪供电公司、平山区相关负责人；本钢集团相关部门和各板块公司相关负责人参加会议。

同日 本钢集团与溪钢分局“警企联动聚合力、携手建功新本钢”共建营商环境网格化管理体系动员大会在本钢能源管控中心召开。会上，全面宣讲了《“警企联动聚合力、携手建功新本钢”共建营商环境网格化管理体系工作方案》。本钢集团党委副书记赵忠民，工会主席张彦宾，本钢集团党委宣传部、保卫中心、各子公司相关负责人，以及溪钢分局相关领导等参加会议。

3月

1—2日 鞍钢集团总经理戴志浩到本钢调研指导工作，听取了本钢矿业公司、本钢北营公司、本钢板材公司生产经营、改革发展等工作情况汇报，与相关人员深入交流探讨，并在本钢党委书记、董事长杨维的陪同下，深入本钢矿业南芬露天矿生产指挥中心检查指导工作，了解矿山历史、开采、数字矿山建设及后备矿山开发等情况。

2日 本钢集团党委书记、董事长杨维会见了中国恩菲工程技术有限公司总经理、总工程师刘诚一行。双方就采矿技术交流、后备矿山开发、智慧矿山建设、重点工程推进，以及长期稳定合作等内容进行了座谈。本钢集团副总经理高烈，总经理助理齐振，中国恩菲工程技术有限公司相关负责人，本钢矿业党委筹建组负责人等参加座谈。

3日 本钢集团党委书记、董事长杨维深入板材炼铁总厂检验作业区，为荣获2021年度鞍钢集团“三八”红旗手和本钢“三八”红旗集体的先进个人和先进集体代表颁奖，并寄语本钢广大女职工。2021年度鞍钢集团“三八”红旗手徐玲枝在座谈中代表获奖集体和个人发言。本钢集团工会主席张彦宾，本钢集团工会、板材公司及板材炼铁总厂相关负责人参加座谈。

同日 本钢集团党委常委会召开2022年第7次会议，传达学习习近平总书记在中央党校（国家行政学院）中青年干部培训班开班式上的重要讲话精神；传达学习习近平总书记主持召开的中央全面深化改革委员会第二十四次会议精神；传达学习习近平总书记重要文章《坚持走中国特色社会主义法治道路 更好推进中国特色社会主义法治体系建设》及全省政法队伍教育整顿总结会议精神；传达学习全国组织部长会议和省组织部长会议精神，并研究部署落实相关工作。本钢集团党委书记、董事长杨维主持会议并提出工作要求。

同日 本钢集团召开“打造本钢浦项样板工程”推进会，研究部署整体规划，梳理分析存在问题，进一步明确推进思路和具体举措。会议听取了关于打造本钢浦项样板工程整体规划和需要解决问题的汇报。本钢集团、板材公司相关部门和本钢浦项相关工作负责人就进一步完善规划设计和协调解决问题堵点提出了具体意见和建议。本钢集团党委书记、董事长杨维参加会议并提出要求。本钢集团副总经理高烈，本钢集团相关部门和单位负责人，板材公司主要领导及相关部门、本钢浦项负责人参加会议。

同日 本溪市地方企业与本钢集团人才交流座谈会在金山宾馆召开。会上，本钢集团人力资源部负责人介绍与地方企业人才交流初步意见。市工信局和市人社局就有关企业情况进行介绍。本溪市地方企业与本钢集团互动交流，地方企业负责人就共享用工模式和薪资待遇进行介绍，本钢集团就当前企业三项制度改革进展情况和今后人才培养合作方式等与地方企业进行交流探讨。本溪市与本钢合作领导小组副组长、副市长尹红炜主持会议，本钢集团党委副书记赵忠民，本溪市相关委办局主要负责人、地方企业代表，本钢集团相关部门、子公司和各单位相关负责人参加会议。

同日 本钢集团建设机电安装公司罗佳全技能大师工作室、修建（维检）公司炼铁作业区高炉炉顶齿轮箱检修应急班组获2021年度本溪市“雷锋号”荣誉称号。

5日 本钢举行“跟着郭明义学雷锋”志愿服务活动启动暨郭明义爱心团队本钢分队成立仪式。“当代雷锋”郭明义参加仪式。仪式上，郭明义宣读了习近平总书记2014年3月4日给郭明义爱心团队的回信，并向郭明义爱心团队本钢分队代表授队旗。鞍钢集团郭明义爱心工作室负责人介绍了“跟着郭明义学雷锋”志愿服务活动情况。本钢志愿者代表宣读倡议书后，郭明义爱心团队本钢分队向本钢特困职工子女进行现场爱心助学捐款。鞍钢集团党委宣传部负责人，本钢党委相关负责人、党委宣传部负责人，本钢子企业党委相关负责人等参加相关活动。

6—9日 本钢集团党委书记、董事长杨维率队赴攀钢集团考察交流，并与攀钢集团党委书记、董事长李镇座谈。双方重点围绕深化非钢板块市场化改革、激活企业机制改革活力，以及加强对接交流、促进互利共赢等工作进行了深入研讨。攀钢集团党委副书记、工会主席杨槐，党委常委、副总经理王殿贺，本钢集团总经理助理齐振，攀钢集团相关部门和单位负责人，本钢集团相关部门负责人参加座谈。

8日 本钢集团邀请鞍钢集团有关方面专家就深化市场化改革进行专题宣讲培训。本次培训特别邀请鞍钢集团管理与信息化部改革创新总监王永刚，鞍钢矿业东鞍山烧结厂党委书记赵文利，德邻陆港党委书记、董事长王锋，鞍钢股份热轧带钢厂党委委员、副厂长于斌分别作了题为《深化改革实践与思考》《实施市场化改革，激发企业经营活力，实现企业与职工同利共赢》《以市场化改革全面激发企业经营活力，推动现代供应链产业跨越式发展》《构建职能清晰、运转高效、管理科学的热轧单元，打出改革“组合拳”，助力新鞍钢高质量发展》的报告。培训会由本钢集团党委副书记赵忠民主持。鞍钢集团总法律顾问、整合融合推进工作组组长计岩，本钢集团副总经理、总法律顾问杨成广，副总经理曹爱民参加培训会。本钢集团各部门负责人，板材公司、北营公司、矿业公司主要负责人及改革相关部门负责人在主会场参加培训，各子公司、基层厂矿主要负责人及改革相关部门负责人、主要作业区作业长在分会场参加培训。

10日 本钢集团召开生产经营协调视频会，听取2月份生产经营工作情况汇报，研究部署3月份安全生产经营工作。会上，本钢集团总会计师张景凡作了本钢集团2月份经营活动分析，并就本钢集团下一步生产经营工作提出意见和建议。本钢集团各分管领导汇报了2月10日本钢集团生产经营协调会安排部署工作的落实情况，同时对分管领域工作做出安排。安全环保部负责人还传达了鞍钢集团“安全生产提升年行动”动员启动会议精神。本钢集团党委书记、董事长杨维，本钢集团总经理王军提出要求。本钢集团领导班子成员、总经理助理，本钢集团高管、相关部门负责人，各板块党政负责人，板材、北营、矿业板块其他领导班子成员和各主体厂矿党政正职、财务负责人，非钢协同板块各单位党政正职、财务负责人，北钢其他领导班子成员、财务负责人在现场或通过视频方式参加会议。

同日 第一批本钢牌冷轧抗氧化免涂层热压成型钢产品，继7日在板材冷轧总厂硅钢生产作业区完成酸洗后，又在单机架轧机组试制成功，经检测，成品表面和厚度精度符合标准。这是继本钢热轧抗氧化免涂层热成形钢被鉴定为国际首创产品后，其冷轧产品一次试制成功，具有里程碑意义。该产品填补了世界领域空白，在试制过程中就受到通用北美、长城、江铃福特、一汽大众、理想汽车等多家汽车制造商的热切关注，对进一步提高本钢牌汽车板的市场竞争力，推动我国第三代汽车钢轻量化进程，助力国家实现“3060”“双碳”战略目标有着积极意义。

11日 桓仁满族自治县与本钢集团相关部门举行座谈，围绕持续深化合作成果、拓宽合作领域等方面，共同研究探讨开展全方位合作的方向和路径，并表彰了在消费扶贫中作出突出贡献的本钢集团相关集体和个人。

14日 本钢集团召开疫情防控专题视频会议，传达国务院国资委疫情防控紧急会议精神和鞍钢集团疫情防控工作要求，并对本钢集团疫情防控工作进行再安排、再部署、再细化。本钢集团党委书记、董事长杨维参加会议并提出工作要求。本钢集团总经理王军主持会议。本钢集团领导班子成员、总经理助理，本钢集团各职能部门、各子公司和所属单位相关负责人在现场或通过视频方式参加会议。

15日 矿业歪头山矿辊磨干选工程竣工投产。该辊磨干选工程为本钢集团集产能稳定化、生产柔性化和管控智能化于一体的节能减排增利项目，于2021年4月开始施工建设，工程分为新建破碎干选系统和现有湿式磨矿选别脱水系统改造两部分，年设计处理能力900万吨。本钢集团副总经理高烈，总经理助理、总工程师蒋光炜，总经理助理齐振出席竣工投产仪式。

16日 本钢集团党委书记、董事长杨维以“四不两直”方式，深入职工食堂、备件库、建设工地、厂区门岗和采购中心等疫情防控重点部位，暗访督查疫情防控工作。本钢集团安全环保部、办公室相关负责人参加检查。

同日 本钢集团党委授予孙永江等10名同志2021年四季度“本钢好人”荣誉称号。

17日 鞍钢集团党委书记、董事长谭成旭到本钢调研，传达习近平总书记在全国“两会”上的重要讲话和全国“两会”精神，督导检查本钢疫情防控和安全生产工作，并听取近期工作汇报，提出具体要求。鞍钢集团总法律顾问，本钢领导，鞍钢矿业公司负责人、鞍钢集团相关部门负责人、本钢相关部门负责人等参加相关活动。

18日 本钢集团党委常委会召开2022年第8次会议，传达学习习近平总书记在参加内蒙古代表团审议时的重要讲话精神；传达学习习近平总书记在看望参加政协会议的农业界社会福利和社会保障界委员时的重要讲话精神；传达学习张国清同志在省委人才工作会议上的讲话精神；传达学习张国清、胡玉亭同志在全省市厅级主要领导干部学习贯彻党的十九届六中全会精神专题研讨班开班式和结业式上的讲话精神；传达学习张国清同志在省委民族工作会议上的讲话精神；传达学习张国清、李乐成同志在省委农村工作会议上的讲话精神，并研究部署相关工作。本钢集团党委书记、董事长杨维主持会议并提出工作要求。本钢集团领导班子成员参加会议，总经理助理，本钢集团党委组织部、党委宣传部、纪委、办公室、审计部、规划科技部相关负责人，以及板材公司、北营公司、矿业公司负责人等列席会议。

同日 本钢集团党委召开第七轮巡察工作动员部署会议，就进一步落实党中央、鞍钢集团党委关于深化国有企业全面从严治党要求，健全巡视巡察上下联动机制，实现高质量全覆盖目标任务，对党委第七轮巡察工作进行动员部署。本钢集团纪委书记曹宇辉参加会议并就开展第七轮巡察工作作动员讲话，巡察组组长代表和被巡察单位党委书记代表分别作了表态发言。参加第七轮巡察的各巡察组组长，第七轮巡察被巡察单位党委主要负责人，以及本钢集团纪委相关负责人参加会议。

19日 本钢集团党委书记、董事长杨维深入本钢集团白楼修缮及智能楼宇改造项目施工现场和本钢宾馆公寓楼调研，察看工程进展，提出具体要求。本钢集团副总经理杨成广，本钢集团相关部门和单位负责人参加调研。

20日 北营公司与爱波瑞集团召开精益管理项目诊断报告与建议书发布会，对北营公司经营现状做出了诊断评价，介绍了推行精益管理的目标和保障。

22日 本钢信息自动化公司依托改革与创新“双轮驱动”，成功入围国务院国资委“科改示范企业”名单。

23日 本钢集团召开2021年度领导班子和领导干部考核工作讲评大会。会议以视频形式召开。会上，本钢集团党委副书记赵忠民通报了2021年度本钢集团党委直管领导班子和领导干部考核情况。板材公司、北营公司、矿业公司，建设公司、机械制造公司、北钢公司6家主业板块、多元板块子企业，分别通报了本企业2021年度自管领导班子和领导干部考核情况。本钢集团党委书记、董事长杨维参加会议并讲话。本钢集团总经理、党委副书记王军主持会议。本钢集团领导班子成员、总经理助理，本钢集团党委组织部、纪委负责人在主会场参加会议，各单位领导班子成员，D级以上领导干部，以及同层级高级业务师、首级专家、首席工程师在分会场参加会议。

24日 本钢集团党委理论学习中心组进行2022年第三次集体学习，围绕“深入学习贯彻习近平总书记关于国有企业改革发展和党的建设重要论述，明确改革方向，掌握实践要求，破解发展难题，建设高质量发展新本钢”主题开展学习研讨，切实把学习成果转化为科学有效的工作举措，推动本钢2022年各项工作任务落地见效。本钢集团党委书记、董事长杨维主持会议，并提出要求。本钢集团党委理论学习中心组成员参加集体学习。集团高管；总部机关各部门主要负责人；板材公司党委主要负责人，北营公司、矿业公司党委筹建组主要负责人列席会议。

同日 本钢集团党委常委会召开2022年第9次会议，传达学习习近平总书记在出席解放军和武警部队代表团全体会议时的重要讲话精神；传达学习习近平总书记在中共中央政治局第三十七次集体学习时的重要讲话精神；传达学习中共中央政治局常务委员会召开会议时的重要讲话精神，并贯彻落实相关工作。本钢集团党委书记、董事长杨维主持会议并提出工作要求。本钢集团领导班子成员参加会议，总经理助理，本钢集团党委组织部、党委宣传部、纪委、办公室、审计部、安全环保部、法律合规部、工会、保卫中心相关负责人，以及板材公司、北营公司、矿业公司负责人等列席会议。

25日 本钢集团党委书记、董事长杨维再次以"四不两直"方式，深入北营公司厂区门岗、配餐中心、北营炼铁总厂生产现场和北营炼钢厂一区改造施工现场等重点部位，暗访督查疫情防控工作。本钢集团办公室、安全环保部负责人参加检查。

26日 本钢集团党委书记、董事长杨维到板材能源管控中心CCPP工程项目现场和制氧一作业区8号制氧机现场调研。本钢集团副总经理高烈，总经理助理、总工程师蒋光炜，总经理助理齐振，本钢集团运营管理部、安全环保部，板材公司，板材能源管控中心主要负责人参加调研。

28日 本钢集团党委各巡察组正式进驻6家被巡察单位，标志着本钢集团党委第七轮巡察工作全面展开。本轮6个巡察组将分别对板材废钢加工厂、板材研发院、板材炼钢厂、板材热连轧厂、板材炼铁总厂、板材冷轧总厂、北营炼钢厂、北营炼铁总厂、北营能源管控中心、北营轧钢厂、丹东不锈钢公司、恒通公司、信息自动化公司、辽宁冶金职业技术学院、建设公司建筑工程分公司、建设公司机电安装公司、机制公司第一机修厂、机关党委共18家基层单位党组织开展常规巡察。

同日 本钢集团正式启动首期"青马学堂"培训班。本钢集团党委副书记赵忠民出席开班动员会并作动员讲话。会上，本钢集团相关部门负责人围绕"青马工程"的培训安排、学习内容等方面作了说明、解读，培训班学员代表、班委代表分别进行了表态发言。会议现场还举行了学员赠书仪式。本钢集团党委组织部、党委宣传部、团委以及本钢党校相关负责人，第一期青马学堂培训班学员、班主任、督导员参加了开班动员会。

30日 本钢集团超低排重点节能环保项目——CCPP发电项目正式投入使用。板材能源管控中心CCPP发电项目是"一带一路"项目，主机采用首台国内制造厂上海电气集团成套燃用低热值煤气的燃机设备，每年可发电约13亿千瓦时。项目主体包括一套100MW燃气轮机组、一套三压余热锅炉、一套80MW汽轮发电机组及相关辅助设施。该项目于2019年9月29日开工建设，已作为体现钢企低碳发展成果的典型案例，入选2021年度"中国钢铁工业10件大事"的"钢铁行业争当'双碳'先行者"单元。本钢集团副总经理高烈，总经理助理、总工程师蒋光炜，总经理助理齐振参加投运仪式。

同日 本钢集团召开职工文体协会启动会议，成立本钢集团工会第一批文体协会，并对2022年协会工作进行安排布置。本钢集团工会主席张彦宾参加启动会议并讲话。本钢集团工会文体协会会长及秘书长；协会所在单位工会主席及文体干事；本钢集团工会相关成员及分管此项工作的业务经理参加启动会议。

31日 本钢集团总经理王军以"四不

两直”方式深入北营炼铁总厂400平烧结料场、焦化三区，北营炼钢厂炼钢一区，北营轧钢厂三四高线，北营能源管控中心发电二区等生产、施工现场，调研指导疫情防控、安全生产、在建项目等工作。

同日 本钢集团党委书记、董事长杨维听取板材公司一季度汽车板集中一贯制质量管理推进及生产和质量情况工作汇报。本钢集团总经理助理、总工程师蒋光炜参加会议。本钢集团相关部门；板材公司、北营公司以及板材公司相关部门和单位负责人参加会议。

同日 2020—2021年度全国货运供应链数智化优秀案例TOP50正式发布，本钢“5G+北方恒达产业园项目”在数智化案例解决方案创新性、应用效果实用性、技术能力专业性、行业影响力等多个维度赢得肯定，入围产网协同数智化优秀案例。这标志着本钢国贸北方恒达产业园数字化、智能化发展达到国内同行业先进水平。

4月

1日 本钢集团召开首季党委书记、董事长联络员恳谈会。本钢集团党委书记、董事长杨维向首批12位基层联络员颁发聘书，与他们面对面交流，了解职工“急难愁盼”问题，并当场部署落实解决问题。本钢集团工会主席张彦宾主持会议。本钢集团党委组织部（人力资源部）、管理创新部、运营管理部、办公室、工会等相关负责人参加会议。

同日 板材公司启动“授权+同利”市场化改革试点工作。本钢集团党委副书记赵忠民出席启动仪式并作动员讲话。

同日 《智慧物流园建设技术要求》团体标准编制工作正式启动。本钢国贸北方恒达产业园凭借在项目建设、运营过程中对智慧物流园建设的深刻理解和积累的丰富经验，成为《智慧物流园建设技术要求》团体标准编制的第一起草人。

2日 本钢集团召开安全生产和疫情防控专题会议，深入学习贯彻习近平总书记关于安全生产、疫情防控工作的重要指示精神和李克强总理的批示要求，贯彻落实国务院安全生产电视电话会议和中央企业安全生产电视电话会议精神，传达省委常委会扩大会议暨全省疫情防控指挥部视频会议精神和鞍钢集团召开的疫情防控暨安委会（扩大）会议精神，对当前安全生产与疫情防控工作进行再强调、再部署。本钢集团党委书记、董事长杨维参加会议并传达相关会议精神，本钢集团总经理王军主持会议。本钢集团领导班子成员、总经理助理，本钢集团各职能部门、各子公司和所属单位相关负责人在现场或通过视频方式参加会议。

同日 本钢集团召开深化改革第二次调度会。三家板块公司、多元子企业和部分厂矿代表分别汇报了各自深化改革推进情况和下一步工作计划；本钢集团相关部门分别通报了2022年改革重点任务，并提出相关工作要求。本钢集团党委书记、董事长杨维出席会议并讲话。会议由本钢集团党委副书记、总经理王军主持。本钢集团领导班子成员，总经理助理参加会议。本钢集团机关各职能部门、直属机构负责人，各板块、多元子企业党政正职，各单位改革工作领导小组成员，以及组织、宣传、信访等相关工作人员分别在分会场参加视频会议。

3日 本钢集团党委书记、董事长杨维到北营公司就加快推进原料场智能化、自动化改造，助力本钢集团高质量发展和疫情防控、安全生产进行调研。本钢集团总经理助理、总工程师蒋光炜，本钢集团运营管理部主要负责人，北营公司、北营炼铁总厂相关负责人参加调研。

4日 本钢集团党委书记、董事长杨维来到板材特殊钢事业部电炉升级改造项目现场，围绕项目进度、节能减排、安全施工和疫情防控等进行调研。本钢集团总经理助理齐振，本钢集团办公室主要负责人，板材公司、板材特殊钢事业部相关负责人参加调研。

7日 本钢集团工会召开一届十次全委（扩大）会议。本钢集团工会主席张彦宾参加会议并讲话。会议选举产生了本钢集团工会第一届女职工委员会，听取审议了本钢集团工会一届十次全委会工作报告，总结本钢集团工会2021年工作，安排部署2022年工作。本钢集团工会委员会委员；集团机关和直属单位、各子公司及所属单位工会主席；本钢集团工会全体人员在现场或通过视频形式参加会议。

8日 本钢集团党委常委会召开2022年第10次会议，传达学习习近平总书记关于安全生产工作指示精神、全国安全生产电视电话会议精神和习近平总书记在参加首都义务植树活动时的重要讲话精神，并贯彻落实相关工作。本钢集团党委书记、董事长杨维主持会议并提出工作要求。本钢集团领导班子成员参加会议；总经理助理，本钢集团党委组织部、党委宣传部、纪委、办公室、审计部、安全环保部相关负责人列席会议；板材公司、北营公司、矿业公司相关负责人通过视频列席会议。

9日 本钢集团党委书记、董事长杨维到板材热连轧厂成品库、板材冷轧总厂成品库以及板材炼铁总厂原料分厂团山3号、4号翻车机现场调研。本钢集团总经理助理、总工程师蒋光炜，本钢集团运营管理部，板材公司相关负责人参加调研。

12日 本钢集团与韩国KG制铁共同举行了2022年度MOU（谅解备忘录）签字仪式。仪式以视频方式举行。本次签约是在2021年双方合作7.5万吨钢材，2022年计划采购10万吨钢材基础上达成。本钢集团总经理助理、总工程师蒋光炜，KG制铁代表理事朴成熙出席签字仪式。KG制铁、三普SNT，本钢国贸公司相关负责人参加签约仪式。

13日 本钢集团召开3月份生产协调会暨一季度生产经营分析会，全面分析总结一季度生产经营情况，对4月份和二季度生产经营重点工作进行安排部署。本钢集团党委书记、董事长杨维讲话，总经理王军主持会议。本钢集团领导、集团高管、相关部门主要负责同志；板材公司、北营公司、矿业公司、北钢公司党政正职在主会场参加会议。板材公司、北营公司、矿业公司其他领导班子成员及主体厂矿党政正职、财务负责人；非钢协同板块各单位党政正职、财务负责人；北钢其他领导班子成员、财务负责人通过视频参加会议。

14日 本钢集团召开多元子企业经营业绩责任书签订会，标志着本钢多元子企业改革向纵深推进。本钢集团党委书记、董事长杨维出席会议并讲话，会议由本钢集团总经理王军主持。本钢集团领导赵忠民、杨成广、曹爱民以及总经理助理齐振参加会议。曹爱民代表本钢集团介绍多元子企业改革及考核情况，并与各子企业负责人签订经营业绩责任书。本钢集团相关部门、板材公司、北营公司、矿业公司主要负责人，各多元子企业主要负责人在主会场；其他领导班子成员及部门负责人在分会场参加会议。

同日 本钢集团召开2022年一季度科技例会，总结一季度科技工作成果，部署二季度科技工作。本钢集团总经理助理、总工程师蒋光炜主持会议，本钢集团总经理王军出席会议并讲话。本钢集团副总师、相关部门，板材公司、北营公司、矿业公司，以及技术中心、板材营销中心、北营营销中心负责人在主会场，各单位相关人员在分会场参加会议。

15日 本钢集团党委召开基层党建工作部署会暨2022年一季度政工例会，全面总结一季度工作，安排部署下一步重点工作。本钢集团党委书记、董事长杨维，工会主席张彦宾，纪委书记曹宇辉参加会议。会议由本钢集团党委副书记赵忠民主持。本钢集团党委组织部（人力资源部）、党委宣传部、纪委、办公室、工会、本钢保卫中心党委主要负责人在主会场，各子公司及基层单位党委负责人在分会场参加会议。

同日 板材公司召开一季度生产经营分析视频会，客观总结剖析了一季度生产经营亮点和不足，深入对标鞍钢“五地”和行业先进指标，详细部署二季度生产经营重点工作，并对精细化点检、消除隐患职工进行表奖。

16日 本钢集团党委常委会召开2022年第11次会议，传达学习习近平总书记在北京冬奥会冬残奥会总结表彰大会上的重要讲话精神，研究部署本钢集团贯彻落实工作。本钢集团领导班子成员参加会议，总经理助理，本钢集团党委组织部、党委宣传部、纪委、办公室、审计部、工会相关负责人列席会议。板材公司、北营公司、矿业公司相关负责人通过视频列席会议。

19日 本钢集团党委书记、董事长杨维到本溪市公安局溪钢分局调研，就持续强化警企联动、密切交流合作机制，为本钢集团深化市场化改革和生产经营工作顺利推进，以及营造安全稳定的环境迎接党的二十大胜利召开等工作，同溪钢分局负责人进行了深入全面的研讨交流。

20日 本钢集团“AAA”级景区花园式工厂建设正式启动。本钢集团党委书记、董事长杨维，总经理王军，党委副书记赵忠民，副总经理杨成广，工会主席张彦宾参加启动仪式，并同劳模代表和志愿者们一起在北营厂区植树添绿。本钢集团志愿者代表，辽宁好人、辽宁省岗位学雷锋学郭明义标兵、本溪市道德模范，北营炼铁总厂职工王世明宣读倡议书，倡议全体本钢人争做“创建花园式工厂，共建绿色美好家园”的宣传者、实践者、捍卫者。启动仪式由本钢集团党委副书记赵忠民主持。本钢集团相关部室负责人、相关板块子公司负责人，以及北营公司领导班子、北营公司机关及所属单位党政负责人，劳模代表、志愿者代表等100余人参加启动仪式并参与植树活动。

同日 本钢集团党委常委会召开2022年第12次会议，传达学习习近平总书记关于总体国家安全观的重要讲话精神，贯彻落实鞍钢集团安全生产专项工作方案及听取国务院安委会安全生产大检查迎检准备工作汇报，部署安排本钢集团相关工作。本钢集团党委书记、董事长杨维主持会议并提出工作要求。本钢集团领导班子成员参加会议，总经理助理，本钢集团党委组织部、党委宣传部、纪委、办公室、审计部、安全环保部相关负责人列席会议。

21日 本钢集团召开专职董事任职典礼暨专兼职董（监）事培训班开班仪式，宣布了各单位董事会成员名单，新任职专职董事、监事代表作了表态发言。鞍钢集团董事会秘书长龙强通过视频参加会议并讲话，本钢集团党委书记、董事长杨维参加会议并提出要求。本钢集团副总经理杨成广主持会议。本钢集团专职董事、监事，相关部门和单位负责人在主会场参加会议；丹东不锈钢公司主要负责人，本钢集团派出的兼职外部董事、监事以视频形式参加会议。

22日 本钢集团召开首席工程师聘任大会。本钢集团积极、平稳、有序、高效推进首席工程师岗位聘任工作，按照专业领域先后组织7个专家组进行充分论证和评审，完成了集团总部、板材公司、北营公司、矿业公司和多元子公司共28家单位104个首席工程师岗位设置，涵盖冶金、材料、矿山、机械、电气、智能制造、能源、化工、运输9大方向104个专业。2022年1月20日，全面完成了集团公司确定的三个批次首席工程师聘任计划，在全集团范围内通过公开竞聘选拔了55名首席工程师。本钢集团党委书记、董事长杨维，本钢集团副总经理曹爱民，本钢集团副总经理高烈，总经理助理、总工程师蒋光炜，总经理助理齐振参加会议。本钢集团党委副书记、总经理王军主持会议。本钢集团有关部门负责人，板块公司负责人或分管领导，相关子企业主要负责人，部分首席工程师代表在主会场参加会议；各单位负责人或分管技术领导，首席工程师、技术（技能）专家、博士研究生及技术序列其他岗位人员代表参加了视频会议。

24日 本钢集团总经理王军到北营能源管控中心、矿业石灰石矿生产现场调研。本钢集团党委组织部、党委宣传部、管理创新部主要负责人，北营能源管控中心、矿业石灰石矿主要负责人及相关单位部分一线职工参加调研座谈。

25日 本钢集团召开疫情防控视频会议，传达近期疫情防控形势，并对本钢集团疫情防控工作进行再部署、再落实，确保疫情防控和生产经营“两不误”。会议由本钢集团副总经理高烈主持，总经理助理、总工程师蒋光炜，总经理助理齐振，本钢集团各职能部门、各单位分管领导及疫情防控工作相关负责人在现场或通过视频方式参加会议。

同日 本钢集团北营公司4.3米焦炉正式拆除。拆除后，将在原址建设4座7米顶装现代化节能环保焦炉。本溪市副市长尹红炜，生态环境局局长刘景伟；本钢集团副总经理高烈，总经理助理齐振；本钢集团规划科技部、安全环保部负责人，北营公司领导班子和相关部门负责人，以及北营炼铁总厂相关负责人及职工代表参加拆除仪式。

同日 本钢集团党委常委会召开2022年第13次会议，传达学习习近平总书记在海南考察时的重要讲话精神；传达学习习近平总书记在中央全面深化改革委员会第二十五次会议上的重要讲话精神；部署安排本钢集团相关工作。本钢集团党委书记、董事长杨维主持会议并提出工作要求。本钢集团领导班子成员参加会议，总经理助理，本钢集团党委组织部、党委宣传部、纪委、办公室、审计部、规划科技部、管理创新部、安全环保部相关负责人在主会场列席会议；板材公司、北营公司、矿业公司相关负责人通过视频列席会议。

同日 辽宁冶金职业技术学院《校企合作开发“教育培训综合管理云平台”的构建与实践》《“多方协同、产教融合、校企共育”的中国特色学徒制教学模式创新与实践》两个项目分获2022年辽宁省职业教育与继续教育教学成果一、二等奖。

26日 本钢集团党委书记、董事长杨维深入板材炼铁总厂调研，就三项制度改革工作推进情况，以及降成本、节能减排、年轻干部梯队建设和“摘牌制”工作推进情况进行“穿透式”调研。本钢集团相关部门负责人还结合各自分管工作，同与会人员进行了深入交流并提出意见建议。本钢集团党委组织部、办公室、运营管理部、管理创新部及板材公司主要负责人，板材炼铁总厂领导班子及相关工作负责人参加调研。

27日 本钢定制公交1号线、2号线正式开通。

同日 由中华全国总工会主办，以“技能强国，创新有我”为主题的首届大国工匠创新交流大会在京开幕。本钢集团“2300热轧生产线提产增效、罩式退火炉介质用量优化、三段炮头液压泥炮”三项职工创新成果亮相大会，充分展示了本钢职工的精湛技能和“硬核”创新实力。

28日 本溪客运集团本钢职工通勤定制公交专线开通仪式正式举行，两条新开通的职工通勤定制公交专线，将为本钢职工提供“点对点”“门对门”“一站式”直达厂区内的精准对接专属服务。本溪市人民政府副市长尹红炜、本钢集团副总经理杨成广，本溪市公安局、本溪市国资委、本溪市交通运输局领导，本溪市客运集团相关领导，本钢集团板材公司、行政管理中心相关负责人参加开通仪式。开通仪式上，本溪市人民政府副市长尹红炜、本钢集团副总经理杨成广共同为仪式摘牌。

同日 本钢集团党委理论学习中心组进行2022年第四次集体学习，围绕“深入学习习近平法治思想和习近平总书记关于安全生产重要论述精神，进一步认识和贯彻新发展理念，切实有效提升依法治企效能和安全生产水平，为加快建设高质量发展新本钢提供坚实有力保障”为主题开展集体学习研讨。本钢集团党委书记、董事长杨维主持会议并提出要求。本钢集团党委理论学习中心组成员参加集体学习。本钢集团党委组织部、党委宣传部、纪委、党委办公室、安全环保部、法律合规部主要负责人列席会议。

29日 本钢集团党委书记、董事长杨维深入板材能源管控中心，就三项制度改革工作推进情况，以及降成本、能源管控、年轻干部梯队建设和“摘牌制”工作推进情况进行“穿透式”调研。本钢集团相关部门负责人还结合各自分管工作，同与会人员进行了深入交流并提出意见建议。本钢集团党委副书记高烈，本钢集团党委组织部、办公室、财务部、管理创新部、运营管理部，以及板材公司主要负责人，板材能源管控中心领导班子及相关工作负责人参加调研。

30日 本钢集团党委书记、董事长杨维到北营炼铁总厂焦化二区、三区焦炉大型化改造工程现场调研，并看望慰问了节日期间坚守岗位的一线干部职工。本钢集团办公室、北营公司相关负责人参加调研。

5月

1日 本钢集团积极参与本溪市举行的《信访工作条例》宣传月活动，全面抓好条例的深入贯彻实施。

6日 本钢集团召开2022年审计工作会议，全面总结2021年审计工作成果，部署2022年审计重点工作。本钢集团党委书记、董事长杨维参加会议并讲话。本钢集团领导班子成员参加会议。会议由本钢集团总会计师张景凡主持。本钢集团高管，审计部负责人在主会场参加会议，板材公司、北营公司、矿业公司、非钢协同板块、北钢公司及各板块下属单位相关负责人在分会场参加会议。

7日 本钢集团党委书记、董事长杨维深入本钢信息自动化公司，重点就“科改示范企业”建设和三项制度改革等工作推进情况进行调研。本钢集团总经理助理、总工程师蒋光炜，总经理助理齐振参加调研，并就分管工作提出具体要求。本钢集团相关部门负责人还结合各自分管工作，同与会人员进行了深入交流并提出意见建议。本钢集团党委组织部、管理创新部、信息化部、规划科技部主要负责人，本钢信息自动化公司领导班子及相关工作负责人参加调研。

同日 本钢集团召开疫情防控专题会议，深入学习贯彻习近平总书记关于疫情防控工作的重要讲话和指示精神，传达落实省市疫情防控工作会议及鞍钢集团相关会议精神，并对近期本钢集团疫情防控重点工作进行再强调、再部署。本钢集团总经理助理、总工程师蒋光炜主持会议，总经理助理齐振，本钢集团各职能部门、基层单位主要负责人及疫情防控工作相关人员在现场或通过视频方式参加会议。

10日 本钢团委组织各级团组织共同收听收看庆祝中国共产主义青年团成立100周年大会直播。

同日 本钢集团召开4月份生产经营协调会，全面分析总结4月份生产经营情况，客观剖析存在的问题和短板，认真研判当前生产经营形势，对5月份生产经营重点工作进行安排部署。本钢集团党委书记、董事长杨维讲话，总经理王军主持会议。本钢集团领导、集团高管、相关部门主要负责同志，板材公司、北营公司、矿业公司、北钢公司党政正职在主会场参加会议。板材公司、北营公司、矿业公司其他领导班子成员及主体厂矿党政正职、财务负责人；非钢协同板块各单位党政正职、财务负责人；北钢公司其他领导班子成员、财务负责人通过视频参加会议。

11日 本钢集团党委理论学习中心组召开2022年第5次集体学习研讨（扩大）会，以贯彻落实鞍钢集团党委关于开展“建功新时代，喜迎二十大”习近平总书记重要指示批示精神再学习再落实再提升主题活动安排部署，推进习近平总书记重要指示批示精神再学习、再落实、再提升，推动“稳增长、防风险、促改革、强党建”工作见行见效，贯彻落实“1357”工作指导方针，以新气象、新担当、新作为加快建设高质量发展新本钢，以优异成绩迎接党的二十大胜利召开。本钢集团党委书记、董事长杨维主持会议并提出要求。本次集体学习以“上下联动共同学”的形式进行，本钢集团党委理论学习中心组成员在主会场，其他各级党委理论学习中心组成员在分会场参加学习。本钢集团党委组织部、党委宣传部、纪委、党委办公室主要负责人在主会场，各级党群部门负责人在分会场列席会议。

同日 本钢集团党委常委会召开2022年第14次会议，重温、传达学习习近平总书记重要讲话、重要指示精神；传达学习《关于鞍钢股份鲅鱼圈钢铁分公司充分发挥党委领导作用打赢疫情防控阻击战和保产保供攻坚战情况的报告》；传达学习中共中央、国务院关于印发《质量强国建设纲要》的通知，安排部署本钢集团相关工作。本钢集团党委书记、董事长杨维主持会议并提出工作要求。本钢集团领导班子成员参加会议，总经理助理，本钢集团党委组织部、党委宣传部、纪委、办公室、工会及相关部门负责人在主会场列席会议；板材公司、北营公司、矿业公司相关负责人通过视频在分会场列席会议。

12日 本钢集团党委书记、董事长杨维到采购中心，重点就采购业务及成本控制、三项制度改革、“摘牌”制、年轻干部梯队建设，以及党风廉政建设等工作进行调研。本钢集团纪委书记曹宇辉，总经理助理、总工程师蒋光炜参加调研，并就分管工作提出具体要求。本钢集团相关部门负责人结合各自分管工作，同与会人员进行了深入交流并提出意见建议。本钢集团副总会计师、财务部主要负责人，党委组织部、管理创新部、运营管理部主要负责人，采购中心领导班子及相关工作负责人参加调研。

13日 鞍钢集团党委书记、董事长谭成旭到本钢实地调研了北营炼铁总厂新2号高炉、北营能源管控中心发电三区、北营轧钢厂三四高线等生产现场，听取本钢北营公司三项制度改革推进情况汇报，并就具体问题同相关人员深入交流。还实地察看了本钢二宿舍、本钢国贸大楼和本钢白楼修缮工程现场，对做好消防安全、疫情防控等工作提出要求。鞍钢集团总法律顾问，鞍钢集团人力资源部、管理与信息化部、安环部相关负责人；本钢主要负责人、有关领导及相关部门负责人等参加相关活动。

14日 本钢集团召开庆祝中国共产主义青年团成立100周年暨2022年五四青年表彰座谈会，深入学习贯彻习近平总书记在庆祝中国共产主义青年团成立100周年大会上的讲话精神，表彰先进典型，共话未来发展，引领本钢广大团员青年坚定不移听党话、跟党走，为建设新本钢、支撑新鞍钢贡献青春力量。本钢集团党委副书记高烈出席会议并讲话。本钢集团工会主席张彦宾，本钢集团党委组织部、党委宣传部、纪委、办公室、工会、团委等相关部门负责人，板材公司党委，北营公司、矿业公司党委筹建组相关负责人，以及受到表彰的先进典型和青年大学生代表参加会议。

同日 板材公司召开全员提质降本动员大会，明确“跑赢自身、跑赢大盘”双跑赢奋斗目标。

16日 本钢集团党委书记、董事长杨维深入北营轧钢厂三四高线作业区，重点就三项制度改革推进情况进行调研。本钢集团党委组织部、管理创新部、办公室、党委宣传部、北营公司主要负责人参加调研。

18日 本钢职工通勤定制公交新开通3、4、5、6号线（试运行），并对原定制公交1、2号线路站点进行调整。

19日 本钢集团党委书记、董事长杨维深入板材炼钢厂，重点就三项制度改革、降本创效、节能减排和年轻干部梯队建设等情况进行调研。本钢集团财务部、党委组织部、管理创新部、运营管理部、板材公司主要负责人参加调研。

21日 本钢集团党委书记、董事长杨维深入板材公司炼铁总厂360㎡烧结机脱硫脱硝、回收区域VOCS尾气治理、4炉组机侧除尘、4A焦炉烟气脱硫脱硝、储一翻车机及煤筒仓、6号7号焦炉机侧除尘、6号焦炉烟气脱硫脱硝、8号9号焦炉酚氰废水处理装置异味处理等工程改造施工现场进行实地调研。本钢集团总经理助理齐振，板材公司及板材炼铁总厂相关负责人参加调研。

23日 本钢集团2022年度领导干部春季轮训班（五期）开班典礼在本溪市委党校报告厅举行。本钢集团党委书记、董事长杨维出席开班典礼并讲话。本钢集团党委副书记高烈主持开班典礼，纪委书记曹宇辉、市委党校分管日常工作的副校长苏畅参加开班典礼。在开班典礼上，本溪市委党校与鞍钢党校本钢分校签订了战略合作框架协议。

24日 本钢集团党委书记、董事长杨维深入北营炼铁总厂，重点就三项制度改革、降本创效、节能减排和年轻干部梯队建设等情况进行“穿透式”调研。本钢集团财务部、党委组织部、管理创新部、运营管理部、北营公司主要负责人参加调研。

同日 本钢集团党委书记、董事长杨维深入板材研发院，就鞍钢集团研发机构一体化工作进展、三项制度改革、优化内部激励机制、科研项目及“摘挂牌”项目运行情况，以及青年干部队伍梯队建设等情况进行调研。本钢集团总经理助理、总工程师蒋光炜，本钢集团党委组织部、管理创新部、规划科技部、运营管理部、行政管理中心和板材研发院相关负责人参加调研。

26日 本钢集团党委书记、董事长杨维调研营销工作。本钢集团总经理王军参加调研，总经理助理、总工程师蒋光炜主持会议。会上，板材市场营销中心、北营市场营销中心和5大区域公司分别围绕市场开发、产品定价、品种销量和协同合作等方面进行了专题汇报。本钢集团财务部、党委组织部、运营管理部相关负责人参加调研。

同日 本钢集团党委常委会召开2022年第15次会议，传达学习习近平总书记在庆祝中国共产主义青年团成立100周年大会上的重要讲话精神，安排部署本钢集团相关工作。本钢集团党委组织部、党委宣传部、纪委、办公室、审计部负责人在主会场列席会议；板材公司、北营公司、矿业公司相关负责人通过视频在分会场列席会议。

同日 北营公司举办庆祝中国共产主义青年团成立100周年暨首届英语大赛。

30日 本钢集团2022年度职工健康体检正式启动。2022年，本钢集团投入资金1100余万元，将每名职工体检标准提升至300元。此次健康体检采取选择套餐和项目自选相结合的方式进行。

31日 鞍钢矿业公司党委书记、董事长刘文胜来访本钢。本钢集团党委书记、董事长杨维与刘文胜一行就深化长期合作、促进互利共赢，加速释放鞍钢本钢重组聚合效能，做好矿产资源事业发展“大文章”，共同助力高质量发展新鞍钢建设进行了座谈交流。鞍钢矿业公司总经理、党委副书记刘炳宇，总经理助理王志忠；本钢集团总经理、党委副书记王军，党委副书记高烈，党委常委、副总经理亢建民；鞍钢矿业公司生产管理部相关工作负责人，本钢集团运营管理部、采购中心相关工作负责人参加座谈。

同日 本钢集团党委书记、董事长杨维深入北营炼钢厂、板材炼钢厂生产一线调研。本钢集团副总经理亢建民，本钢集团规划科技部、安全环保部、板材公司、北营公司、板材炼钢厂、北营炼钢厂主要负责人参加调研。

6月

1日 本钢集团践行“双核”战略、绿色低碳发展重点项目——矿业南芬选矿厂精矿粉管道输送工程开工仪式隆重举行。该工程预计总投资3.26亿元，设计输送能力500万t/a，管道全长24.7公里，从矿业南芬选矿厂起始，途经南芬区、桥北工业园区，终点至本钢板材厂区。工程建成投产后，将实现铁精矿粉的绿色运输，可为企业节约大量运输成本，年创造经济效益1.2亿元。本钢集团副总经理亢建民，总经理助理齐振参加开工仪式并为工程剪彩。本钢集团安全环保部相关工作负责人，矿业公司主要领导，南芬区、桥北工业园区领导以及相关方单位负责人参加开工仪式。

同日 本钢集团召开三项制度改革第六场专题培训会。会议以视频形式召开。鞍钢矿业大孤山球团厂厂长作了题为《推进“三项制度”改革 持续完善“三能”机制 激发企业高质量发展新动能》的经验介绍，鞍钢建设集团有限公司党委书记、董事长作了题为《加强全口径劳务用工管理 实现人力资源优化配置 助力企业高质量发展》的经验介绍。鞍钢本钢整合融合工作推进组组长计岩参加会议，本钢集团党委副书记高烈主持会议。鞍钢工程公司、鞍钢建设公司、鞍钢矿业大孤山球团厂相关领导；本钢集团党委组织部、管理创新部负责人，板材公司、北营公司、矿业公司及所属厂矿相关领导在主会场参加会议。本钢集团机关其他部门负责人、各子公司（直属单位）分管相关工作领导在分会场参加会议。

2日 本钢集团党委常委会召开2022年第16次会议，传达学习中共中央、国务院新印发《信访工作条例》摘要精神，安排部署本钢集团相关工作。本钢集团党委书记、董事长杨维主持会议并提出工作要求。本钢集团领导班子成员参加会议，总经理助理，本钢集团党委组织部、党委宣传部、纪委、办公室、审计部、运营管理部、管理创新部、财务部、资本管理部、法律合规部、规划科技部、保卫中心、板材公司、北营公司、矿业公司负责人列席会议。

3日 本钢集团党委书记、董事长杨维到板材冷轧总厂一冷区域调研，并深入生产现场，检查安全生产工作，看望慰问节日期间坚守在生产一线的广大干部职工。本钢集团总经理助理、总工程师蒋光炜，本钢集团相关部门、单位负责人参加调研座谈。

5日 本钢集团在中国冶金报社组织的2022“寻找最美绿色钢城”评选活动中，获评“绿色发展标杆企业”称号。

9日 本钢集团党委书记、董事长杨维与日前履新的本钢浦项韩方副总经理郑大仁座谈，就共同推动本钢浦项发展建设，寻求本钢集团与韩国浦项在更广领域和更深层次上的战略合作，促进双方互利共赢等进行了深入交流。

同日 本钢集团开展2022年志愿服务专题培训。本钢集团党委宣传部、本钢党校相关负责人，抚顺雷锋学院相关人员，本钢志愿服务队队长、志愿者、本钢好人等30名代表参加培训。

10日 本钢集团召开5月份生产经营协调会，全面分析总结5月份生产经营情况，客观剖析存在的问题和短板，认真研判当前生产经营形势，对6月份生产经营重点工作进行安排部署。本钢集团党委书记、董事长杨维讲话，总经理王军主持会议。本钢集团领导、集团高管、相关部门主要负责同志，板材公司、北营公司、矿业公司、北钢公司党政正职在主会场参加会议。板材公司、北营公司、矿业公司其他领导班子成员及主体厂矿党政正职、财务负责人；非钢协同板块各单位党政正职、财务负责人；北钢公司其他领导班子成员、财务负责人通过视频参加会议。

11日 本钢集团驰援桓仁县50箱共计2000套防护服。这是本钢集团彰显国企担当，为桓仁县黑沟乡石虎子村捐赠的首批防疫物资，从防护服采购到送到指定交接区域，仅用了不到一天时间，有效解决了桓仁县防疫物资短缺问题。

13日 本钢集团2022年度领导干部轮训班（六期）开班典礼在本溪市委党校报告厅举行。本钢集团党委组织部相关负责人，市委党校、本钢党校相关领导，本钢党校特聘顾问刘晓方，以及此次春季轮训班学员参加开班典礼。

14日 本溪海关关长蒲光宇一行到国贸公司走访调研，就当前企业进出口经营情况、企业在海关通关中存在的实际困难等具体业务与国贸公司主要负责人进行了深入交流和座谈。座谈会结束后，本溪海关还举办了RCEP专题现场培训，内容包括政策讲解、RCEP总体解读、RCEP原产地规则简介、RCEP原产地签证流程介绍等，本钢国贸公司进出口业务相关人员参加了培训。

同日 板材公司召开5月份生产经营分析会，通报主要生产经营指标完成情况，并对指标创纪录单位进行表奖，通过会议总结成绩、研判形势、部署任务，全力冲刺板材公司上半年各项经营目标。会议还部署了安全环保、深化改革、降本增效、花园式工厂建设、作风建设等专项重点工作。

15日 本钢集团党委书记、董事长杨维深入北营能源管控中心，就二项制度改革工作推进情况，以及降成本、节能减排、年轻干部梯队建设工作推进情况进行调研。本钢集团相关部门负责人结合各自分管工作，同与会人员进行了深入交流并提出意见建议。本钢集团党委组织部、财务部、管理创新部、运营管理部，以及北营公司主要负责人，北营能源管控中心领导班子及相关工作负责人参加调研。

同日 本钢集团召开制止餐饮浪费行为工作会议，对厉行节约、制止餐饮浪费等重点工作进行动员部署。会议传达学习了习近平总书记对制止餐饮浪费行为作出的重要指示精神，并对《本钢集团关于制止餐饮浪费工作分级落实方案》进行了宣贯。本钢集团党委组织部、党委宣传部、纪委、办公室、工会、团委、实业（新事业）公司主要负责人在主会场，各单位分管领导及相关负责人通过视频在分会场参加会议。

同日 本钢集团召开2022年度防汛工作专题视频会议，传达国家、省、市以及鞍钢集团防汛工作精神，并对本钢集团防汛重点工作任务进行安排部署。本钢集团副总经理亢建民参加会议并结合当前本钢集团防汛工作形势和任务，提出工作要求。本钢集团相关职能部门负责人，各子公司及所属单位防汛总指挥、相关工作人员在现场或通过视频参加会议。

16日 本钢集团党委常委会召开2022年第17次会议，传达学习习近平总书记在中共中央政治局第三十九次集体学习时的讲话精神，安排部署本钢集团相关工作。本钢集团党委书记、董事长杨维主持会议并提出工作要求。本钢集团领导班子成员参加会议，总经理助理，本钢集团党委组织部、党委宣传部、纪委、办公室、审计部、财务部、规划科技部、法律合规部、运营管理部、资本管理部、安全环保部、管理创新部、信息化部、保卫中心、板材公司、北营公司、矿业公司、信息自动化公司负责人列席会议。

同日 本钢集团举行“安全生产月”咨询日活动。各子公司及所属单位结合自身安全生产实际，通过悬挂横幅、设置展板、我要安全签名、安全宣誓、安全技能比武等多种方式，开展“安全生产月”主题宣贯活动。

18日 本钢集团总部举行回迁白楼揭牌仪式。本钢集团党委书记、董事长杨维，总经理王军共同为白楼揭牌。仪式由本钢集团党委副书记高烈主持。本溪市委常委、常务副市长孟广华，市委宣传部副部长刘海洋，市文广局局长毕雅芳，本钢集团领导班子以及总经理助理，本钢集团副总师，总部各部门负责人出席揭牌仪式。本钢白楼始建于1936年，为日伪时期所建，20世纪50年代改建为本溪钢铁公司办公楼。原有三层结构采用天井回廊布局，内框架混合结构，1978年进行接层改造，为本溪市保护性历史建筑，占地面积2020.5平方米，总建筑面积8456平方米。

21—24日　板材公司2022年第一阶段联检期间，本钢集团工会在板材厂区各食堂开展了为联检职工免费送餐活动，共为各单位参加联检职工提供精心烹制的免费“爱心餐”7300多份，让联检职工感受到企业的温暖和关爱。

22日　市人大代表视察组一行到本钢集团就企业安全生产工作进行视察。视察组一行参观了板材冷轧总厂三冷轧工序，并组织召开了座谈会。市人大常委会代表资格审查委员会副主任委员刘伟新，平山区人大常委会主任高春峰，人大工委主任张雁雁参加视察。本钢集团安全环保部、板材公司、板材冷轧总厂相关负责人陪同视察。

同日　本钢集团党委书记、董事长杨维率队到龙新矿业有限公司走访调研，并同该公司董事长兼总经理杨宪礼、常务副总经理姜作生等人就地采矿山的开发建设等事宜进行了座谈交流。本钢集团副总经理亢建民，龙新矿业有限公司相关负责人，本钢矿业公司相关负责人参加调研座谈。

同日　本钢集团总经理王军到板材热连轧厂一热轧设备作业区，就三项制度改革工作推进情况进行调研。本钢集团党委组织部、党委宣传部、管理创新部主要负责人，板材热连轧厂主要负责人及一热轧设备作业区负责人和部分一线职工代表参加调研座谈。

23日　本钢集团党委书记、董事长杨维到基层党建工作联系点——板材炼钢厂精炼作业区党支部，以“不忘初心跟党走，全力打造新本钢，以优异成绩迎接党的二十大胜利召开”为题，为党支部全体党员上了一堂生动的党课。

同日　本钢集团党委书记、董事长杨维到板材炼钢厂精炼作业区，就三项制度改革推进情况进行调研。本钢集团党委组织部、管理创新部、党委宣传部主要负责人，板材炼钢厂主要负责人和该厂精炼作业区主要负责人及一线职工代表参加了调研座谈。

同日　本钢集团总经理王军到设备工程公司液检制造事业部，就三项制度改革工作推进情况进行调研。本钢集团党委组织部、党委宣传部、管理创新部主要负责人，设备工程公司主要负责人及液检制造事业部负责人和部分职工代表参加调研座谈。

同日　本钢集团党委常委会召开2022年第18次会议，传达学习习近平总书记关于脱贫攻坚工作的重要指示精神，部署安排本钢集团相关工作。本钢集团党委书记、董事长杨维主持会议并提出工作要求。本钢集团领导班子成员参加会议，总经理助理，本钢集团党委组织部、党委宣传部、纪委、办公室、审计部、规划科技部、保卫中心负责人在主会场列席会议；板材公司、北营公司、矿业公司负责人在分会场通过视频列席会议。

25日　2022年鞍钢集团“群英赛”——计算机程序设计员竞赛在辽宁冶金职业技术学院举行。此次竞赛由鞍钢集团工会、人力资源部、团委主办，本钢集团工会、党委组织部（人力资源部）、党委宣传部（团委）承办。本钢集团工会主席张彦宾出席开幕式。

27 日 本钢集团团委、安全环保部联合开展了以“遵守安全生产法、当好第一责任人”为主题的“青工安全大讲堂”活动。此次活动以视频会议形式举行。本钢集团团委、安全环保部相关负责人，各子公司及所属单位相关工作负责人、团委书记及青工代表等 600 余人参加活动。

同日 本钢集团副总经理亢建民冒雨分别到板材公司、北营公司、矿业公司歪头山矿尾矿库等重点防汛区域，现场检查了防汛工作落实情况，并对防汛工作提出了要求。本钢集团安全环保部和各板块公司防汛工作主要负责人一同参加了检查。

29 日 本钢集团党委书记、董事长杨维主持召开本钢集团 2022 年第 4 次股东会议。会议审议通过了《本钢集团董事会 2021 年度工作报告》《本钢集团有限公司 2021 年度审计报告》等 13 项议案。鞍钢集团有限公司、辽宁省人民政府国有资产监督管理委员会、辽宁省社会保障基金理事会、抚顺新钢铁有限责任公司作为本钢集团股东代表出席会议。本钢集团董事、监事，高级管理人员，以及相关部门负责人参加会议。

同日 本钢集团举行北营焦化二区、三区焦炉大型化改造工程奠基仪式，本钢集团总经理王军宣布项目开工奠基，本钢集团总经理助理齐振，中冶焦耐（大连）工程技术有限公司负责人，本钢集团规划科技部负责人，北营公司领导班子和相关单位负责人、职工代表参加奠基仪式。北营焦化二区、三区焦炉大型化改造工程是本钢集团“十四五”期间实施的 112 个超低排放改造项目之一，也是本钢集团践行绿色发展理念，贯彻落实国家产业政策和辽宁省《钢铁行业超低排放改造实施方案》，推进“AAA”级景区花园式工厂建设的重要举措，对全面实现本钢集团碳达峰、碳中和目标，建设“绿色本钢”“绿色鞍钢”，实现城企共融共生具有积极意义。

同日 本钢集团召开一届十三次职工代表大会。会议主要审议通过了《关于提高住房公积金缴存比例实施方案（草案）》，并于 7 月份开始实施。此次会议按照疫情防控相关规定以视频形式召开，本钢集团工会主席张彦宾出席会议，各代表团在分会场参加会议。

7 月

1 日 本钢集团党委书记、董事长杨维深入板材炼铁总厂新五号高炉、六号高炉和新一号高炉生产现场调研。本钢集团运营管理部、办公室负责人，板材公司相关负责人参加调研。

2 日 本钢集团党委书记、董事长杨维率队赴桓仁满族自治县华来镇黑沟乡石虎子村调研，实地考察本钢集团定点帮扶项目推进情况，看望慰问结对帮扶建档立卡户和本钢集团驻村工作队干部。桓仁满族自治县县委书记刘明刚，县委副书记、县长田永军，本钢集团党委副书记高烈、工会主席张彦宾，桓仁满族自治县、黑沟乡及石虎子村领导班子，本钢集团党委组织部、党委宣传部、办公室、规划科技部、管理创新部负责人，本钢集团驻村工作队成员参加调研并座谈。

5 日 辽宁省税务局党委书记、局长杨勇，机关党委专职副书记徐军一行来本钢集团调研，深入企业了解情况、走访问需。本溪市委书记吴澜，市委常委、市政府党组副书记、副市长孟广华；本钢集团党委书记、董事长杨维，总经理王军，总会计师张景凡；省税务局相关部门负责人，本溪市税务局主要负责人，本钢集团副总师参加调研座谈。

同日 辽宁省2021年度科学技术奖揭晓，有28项成果获省科学技术进步奖一等奖。其中本钢职工牵头完成的“超近距离露天矿山大孔径低扰动控制爆破新技术”和参与完成的“金属露天矿低碳生态化设计与智能开采一体化关键技术与应用”两个科技项目榜上有名，并均被认定达到国际领先水平。

6日 本钢集团审计部召开鞍钢集团审计管理制度宣贯学习视频工作会议。鞍钢集团审计部投资审计单元总监喻勇作为主讲人，同与会人员就相关审计管理制度进行了宣贯学习。本钢集团审计部主要负责人、各职能部门和直属单位相关负责人、各板块公司主要负责人，基层单位领导班子成员及相关审计、工程、财务工作人员分别在主会场、分会场参加了会议。

7日 本钢集团举行群众性创新创效攻关活动启动仪式。本钢集团群众性创新创效攻关活动是指以生产一线职工为主体，立足本职岗位、解决现场实际问题而开展的技术攻关项目，是本钢集团降本创效项目制（摘牌）工作的有效补充。启动仪式上，鞍钢股份鲅鱼圈分公司党委工作部一级经理吕继丰作了题为《扎实开展岗位创新，提升技能人才素质》的经验介绍。本钢集团工会、管理创新部负责人分别就《本钢集团群众性创新创效工作方案》《本钢集团全员创新创效激励体系推进方案》进行了宣贯。本钢集团总经理王军参加启动仪式并讲话。启动仪式由本钢集团工会主席张彦宾主持。本钢集团工会、管理创新部、规划科技部相关负责人在主会场，各子公司及所属各单位党、政、工及相关部门负责人、工会工作人员，部分一线职工代表在分会场通过视频参加启动仪式。

8日 本钢集团与辽宁科技大学签署战略合作框架协议。根据协议，双方将围绕技术开发、联合攻关、人才培养、资源共享等方面不断推进“产学研用”深度合作，高效融合，打造校企合作新典范。本钢集团党委书记、董事长杨维，党委副书记、总经理王军，辽宁科技大学党委书记李平，党委副书记、校长张志强出席签约仪式。本钢集团总经理助理、总工程师蒋光炜，辽宁科技大学党委常委、副校长胡军分别代表双方在战略合作框架协议上签字。本钢集团党委组织部、信息化部、规划科技部、板材研发院相关负责人，辽宁科技大学科技处（高新技术研究院）、招生与就业处、研究生院、科技园发展有限公司、化学工程学院、机械工程与自动化学院、计算机与软件工程学院、材料与冶金学院、电子与信息工程学院相关负责人参加签约仪式。

同日 “喜迎二十大，建设新本钢，支撑新鞍钢”本钢职工篮球比赛拉开帷幕，本钢集团工会主席张彦宾参加开幕式并为比赛“开球”。来自本钢集团28个单位的304名职工参加比赛。

9日 本钢集团党委书记、董事长杨维深入矿业歪头山矿汽车作业区，就三项制度改革推进情况进行调研。本钢集团副总经理韩永德，本钢集团党委组织部、管理创新部、党委宣传部以及矿业公司相关负责人参加调研座谈。

11日 本钢职工通勤定制公交新开通7、8、9、10号线（试运行），并对原定制公交1、2、3、4、5、6号线路站点进行调整。

12日 本钢集团召开6月份生产经营协调会暨上半年生产经营分析会，全面分析总结6月份及上半年生产经营情况，客观剖析存在的问题和短板，认真研判当前生产经营形势，对下半年生产经营重点工作进行安排部署。本钢集团党委书记、董事长杨维讲话，总经理、党委副书记王军主持会议。本钢集团领导、外部董事、集团高管、相关部门主要负责同志，板材公司、北营公司、矿业公司、北钢公司党政正职在主会场参加会议。板材公司、北营公司、矿业公司其他领导班子成员及主体厂矿党政正职、财务负责人；非钢协同板块各单位党政正职、财务负责人；北钢公司其他领导班子成员、财务工作负责人通过视频参加会议。

13日 2021年辽宁省工程建设工法评审结果揭晓。建设公司申报的《PC装配式墙板施工工法》《超长、超重钢构件运输工法》《电气柜安装微调施工工法》三个项目，以“新”“大”“巧”的特点取胜，并最终获评省级工法。

15日 鞍钢集团工会主席刘杰一行来到本钢板材特殊钢事业部电炉升级改造施工现场、板材炼铁总厂二食堂改造现场、矿业南芬露天矿，就重点民生实事项目、劳动竞赛等工作开展情况进行调研，并听取本钢集团工会2022年重点工作汇报。本钢集团工会主席张彦宾陪同调研。

同日 矿业公司举行南芬绿色选矿提效及智能化改造一期EPC总承包工程开工仪式，标志着本钢集团再次迈出绿色智慧矿山建设新步伐。根据规划，此项工程分两期建设，包含两条选矿生产线。一期工程建成投产后，中细碎系统处理能力将达到1350万吨/年，同时淘汰落后设备设施，实现选矿工艺设备大型化、智能化。本钢集团总经理王军、副总经理亢建民、总经理助理齐振出席开工仪式并为工程剪彩。王军宣布工程开工，亢建民在开工仪式上致辞。矿业公司领导班子成员，南芬区主要领导，以及相关方单位负责人参加开工仪式。

同日 鞍钢招标有限公司本溪分公司党支部新一届支部委员会正式产生，标志着鞍本招标专业化整合融合工作全面完成。

18日 本钢集团召开上半年深化市场化改革工作会议。会议全面总结、回顾上半年深化市场化改革阶段性成果，分析、检视差距和不足，进一步统一思想、明确责任，对下一步深化市场化改革工作进行全面部署，为全面高质量完成国企改革三年行动目标任务夯实基础。本钢集团总经理、党委副书记王军在会上作题为《浴火重生扬改革之帆 赓续奋进谱百年华章——本钢深化市场化改革工作总结》的报告。高烈通报了本钢集团“两制一契”完成情况。板材公司、北营公司、矿业公司，板材能源管控中心、北营炼钢厂、矿业石灰石矿，板材炼钢厂精炼作业区、北营炼铁总厂球团作业区、矿业歪头山铁矿汽车作业区，恒泰公司、信息自动化公司等市场化改革工作成效明显、亮点突出、各具特色的11家单位在会上作典型经验交流。鞍钢集团总法律顾问计岩，本钢集团党委书记、董事长杨维出席会议并讲话。本钢集团领导班子、总经理助理，本钢集团副总师，各部门、板块公司、各单位主要负责人和相关工作负责人及职工代表，分别在主会场和分会场参加会议。本钢集团党委副书记高烈主持会议。

19日 本钢浦项在办公楼前隆重举行十八周年庆典。本钢集团党委书记、董事长杨维，党委副书记高烈，总经理助理、总工程师蒋光炜，板材公司相关负责人，板材公司各部门相关负责人，以及曾在本钢浦项工作过的历任领导参加了庆典仪式。

同日 “本钢青年之家”揭牌仪式在本

钢青年公寓举行，本钢集团党委副书记高烈出席揭牌仪式，并看望了住宿青年职工。“本钢青年之家”是本钢团委贯彻落实上级团组织加强“青年之家”建设有关部署，深度结合本钢住宿青年群体的特点和需求，促进他们沟通交流，丰富业余文化生活，依托新建成的本钢青年公寓良好的学习和住宿环境而开辟的一个共青团重要活动阵地，是鞍钢团委、本钢团委2022年“我为青年办实事”重点民生项目，于2022年4月初正式启动，通过开展基础设施改造升级、文化宣传制品设计制作、青年职工学习和活动用品购置配备、“本钢青年之家”管理机制的建立运行等一系列工作，于6月下旬顺利完成了建设。本钢党委宣传部、本钢团委、本钢实业公司相关负责人，本钢青年公寓管理人员及住宿青年职工代表参加了揭牌仪式。

20日 本钢集团工会2022年“送清凉”活动启动仪式在板材储运中心本溪备件作业区举行。本钢集团党委书记、董事长杨维，工会主席张彦宾参加启动仪式。启动仪式上，杨维亲切慰问了在场职工，并与张彦宾共同为板材公司、北营公司、矿业公司，以及建设公司、设备工程公司等单位代表发放了冰柜等防暑降温物品。本钢集团工会相关负责人，板材公司、北营公司、矿业公司，以及板材公司所属各单位，建设公司、设备工程公司等单位的党政工领导、工会工作人员、一线职工代表参加了启动仪式。

同日 本钢集团党委书记、董事长杨维主持召开本钢集团董事会第一届第三次定期会议，听取2022年上半年生产经营情况汇报、董事会议定事项落实情况汇报，审议通过了《关于提名公司高级管理人员的议案》和《关于本钢集团“十四五”发展战略和规划调整并发布施行的议案》。本钢集团董事参加会议，本钢集团监事、高管，本钢集团相关部门、各板块公司主要负责人列席会议。

21日 本钢集团党委常委会召开2022年第19次会议，传达学习习近平总书记在中央全面深化改革委员会第二十六次会议上的重要讲话精神及会议有关精神，传达学习习近平总书记就研究吸收网民对党的二十大相关工作意见建议作出的重要指示精神，传达学习习近平总书记在湖北武汉、香港科学园考察时的重要讲话精神，部署安排本钢集团相关工作。本钢集团党委书记、董事长杨维主持会议并提出工作要求。本钢集团领导班子成员参加会议，总经理助理，本钢集团党委组织部、党委宣传部、纪委、办公室、审计部、规划科技部、信息化部、安全环保部、运营管理部、管理创新部、财务部、板材公司、北营公司、矿业公司负责人列席会议。

同日 本钢集团召开二季度党委书记、董事长联络员恳谈会，听取首季第一批党委书记、董事长联络员工作开展情况及基层职工反响汇报，与第二批11名党委书记、董事长联络员恳谈交流。本钢集团党委书记、董事长杨维主持会议，本钢集团工会主席张彦宾，本钢集团党委组织部、管理创新部、规划科技部、安全环保部、财务部、运营管理部、法律合规部、信息化部、工会、行政管理中心有关负责人参加会议。

22日 本钢集团党委书记、董事长杨维深入本钢建设矿建公司筑路工程作业区，就三项制度改革推进情况进行调研。本钢集团党委组织部、管理创新部、党委宣传部，以及建设公司相关负责人参加调研座谈。

同日 本钢集团召开2022年下半年安全工作会议，贯彻落实鞍钢集团2022年下半年安全工作会议精神，总结本钢集团上半年安全工作并分析存在的问题，部署下半年安全工作任务。本钢集团安委会主任、党委书记、董事长杨维出席会议，对做好2022年下半年安全工作提出要求。本钢集团安委会主任、总经理、党委副书记王军主持会议，并就落实会议精神提出要求。本钢集团领导班子成员，以及总经理助理，本钢集团安委会成员部门负责人在主会场参加会议，各子公司、厂矿领导班子成员、安全管理部门及作业区负责人在分会场通过视频参加会议。

23日 本钢集团党委书记、董事长杨维深入北钢公司，就企业生产经营状况、存在的困难和问题，以及下一步发展规划进行调研。本钢集团副总经理杨成广参加调研并提出工作要求。本钢集团办公室、规划科技部、管理创新部、党委组织部，以及北钢公司相关负责人参加调研座谈。

25日 本钢集团党委召开二季度政工例会暨上半年全面从严治党工作会议，全面总结二季度及上半年党建工作，安排部署下一步重点工作。本钢集团党委副书记高烈、纪委书记曹宇辉出席会议。会议由工会主席张彦宾主持。本钢集团党委组织部、党委宣传部、纪委、办公室、工会、保卫中心（武装信访部）相关负责人在主会场，各直管和基层党委书记、副书记、工会主席、党群工作负责人，部分党支部书记代表在分会场参加会议。

26日 本钢集团召开第二季度科技例会，对二季度本钢集团科技工作进行总结，部署三季度科技工作。本钢集团总经理助理、总工程师蒋光炜，本钢集团首席信息官、副总师、相关部门人员，板材公司、北营公司、矿业公司，技术中心、板材营销中心、北营营销中心负责人以及各单位相关负责人等参加会议。

28日 本钢集团下发《本钢集团规章制度“学练用”实施方案》并召开启动会。规章制度“学练用”工作以承接鞍钢集团238项规章制度为主，以本钢其他规章制度为辅，将采取大讲堂集中宣讲、会议研讨和自行学习等方式逐级开展，使职工知其意、悟其理、守其则、践其行。

8月

1日 本钢集团党委书记、董事长杨维到访冶金工业信息标准研究院，与该院党委书记、院长张龙强就双方进一步深化合作，助力本钢集团高质量发展进行了座谈交流。本钢集团总经理助理、总工程师蒋光炜，冶金工业信息标准研究院相关部门负责人，本钢集团相关部门负责人参加座谈交流。

3日 本钢集团党委书记、董事长杨维会见了到访的中车大连公司总经理孙荣坤一行。双方围绕深化智能运输、绿色运输合作，促进互利共赢，共同推动高质量发展进行了深入交流。本钢集团副总经理韩永德，中车大连公司路外事业部、机车开发部负责人，本钢集团相关部门和单位负责人参加座谈。

4日 由中国钢铁工业协会主办、本钢集团承办的2022年度钢铁行业冶金铁路运输专家委员会主任委员会议在本钢集团召开。会议由全国钢铁行业冶金铁路运输专家委员会主任委员会秘书长、中国钢铁工业协会组织人事部综合处处长贾硕主持。国家铁路局科技与法制司一级巡视员冯双洲，安全监察司副司长刘朝辉，中国钢铁工业协会组织人事部副主任、委员会名誉主任委员臧若愚，主任委员韩树森、常务副主任委员吴忠民，本钢板材公司及板材铁运公司负责人出席会议。会议向鞍山钢铁集团有限公司铁路运输分公司等多家单位颁发了钢铁行业冶金铁路科技创新成果证书；表决通过了调整和增补的副主任委员和委员名单；发布2021年度冶金铁路运输年报；进行了钢铁行业冶金铁路优秀科技创新成果展示；传达了全国人大相关会议精神；就钢铁行业铁路运输绿色低碳转型和组织机构变革趋势以及专家委员会的重点工作进行了研究探讨。鞍山钢铁、武钢、太钢、马钢、包钢等31家铁路运输、服务单位的70多位领导、专家参加会议。

同日 占地面积2.2万平方米，拥有727个停车位的本溪市内最大的露天停车场——本钢集团北营公司三号门停车场正式启用。该停车场建设是北营公司2022年"我为群众办实事"16项重点项目之一，并被列入本钢集团"我为群众办实事"重点项目清单，于2022年6月23日开工建设，历时一个月建成。本钢集团副总经理韩永德，工会主席张彦宾参加启动仪式并剪彩。本钢集团党委组织部、工会相关负责人，北营公司机关各部门和各单位相关负责人，以及项目建设单位本钢建设公司相关负责人等参加启动仪式。

同日 本钢团委联合本溪团市委以"情定七夕，'钢'好有你"为主题，举办了单身青年联谊交友活动，为单身青年搭建相遇、相识和相知平台。来自本钢、本溪市各企事业单位的40名优秀单身青年参加活动，12对单身青年成功牵手。

5日 本钢集团党委书记、董事长杨维到访太原重型机械集团有限公司，与太原重型机械集团有限公司党委书记、董事长韩珍堂，围绕深化绿色、智能化项目合作，加速企业高质量发展进行了座谈交流。本钢集团党委常委、副总经理韩永德；太原重型机械集团有限公司党委副书记、副董事长、总经理陶家晋，党委常委、董事，太原重工总经理卜彦峰；太原重型机械集团有限公司太原重工相关负责人，太重集团榆次液压工业有限公司负责人；本钢集团相关部门负责人参加座谈。

6日 本钢集团党委书记、董事长杨维到访潞安化工集团有限公司，与潞安化工集团有限公司党委副书记、副董事长、总经理马军祥进行座谈。双方就进一步强化战略合作关系、促进共赢发展深入交流。本钢集团党委常委、副总经理韩永德，潞安化工集团有限公司总会计师徐海东，潞安化工集团相关负责人，本钢集团相关部门负责人参加座谈。

9日 北营公司2022年"工匠杯"职工职业技能竞赛——锅炉运行工理论竞赛启动仪式在北营能源管控中心办公楼前举行。

10日 由中国汽车工程学会和汽车轻量化技术创新战略联盟联合主办的2022（第十五届）国际汽车轻量化大会（ALCE）在江苏扬州举行。本钢集团与国内外300余家参展商一同亮相，向2000余名专业观众展示汽车轻量化研发方面取得的成果。本次展会是鞍钢本钢重组以来本钢集团参加的最高规模展会，全方位展示了本钢致力于打造极具国际竞争力的以汽车板为引领的精品板材基地的信心和能力。

同日 本钢集团召开7月份生产经营协调会，全面分析总结7月份生产经营情况，客观剖析存在的问题和短板，认真研判当前生产经营形势，对8月份生产经营重点工作进行安排部署。本钢集团党委书记、董事长杨维讲话，副总经理、总法律顾问杨成广主持会议。本钢集团领导、集团高管、相关部门主要负责人，板材公司、北营公司、矿业公司、北钢公司党政负责人在主会场参加会议。板材公司、北营公司、矿业公司其他领导班子成员及主体厂矿党政正职、财务负责人；非钢协同板块各单位党政正职、财务负责人；北钢公司其他领导班子成员、财务工作负责人通过视频参加会议。

12日 攀钢集团总经理、党委副书记谢俊勇一行到本钢集团对标交流，本钢集团总经理、党委副书记王军亲切接待并座谈。双方就物资采购、生产运营、产品销售、数字产业等方面进行了深入交流和探讨。攀钢集团副总经理王衍平，本钢集团副总经理亢建民、韩永德，总经理助理齐振；攀钢集团攀钢钒公司、西昌钢钒公司、矿业公司、物贸公司、运营改善部、星云智联、国贸公司、管理创新部相关负责人；本钢集团板材公司、矿业公司、北营公司、运营管理部、管理创新部、信息化部、国贸公司、采购中心、信息自动化公司相关负责人，以及北营公司市场营销中心和板材公司市场营销中心负责人参加交流座谈。

同日 本钢集团召开宣传思想文化工作座谈会，总结回顾上半年宣传思想文化工作亮点，查找不足、征求意见，安排部署下半年工作。本钢集团党委副书记高烈参加会议并讲话。本钢集团党委宣传部、鞍钢集团新闻传媒中心本钢记者站主要负责人；各直管单位党委（筹建组）副书记（副组长）及板材冷轧总厂、北营炼铁总厂、矿业南芬露天矿党委副书记参加会议。

13日 本钢集团党委书记、董事长杨维一行走访安悦汽车物资有限公司，深入了解客户需求，并与安悦汽车物资有限公司董事长赵爱民、总经理柯文灿进行了座谈交流。鞍山钢铁副总经理张鹏，本钢集团总经理助理、总工程师蒋光炜，安悦汽车物资有限公司相关负责人，板材市场营销中心、本钢研发院等相关部门负责人参加座谈交流。

同日 本钢集团党委书记、董事长杨维与本钢战略合作用户福然德有限公司主要负责人进行座谈交流，了解用户需求，解决实际问题，全力推动与战略用户更深入、更广泛的合作。

同日 本钢集团党委书记、董事长杨维到鞍钢华东公司调研指导工作。鞍山钢铁副总经理张鹏，本钢集团总经理助理、总工程师蒋光炜，本钢集团相关部门负责人，鞍钢华东公司营销人员参加调研座谈。

同日 由本钢集团工会和板材公司共同主办，主题为“荣耀相伴·旗鉴非凡”的2022年中国一汽红旗品牌本钢集团品鉴会在辽宁冶金职业技术学院校内隆重举行，一汽红旗HS5、HS7、H5、H9、E-HS9、E-QM5等多款明星产品“盛装”亮相，5名职工签订购车合同。本钢集团工会主席张彦宾出席品鉴会。本钢集团工会相关负责人，板材公司主要负责人，以及辽宁冶金职业技术学院主要负责人参加品鉴会。

同日 第六届全国冶金职工运动会本钢分站赛暨“喜迎二十大 建设新本钢 支撑新鞍钢”本钢职工排球比赛及开幕式在本钢体育场举行。此次比赛历时4天，共有15支代表队参加比赛。

14—15日 本钢集团副总经理亢建民冒雨到矿业南芬露天矿采场、矿业南芬选矿厂卧龙沟尾矿库、矿业贾家堡矿采场、矿业北台铁矿废弃矿坑等矿业公司重点防汛区域，检查防汛工作落实情况，同时对防汛工作提出具体要求。本钢集团安全环保部和基层单位防汛工作主要负责人一同参加检查。

15日 本钢集团党委书记、董事长杨维，总经理、党委副书记王军会见了来访的浦项中国董事长宋容三一行。浦项中国相关负责人；板材公司、本钢浦项相关负责人参加调研座谈。

同日 按照本钢集团党委统一部署，本钢集团党委各巡察组正式进驻6家被巡察单位，标志着本钢集团党委第八轮巡察工作全面展开。本轮6个巡察组将分别对板材公司、北营公司、机械制造公司、建设公司、北钢公司、丹东不锈钢公司、恒基公司，以及矿业公司南芬露天矿、南芬选矿厂、贾家堡矿、辽阳球团公司共11家基层单位党组织开展常规巡察。同时，安排一个巡察组对第四轮、第五轮巡察整改落实情况“回头看”。

17日 本钢集团党委书记、董事长杨维到板材特殊钢事业部调研，并到电炉改造工程施工现场，实地察看了电炉及连铸工程施工进度，听取了板材公司及板材特殊钢事业部相关负责人的汇报，详细询问了工程施工进展情况，就提高工程质量、加快施工进度等相关问题提出具体要求。本钢集团总经理助理齐振，本钢集团党委组织部、管理创新部，板材公司及板材特殊钢事业部相关负责人参加调研。

17—20日 在昆明举行的2022（第十一届）中国建筑用钢产业链高峰论坛会议上，本钢集团北营公司荣获“2022年度全国优质建筑用钢品牌工艺质量奖”。

18日 本钢集团举办多元板块发展论坛，总结分析多元板块上半年生产经营情况，听取各子公司改革工作汇报和发展规划设想，研究部署下一步重点工作。会议以视频形式召开。本钢集团党委书记、董事长杨维主持论坛并讲话。本钢集团党委常委、总会计师张景凡，总经理助理齐振出席论坛，并就分管工作进行点评，提出具体要求。本钢集团财务部、规划科技部、管理创新部、党委组织部、运营管理部、法律合规部、资本管理部、办公室主要负责同志，多元板块各单位党政正职、专职董事，以及多元板块各单位领导班子其他成员、财务负责人分别在主会场和分会场参加论坛。

同日 本钢集团党委常委会召开2022年第21次会议，传达学习习近平总书记在省部级主要领导干部“学习习近平总书记重要讲话精神，迎接党的二十大”专题研讨班上的重要讲话精神；传达学习习近平总书记在7月28日中共中央政治局会议上的重要讲话精神及会议有关要求；传达学习习近平总书记在新疆考察时的重要讲话精神；传达学习习近平总书记在中共中央党外人士座谈会上的重要讲话精神和在中央统战工作会议上的讲话精神；传达学习《习近平经济思想学习纲要》的综述；传达中国钢铁工业协会第六届会员大会第四次会议上有关领导讲话，并贯彻落实相关工作。本钢集团党委书记、董事长杨维主持会议并提出工作要求。本钢集团领导班子成员参加会议，工会主席、总经理助理，本钢集团党委组织部、党委宣传部、纪委、办公室、审计部、规划科技部、安全环保部、财务部、信息化部、信访部、板材公司、北营公司、矿业公司负责人列席会议。

20日 本钢集团党委书记、董事长杨维到板材热连轧厂调研，并到2300生产线高强卷取现场，实地察看了生产、设备运行状况，听取了板材公司及板材热连轧厂相关负责人的汇报，详细询问了生产计划制订、设备运行状态等情况，并就下一步如何提升设备精度、生产出高质量热轧产品等相关问题提出具体要求。本钢集团总经理助理、总工程师蒋光炜，总经理助理齐振，本钢集团党委组织部、管理创新部、规划科技部、运营管理部，板材公司及板材热连轧厂、板材市场营销中心相关负责人参加调研。

22日 鞍钢集团副总经理王义栋深入本钢北营炼铁总厂，就安全生产培训"走过场"专项整治工作推进情况进行调研，并深入北营公司生产现场进行检查指导。本钢集团总经理王军，副总经理亢建民，鞍钢集团安环部相关负责人和专家，本钢集团安环部、北营公司、北营炼铁总厂相关负责人参加调研。

23日 本钢集团党委书记、董事长杨维走访了北京福田戴姆勒汽车有限公司，与该公司总裁兼首席执行官谢厚德就进一步深化战略合作，实现双方互利共赢，进行了深入交流。北京福田戴姆勒汽车有限公司总裁助理侯佳秀，本钢集团总经理助理、总工程师蒋光炜，板材市场营销中心相关负责人参加座谈交流。

24日 本钢集团召开疫情防控专题调度视频会议，对近期突发的疫情情况作了通报，同时对本钢集团疫情防控工作进行专题部署。本钢集团副总经理亢建民、韩永德参加会议并提出具体要求。

同日 本钢集团党委书记、董事长杨维走访了新天钢德材科技集团有限公司，双方围绕混合所有制改革、智能制造、绿色低碳发展、"一带一路"建设等方面进行深入交流，并就进一步深化互利合作、促进共赢发展达成共识。新天钢集团党委书记景悦、执行总裁阚永海，板材市场营销中心相关负责人，鞍钢集团市场营销中心华北公司相关负责人参加座谈交流。

同日 本钢集团党委书记、董事长杨维到鞍钢华北公司开展调研。本钢集团相关部门负责人，鞍钢华北公司相关负责人及营销人员代表参加调研座谈。

同日 本钢集团以视频会议的形式召开本钢集团钢铁产业管理与信息化整体提升项目测试启动会。本钢集团总经理王军出席会议并对测试阶段工作提出明确要求。本钢集团首席信息官邵剑超主持会议。本钢集团信息化部等相关部门负责人，板材公司、北营公司及各基层单位负责人，宝信、鞍信、本钢自动化公司等相关单位负责人及项目相关工作人员分别在主、分会场参加此次项目测试启动会。

25日 本钢集团党委书记、董事长杨维走访中国兵工物资集团有限公司，与该公司党委书记、董事长白长治进行座谈，就双方未来进一步开展合作进行了深入交流，并听取了"兵器工业电子商务平台"和"军工物流与安保中心"情况介绍。中国兵工物资集团副总经理王伟，本钢集团总经理助理、总工程师蒋光炜；中国兵工物资集团相关领导、相关部门和单位负责人；本钢板材公司，鞍钢股份相关部门和单位负责人参加座谈。

27日 本钢集团召开第三次疫情防控专题调度视频会议，对当前我市疫情情况作了通报，同时对本钢集团疫情防控工作进行再安排、再部署。本钢集团副总经理亢建民、韩永德参加会议并提出具体要求。本钢集团疫情防控六个保障组相关负责人参加会议，本钢集团各子公司、单位负责人以视频形式参加会议。

同日 本溪全市实施疫情防控静默封控管理。3.2万余名本钢干部职工义无反顾冲上战"疫"保产"第一线"。

同日 本钢集团党委书记、董事长杨维深入板材公司和北营公司厂区门岗、成品库、合金库、料场、职工食堂、检测点等疫情防控重点部位，督导防疫保产工作，并亲切慰问在岗职工。本钢集团党委副书记高烈，副总经理亢建民、韩永德，工会主席张彦宾也分别到本钢集团生产现场督导慰问。板材公司、北营公司相关负责人，本钢集团安全环保部、办公室相关负责人等参加督导慰问。

28日 本钢集团召开第四次疫情防控专题调度视频会议，对我市当前疫情情况作了通报，并对本钢集团抗疫保产重点工作进行部署。本钢集团总经理王军，副总经理亢建民、韩永德，总经理助理齐振参加会议并提出工作要求。本钢集团专项工作组相关负责人参加会议，本钢集团各子公司、单位负责人以视频形式参加会议。

29日 本钢集团召开第五次疫情防控专题调度视频会议，对当前疫情情况作了通报，针对我市平山区、明山区、溪湖区（含高新区）全域静态管理时间从2022年8月29日24时起顺延至9月4日0时这一实际情况，对本钢集团抗疫保产重点工作进行再安排再部署。本钢集团总经理王军，副总经理亢建民、韩永德，总经理助理、总工程师蒋光炜，总经理助理齐振参加会议，并提出工作要求。本钢集团专项工作组相关负责人参加会议，本钢集团各子公司、单位负责人以视频形式参加会议。

30日 本钢集团召开第六次疫情防控专题调度视频会议，对当前严峻复杂疫情形势作了分析和通报，并对延续静态管控期间本钢集团抗疫保产重点工作进行再强调再部署。本钢集团党委书记、董事长杨维，副总经理亢建民、韩永德，总经理助理、总工程师蒋光炜，总经理助理齐振参加会议，并提出工作要求。本钢集团专项工作组相关负责人参加会议，本钢集团各子公司、单位负责人以视频形式参加会议。

31日 本钢集团召开第七次疫情防控专题调度视频会议，对当前疫情形势作了分析和通报，并对静态管理期间本钢集团抗疫保产重点工作遇到的具体问题进行再强调再部署。本钢集团总经理王军，副总经理亢建民，总经理助理齐振参加会议，并提出工作要求。本钢集团专项工作组相关负责人参加会议，本钢集团各子公司、单位负责人以视频形式参加会议。

9月

1日 本钢集团党委常委会召开2022年第22次会议，传达学习习近平总书记在辽宁考察时的重要讲话精神，并就贯彻落实好相关工作作出部署。本钢集团党委书记、董事长杨维主持会议，并提出工作要求。本钢集团领导班子成员参加会议，工会主席、总经理助理列席会议。本钢集团相关部门和各板块主要负责人分别在主会场和分会场列席会议。

同日 本钢集团党委理论学习中心组召开2022年第7次集体学习研讨（扩大）会，深入学习《习近平谈治国理政》第四卷、《习近平经济思想学习纲要》、习近平总书记论“三农”工作重要论述等，围绕鞍钢集团“7531”战略目标和本钢集团“1357”工作指导方针，坚持以效益为中心，坚定不移走“改革+市场”发展之路，立足新发展阶段，贯彻新发展理念，构建新发展格局，奋力开创建设新本钢、支撑新鞍钢高质量发展新局面。本钢集团党委书记、董事长杨维主持会议并提出要求。本钢集团党委理论学习中心组成员在主会场参加会议，鞍钢集团党委宣传部、组织部列席旁听小组，本钢集团党委组织部、党委宣传部、纪委、党委办公室主要负责人在分会场列席会议。

同日 本钢集团党委书记、董事长杨维深入矿业南芬选矿厂细碎作业区，慰问坚守在岗位的一线班组职工和一线食堂工作人员，为他们带去了牛奶、罐头等慰问品，并感谢他们在疫情期间的辛苦付出。本钢集团安全环保部、办公室负责人，矿业公司相关负责人等共同慰问坚守岗位一线职工。

同日 本钢集团总经理、党委副书记王军到板材炼铁总厂六号高炉生产现场调研。

2日 本钢集团召开第八次疫情防控专题调度视频会议，对当前疫情形势作了分析和通报，并对静态管理期间保产重点工作再强调再部署。本钢集团总经理王军，副总经理亢建民，总经理助理、总工程师蒋光炜，总经理助理齐振参加会议，并提出工作要求。本钢集团专项工作组相关负责人参加会议，各子公司、单位负责人以视频形式参加会议。

3日 本钢集团召开第九次疫情防控专题调度视频会议，对当前疫情形势作了通报和分析，并针对我市平山区、明山区、溪湖区（含高新区）全域静态管控时间从2022年9月4日0时起顺延至9月5日24时这一实际情况，对当前阶段抗疫保产重点工作进行再安排再部署。本钢集团总经理王军、副总经理亢建民、总经理助理齐振参加会议，并提出工作要求。本钢集团专项工作组相关负责人参加会议，各子公司、单位负责人以视频形式参加会议。

4日 本钢集团召开第十次疫情防控专题调度视频会议，对当前疫情形势作了分析和通报，并对我市静态管理解除后驻厂保产职工轮换及当前阶段抗疫保产重点工作进行部署。本钢集团副总经理亢建民、总经理助理齐振参加会议，并提出工作要求。本钢集团专项工作组相关负责人参加会议，各子公司、单位负责人以视频形式参加会议。

5日 本钢集团召开第十一次疫情防控专题调度视频会议，对本钢集团及时有效应对此轮疫情进行了总结和通报，并对我市静态管理解除后驻厂保产职工轮换工作和下一阶段进行常态化疫情管控工作进行部署。本钢集团副总经理亢建民，总经理助理、总工程师蒋光炜，总经理助理齐振参加会议，并提出工作要求。本钢集团专项工作组相关负责人参加会议，各子公司、单位负责人以视频形式参加会议。

6日 本钢集团召开第十二次疫情防控专题调度视频会议，对当前疫情防控形势作了分析和通报，并对静态管理期间防疫保产重点工作进行再部署、再落实。本钢集团副总经理亢建民，总经理助理、总工程师蒋光炜，总经理助理齐振参加会议，并提出工作要求。本钢集团专项工作组相关负责人参加会议，各子公司、单位负责人以视频形式参加会议。

7日 本钢集团召开护航党的二十大暨全面部署百日攻坚行动动员大会，传达落实上级工作安排，对本钢集团护航党的二十大、百日攻坚行动等工作作出安排部署。本钢集团党委书记、董事长杨维，党委副书记高烈、工会主席张彦宾参加会议。会议由本钢集团总经理、党委副书记王军主持。本钢集团各部门、直属单位主要负责人，板材公司、北营公司、矿业公司及所属各单位，非钢多元产业所属各单位及其子企业党政主要领导，在分会场或通过视频方式参加会议。

同日 本钢集团党委书记、董事长杨维以视频会议方式，调研指导板材公司改革和生产经营工作。本钢集团党委副书记高烈、副总经理韩永德，总经理助理、总工程师蒋光炜参加会议，并结合分管工作提出具体要求。本钢集团副总师、相关部门负责人，板材公司领导班子成员分别在主会场和分会场参加会议。

8日 本钢集团党委书记、董事长杨维以视频会议方式，调研指导北营公司改革和生产经营工作。本钢集团党委副书记高烈、副总经理韩永德，总经理助理、总工程师蒋光炜参加会议，并结合分管工作提出具体要求。本钢集团副总师、相关部门负责人，北营公司领导班子成员分别在主会场和分会场参加会议。

同日 本钢集团党委书记、董事长杨维以视频会议方式，调研指导矿业公司改革和生产经营工作。本钢集团党委副书记高烈，副总经理亢建民、韩永德，总经理助理、总工程师蒋光炜参加会议，并结合分管工作提出具体要求。本钢集团副总师、相关部门负责人，矿业公司领导班子成员分别在主会场和分会场参加会议。

9日 零时，本钢集团各厂区解除封控。各厂区、矿区3万保产职工逆境坚守13天，最终迎来子夜凯旋。

同日 本钢集团召开9月份安全、防火、防疫、防盗工作会议，贯彻落实鞍钢集团党委常委会2022年第25次（扩大）会议及鞍钢集团9月份安全、防火、防疫工作会议精神，总结点评本钢集团8月份安全、防火、防疫工作，分析存在的问题，部署9月份及中秋、国庆“两节”，党的二十大期间安全、防火、防疫、防盗工作。本钢集团安委会主任、总经理、党委副书记王军参加会议，并就落实会议精神提出要求。会议由本钢集团安委会常务副主任、副总经理亢建民主持。本钢集团安委会成员部门负责人在主会场参加会议，各子公司、厂矿领导班子成员、安全管理部门负责人在分会场通过视频参加会议。

同日 本钢集团党委书记、董事长杨维深入北营铸管事业部调研。本钢集团党委副书记高烈，副总经理韩永德，总经理助理、总工程师蒋光炜，总经理助理齐振参加调研，并结合分管工作提出具体要求。本钢集团副总师、相关部门负责人，北营公司、北营铸管事业部领导班子成员参加调研。

同日 本钢集团党委书记、董事长杨维深入本钢信息自动化公司，重点就“科改示范企业”建设推进情况进行调研。本钢集团党委副书记高烈，总经理助理、总工程师蒋光炜，总经理助理齐振参加调研，并就分管工作提出具体要求。本钢集团规划科技部、党委组织部、管理创新部、信息化部，以及本钢信息自动化公司相关负责人参加调研座谈。

10日 本钢集团召开8月份生产经营协调会，全面分析总结8月份生产经营情况，客观剖析存在的问题和短板，认真研判当前生产经营形势，对下一阶段生产经营重点工作进行安排部署。本钢集团党委书记、董事长杨维讲话，本钢集团总经理、党委副书记王军主持会议。本钢集团领导、高管；相关部门主要负责人；板材公司、北营公司、矿业公司、北钢公司党政正职，机械制造公司相关负责人在主会场参加会议。板材公司、北营公司、矿业公司领导班子其他成员及主体厂矿党政正职、财务负责人；非钢协同板块各单位党政正职、财务负责人；北钢公司领导班子其他成员、财务负责人在分会场参加会议。

13日 本钢集团党委书记、董事长杨维深入建设公司调研，听汇报、找问题、定措施、谋发展。本钢集团党委副书记高烈，总经理助理齐振参加调研，并结合分管工作提出要求。本钢集团相关部门负责人，建设公司领导班子成员参加调研。

14日 本钢集团党委书记、董事长杨维深入机械制造公司调研。本钢集团党委副书记高烈，总经理助理齐振参加调研，并结合分管工作提出要求。本钢集团相关部门负责人，机械制造公司领导班子成员参加调研。

同日 “中秋”“国庆”双节之际，本钢团委开展困难青工走访慰问工作。板材公司、矿业公司党委相关领导，相关单位党组织负责人、团委书记参与走访慰问。

15日 本钢集团党委书记、董事长杨维深入本钢设备工程公司调研。本钢集团总经理助理齐振参加调研，并提出工作要求。本钢集团相关部门负责人，本钢设备工程公司领导班子成员参加调研。

同日 本钢集团召开培训工作交流会，全面总结今年1—7月份培训工作，客观剖析存在的问题，对下一阶段工作进行安排部署。本钢集团党委副书记高烈参加会议并讲话。会议对2022年培训工作进行阶段总结，公布了本钢集团2022年上半年优秀培训项目。板材公司、北营公司、矿业公司、集团公司安全环保部、集团公司办公室在会上作优秀培训项目经验交流。对《本钢集团领导干部及专家上讲台三年行动计划实施方案》进行了宣贯。本钢集团直属机构（单位）、分支机构、板块公司及所属单位分管领导、培训部门负责人及培训员在分会场以视频形式参加会议。

17日 本钢集团党委书记、董事长杨维深入恒泰公司调研，着力帮助企业解决实际困难，促进企业快速发展。本钢集团党委副书记高烈、总经理助理齐振参加调研，并结合分管工作提出要求。本钢集团相关部门负责人，恒泰公司领导班子成员参加调研。

19日 本钢集团在本溪市委党校举行2022年度领导干部秋季轮训班开班（七期）典礼。本钢集团有关部门、单位负责人等出席开班典礼。本钢领导干部轮训班于2021年5月正式启动，由本钢党校承办，与本溪市委党校深度合作，计划每年春秋两季共开办四期轮训班，利用3年左右时间，全面覆盖本钢集团党委管理的副处级以上干部。

同日 本钢集团党委书记、董事长杨维到实业公司调研，围绕企业改革和完成全年生产经营目标等重点工作，作出重要部署。本钢集团总经理助理齐振参加调研并结合分管工作提出要求。本钢集团相关部门负责人，实业公司领导班子成员参加调研。

20日 本钢集团党委书记、董事长杨维会见冶金工业信息标准研究院党委书记、院长张龙强一行，双方就加强企业与科研院所的协同创新，提升本钢集团科技创新能力，以及进一步深化双方合作等方面进行了深入交流座谈，并签署了战略合作协议和行业标准合作协议。本钢集团总经理、党委副书记王军，冶金工业信息标准研究院党委书记、院长张龙强，分别代表双方在战略合作协议上签字。签约仪式由本钢集团总经理助理、总工程师蒋光炜主持。冶金工业信息标准研究院和本钢集团相关部门负责人在主会场参加座谈交流。

同日 本钢集团又一项民生工程——本钢二号门防汛工程顺利竣工。该工程于今年8月6日开工建设，历时45天，工程开凿河道泄水孔8处、新建截水沟26米、架设人工栈桥84米，极大方便了职工的出行。

同日 本钢集团党委书记、董事长杨维到维检中心调研，听取近期工作汇报，并部署重点工作。本钢集团总经理助理齐振参加调研并结合分管工作提出要求。本钢集团副总师、相关部门负责人，维检中心领导班子成员参加调研。

20—22日 中国合格评定国家认可委

员会现场评审组对板材质检计量中心实验室认可体系运行的可行性、有效性进行现场评审，认定该中心实验室认可体系符合中国合格评定认可委员会认可以及相关应用说明要求，同意推荐板材质检计量中心维持中国合格评定国家认可委员会资格。

21日 本钢集团举办冶金工业信息标准研究院专家学者专场报告会。冶金工业信息标准研究院信息所所长、中国金属学会情报分会秘书长王晓虎，世界金属导报社副社长、总编辑、冶金工业信息标准研究院能效咨询项目负责人张京萍，全国钢标委氢冶金工作组秘书长、冶金工业信息标准研究院低碳业务组组长陈剑，全国钢标委智能制造工作组秘书长、冶金工业信息标准研究院智能业务组组长刘斓冰共四位专家学者，分别作了题为《信息情报支撑企业高质量发展》《钢铁行业能效提升政策要求与解决方案》《钢铁行业低碳发展形势及企业低碳重点工作》《钢铁智能制造的目标、实践与愿景》的主题报告。本钢集团总经理助理、总工程师蒋光炜出席报告会。本钢集团各基层单位领导班子成员，相关业务主要管理和技术人员在分会场参加报告会。

同日 本钢集团党委书记、董事长杨维深入技术学院调研。本钢集团总经理助理齐振参加调研，并提出工作要求。本钢集团相关部门负责人，技术学院领导班子成员参加调研。

22日 本钢集团党委常委会召开2022年第23次会议，传达学习习近平总书记在中央全面深化改革委员会第二十七次会议上的重要讲话精神，传达学习8月30日中共中央政治局会议有关精神及中央企业专题会议有关精神，传达学习《中央企业合规管理办法》及中央企业合规管理工作会议精神，听取《本钢集团有限公司党委关于做好迎接党的二十大重点工作的工作方案》和《本钢集团有限公司关于贯彻落实中央企业专题会议精神工作方案》汇报，并就贯彻落实好相关工作作出部署。本钢集团党委书记、董事长杨维主持会议并提出工作要求。本钢集团领导班子成员参加会议，工会主席、总经理助理列席会议。本钢集团相关部门和各板块主要负责人分别在主会场和分会场列席会议。

23日 本钢集团召开疫情防控工作总结会，对“8·24”疫情防控和保产保供工作进行全面总结分析，对疫情防控和生产经营工作进行再安排、再部署、再细化。会议由本钢集团总经理、党委副书记王军主持。本钢集团领导、高管；相关部门主要负责人；板材公司、北营公司、矿业公司、北钢公司及非钢协同板块各单位党政主要领导在主会场参加会议。板材公司、北营公司、矿业公司、北钢公司和非钢协同板块各子公司及其下属主体单位分管疫情防控工作负责人及相关人员在分会场参加视频会议。

24日 本钢集团党委书记、董事长杨维到恒通公司调研，围绕企业改革和冲刺四季度等重点工作，听汇报、定方向、作部署。本钢集团党委副书记高烈，总经理助理齐振参加调研并结合分管工作提出要求。本钢集团相关部门负责人，恒通公司领导班子成员参加调研。

25日 本钢集团举办领导干部及专家上讲台第一期培训班，标志着本钢集团领导干部及专家上讲台3年行动计划正式启动。高级会计师、矿业公司总会计师王东晖以《计划值管理体系》为题，围绕计划值的定义、计划值管理体系、计划值的应用等内容进行了第一期培训授课。本钢集团党委副书记高烈参加开班第一课。本钢集团各部门和板块公司及所属单位的生产系统、设备系统、财务系统负责计划值管理的相关人员参加培训。

同日 历时216天施工建设的板材公司15万立方米转炉煤气柜在板材能源管控中心正式投产，这标志着鞍本重组以来，本钢集团又一重点节能减排项目落地。15万立方米转炉煤气柜工程项目总投资1.6亿余元，于2022年2月22日开工建设，工程总承包方为鞍钢集团工程技术有限公司，施工单位为鞍钢金属结构有限公司、鞍钢建设有限公司、鞍钢附企动力有限公司。主要施工项目为新建一座15万立方米转炉煤气柜，配套建设一座加压站、两座电除尘站，以及煤气管网及燃气、给排水、电气等附属设施改造和总图范围内动迁还建。该项目比计划提前97天投产。本钢集团副总经理韩永德，总经理助理齐振出席投产仪式。

同日 本钢集团举办第十四届青年大学生趣味运动会。此次趣味运动会以“庆华诞 迎盛会 建新功”为主题，来自本钢集团37家单位的937名青年大学生参加了活动。经过激烈角逐，矿业歪头山矿、矿业南芬露天矿、板材特殊钢事业部、北营炼铁总厂、板材冷轧总厂、北营生活服务中心、北营轧钢厂、矿业石灰石矿分获团体总分前八名，板材公司机关获得“最受欢迎团队”称号。

26日 本钢集团党委书记、董事长杨维到热力公司进行调研。本钢集团党委副书记高烈，副总经理杨成广，总经理助理、总工程师蒋光炜，总经理助理齐振参加调研并结合分管工作提出要求。本钢集团相关部门负责人，热力公司领导班子成员参加调研。

同日 在中国金属材料流通协会主办的以“变局与重构”为主题的第十七届中国钢铁流通促进大会上，北方恒达产业园获批成为“中国首批物联网监管技术创新与应用”试点单位。全国共有7家单位入选。

28日 本钢集团党委书记、董事长杨维以视频形式听取丹东不锈钢公司改革、经营、党建等工作情况汇报。本钢集团党委副书记高烈，总经理助理、总工程师蒋光炜参加调研，并结合分管工作提出要求。本钢集团相关部门负责人，丹东不锈钢公司领导班子成员参加调研。

29日 本钢集团召开党委书记专题会议，听取各板块及相关部门“十四五”规划工作汇报，安排部署下一阶段重点工作。会议由本钢集团党委书记、董事长杨维主持。本钢集团党委副书记高烈，副总经理杨成广，总经理助理、总工程师蒋光炜，总经理助理齐振参加会议并就各自分管工作提出指导意见。本钢集团副总师，相关部门负责人参加会议。

同日 本钢集团党委常委会召开2022年第24次会议，传达学习《中国共产党政治协商工作条例》《推进领导干部能上能下规定》等重要文件精神，并就贯彻落实相关工作作出部署。本钢集团党委书记、董事长杨维主持会议并提出工作要求。本钢集团领导班子成员参加会议，工会主席、总经理助理，本钢集团相关部门和各板块主要负责人分别在主会场和分会场列席会议。

30日 本钢集团党委理论学习中心组召开2022年第8次集体学习研讨会，再学习再领会习近平总书记在省部级主要领导干部“学习习近平总书记重要讲话精神，迎接党的二十大”专题研讨班上的重要讲话精神，认真抓好改革发展稳定工作，将学习成效转化为推动本钢高质量发展的工作实效，大力弘扬“务实高效、攻坚克难、精准精细、少说多做”作风，锚定全年目标不放松，大干100天、冲刺四季度，全面实现“双跑赢”，以实际行动迎接党的二十大胜利召开。本钢集团党委书记、董事长杨维主持会议并提出要求。本钢集团党委理论学习中心组成员参加会议，本钢集团党委组织部、党委宣传部、纪委、党委办公室主要负责人列席会议。

10月

1日 本钢集团党委书记、董事长杨维到矿业南芬选矿厂调研，并深入矿业南芬露天矿采场和运岩作业区检修现场，代表本钢集团党委亲切看望慰问了坚守岗位的一线干部职工，为他们送去节日的问候和祝福。本钢集团党委副书记高烈、总经理助理齐振，本钢集团相关部门负责人、矿业公司相关负责人参加调研慰问活动。

8日 本钢集团召开党委书记专题会议，听取2022年以来对标考察重点工作推进情况汇报，并就四季度对标提升重点工作进行安排部署。本钢集团党委书记、董事长杨维主持会议。本钢集团党委副书记高烈、副总经理韩永德参加会议，并就各自分管工作提出指导意见。本钢集团运营管理部负责人作对标考察重点工作推进情况汇报。本钢集团副总师，规划科技部、管理创新部、党委组织部、信息化部、采购中心、板材公司、北营公司、矿业公司负责人参加会议并汇报相关工作。

同日 本钢厂内公交3号线开通。

同日 本钢集团党委书记、董事长杨维到板材冷轧总厂调研。本钢集团副总经理韩永德，总经理助理、总工程师蒋光炜，总经理助理齐振，本钢集团相关部门负责人、板材公司主要负责人和板材冷轧总厂领导班子及相关工作负责人参加调研。

9日 本钢集团党委书记、董事长杨维到北营轧钢厂调研。本钢集团党委副书记高烈，副总经理韩永德，总经理助理、总工程师蒋光炜，总经理助理齐振，本钢集团党委组织部、运营管理部、管理创新部，北营公司及北营轧钢厂相关负责人参加调研。

10日 中共本溪钢铁（集团）矿业有限责任公司第一次党员代表大会隆重召开。大会听取和审议了本钢矿业公司党委筹建组组长、董事长吕学明所作的党委筹建组工作报告；审议了纪委筹建组书面工作报告。本钢集团副总经理亢建民代表本钢集团党委参加会议并作讲话。

同日 本钢集团党委书记、董事长杨维会见了本溪市副市长、市公安局党委书记、局长丁耀东一行。双方就确保党的二十大安保维稳和维护企业利益等方面工作进行了深入交流。市公安局党委副书记、分管日常工作的副局长吴英君，本钢集团领导高烈、曹宇辉、韩永德、张彦宾，市公安局相关部门负责人和本钢保卫中心负责人参加座谈。

同日 本钢集团党委书记、董事长杨维深入板材热连轧厂，对该厂三项制度改革、冲刺四季度、汽车板提质增效等重点工作进行调研。本钢集团总经理助理、总工程师蒋光炜，总经理助理齐振，本钢集团相关部门负责人，板材公司主要负责人和板材热连轧厂领导班子及相关工作负责人参加调研。

10—11日 本钢板材股份有限公司第二次党员代表大会召开。大会对板材公司“十三五”时期及2021年工作进行了回顾和总结，研究部署了今后一个时期的奋斗目标和主要任务；选举产生了中国共产党本钢板材股份有限公司第二届委员会，中国共产党本钢板材股份有限公司第二届纪律检查委员会，以及出席中国共产党本钢集团有限公司第二次党员代表大会代表。本钢集团党委书记、董事长杨维出席会议并讲话。

10—11日 中共本溪北营钢铁（集团）股份有限公司召开第一次党员代表大会。会议听取审议通过了本钢集团副总经理、北营公司党委筹建组组长、董事长韩永德所作的党委筹建组工作报告；审议通过了纪委筹建组书面工作报告；选举产生了中共本钢北营公司第一届委员会和第一届纪律检查委员会，并选举出席中共本钢集团第二次党代会代表。本钢集团党委副书记、总经理王军出席会议并讲话。

11日 本钢集团党委书记、董事长杨维会见来访的中共辽阳县委书记王蕾一行。双方共同回顾了良好的合作历程，围绕推进本钢集团二次创业、产业转型升级和下一步共同推动矿业贾家堡矿露采转地采，以及共同开发辽阳县境内后备矿山，助力打造高质量发展新本钢进行了深入交流。辽阳县人大常委会主任温玉荣，县政协主席孙柏野，县委常委、常务副县长王琦，县委办公室主任王飞；本钢集团党委副书记高烈、副总经理亢建民；辽阳县发展改革局、寒岭镇主要负责人；本钢矿业公司、矿业贾家堡矿主要负责人参加座谈交流。

同日 本钢集团党委书记、董事长杨维深入北营炼钢厂，对该厂三项制度改革、冲刺四季度、生产经营等工作进行调研。本钢集团党委副书记高烈、副总经理韩永德、总经理助理齐振；本钢集团相关部门负责人，北营公司主要负责人和北营炼钢厂领导班子成员参加调研。

12日 本钢集团党委理论学习中心组召开2022年第9次集体学习研讨会，深入学习贯彻习近平总书记关于坚持自我革命、全面从严治党的重要论述，用好用活用足《中央企业靠企吃企案件警示录》，以“务实高效、攻坚克难、精准精细、少说多做”的工作作风，“大干100天、冲刺四季度，全面实现‘双跑赢’”，圆满完成全年目标，以新气象、新面貌、新业绩打造东北振兴的国企典范。本钢集团党委书记、董事长杨维主持会议并提出要求。本钢集团党委理论学习中心组成员参加会议，本钢集团党委组织部、党委宣传部、纪委、党委办公室、工会主要负责人列席会议。

同日 本钢集团召开2022年四季度安全防火防疫工作会议。本钢集团副总经理亢建民传达了鞍钢集团四季度安全、防火工作会议要求，以及本溪市政府党的二十大期间全市安全生产防范工作会议精神。总结点评了本钢集团三季度安全防火防疫工作，分析存在问题，并对四季度相关工作和党的二十大期间安全防火防疫工作作出安排部署。本钢集团安委会主任、党委书记、董事长杨维出席会议。会议由本钢集团安委会主任、总经理、党委副书记王军主持。本钢集团领导班子、高管；相关部门主要负责人；板材公司、北营公司、矿业公司、北钢公司党政正职在主会场参加会议。相关单位负责人在分会场以视频形式参加会议。

同日 本钢集团召开9月份生产经营协调会暨三季度生产经营分析会，全面分析总结9月份和前三季度生产经营情况，客观剖析存在的问题和短板，认真研判当前生产经营形势，对下一阶段生产经营重点工作进行安排部署。本钢集团党委书记、董事长杨维讲话，总经理、党委副书记王军主持会议。本钢集团领导、高管；相关部门主要负责同志；板材公司、北营公司、矿业公司、北钢公司党政正职；采购中心、恒通公司相关负责人在主会场参加会议。板材公司、北营公司、矿业公司领导班子其他成员及主体厂矿党政正职、财务负责人；非钢协同板块各单位党政正职、财务负责人；北钢公司领导班子其他成员、财务负责人在分会场参加会议。

13—14日 本钢集团党委邀请鞍钢集团党委组织部有关同志为本钢各级党务工作者开展党建工作专题培训。鞍钢集团党委组织部6位同志分别从《坚持党建引领 完善公司治理机制 建立中国特色现代企业制度的实践探索》《如何做好基层党委工作》《坚持把党的制度建设贯穿党建工作全过程 严格党内政治生活》《如何从严从实做好发展党员等四方面工作》《用好信息化手段提升党员教育管理质效 努力建设一支“四个合格”党员队伍》《如何开展党组织书记述职评议考核及新形势下如何加强基层党支部建设》等方面进行了专题授课。此次培训以鞍钢视频系统和“钢钢好”视频形式开展。鞍钢集团党委组织部、本钢集团党委组织部相关领导，各板块党委相关负责人，各基层单位党委书记、副书记，组织部长、组织员、党支部书记参加培训。

14日 本钢集团党委书记、董事长杨维到板材炼钢厂调研。本钢集团副总经理韩永德，总经理助理、总工程师蒋光炜，总经理助理齐振，本钢集团党委组织部、运营管理部、管理创新部、规划科技部，板材公司及板材炼钢厂相关负责人参加调研。

15日 本钢板材特殊钢事业部电炉一次热负荷试车成功。该套设备整体引进日本SPCO新型技术，是国内首套日本SPCO生态电炉，采用竖炉连续废钢预热、平熔池冶炼技术，具有最先进的能量回收技术和环保技术，于2018年开始规划设计，2019年10月1日正式开工建设。本钢集团党委书记、董事长杨维，总经理王军，副总经理韩永德，总经理助理、总工程师蒋光炜，总经理助理齐振等领导一同见证了这一历史时刻，并向中外建设者表示祝贺和慰问。本钢集团相关部门负责人、板材公司负责人和本钢板材特殊钢事业部相关负责人、相关建设单位负责人参加热试仪式。

同日 本钢举行“新鞍钢 新本钢 回眸元年再出发 美丽本钢接力赛”活动，号召全体本钢人以迎难而上、接力奋进的精神面貌和实际行动，进一步掀起“大干100天，冲刺四季度”的热潮。本钢集团党委书记、董事长杨维，本钢集团总经理、党委副书记王军，以及集团班子成员、各板块党政工负责人、先进人物代表和优秀青年代表参加接力赛活动。

同日 北营公司党委“党员干部进农场”主题党日活动在北营红旗农场举行。北营公司200多名党员干部到农场义务收割大豆，以特色形式增强党组织的凝聚力和战斗力，庆祝党的二十大胜利召开。

16日 本钢集团领导班子成员杨维、王军、杨成广、张景凡、曹宇辉、亢建民、韩永德，以及工会主席张彦宾，总经理助理、总工程师蒋光炜，总经理助理齐振在集团总部中心会场收看了党的二十大开幕会盛况，聆听了中共中央总书记习近平代表第十九届中央委员会所作的工作报告。在集团机关、板材公司、北营公司、矿业公司、多元子公司、直属单位及各基层单位会议室内，广大干部职工通过广播、电视、互联网等多种方式收听收看了大会盛况。

同日 本钢集团举办“同一个鞍钢 同一个梦想”主题文化展暨鞍本重组一周年图片回顾展。在本钢集团总部门前，20块展板依次排列，从不同侧面、不同角度全面展示鞍钢、本钢、攀钢三地的光辉发展历程、新鞍钢内涵和鞍本重组一周年的改革发展成效。本钢集团党委书记、董事长杨维，本钢集团总经理、党委副书记王军，集团领导班子成员；本钢集团高管、各职能部门负责人参观了展览。

17日 上海宝信软件股份有限公司（简称宝信软件）总经理王剑虎一行来访本钢集团，双方就企业发展历史、战略思路、核心业务、技术优势和管理经验等进行深入交流。本钢集团与宝信软件于2007年开始合作，结成重要战略合作伙伴关系，于2021年3月在上海举行战略合作框架协议签约仪式。近年来，双方在管理信息化、产业自动化、智能制造、智慧运营等领域取得快速进展。宝信软件副总经理黄颖雷、金武明，本钢集团党委书记、董事长杨维，总经理、党委副书记王军和总经理助理齐振，宝信软件相关负责人，本钢集团副总会计师、首席信息官，板材公司、北营公司和信息化部相关负责人参加座谈。

同日 本钢集团党委在本钢文体中心举办电影《钢铁意志》本钢首映式。本钢集团领导班子成员杨维、王军、曹宇辉、亢建民、韩永德，以及总经理助理、总工程师蒋光炜，总经理助理齐振参加首映式，并在签名墙上签名留念。

同日 由北营轧钢厂承办的2022年鞍钢集团“群英赛”轧钢工（棒材）技能竞赛圆满结束。本次技能竞赛是该厂首次承办鞍钢集团级别的技能竞赛。本钢集团工会相关负责人、北营公司工会相关负责人观看了实操比赛。

同日 本钢集团党委书记、董事长杨维深入北营炼铁总厂，对该厂三项制度改革、冲刺四季度、生产经营等工作进行调研。本钢集团党委副书记高烈，副总经理韩永德，总经理助理、总工程师蒋光炜，总经理助理齐振；本钢集团相关部门负责人，北营公司主要负责人和北营炼铁总厂领导班子成员参加调研。

17—18日 本钢集团纪委开展为期两天的专兼职纪检干部纪检业务培训班，本钢集团纪委有关负责同志、各职能业务室主任和来自各基层单位的162名专兼职纪检干部通过线上、线下的方式参加培训。

18日 本钢集团科学技术协会（以下简称本钢集团科协）第一次代表大会召开，标志着本钢集团科协正式成立。会议通过了《本钢集团有限公司科学技术协会章程》，选举杨维为本钢集团科协第一届委员会主席，王军、高烈为本钢集团科协第一届委员会副主席。同时，会议提名并通过了蒋光炜为本钢集团科协第一届委员会秘书长。鞍钢集团总工程师林大庆作视频讲话。中共本溪市委副书记杜秉海出席会议并讲话。本溪市科协主席李静军宣读《关于本钢集团有限公司科学技术协会成立的批复》。本钢集团党委书记、董事长杨维受本钢集团科协筹建领导小组的委托作筹建工作报告。本钢集团总经理、党委副书记王军，本钢集团党委副书记高烈分别主持不同阶段会议。本钢集团总经理助理、总工程师蒋光炜出席会议。

同日 本钢集团党委书记、董事长杨维到板材炼铁总厂调研。本钢集团副总经理韩永德，总经理助理、总工程师蒋光炜，总经理助理齐振；本钢集团相关部门负责人，板材公司主要负责人和板材炼铁总厂领导班子成员参加调研。

19日 鞍钢集团HR系统本钢差异化需求调研启动会召开。会议以视频形式安排部署鞍钢集团HR系统升级改造项目本钢差异化需求调研等相关工作。鞍钢集团HR系统差异化需求调研专案组成员以视频形式参加会议。本钢集团相关部门负责人，各板块相关负责人参加会议。

20日 本钢集团召开三季度党委书记、董事长联络员恳谈会，听取二季度第二批党委书记、董事长联络员工作开展情况及基层职工反响汇报，与第三批11名党委书记、董事长联络员面对面恳谈交流。本钢集团党委书记、董事长杨维主持会议。本钢集团相关单位负责人参加会议。

同日 2022年鞍钢集团“群英赛”职工技能竞赛内燃机车司机技能竞赛实操考试在板材铁运公司举行。本次竞赛是本钢集团工会首批承办的鞍钢集团级技能大赛，共20名入围选手参加。

同日 本钢集团召开市场化改革典型案例交流会。会议宣读了《“四到”（干到、算到、给到、得到）典型案例交流推广方案》。板材热连轧厂一热轧作业区、矿业南芬露天矿运岩作业区作为基层作业区推行“四到”工作的典型代表，现场作经验交流。本钢集团党委副书记高烈参加会议并就当前“四到”工作开展情况提出工作要求。本钢集团管理创新部、人力资源部等部门负责人，板材公司、北营公司、矿业公司、多元板块和厂矿负责人、作业长代表参加会议。

21日 板材公司举办第一期“高质量发展”讲坛培训，主题是“共创幸福职场，持续推进创新——学习POSCO（韩国浦项公司）先进管理经验，打造光阳管理模式”。本次培训特别邀请本钢浦项韩方副总经理郑大仁作为培训讲师，由本钢板材公司党委书记、董事长霍刚主持。本钢集团总经理王军出席培训。本钢板材公司领导班子成员，机关部门主要负责人，基层单位领导班子成员，作业长及部分室主任共240人参加培训。

22日 本钢集团党委书记、董事长杨维到板材废钢厂调研，听取生产经营、改革情况和“大干100天，冲刺四季度”措施的汇报。本钢集团副总经理韩永德、总经理助理齐振参加调研并提出具体要求。本钢集团相关部门负责人，采购中心主要负责人，板材公司主要负责人和板材废钢厂领导班子成员参加调研。

24日 鞍钢集团总经理、党委副书记戴志浩到本钢集团调研，听取调品指数有关情况汇报，研讨、指导下一步发展工作。本钢集团党委书记、董事长杨维，总经理、党委副书记王军，总经理助理、总工程师蒋光炜，本钢集团相关部门负责人参加调研座谈。鞍钢集团总工程师，鞍钢集团科技发展部负责人通过视频参加调研。

同日 北营公司开发生产的ISO标准预应力钢丝及钢绞线用盘条C78D2、C82D2通过英国钢筋权威认证机构（简称CARES）质量管理体系认证审核，并获得产品CARES认证证书，获得了通往欧洲市场的“绿卡”，符合下游预应力材料行业出口产品原料准入条件。本钢成为国内继沙钢之后第二家具备该资质的预应力钢生产企业。

25日 本钢集团党委书记、董事长杨维深入北营资源再生公司，对该公司三项制度改革、冲刺四季度、生产经营、保供创效等工作进行调研。本钢集团副总经理韩永德、总经理助理齐振，本钢集团相关部门负责人，北营公司主要负责人和北营资源再生公司领导班子成员参加调研。

25—26日 本钢集团党委宣传部在本钢党校举办2022年本钢集团宣传统战干部及党外人士培训班。来自本钢各单位宣传统战干部及党外人士代表近50人参加了培训。

26日 本钢集团党委书记、董事长杨维到板材铁运公司调研。本钢集团党委副书记高烈、副总经理韩永德、总经理助理齐振参加调研，并提出具体要求。本钢集团相关部门负责人，板材公司主要领导和板材铁运公司领导班子成员参加调研。

27日 本钢集团党委常委会召开2022年第26次会议，传达学习党的二十大精神；传达学习10月25日中共中央政治局会议精神；传达学习党的十九届七中全会精神；传达学习国务院国资委党委书记、主任郝鹏在国资央企视频会议上的讲话精神及会议有关精神，并贯彻落实相关工作。本钢集团党委书记、董事长杨维主持会议并提出工作要求。本钢集团领导班子成员参加会议，工会主席、总经理助理、本钢集团相关部门人员列席会议。板材公司、北营公司、矿业公司、多元板块各单位、北钢公司等以视频形式列席会议。

同日 本钢集团召开三季度科技例会，对三季度本钢集团科技工作进行总结，部署四季度科技工作。本钢集团总经理助理、总工程师蒋光炜，本钢集团副总师，本钢集团相关部门、各板块负责人在主会场参加会议；各子公司负责人及厂矿长、首席工程师、技术人员等在视频分会场参加会议。

28日 本钢热力公司在本溪市主城区、歪头山和南芬地区为共计10万余采暖用户全线开栓供暖。

29日 本钢集团党委书记、董事长杨维深入北营物流中心，对该公司三项制度改革、生产经营、冲刺四季度、未来发展等工作进行调研。本钢集团副总经理韩永德，总经理助理齐振，本钢集团相关部门负责人，北营公司主要负责人和北营物流中心领导班子成员参加调研。

31日 本钢集团召开党委书记专题会议，听取相关部门及各板块资产管理工作专题汇报，安排部署下一阶段重点工作。会议由本钢集团党委书记、董事长杨维主持。本钢集团副总经理、总法律顾问杨成广，总会计师张景凡，副总经理韩永德参加会议，并就各自分管工作提出指导意见。本钢集团规划科技部、资本管理部、运营管理部、财务部、板材公司、北营公司、矿业公司相关负责人在会上作了汇报。本钢集团副总师，相关部门负责人参加会议。

同日 本钢机械制造公司轧制球段项目热试车圆满成功。轧制球段项目的建成投产，使矿山、特钢及机械制造公司共同获利，实现了集团效益最大化。

11月

1日 本钢集团党委书记、董事长杨维先后到板材质检计量中心、北营质检计量中心调研，听取三项制度改革工作完成情况、前三季度生产经营情况和“大干100天，冲刺四季度”措施等工作汇报。本钢集团副总经理韩永德、总经理助理齐振分别参加了板材质检计量中心和北营质检计量中心调研座谈，并提出工作要求。本钢集团相关部门负责人，板材公司、北营公司主要负责人和板材质检计量中心、北营质检计量中心领导班子成员参加调研。

同日 辽宁省教育厅公布2022年度职业教育兴辽职教名师、专业带头人和骨干教师名单，辽宁冶金职业技术学院6名教师荣获省职业教育专业带头人和骨干教师称号。

3日 本溪市委书记吴澜、市委秘书长吕雪峰、副市长王旭征等一行，到本钢热力公司视察今冬供暖工作。本钢集团总经理王军陪同视察。

4日 本钢集团召开护航党的二十大信访舆情安保工作总结表彰会议。本钢集团党委书记、董事长杨维参加会议并讲话，总经理、党委副书记王军宣读《关于表彰在护航党的二十大信访舆情安保工作中表现突出的先进集体和个人的决定》，党委副书记高烈对党的二十大期间信访舆情安保工作情况进行总结。会议由本钢集团工会主席张彦宾主持。本钢集团信访工作联席会议成员单位，本溪市公安局溪钢分局及钢联公司主要负责人在主会场参加会议，各基层党委主要负责人、分管负责人及信访舆情工作人员在分会场参加会议。

同日 本钢集团召开第二场市场化改革典型案例交流会，组织试点单位以效示教、其他单位以学促进，逐步建立完善“四到”考核机制。

5—10日 本钢集团参加第五届中国国际进口博览会，并于6日与多家国际知名企业签订了采购合作意向书，进一步深化了本钢集团与国外企业的贸易合作和互利共赢。本次进博会共有145个国家、地区和国际组织参展，参展的世界500强和行业龙头企业超过280家。本钢集团党委书记、董事长杨维参加相关活动。

8日 本钢集团党委召开三季度政工例会，通报上半年党建联合检查情况，安排部署下一步重点工作。会议由本钢集团工会主席张彦宾主持，本钢集团党委副书记高烈、纪委书记曹宇辉参加会议。高烈受本钢集团党委书记、董事长杨维委托，就进一步抓好上半年党建联合检查问题整改、做好年底收官工作和发挥党委作用等方面提出要求。本钢集团党委组织部、党委宣传部、纪委、办公室、工会、保卫中心（武装信访部）党委相关负责人在主会场，各直管单位党委书记、副书记、工会主席、党群工作负责人在分会场参加会议。

8—12日 本钢35名“青马学堂”培训班学员齐聚本溪市桓仁县，参加为期5天的红色教育培训。

9日 本钢集团党委书记、董事长杨维率队到杭州前进锻造有限公司和中粮包装控股有限公司走访，分别与两家企业就持续深化合作、加强产品服务、持续长远发展等方面开展务实交流。本钢集团总经理助理、总工程师蒋光炜陪同走访交流。杭州前进锻造有限公司相关部门负责人，中粮包装控股有限公司相关部门负责人，本钢集团相关部门负责人参加座谈交流。

10日 本钢集团党委书记、董事长杨维率队到浙江菲达环保科技股份有限公司和五矿钢铁有限责任公司走访交流，分别与两家企业就进一步巩固良好的合作伙伴关系，增进互信交流，谋求合作共赢进行了深入交流和探讨。本钢集团总经理助理、总工程师蒋光炜，浙江菲达环保科技股份有限公司相关负责人，五矿钢铁有限责任公司相关负责人，本钢集团相关部门负责人参加座谈交流。

同日 本钢集团召开10月份生产经营协调会，全面分析总结10月份和1—10月份生产经营情况，总结梳理取得的工作亮点和成绩，客观剖析存在的问题和短板，认真研判当前生产经营形势，对下一阶段生产经营重点工作进行安排部署。本钢集团总经理、党委副书记王军主持会议并讲话。本钢集团领导、高管；相关部门主要负责同志；板材公司、北营公司、矿业公司、北钢公司党政正职，设备工程公司、矿业南芬选矿厂相关负责人在主会场参加会议。板材公司、北营公司、矿业公司领导班子其他成员及主体厂矿党政正职、财务负责人；非钢协同板块各单位党政正职、财务负责人；北钢公司领导班子其他成员、财务负责人在分会场参加会议。

11日 本钢集团党委书记、董事长杨维率队到奥克斯集团有限公司、宁波力隆企业集团有限公司走访，分别与两家企业就加强战略合作、实现互利共赢开展务实交流。本钢集团总经理助理、总工程师蒋光炜陪同走访交流。奥克斯集团有限公司相关部门负责人，宁波力隆企业集团有限公司相关部门负责人，本钢集团相关部门负责人参加座谈交流。

同日 辽宁省第一届职业技能大赛本溪各分赛项省级决赛在本钢开赛。此次大赛由省政府主办，省人社厅、省总工会等共同承办，是辽宁省举办的规格最高、项目最多、参赛人员最为广泛的省级技能赛事，大赛主题是“强技能、兴辽宁、创未来”，辽宁冶金技师学院将举办起重工（天车）、机械设备点检2个省级分赛决赛项目。大赛开幕式在辽宁冶金技师学院隆重举行，本溪市副市长杨知猛致欢迎词，参赛选手和裁判代表发言宣誓，省人社厅二级巡视员李庆祝讲话并宣布比赛开幕。本溪市副市长杨知猛，省人社厅二级巡视员李庆祝，本钢集团党委副书记高烈；省人社厅相关部门领导，市委组织部、市人社局、市总工会相关部门领导，本钢相关部门领导及辽宁冶金技师学院领导参加开幕式。

12日 本钢集团党委书记、董事长杨维率队分别到格瑞夫、福然德股份有限公司，主动对接下游重点用户需求，深入开展合作交流，并参观两家企业的生产现场。本钢集团总经理助理、总工程师蒋光炜陪同走访交流。格瑞夫相关部门负责人、福然德股份有限公司相关部门负责人，本钢集团相关部门负责人参加座谈交流。

13日 辽宁省第一届职业技能大赛本溪各分赛项省级决赛圆满结束。大赛闭幕式在辽宁冶金技师学院隆重举行。起重工（天车）、机械设备点检2个省级分赛决赛项目的冠亚军均由本钢参赛选手获得。

14日 板材公司二号门A区停车场启动仪式在现场举行，本钢集团又一民生工程落地见效。该停车场共规划停车位79个，启用后，二号门周边区域职工停车难的问题将得到明显改善。本钢集团工会、规划科技部、行政管理中心以及板材公司相关负责人参加启动仪式。

15日 本钢集团召开专题会议，听取“十四五”和“十五五”见效规划投资项目专题汇报。本钢集团党委书记、董事长杨维主持会议并讲话。本钢集团总经理、党委副书记王军等本钢集团领导参加会议，并就各自分管工作提出具体要求。本钢集团副总师，相关部门、板材公司、北营公司、矿业公司负责人参加会议。

16日 本钢集团召开《匠心筑梦罗佳全》图书发布座谈会。该书籍的发行充分体现了企业对劳模工匠的关心关爱，对本钢集团用党的二十大精神指引企业高质量发展，建设新本钢、支撑新鞍钢具有重要意义。本钢集团工会相关领导，各子公司、部分直属单位工会主席，劳模代表和本书编审、编辑、校对人员参加座谈会。

17日 本钢集团党委常委会召开2022年第28次会议，传达学习习近平总书记在中共中央政治局第一次集体学习时的重要讲话精神，传达学习习近平总书记在瞻仰延安革命纪念地时的重要讲话精神，传达学习习近平总书记在陕西延安和河南安阳考察时的重要讲话精神，传达学习习近平总书记在第五届中国国际进口博览会开幕式上发表的致辞，传达学习习近平勉励中国航空工业集团沈飞“罗阳青年突击队”队员的回信，并就贯彻落实好相关工作作出部署。本钢集团党委书记、董事长杨维主持会议并提出工作要求。本钢集团领导班子成员参加会议，工会主席、总经理助理及相关领导列席会议。本钢集团相关部门和各板块主要负责人分别在主会场和分会场列席会议。

同日 第五届“辽沈最美翻译官”外语演讲大赛在辽宁大学礼堂圆满落幕。本次比赛由中共辽宁省委宣传部、辽宁省人民政府外事办公室、辽宁省教育厅联合举办，赛程历时近三个月，来自省内各地、各部门和院校的400余名选手参赛。本钢板材公司冷轧总厂职工朱金波获英语综合组第一名。

19日 本钢集团第二届“本钢好人”年度盛典在本钢文化中心隆重举行，方春刚、孙永江、刘希岩、刘恒权、吴长发、陈军、李冰冰、杨治强、姚荣溪、姜涛、隋玉福11名职工被授予“2021年度‘本钢好人’”荣誉称号。市委宣传部副部长刘海洋应邀出席盛典。本钢集团党委书记、董事长杨维，本钢集团总经理、党委副书记王军及本钢集团领导班子成员出席了盛典。本钢集团各子公司党委负责人、基层单位党政主要负责人、党群工作人员及基层单位党员代表、职工代表、青年代表和本钢好人家属等参加年度盛典。

22日 本钢集团党委书记、董事长杨维到矿业南芬露天矿、矿业南芬选矿厂调研，听取生产经营、三项制度改革和“大干100天、冲刺四季度”工作汇报。本钢集团副总经理齐振、霍刚，本钢集团相关部门负责人，矿业公司主要负责人和矿业南芬露天矿、矿业南芬选矿厂领导班子成员参加调研。

23日 本钢集团党委书记、董事长杨维到矿业歪头山矿、矿业辽阳球团公司调研，听取生产经营、三项制度改革和“大干100天、冲刺四季度”工作汇报。本钢集团副总经理齐振、霍刚，本钢集团相关部门负责人，矿业公司主要负责人和矿业歪头山矿、矿业辽阳球团公司领导班子成员参加调研。

24日 在本钢集团党委书记、董事长杨维和中铁物资集团党委书记、董事长王辉的共同见证下，本钢集团与中铁物资集团举行战略合作协议签约仪式。中铁物资集团副总经理王成伟，本钢集团副总经理韩永德，总经理助理、总工程师蒋光炜参加签约仪式。王成伟和蒋光炜代表双方分别在战略合作协议书上签字。中铁物资集团海外业务部、中铁物资集团东北有限公司相关负责人，本钢集团规划科技部、运营管理部相关负责人参加签约仪式。

24—25日 第十一届中国金属学会青年学术年会以云会议形式召开，北营经营中心职工邓国光的论文被会议录用，并在分会场进行宣讲。此次年会由中国金属学会、中国金属学会青年工作委员会共同主办。会议邀请国内优秀青年科技工作者作特邀报告。北营经营中心职工邓国光在分会场作了《低碳低硅HFD380盘条生产及应用》的报告，介绍了北营炼钢厂炼钢一区在现有技术装备条件下，通过对转炉终点控制、脱氧方式及控冷控轧工艺等方面的探索，顺利开发出HFD380低碳低硅盘条的全过程。

26日 本钢集团党委书记、董事长杨维到矿业北台铁矿调研。本钢集团副总经理齐振、霍刚，本钢集团相关部门负责人，矿业公司主要负责人及矿业北台铁矿领导班子成员参加调研。

同日 本钢集团疫情防控指挥部召开疫情防控视频调度会议，对当前疫情形势作了分析和通报，并针对此轮疫情防控应急响应组织体系和职责提出工作要求，对当前抗疫保产重点工作进行再安排、再部署。本钢集团副总经理韩永德参加会议并提出工作要求。溪钢公安分局主要负责人，本钢集团疫情防控指挥部成员单位及机关其他部门主要负责人参加会议。各子公司主要负责人，分管疫情工作相关负责人以及各基层单位负责人以视频形式参加了会议。

27日 本钢集团召开第十五次疫情防控专项视频调度会，听取各主要板块及相关单位疫情应急处置情况汇报，调度下一步疫情防控重点工作。本钢集团副总经理韩永德、副总经理霍刚提出工作要求。

28日 本钢疫情防控指挥部召开第十六次疫情防控专题视频调度会议，对当前疫情形势作了分析和通报，听取了各板块、相关单位及疫情防控指挥部各专项工作组近期工作汇报，安排部署下一阶段疫情防控重点工作。本钢集团副总经理韩永德参加会议并提出工作要求。本钢集团疫情防控指挥部成员单位及机关相关部门主要负责人参加会议。各子公司主要负责人，分管疫情工作相关负责人以及各基层单位负责人以视频形式参加会议。

29日 本钢集团召开第十七次疫情防控专题视频调度会议，对当前疫情形势作了分析和通报，听取了各板块、相关单位及疫情防控指挥部各专项工作组近期工作汇报，安排部署下一阶段疫情防控重点工作。本溪市疾控中心主任刘晓鹏应邀参加会议，并对本钢集团当前疫情防控工作进行指导。本钢集团副总经理韩永德、齐振参加会议。本钢集团疫情防控指挥部成员单位主要负责人，各子公司主要负责人，分管安全生产及疫情工作相关负责人，以及各基层单位负责人以视频形式参加会议。

30日 本钢集团召开第十八次疫情防控专题视频调度会议，对当前疫情形势作了分析和通报，听取了各板块、相关单位及疫情防控指挥部各专项工作组近期工作汇报，对当前阶段抗疫保产重点工作进行再安排、再部署。本钢集团疫情防控指挥部成员单位主要负责人，各子公司主要负责人，分管安全生产及疫情工作相关负责人以及各基层单位负责人以视频形式参加会议。

12月

1日 本钢集团党委常委会召开2022年第29次会议，传达学习鞍钢集团党委书记、董事长谭成旭在《现代国企研究》上发表的署名文章《以党建引领推动改革关键作用充分发挥》，并就贯彻落实好相关工作作出部署。本钢集团党委书记、董事长杨维主持会议并提出工作要求。本钢集团领导班子成员参加会议，工会主席、总经理助理，本钢集团相关部门和各板块及北钢公司主要负责人分别在主会场和分会场列席会议。

同日 北营质检计量中心矿粉采样智能化项目正式上线运行，开启了鞍钢五地外进物料的“盲检”时代。

6日 本钢集团党委书记、董事长杨维到板材厂区调研安全生产和疫情防控工作，看望慰问驻厂一线干部职工和医护人员。本钢集团副总经理韩永德、霍刚，本钢集团办公室、安环部相关负责人，板材公司相关负责人参加调研。

同日 北营公司顺利通过2022年测量

管理体系监督审核。此次审核是北营公司测量管理体系自2019年复评审后的第三次监督审核，也是北营公司重新成立后的首次监督审核，对北营公司质检计量工作意义重大。

7日 本钢集团党委书记、董事长杨维到矿业石灰石矿调研，听取生产经营、三项制度改革和“大干100天，冲刺四季度”工作情况及“军令状”落实情况汇报。本钢集团副总经理齐振、霍刚，本钢集团相关部门负责人，矿业公司相关负责人和矿业石灰石矿相关负责人参加调研。

同日 本钢集团党委书记、董事长杨维深入北营设备维护检修中心，对该中心生产经营、三项制度改革、冲刺四季度等工作进行调研。本钢集团副总经理韩永德、齐振，本钢集团副总工程师和相关部门负责人，北营公司主要负责人及北营设备维护检修中心领导班子成员等参加调研。

8日 本钢集团党委书记、董事长杨维深入矿业贾家堡铁矿调研，听取该矿生产经营、三项制度改革和“大干100天、冲刺四季度”工作汇报，并对下一步工作作出部署。本钢集团副总经理霍刚，本钢集团副总工程师和相关部门负责人，矿业公司主要负责人及矿业贾家堡铁矿领导班子成员等参加调研。

9日 本钢集团召开疫情防控视频调度会，对《本钢疫情防控优化措施的通知》内容进行宣贯。本钢集团副总经理韩永德参加会议并提出具体要求。

10日 本钢集团党委常委会召开2022年第31次会议，传达学习习近平总书记关于安全生产重要论述的十大金句，并就贯彻落实相关工作作出部署。本钢集团党委书记、董事长杨维主持会议并提出工作要求。本钢集团领导班子成员参加会议，工会主席、总经理助理及相关领导，本钢集团相关部门和各板块及北钢公司主要负责人分别在主会场和分会场列席会议。

同日 本钢集团召开11月份生产经营协调会，全面分析总结11月份和1—11月份生产经营情况，总结梳理取得的成绩和工作亮点，客观剖析存在的问题和短板，认真研判生产经营形势，对12月份和明年生产经营重点工作进行安排部署。本钢集团党委书记、董事长杨维讲话，本钢集团总经理、党委副书记王军主持会议。本钢集团领导、高管；相关部门主要负责人；板材公司、北营公司、矿业公司、北钢公司党政正职；国贸公司、恒泰重机公司相关负责人在主会场参加会议。板材公司、北营公司、矿业公司领导班子其他成员及主体厂矿党政正职、财务负责人；非钢协同板块各单位党政正职、财务负责人；北钢公司领导班子其他成员、财务负责人在分会场参加会议。

12日 辽宁省钢铁产业产学研创新联盟年度工作会议在本钢隆重召开，本钢集团和高等院校、科研院所共9家单位以线上线下相结合的方式参会。会议表决通过了《关于变更联盟理事会、专家委员会、秘书处成员的议案》《关于增加联盟新成员的议案》，听取了联盟年度工作报告，并举行了联盟合作项目签约仪式。会上，本钢与大连理工大学、东北大学、辽宁工程技术大学、辽宁科技大学、中国科学院沈阳自动化研究所分别就“电磁旋流水口智能控制技术提高方坯产品等级研究”“566平烧结机漏风率智能在线监测与诊断”“南芬露天铁矿南端帮含水复杂岩性边坡的综合治理与境界优化关键技术研究”“PHS1500热成形钢管高压气胀成形特性研究”“飞剪变频控制技术”5个项目进行签约。会议由本钢集团总经理助理、总工程师蒋光炜主持。本钢集团总经理、党委副书记王军，鞍钢集团总工程师林大庆在会上致欢迎辞，辽宁省钢铁产业产学研创新联盟理事长，本钢集团党委书记、董事长杨维出席会议并讲话。中国工程院院士王国栋，辽宁省科技厅副厅长王胜秋，本溪市委常委、秘书长吕雪峰，东北大学副校长王强，辽宁科技大学副校长李胜利，辽宁科技学院副院长罗旭东；本钢集团部分领导班子成员，相关部门负责人、子公司和厂矿负责人出席会议。中国科学院金属研究所副所长刘岗、辽宁工程技术大学副校长徐平线上参会。

14 日 本钢集团党委书记、董事长杨维深入北营生活服务中心，对该中心三项制度改革、冲刺四季度、“军令状”执行等工作进行调研。本钢集团副总经理霍刚，本钢集团相关部门负责人，北营公司主要负责人，实业公司负责人，以及北营生活服务中心领导班子成员等参加调研。

同日 鞍钢集团财务共享服务中心本钢分理处（以下简称本钢分理处）成立大会在本钢召开，本钢分理处正式挂牌成立。这标志着鞍钢集团财务共享服务中心全部完成“一个中心”的整合，开启“大共享”的新篇章。鞍钢集团党委常委、总会计师谢峰出席会议并讲话。本钢集团党委书记、董事长杨维，总会计师王战维出席会议。鞍钢集团财务共享服务中心相关负责人，本钢集团财务部及相关部门负责人，板材公司、北营公司、矿业公司财务负责人，本钢分理处全体成员参加成立大会。

同日 由本钢集团党委宣传部（团委）、规划科技部联合举办的本钢第二届青年创新大赛决赛在本钢集团总部举行。本次创新大赛于 2022 年 4 月 7 日正式启动，共申报创新项目课题 91 项，符合结题标准 60 项，10 个优秀项目进入决赛。板材研发院张城铭、板材冷轧总厂周航、板材研发院关琳，分别凭借《供奔驰重卡 H6 车型冷成形结构用钢 DT500、DT600 的研制开发》《超宽幅冷轧汽车板生产技术创新及应用》《1500MPa 级热冲压钢个性化开发及产业化推广》创新项目获得前三名；板材冷轧总厂团委、板材热连轧厂团委、北营炼钢厂团委、矿业贾家堡铁矿团委、技术中心团委获得优秀组织奖；入围复赛的其余 20 名选手获得本届大赛优秀奖。本钢集团工会主席张彦宾，本钢集团总经理助理、总工程师蒋光炜，各相关部门、板块子公司负责人出席大赛。

15 日 本钢集团举行学习宣传贯彻党的二十大精神专题辅导暨专题宣讲报告会。省委党校党的二十大精神宣讲团执行副团长、副校长黄莉作题为《新时代新征程坚持和发展中国特色社会主义的政治宣言和行动纲领》党的二十大精神专题辅导。本钢集团党委书记、董事长杨维委托专人代表他作学习宣传贯彻党的二十大精神专题宣讲。本钢集团领导班子成员，高管，总部机关各职能部门负责人，本钢各直管及所属单位党委书记，各民主党派主委，无党派人士、归侨侨眷代表在主会场参加会议。本钢各直管及所属单位党委领导班子成员及 D 级以上各岗位序列人员，党群部门负责人及相关工作人员，团委负责人，党支部书记、党员、先进模范、团员青年和党外人士等代表在分会场以视频形式参加会议。

同日 北营质检计量中心铁运炼焦煤检验实现“盲检”（盲采、盲制、盲化），开创了“鞍钢五地”铁运炼焦煤“盲检”先河，标志着该中心“智慧检验”版图进一步拓展。

22 日 本钢集团党委书记、董事长杨维分别到北营炼铁总厂原料分厂、北营轧钢厂 1780 生产线成品外发库、本钢浦项精整

Part成品卷库、板材热连轧厂三热轧成品卷库和板材炼铁总厂原二作业区实地调研。本钢集团副总经理霍刚、徐家富，工会主席张彦宾，集团相关部门负责人，板材公司、北营公司相关负责人陪同调研。

24日 中国共产党本钢集团有限公司第二次党员代表大会举行预备会议。会议由本钢集团党委书记、董事长杨维主持。会议应到代表220名，实到201名，符合规定人数。会议通过了代表资格审查情况报告、大会主席团成员和秘书长名单、大会议程，党费收缴、使用和管理情况的审查报告。

25日 中国共产党本钢集团有限公司第二次党员代表大会胜利召开并闭幕。本次大会的主题是：以习近平新时代中国特色社会主义思想为行动指南，全面贯彻落实党的二十大精神，锚定打造重组改革示范和市场化经营标杆，解放思想、锐意进取，凝心聚力、勇毅前行，为建设新时代基业长青新本钢而团结奋斗。大会通过了中国共产党本钢集团有限公司第一届委员会工作报告及第一届纪律检查委员会工作报告；选举产生了中国共产党本钢集团有限公司第二届委员会和第二届纪律检查委员会。大会开幕式由本钢集团党委副书记、总经理王军主持。闭幕式由本钢集团党委书记、董事长杨维主持。本溪市委书记吴澜，鞍钢集团党委书记、董事长谭成旭参加了会议开幕式并在主席台就座。鞍钢集团党委组织部、纪委相关负责人参加了会议开幕式。

26日 中国共产党本钢集团有限公司第二届委员会在本钢宾馆举行第一次全体会议。会议通过了《中国共产党本钢集团有限公司第二届委员会第一次全体会议选举办法》、中国共产党本钢集团有限公司第二届纪律检查委员会第一次全体会议选举结果，选举杨维、王军、王殿贺、曹宇辉、王战维、韩永德、齐振、霍刚、徐家富为党委常委，选举杨维为中国共产党本钢集团有限公司第二届委员会书记，王军、王殿贺为副书记。杨维主持会议并作重要讲话。

同日 中国共产党本钢集团有限公司第二届纪律检查委员会举行第一次全体会议。曹宇辉同志作为中国共产党本钢集团有限公司第二届纪律检查委员会第一次全体会议召集人主持会议。经鞍钢集团党委批准，会议选举出书记1名、副书记2名和常务委员会委员7名。曹宇辉当选为书记，张戬、田嘉当选为副书记。

同日 本钢集团召开集体协商会议。本钢集团党委副书记王殿贺受本钢集团法定代表人委托，作为企业方首席代表出席并主持会议。本钢集团工会主席张彦宾作为职工方首席代表出席会议。会议形成了《本钢集团有限公司集体合同（2023—2025年）（草案）》《本钢集团有限公司女职工权益保护专项集体合同（2023—2025年）（草案）》。本钢集团人力资源部、规划科技部、安全环保部、法律合规部、办公室、管理创新部、财务部等部门负责人，本钢集团工会相关负责人，本钢集团工会法律顾问及职工代表等参加了会议。

29日 北营公司职工通勤客车试运行，职工们乘坐通勤火车再倒乘厂内大客车进厂的时代结束。

30日 本钢集团召开第一届职代会第二十三次代表团长联席会议，此次会议部署了即将召开的本钢集团一届十四次职代会相关准备工作。会议审议通过了本钢集团一届十四次职代会职工代表变动情况，一届十四次职代会主席团成员、秘书长和副秘书长建议名单，一届十四次职代会议程和日程（草案），一届十四次职代会监票人建议名单，并就相关文件进行解读。本钢集团工会主席张彦宾出席会议并作总结讲话。本钢集团各直管单位代表团长（工会主席），以及本钢集团一届十四次职代会分团讨论12名团长，工会、管理创新部、组织部（人力资源部）相关负责人参加会议。会后，还召开了本钢集团一届十四次职代会工作布置会议。

同日 由本钢保密办举办的本钢集团保密知识竞赛总决赛圆满结束。此次竞赛活动自2022年12月10日启动，共有112名职工参赛，有10名职工进入总决赛。经过激烈角逐，本钢浦项王琳获得一等奖，矿业歪头山矿安金姬获得二等奖，北营物流中心车明明获得三等奖，7名职工获得优秀奖。

（赵 伟 全英实 刘 欣）

栏目编辑　赵 伟

本钢年鉴 2023

鞍钢集团 ANSTEEL 本钢集团有限公司 BENSTEEL GROUP CORPORATION LIMITED

概　　述

历史沿革

本钢集团有限公司（简称本钢）前身是创建于1905年的本溪湖煤铁公司。本溪解放后，1949年7月，本溪湖煤铁公司全面恢复生产。1953年3月，改称本溪钢铁公司。本钢为建设新中国做出了卓越贡献，新中国自己设计制造的第一批枪、第一门炮、第一辆解放牌汽车、第一台汽轮发电机、第一颗返回式卫星、第一枚运载火箭和第一艘核潜艇上都使用了本钢钢材，被誉为“中国钢铁工业摇篮”“共和国功勋企业”。

党的十一届三中全会后，本钢重新焕发青春与活力。1994年11月，被国务院确定为全国百家现代企业制度试点单位之一。1996年7月，经国家批准改制为本溪钢铁（集团）有限责任公司，成为国有独资的大型钢铁联合企业。1997年4月，被国务院确定为全国120家大型企业集团试点单位。1997年6月，成立本钢板材股份有限公司，发行A股股票1.2亿股、B股股票4亿股并成功上市。2010年，在辽宁省委省政府的主导下，本钢完成与北钢的合并重组，组建成立了本钢集团有限公司。2021年，本钢顺利实现与鞍钢集团的重组整合，成为鞍钢集团控股子公司。

企业现状

目前，本钢拥有板材、北营两大钢铁基地和3家主要矿山，形成了“钢铁＋矿业＋多元”的整体布局，具有年产2000万吨优质钢材、900万吨铁精矿的生产能力。可生产热轧板、冷轧板、镀锌板、彩涂板、线材、螺纹钢、球墨铸管、特钢材、不锈钢、硅钢等60多个品种、7500多个规格的产品系列，在汽车板、高强钢、硅钢、棒线材等产品生产和研发中处于国内领先水平。

生产经营

2022年，本钢始终坚持以习近平新时代中国特色社会主义思想为指导，认真学习贯彻党的十九大及历次全会精神和党的二十大精神，在鞍钢集团和多元股东的正确领导下，推动各项工作落实落地，做到了改革、经营“两手抓、两手硬”，各项工作取得显著成效。全年完成铁精矿920.6万吨，同比增加104.6万吨，首次突破900万吨大关；生铁1686万吨，同比增加10万吨；粗钢1755万吨，同比增加10万吨，创历史最好水平；商品材1683万吨，同比增加7万吨；实现销售收入778亿元；利润总额10.2亿元。在行业下行周期的巨大压力下，实现了“双跑赢”目标。

全面深化改革取得实效，发展潜力活力持续释放。鞍本整合融合和国企改革三年行动实现既定目标，融入国资央企平台的新本钢管理更加规范、管控更加严格、治理体系运转更加高效，鞍本重组成为国企改革三年行动标志性案例；三项制度改革取得显著成效，新本钢向着公司治理规范化、运营机制市场化、薪酬激励价值化、对标提升精细化发展迈出坚实一步。资产负债率比年初下降3.2%，财务费用同比下降50.5%，资产质量明显提升。国企改革三年行动任务顺利完成，子企业董事会应建尽建和外部董事占多数实现两个100%，不同治理主体间决策界面清晰、权责明确，集团授权体系有效运转。亏损企业治理、参股企业退出、“两非”“两资”处置高效推进，超额完成“亏损户数减少1/2，亏损额减少1/3”的年度治理任务。以市场化方式推进法人压减48户，内部管理层级压缩至3级。三项制度改革取得显著成效，总部编制压减41.2%，作业区级及以上机构总量压减27%，主业板块管理人员占比降至9%以内。全面推行差异化薪酬体系，管理人员“两制一契”“双合同”管理及多种员工绩效考核激励机制同步实施。开展领导人员竞争性选拔，D级及以上人员竞争上岗占比50.7%。全面优化人力资源，员工市场化退出率1.4%，进入赋能中心人员比例达15.8%，主业实物劳动生产率同比提高22.6%。推行职业经理人选聘工作，5家公司成为试点单位。在鞍钢集团子企业重点改革任务完成情况评估中，本钢9项任务，8项名列前茅，成绩优异。市场化改革典型的示范引领作用逐步显现，以“授权+同利”为核心，全面推行“双跑赢、三区间”差异化考核，涌现出板材公司“穿透式”授权放权、北营公司“市场化”和“精益+”改革组合拳、矿业公司赋能提质“三增一提”等改革创新典型，以及建设公司率先推行的“无职级任用”、恒泰公司“项目单元自由组队、竞价摘牌承包运营”等可复制、可推广的市场化改革“样板”，实现了职工从“要我干”到“我要干”的转变。

重大战略部署有序推进，可持续发展能力不断增强。落实鞍钢“双核”战略，以老矿山增产和后备矿山建设为抓手，推动资源保障战略落地取得突破。南芬选矿厂大型化改造和精矿管输工程陆续开工，棉花堡子、徐家堡子和花红沟铁矿等开发项目列入国家“基石计划”。践行低碳发展理念，加快实施绿色低碳战略，专项推进超低排放改造工程，规划实施的132个项目，累计完成49项。提升能源管控水平，吨钢综合能耗、万元产值能耗两项指标完成鞍钢集团考核值。2022年外购能源成本同比吨钢降低37.7元，年创效益6亿元；吨钢综合能耗同比降低18kgce，节约28.9万吨标准煤，达到行业平均水平。自发电比例实现55.3%，同比提升11.4%。推进花园式工厂建设，全年新增绿化面积128.5万平方米，板材厂区降尘同比降低16.1%，北营厂区降尘同比降低9.1%。“数字本钢”战略有序推进，“国资监管、集团监督、管控共享”3类38项信息系统建设完成30项，板材基地一体化信息管控系统及配套支撑项目、高炉智能管理系统、日清日结系统、三冷无人行车系统投入运行，主产线MES系统覆盖率实现100%，3D岗位机器人换人率实现7%，铁前集控、能源集控系统建设正在快速推进。统筹推进多元产业整合和改革工作，积极培育“第三极”，完善了本钢专业化整合顶层设计，整合组建了资源综合利用、设备工程、建筑工程、城市服务4个专业化平台公司。坚持有所为、有所不为，清理退出18户企业。

持续推进精细化管理，企业运营水平大幅提升。持续开展与鞍钢“五地”和行业先进水平对标，计划145项对标重点工作，完成141项，板材北营多项技经指标达“五地”领先水平。打造“明星产线”，贯彻“产线效率发挥到极致”理念，优化合同排产，将产品资源向盈利能力最大、效益最好的产线、产品倾斜，最大限度发挥优势产线效益，实现增效1.7亿元。强化设备管理，提升设备功能和精度，2022年功能精度点位完好率达到99%。其中板材铸机接弧精度合格率同比提高18.6%，板材2300轧线层流冷却集管完好率同比提高11%。优化采销模式，及时调整采购策略，煤炭采购坚持以长协为主、统购统销为辅，稳定了焦煤采购渠道；矿粉采购坚持以国内为主、国外为辅，加大长协矿采购力度，累计实现原燃料降本超过4亿元。加大产品出口力度，全年出口钢材签约量200.5万吨，每吨售价高于内贸252元，累计增效超过5亿元。加大“跑市场”力度，开发更多战略客户和直供客户，板材新开发直供客户44家，北营新开发直供客户16家。全面预算管理效果凸显，全年完成成本压降45亿元，折成吨材降本268元。安全管理水平明显提升，全年实现重伤及以上生产安全事故和火灾事故为零。积极有效应对疫情冲击，加大保产保供力度，实现了疫情对生产经营的零影响。

科技创新体系日趋完善，创新驱动能力不断增强。完善科技创新体系，编制本钢技术创新体系建设方案，成立本钢集团科学技术协会，建立矿山、高炉、能源环保、冶金设备技术委员会。推进研发基地建设，改善研发环境，自主创新平台影响力逐步提升，在2022年度国家级技术中心评估中，本钢在全国钢铁行业排名第13位，排名较上次评价上升3位。加快创新人才培养，推行首席工程师制度改革，公开竞聘选拔首席工程师75名，设立科技项目62个。深化产学研用创新协同，推进自动化公司“科改示范企业”建设，与辽宁科技大学、冶金工业信息标准研究院、辽宁科技学院签署战略合作协议，与辽宁工程技术大学共建“省部级协同创新中心”。知识产权管理取得成效，专利申请402件，同比增长70%，完成专有技术认定65项，首次参与2项国际标准研制，获得省级以上奖项41项，完成产品认证22项共40个牌号。产品研发取得新进展，全年完成研发投入3.9%，累计成功开发新产品58个牌号，完成新产品供货23.75万吨，同比提高114.4%，实现科技创效6675.8万元。

党群工作

2022年，本钢持续加强党的领导，党建规范化水平显著提升。深刻领会“长子鞍钢”内涵，坚持党的领导，加强党的建设，确保了党的领导始终贯穿改革发展全过程。与集团党建工作部署全面对接，构建起齐抓共管的“大党建”工作格局。夯实党建基础，高质量完成了本钢集团第二次党代会换届工作。完善党建工作制度，承接形成了本钢党建工作责任制考核评价体系。落实党支部组织生活会和“双评”工作，推动了党建作用充分发挥。党委议事程序实现规范化，严格落实党委会议制度和“三重一大”事项前置审议程序，规范了集体决策、民主决策流程，实现了党的领导与公司治理体系有机融合，党委把方向、管大局、保落实作用有效发挥。“第一议题”要求和党委理论学习中心组学习制度有效落实，确保了习近平总书记重要讲话和重要指示批示精神、党中央重大决策部署第一时间在本钢落实落地。党的二十大胜利召开后，迅速制订宣贯方案，组织广大党员干部职工掀起了学习宣传贯彻党的二十大精神热潮。组织建设和干部人才工作不断夯实。提出党支部建设三年总体规划和重点任务。积极推进“万名党员进党校”培训工程。持续创新领导人员和人才培养选用机制，进一步完善领导人员选拔任用办法，加强专业技术人才和特殊人才管理，建立多层次人才共享机制，为本钢发展提供人才支撑。宣传思想工作持续深化。加强形势任务教育宣传和指导，严格落实意识形态工作责任制，构建起五级网格化管理体系及市场化改革思想引导体系。巩固党史学习教育成果，建立了“我为群众办实事”长效机制。全面从严治党持续向纵深发展。完成了鞍本纪委工作体系对接和制度对接，实现了所属党组织巡察工作全覆盖。持续强化作风建设，提出并落实“务实高效、攻坚克难、精准精细、少说多做”十六字作风建设新要求，以实际行动整治工作中存在的形式主义、官僚主义和“四风”问题，打造了风清气正的干事创业环境。

2022年，本钢坚持以人民为中心，共建共享取得明显成效。落实“共享鞍钢”理念，聚焦职工急难愁盼问题，办好民生实事，完成了“职工健康体检、职工互助保障”等13项民生项目。赋予“鞍钢宪法”时代精神，强化民主管理，所属企业涉及三项制度改革有关方案100%履行了民主程序。召开党委书记、董事长联络员恳谈会，解决了联络员提出的提高住房公积金缴存比例、节日期间免费供餐送餐到岗、增加停车场停车位等问题。维护职工身心健康，在疫情封控期间，累计投入600余万元，为保产保供职工提供后勤生活保障。大力弘扬劳模精神、劳动精神、工匠精神，选树先进典型，获得全国工人先锋号1个、全国机械冶金建材行业工会经济技术工作先进单位1个、岗位能手3人、省劳动模范1人。评选出40名季度“本钢好人”和11名年度“本钢好人”，举办了第二届“本钢好人”年度盛典。释放改革红利，在行业下行压力和企业效益摊薄的严峻形势下，确保职工收入增长，在岗职工人均工资同比增长8.9%，3月份主业板块夜班津贴人均增加165元/月，7月份再增加295元/月，职工获得感持续提升。加大帮扶力度，持续开展常态化送温暖活动，为患重病、住院职工发放慰问金，发放节日职工福利，推广“小药箱进班组”普惠活动，实现了对困难职工100%帮扶。

（金一嘉）

栏目编辑　赵　伟

鞍钢集团 ANSTEEL 本钢集团有限公司 BENSTEEL GROUP CORPORATION LIMITED

经营管理

规划投资管理

【概况】 本钢集团规划投资管理工作由本钢集团规划科技部组织实施，规划科技部内设规划管理、投资管理、非钢事业管理（工业服务业）、资产管理、科技管理、科技成果管理6个职能模块。截至2022年12月末共有在籍人员26人，其中总经理1人、副总经理2人、总监6人、专项工作1人、一级经理9人、二级经理7人。

【规划管理】 1. 发挥战略引领作用。承接《鞍钢集团有限公司发展战略和规划管理办法》，修订《本钢集团有限公司发展战略和规划管理办法》。2022年3月，规划科技部建立本钢集团“1+3+M+N”规划体系。2022年6月，本钢集团有限公司董事会审议通过《本钢集团有限公司“十四五”发展战略和规划》。组织完成三个板块公司发展规划以及科技、汽车板、能源、环保、信息化等专项规划。2022年9月完成能源规划落地方案。2. 完成本钢集团2022年“五力”分析。选取22项针对性准、可代表性强的核心指标采用三维监控法进行分析，在2022年行业形势下滑的情况下，板型维持了2021年行业形势高峰期板型，说明本钢已具备应对行业形势变化能力，发展状况向好，特别是在创新力、控制力、抗风险能力方面有持续进步。3. 完成逆周期规划投资项目落实。2022年12月，完成本钢逆周期规划投资项目落实工作方案，按照ABC分类确定150个项目，78项纳入2023年投资计划，并储备一批项目。4. 组织完成多项重大课题论证。完成两厂区铁钢界面、炉料结构优化、铁焦平衡优化、料场优化、北营炼钢二区提产提质、2300热轧提效、基石计划申报、石灰石资源保障分析、南芬管输过滤间选址优化、特钢供机总钢水、钢化联产11项重大项目方案优化。5. 聚焦降本增效主线，提出打造明星产线和关停无效低效产线指导目录。按“加减法”极致化提高明星产线效率，关停低效无效产线，主要产线产能利用率达到100%以上。按照2025年吨钢综合能耗550kg标煤以下标准，结合产品规划，完成调品指数目标，可实现万元产值能耗下降13.5%目标。规划项目逐步纳入“三个一批”落实。6. 推进战略合作。根据《鞍钢集团有限公司战略合作管理办法》，对《本钢集团有限公司战略合作管理办法》进行修订。全面承接鞍钢集团战略合作，2022年与本钢合作的共17家。通过战略合作深化技术交流和产品推介、展示及技术营销等方式，促进研产用深度融合，使本钢部分产品通过认证并进入市场销售，增加供货合同，为企业创造更多经济效益。7. 推进碳达峰工作。2022年本钢板材汽车用热轧高强度钢荣获工信部绿色产品设计，2022年12月9日中钢协授予本钢板材股份有限公司、本溪北营钢铁（集团）股份有限公司“双碳最佳实践能效标杆示范厂培育企业”称号，本钢“双碳”工作成果显著。2022年钢铁主业吨钢综合能耗同比降低19kgce，节能量33.34万吨标煤。2022年完成2021年度碳排放核查，本钢纳入省核查的4家单位（本钢板材、本钢北营、丹东不锈钢、北钢公司）经核查后碳排放总量为3507.85万吨，同比2020年减少234.53万吨，降幅6%。8. 绿色低碳推进情况。本钢加大能源利用高效化、低碳化、绿色化力度，开展多项发电机组替换升级工程，提高二次能源利用效率。2022年3月，本钢板材CCPP

发电机组投产；2022年板材公司总发电量331739万kWh，较2021年250648万kWh增发电81091万kWh，间接减少碳排放47万吨。推进绿电建设，本钢矿业60MW风力发电机组完成公开招标，开展测风等前期准备工作。本钢板材、北营屋顶光伏发电项目完成可行性研究，预计机组规模总量达到29MW。加强清洁能源采购，降低外购火电比例，协同减少化石能源消耗，提升全产业链绿色低碳水平。2022年外购清洁电力占比33%，其中已购核电占已购总电量的29.97%，已购风电占已购总电量的3.18%。实现减污降碳协同发展，2022年污染物排放量为二氧化硫7108吨、氮氧化物17688吨、COD111.79吨，污染物排放持续下降。重点装备升级，助力节能降碳。2022年10月，本钢板材特钢电炉升级改造工程第一台电炉投产，全废钢冶炼吨钢比长流程减少碳排放80%以上。本钢北营公司3.5万立制氧机工程建成投产，项目利用高能效制氧机替代高耗能5万立方米制氧机组，实现了能源高效利用。本钢板材新建15万立转炉煤气柜工程于2022年9月投入运行，提升转炉煤气柜回收能力，减少放散。

【投资管理】 1.承接管理制度，提升管理水平。承接鞍钢集团投资管理规定，修订《本钢集团有限公司固定资产投资管理办法》，健全投资管理体系，为提升投资管理水平、提高建设项目投资效率及效益、防范投资风险提供支持。2.坚持战略指引，突出主体责任。按照量力而行、保证收益等投资原则，围绕超低排放、节能降碳、矿产资源开发、数字鞍钢等投资方向，突出三个重要子公司的主体投资责任，确保本钢“十四五”规划目标落地。2022年投资计划52.65亿元（不含可抵扣增值税），控制规模44.64亿元，实际完成44.61亿元，投资计划完成率99.9%。3.聚焦投资方向，推进项目建设。超低排放方面完成投资10亿元，计划完成超低排放项目23项，实际完成29项，板材4A焦炉、6号焦炉烟气脱硫脱硝、北营大高炉出铁场除尘系统优化改造等项目建成投产，板材2×265m^2、360m^2、566m^{2}烧结机，北营焦化二区、三区焦炉大型化改造，矿业公司石灰石矿回转窑除尘及脱硝改造等项目开工建设；节能降碳方面完成投资3亿元，板材CCPP发电、转炉煤气回收提效改造等项目建成投产；钢铁基地升级方面完成投资9.4亿元，板材特钢电炉升级改造1号电炉系统试生产、炼钢一区产能置换项目快速推进；矿产资源开发方面完成投资6.7亿元，歪头山低品位矿及废石辊磨干选资源综合利用项目已投产，南芬精矿管输、南芬绿色矿山选矿提效等项目陆续按计划推进；数字鞍钢方面完成投资2.7亿元，板材基地一体化信息管控系统及配套支撑、高炉智能管理系统、日清日结系统等项目投入运行，北营基地项目按计划推进。4.细化管理要求，加强放行管控。加强项目立项必要性审核，重视项目可研准确性，提高项目放行材料质量，加强风险及合规管控，严把项目技术经济指标。2022年放行项目95项，其中限上项目74项，限下项目21项；签订目标任务书71份。5.预判支持方向，争取资金支持。积极沟通政府部门，提前组织材料要件，板材中水深度处理项目成功申请2022年数字辽宁智造强省专项资金2000万元，花岭沟地下开采项目第二批中央预算2060万元资金计划下达（以上资金均已到市财政），9个项目列入国家重大项目建设储备库，为后续争取政策资金支持创造条件。

【非钢事业管理】 1. 多元产业管理。成立多元产业整合评估工作推进小组，统筹推进多元产业整合和改革工作。外聘咨询机构北京和君恒成咨询公司，抽调各多元子企业20余名专业工作人员，组建项目组，对各子企业进行摸底调查，形成《本钢多元产业现状分析报告》。制订《本钢多元产业整合和改革实施方案》，经总经理办公会审议通过后正式下发。指导各子企业制订本企业内部整合和改革“一企一策”实施方案，配合管理创新部形成11家多元子公司进一步深化市场化改革意见。组织设备工程公司、实业公司、新事业公司完成专业化整合方案，并通过总经理办公会批准同意后正式实施。组织编制《本钢多元产业三年发展战略和规划（2023—2025年）》，指导多元各子企业编制本企业三年发展战略和规划。截至12月末，26户关闭退出类企业中，2022年计划完成的19户已完成注销12户，6户已被法院受理并进入破产清算程序，1户待法院裁定。2022年，多元产业实现营业收入58.08亿元，利润3.71亿元，整体实现扭亏为盈。2. 亏损企业治理。制订并下发《本钢集团亏损企业治理工作方案》，明确本钢2022年亏损企业治理总体目标、各部门和子企业主要职责。组织亏损企业制定“一企一策”治理方案和考核细则，并将治理成效纳入各子企业绩效考核指标，签订年度经营业绩责任书，并按月总结通报亏损企业治理工作情况。截至2022年12月末，本钢共有亏损企业12户，同比减少40户，降幅76.92%；亏损额合计14.63亿元，同比减少7.72亿元，降幅34.54%。完成鞍钢集团下达的年度“亏损户数不超过26户、亏损额不超过14.8亿元”目标任务。3. 海外事业管理。本钢集团投资境外公司共计6家，均为全资子公司，分布于亚洲、欧洲、北美洲等国家和地区，境外公司员工总数21人，含境内外派员工16人。除本钢香港公司主营钢铁产品出口、原燃料贸易进口以及对外融资业务外，其余境外公司均主要从事钢铁产品出口业务。组织国贸公司推进越南、韩国、日本、欧洲公司注销。对国贸公司开展“境外佣金”和“境外恶性竞争”专项检查，并形成检查报告。形成《本钢集团有限公司JWFB专项治理行动方案》、本钢党委2022年“靠企吃企”专项整治重点任务清单，制订《本钢集团“利用境外项目佣金中介费牟取私利”专项整治工作方案》，对国贸公司佣金管理进行检查并提出整改意见。2022年，由于受新冠疫情、国家出口政策等因素影响，境外钢材需求锐减，钢材出口量完成年初计划的95.8%。4. 定点帮扶工作。成立本钢定点帮扶工作领导小组，领导推进定点帮扶和乡村振兴工作。制订并印发《本钢集团2022年定点帮扶工作实施方案》，编制2022年本钢定点帮扶工作任务清单、本钢2022年消费帮扶目标计划表。建立“本钢党委统筹＋定点帮扶办公室归口管理＋专业职能部门督导＋驻村工作队一线作战”的帮扶体系，构建责任清晰、各负其责、执行有力的帮扶机制。7月2日和8月6日，杨维董事长和王军总经理分别带队到帮扶点调研走访并慰问了建档立卡户。北营炼铁总厂烧结二区作业区党支部与石虎子村党支部签订了党建联盟协议，结成共建对子。组织编制了《石虎子村乡村振兴发展规划（2023—2025年）》。2022年，本钢集团累计向定点帮扶点投入帮扶资金103.89万元，主要包括产业帮扶65万元、走访慰问建档立卡户7.6万元、疫情捐赠26.36万元、党建帮扶1.93

万元、工会爱心捐赠3万元。完成消费帮扶1200万元，完成率150%。引入外部资金1000万元。工装援疆活动采购工装2000套。

【资产管理】 1.全力推进并解决不动产登记历史遗留问题。按照鞍钢集团总体部署，对标鞍钢集团与鞍山市不动产登记相关政策，积极争取本溪市相关部门支持，对房屋质量检测，争取到由本钢监督站出具2001年以后建成房屋的验收手续的支持政策，节省资金200余万元；对本钢技师学院无证土地，争取到以划拨方式供地的政策，节省土地出让金500余万元。接续断点、打通堵点，超额完成本钢集团不动产登记67%的目标任务。2.本钢集团与本溪市政府建立“双本”融合工作机制。本着资源共享、互惠互利、利益相连、共同发展原则，地企合作向更深领域、更广范围全面拓展，成立了由双方主管领导为组长、分管领导为副组长的“本溪市与本钢合作领导小组”，建立了组长会商会、副组长调度会、部门专业会等会议制度，签订了《本溪市人民政府—鞍钢集团本钢集团有限公司双本融合框架协议》，在企业改革、产业发展、土地资源优化开发利用，搭建交流平台，完善配套支援体系，推进历史遗留问题等6个领域27个项目开展合作，本钢上缴本溪市税金34.03亿元，为本溪市财政收入增长提供了有力支撑。3.提升资产创效能力，根据鞍钢集团“集团总部管资本、子企业管资产、制造单元管生产经营”的理念，本钢集团对资产开展专项清查和分析工作，共分析产线148条、重点设备555项、房屋3375栋、车辆1830项、存货19项、备件201万项，从总资产周转率、吨钢占用资产额分析资产的创效能力，以数据分析为基础，成立了资产提效专项工作领导小组，内设闲置资产盘活、运营提升、股权管理、财务分析、信息化建设5个专业组，全面启动资产提效工作。2022年，完成处置359项，原值42759万元，净值18027万元，处置收入价值6685万元。完成41处房产土地资产公开招租，实现租金收入450万元；拆旧调剂可用备件665件，价值约410万元。根据本钢集团改革总体部署，按进度要求完成1780热轧生产线转让，北营焦炉大型化改造对原5、6号焦炉资产的报废，对国贸本配公司压减的资产转让、北台铁矿的资产转让、招标公司整合的资产转让等工作。

（于海洋）

科技管理

【概况】 本钢集团科技管理工作由本钢集团规划科技部组织实施，在规划科技部内设科技管理、科技成果管理两个职能模块，承担本钢集团科技创新管理、新产品研发管理、产品认证管理、重大科技项目管理、科技成果管理、知识产权管理、对外科研合作及技术交流、科协工作等职责。截至2022年底，负责科技管理工作的在职职工9人，其中部长1人、副部长1人、总监2人、高级经理2人、二级经理3人；正高级职称1人、副高级职称5人，研究生3人、本科生6人，党员8人。

【科技项目管理】 围绕产品研发、工艺技术进步、质量提升、节能环保等方面，按照“统筹策划、分级管理、分类实施”原则，统筹策划科技项目立项，着力解决制约企业发展的重点技术难题。2022年开展本钢集团级科技项目22项，其中鞍钢集团重大项目1项、本钢集团项目21项；各子公司级科技项目306项。对本钢集团级科技项目实施全过程闭环管理，组织41项科技项目进行结题评审，其中37项通过验收，4项未通过验收，结题率达到90%。按照《本钢集团有限公司科技项目管理办法》相关规定，对通过结题验收的本钢集团级科技项目予以奖励，极大地调动了科技人员技术创新的积极性。

【品种开发管理】 依托现有工艺设备，坚持以效益为中心，积极开发适销对路的新产品。2022年成功开发并实现供货58个牌号，同比增加11.5%，其中冷系产品12个、热系产品19个、特钢产品9个、长材产品18个。成功开发出口比利时工程机械用钢18CrNiMo7-6FPH（欧标）、供德国变速箱齿轮用钢21NiCrMo5H、供南美锚杆用钢Gr65-Nb、供缅甸螺纹钢MY400等21个牌号，拓展了国际市场，提升了国际竞争力。助力国防建设，发挥钢铁力量，鞍本协同成功开发薄宽规格专用钢AZF550，实测试验合格，订货量逐步增加，拓展了本钢热轧专项钢领域。成功开发热镀锌增强塑性成形性双相钢CR330Y590T-DH，填补本钢镀锌DH钢研究领域空白。培育“宽幅热轧高强钢系列化产品”。国内首创独有极限宽幅（2000mm）薄规格高强罐体钢550GT-TH，区域市场独家供货，与梁、箱及车体结构产品共同推广，逐渐形成本钢宽幅热轧高强钢系列化雏形。

【产品认证工作】 2022年组织完成冷轧、镀锌、酸洗、特钢、线材等产品认证49个牌号，瞄准高端市场，跻身国际一流汽车（奔驰）生产供货商平台，电镀锌4个牌号、冷轧3个牌号通过德国奔驰BQF认证，戴姆勒卡车实现整车供货127个零部件、供货4860吨。聚焦自主品牌，鞍本融合共同推进龙头企业比亚迪汽车认证，汽车油箱专用电镀锌产品DC06E+Z在比亚迪西安、武汉、深圳3家基地实现批量稳定供货，累计供货达4070吨。高碳钢线材C78D2/C82D2两个产品通过CARES产品认证，成为继沙钢后国内第二家具备该资质的高碳线材产品生产企业，标志着本钢高碳线材产品取得通往欧洲市场的“绿卡”，树立了本钢产品在海外市场的品牌形象和影响力。

【科技成果管理】 2022年共获省、部级科技进步奖7项，其中参与获得冶金科学技术奖一等奖1项，牵头获得冶金矿山科学技术奖一等奖1项、中信铌钢技术进步奖二等奖1项、中国腐蚀与防护学会科学技术奖二等奖1项、绿色矿山科学技术奖二等奖1项。获得鞍钢集团科学技术奖一等奖1项、三等奖1项、一线工人奖1项。

【专利管理】 2022年获授权专利205件，其中获美国授权专利1件；获受理专利426件，其中发明专利225件，PCT申请2件；完成专有技术认定65件，其中核心专有技术23件。编制《本钢集团专利发展规划（2023—2025）》，完成“热成形汽车钢”“轴承钢”“低碳冶金”专利导航报告。开展专利培训401人次，有效提升技术创新人员专利挖掘和技术交底撰写能力。

【对外技术交流与合作】 重视产学研用联合，强化校企合作，注重技术资源合理配给，积极推进对外合作项目实施。与上海大学、北京科技大学、香港大学、冶金工业信息标准研究院等10余家单位进行多层次、多渠道、多形式的合作与交流，签约合作项目

19项，合同金额1050万元。

【研发平台建设】“辽宁省钢铁产业产学研创新联盟”2022年确定合作项目20项，合作经费1826万元，12月12日召开联盟年度工作会议，新增加联盟成员单位一家（辽宁科技学院）。“先进汽车用钢开发与应用技术国家地方联合工程实验室”“辽宁省煤焦研究工程实验室”、本钢5家省级企业技术中心均通过省发改委、工信厅年审。本溪钢铁（集团）信息自动化有限责任公司成功入围国家国资委“科改示范企业”。

【政府科技项目申报】对外积极申报各类政府项目，争取资金支持，宣传本钢形象。申报国家、行业、省级各类科技项目51项，获批19项。“氢气竖炉内含铁矿物还原过程及多相传输行为研究”项目获评2022年辽宁省自然科学基金博士启动资金项目，获得3万元资金支持。基于工艺及装备优化的转炉炼钢提质增效生产技术开发项目获10万元政府资金支持。申报“辽宁省冶金工业智能物联专业技术创新中心”项目，该项目已获省科技厅批复。本溪钢铁（集团）信息自动化有限责任公司荣获2022年辽宁省瞪羚企业荣誉称号。（那　英）

管理创新

【概况】本钢集团管理创新工作由本钢集团管理创新部（厂改办）组织实施，主要承担本钢集团深化改革、组织机构设置、绩效考核、制度管理、授权管理、体系管理、创新成果管理、厂改后续工作等职责，下设改革创新管理、绩效考核管理、管理体系三个职能单元和厂改办公室模块。截至2022年末，共有在籍职工15人，其中部门正职1人、部门副职1人、总监（含厂改办副主任）3人、一级经理6人、二级经理3人、专务1人，研究生学历4人、本科学历10人、专科学历1人，副高级职称3人、中级职称11人、初级职称1人。

【整合融合】深入贯彻习近平总书记关于国有企业改革发展和东北全面振兴重要指示批示精神，全力推进鞍本重组整合融合。鞍本整合融合历经首月、百日、半年等重要时间节点，至2022年10月15日，整合一年任务全面完成：既定三年627项工作标的已完成590项，整体完成率达到94.1%；在此基础上，适应新情况新变化，增加的20项工作标的已完成14项。一是聚焦“要素管控＋管理移植”，实现管控一体化差异化。管理体系实现软覆盖，治理体系一脉相承，本钢各级企业建立健全“一章程、两规则、三清单”；授权体系逐级落实，实施差异化授权放权；制度体系一以贯之，完成管理制度承接制定修订。信息系统实现硬移植，“国资监管、集团监督、管控共享”三类38项信息系统在本钢全域覆盖。二是深化“战略引领＋资源协同”，全面塑造融合发展新优势。聚焦平台化、集约化、专业化、市场化，深化业务协同运营，鞍本协同67项快赢项目本溪区域累计创效20.59亿元。

【深化改革】按照国务院国资委“六措并举”工作部署和国企改革三年行动总体要求，本钢持续推进市场化改革走深走实。本钢集团建立“党委统筹调度、部门专项推动、层层贯彻落实、督导评估考核”的推进工作机制，通过签订“军令状”、开展“回头看”

巩固提升、预考核评估等手段，强力推进改革举措落实落地见效，形成“四化三效”改革模式。一是公司治理“规范化”。推进“党建进章程”，实现党委前置研究清单全覆盖、董事会应建尽建、外部董事占多数，建立外部董事专家人才库，重要子企业和科改示范企业落实董事会职权；建立运行全周期授权管理体系，优化完善规章制度体系。二是运营机制“市场化”。打破“铁衙门”，机构能多能少。精简总部岗位编制41.2%，搭建主业板块运营管理平台，压减作业区级及以上机构总量29.9%。打破“铁交椅”，干部能上能下。全面实施经理层成员任期制和契约化，开展大干一百天、冲刺四季度“军令状”考核。打破“铁饭碗”，员工能进能出。实行“双合同”管理，建立员工赋能流转机制，拓展提前离岗休息、协商解除劳动合同、息工创业、保留劳动关系、反向协力等多种安置渠道，员工市场化退出率1.47%。打破“铁收入”，薪酬能多能少。实行工资总额预算管理，夯实全员岗位绩效管理体系，构建“人人承担指标、人人争创绩效”的考核评价氛围，浮动工资差异化系数达到1.37。三是激励机制“价值化”。推行“四到”（干到、算到、给到、得到）考核，让职工准确算出收入，实现由“让我干”向“我要干”转变。四是对标管理“精细化”。以对标为抓手，采用ABCD分类法，通过突破自我“对自身”、学习借鉴“对内部”、抓大放小“对行业”、不断追赶“对一流”，实现效率变革、成本变革、技术创新。截至2022年11月，43项改革任务全面完成，在鞍钢集团内部考评中，对本钢考评的9项重点任务有8项排名第一，成为国企改革三年行动标志性案例。

【组织机构管理】 以本钢集团“1+2+N”市场化改革方案为指引，对机构进行优化调整。钢铁主业：2022年4月28日印发《关于进一步深化北营公司市场化改革的意见》，北营公司专业化整合各厂维检人员，成立维检中心；整合储运中心、公运公司、铁运公司仓储物流业务，成立物流中心；将储运中心物资回收职能划入冶金渣公司，组建资源再生公司；组建生活服务中心；将市场营销中心更名为经营中心，增加采购职能。板材公司将本钢板材辽阳球团有限责任公司转让给本溪钢铁（集团）矿业有限公司，于2022年10月20日完成工商变更登记，更名为本溪钢铁（集团）矿业辽阳马耳岭球团有限公司。多元产业：2022年3月31日印发《本钢集团有限公司多元产业整合和改革实施方案》，本溪钢铁（集团）建设有限责任公司剥离本溪钢铁（集团）机电安装工程有限公司；本溪钢铁（集团）检验检测有限责任公司协议转让至本溪钢铁（集团）建设有限责任公司后，吸收合并本溪钢铁（集团）工程质量检测有限公司；本溪钢铁（集团）修建有限责任公司更名为本溪钢铁（集团）设备工程有限公司，并整合机电安装公司；本溪钢铁（集团）设备维护检修中心独立运作；本溪钢铁（集团）机械制造有限责任公司整合内部资源，将矿山机修厂委托第一机修厂管理；本溪钢铁（集团）实业发展有限公司整合本溪钢铁（集团）冶金渣有限责任公司。

【绩效考核】 落实鞍钢集团“7531”战略目标和本钢集团“1357”工作指导方针，配套市场化改革，持续健全考核评价机制，不断完善、优化经营者绩效、组织绩效以及多元激励机制，传导压力、激发动力、释放活力。一是首次施行任期制契约化管理，实现各级子企业全覆盖。制定《本钢集团有限公司推行管理人员“两制一契”管理实施方案》及《本钢集团有限公司2022年子企业负责人战略绩效评价考核办法》。按照“可衡量、可考核、可检验、要办事”原则，构建“三区间、双跑赢”考核指标体系，并按照“一企一策、一人一表”精准设计多维度、挑战性、差异化的实质性考核指标，有序组织本钢及所属二级、三级子企业逐级签订年度及任期经营业绩责任书，做到应签尽签，确保签订范围、格式要求和完成时限“三达标”。二是坚持以效益为中心、以战略为引领，持续优化组织绩效评价机制。制定《本钢集团2022年组织绩效评价考核办法》及《2022年专业考核管理办法》，按照“目标分档、激励分级”原则，构建科学指标架构体系。依据子企业功能定位及核心业务特点，实施差异化精准考核，配套实施组织绩效、工资总额预算考核机制，持续优化季度效益奖、创效摘牌、降本激励等多元激励政策，创造性开展“四到”工作，充分发挥考核激励的导向作用。

【制度管理】 为进一步完善规章制度长效机制，强化规章制度执行，发布《本钢集团2022年规章制度立项、有效和废止无效清单》，立项135项，有效386项，废止305项。推动主业板块3家、多元板块11家子公司承接本钢集团规章制度体系。以承接鞍钢集团238项规章制度为主，以本钢其他规章制度为辅，逐级深入开展规章制度“学练用”工作，本钢层面开展“学练用”40场，各子公司开展317场。开展主业板块3家、多元板块11家子公司规章制度综合检查工作，主要从制度承接、制度体系建设、贯彻与执行、监督与考核等方面进行检查，发现问题236项（主业板块公司53项，多元板块公司183项），针对发现问题提出整改意见并进行综合评价。

【授权管理】 持续深化授权经营体制改革，建立健全全周期授权体系，增强授权放权行权的系统性、科学性、规范性和实效性。一是修订集团权限清单。坚持“运行评估、动态调整”原则，组织各职能部门对92项集团总部业务审批权限、124项核心业务权限进行了修订，优化审批流程、提高决策效率，针对固定资产处置、科研、采购、检修维简、技改工程、信息化项目等16项业务内容，加大对子企业的授权力度。二是开展授权体系评价。2022年四季度，本钢首次开展年度授权体系运行双向评价。本钢集团从法人治理、行权规范、逐级授权三个维度，确定10个关键指标，对子企业行权能力、行权效果进行评价，提出整改问题和不足61项；子企业从“六维放权”对本钢开展评价，真正打破授权放权的“玻璃门”“弹簧门”，提出授权调整建议19项。通过双向评价，提升了本钢授权体系整体运行质量。

【体系管理】 1月17—20日，策划与组织北营公司环境体系非现场审核工作；5月10—13日，策划与组织本钢集团四体系外审非现场审核工作；7月18—22日，策划与组织本钢集团四体系外审现场补充审核工作。即：对发现的问题组织相关单位进行整改与验证，获得四体系认证证书，助力本钢集团基础管理提升；8月23—26日，组织质量管理体系与环境管理体系内审员培训，共培训并发放内审员证书129人次，使内审员知识水平和审核技巧得到提升。

【创新成果管理】 为切实加强创新管理，聚焦改革发展，全力推进主动创新、重点创新、示范创新，以“全面创新＋推广应用”实现本钢集团高质量发展。一是征集2022年管理创新项目44项，首次向鞍钢集团申报选取的12项优秀管理创新项目，入围鞍钢集团立项5项，其中A类1项、B类4项。二是经过初审、专家评审、答辩，评选本钢集团2021年管理创新成果一等奖3项、二等奖5项、三等奖12项。三是经成果管理委员会审定，向鞍钢集团和辽企联推荐本钢集团一、二等奖成果8项，获鞍钢集团奖项5项，其中二等奖1项、三等奖4项；获辽企联奖项5项，其中一等奖1项、二等奖4项。

【厂改后续工作】 贯彻落实国企改革三年行动决策部署，确保2022年厂办大集体改革工作实现全面收官，制订《加快推进厂办大集体改革收尾工作方案》，与本溪市联合成立本钢厂办大集体后续问题处理工作专班，与钢联公司签订《8家未参改单位职工安置和劳动关系处理的委托协议》《本钢厂办大集体改革后续相关工作的委托协议》，统筹推进厂改后续工作。一是督促钢联公司完成关闭企业证照、印章、密钥收缴和集中统一管理，完成企业改革档案归集，推进关闭企业注销。二是制订下发《本钢厂办大集体改革遗留信访问题解决方案》，指导钢联公司制定操作方案和实施细则，全面推进解决10项厂改遗留问题。通过关闭综合工业公司等8家未参改单位并安置职工、返还独生子女父母退休补助费和时点前退休人员垫付社会保险、补缴时点后参加工作职工保险等举措，有效化解各类问题，确保了二十大期间信访稳定。三是按照“守信践诺”原则，切实履行支持改制企业发展协议，保证钢联公司项目不丢失、业务量不减少、扶持政策不变。2022年，收到钢联公司来函反映支持改制企业发展的84项问题，本钢全部推进落实并反馈。（方　娜）

人力资源管理

【概况】 本钢集团人力资源管理工作由本钢集团人力资源部及人力资源服务中心（简称人资中心）组织实施。

党委组织部（人力资源部、机关党委）为人力资源管理职能部门，从政策层面管控人力资源全面工作，下设组织管理单元、领导人员管理（外事管理办公室）单元、人力资源管理单元、薪酬管理单元。截至2022年底，共有职工18人。

人资中心为本钢集团直属机构，由原退管中心（老干部办）、原档案中心和原人力资源管理中心于2021年11月整合而成，在本钢人力资源部领导下开展人力资源工作，负责相关业务的落实和具体执行。下设运营管理部、职业发展部、用工服务部、薪酬保险部、档案管理服务部、离退休服务部。截至2022年底，人资中心在籍职工1181人，其中管理人员4人、专业职能人员63人、操作人员12人、派驻人员55人，专务人员42人，其他人员1005人。

【三项制度改革】 2022年，以鞍钢集团“7531”战略目标及本钢集团“十四五”战略规划为指引，进一步深化劳动、人事、分配三项制度改革，持续完善市场化经营机制，推动管理人员能上能下、员工能进能出、收入能增能减，激发内生活力和动力，实现

"企业增效，员工增收"，进一步增强企业竞争力、创新力、控制力、影响力及抗风险能力，促进企业高质量发展。2022年，全员劳动生产率达到29.55万元/人·年、钢铁主业实物劳动生产率达到722吨/人·年，较2021年分别提升3.34%、22.7%；管理人员竞争上岗、末等调整和不胜任退出比例分别达到82.98%、29.61%；员工市场化退出率达到1.47%，浮动工资差异化系数达到1.37倍。

【人力资源配置】　组织各单位完成派遣期满人员考评工作497人（3年期满劳务派遣44人、1年期满顶岗实习453人）；组织分配"本钢订单班"顶岗实习人员331人；按照鞍钢集团下达的引进计划，截至2022年底，本钢公开招聘引进504人，其中全日制大学本科及以上学历毕业生17人（研究生7人，本科生10人），成熟人才引进1人，订单班择优录用486人。为激发企业活力，进一步优化队伍结构，丰富干部履职经验，鞍本两地职工交流23人；鞍本同类业务整合，成建制划转至鞍钢31人；原本钢财务公司、恒亿公司23人通过公开竞聘进入鞍钢集团。

【鞍本整合融合】　2022年，按照鞍本重组工作总体推进要求，依据《人力资源组专项整合目标任务书》，全面完成过渡期、首月、百日、半年、一年、二年各阶段的10项具体业务、65项工作标的。建立健全人资双系统机构主数据对应机制，为双系统联动运维奠定机构数据基础；积极学习鞍钢HR系统运维技能和规则，逐步拓展鞍钢HR系统本钢自主运维项目及范围，有效开展鞍钢HR系统与本钢ERP人资系统的双系统运行、运维，强化双系统运维管理；探索改进ERP人资系统岗位名称、岗位序列、职务级别的项目、层级设置，完善鞍钢HR系统内本钢所属岗位、职位的名称字段及属性设置；以鞍钢HR系统数据为依托，为钢钢好、新OA、NC财务共享平台等系统提供时效性、准确性数据支持服务。

【全口径岗位管理】　根据鞍钢"管理覆盖和管理移植"工作要求，完成在籍在岗、协力用工的岗位分类（abc）、业务范围分类（主营/非主营），涉及板块公司全部单位49家，工种岗位3788个（在籍在岗2165个、协力用工1623个）；制订《关于持续深化开展全口径岗位定员定额工作的实施方案》，核定本钢2023年期初全口径岗位定员共计61214人，按用工形式分类：直接用工49272人、间接用工11942人，按岗位职群分类：管理技术8183人、生产服务53031人；为实现薪酬一体化，建立市场化导向薪酬机制，结合本钢原职群岗级实际，参照鞍钢股份岗位职级设置，完成本钢全部管理、专业技术序列、生产服务岗位职级插入设置工作。

【高校毕业生管理】　组织开展近五年入职高校毕业生职业规划情况摸底调查，跟踪了解2017—2022年招聘的512名高校毕业生职业生涯路线设计、目标岗位、导师配备、导师授课、集中培训、业务交流、岗位轮换、岗位竞聘和参加大赛的实际状况。为54名2021届毕业生办理转正定岗手续。

【专业技术职称管理】　认真贯彻落实国家和省职称改革精神，工程系列副高级及以下职称开展自主评审，其余职称推荐到省、市相关主管部门评审或参加国家、省里统一考试，全日制普通高校毕业生则采取“确定”资格形式。修订下发《本钢集团有限公司职称评审管理办法》，2022年共进行资格审核及推荐8209余人次，审核推荐经济等各类人事考试报名1355余人次，审核推荐到省、市相关主管部门评审各系列（专业）354余人次。2022年推荐到省、市相关主管部门评审取得各系列各级别技术职称人员共计66人，其中正高级13人、副高级41人、中级10人、初级2人。通过确定资格取得技术职称51人，其中中级10人、初级41人。

【薪酬管理】 优化薪酬管理体系，实现与鞍钢薪酬体系一体化。全面承接鞍钢集团薪酬管理体系，2022年2月24日印发《本钢集团有限公司薪酬体系一体化实施方案》（本钢政发〔2022〕91号）。各单位从2022年4月起开始进行薪酬体系套改，套改后人均增加工资397元/月；2022年3月，依据薪酬一体化实施方案，三大板块率先实行夜班津贴调整；7月份按鞍钢集团精神再次进行夜班津贴调整，两次调整共增加夜班津贴人均460元/月；根据鞍钢集团相关制度，结合本钢实际，制定下发《本钢集团有限公司子企业负责人综合考核评价与薪酬管理办法》《本钢集团有限公司子企业专职董监事薪酬管理办法》《关于实施青年人才成长激励计划的指导意见》《本钢集团有限公司子公司负责人履职待遇、业务支出管理办法》《本钢集团有限公司机关工作人员履职待遇、业务支出管理办法》《本钢集团有限公司职工福利费管理办法》《本钢集团有限公司多元子企业经营风险抵押金管理办法（试行）》《本钢集团有限公司高级管理人员等综合考核评价与薪酬管理办法》，顺利承接鞍钢集团薪酬制度，为本钢薪酬工作提供了有效政策依据；2022年实际发放工资总额52.98亿元，在职职工人均工资7469元/月，较上年增长6.5%。

【保险管理】 2022年共完成本钢全民企业基本养老保险、基本医疗保险（含生育保险）、工伤保险、失业保险缴费复核，大额医疗补充保险核定、缴费及统筹外自付项目审核等工作。企业与个人共缴纳各项社会保险费用196080.74万元，审批统筹外自付项目20687.73万元。调整占地招工退休人员生活补助、军转退休人员生活补助、60年代精简退职人员生活待遇、未达法定退休年龄1—4级工残人员企业年金等。解决原本钢1—4级工伤人员非工伤部位医疗待遇问题。2022年6月16日形成《关于原本钢1—4级工伤人员非工伤部位医疗费问题处理意见》，并于2022年10月4日下发《关于解决原本钢1—4级工伤人员非工伤部位医疗待遇问题的实施方案》（本钢人发〔2022〕48号），通过参加商业保险方式，使原本钢1—4级工伤人员非工伤部位医疗问题得到妥善解决。

【岗位绩效管理】 加强本钢全员岗位绩效管理，构建科学有效的全员岗位绩效管理体系。2022年4月14日制订印发《本钢集团有限公司全员岗位绩效管理工作推进方案》，以试点为引领，聚焦核心指标，全面推进全员岗位绩效管理工作，进一步调动员工积极性，营造了“凭业绩说话、凭能力吃饭”的良好氛围。

【体检工作】 增加体检项目，提高体检标准。参照鞍钢体检项目和标准，在原有体检项目基础上增加CT检查。本钢普通职工体检标准由每人160元提高到每人300元；荣誉称号获得者由每人270元提高至每人390元；落实省工会女工“两癌”筛查规定，妇女病普查标准由每人110元提高至每人210元，充分落实“我为群众办实事”重点民生项目，使企业发展成果惠及广大职工。

【高技能人才管理】 承接鞍钢集团技能人才工作指导意见，编制下发《本钢集团有限公司关于进一步加强和改进技能人才工作的实施方案》；完成向鞍钢集团推荐第十六届国家高技能人才候选人工作，推荐中华技能大奖候选人1人、全国技术能手候选人3人；向本溪市人社局推荐申报国家级技能大师工作室1个、省级技能大师工作站1个；推荐职业能力建设项目评审专家候选人9人。组织开展“兴辽人才计划”各层级人才推荐工作，共计选拔推荐14人；修订下发《本钢集团有限公司职业技能评价管理办法》，组织完成本钢集团3326人技能等级认定工作（含340名新型学徒制人员），其中技师206人、高级工1020人、中级工1647人、初级工453人。

【培训开发】 全面承接《鞍钢集团教育培训体系优化指导意见》工作部署，编制下发《本钢集团有限公司教育培训体系优化工作方案》；2022年本钢集团及所属子公司累计开办各类培训项目335个，共计培训112649人次；建立培训计划实施协调会和培训月报制度，确保培训计划顺利有效实施；制订《本钢集团领导干部及专家上讲台三年行动计划实施方案》，2022年开展领导干部专家上讲台培训7期，累计培训340余人；有效承接鞍钢集团培训任务，积极组织落实鞍钢调训、中钢协等高端培训，开办领导班子公文写作、制度大讲堂等17个班次，累计培训2600余人次；为加强培训经验推广，开展优秀培训项目评选，2022年共计评选优秀项目26个，组织5家单位开展经验交流，对提升培训项目质量和培训效果，引导各单位做实、做精各类培训起到一定促进作用。2022年，共计为本钢集团申领新型学徒制培训补贴307.1万元。

【协力用工管理】 严格按照本钢协力用工管理相关规定，认真履行协力用工管理职责。2022年发生协力费用64560万元，比2021年节省9604万元。截至2022年12月，在用协力10317人，比2021年压减3393人；在用协力项目223个，比2021年压减69个；在用外部相关方55家，比2021年压减43家。

【劳动纪律管理】 积极开展劳动纪律监查，有效促进员工履行“双合同”。累计开展本钢集团级劳动纪律专项检查186次，覆盖1963个科室和生产岗位，累计查处考核172人次；累计开展跨板块间劳纪互检互查21次，覆盖47家基层单位、219个科室和生产岗位，发现一般违纪现象6次；2022年，共计接收11个举报件，查实1例，均已处理完毕并回复举报人。

【赋能中心管理】 为有效承接赋能人员安置工作，2022年3月组建成立本钢人才赋能中心，累计接收集团总部赋能人员130人，及时转发各板块单位竞聘信息岗位数3766个（不含操作岗）；累计发布本钢集团共享用工岗位公开招聘启事10则，开办档案数字化共享用工项目培训班2期，共计培训档案数字化赋能人员172人，通过考试面试合格上岗115人，为本钢集团人事档案数字化工作开展提供了人员保障；积极开展“双本”融合和退休人员社会化工作，累计派驻36名赋能人员到全市各社区进行协管工作，累计派出10名赋能人员到市人力资源服务中心协助工作。（朴永鹏 代 志）

财务管理

【概况】 本钢集团财务部是本钢集团财务管理职能部门，从战略层面管控财务全面工作，统筹高效配置财务资源，规范可控运行，承担财务管理核心职能，包括财务体系构建、财务资源配置、战略成本管理、全面预算管理，资金管理、税收筹划、决策支持和价值管理等业务。本钢集团财务部由预算管理、成本管理、资金管理、会计税务管理等四个管理单元组成。截至2022年末在籍人员37人，其中研究生学历4人、本科学历30人，副高级以上职称11人、中级职称15人。

财务共享中心是本钢集团下设直属机构，承接财务共享信息化系统上线推广及运营工作，提供财务共享、代理核算及新老集团本部财务管理和会计核算工作。财务共享中心于2021年11月设立、2022年4月正式组建，内设总账核算、运营管理、采购应付、销售应收和费用报支5个部室。2022年12月14日，鞍钢财务共享服务中心本钢分理处正式挂牌成立。2022年末，财务共享中心共有职工47人，副高级以上职称占比36%，全日制本科及以上学历占比87%。

【主要经济指标】 2022年本钢集团实现销售收入771.82亿元，同比下降14.99%；2022年上缴税金37.82亿元，同比降低32.46%；实现利润7.36亿元，同比增长113.95%；总资产1235.88亿元，同比下降16.46%。

【部门建设】 2022年5月，财务部党支部完成换届选举，下设3个党小组，共有党员26人，财务管理重点指标全部分解落实到党小组和个人，实现处处有考核，人人扛指标；2022年初，财务共享中心党支部组建，下设2个党小组，共有党员30人，围绕贯彻落实本钢集团党委各项工作部署开展工作。

【预算管理】 深入领会国资委建立“纵横贯通的全面预算管理体系”工作要求，主动谋划，紧盯年度预算目标，围绕全面、全员、全过程预算管理要求，促进生产经营与全面预算管理深度融合。依据国资委2022年“两匹配、三提高、一稳定”总体目标，强化了经营预算、资本预算、财务预算全面性，首次突出“两利四率”“两金”压控、经营活动现金流等重要预算管控指标，制定9类增利措施，增利净额37亿元，以奋斗保基本，确定三档考核指标，精准助力“双跑赢”。根据《关于中央企业加快建设世界一流财务管理体系的指导意见》有关规定，修订下发《本钢集团有限公司全面预算管理办法》，逐步建立和完善全面预算管理制度体系。按照时间和管理层级两个维度层层分解预算指标，横向到边、纵向到底，落实落细落地。通过产线效益排名、“日清日结”日效益测算、周例会周检讨等措施，进一步完善和加强月滚动预算管理，事前精细编制、科学测算，事中实时跟踪、动态调整，事后精准评价、有效处置。细化月度经营分析，健全生产、成本、利润、资金、投资、资产全面分析模型，多维度多角度分析对比，提高针对性和实效性，“眼睛向内，刀刃向内”，查差距补不足，为生产经营决策提供有力依据。强化预算执行结果考核，健全预算考核制度，将考核贯通到每个责任主体，实现预算闭环管理，让全面预算管理与全员、岗位、薪酬密切相关，用考核倒逼责任落实，使全面预算管理成为生产经营降本创效的“方向盘”。以提高运营质量、努力为未来健康发展提供保障为目标，组织各专业部门、各子企业确定了涵盖产品产量、管理提升、能源消耗、技经指标、固定资产投资以及资金等13个方面的235项指标，构建全面覆盖经营管理、资本管理和财务管理各方面工作的全面预算指标体系。完善定额管理，强化标准修订，组织钢铁和矿业板块参考历史水平、行业标准，修订了采矿、选矿、炼铁、炼钢、轧钢等10大主要工序、61个生产机组、3635项生产定额。坚持“人人皆可降成本、一切成本皆可降”原则，以鞍钢集团管理与信息化系统全面移植覆盖工作为中心，建立“真金白银”的成本削减管理体系，强化协同和工序降本。2022年，实现同比压降成本46.5亿元，折合吨材降低276元，比预算多完成176元/吨，超额完成预算降本目标。

【资金管理】 坚持以全面预算为纲领，积极对接鞍钢资金预算管理系统，抓好资金预算的落实工作，强管理、严管控、应收尽收。本钢集团通过对经营活动、投资活动、筹资活动三大活动进行资金预算管控，进一步强化资金预算的前置性和执行性管理，建立和完善了资金流监测分析工作，以净利润为基础，倒推经营现金，通过加强对各子企业现金流量预算的精益管理，提升本钢经营现金流获取能力，维持本钢集团资金链平衡和安全。2022年，本钢集团货币经营实现实得现金流与应得现金流比例达到110.88%，完成鞍钢集团现金流实得应得比100%目标。2022年，继续加强债权债务管理，严格执行《本钢集团有限公司债权和债务管理制度》和《本钢集团有限公司外部债权清收管理及考核规定》，实现债权债务管理制度化、规范化。按照国资委《关于推动中央企业加快司库体系建设进一步加强资金管理的意见》要求，结合鞍钢集团司库管理体系建设方案，本钢集团下属91家子企业于2022年12月19日上线司库系统，日常结算业务全部由鞍钢财务公司转移至司库系统中进行。司库系统正式上线，进一步助推了本钢集团对金融资源的全面管控，提升了债务风险防控能力和资金价值创造能力。全面承接鞍钢集团“两金”占用考核三个维度，将各项考核指标分解落实到各子企业，按经营者绩效和组织者绩效方案严格考核，不断强化“两金”管控，降低存货资金占用。重新编制下发《本钢集团有限公司存货管理办法》，根据本钢集团部门管理职责权限变化，对存货日常管理、存货盘点、计提存货跌价准备、监督考核与责任追究等内容进行了重新明确和修订。会同运营管理部共同组织核定了本钢集团新的存货管控目标，要求各子企业分解落实，制定措施进行有效管控，降低存货占用，提高存货周转率。2022年末，本钢集团存货余额133.25亿元，比年初降低34.08亿元，降幅20.37%。

【融资管理】 2022年，本钢集团强化融资管控，调整融资结构。一是调整国有大行贷款集中度，12月末四大国有银行和两大政策性银行融资余额占比达66.44%，比鞍本重组前提升11.4个百分点。二是调整长短期债务融资结构，12月末长期融资占比49.3%，较重组前21.05%提高28.25个百分点，使财务更加稳健。三是增加直接融资比例，为拓宽融资渠道，2022年3月本钢集团成功发行3年期中期票据5亿元。四是调整本外币融资结构，2022年为应对美元汇率上涨，规避汇兑损失，通过提前偿还外币贷款，规避了汇兑损失，全年实现汇兑收益1.5亿元。鞍本重组后，2022年凭借鞍钢集团在资金方面给予的有力支持，通过债转股和混改引入增量资金，本钢集团统筹规划去杠杆、降负债工作。截至2022年12月末，本钢集团有息负债融资总额较鞍本重组前降低26.9%，本钢集团财务风险进一步降低。同时，在鞍钢集团的协同效应下，降利率工作取得显著成效。从2022年起，各银行新增贷款和续贷业务利率均下浮15%。自10月起，工行、建行及两大政策性银行已对本钢集团执行较基准利率下浮30%的利率政策，最低利率已经下浮38%。截至12月末，本钢集团有息负债融资成本3.502%，较重组前和年初分别下降了0.918和0.522个百分点。扣除汇兑损益因素，2022年财务费用比上年同期降低51.49%，创本钢集团历史最优，财务负担大幅减轻。

【会计管理】 规范各级子公司会计核算，完善财务制度体系，统一会计政策和会计估计，统一会计科目。加强财务报表管理，统一报表格式，实现全级次快报体系，按时、保质组织月份、年度合并财务报告及国资委、财政、钢协快报编制上报工作。加强年度决算工作，组织本钢集团各子公司2021年度国务院国资委决算软件填报工作，109家独立法人单位逐级填报汇总并及时完成上报。做好自查、互检整改、监督检查工作。根据国资委、鞍钢集团决策部署，在全本钢范围内开展会计信息质量专项整治行动，各子企业对财务会计信息开展全面自查；鞍钢、攀钢和本钢三地进行会计信息质量和依法纳税情况互检，攀钢检查工作团对本钢集团进行为期21天的检查，各企业对检查过程中发现的问题立行立改，提升了财务会计信息质量。承接鞍钢会计管理规章制度，组织下发《本钢集团有限公司资产减值准备管理办法》《本钢集团有限公司会计基础工作规范》《本钢集团有限公司财务监管问题考核扣分实施细则》，进一步完善了相关规定和管理制度。根据鞍本重组财务组专项整合推进工作计划中一年期任务要求，本钢集团统一执行鞍钢重大会计政策和会计估计政策。2022年11月22日，本钢集团以通讯方式召开了第一届董事会第二十次会议（临时会议），会议审议并通过了《关于本钢集团有限公司固定资产折旧政策变更的议案》以及《关于本钢集团有限公司投资性房地产后续计量模式变更的议案》，实现了本钢集团与鞍钢集团会计政策的统一。按照住建部、省住建厅关于公积金分支机构调整工作相关要求，本钢集团高度重视对标鞍钢集团公积金中心，积极协商本溪市共同推进住房公积金“四统一”工作。2022年本钢集团公积金缴存人数6.1万余人，缴存额11.58亿元，提取额5.51亿元，发放个人住房公积金贷款642笔，发放贷款额2.3亿元。2022年7月1日起缴存比例由10%调增至12%。

【税务管理】 2022年，本钢集团税务管理工作以企业税费管理制度落实执行、优惠政策宣贯、降低涉税风险为主线，在依法纳税的同时，充分享受国家优惠政策，合理降低企业税负。一是对《本钢集团有限公司纳税管理办法》及《本钢集团有限公司研发费用管理规定》进行全面宣贯，并认真落实执行。二是充分享受稳增长及一揽子等税收优惠政策，全年受益约12.1亿元。其中享受增值税留抵税额退税政策收到退税款11.03亿元，享受延缓缴纳税费政策缓税0.18亿元，利用研发费用加计扣除政策节税约0.61亿元，综合利用资源享受减计收入及产教融合型企业抵免两费政策节税约0.1亿元，充分享受小微企业减征“六税两费”等优惠政策节税约0.18亿元。三是积极开展依法纳税专项行动工作，自查自纠，互查整改，进一步降低企业涉税风险。四是积极开展相关税收政策业务培训工作。

【财务信息化工作】 以“集团整体管控体系高效运行”为目标，全面推进信息系统整体覆盖和移植，启动包括钢铁产业信息一体化项目、日清日结日效益系统、合并报表系统、统一核算（NC）系统、客商共享系统、大额资金监管系统、司库系统、企业绩效评价系统、财务成本对标系统9项财务信息化项目的推广工作。同时，财务共享系统、中央账务仓、纳税管理系统、全面预算管理系统4项财务信息化项目，也按照方案要求开展工作。每个项目由分管领导亲自挂帅，并组织专人成立专案组，倒排工期、挂图作战，确保项目推广保质保量、按期完成，助力本钢财务管理水平迈上数字化新台阶。日清日结系统板材公司已于2022年12月末完成开发，将于2023年1月2日试运行，北营公司按计划进度推进工作；2022年6月末，统一核算系统完成非业财集成68家单位上线和系统切换，提前3个月完成阶段性工作目标；2022年12月末财务共享平台完成本溪钢铁公司、恒通公司、自动化公司、实业（新事业）公司等19家单位上线，比计划时间节点提前1个月，且远超原计划8家的年度上线指标。2022年12月，按计划完成恒通公司、自动化公司、技师学院等7家单位纳税和票夹管理系统上线。财务共享平台、纳税及票夹系统上线，实现了销售应收、采购应付、费用报支、总账核算、销项税和进项税等业务线上办理。（邱丽红）

资本管理

【概况】 本钢集团资本管理工作由本钢集团资本管理部组织实施，主要承担资本运营、产权管理等职责，内设资本运营管理、产权管理2个职能模块。截至2022年末，资本管理部在籍人员9人，其中总经理1人、副总经理1人、二级总监1人、专务1人、一级经理2人、二级经理3人，全部为中共党员。

【资本运营】 1.完成本钢股权二次无偿划转。2022年3月中旬始，资本管理部积极对接鞍钢战略规划部等部门，高效组织本钢股权二次无偿划转工作。3月27日，完成审计数据确认、章程修订、本钢董事会及股东会议案材料准备、风险评估等工作，履行本钢内部决策程序，并向鞍钢集团上报请示。2022年5月18日，依据国务院国资委《关于本钢集团有限公司国有股权无偿划转有关事项的批复》文件精神，完成工商登记变更，确保鞍钢集团实际控股地位。2.配合做好本钢股权结构调整工作。按照辽宁省政府和省国资委相关要求，将省国资委持有本钢集团4.6%股权无偿划转给辽控集团。完成《关于修订本钢集团有限公司章程的议案》《本钢集团有限公司章程（草稿）》编制履行公司决策程序和办理工商变更的前期准备等工作。3. 组织推进北钢持有的北营4家子企业（北方轧钢、北方二轧、北台高线、北方高线）股权转让工作，2022年7月22日前全部完成工商变更，优化了北营公司内部股权结构，为法人压减工作奠定基础。4. 对非钢子企业注册资本情况进行梳理，参与论证房地产公司、恒达物流园注册资本事项，形成国贸公司减资和天弘善实缴注册资本工作方案，完成天弘善公司注册资本实缴工作。

【上市公司管理】 1. 深入贯彻落实《国务院关于进一步提高上市公司质量的意见》《关于印发〈提高央企控股上市公司质量工作方案〉的通知》文件精神，结合国企改革三年行动有关要求，制定《本钢集团提高下属控股上市公司质量工作方案》和提高央企控股上市公司质量工作方案（2022—2024年）工作台账，组织指导本钢板材制订《本钢板材股份有限公司关于提高上市公司质量工作实施方案》。2. 督促、指导上市公司改善投资者关系管理工作，建立较为完善的信息披露和投资者关系管理制度。利用现代化信息技术手段，通过本钢集团网站、电话、邮箱、接受来访、召开业绩说明会等方式，搭建与投资者间顺畅沟通平台。全面完成2022年投资者关系管理重点工作。

【国企混改及合资合作】 1. 持续推进做好本钢集团混改项目后续工作。2022年6月21日，协调抚顺新钢铁支付第二期增资款及利息5.1616亿元，并协调处理第三期增资款延期支付问题，组织完成股东会相关工作。2. 根据国务院国资委《关于开展混合所有制改革总结评估有关事项的通知》（国资厅产权〔2022〕140号）要求，全面评价本钢集团混合所有制改革进展，总结成效经验。2022年6月，完成本钢集团所属混合所有制企业评估工作。3. 完成本钢宝锦公司增资扩股，引入战略投资者。2022年7月8日，通过进场挂牌交易方式，完成本钢宝锦增资扩股工商变更登记（注册资本由6000万元增加至15000万元），成功引入增资扩股投资方厦门象宏投资有限公司，出资7650万元，占51%；昆山宝锦激光拼焊有限公司出资2250万元（本次增资1350万元），占15%；本钢板材股份有限公司出资5100万元，占34%。

【参股企业管理】 1. 根据鞍钢集团对境内合资企业监督管理要求，结合本钢实际，构建了以《本钢集团有限公司合资企业监督管理办法》为主体的1+N监管制度汇编，制定《本钢集团有限公司派出参股企业人员履职管理细则》，形成监督责任明确、监管方式清晰、监管平台有效的参股企业监管体系，通过调整派出人员，逐步实现专职化，强化监管主体责任，加强参股投资监管。2.2022年，本钢集团通过与具备分红条件的企业加强前期沟通、发函提出利润分配要求等措施，共收回参股企业当期及历史陈欠投资收益超5880万元，创历史新高。

【产权管理】 1. 夯实产权基础管理。组织完成各子企业2021年工作总结，对2021年本钢产权登记表中各企业基本信息进行核实，核对并修正基础数据，完成本钢产权数据在国资委产权管理综合信息系统的录入和及时更新。2. 国有资产评估管理。严格遵照鞍钢集团合规管理工作要求和资产评估管理办法规定，按照“应评必评”原则，2022年共组织开展资产评估项目59项，项目数量是前两年评估量的10倍，其中产业整合评估9项、“压减”法人层级评估43项、参股企业股权处置评估4项、资产处置评估3项，并按进度履行复审、公示、备案程序。3.全面强化子企业分红工作。制订本钢集团子企业、本溪钢铁公司子企业2021年度及2022年中期利润分配方案，并通过总经理办公会决策后实施，本钢集团和本溪钢铁公司分别实现投资收益2.14亿元和11.26亿元，规范了本钢投资收益管理，大幅降低了内部债权债务，帮助部分子企业扭亏增效。

【资产处置】 1.根据鞍钢集团参股投资企业整改处置及产业金融板块改革发展要求，结合本钢实际，制订《本钢集团有限公司参股企业整改处置工作方案》，明确任务分工和时间表，组织开展工作。完成6户使用本钢字号参股企业整改、22户C类企业处置等工作。对本钢板材营销中心3户民营挂靠企业明确退出要求并制订退出计划，其中广州本浦公司和武汉源鸿两户企业已在上海产权交易所公开挂牌，浙江精睿公司已完成审计评估。对于北京中联钢公司，按照宝武集团的评估结果进行公开挂牌；对经营期限届满、不具备股权转让条件的大连摩根公司按照控股股东提出的清算方案成立清算组，派出清算组成员；向2户参股金融机构提出退出工作计划。2.推进小贷公司清算工作，对小贷公司相关股东会议题及具体清算工作提出建议。 （张子龙）

审计管理

【概况】 本钢集团审计管理工作由本钢集团审计部组织实施。本钢集团审计部主要承担审计体系建设、审计项目计划编制、审计信息系统管理、后评价管理、管理类审计、财务类审计、科研项目审计、工程类审计、专项经营类审计、违规责任追究、问责追责管理、内部控制评价及内控缺陷整改等职责，下设经营管理审计、经济责任审计、投资与专项审计三个模块，各模块按照职责分工开展审计工作，设总审计师1人、总经理1人、副总经理1人、总监2人、一级经理2人、二级经理2人。

【制度体系建设】 鞍本整合融合后，从业务流程、问题定性标准、工作开展模式等方面进行全方位对标，对原有制度进行梳理并全面承接鞍钢集团相关制度，建立健全审计管理制度16项，指导子企业建立健全审计制度33项。进一步明确了内部审计岗位职责、业务内容、工作程序和考核要求，实现了管理制度全覆盖。

【项目完成情况】 合理安排人力资源，贴近生产经营实际，积极开展审计项目。2022年度本钢集团审计项目计划21项，截至2022年底，完成审计项目30项，超额完成全年审计计划。累计发现和披露各类审计问题226个，提出审计建议120条，反映问题金额3631.92万元，促进企业增收节支433万元。审计建议采纳率100%。

【专项工作】 配合鞍钢集团党委历史遗留问题巡视。2022年7月，鞍钢党委历史遗留问题专项巡视组进驻本钢，审计部积极配合巡视工作，在巡视组的指导下，会同其他管理部门，历时5个月对19家单位历史遗留问题的成因进行深入分析核实，最终认定存在客观原因的问题有326项、51.83亿元，存在主观原因的问题有153项、7.17亿元。对存在主观原因的153项历史遗留问题问责追责8家单位、160人次，绩效考核5.58万元。

【整改成效】 鞍本重组后，以“本钢南芬铁矿扩帮延深”等4项工程审计问题整改为契机，制定统一整改方式和整改标准，总结分析审计发现的普遍性、倾向性、苗头性问题，举一反三，强化审计问题整改结果运用，扎实做好审计问题整改“后半篇文章”，建立审计问题整改监督指导机制，有效解决被审计单位“不愿整改、不会整改、整改不力”问题，建立了审计整改长效机制。2022年末达到审计整改时限的审计项目25个、问题188项，其中164项问题已完成整改；21项问题需持续整改，持续整改节点目标已落实；1项涉嫌违规违纪问题已由本钢纪委做进一步深入调查；2项未按期完成整改，已制定整改措施，明确整改时间节点。现阶段审计问题整改完成率98.9%。整改工作已对53人次进行考核问责，共处罚17500元；制定和完善管理制度54项；追回工程款1217.74万元；完成账务调整13160.12万元。

【服务基层】 2022年5月20日，组织本钢集团工程和财务管理人员开展审计业务培训，从工程建设的13个方面对本钢工程项目建设全过程的审计要点和典型案例进行讲解，共列出工程建设不同阶段的117个审计要点和50个典型案例，对普遍性、共性问题进行多维度、多层次分析、解读。通过培训，增强了各基层单位投资管理合规性意识，提高了防范管理风险的能力。 （武默涵）

法律合规管理

【概况】 法律合规部负责本钢集团公治体系建设、风险管理、法律审核、工商事务管理、商标管理、诉讼仲裁案件管理、外聘律师管理等工作。下设合规管理、案件管理2个职能单元。截至2022年底共有在籍人员9人，其中部长1人、重要专项工作1人、副部长兼职能单元总监1人、专职职能单元总监1人、一级经理3人、二级经理1人、赋能人员1人（外部共享用工）。

【法律审核】 持续强化法律保障，深入推行重要决策、规章制度、经济合同法律审核制度，在确保100%审核率的基础上，持续提升三项法律审核质量。全程参与三项制度改革、多元子企业改革、企业亏损治理、北钢所属企业处置、厂办大集体改革等重大改革和板材公司1780线、马耳岭球团股权转让、丹东不锈钢公司资产租赁等重大项目，将法律支撑贯穿经营管理活动全过程，确保依法依规操作，严控法律合规风险。2022年参加有关法律保障会议60余次，出具法律意见500余条，审核各类合同91份、规章制度300余项、决策类事项80余项，其中5+X联审65项。

【案件管理】 2022年，法律合规部不断强化法律纠纷案件管理，主动维权、积极应诉，密切与各级法院沟通联络，妥善处理各类纠纷案件，最大限度维护企业合法权益。积极建立案件后评估机制，建立典型案例库，以案为鉴，以案促管，为企业依法合规经营提供坚实保障。全年共办理各类法律纠纷案件353件，涉案金额177383万元。其中新增215件，涉案金额57525万元；2021年结转未处理终结案件138件，涉案金额119858万元。避免和挽回经济损失7321.69万元。

【工商事务及商标管理】 完成本钢集团交派的各项重大工商登记工作任务。一是完成本钢集团董事人选在辽宁省工商局备案登记工作。二是完成省国资委所持本钢集团有限公司部分股权无偿划转变更登记工作；审核、指导本钢下属各单位办理工商变更登记、备案事项40余次，确保工商登记变更事项合法依规；推进本钢下属法人企业通过吸收合并、清算注销、股权转让等方式完成企业法人户数减少49户，按期完成本钢交派的改革任务；按时完成本钢集团、本钢公司2021年度企业信息报送和公示工作，同时组织下属各单位做好企业信息年度公示工作，本钢集团及所属各单位公示完成及通过率达到100%。

【风控管理】 以风险防控为导向，加大保障改革发展支撑力度。完善风险内控组织体系和规章制度体系，深化风险管理“三道防线”建设，充分发挥“2+N”机制功效，并将全面风险管理与内部控制有机融合，对战略管理、安全环保、资金运营、市场化改革、亏损企业治理等领域重大风险进行认真摸排梳理，共汇总15方面主要风险事项，组织制订并严格按计划推进落实重大风险管理解决方案，较好地完成年度重大风险管控目标。

【法治宣传与培训】 加大法治宣传力度，制订下发《本钢集团有限公司关于开展法治宣传教育的第八个五年规划（2021—2025年）》。在《鞍钢日报》“法治·鞍钢”专版刊登本钢法治建设工作取得的成效及经验做法。会同党委宣传部在《本钢日报》开办法治知识专栏，定期刊登新出台的法律规定以及与企业生产经营管理密切相关的法律知识。组织开展“12·4”国家宪法日宣传活动，广泛宣传宪法，营造良好的法治氛围。2022年度共培训专职法律事务人员121人次、合同管理人员291人次、新入厂职工350人次（含定向委培），组织开展领导人员、管理人员合规培训225人次。

【合规管理】 以合规管理强化年为契机，认真系统梳理合规问题、合规风险，加速推进合规管理体系建设工作，初步搭建本钢合规管理的体制机制框架基础。成立合规管理委员会，由本钢总法律顾问担任合规管理负责人，明确法律合规部为合规管理牵头部门，设置专门内设机构并配备专职合规管理人员，负责组织、指导和协调开展合规管理工作。制定《本钢集团有限公司合规管理办法》《本钢集团有限公司重大事项风险评估与合规审查管理办法》等制度，搭建以合规管理办法为基础、以授权委托权限与业务审批流程为保障、以强化全员合规管理行为能力为核心的合规管理制度体系。（史占春）

生产质量管理

【概况】 本钢集团运营管理部是本钢集团生产质量管理职能部门。2021年11月14日，本钢集团有限公司下发《本钢集团有限公司总部及主要子公司管理职能和机构优化调整改革实施方案》（本钢发运营字〔2021〕119号），设立运营管理部，下设5个职能单元，负责本钢集团计划统计、生产运营、设备能源、采购、物流等管理工作。截至2022年底共有员工18人（含借调1人），其中总经理1人、副总经理3人（含借调1人）、职能单元总监5人、一级经理6人、二级经理3人。

【主要产品产量指标完成情况】 2022年，本钢集团完成生铁1686.3万吨，转炉钢完成1741.8万吨，电炉钢完成13.8万吨，钢材完成1683.4万吨，其中特钢材完成44.3万吨、热轧板完成723.2万吨、冷轧板完成577.9万吨、不锈钢完成0.3万吨、线材完成260.3万吨、钢筋完成77.4万吨，球墨铸管完成4.7万吨，焦炭完成719.3万吨，铁矿石完成2393.6万吨，铁精矿完成920.6万吨，球团矿完成486万吨，生灰完成175.1万吨，发电量完成45.9亿kWh。

【生产组织】 2022年，本钢集团以降低铁耗为核心，重点组织炼钢工序稳定生产，从以铁定产、合理调配和调高运输效率等方面入手，为进一步降低铁耗创造必要条件。一是定期组织召开专题协调会议，强化信息沟通及预警，抓好翻车机和解冻库运行管理，减少小耽误影响，全力接卸路局车辆。二是结合大宗原燃料进厂及消耗情况制订并优化各项保产、保供方案，合理调配内部公路和铁路运力，加大厂内倒运力度和倒运量，最大限度减少低温状态对正常生产运行的影响。三是针对焦煤、矿粉、合金、废钢等外购物料出现的进货异常问题，及时协调本钢板材采购中心、国贸公司进行统一平衡，保证总体生产稳定。四是通过对各成品库的取、配、装车时间进行实时跟踪管理，降低疫情突发影响，提高发车效率，开通汽运集港业务，提升外发渠道，以保证产品外发需求。五是狠抓以汽车板为代表的拳头产品增量，制定“两保一核心”工作方针，以汽车板增量为引领，全面带动本钢品种钢生产能力提升，2022年汽车板生产实现历史性全面突破，总合同量完成230万吨。

【经济运行管理】 2022年本钢集团以效益为中心，以提高产能利用率和降成本为工作重点，以强化质量管理为手段，努力提升大宗原燃料管控能力，为高炉生产提供有力的原燃料保障。在疫情影响和内贸煤多次涨价情况下，大力推进“日清日结”工作，坚决树立“以效益为中心”理念，以问题为导向，通过“日研判、周分析、月总结”，不断堵塞管理漏洞，从入炉原燃料、设备、能源、工艺操作等多方面分析问题、解决问题。通过铁系统均质化管理，提高配矿准确率，烧结质量稳步提升；在将自产矿粉全部消耗的前提下，根据其产量和质量情况，通过配矿模型合理计算，充分使用经济矿粉，优化配矿结构。建立高炉有害元素管控体系，监控、均衡、控制不同炉型高炉有害元素负荷；打破传统生产工序壁垒，强化“以高炉为中心”的工序服从原则，各工序基本实现长期稳定顺行。

【生产计划】 2022年合同下达1672.81万吨，完成1620.54万吨，合同交付率96.88%。出口合同下达187.11万吨，完成186万吨，合同交付率99.41%。重点品种下达857.34万吨，完成856.61万吨。

【产品设计管理】 2022年重点围绕一体化项目制造系统上线开展质量管理工作，其中产品质量设计全年编制工艺代码4876条、工艺数据基表1226余份、冶金规范码（QD码）2752余个，总数据量约344万条。由出钢记号替代GKNO管理炼钢成分，GKNO由原来的3483个整合为1494个出钢记号。对炼钢的铸坯等级和分选度进行内控管理。分析质量异议91笔，组织第三方认证3项。截至2022年末，板材公司和北营公司制造部分管牌号1537个，占本钢全部品种的97.5%。

【原料质量管理】 强化外购物料入口质量管控，严格执行取消让步接收政策，2022年外购炼焦煤、燃料煤、焦炭、原料、矿粉、废钢累计挽回损失13294.81万元。组织开展现场联合抽检85次，实时监控外购物料进货质量。针对外购物料质量不达标、不合格问题，下发整改通知单271个、停止供货通知单39个。铁前工序产品细化过程质量管控，稳定入炉料质量。工序产品质量绩效指标5项，完成考核计划5项，达标率100%。

【工序质量管理】 围绕降低非计划产品数量、提升钢后产品质量、减少质量损失，组织钢后各工序以“工序服从”为基础，严格管控影响产品质量的关键控制点、关键工艺参数执行及主要设备功能投入，持续开展质量改进攻关工作。2022年钢后产品总非计划707987吨，其中板材公司钢后产品非计划624387吨、非计划率5.53%，北营公司钢后产品非计划83600吨、非计划率1.19%。

【产品质量异议】 2022年钢后产品质量异议总量24008吨，异议额1417万元，异议吨钢损失0.81元/吨，其中板材公司全年质量异议15723吨，比2021年降低41.77%，异议额1188万元，异议吨钢损失1.12元/吨；北营公司全年质量异议8285吨，比2021年降低16.69%，异议额229万元，异议吨钢损失0.33元/吨。2022年质量异议整改工作主要围绕主机厂、直供用户等战略合作用户开展，通过技术服务组直接反馈和解决用户使用中存在的问题。

【质量体系运行】 按计划开展IATF16949：2016体系内审和VDA6.3过程审核。受新冠疫情影响，本钢浦项、板材公司IATF16949质量体系内部审核于2022年12月进行，通过了莱茵认证公司和国金衡信认证公司外部远程审核。

【产品质量认证】 2022年组织完成钢协“金杯优质产品”的申报与评选工作，获金杯优质产品奖3项。

【质量改进工作】 完成第十六期六西格玛项目的跟踪评审工作，组织开展第十七期六西格玛黑带项目选项评审、阶段培训、DMA阶段评审、结题评审工作；3个项目荣获2022年度中国质量协会质量技术奖全国优秀六西格玛项目；2022年注册QC项目19项，申报质量信得过班组21个，均已完成结题评审。

【标准管理】 贯彻《国家标准化发展纲要》，按照鞍钢集团整体部署，提升技术标准管理能力。参与制定或修订《船舶及海洋工程用结构钢》等4项国家标准，发布实施《冶金优质产品 汽车结构用连续热镀锌及锌铁合金镀层双相钢钢板及钢带》1项钢铁工业协会团体标准，主持制定并发布实施《冶

金优质产品 商用车车轮轮辋用热连轧钢板和钢带》等2项钢铁工业协会团体标准。主持制定的《硼铁 硅含量的测定 高氯酸脱水重量法》等2项国家标准已于2022年11月顺利通过标准化专业委员会审定，将于2023年发布实施。主持修订的《连续热浸镀层钢板和钢带尺寸、外形、重量及允许偏差》国家标准已完成标准征求意见处理并编制标准报批稿上报标准化专业委员会。主持制定的《绿色炼铁装备评价技术规范铜冷却壁》等5项中国金属学会团体标准已完成标准起草，并报团体标准委员会审核。成功立项《汽车用超高度热冲压钢板及钢带》行业标准制定项目。组织完成鞍本融合热轧板带、冷轧板带企业标准《热连轧钢板和钢带的尺寸、外形、重量允许偏差》等71项钢铁产品企业标准、《钒铁合金化学分析方法 第1部分：重量法测定硅含量》等34项检化验企业标准的制修订。完成《集装箱用热连轧钢板和钢带》等43项新发布企业标准的网上自我声明公开，确保本钢生产标准的合规合法性。

【规程管理】 依据本钢产业管理与信息化整体提升项目流程设计要求，参照鞍钢规程管理模式，重新编制了《本钢板材股份有限公司生产岗位技术规程管理细则》和《本溪北营钢铁（集团）股份有限公司生产岗位技术规程管理办法》。针对本钢板材特钢事业部电炉改造，组织相关单位重新编制了炼钢生产岗位工艺技术规程等14个规程；因北营公司设备改造、工艺提升等原因修订生产岗位规程22个。

【主要运输指标】 2022年本钢集团（板材公司、北营公司）铁路进出厂运量5152万吨，铁路运量占比78%，公路进出厂运量1544万吨。其中，铁路进厂运量3418万吨、公路进厂运量857万吨，铁路出厂运量1734万吨、公路出厂运量687万吨。

【运输费用情况】 2022年本钢集团发生物流费用68亿元，吨钢物流成本390元，其中采购物流费用38亿元、生产物流费用11亿元、销售物流费用19亿元。

【产销运输半径情况】 如表所示。

2022年本钢集团采购煤炭半径（单位：万吨）

品类	哈局	太原局	北京局	沈局	郑州局	济南局	合计
煤炭	263	504	92	113	106	8	1086
占比	24%	46%	9%	10%	10%	1%	

2022年本钢集团钢材销售半径（单位：万吨）

品类	东北	华北	中西部	华东	华南	出口钢材	合计
钢铁	380	114	50	755	170	173	1642
占比	23%	7%	3%	46%	10%	11%	

【组织与协调管理】 2022年受新冠疫情影响，辽宁省内多处公路、铁路运输受阻，本钢集团产成品库存高储，采购物资到达量减少，严重威胁生产。为保证生产顺行，运营管理部和安全环保部牵头，组织采购中心、营销中心、国贸公司、板材公司制造部、北营公司制造部、矿业公司生产部等相关部门成立物流保产专班，明确细化职责，保证每个环节都有专人负责，形成部门牵头、多单位配合、齐抓共管模式，统一办理通行证、介绍信，协调解决遇到的问题。保产专班多次协调铁路沈阳局给予本钢集团支持，开通本溪至金州、金家堡至前阳南重去空回专组，保证产品外发；为满足生产需求，保证每天接入铁路哈尔滨局给本钢的150车焦煤，适当接入铁路太原局、铁路北京局给本钢发运的焦煤。

（党俊艳）

设备工程管理

【概况】 本钢集团运营管理部是本钢集团设备管理主管部门，下设设备能源管理单元，其中设备能源管理总监1人、设备管理高级经理1人，负责本钢集团设备管理的监督执行与考核工作，承接、转达鞍钢集团、省市等各级部门涉及设备系统的指示精神和工作要求，下达设备运行、检维修、工程管理的年度实施计划，定期分析评价本钢各板块设备工程工作完成情况。

【设备基础管理】 持续聚焦本钢集团“以经济效益为中心”的战略思想，以保证设备功能精度及产品质量、产量为核心，以各层级设备管理人员为支撑，以能源节约利用为趋势，突出结果导向，提升各单位设备基础管理及设备状态掌控能力；通过提高管理思想站位、统一管理标准、推进隐患自查整改、加强专业交流培训、对标先进等措施，快速提升岗位能力，完善管理流程，推进管理提升；围绕“功能精度”“全面预算”“库存消纳”“运行状态”“安全管理”“能源利用”“规范标准”“绩效考核”8个方面，夯实点检定修制，实施全面预算管理、设备精准管理。1. 提升各层级“功能精度”管控能力。推进一名录、一明细、三清单编制，对照编制清单项目关注设备功能投入及设备精度达标实绩，形成设备功能精度闭环管理。2. 提升各层级“全面预算”管理能力。夯实设备检修、维护项目备件、材料、人工费全面预算规划，关注预算完成率、准确率，确保开销均有预算支撑。3. 提升各层级“库存消纳”管控能力。推进备件寿命周期管理、物料全流程管控、备件及物料库存管理。4. 提升各层级“运行状态”管控能力。关注重点设备运行状态，从设备点检记录、隐患台账、特护方案、整改计划、故障及隐患处理效果出发，加强设备运行状态掌控力。5. 提升各层级“安全管理”能力。增强管理人员安全管理履职意识；安全管理落实责任人，现场安全管理工作严格按安全管理标准执行。6. 提升各层级“能源利用”管控能力。以设备节能运行为总体原则，合理利用介质能源，完善设备经济运行方式，杜绝能源跑冒滴漏。7. 提升各层级“规范标准”管理能力。加强设备管理规章制度承接及转化，及时编制、完善、修订设备规程、四大标准，管理及设备操作运行按规范标准执行。8. 提升各层级“绩效考核”管理能力。夯实设备系统绩效考核，严格按规章制度执行，对考核执行效果进行总结、分析，不断完善绩效考核体系。

【设备运行管理】 2022年，本钢集团主要生产设备可开动率计划94.09%，实际完成96.17%，比计划提高2.08%；主要生产设备事故故障停机率计划不超过11.43‰，实际完成1.24‰，比计划降低10.19‰。严抓500小时的设备事故攻关目标，设备运行平稳，故障台时大幅下降。板材公司主要产线发生设备事故故障60次，故障台时209小时，同比2021年台时降低44小时，较好完成了攻关目标。严控15.4亿元设备修理费，构建劳务协力保产线、专项协力保专业的网状设备维护体系，实现检修基本盘的稳定。持续推进备件专业化管理，做好备件利库、修复、国产化和包消耗工作；备件外委修复率提升到20.2%，备件修复节约额1.6亿元；完成备件国产化88项，降成本1857万元；备件包消耗1.5亿元，降成本1700万元；年标协议订单4.43亿元，年标率47.42%，实现降采0.21亿元。实施油品零库存模式，油品库存降低51%。备件库存8.8亿元，全年储运及机旁累计降库2.4亿元，减少了资金占用。北营公司主要产线发生设备事故故障45次，故障台时149小时，同比2021年台时降低121小时，较好地完成了攻关目标。严控5.47亿元设备修理费使用，提高备件年标比例，增加备件修复、备件利库，同比压降采购现金流2.1亿元，创历史最好。开展润滑油品专项攻关，2022年油耗2276万元，同比降693万元，创历史最好。在稳定设备运行基础上，加强设备专业化管理，查找并解决设备隐患，专项投资动力电缆、供水管网、防水工程和景观路亮化0.84亿元。加强精度功能管理，重点提升铸机、热轧机组运行稳定性，精准投入1416万元。通过控储运、降机旁、优采购等措施，2022年备件辅料利库16458万元，对比年初计划多完成488万元。开展外委转自营项目60项，降低施工费3219万元。矿业公司主要产品设备可开动率计划96%，实际完成96.37%，比计划提高0.37%；主要生产设备事故故障停机率计划不超过10‰，实际完成8‰，比计划降低2‰。严抓设备事故管理，设备运行平稳，故障台时大幅下降。

【设备检修管理】 本钢集团2022年制订大、年修计划50项，实际执行50项。组织实施板材、北营四次大型联合检修，实现保安全、保质量、保工期的总体目标，为本钢集团设备稳定运行奠定基础。板材公司年修计划25项、计划金额9420万元，实际完成25项、发生金额8949万元，年修计划执行率100%。结合生产经营形势，组织一次大型联合检修，历时8天23小时，本次联检涉及新5号高炉、7号铸机、1700轧线、冷轧一冷老线区域等12条主体产线及2号干熄焦、1700平整机组、6号制氧机、CCPP发电机组等辅助产线，计划实施项目2514余项，3300余人次参与其中。重点解决了新5号高炉填料脱水器堵塞、1700轧线R1轧机下辊主电机异音、1号酸轧3架轧机主传动联轴器磨损超限、CCPP机组燃烧筒瓦片裂纹等问题。针对7号铸机年修前边裂问题，对香蕉梁进行8次测量调整，恢复了设备精度。联检过程中，各单位充分排查设备状态，发现1700线F2齿轮机座轴承外圈断裂、R1下辊变压器铁芯螺栓松动、1号酸轧6号张力辊减速机轮齿折断等重大隐患。北营公司大年修计划17项、计划金额2964万元，实际完成17项、发生金额2792万元，大年修计划执行率100%，节约资金172万元。完成三次大型联合检修工作任务，实施联检项目5799项，其中设备隐患995项、安全隐患154项、环保整改101项、恢复功能331项、提高精度89项、技术改造58项、常规项目4268项、精密点检205项、隐蔽项目143项，内部维修人员承担4671项，累计投入检修费8043.3万元，全年定修计划实现率98%，准确率92.06%。大高炉实现定修周期5个月、年修周期2年，节省停机时间125.6小时，增产3.4万吨。重点解决了9#高炉炉体漏水重大安全隐患，全年节省燃料比193万元，完成了360、400振动筛改造，年节约电费248万元、降低返矿率增益498万元。实现4#铸机14项功能精度指标的全面提升，扇形段接弧合格率达到87%历史最佳，扇形段水耗70m³/h、油耗2.0吨/月、喷嘴堵塞率7%均超预期目标。矿业公司重点完成了WK-20电铲、WK-10电铲、KY310钻机、MT3700矿用汽车、600T/D回转窑、φ2736球磨机、φ5518自磨机及HP6圆锥破碎机等主体设备大修工作。

【专项管理】 2022年，本钢集团无重大检修人员伤亡事故，无重大设备事故，特种设备（锅炉、压力容器、起重机、电梯）按周期检验执行率完成计划达到100%，板材公司、北营公司、矿业公司累计检验完成起重机877项、锅炉74项、电梯64项、压力容器1966项、罐（包）408项、叉车43台。三大板块会同人力资源部门系统性开展设备点检定修制培训，组织专题理论培训1642人次、精密点检培训600人次；组织板材与北营点检员相互交流51人次；板材公司春秋检考评设备人员677人次；北营公司开展线下培训9次，培训人员409人次；矿业公司组织春秋检2次，有效提升了设备人员的管理水平。

【工程设计管理】 本钢集团全力组织设计审查工作，2022年共计对20个重点项目提出优化措施，降低投资约4352万元。板材公司组织开展炼铁总厂4A焦炉机侧除尘烟气治理工程、4A焦炉烟气脱硫脱硝工程、6#焦炉烟气脱硫脱硝工程，6#、7#、新1#高炉新建除尘焦粉仓工程，炼钢厂1#、2#、3#、7#转炉新建三次除尘系统工程，4#、5#、6#转炉新建三次除尘，1号铸机改造，板材厂区超低排改造等项目初步设计及施工图设计工作。针对重点项目及其配套项目，组织各项目部在设计方案至施工图交底阶段全面开展优化和利库工作，对11个具体项目提出优化措施，降低投资约549.8万元；北营公司重点组织北营炼钢一区产能置换项目、北营发电厂高温超高压机组工程、北营厂区生活水自备项目、北营能源总厂北营新3.5万立制氧机工程等重点技改项目以及北营焦化二区、三区焦炉大型化改造项目，北营炼铁总厂料场环保改造、北营炼铁总厂400m²烧结机烟气治理及脱硫脱硝改造，北营新1#、2#高炉出铁场除尘系统优化改造，北营铸管公司涂装区域环保改造等超低排放项目的可行性研究、初步设计及施工图设计工作。组织各项目部在设计方案至施工图交底阶段全面开展设计优化工作，对4个具体项目提出优化措施，降低投资约1550万元。矿业公司组织开展南芬绿色矿山选矿提效及智能化改造、南芬卧龙沟尾矿库工艺完善改造、南芬选矿厂精矿粉管道输送（含首、尾端详勘，终端补充岩土勘察，首端还建及生产过渡）、南芬选矿厂总尾1#泵站改造、歪头山小西沟尾矿库治理措施、歪头山铁矿辊磨干选尾矿堆存、歪头山主采场扩帮延深采场排水回收利用、歪头山铁矿排土场矿石整体回收项目新建回收生产线、石灰石矿回转窑除尘及脱硝改造、石矿白灰作业区0-3生灰生产线增加振动筛分系统、贾家堡铁矿露采转地采、贾家堡铁矿露采转地采副井勘察补充、贾家堡铁矿露采转地采工程斜坡道勘察，花岭沟、徐家堡、贾矿的铁矿平巷工程造价咨询，南芬露天矿、贾矿、石灰石矿、北营铁矿、歪矿的矿山土地复垦及测量等项目的初步设计审查批复和施工图设计、方案审查等工作。针对本钢集团重点项目及其配套项目，组织各项目部在设计方案至施工图交底阶段全面开展优化工作，对5个具体项目提出优化措施多项，降低投资约2253.13万元。

【技改工程管理】 2022年本钢集团工程管理严格执行“项目经理责任制”，CCPP发电工程、特钢电炉工程、转炉煤气柜工程、北营3.5万制氧工程、歪矿高压辊磨工程5项重点工程按期投产，支撑企业低碳节能、绿色环保、高质量发展。板材公司深度对标鞍钢工程管理模式，全面移植鞍钢工程管理8项制度，设定4项核心考核指标，依托信息一体化系统，开展工程项目全寿命周期管理，在面对两次疫情冲击、现金流需求不足、超低排放工期节点等困难情况下，实现“安全”“质量”“文明施工”三为零的管理目标，助力板材公司高质量发展。北营公司坚持以“三管三控一协调”为指导思想，以问题为导向，全面承接鞍钢集团工程管理制度和原本钢集团管理项目，做到有序对接、工作不落地。全年设置重点固定资产投资项目节点119个，按期完成117个，节点完成率98.3%。矿业公司投资10.53亿元，其中技改工程49项，投资9.9344亿元；专项工程10项，投资0.5956亿元。重点工程歪头山铁矿低品位矿及废石辊磨干选资源综合利用工程2022年3月15日投产试运行；花岭沟地下开采工程2022年2月15日开工建设，年末主副井累计掘进完成70%；选矿厂精矿管道输送工程2022年6月1日开工，2022年末完成主泵站主体结构，输送管道完成16km；南芬选矿厂大型化改造工程7月15日开工，土建结构完成70%。

【工程质量管理】 本钢集团现场巡检发现质量问题740项，其中实体质量问题538项、质保资料问题202项，发现问题均已处理完毕。取消一年两次的春秋检，从实体质量、质保资料方面对在建工程每月开展一次全面检查，使得检查内容和深度与以往相比更广泛深入，质量管理水平逐月提升。按照冶金总站下达的《关于开展2022年冶金建设项目在建工程质量专项检查的通知》要求，重点检查工程实体质量，并对钢筋混凝土的回弹强度、钢结构及管道、支架的漆膜厚度、钢结构焊缝（焊角、余高）、钢筋混凝土保护层厚度等进行了实测实量，对检查出的问题进行及时整改。工程质量监督受理登记61项，全部指派专人进行管理。工程监督管理人员对所监督工程下达质量监督计划书，开展质量监督工作，做到工程质量监督覆盖率100%，工程质保金返还73项，返还金额6024万元，参加单位工程验收36项，合格率100%。

【工程预算管理】 本钢集团严格预算审批管理制度，2022年施工单位编报预算12.73

板材公司2022年技改项目完成情况

序号	技改项目名称	业主单位	项目交工时间
1	CCPP发电工程	能源管控中心	2022.3.29
2	第四加压站	能源管控中心	2022.5.28
3	净化三煤气脱硫系统改造	炼铁总厂	2022.9.16
4	一号转炉煤气柜	能源管控中心	2022.9.25
5	特钢电炉升级改造工程1#电炉	特钢事业部	2022.10.15

板材公司2022年安措项目完成情况

序号	安措项目名称	业主单位	项目交工时间
1	板材炼铁总厂净化一作业区粗苯槽区分离油槽改造	炼铁总厂	2022.12
2	板材焦化厂净化一作业区粗苯槽改造	炼铁总厂	2022.12
3	板材炼钢厂14号260吨吊车更新改造	炼钢厂	2022.9
4	板材炼钢厂渣罐吊车冶金铸造起重机改造	炼钢厂	2022.12
5	炼钢厂渣跨吊车及厂房改造	炼钢厂	2022.12
6	板材炼铁总厂焦化分厂危险区域控制室迁移	炼铁总厂	2022.12

板材公司2022年环措项目完成情况

序号	环措项目名称	业主单位	项目交工时间
1	板材8号9号焦炉酚氰废水处理装置异味处理	炼铁总厂	2022.7
2	板材炼铁总厂净化一二作业区VOCS尾气治理	炼铁总厂	2022.9
3	板材8、9#焦炉筛焦除尘系统优化改造项目	炼铁总厂	2022.12
4	板材炼铁总厂1#干熄焦除尘器升级改造	炼铁总厂	2022.9
5	冷轧总厂新建危废库房项目	冷轧总厂	2022.10

北营公司2022年主要固定资产投资项目完成情况

序号	投资项目名称	业主单位	项目交工时间
1	北营能源总厂新3.5万制氧机工程	能源管控中心	2022.3
2	北营炼铁总厂大高炉配套新建一套制粉系统工程	炼铁总厂	2022.7
3	北营炼铁总厂焦化一区脱硫系统改造工程	炼铁总厂	2022.12
4	北营公司冷轧高强钢热力配套改造工程	能源管控中心	2022.4
5	北营公司汽暖改水暖工程	能源管控中心	2022.11
6	北营公司生活水自备工程	能源管控中心	2022.12

亿元，削减金额 2.25 亿元。板材公司审批施工单位编报预算 4.26 亿元，削减额为 0.69 亿元。预算审批准确率达到 98% 以上，完成了集团公司 97% 的考核标准，决算项目预算审批时限满足决算需求。2022 年完成 318 个议标项目费用核定，核定费用 3.23 亿元。编制完成 13 个项目工程量清单，计划金额 4.34 亿元，审核 0.74 亿元外部造价咨询公司及业主单位编制的工程量清单。北营公司审批施工单位编报预算 8.03 亿元，业主单位初审额 7.76 亿元，终审额 6.3 亿元，在业主单位初审的基础上，终审削减 1.46 亿元，业主单位初审准确率为 81.11%，决算项目预算审批完成率 100%，议标项目费用核定完成率 100%。2022 年共参加 58 人次工程量现场写实，削减不实费用 85 万元。矿业公司审批施工单位编报预算 4402.2794 万元，终审额 3408.2802 万元，削减额 993.9992 万元，决算项目预算审批时限满足决算需求。2022 年完成 107 个议标项目费用核定，核定费用 5771.5555 万元。编制完成 15 个项目招标工程量清单，计划金额 1.9379 亿元，编制完成招标预测价 7.4027 亿元。

【工程计划管理】 本钢集团三大板块 2022 年现金流下降至 45.9 亿元，累计完成投资 45.9 亿元，投资计划完成率 98.9%。板材公司下达固定资产投资计划（当年）18.2 亿元（含专项和零购），2022 年实付计划投资 17.2 亿元，46 项工程按期投产，工期进度基本可控；北营公司固定资产投资项目 74 项，项目总投资约 86 亿元，新建 15 项，续建 59 项，按期完工 56 项，其中向省政府承诺完工的超低排项目 17 项全部完工投入生产运行并经第三方烟气排放检测合格。2022 年计划完成投资 17.89 亿元，实际完成投资 17.9071 亿元，投资计划完成率 100%；矿业公司固定资产投资项目 99 项，总投资约 181.9 亿元，现金流 10.57 亿元，新建 39 项，续建 60 项，已完工 55 项，累计完成现金流 10.3 亿元，投资计划完成率 97.45%。维简计提项目 19 项，投资 0.57 亿元。安全计提项目 66 项，投资 0.4427 亿元。

【工程招议标管理】 2022 年本钢集团完成项目招、议标 926 项，按照计划金额测算，节省金额 17.4 亿元。板材公司检修工程招标项目完成 44 项，计划金额 5880.3 万元，定标金额 4574.7 万元，按照计划额计算，节省修理费达 1305.6 万元，节省比例 22.2%；技术改造及专项工程招标项目完成 23 项，招标计划金额 312762 万元，定标金额 242176.2 万元，按照计划投资额计算，节省投资达 70586 万元，节省比例 22.57%。2022 年检维修工程议标项目 242 项，计划金额 28208 万元，报价金额 34026 万元，议定金额 25229 万元，对比计划金额节省 2979 万元，按照参与投标的投标人报价平均水平计算，节省投资 8797 万元；基建、技改工程议标项目 76 项，议标金额 145759 万元，按照分解投资计划计算，节省投资 28204 万元。北营公司检修工程招标项目完成 47 项，计划金额 6784 万元，定标金额 4598 万元，按照计划额计算，节省修理费达 2186 万元，节省比例 32.22%；技术改造及专项工程招标项目完成 11 项，招标计划金额 98953 万元，定标金额 75836 万元，按照计划投资额计算，节省投资达 23117 万元，节省比例 23.36%。2022 年检维修工程议标项目 233 项，计划金额 24593 万元，议定金额 22692 万元，对比计划金额节省 1901 万元，节省比例 7.73%；基建、技改工程议标项目 62 项，议标金额

362578万元，议定金额340628万元，按照分解投资计划计算，节省投资21950万元，节余投资6.05%。矿业公司重点改造项目多、工程量大，特别是大型项目较多，为达到效益最大化，组织项目经理部及相关部门对招标项目的分项报价进行详细审核。完成工程招议标项目189项，计划金额17.0563亿元，定标金额15.1189亿元，累计降采额1.9374亿元，降采率11.4%。其中招标项目23项，降采额1.8423亿元；议标项目166项，通过磋商节余投资951.1364万元。2022年共签订技术改造、专项、超低排工程合同108份，合同额共计15.5897亿元。其中技改专项工程42份，合同额14.6895亿元；维简计提项目21份，合同额5702万；安全计提项目45份，合同额3300万元。（张世灿）

安全环保管理

【概况】 本钢集团安全环保部（简称安环部）是本钢集团安全、环保管理职能部门，下设综合管理、安全监察、环保管理三个模块。截至2022年末共有职工11人，其中部长1人、副部长1人、总监2人。

2022年，本钢集团重伤及以上生产安全事故和火灾事故“双为零”，事故总数和伤亡人数“双下降”，较大及以上环境污染事件为零，污染物排放总量同比持续降低。

【安全责任体系】 多措并举，全面压实安全生产责任。一是收集整理2013年至今习近平总书记关于安全生产的重要指示批示精神，各级党组织定期开展学习，并对照总书记重要论述精神和岗位安全职责逐级开展“大讨论”。2022年，本钢集团开展专题学习6次，子公司及所属单位开展专题学习976次，查摆问题955项，逐项落实整改。二是制定下发《本钢集团有限公司安全生产目标责任管理办法》，建立安全生产目标奖励机制，围绕2022年安全工作目标，集团公司与17家子公司签订《安全生产（防火）目标责任状》，实现安全指标分解，2022年累计兑现安全目标奖励847.5万元。三是修订下发《本钢集团有限公司全员安全生产责任制实施细则》，编制《岗位安全责任清单》和《岗位安全履职清单》，将安全责任细化分解到每一个岗位。2022年各级管理人员安全履职82935次。

【安全基础管理】 突出重点，进一步夯实安全基础管理。一是修订下发各类安全管理规章制度33项，各子公司和所属单位同步完成修订工作。以规章制度“学练用”为契机，对各子公司制度承接情况进行检查，查摆各类问题37项。二是组建内部专家团队。分层级组建民爆、矿山、冶金、危化、建筑、消防、应急救援等各专业安全专家库，吸收本钢专家70人。打破年龄界限，留住部分业务能力突出的退休、离岗安全专家，打造了一支专业精、能力强的安全技术专家团队。三是将安全生产标准化企业晋级目标纳入《安全生产（防火）目标责任状》考核指标，梳理出任务清单和评价标准，完成内部自评，从管理标准化、现场标准化、操作标准化三个方面入手，全面提升管理水平。通过自评和内部专家模拟考评，有效提升安全标准化晋级和复评通过率。矿业公司炸药厂通过安全生产标准化一级企业达标评审，实现“零”的突破，7家单位顺利完成二级标准化复评。

【安全教育培训】 严抓培训效果，进一步

抓实精准培训管理。一是开展领导干部“安全生产大讲堂”活动，本钢集团分管副总经理和安全环保部总经理分别录制视频课程，通过网络培训平台对基层单位进行培训，各子公司及所属单位领导干部上讲台授课526人次，累计培训20360人次。二是组织所有职工和相关方人员开展规程学、贯、用工作，通过“三大规程”学习和闭卷考试，推动“五清五杜绝”的落实。三是广泛开展安全宣传，2022年在鞍钢日报、摇篮鞍钢发表文章6篇，在本钢新闻、本钢日报等媒体发表文章151篇。四是全国第二十一个安全生产月期间，集中开展安全月启动仪式、主要负责人安全访谈、安全技能比武、安全专题培训等系列活动，营造良好的安全文化氛围。

【安全监督检查】 真抓严管，持续强化安全综合监督管理。一是以安全生产培训“走过场”专项整治为契机，举一反三，结合本钢实际开展“安全风暴”专项行动，从九个方面入手，全面整治形式主义和官僚主义问题，工作贯穿全年。本钢集团层面查改问题129项，子公司及所属单位查改问题5356项。同时，各级领导干部以上率下，全面推行“四不两直”安全检查方式，累计开展“四不两直”检查5000余次，解决制约安全生产的各类问题4500余项，有效缩短“四个距离”。二是吸取国内典型事故教训，开展反违章、环保设施、自建房、危险化学品、燃气、高温熔融金属、民爆、工程施工和检维修等安全专项整治，其中反违章整治共查处违章行为6047项，出示红牌31张、黄牌1410张，被出示红牌相关方人员全部清退出场；自建房安全防火专项整治共排查各类房屋、厂房、建构筑物7332处，存在问题1163项，整改1158项，整改率99.6%；环保设施安全防火专项整治共排查各类环保设施1246处，存在问题804项，已全部整改。三是进一步规范相关方安全准入、岗前教育、施工作业、设备工器具检验维护、三清退场等管理要求，制定《本钢相关方安全监管责任清单》模板，按照“谁发包、谁主管、谁负责”原则，组织各子公司和所属单位对所有相关方单位资质进行审查，建立清单，明确各级监管责任，避免由于责任不清导致监管出现盲区。对于安全职责不履行、安全措施不落实、隐患整改不到位的相关方单位和人员，实施“黑名单”管理。

【安全风险管控】 补齐短板，提升风险管控和隐患排查治理能力。一是专项开展全流程危险源辨识、风险评估和隐患排查治理工作。结合生产工艺和设备设施上的新变化，重新梳理辨识安全风险31206项，其中重大风险15项。开展两轮覆盖全生产区域、全工艺流程、全作业项目的系统隐患排查，一轮安全服务诊断以及15项安全专项检查，对存在问题建立管理台账，逐项落实整改措施、责任人和时间节点，形成闭环管理，累计查改各类隐患问题37445项。二是树牢“隐患就是事故”理念，以安全生产费用依法足额计提和规范使用为基础，以安全生产专项整治“百日清零”行动为手段，着力推进重大隐患整改工作。全面实行隐患清单制管理和重大隐患挂牌督办，强化过程监管和监督考核，通过持续跟进，整改重大事故隐患144项，切实提升本质化安全水平。三是进一步补充完善现场视频监控系统，补充完善视频监控设施791台套、1640个点位，实现重大危险源、重点安全风险部位以及违章行为易发多发部位的全覆盖。四是按照“一地一策”原则，逐点位进行确认，对非必要的临时建筑和库房坚决予以清除。累计排查临建房2508处，清理2425处，清理率96.7%；排查库房库容260111m²，清理138916m²，清理率53.4%。通过大量减少危险源数量，降低火灾事故风险。

【安全费用投入】 开展安全费用计提与使用。2022年，按照《企业安全生产费用提取和使用管理办法》（财资〔2022〕136号）要求，本钢集团计提安全生产费用3.38亿元，使用2.38亿元，解决了板材特钢事业部管廊改造、板材热连轧厂加热炉室内电动盲板改造、北营炼铁总厂烧结分厂球团区域山体安全隐患治理、北营炼钢厂增设煤气报警器集中安全管理系统，矿业露天矿、歪头山铁矿、北台铁矿、选矿厂、石灰石矿采场增设照明，矿业歪头山铁矿、选矿厂铁路线封闭及道口安全设施改造等一批制约安全生产的重点难点问题。

【环保治理资金投入】 为解决有组织污染物不满足超低排放标准、无组织感官污染等环保问题，2022年投入环保治理资金15.6亿元，主要实施了31项超低排放项目，包括板材公司、北营公司两厂区焦炉烟气脱硫脱硝、加煤、推焦、干熄焦除尘及机侧除尘，废气异味治理，高炉出铁场、烧结配套除尘器超低排放改造等。环保设施稳定运行，各项污染物达到超低排放标准。通过实施重点环保项目，持续提升本钢集团环保治理能力。

【环保手续、排放量及环保税缴纳管理】2022年，建设项目取得环评批复48项，完成板材公司5#高炉环保改造等环保验收30项。建设项目全部手续合法合规。2022年本钢集团污染物排放量：二氧化硫7108吨、氮氧化物17688吨、COD 111.79吨、氨氮4.21吨，完成年度指标任务；污染物同比减排率分别是：9.8%、2.59%、54.00%、3.68%。2022年本钢集团共缴纳环保税7396.52万元，其中板材公司3746.45万元、北营公司3136.08万元、矿业公司395.05万元、北钢公司9.90万元、多元板块109.04万元。

【环保设施管理】 本钢集团废气处理设施共534套，主要为湿电除尘器、布袋除尘器、烧结球团湿法脱硫、焦炉SDS干法脱硫SCR脱硝等；综合废水处理设施4套，主要为板材公司和北营公司污水处理厂、辽煤化公司污水处理站、丹东不锈钢公司废水处理站等。外排口污染物数据满足排放标准要求。配套安装自动在线监控设施210套，其中排口133套。利用在线数据、日常手工监测数据，实施环保设施日常监督管理，各环保设施与生产设施同步运行，数据满足排放标准要求。强化日常环保设施管理，安全环保部组织开展废气、废水、噪声、在线监测设施、固废危废、帮扶指导等10次专项检查，下发通报50期、简报8期，发现环保问题260项，累计下达环保整改指令书26个，考核175.8万元。通过现场帮扶指导，各子公司严格遵守法律法规，提高政治站位，强化日常管理，按期完成问题整改。炼钢、炼铁、焦化等重点工序环保设施运行稳定，无组织排放频次较2021年同期大幅下降。

【污染防治管理】 本钢各生产工序按要求全部配套大气污染防治设施，主要有物料转运站除尘器、烧结电袋除尘器及脱硫、发电锅炉湿电除尘及脱硫脱硝、高炉矿槽及出铁场布袋除尘器、焦炉烟气脱硫脱硝等。2022

年完成31项超低排放改造，主要为烧结脱硫脱硝，机尾、整粒、燃料除尘改造，焦炉烟气脱硫脱硝及机侧除尘，挥发性有机物治理，高炉出铁场及矿槽除尘及转运站除尘等。大气污染防治设施满足国家现行超低排放标准要求。同时，严格管控各单位排水水量、水质指标，强化污水处理设施达标运行管理。优化板材公司及北营公司污水处理厂检修模型，缩短检修时间，完善应急处置措施，避免废水溢流；强化板材公司废水提升泵站废水指标，严控北营公司污水厂废水液位，杜绝非雨季溢流和废水外泄。两厂区外排水均稳定达标。

【固体废弃物利用】 2022年回收、外售冶炼废物8761062.65吨；外卖、利用粉煤灰42831.65吨、锅炉渣28838.11吨；外卖处置脱硫石膏86648.5吨；外卖锌锭35173吨；回收利用氧化铁皮348232.9吨、无机废水污泥492240.91吨、生物脱氮污泥2965吨、工业粉尘730961.98吨；安全处置尾矿16041310.12吨，综合利用尾矿25100吨。

【辐射安全管理】 本钢集团共有放射源85枚，Ⅳ源41枚，Ⅴ源44枚，其中板材公司41枚、矿业公司25枚、北钢公司1枚、北营公司18枚。共有射线装置73台，Ⅱ类装置7台，Ⅲ类装置66台，其中板材公司53台、北营公司8台、本溪钢铁公司12台。板材公司特钢电炉新购置放射源6枚，北营公司质检计量中心机构变更，两家子公司均完成相应备案审批手续办理。

【危险废物管理】 本钢集团危险废物严格按照固废法管理要求开展外委处置及内部加工利用工作，对危险废物落实全流程监管。2022年共产生危险废物31.23万吨，外委处置10.19万吨，内部综合利用20.66万吨，贮存0.98万吨。板材公司、北营公司、矿业公司原有危险废物贮存库房120个，按照2022年度工作要点计划，完成库房整合削减44个（板材公司18个、北营公司20个、矿业公司6个），完成2022年危险废物贮存库房削减任务。

【环境监测】 2022年自行监测计划按照排污许可要求进行。本钢污染源监测点位：烟气326个、废水监测点位20个、界噪声点位44个、大气降尘点35个、无组织监测点位98个，从板材厂区到矿山到北营厂区按照监测计划分为周、月、季、半年、年的频次进行监测，大气降尘取得监测数据420个；完成大气无组织及烟气例行监测任务，2022年共取得监测数据4268个；厂界噪声监测取得监测数据2208个；废水监测取得监测数据4610个；各项临时监测取得监测数据882个，监测站共计报出监测数据12388个，形成月报、季报以及对各厂矿的单独监测报告。

【环保督察】 2022年继续推进2021年中央、省级环保督察信访投诉问题整改工作。其中中央督察15件、省级督察1件，主要涉及焦化、炼铁工序，包括大气污染3项（板材炼铁总厂气味烟尘2项、北营炼铁总厂小高炉粉尘1项）、固废危废管理12项（脱硫灰、焦油渣、工业废渣、垃圾暂存点扬尘）、歪头山尾矿库扬尘污染问题1项，全部完成整改并销号。督察反馈整改问题共10件，其中中央督察4件完成整改并通过验收；省级督察6件，完成整改3件，剩余3件按要求推进中。

【厂容绿化及设施管理】 厂容绿化建设总投资6002万元，用于完善绿地管护和道路保洁、垃圾外运及新建维修厂容设施；完成新建及维修道路17.66万平方米，维修及新建硬质铺装3.9万平方米，新建及修缮路沿石30400延长米，道路标线4100平方米。栽植乔木143500株、花灌木52700墩、模纹地被36000平方米、宿根花卉32700平方米、草花25.5万余株。新建、补植绿地59.2万平方米。

【公共卫生疫情防控】 开展新冠疫苗接种6万余人次，投入300余万元采购发放各类防疫物资9批次，集中开展核酸检测35.2万人次，投入98万元购买各类新冠检测及防治药物，接种流感疫苗9800人次。

【综合应急】 全面排查防汛隐患56项，组建抢险队伍30支，吸收抢险人员2000余人，储备草袋、编织袋、苫布等抢险物料35.8万条，储备救生衣、担架、橡皮舟等救生器材1047台套，储备发电机、油锯、锹镐等抢险机具13473台套，储备挖掘机、推土机、电动机等给排水设备3196台套，储备物资价值720余万元。对穿越生产厂区的5条河流，共清除淤泥3万余立方米，清理排洪沟、沉淀池、泵坑等268处。本钢各单位共编制修订防汛应急预案33个，投资30万元修建人行通道天桥一处，针对汛期尾矿库、危化品、消防等重点科目开展应急演练66场。 （刘锡亭　刘春红）

能源管理

【概况】 本钢集团运营管理部是本钢集团能源管理职能部门，下设设备能源管理单元，其中设备能源管理总监1人、节能管理高级经理1人、动力管理高级经理1人。

【能耗指标管理】 本钢集团吨钢综合能耗完成592kgce，比计划降低18kgce；吨钢耗电完成537.35kWh，比计划降低16.65kWh；自发电量51.79亿kWh，超攻关计划2.69亿kWh；吨钢耗新水完成2.53t，比计划降低0.37t；高炉煤气放散率完成0.66%，比计划降低0.14%；焦炉煤气放散率完成0.29%，比计划降低0.41%。

【重点节能工作】 在降低吨钢综合能耗方面，通过开展降铁钢比、重点工序降耗攻关、提升二次能源回收利用水平等措施，2022年吨钢综合能耗完成592kgce，比计划降低18kgce，同比降低19kgce。其中板材吨钢综合能耗完成575.9kgce，比计划降低4.1kgce，同比降低10.4kgce；北营吨钢综合能耗完成616.2kgce，比计划降低6.84kgce，同比降低30.8kgce。全年铁钢比0.9605，其中板材0.9479、北营0.9806，以结构调整助力降低综合能耗。重点工序降耗攻关方面，板材高炉工序围绕保高炉顺行提高风温降低燃料比，热风炉集控降低煤气消耗，做好TRT与高炉联动提高余能回收，吨铁发电量42.53kWh/t；烧结工序烧结固体燃耗完成50.68kg/t，烧结机稳定运行余热发电达到13kWh，综合吨矿余热回收提升达到0.15GJ；焦化工序重点确保干熄焦系统稳定运行，提高CDQ回收吨焦蒸汽达到7.0GJ；炼钢工序通过提高煤气回收、余热饱和蒸汽转供265烧结发电等提高余热回收，4月份以来炼钢综合能耗保持在-10kgce/t以下；热轧工序持续开展降低待料期间空耗，提高一、三热余热蒸汽外供。北营公司焦化工序持续优化工艺调整，一区调整机侧除尘输灰时间和喷吹时间，年节氮气 1120 万 m^3，控制三区焦饼中心温度在 1040℃（降 20℃）；焦化一二区废水冷却器回水，由设计直排改回用，年节水 52 万 m^3；烧结工序创造条件实施躲峰生产，峰谷比降低明显；高炉工序加强氮气消耗攻关，合理调整阀门开度，降低氮气消耗 16 万 m^3/d；10 月份以来燃料比持续降低，吨铁 TRT 发电量指标完成较好，大高炉超过 50kWh/t；炼钢工序在二区推进降罩操作攻关，煤气热值提高 100kCal/m^3，蒸汽、煤气回收完成较好，全工序持续稳定实现负能炼钢；轧钢工序实施避峰就谷生产尤其是做到避尖峰生产，1780 热装热送率完成 56.9%，超计划 1.9%，二棒材在阶段性生产情况下，热装热送率仍完成 63%。矿业公司能效攻关成效显著，完成竖窑无烟煤替代焦炭，项目实施后无烟煤替代使用总计 8000 吨，全年降低成本 500 万元；组织落实《冬季生产大车用柴油经济配比方案》，降低柴油成本 500 万元；组织实施选矿环水系统改造、歪矿生活水管网改造、北台铁矿过滤间废水回收利用等多项节水项目，节约水费 508 万元。提升二次能源回收利用水平方面，重点开展增发电攻关。在发电动力煤消耗同比减少 13.66 万吨的情况下，2022 年本钢集团发电量 51.79 亿 kWh，自发电比例 54.9%，同比提高 11.53%。采取的主要措施：1. 推进板材高效 CCPP 机组快速达产达效。2. 挖掘现有装备潜力，实施发电设施提效改造。北营一电 6MW 机组重启，供三冷热力系统改造配套建设 6MW 机组，二电 1# 机组、四电 28MW 机组抽汽改造，取消减温减压装置，1780 线饱和蒸汽并网。3. 优化煤气、蒸汽系统平衡，为增发电创造条件。冬季根据气温变化及时调整解冻库煤气用量，灵活切换烧结余热机组供热和发电模式；通过压减、合并蒸汽加热浴池，采用配送洗浴热水等模式减少蒸汽消耗。

【能源介质系统节能】 一是开展“源头减量、过程管控、末端减排”攻关，吨钢耗新水大幅降低。先后采取工艺设施功能完善、提高浓缩倍数和循环率、除盐水站整合、管网查漏堵漏、合并取消小浴池等措施，板材、北营中水回用率分别提高 30%，均达 90% 以上；吨钢耗新水完成 2.53 吨，同比降低 0.37 吨，降幅 12.75%，2022 年降低新水消耗 649 万吨。二是狠抓产线产能利用率提升，通过经济运行、集中生产、躲峰生产等措施，本钢吨钢电耗完成 537.35kWh，其中板材 535.7kWh、北营 598.4kWh；直购电 2022 年交易电量 65 亿 kWh，减少电费支出 1.45 亿元；力率电费 2022 年获奖 677 万元。三是在增转炉煤气回收，降低高、焦炉煤气放散方面，板材完成三加压站改造、15 万 m^3 转炉煤气柜投运以及三热轧使用高焦转三混煤气试验，实现高炉煤气柜并网运行，高炉煤气管网压力波动由 ±3.5kPa 下降到 ±2kPa；北营开展提高转炉煤气热值攻关，转炉煤气热值提升明显；优化煤气系统平衡，充分吸收轧线检修时富余煤气资源。板材、北营高、焦炉煤气放散率，转炉煤气回收指标均显著提升。

【节能项目实施】 2022 年本钢集团狠抓规划项目落地，多项重点项目投产达效，技术节能成果丰硕。3 月板材 180MWCCPP 机组按期投产达效，北营 3.5 万立高能效制氧机替代高耗能 5 万立方米制氧机组；9 月板材新建 15 万立转炉煤气柜投入运行。能措项

板材能控中心 180MWCCPP 发电项目（林海　摄）

目推进方面，板材公司炼钢厂 1#、3# 转炉一次除尘风机变频改造，转炉饱和蒸汽系统优化节能改造，炼铁总厂 6# 高炉换热器系统改造，6#、7#、新 1# 高炉新建除尘焦粉仓，能源管控中心 8# 制氧机预冷系统氮气提产等 13 个项目，北营公司二电 1#C12 机组增加中压抽气口、干燥机节能改造等 10 个节能项目投运，重点技改项目和多项能措项目的顺利投运，有力支撑了能效水平提升。

（相里军）

营销管理

【概况】 本钢集团营销管理由本钢板材股份有限公司市场营销中心和本钢集团国际经济贸易有限公司共同组织实施。

本钢板材股份有限公司市场营销中心于 2022 年 10 月成立，下设综合管理部（党群工作部）、营销管理部、供应链管理部、客户与产品技术服务部、热轧销售部、家电销售部、汽车钢销售部、非钢销售部 8 个部门和东北区域公司（沈阳本钢冶金科技有限公司、长春本钢钢铁销售有限公司、本溪本钢钢材销售有限公司）、华东区域公司（上海本钢冶金科技有限公司）、华北区域公司（天津本钢钢铁贸易有限公司）、华南区域公司（广州本钢钢铁贸易有限公司）、中西部区域公司（烟台本钢钢铁销售有限公司）5 个区域公司。截至 2022 年 12 月，共有员工 262 人。

本钢集团国际经济贸易有限公司（简称国贸公司）是本钢集团直属单位，代理本钢集团所属生产企业各项进出口业务，下设综合管理部、产品贸易部、原料贸易部、设备备件贸易部、物流事业部、长材贸易部、社会贸易与风控部、财务部8个部门，境内在天津投资设立1家钢材加工配送公司，境外在中国香港和欧洲、美洲、韩国、越南、日本等地设立6个境外贸易子公司，托管腾达公司和大连进出口公司。现有职工237人(含腾达公司)，处级以上领导14人、科级人员56人，大学及以上学历135人，中级及以上职称101人。

【价格管理】 板材市场营销中心每月10日召开订货价格会，20日召开结算价格会，从2022年1月开始实现与鞍钢价格协同。承接鞍钢“三点四维”体系定价模式，统一选取“我的钢铁”网站区域主流钢厂典型品种规格的代表城市市场平均价格，出台区域+城市价格政策，提高售价和定价主导权。承接鞍钢结算价格由过去均价确定，引入“均价”和“点价”关系确定结算价格；国贸公司每周组织召开出口价格研讨会，通过对国内外市场动态、价格走势、汇率期货及国际间金融政策等方面的分析研判，确定当期对外报价。新产品报价由技术研发部门和生产厂确定新产品的生产成本以确保制定产品加价。出口价格在合同签订时对价格和汇率进行锁定。

【品种钢开发】 2022年，板材市场营销中心开发一系列热轧和冷轧产品。热轧产品：新开发BL700、500QK、HBJ600D、XTG22、QAM3501、BGHJA、BGHJB、AYM、A、BRQ2等14个钢种，累计实现订货9.8万吨。2022年累计新开发直供户36家，实现订货80.3万吨，涉及冷轧压延、海工造船、容器储罐、汽车等多个行业。船体用钢实现销售6.20万吨，较历史最好水平1.47万吨提升4.73万吨，创历史最好水平。开发“南水北调”支线“引汉济渭”水利工程、辽西北水利工程、引吉入辽水利工程，北京、天津、唐山等地燃气、热力工程，长庆油田及大连恒力石化输油管道改造等多个工程项目，实现工程订单销售3.85万吨。冷系产品：1. 家电产品：2022年2月份启动惠普电镀锌和热镀锌SCS认证，因需经美国翠鸟总部认证，预计2023年3月份通过认证；通过格兰仕电镀锌认证，涉及SECC-G、SECD-G、SECE-G三个牌号；通过奥克斯向其配套厂供货硅钢，涉及50BW1300、50BW800和50BW600三个牌号，2022年累计订货2500吨；对标首钢，开发液晶电视背板专属牌号DC53D+Z-TV、DC53D+Z-TV1，先后成功开发顺德神荣(TCL、创维、长虹配套厂)、合肥高科(小米、京东方配套厂)等客户，2022年累计订货1.1万吨；开发电镀锌客户“欧琳厨具”和镀锌客户“金帝智能厨电”，2022年累计订货4410吨；开发硅钢直供客户沈阳泰豪电机；开发电梯客户“优视电梯”和“日立电梯”，2022年累计订货1.3万吨；开发镀锌制管用钢DXZG1+Z、DXZG2+Z、DXZG3+Z、DXZG4+Z系列牌号；对标鞍钢技术标准，开发冷轧精密焊管用钢BHG1、BHG2、BHG3、BHG4、BHG5、BHG5-L系列牌号。2. 汽车钢产品：2022年汽车钢调整客户结构，重点开发主机厂用户，供货一汽、上汽、日产、奔驰重卡、广汽、长城、吉利、长安、奇瑞、江铃等10余家知名品牌汽车主机厂，全年总销量突破226.1万吨，同比2021年增加59.1万吨，提升35%，创历史新高。2022年通过12个汽车认证项目，在奔驰首款国产化重卡Actros量产过程中，本钢获得该车型的独家供货资质，包含冷轧、酸洗、镀锌、电镀锌127个零部件。本钢集团荣获河北长安2022年度优秀供应商、上汽乘用车2022年度十大杰出供应商荣誉称号；国贸公司开发供泰国品种钢P265NB、SM400A+Ti和SM490A+Ti产品并实现可批量供货。汽车钢首次实现对非洲METPAR汽车加工中心批量订货1500吨。欧洲汽车板恢复供货，11月签约1.2吨，12月生产签约1.34万吨。特钢产品三年内第一次单月出口量突破1.34万吨，实现了印度市场及欧洲市场的突破。完成特钢的印度BIS续证以及新增300mm规格工作。在日本区域实现鞍本协同，统一报价，不断提升市场占有率，9—12月日本市场实现销售25296吨，对比1—8月数量提高75.72%，整体占比提高2.13%，同期日本市场冷系产品吨钢盈利水平高于其他区域50—80美元。

【物流管理】 板材市场营销中心积极开展现代供应链体系建设，通过整合企业内部物流，积极运用外部物流资源，实现物流、制造、销售深度融合，构建了高质量钢铁供应链体系。2022年实现产销率101%，有效促进资金周转；产成品库存控制在12月末的39.82万吨，为2022年以来第三次刷新历史最低。两项指标有效促进本钢存货周转率稳步下降，进一步提升公司效益。1.以市场为导向，按效益排序配置产线资源，调整资源量33.92万吨，EBITDA效益增加1亿元，合同执行率96.43%，同比提高1.43%。2.在努力给客户提供优质服务体验的同时，实现钢铁物流高质量发展。2022年销售物流针对港口和客户相关要求，设置多项优化方案，通过增加集散同船、集装箱、滚装轮运输方式货量，实现本钢货物又快又安全送至客户手中，主航线效率完成6.13天，确保本钢在多区域均能保持比较优势。3.通过销售物流、3PL等一体化系统的全面上线和优化，打造营销中心协同化、智慧化、标准化供应链体系基础，对销售、物流、生产数据进行统计和建模分析，提高供应链高效运行，防范各种可能出现的供应链安全风险。4.克服疫情影响，通过多港运输+单航线集中资源、开展汽运集港、协调当地政府保证外发业务等措施，确保物流畅通，实现销售物流“零堵点”。5.在充分保证质量、效率的前提下，利用资源优势，优化港口资源分配，强化铁路运价下浮，共计为本钢降本增利1.67亿元人民币；国贸公司面对2022年疫情频发情况，通过提前制订预案及有效措施，打通了安全物流通道，保障了出口产品的销售及原料保产保供的实现。2022年装船量173.66万吨，完成军令状拼搏指标170万吨。出口CFR吨量约48万吨，海运费创效约206万美元。进口原燃料港口滞期速遣费约335万美元，滞期速遣费总额同比2021年减少87%。进口原燃料COA海运费预计盈亏约–109万美元，同比2021年减亏94%。鞍本协同租船出海总量21.77万吨，航线为日韩、东南亚、欧洲及中东，协同快赢项目累计创效约34万美元。作为AEO高级认证企业，成功申请并通过RCEP海关经核准出口商资格认定，自主出具原产地声明即可享受到进口国关税优惠。进口到货通关总量为1138.44万吨，报关金额91.46亿元。进口货物利用财务公司保函担保，减少占用资金9.98亿元人民币，降低财务成本908.71万元；开展对美加征关税排除工作，已免缴关税41.39万元。

【客户服务】 1.异议处理及信息反馈情况：2022年共计受理内贸异议8107笔，处理数量41020吨。共反馈产销研周报275篇，其中冷轧199篇、热轧59篇、特钢17篇，促进服务闭环管理。2.客户管理。依据《本钢板材股份有限公司客户分类及服务策略管理办法》，对本钢客户价值贡献进行评级。将客户分为核心价值客户（A类）、重要价值客户（B类）、一般价值客户（C类）。2022年A类客户29家、B类客户50家，其余为C类客户。在新系统中建立客户档案，规范客户走访流程，为与用户深入合作打下良好基础。3.客户满意度。2022年进行两次客户满意度调查，上半年客户满意度综合得分90.89，下半年客户满意度90.44，整体满意度达到顾客满意度目标要求。4.质量外设计。2022年拳头产品销量398.27万吨，占比为29.85%。其中汽车板销量203.19万吨（8—11月连续四个月销量超过20万吨）。“两开发”累计开发客户88家，其中直供用户77家，签订合同量77.40万吨。4月板材市场营销中心承接板材公司40个认证项目，其中冷系22项、热系8项、特钢10项。截至目前已经通过认证的共计20项，另有5项经责任单位确认已申请终止，其余项目正在推进中。2022年完成技术评审229个，签订技术协议121份。

【分公司管理】 2022年，境内外分公司在鞍本营销一体化“六统一”指引下，充分做好渠道服务团队一体化运营。板材市场营销中心区域公司通过清算注销、吸收合并，减少企业法人共4家，完成三项制度改革，进一步优化区域服务团队。板材市场营销中心和国贸公司持续加强境内外分公司日常管理、风险防范和绩效考核，持续完善境内外公司周视频工作汇报机制，构建内外联动快速通道，及时反馈市场信息、用户需求，重点跟踪解决境内外公司面临的困难、问题，及时传达总部各项要求。

【合资公司管理】 按照国务院国资委关于参股企业管理相关要求，从规范参股投资、加强参股国有股权管理两个方面加强合资企业管理。完善审核决策机制，修订完善《本钢板材股份有限公司市场营销中心参股股权投资项目管理办法》。完成3家合资企业去“本钢”字号工作，规范无形资产使用，有效维护企业权益和品牌价值。采取挂牌转让方式，完成2家参股企业股权转让及1家合资公司增资扩股，维持原有合作渠道的同时，提高国有资本配置效率。依法履行股东职责，加强存续参股企业监控，每半年上报参股企业运营情况。

【风险管控】 板材市场营销中心制定《本钢板材股份有限公司市场营销中心规章制度管理规定》，强化规章制度管理体系建设，增强企业内部控制管理意识。2022年。板材市场营销中心新增制度13项，修订制度2项，废止制度1项；国贸公司建立健全以风险管理为导向、合规管理为重点、内部控制为核心的一体化运行体系，推动全面风险管理、内部控制与合规管理全局规划部署、统筹衔接融合、整体有序开展。

【反倾销管理】 2022年，国贸公司面对复杂的国际贸易形势，熟练运用国际贸易规则，积极融入全球化时代，参与国际经贸竞争，最大限度维护国贸公司和本钢集团公司合法权益；收集、了解商务部发布的预警信息，收集并密切关注本钢产品进口国调查机关发布的年度反倾销报告和世贸组织相关信息，做好泰国镀锌产品反倾销案和欧盟第三轮钢铁保障措施后续事宜，随时准备应对国际贸易救济案件。2022 年未发生新的国际贸易救济案件。

【信息化建设】 板材市场营销中心参与本钢管理与信息化整体提升项目建设，经历了差异分析、需求分析、功能设计、程序开发与测试、系统上线等重要节点，于 2023 年 1 月 1 日零时系统正式上线使用。

【招标采购】 国贸公司运用本钢招标公司和欧冶采购平台，实现招标采购平台化、公开化。进口原燃料采购以长协为主，现货部分与本钢招标公司充分对接，铁矿石现货招标通过招标公司招标采购，全年招标公司采购金额为 11.5 亿元。进口设备备件招标类采购 100% 平台招采，其中多品牌招标通过本钢招标公司进行，单一品牌公开招标通过欧冶采购平台进行，全面实现招标平台化、公开化。2022 年通过本钢招标平台采购金额 2756 万元，通过欧冶采购平台采购金额 7642 万元。

【非钢产品销售】 2022 年销售量 937.14 万吨，对比 2021 年减少 0.5%，销售额达到 28.66 亿元，对比 2021 年增加 10.58%。9 月开始，板材焦化厂轻质耐溶剂油实现了全部混配到粗苯中销售，每月可实现增利 30 万元。

【恒达物流公司】 恒达物流公司按照营销系统区域公司模式运行，2022 年全面完成年度生产经营目标，数字化建设成果得到广泛认可，获批“中国首批物联网监管技术创新与应用”试点单位，成为《智慧钢铁物流园建设技术要求》团体标准编制牵头单位，荣获全国货运供应链数智化优秀案例等奖项，在全国两化融合评估中，高于全国 98.25% 的企业，在同行业中高于 99.34% 的企业，获批辽宁省 2022 年智造强省项目《工业机器人、工业软件应用》奖项和《辽宁省 2022 年省级数字化车间》称号。

（赵守伦）

采购管理

【概况】 本钢集团的采购管理工作由本钢板材股份有限公司采购中心（简称采购中心）负责组织实施，主要业务包括：本钢集团生产、工程所需大宗原燃料、辅料及设备备件等物资的采购经营工作。

【对标管理】 全力推进采购各品种、各环节对标工作，每月根据“中钢协”公布的采购成本数据，进行主要原燃料煤炭等品种的同行业对标分析，通过炼焦煤、喷吹煤成本行业排名变化和“五地对标”情况，跟踪落实差距，优化品种结构，推进降本措施落实，本钢炼焦煤采购成本实现了“双跑赢”。在矿粉、废钢、耐材采购等方面，积极与钢铁企业对标，探索在采购模式、技术要求、供应商结构、库存管理等方面存在的差异，向行业标杆“看齐”。随着对标管理不断深入，为保供降本工作提供强有力支撑。

【供应商管理】 持续优化供应商结构，开展三年以上未供货、综合实力较差、流通型供应商专项清理工作，制定“准入一家、淘汰一家”的动态调整原则，共淘汰供应商 790 家，比年初 3143 家压减 25.14%；通过公开招标、行业对标等方式开发优质供应商328家。2022年末，网内合格供应商为2681家。

【质量管理】 树立采购质量满足使用需求的管理理念，以保证资材质量为目标，进行物资质量事前预防，事中、事后管控，实施质量延伸管理，保证生产顺行和物资质量达标。通过加强采购物资的质量监督管控，完成本钢集团考核的炼焦煤、喷吹及烧结用煤、动力煤和地方矿粉物料的进货合格率指标；追踪发生质量异议的根源，对出现质量异议的供应商加大考核力度，2022年共处理异议491笔，处理供应商340家，其中列入黑名单供应商24家、取消供货资格供应商76家、警告供应商240家。

【互联网采购】 按照本钢集团新采购模式要求，大力推进德邻优采、欧贝、京东商城等互联网采购，采购品种得到增加，通过简化采购业务流程，缩短了采购时间，提高了采购效率。2022年通过德邻优采、欧贝平台完成下单2793笔，下单金额6828.83万元。

（侯伟光　陈　亮）

招标管理

【概况】 本钢集团招标采购管理职能由本钢集团运营管理部采购管理业务单元行使，本钢招标公司是本钢集团招标采购的业务实施单位。招标公司主要承担本钢集团原燃辅料、设备备件、工程建设、国际成套设备及备件、服务类等项目的招标采购工作。根据本钢集团管理创新部2021年12月22日关于"本钢子企业管理职能、业务移交"的会议要求，2022年1月起，本钢招标有限公司原代行本钢集团的招标采购归口管理职能移交至本钢集团运营管理部。

根据鞍钢集团"聚焦专业化整合重点攻坚"工作安排，对鞍本招标业务进行整合，注册成立鞍钢招标有限公司本溪分公司，作对本钢招标竞价业务实施单位。将本钢招标有限公司人员成建制划入鞍钢招标公司本溪分公司，注销本钢招标有限公司。2022年6月28日，本钢招标有限公司正式注销。

【经营指标】 2022年，共完成招标项目6841项，同比减少11.52%，中标总额114.45亿元，同比增加46.92%；降采总额19.43亿元，同比增加110.05%。其中完成采购中心委托的招标项目3948项，累计中标金额50.03亿元，累计降采额3.92亿元；完成设备部委托的招标项目285项，累计中标金额45.64亿元，累计降采额12.72亿元；完成国贸公司委托的招标项目145项，累计中标金额4.15亿元，累计降采额0.36亿元；完成子公司委托的招标项目2170项，累计中标金额12.37亿元，累计降采额2亿元；完成其他部门委托的招标项目293项，累计中标金额2.26亿元，累计降采额0.43亿元。

【鞍本招标业务专业化整合】 为全面落实鞍钢集团"聚焦专业化整合重点攻坚"工作安排，按照专业化整合"3+1"工作主线，推进鞍本招标业务整合，2022年4月19日，鞍钢集团下发《关于鞍本招标业务整合方案》，标志着鞍本招标业务专业化整合工作正式启动。在鞍本整合推进组、本钢党委和鞍钢国贸公司党委的统筹协调下，鞍本两地招标公司提高政治站位，坚持以党建为引领，以目标为导向，成立整合推进领导小组，对整合融合工作进行全方位梳理细化，制订详细的工作推进计划，列出人事管理、企业管理、财务管理、业务管理四个方面20多个专题目标任务清单，落实具体项目责任人，明确时间节点，实行每周调度、及时协调、挂图作战工作机制。经过全体人员共同努力，2022年4月26日，鞍钢招标公司本溪分公司注册成立；2022年5月12日，鞍钢招标公司本溪分公司全面承接本钢各单位的招标委托业务；2022年6月2日，完成本钢招标有限公司人员成建制划转至鞍钢招标有限公司本溪分公司；2022年6月15日，完成相关资产划拨；2022年6月28日完成本钢招标公司注销，至此，鞍本招标专业化整合融合工作顺利完成。

【招标管理】 一是实现区域资源共享，整合优势凸显。1.招投标平台信息共享，供应商积极参与本钢项目投标，降采效果显著。鞍本重组后，原本钢招投标业务马上切换至鞍钢电子招标投标系统，实现了信息共享、供应商资源共享。鞍钢集团部分供应商积极参与到本钢招标项目中，促进了招标竞争，提高了降采力度。2.招标资源共享，钢铁主业重点工程项目招标亮点纷呈。鞍钢重组本钢后，对本钢重点工程项目投资增大，本钢招标利用鞍钢集团招标资源优势，通过采用综合评估法、特许经营等方式优化完善招标方案，与采购组织凝聚共识，形成合力，重点工程招标和环保超低排放项目招标降采成效显著。3.招标人员和专家共享，抗击新冠疫情，服务不打折。本钢招标主动开展跨区域资源共享、业务协同，开展“远程异地评标”，提高了评标质量和评标效率。在9月份、11月份本溪市因疫情实施静态管理期间，依托鞍、攀、本三地专家库共享模式，组织本钢的采购代表通过视频远程评标，确保招标采购各项工作正常开展，招标服务不打折，保障了本钢集团生产经营稳定顺行，得到了采购组织的一致好评。二是贯彻“要素管控+管理移植”，招标业务操作更规范。1.管理模式移植，管控有制可循。对鞍钢招标管理制度及业务流程进行全面承接，注重招投标各环节、各细节的合规性管理，如对招标时段的时限考核、董监高排查与处理、违规供应商处理、招投标异议处理、中标服务费减免流程、中标服务费催缴等，促进对鞍钢招标制度的全面承接，实现管理模式统一。2.依法合规操作，有效防控风险发生。积极按照鞍钢集团关于“采购招投标领域风险防范工作”“招标采购业务风险识别与排查”等工作要求，围绕招标采购依法合规、招标效率效益、投标方管理、招标价格管理等进行全流程、全样本、全员自检自查，对有争议的评标项目与本钢采购管理部门一起进行协调解决，规范了本钢集团采购招投标管理，切实防范了国有资产流失和廉洁风险的发生。3.强化投标方管理，有效维护企业利益。通过严格执行鞍钢集团及鞍钢招标公司对于围标串标行为的认定细则及异议复核闭环管理机制，坚决打击投标方围标串标行为，有效维护了本钢集团招投标秩序。2022年1—4月，按照本钢投标方管理制度共处理违规供应商104家；从5月1日起，违规供应商处理流程执行鞍钢招标公司的规定，5—12月，共处理违规供应商176家。三是持续“应招尽招”，招标采购范围覆盖更具规模。1.切实发挥招标采购规模化、集约化、专业化优势，实现货物类招标全品类覆盖。货物类招标在2021年3月份开始全面推进子公司招标业务的基础上，2022年更注重强化与子公司协同配合，全力拓展子公司招标业务，实现招标工作全覆盖。2.主动作为，子公司工程、服务招标逐步实现全覆盖。子公司工程服务类招标以服务招标为主，占总招标项数的75%。服务招标特点为类别小众、标的额小、组包零散，且供应商地域化、固定化问题严重，招标面临较为困难的局面。本钢招标通过主动做，靠前做，通过不断的招标优化，已在多个类别的服务招标上取得突破性成果。四是强化“靠前服务”，招标服务意识得到有效提升。1. 加强靠前服务意识，开展现场调研学习走访。本钢招标充分重视“靠前服务”工作，自2022年8月份起，分别从部门、项目经理两个层面制定了详细的使用厂及委托方现场调研走访计划，截至2022年底，已完成3个主线厂、4家子公司、30余人次的调研走访，取得较好成效。2. 靠前服务不推诿，担起招标管理责任。以招标合规为导向，反向推进试验料招标流程管理完善，会同运营管理部、采购中心细化试验料流程及制度，完善招标规则，优化采购方案，合理设置新供应商准入条件等反向推进试验料招标基础管理工作，避免招标流于形式。（秦文鑫）

计量管理

【概况】 本钢集团计量管理工作由板材质检计量中心和北营质检计量中心具体实施。

本钢板材股份有限公司质检计量中心（简称板材质检计量中心）为本钢板材股份有限公司（简称板材公司）直属机构，经授权行使板材公司计量管理职能。负责板材公司计量管理和一、二级计量设备管理与维护，物资计量检斤、电气设备绝继保试验等工作，下设机关管理室5个、作业区11个，党支部12个。截至2022年末，职工总数1016人，其中管理岗33人、专业技术岗123人、生产操作岗860人，本科及以上学历283人、专科学历414人，中级职称177人、副高级及以上职称27人。

本溪北营钢铁（集团）股份有限公司质检计量中心（简称北营质检计量中心）于2021年11月由原板材检化验中心与原板材计控中心北营公司相关业务划拨组建而成，是北营公司直属机构，经授权行使北营公司计量管理职能，负责北营公司计量管理和一、二级计量设备管理与维护，电气设备绝继保试验、物资计量检斤等工作，下设管理室7个、工区6个。截至2022年末，职工总数568人，其中管理岗15人、专业技术岗40人、生产操作岗513人，副高级及以上职称15人、中级职称55人、初级职称96人。

2022年，板材公司计量系统完成物资计量检斤1.02亿吨。绝继保计划完成率100%，计量仪表稳定运行率100%，计量设备周期检定率100%，外进外发物资检斤率100%；北营公司计量系统完成外进外发及厂内倒运物资计量检斤4272.38万吨。绝继保计划完成率100%，计量仪表稳定运行率100%，计量设备周期检定率100%，外进外发物资检斤率100%，实际检定完成率100%。

【计量器具管理】 2022年，板材质检计量中心共组织各类衡器设备检定142台次，标定517台次，计量标准器具检定67台次，计量仪表抽检校验66台次；北营质检计量中心共组织各类衡器设备检定53台次，汽车衡重车数据比对102次，设备标定44675台次，完成流体计量仪表校验327台次。

【计量数据管理】 板材质检计量中心一是

侧重加强对计量数据的监管与分析，从数据变化中发现问题，实现板材公司部分电业局受口电能表全部联网，完成每月电业局受口电量数据的比对工作。利用停电时间段，对板材能源管控中心发电分厂 1#、2# 受口电能表进行更换，有效指导厂矿调整运行，减少上网电费的发生；二是重新梳理板材公司各厂矿用电逻辑关系，修正部分厂矿少计量问题，保证用电量真实性；三是根据板材公司躲尖峰电量生产、节能降耗工作要求，在现有电能计量网基础上积极组织完善《板材公司各厂矿峰谷比报表》，将各厂矿尖峰时段电量通过系统进行统计，为板材公司各厂矿制订躲峰用电方案提供支撑；四是积极组织开展外购大宗原燃料重车停留工作，严把外购物料计量入口关，精准计量，2022 年累计重车停留 3247 车，总计差量 9271.26 吨，差量索赔进账金额总计 1322.29 万元。北营质检计量中心一是实施计量数据三级审核，制定计量数据三级审核实施办法，加强日常监督与指导，通过现场监察、查看抓拍照片、录像回放等方式方法，抽查外进、外发、厂内检斤车辆 25170 余车，发现违规违纪检斤 55 车，均进行拉黑处理，确保检斤数据真实准确，实现对主线生产“零影响”；二是侧重加强对计量数据的监管与分析，从数据变化中发现问题，通过强化数据监管与分析，2022 年对外进大宗原燃料重车停留总计 9860 车，并执行重车停留闭环管控，为途耗索赔提供数据支撑，全年客商索赔 1025 万元。

【计量过程管控】 板材质检计量中心一是加强计量全流程管控，强化制度管理，围绕机构职能变化对板材公司的物资计量管理、电能计量管理、流体能源计量管理、量值传递管理相关 8 个规章制度进行重新修订完善，于 3 月 6 日正式印发执行；二是持续开展对标挖潜，板材公司计量衡器远程集中管理度由原来的 10.83 台 / 人提升至 15 台 / 人，流体和电能计量信息化采集率分别达到 95% 和 100%，远超目标值；三是推进板材公司标准替代物建标工作，协调在线厂对替代物进行加固翻新处理，使用基准秤对各单位共计 34 个标准替代物进行建标赋值（其中新建 10 个），进行名称、编码和标准量值的规范喷涂，实现标准替代物量值真实可靠，保证贸易衡器日常标定工作实效；四是不断强化计量基础保障作用，减少外发钢材计量异议发生率和经济损失，2022 年共受理外发钢材计量异议投诉 413 笔，终结不予处理 113 笔，办结 301 笔，赔付金额 36.6 万元。北营质检计量中心一是围绕机构职能变化，对北营公司流体计量、电能计量、物资计量进一步规范，制定《本溪北营钢铁（集团）股份有限公司流体计量管理办法》等 7 个规章制度并印发实施；二是严格落实计量管控要求，2022 年完成外进大宗原燃料计量检斤 27.5 万车、累计净重 2006 万吨，外发产成品计量检斤 9.3 万卷、累计净重 486 万吨，厂内倒运 36.5 万车、累计净重 1781 万吨。外购合金料等贵重物资从进厂检斤到入储实现全流程计量管控，发放和使用环节得到有效计量监管；三是完成北营公司 32 台包消耗水处理药剂、6 台合同能源共计 456 次数据核对认证工作，确保各生产厂矿与外部单位结算数据真实准确；四是组织制订轧钢厂棒材、炼钢厂板坯产成品检斤、计产核算改造方案，分别在各工序出口新增板坯、棒材检斤秤，实现产品产出即检斤，保证成材率指标真实可靠的同时，也为负公差轧制提供数据支撑；五是充分履行计量管理职能，开展外转供能源计量稽查，2022 年查处 31 个违规用能用户，追补电量 910329 千瓦时，追缴电费 87 万元。

【计量设施建设】 板材质检计量中心一是推进集团公司信息一体化项目配套支撑的板材公司物资计量系统升级改造工作，形成司磅计量数据的计量一体化管理平台，为上级信息化系统提供基础数据支撑，通过与周边系统协同工作，实现物资计量数据全线贯通。同时，组织开发计量网系统“服务量”模块，定期将各厂矿检定量、检斤量、仪表维护量及电力试验量传输至上级系统，组织设计“能源计量日清日结”程序，为板材公司实现“日清日结”成本核算提供计量数据支撑。对现有系统功能进行管理提升，满足港途耗重车停留、轨道衡自动报检、车损统计管理需求，通过根据车型细化皮重库、风险点监控管理、计量成本抛账等措施，实行电子计量单替代传统纸质计量单，实现无纸化系统，使车辆能够通过二维码识别入场，交互方式进一步提高；二是配合能源集控项目建设，完成能源计量系统的配套改造工程，在本钢集团信息一体化系统上线运行后，保证了板材公司能源计量结算业务顺利过渡，按照板材公司安排部署，协助板材能源管控中心成功接收能源计量结算业务；三是组织开展板材公司一、二级计量仪表改造完善工作，保证计量数据准确，共完善一、二级计量仪表 34 台，截至 2022 年 12 月末已全部施工完毕，正式投入运行。北营质检计量中心一是重新规划北营公司一、二级流体计量设备整体配置，制订 130 台计量设备投资改造完善方案，加快流体计量设备基础建设，使北营公司流体计量设备配置率从 83% 提升至 97%、联网率从 93% 提升至 100%，为各生产厂矿日清日结、对标挖潜、降本创效提供及时准确的计量数据；二是推进北营公司一、二级电能计量两化融合，制订 206 台计量设备投资改造完善方案，使北营公司电能计量设备配置率从 95% 提升至 100%、联网率从 78% 提升至 100%，为将北营公司电能计量系统打造成实时监测与计量结算于一体的智能网络平台提供技术支撑，并彻底解决了北营公司电能计量表人工抄表问题；三是优化北营公司生活水计量设备整体布局，完成 70 台计量设备安装调试，实现生活水计量区域管控规划目标。与能源管控中心通力协作，大力推进北营公司生活水损失率攻关工作，使北营公司生活水损失率从 2022 年 1 月的 66.07% 降至历史最低 23.54%，年度最大降幅 42.53%，同比降低外购水资源费 421.69 万元，推动北营公司生活水降本创效工作再上新台阶；四是完善北营公司高炉煤气计量设施，解决 5 台高炉煤气发生量长期估量的计量难题，实现高炉煤气系统计量设备全覆盖，为北营公司高炉煤气系统的改善和经营决策提供数据支撑；五是积极推进北营公司三级计量建设，组织制订北营公司三级计量建设总体规划方案，预计投资 1200 万，对北营公司 6 家单位三级计量设施进行完善，为北营公司各生产厂矿实现产线日清日结、ABC 对标挖潜奠定基础。

【测量体系管理】 板材质检计量中心组织对测量管理体系 1 个管理手册和 17 个程序文件进行重新修订完善，积极推进测量管理体系运行，顺利完成各项体系认证审核和迎审工作，其中包括本钢集团公司质量 / 环境 / 安全 / 能源 / 两化融合（五体系）内审、聘请外部机构开展的五体系外部审核迎审、本钢板材五体系内审及补充审核、16949 汽车板认证审核，均无不符合项及重大问题项；北营质检计量中心积极推进测量管理体系运行，对炼钢厂、轧钢厂、铸管事业部支撑产品质量检测的测量设备和测量过程进行监督检查。以人员比对、设备比对、样品复检等手段对测量过程进行抽查确认，对操作人员测量操作中的问题现场给予纠正和指导。开展北营公司测量管理体系内部评审，提出30个问题并开具6个次要不符合项，不符合项及问题项整改率100%。

（王庆军　吕东芃　谢文翰　孙　玮）

信息化建设

【概况】　本钢集团信息化建设由本钢集团信息化部组织实施。信息化部内设信息化规划管理、信息化推进管理2个职能模块以及负责重点项目管理工作的信息化项目部。截至2022年底，信息化部在籍职工32人，其中管理岗3人、专业技术岗29人，副高级职称21人、中级职称9人、初级职称2人。

2022年，信息化部全面落实党中央、国务院关于加快数字化发展和建设数字中国的决策部署，承接鞍钢集团“7531”战略目标，全面贯彻“1357”工作指导方针，落实“数字鞍钢”建设总体要求，以数字化、智能化为抓手，积极推进企业信息化、数字化、智能化进程。

【信息化管理体系】　2022年，鞍本管理体系深入对接，业务协同高效实施，以信息化为抓手，管理、业务协同稳步推进。1.信息化制度管理。承接鞍钢集团信息化管理制度体系，指导各子企业完成本钢集团制度体系承接。2022年8月16日，信息化部在本钢范围内对《本钢集团有限公司信息化规划与项目立项管理办法》《本钢集团有限公司信息化项目建设管理办法》《本钢集团有限公司信息系统运维管理办法》《本钢集团有限公司代码与主数据管理办法》《本钢集团有限公司网络和信息系统安全、保密管理办法》5个信息化制度进行宣贯培训，通过培训使各级员工进一步了解、熟悉和掌握信息化规章制度内容和内涵。2.信息化规划管理。结合2021年开展的本钢集团“十四五”信息化规划整体情况，从内外部形式、实施路径、重点措施等方面专题宣贯，指导子公司开展规划承接及制定工作，形成子公司信息化规划，从引领、建设、储备、规划形成四个方向列出项目清单。2022年本钢信息化智能化建设项目共35项。3.核决权限。根据部门职责及本钢集团管理规范，确定总部及核心业务权限规范，覆盖规划管理、信息化项目管理、项目放行管理、信息化固定资产投资、信息化基础资源5类14项权限规范，依法合规进行各项业务办理。4.智慧指数评价体系。2022年6月25日，鞍钢集团发布数字钢铁、数字产业“智慧指数”评价体系及首轮评价结果，本钢集团“智慧指数”为52，处于“规范级”；本钢集团信息自动化有限责任公司数字产业化“智慧指数”为58，处于“规范级”。5.信息化培训管理。2022年开设2个培训班即网络安全专题培训班、一体化及配套项目应用培训班，累计培训54学时、497人次；2022年6月承办计算机程序设计员竞赛，共68人报名参加，30人进入实际操作比赛，以赛促学锻炼培养计算机专业技术人才。6.成果管理。《交叉供料精细化成本管理的建立与实施》获得2021年度本钢集团管理创新成果二等奖，《炼钢多钢种合炉生产信息系统的应用与实践》获得2021年度本钢科技进步奖二等奖，《本钢集团信息化核心消息中间件的研究与落地建设》获得2021年度本钢科技进步奖三等奖。

【网信安全保密管理】 2022年完成本钢集团信息系统安全较大及以上安全事件为零的计划目标。1.承接鞍钢集团信息化管理体系，成立本钢集团党委网络安全和信息化领导小组，进一步完善网信安全应急体系。2022年4月20日，发布《本钢集团有限公司网络安全事件总体应急预案（试行）》，对应急组织指挥、职责任务、处置措施、处置程序、保障措施等方面进行总体要求。2.2022年6月，参加辽宁省攻防演练，完成本钢互联网出口防火墙升级，在数据中心增加TDA威胁检测设备，封禁网络攻击IP地址366个，主动防御攻击40.7万次。3.2022年8月，参加HW2022演习，覆盖本钢集团总部、板材公司、北营公司、矿业公司及多元子公司，演练期间本钢内网系统未受到攻击。通过补强信息监测检测手段，减少系统漏洞、弱口令大幅减少，关闭危险端口，24小时值班值守等措施，顺利完成防守任务。演习期间，通过安全设备检测和情报共享获得攻击威胁源IP地址3408个、域名445个；通过设置安全策略，主动防御攻击威胁603.1万次，拦截威胁邮件14.7万封。4.信息化运行管理。2022年，主机系统平台、网络平台、视频会议、视频监控、信息安全、数据中心机房、应用平台七大领域运行稳定，核心业务系统稳定运行率100%，ERP系统3秒执行率98%以上，数据中心主机平台、网络平台、视频会议、视频监控、终端2022年处理问题8455次；疫情防控期间，快速开通VPN账户1173个，有效支撑财务关账、工资发放、销售等业务运行，保证一体化项目顺利推进。

【重点项目建设】 2022年信息化智能化项目通过加强项目放行、建设及上线后运行管理，保证项目实施进度及运行效果。其中重点项目：1.板材铁区MES系统4月25日切换上线，为高效配料提供有力支撑，加强与铁区数采的交互，提高生产实时数据的准确性，有效支撑铁区整体管理水平提升。2.板材特钢MES系统6月30日上线，实现业务流程的贯通与协同，有效支撑特钢工序的管理进步和体系能力提升。3.本钢钢铁产业管理与信息化整体提升项目板材基地10月20日销售合同正式上线，12月1日采购计划、寻源等正式上线，12月19日采购执行及原燃料进厂正式上线，12月31日一体化系统全部切换上线，实现鞍钢钢铁产业管控模式和系统平台成功移植到本钢，“以集中一贯为核心的一公司多基地”管理模式在本钢成功推广应用。4.配套支撑项目。包含机房改造、数采网络建设、系统集成等基础工程以及ERP改造、1780L2改造、物流园改造、门禁物持系统等新建或改造类系统10个。板材基地4月30日完成机房改造及设备安装调试，7月15日完成数据采集网的现场施工及设备安装调试，12月31日应用系统正式切换上线。5.板材日清日结系统12月31日上线运行，支撑板材公司日成本、日收入、日效益动态管理。6.鞍钢集团管控的三类38项系统，2022年完成34个系统上线推广覆盖工作。 （高明星）

企业文化建设

【概况】 本钢集团企业文化工作由本钢集

团党委宣传部（统战部、企业文化部、团委）具体实施。2022 年，企业文化建设围绕鞍本文化整合融合，以高质量完成鞍本文化融合首年工作目标、工作标的为中心，以加强和提升企业文化固化于制、外化于行、内化于心为引领，通过全方位规范视觉文化体系，建设网格化舆情管控体系，赓续红色血脉宣扬本钢精神体系，展示传播新本钢新媒体安全合规运营体系及打造具有核心文化竞争力的品牌发展体系，夯实文化基础，提升文化自信，推进企业文化建设。

【企业文化建设】 充分发挥企业文化内在作用，增强企业凝聚力和核心竞争力。以全面提升企业管理能力、管理水平为遵循，制定下发《本钢集团有限公司企业文化及品牌建设管理办法》《本钢集团有限公司企业文化及品牌建设经费管理办法》，实现企业文化建章立制，加速实现企业文化作用于企业管理。以高质量推进鞍本文化整合融合首年工作目标为主线，广泛开展集团文化传播践行活动、"新鞍钢内涵"学习宣传活动、新时代"鞍钢宪法"内涵学习实践活动、"同一个鞍钢 同一个梦想"主题文化展览巡展活动，实现鞍本文化全面融合、全方位融合。以赓续百年本钢红色血脉为抓手，打造本钢特色文化产品，2022 年重点建设完成本钢文史馆项目，获评 2022 年度本溪市宣传思想工作"创新项目"；重点完成企业文化建设典型经验提炼，获评 2022 年度中国企业文化研究会"企业文化与经营管理深度融合"优秀案例；重点完成五集大型工业电视纪录片《钢铁是这样炼成的》央视播出前的编辑送审，获评辽宁省"五个一工程"奖。以创建 AAAA 级景区花园式工厂为契机，加大视觉文化建设与企业文化植入，重点通过对板材公司、北营公司、矿业公司共计"九厂十七处"参观单位、参观区域、参观通道的规范、设计与统一，彰显企业文化形象的时代活力与精神积淀。

【品牌建设】 立足鞍本品牌建设及品牌战略规划，以突出品牌战略引导、凝练品牌故事宣传、做优品牌价值推广为重点，不断扩大企业品牌传播和企业影响力、知名度。2022 年利用"中外企业文化峰会""全国冶金企业文化论坛"和《中国冶金报》《中国企业文化》《冶金企业文化》等载体，互讲鞍本故事，促进文化交流，并通过发放、宣讲《品牌架构手册》《品牌传播手册》，实现鞍本品牌口号全域传播。充分借助各类展示、展出平台，提升本钢品牌价值，全年重点完成本钢品牌在冶金工业展、汽车轻量化大会、辽宁省国际贸易洽谈会等重要展览会上的高端亮相，使本钢坚持数字智能化战略、持续推进管理创新、加强合作共赢的良好企业形象得到充分展示。2022 年本钢集团再次荣获"中国卓越钢铁企业品牌"，推动中国产品向中国品牌转变，有效提升了企业的竞争力和发展力，使"中国·本钢"的名片在世界版图上更加闪亮。

【网络舆情管理】 提升网络舆情管控能力，做实五级网格化管理体系，把牢网络舆情管理主阵地。坚持"第一时间发现、第一时间报告、第一时间处置"的网络舆情监控报告机制，密切关注网络舆论焦点和热点舆情信息，形成网络舆情周报、专报、快报，为集团公司了解情况、指导工作、科学决策提供舆情信息支持。加大重要节点和特殊时期舆情监控力度，特别是在全国"两会"、党的二十大及深化市场化改革等重点时段，通过加大舆情监控投入、成立四级网评员引导队伍、实行穿透到底的思想舆论体系宣传及舆情工作前置处置等措施，形成“一级负责一级、一级包保一级”的工作机制，实现全年舆情管理工作时时在控、事事可控。充分利用网络新媒体互动机制，通过建立“本钢深改在线”官方微信公众互动平台，通过及时“点对点”或“集中回复”解答职工关心热点问题，了解掌握职工思想动态，化解职工所思所想所盼，为本钢深化市场化改革营造了和谐稳定的内部环境。“本钢深改在线”官方平台全面运行以来，关注量达3.1万人，集中回复与“点对点”回复职工问题4853条，形成了应对舆情化解风险的强大合力，为本钢三项制度改革取得阶段性成果营造了良好舆论氛围。

【新媒体建设管理】 加强新媒体建设，牢牢掌握网络意识形态工作领导权、管理权、话语权。全年制定下发《本钢集团有限公司新媒体建设管理办法》，使新媒体平台从设立运行、职责分工、账号管理到采编审发、安全运营、监督保障，实现合规化、制度化管理。坚持管用防并举，坚持时度效并用，将新媒体建设纳入网络意识形态工作责任制，统筹网上网下两条线，双向打通鞍钢集团、本钢集团官方微信公众号、视频号、抖音平台、“今日头条”，有效拓展宣传媒介使用功能。充分发挥新媒体传播快、覆盖面广、形式灵活等优势，提升新媒体宣传工作质量，特别是在鞍本重组半年、一年等重要时间节点，组织首次新闻媒体沟通会，通过“现场＋云采访＋直播＋互动”方式发布鞍本重组阶段性成果，使鞍本重组本钢变化在社会中、职工中引起强烈反响。全面利用新媒体对本钢在疫情防控期间的国企担当，扶贫攻坚中的社会担当，“双碳”建设、数字发展、守正创新中的责任担当进行充分的宣传报道，彰显本钢的政治责任和家国情怀，激发职工的荣誉感、自豪感。同时，及时与市网信办、网警支队、包图网公司等建立合作关系，筑牢本钢全部新媒体平台刊发图文版权规范、表述正确之基，占领信息传播制高点。

（张　磊）

栏目编辑　　赵　伟

本钢年鉴 2023

鞍钢集团 ANSTEEL 本钢集团有限公司 BENSTEEL GROUP CORPORATION LIMITED

综合管理

办公室工作

【概况】 本钢集团办公室（党委办公室、董事会办公室、保密办公室、国安办公室）主要负责本钢集团有限公司办公室业务工作，内设综合管理、调研管理、董事会运行管理、保密国安、行政事务管理5个单元。截至2022年末，在岗职工17人，其中主任1人、副主任1人、总监4人、轮值助理1人、高级经理5人、经理5人，研究生学历5人、大学学历12人，副高级职称6人、中级职称9人、初级职称2人。

【综合管理】 一是积极做好领导日常服务。妥善高效完成领导日常工作安排、会议组织、走访调研等各项工作。二是细致做好政务接待。完成中钢协、辽宁省委省政府、本溪市委市政府、鞍钢集团领导及客户到本钢调研、考察、访问等接待任务79项。成功举办“法治鞍钢建设学习与创新论坛”“本钢集团经济分析会”专题讲座等大型会议论坛，展现本钢人良好精神风貌。三是及时准确做好文书处理。2022年共接收办理上三级文件6000余件、本钢集团报出请示报告1000余件，发行政文318件、党委文89件、纪要110件。2022年6月完成辽宁省涉密文电传输系统的安可替代工作，2022年6月中旬完成本钢集团机要室搬迁，2022年12月完成中国钢铁行业协会信息安全交换系统升级改造。推进鞍钢集团OA系统在本钢的全覆盖，配合做好基础数据提供、办公流程梳理、系统测试、操作培训等工作。2022年4月，鞍钢新OA系统正式上线运行。四是做好公文系统换装和印信管理。完成辽宁省文电安全交换系统换装、中国钢铁工业协会电子公文传输系统更换、辽宁省文电安全交换系统（本钢集团公司机要系统）搬迁等工作。起草并下发《关于调整本钢集团有限公司密码工作领导小组成员的通知》，对新上任涉密机要人员履行交接、备案手续。严格印信管理，使用印章1028次，开具介绍信18份。

【调研管理】 一是全面对接鞍钢集团管理思路，服务本钢高质量发展，在综合文稿方面展现央企担当。坚持高起点出发，完成主要领导在国家审计署进驻本钢的发言、鞍钢集团党委专项巡视本钢党委表态发言、鞍本重组半年发布会相关领导讲话、出席本溪市人代会发言和迎接省政府考察讲话等材料。对接鞍钢集团重点工作，起草本钢集团一季度、半年、全年工作总结及半年、全年党委工作报告，起草并组织修订第二次党代会工作报告，党委二届一次、二次全委会报告，一届十四次职代会报告及领导讲话等文稿。2022年累计撰写各类综合文稿近百篇，约80万字。二是精准高效完成各类会议纪要，确保本钢集团领导各项指令和工作安排准确传达和迅速落实。2022年编发本钢集团党委常委会会议纪要35期、党委书记专题会会议纪要41期、总经理办公会会议纪要21期、总经理专题会会议纪要7期、董事长专题调研会会议纪要51期、董事长专题工作会会议纪要9期、总经理调研会会议纪要21期，对落实鞍钢集团精神和推进本钢工作起到了重要指导作用。三是积极编报本钢信息，提升本钢外部形象。围绕本钢生产经营和改革发展重点工作收集整理本钢信息，累计向省委报送信息65篇、向中钢协报送信息60篇，获采用信息12篇。按规定完成鞍钢集团办公室信息上报任务，协调运营管理部向中钢协报送企业运行监测周报，协调完成中钢协、省、市和鞍钢集团约稿材料。四是快速落实工作安排，推进办公室整体协调高效运行。完成办公室负责的集团管控31项制度的修订下发和29项制度“学练用”培训。组织本钢集团总部相关部门和单位完成《本钢党委关于鞍钢党委第二巡视组巡视反馈意见整改方案》《本钢党委关于鞍钢党委第二巡视组巡视反馈意见整改报告》的编制及整改任务分解，为巡视整改工作落实夯实基础。配合组织部完成党建工作大检查，配合管理创新部完成制度落实情况大检查，配合审计部向国家审计署提供本钢近5年的党委常委会记录、总经理办公会记录、党委书记专题会记录及近几年工作总结等材料。同时，认真完成本钢集团领导动态信息组织管理、办公室绩效考核、本钢重点新闻宣传审稿等工作。

【董事会运行管理】 一是推动党的领导融入公司治理。坚决贯彻执行习近平总书记两个“一以贯之”总体思想，明确董事会应建尽建范围，建立本钢集团及子企业以公司章程为核心的“1+N”公司治理制度体系，形成“规则＋清单”的公司治理决策模式，初步厘清了各治理主体的权责边界，为董事会规范有序、科学高效运行奠定了基础。健全完善党建工作制度体系，及时承接鞍钢集团相关制度，制定下发《本钢铁集团有限公司董事会决策事项清单》等制度，明确企业各层级党委在决策、执行、监督等各环节的权责和工作方式，发挥把方向、管大局、促落实作用。二是强化董事会建设。按照国有企业改革三年行动工作方案要求，全力落实董事会应建尽建和外部董事占多数原则。截至2022年9月25日，压减企业34户，存有72户子法人单位，董事会应建尽建企业21户（原27户，调出7户，调入1户），设立执行董事企业45户；另有事业法人单位2户、重组合并单位2户、履行注销程序单位2户。三是加强董事会运行管理。2022年召开董事会定期会议4次、临时会议10次，审议通过议题69项。召开专门委员会13次，审议议题26项。全面规范董事会会议管理，严格按照《本钢集团有限公司董事会议事规则》有关规定召开董事会，审慎研究企业重大项目投资和资金使用等议案，有效发挥董事会防风险作用，确保董事会科学高效决策。四是加强专职董事队伍建设。通过完善选聘程序，将精兵强将充实到专职董事队伍中，体现专业化、职业化。加强专职董事培训，组织开展内外部培训14次。强化制度约束，要求专职董事定期提交工作报告，对所在企业生产经营、重大决策中存在的风险或问题提出建设性意见或建议。目前共有专职董事17人，自2022年4月下旬履职以来，共对子企业提出各类问题340件（次）、意见建议482件（次），驳回不规范拟决策、审议事项42件（次），避免不合理投资1409.04万元。

【保密国安】 一是落实国安保密政治责任。牢牢把握国安保密工作的政治属性，严格落实党管国安保密原则，强化党对保密工作的统一领导，将国安保密工作纳入党委重要议事日程。监督落实主体责任，将国安保密工作纳入2022年度党建工作要点，严格履行监督职责。抓好工作统筹规划，组织完成《“十四五”时期本钢保密工作计划》编制。二是加强机构、制度、队伍建设。强化组织机构建设，对“国安小组”和“保密委员会”领导机构、工作机构进行调整。加强保密制度建设，承接鞍钢集团国安保密管理和政策性文件24个，其中转发鞍钢制度12个，印发本级制度12个。加强干部队伍建设，强化业务指导，提升工作能力。开展保密知识培训，从定密管理、网络管理、涉密人员管理三个方面进行专业指导，提升保密人员业务能力，打造“精兵劲旅”。三是抓好保密基础管理。进一步抓好定密工作，健全规章制度，组织完成《本钢集团定密管理办法》等3个文件修订。明确定密责任，“按照业务谁主管、保密工作谁负责”原则，推动部门自行定密。开展专项检查，对整改不及时、不到位的单位给予经济处罚。进一步抓好网络保密管理和涉密人员管理，按照“以密定岗、以岗定人、精准确定、动态管理”要求，确定涉密人员。四是全力推进专项工作落实。推进科技军工保密管理，要求军工单位（板材公司）严格落实军工保密管理主体责任，持续深入推进军工项目产销研全链条保密工作。推进涉外安全保密管理，强化驻外人员岗前、在岗期间规范管理，建立并更新驻外人员数据库。提升服务保障能力，投入14.3万用于购置网络安全和监控设备、保密专用检查工具及保密计算机、打印机等。

【督办工作】 一是全力完成各类批示指示任务。围绕主要负责人OA、书面批示，以及专项工作指示，对需督办事项登记建账，并及时进行信息传递，每半月报告进展情况。截至12月末，累计跟踪督办主要负责人批示指示任务168项，累计办结143项，办结率85%。二是全面推动会议、调研、专题工作研究任务。围绕2021年转年、党委常委会、党委书记专题会、季度经营活动分析会、“第一议题”、本钢集团中心组学习及基层调研等议定事项进行跟踪督办。截至2022年12月20日，累计下达任务222项，累计办结185项，办结率83%。三是落实鞍钢集团督办任务。重点跟进谭成旭董事长、戴志浩总经理调研本钢时重要讲话精神的贯彻与落实。截至2022年12月20日，10项任务办理完成，完成率83%以上。

【行政事务管理】 一是建章立制，夯实管理基础。根据本钢集团机构改革新架构，重新梳理行政事务管理制度，完成《本钢集团有限公司公务用车管理规定》《本钢集团有限公司印刷品管理规定》等7项制度的修订工作。二是精心组织，完成总部办公楼搬迁。提前准备，提前安排，对房间、电话及网络、办公桌椅等设施进行有序分配，精心制订搬迁计划并全面协调。6月18日，本钢集团总部14个部门人员从山上、国贸大楼、能源管控大楼全部搬迁到新址办公，配套洗浴、就餐及职工停车场建设也同步完成，为本钢新总部的正常运转提供了有力支撑。三是加强协调，服务生产经营。与鞍钢国旅洽谈机关人员出差所需机票、火车票、酒店等费用报销模式，积极推进业务开展。积极协调行政管理中心、新实业公司，为本溪市史上最长疫情静态管控期间机关人员工作和生活提供保障。全面做好机关办公用品、印刷品等计划管理，强化费用管控，确保以最低成本满足办公需要。（赵少勇）

行政管理工作

【概况】 本钢集团行政管理工作由行政管理中心具体组织实施。行政管理中心作为本钢集团直属的行政后勤保障和服务中心，主责主业是在本钢集团办公室指导下行使行政事务日常管理、组织协调及综合服务职能；协助规划科技部开展不动产权登记、土地证办理等委托业务；同时代表本钢集团行使公务用车管理、办公楼宇维修维保和改造等职能。中心下设综合办公室、计划房产管理室、行政事务管理室、维修管理室4个科室及维修作业区、物业作业区、公车服务作业区3个作业区，共有在岗职工238人，其中管理岗15人、专业技术岗24人、操作岗199人；不在岗职工76人，其中赋能人员10人、编外人员66人；硕士研究生1人、本科学历44人、专科学历86人；高级职称7人、中级职称26人、初级职称20人。党委下设4个党支部、25个党小组，共有党员191人。

【公务用车管理】 2022年，面对公务用车交通费预算大幅度削减的客观情况，切实将保用车、降成本工作落实到位。一是针对公务用车运行按照“既要有侧重、又要保运行”的工作方针，提出了“两个必保”“十个确保”的具体工作措施。二是加强思想宣贯，树立驾驶员节约意识，要求在日常工作中养成良好驾驶习惯，减少不必要消耗。三是以爱车护车为根本，加强车辆的日常养护工作，始终保持车辆技术状态良好，做到“小病急修”，严防大病，同时维修车辆始终本着能内修不外修原则，有效降低维修成本。四是依托本钢公务用车信息管理系统，实现了用车合规、派车及时、出车有序、随时监管、有迹可循的信息一体化公务出行模式。2022年，公务用车交通费实际支出82.68万元，降幅55.82万元。共完成出车任务约3.8万次，车辆安全行驶115.78余万公里，为本钢集团各项公务出行提供了强有力的用车保障。

【房产土地管理】 针对历史遗留房补问题，为有效加快整体工作推进速度，到相关单位进行9次政策宣讲及工作培训，并下达17封房补解遗工作提示函。2022年，共审核2633名职工房补手续，涉及房补总额4738.53万元。受厂改办及本钢集团规划科技部委托完成大集体关闭企业房屋资产统计和实地房产土地核实工作。共完成299家关闭企业及8家未参改企业房屋资产统计，涉及房产792处，建筑面积30.2万m^2，同时对121家关闭企业的房产土地进行现场实地核实。积极配合规划科技部开展本钢集团无证房产土地办证工作，完成相关房产土地的查档、现场验房、测绘、发证等工作，并接续协调大耐2.3万㎡土地出让申请事宜，2022年共办理不动产权证22本。成立房产清查项目组，对本钢集团管理的房产进行全面系统统计、分析，建立房产台账，实施房产动态管控，同时对本钢历史形成的8.5万份房改档案及其他房产档案进行数字化管理，全力解决历史遗留问题。结合新房产出租管理模式，以引入出租评估机制为契机，严格履行招租程序及审批制度，适当提高续租单价，以抵消疫情导致的部分停租影响，保持出租收入稳步增长。2022年共实现房产出租收入207.43万元。

【维修工程管理】 一是加强各办公区域巡检维修、安全顺行工作；科学监控“水电气”费异常波动，及时查“缺”补“漏”，节约支出；坚持“小改小修即时毕、应急抢修不过夜、关键设备周周检”制度，提高服务效能，保障生产安全顺行。二是针对机构改革，原有合同流程被废止、原有部门管理职责待确认、新老合同交替出现空窗期等诸多客观因素，积极寻找解决办法，确保维保工作顺利进行。经部门认可，按厂区生产维保合同先签临时合同的办法执行，有力地保障了办公区域的正常运行。三是积极推进食堂浴池维修工程，多次与实业公司及相关厂矿对接，发现问题及时解决，同时对资金计划划拨进行推动和跟踪，确保“我为群众办实事”民生项目顺利落地并按期完成。截至2022年末已累计投资1642万元，维修改造食堂浴池48处372个项目，更换更衣箱8310套，极大地改善了职工就餐、洗浴环境。四是克服重重困难，按时保质保量地完成了本钢集团白楼修缮及智能楼宇改造工程、立信5楼ERP项目办公改造工程、一千平宾馆改造工程、纪委谈话室改造工程、体育场二楼巡察办改造工程、本钢2号门防汛工程、调峰停车场改造工程等重点工程项目。

【厂区公交建设】 为进一步提升职工的归属感和幸福感，积极推进厂区公交建设。通过细致调研及精确测算，用数据说话，积极与市发改委、交管局、交通局、客运集团等单位共同推进本钢定制公交工作。2022年共开通10条线路，运行车辆20台，每天接送职工约1500人次。同时进一步优化厂内公交运行，新增厂内3号公交线路。

【安全管理】 深入学习习近平总书记安全生产重要指示精神，持续落实年度安全工作要点和安全生产提升年行动。认真传达贯彻全国安全生产电视电话会议和中央企业安全生产工作视频会议精神，通过学习和开展安全大讨论、安全教育培训等活动，牢固树立员工“以人为本、人民至上、生命至上”的安全理念。积极构建安全生产责任网络，强化安全履职监督检查，建立健全安全目标考核体系，努力提升安全管理综合水平。开展春季安全大检查及高层建筑、人员聚集场所、重点部位专项检查等活动，厂级检查21次，检查发现问题9项，整改完成8项。开展防汛重点部位安全检查，落实本钢2号门防汛隐患整改和应急抢险工作，制作挡水钢板15个、防护栅栏10个、防护围笼4个，开凿河道泄水孔8处，开挖截水沟26米，施工人工栈桥84米。本钢二号门防汛工程顺利竣工，彻底解决了职工雨天上下班通行难问题，并且实现人车有序分离，保证了职工人身安全。组织能管大楼、国贸大楼、本钢白楼消防救援疏散演练3次，在增强全员消防安全意识的同时，努力营造良好的安全氛围。加强本钢白楼、能管大楼、国贸大楼及十层大楼的日常消防、安全检查，完善三大规程、检维修作业标准、安全标准化作业卡以及各项规章制度。

【党群工作】 提高站位，深化政治理论武装。严格执行“第一议题”制度和党委理论学习中心组制度，持续深化“四学”机制，提高理论学习质量，注重成果转化，2022年共开展党委理论学习中心组集中学习研讨9次；迅速开展党的二十大精神自学，组织集中收看党的二十大开幕式，配发学习资料，制定学习宣传贯彻党的二十大精神工作方案，在中心上下迅速掀起学习热潮。改进作风，强化党风廉政建设。建立中心领导人员纪委廉洁档案，严格执行领导班子议事规则和重大事项决策程序，实行重要情况报告、决策全程记录、终身负责制度。持续推进党务公开、民主管理制度，坚持关系职工切身利益事项公开决策过程、决策执行、决策结果，保障职工知情权、参与权和监督权。

深入贯彻落实中央八项规定精神和省、市纪委关于年节假日及婚丧喜庆事宜有关纪律要求，层层宣贯落实责任，为持之以恒正风肃纪，营造风清气正节日氛围夯实基础。加强基层组织建设，以推进全面从严治党和党建工作责任制考核评价为抓手，以全面开展“喜迎二十大，建功新鞍钢”主题实践活动为载体，充分发挥鞍钢集团“样板”党支部的示范引领作用，由点及面推动基层党支部规范化建设；12月30日召开党员大会，圆满完成中心党委换届、纪委组建，选举产生出中心新一届党委委员和纪委委员；开展“喜迎二十大，建功新鞍钢”党史知识竞赛，推进党史学习教育常态化长效化；结合实际，抓实党支部层面对习近平总书记重要指示批示精神的再学习再落实再提升。群策群力，发挥群团凝聚力量。举办岗位明星活动，以树立优秀典型带动全员素质提高，为获得荣誉的34位明星购买奖品共计0.8万元；积极开展扶贫帮困、互助医疗保险理赔、职工体检、冬送温暖、夏送清凉等活动，想职工之所想，急职工之所急，全心全意为职工服务，不断增强职工队伍的凝聚力和向心力。

【防疫工作】 在做好自身疫情防控工作基础上，积极为本钢集团疫情防控工作提供服务保障。一是为本钢集团及板材公司机关申请购买了口罩、手套、酒精、洗手液、测温枪、消毒液等防疫物资，保证了两级机关疫情防控工作的有效开展。二是针对板材公司核酸检测人数多、分布广、难度大的客观情况，积极配合相关部门做好后勤保障工作。检测前摆设桌椅、安装临时帐篷、提供消杀用品、组织疏导现场职工，检测后安排专人对场所进行深度清洁与消毒，圆满完成检测任务。三是在确保公车司机每周至少进行两次核酸检测的基础上，合理安排司机核酸检测次数及时间，确保出车任务的完成。四是在本溪市两次暴发疫情期间，严格按照本溪市及本钢集团新冠疫情防控指挥部相关要求，积极配合本钢集团开展保产保供工作，扎实提供后勤服务保障，圆满完成各项工作任务。

（王奇峰）

档案工作

【概况】 本钢集团档案工作实行统一领导、分级管理的管理体制，建立了由各级立档单位分管领导、分管部门、集团档案馆、各立档单位档案室、各立档单位职能部门和项目部归档网点组成的档案管理网络。其中本钢集团人力资源服务中心是本钢集团档案工作的归口管理部门，本钢集团档案馆是本钢集团具有永久、长期保存价值档案的存储保管中心、利用服务中心和数据管理中心，各立档单位档案室是本单位档案的保存和管理机构。截至2022年12月，本钢集团共有立档单位73个、档案管理人员136人。

【档案管理体系建设】 承接鞍钢集团档案管理制度7项，根据《关于开展本钢集团规章制度“学练用”实施方案》要求，在全本钢范围内开展档案管理规章制度学练用宣讲；编制《本钢集团建设项目档案检查考评细则》，开展2018年以来重点工程项目档案归档情况自查检查工作，共完成35个单位187项重点工程项目档案自检自查报告备案、5个单位重点工程项目档案实地检查，通过自查检查盘点出具备档案验收条件工程项目37项；组织档案专业人员参加国家档案局、辽宁省档案局“构建新发展格局”“企业档案检查工作”“企业数字档案馆（室）建设试点内容”“企业档案工作建设趋势和发展目标”“建设项目档案管理”等网络培训，参训人数达80余人次。依靠档案馆内部师资力量，开展“在职职工人事档案规范化整理和数字化”赋能培训和2022年度档案业务培训，共计培训524学时、228人次。其中《在职职工人事档案规范化整理和数字化赋能培训》获本钢集团2022年上半年优秀培训项目三等奖；开展“6·9”国际档案日特色宣传，推出“喜迎二十大，档案颂辉煌”宣传展示和在线有奖答题活动，表彰答题获奖人员15名；切实履行本钢集团档案管理监督指导职责，指导机构改革后的各立档单位及时完成档案网络人员调整，为各单位提供档案业务指导服务481人次。加强对厂办大集体改革关闭企业档案工作监督指导及实地检查，协助管创部、钢联公司提升厂办大集体改革关闭企业档案管理规范化水平；推行业务赋能计划，编制《档案业务学习资料汇编》（2022），发布“档案知识小课堂”12期，多措并举激发广大档案工作者“重档案、学业务”热情。

【档案资源体系建设】 针对“三项制度”改革机构调整实际，以“管理职能”和“核心业务”为主线，以各类文件材料“应归尽归”为导向，启动各立档单位文件材料归档范围和档案保管期限表修订工作，严把归档入口关。《本钢集团有限公司机关部门文件材料归档范围和档案保管期限表》经鞍山钢铁办公室审批通过，本钢30个基层单位文件材料归档范围和档案保管期限表通过人力资源服务中心审核；加强科研产品档案归档管理，逐一梳理产品研发院2022年结题项目归档情况；完成OA、ERP、招投标、客服协同、质量证明书等业务系统电子文件常态化归档和管理工作，归档各类电子文件42万件。

【档案利用体系建设】 借助“档案编研”“档案星级服务评价”“档案数字化”等有效载体，不断提高档案利用服务能力和服务水平。编研“红色档案资料”“党史学习教育”“组织机构沿革”“任免处分职称”等专题材料18份，编辑出版《本钢年鉴》（2022）；推行“易查难查一样热情、干部群众一样尊重、陌生熟悉一样和气、忙时闲时一样耐心”的档案利用服务“五星标准”，为审计署及鞍钢集团审计、特殊工种岗位职工信息梳理、薪酬套改、取暖费明补认定、职工群众个人事项办理提供翔实准确的信息依据。

【档案安全体系建设】 开展档案安全情况自查检查工作，完成67个单位档案安全情况自查报告备案、5个单位档案安全情况抽查；制订突发事件应急救援预案，开展隐患排查及应急演练工作，完成板材能源管控中心档案集中统一管理和档案馆主楼上水管路维修、副楼暖气管道更换等工作，全面夯实档案安全管理基础；严格执行档案利用需求审查和权限控制制度，做到“利用有审批”“提供有依据”；开展档案系统应急演练，扎实做好档案数字资源在线备份和离线备份工作，利用档案管理系统双机热备、异地灾备、磁带库备份等功能，为数据安全提供坚强保障。

【档案信息化建设】 继续参与国家档案局《ERP系统电子文件归档和电子档案管理规范》编制工作，完成《规范》送审稿；根据鞍钢集团档案管理系统与新OA系统、一体化系统对接情况，指导各单位做好鞍钢、本钢两套档案管理系统并行相关工作，组织本钢用户利用鞍钢档案管理系统进行2022年档案馆室统计年报填报及OA系统电子文件归档；以“存储替换、灾备服务器替换、内存升级、备份改造、网络安全改造”为建设内容的本钢档案管理系统升级改造项目于2022年7月放行、10月完成施工，实现“当年立项，当年竣工”。

【档案数字化建设】 编制《本钢集团有限公司在职职工人事档案规范化整理和数字化工作实施方案》《本钢集团有限公司存量档案数字化工作方案》，为档案数字化工作开展提供鲜明指引；以赋能项目和共享用工结合档案馆自行加工形式开展在职职工人事档案和档案馆馆藏档案数字化，实现人力资源有序流转和优化配置，节约档案数字化成本，探索本钢档案数字化自行加工道路。《以赋能项目推进人事档案数字化工作实践研究》课题经评审通过2022年度辽宁省档案科技项目立项。克服疫情影响，完成存量档案目录录入51.4万条、档案扫描47.5万页。

（赵　伟）

保卫信访工作

【概况】 本钢集团保卫中心（武装信访部）是本钢集团有限公司直属单位，主要负责本钢集团有限公司治安保卫、信访接待、人民武装、平安建设、反恐防范等工作。下设4个管理单元，即综合管理单元、门禁管理单元、交巡管理单元、信访接待单元，1个监控指挥中心。保卫中心共有人员785人，其中管理岗位28人、专业技术岗42人、操作岗715人，研究生学历4人、本科学历132人、专科学历284人、高中学历293人，副高职称5人、中级职称38人、初级职称27人。保卫中心党委下设17个党（总）支部，共有党员521人，占职工总数的66%。职工中退役军人640人，占比81.5%。

【生产保障】 做好抢修保产、产成品外销、应急物资调拨、大宗原材料入厂、重点工程项目的服务保障工作。2022年，启动保产保供应急预案和开辟绿色通道1026次，办理紧急出门证815张。强化重点环节监管，对危化品车辆“每车必检”。2022年，共纠正违规危化品车辆314台次，拒绝入厂274台次，处罚57台次。对主要门岗外乱停乱放车辆、占道经营行为进行整治，劝离违停车辆60台次，拖离各类车辆112台，清理占道经营点8处。做好交通服务工作，共疏导交通1287次，清理出厂“无证”车辆83台，执行大型结构件护送任务1237次。

【治安管理】 开展“整、严、树”专项整治工作和“靠钢吃钢”问题治理行动。2022年，查获违规行为923起，移交公安机关打击处理13起，按本钢集团规定处理938人，考核51.63万元。清理“三无”废钢1023吨。警企联动破获“6·14”铌铁盗窃案，抓获外省流窜盗窃企业资材犯罪嫌疑人6名，挽回经济损失200余万元。夯实“三防”管理基础，对重点区域重点管理，增加夜间巡防检查的频次和精准度，对贵重库房、施工现场等易发案部位加强治安防范专业检查。2022年，进行治安“三防”专业检查1409次，整改治安隐患246处，开展治安巡逻4233次。排查板材厂区、北营厂区围墙钢网治安问题32项，完成板材区域13项共5574米围墙钢网修复工作。与溪钢分局相关部门开展反恐怖防范，危险化学品、民用爆炸物品管理业务交流，完善更新本钢集团25处一级要害部位、172处二级要害部位的治安防范信息。

【门禁管理】 以强化“三检”工作为中心，认真落实门禁管理各项规章制度，严格执行门禁管理制度，对出入各板块区域、办公场所的人员、车辆、物资进行全方位管控。2022年，共核销物资ERP出门证25万余张，纠正ERP单据错误2142张；核销OA出门证14.7万余张，驳回OA出门证440张；办理访客人员入厂7.64万余人次，办理车辆临时入厂证68万余张；接待及控访742次，出警2300余人次。

【交通治理】 在板材厂区、北营厂区开展常态化交通治理，2022年共检查车辆9523台次，查处违章车辆1524台次，考核21.15万元。2022年5月，组织板材厂区29家有车单位召开专题会议，集中宣贯开展车辆安全检查工作。2022年6月，检查板材厂区29家有车单位的自检自查情况，对200余台厂内牌照车辆进行安全检查，对其中26台不合格车辆提出限期整改要求。开展百日交通整治行动，结合大干一百天、冲刺四季度、“双跑赢”工作要求，在板材厂区、北营两厂区对车辆违章行为进行集中治理。

【平安建设】 重新确定责任状签订单位，修改责任状相关条款，细化考核指标。对基层单位履行保卫主体责任进行常态化考核。在2022年4月15日全民国家安全教育日，通过OA办公系统、微信工作群转发《国家安全法》等法律法规。全面落实市域治理建设工作，强化安全生产监管。对本钢集团所属单位进行重大风险隐患排查，共排查涉及公共安全的重点要害部位99处，全部落实防范措施。开展打击治理电信网络诈骗犯罪集中宣传月活动，宣传《反电信网络诈骗法》，本钢职工安装反诈APP达4万余人。组织学习《反有组织犯罪法》，将多个法律纳入学法计划，作为各级党委学习内容。

【信访案件办理】 2022年共接待和受理职工群众来访626批次、3315人次（其中集访75批次、2494人次，个访551批次、821人次）。2022年共发生到省上访2人次，同比下降86.7%；到国家信访局登记5人次，同比下降88.01%。办理辽宁信访信息平台交办案件150案次，案件办结率100%；8890平台交办案件691件，办结率100%。2022年，四本台账案件中，“20681”台账交办71件，化解70件，化解率98.6%；“5677”台账交办21件，化解20件，化解率95.2%；“729”台账共交办3件，全部化解；“万件化访”台账共交办33件，化解31件，化解率93.9%。交办案件办结率、化解率均超额完成上级要求的工作目标。

【敏感时期维稳工作】 在全国三级“两会”、冬奥会、冬残奥会和党的二十大等重大政治活动期间，建立本溪、沈阳和北京区域三道稳控防线，稳控劝返信访人员146人次，其中在溪稳控82人次，驻省组劝返46人次，驻京组劝返18人次。本钢信访维稳安保工作全面实现了省、市及鞍钢集团制定的“三个不发生”和“环京护城河”维稳工作目标，取得了进京登记为“零”的历史最好成绩。

【矛盾隐患排查与领导包案工作】 2022年，先后进行了三次全面清仓排查，共计排查出

16个不稳定群体和99名信访人员（不含大集体职工），梳理出7个重点不稳定群体和82名重点信访人员，按照《本钢领导干部接访下访及包案工作管理办法》全部落实责任单位领导包案。在敏感时段启动“日排查、零报告”和“日研判”会议，着力排查和掌握各类风险隐患底数，牢牢将重点群体、重点人员掌控在视线之内。本钢集团主要领导包案的6件重点案件已全部化解。在“千名领导干部进万家解民难百日大接访”活动中，13家责任单位的15名党政主要领导主动对接31名有越级访史的重点人员，其中郭香春、宋月民等长达二三十年信访史的重点人员签订了《息访协议书》，彻底息诉罢访。

【健全信访工作制度】 制定和印发了《本钢集团重点部位维稳工作管理和考核办法》《本钢集团领导干部接访下访实施细则》《本钢集团开展千名领导干部进万家解民难百日大接访活动实施方案》和《本钢集团护航党的二十大信访维稳工作方案》等制度。

【发挥信访联席会议作用】 定期召开本钢集团信访工作联席会议，围绕重点信访任务及重点信访案件进行指挥、调度、安排和部署。2022年，共召开21期信访工作联席会议，研究调度了51项重要信访问题，解决了6件群体性重大矛盾，协调化解了121件信访台账案件，下达了82名重点人员维稳工作任务书。

【贯彻工作条例】 制订并实施《本钢集团开展〈信访工作条例〉宣传月活动方案》，通过“本钢集团官方微信公众号”和《本钢日报》开设专版跟踪报道。基层单位通过播放宣传视频、张贴标语、发放宣传资料等方式广泛宣传《信访工作条例》。

【机构改革】 落实《本钢保卫中心深化三项制度改革实施方案》，顺利完成2022年度机构人员改革任务，取消综合管理单元内设的10个管理室（作业区级机构），作业区由原来的13个压减至8个，机构压缩65.2%。减少正科级7人，核减23%。减少业务助理（责任师）21人，核减52.5%。

【党建工作】 坚持党委理论学习中心组学习，2022年共开展中心组学习9次，撰写重点调研交流体会文章12篇。全面加强职工思想政治教育，下发《本钢保卫中心2022年形势任务教育工作方案》和《保卫中心基层队伍建设实施方案》。建立19人网评员队伍。坚持忠诚卫士评选奖励制度，完成民主评议党员、民主评议党支部工作。下发《本钢保卫中心党委工作规则》等4项工作制度。开展以“喜迎二十大、建功新鞍钢”为主题的实践活动，组织开展写新鞍钢精神心得体会，创建党员先锋岗、责任区，“我为群众办实事”等活动，为基层职工办实事9件。组织179名党员参加“万名党员进党校”培训。开展党规党纪警示教育4次，参加人数164人次。与各级干部及重点岗位人员签订《廉洁自律承诺书》215份。救助困难职工2人（国家级1人，本钢级1人）。高晶新、任宝纯、宋继伟3人获最美抗疫志愿者称号，板材一号门卫中队长刘岩荣立抗疫保产个人二等功，板材巡逻防范大队车管中队被评为“本溪市青年文明号”，板材警卫大队一号门卫获得鞍钢集团“青年文明号”荣誉称号。

【防疫工作】 按照本钢集团疫情防控30

条要求，做好疫情期间保产保供和常态化疫情防控。组织30名志愿者早高峰期间到门岗协助防控，各门岗纠正拒绝不戴口罩人员2.3万人次，检查外来入厂人员行程码8600人次。会同运营管理部、保供单位建立保产车辆入厂管控群，办理保产保供大宗原燃料车辆入厂约6.4万台次，登记外埠车辆约5万台次，办理进口高风险非冷链物品车辆入厂89台次。在2次静态管控期间，全面完成疫情防控和保产保供任务，做到生产经营无影响，厂区疫情零感染。

（徐大伟　赵文仲）

离退休人员和退养（离岗）职工管理工作

【概况】　本钢集团离退休人员和退养（含离岗）职工由人力资源服务中心（简称人资中心）负责管理。2022年，秉承“用心用情、精准服务”工作理念，在服务管理中体现“原则性、公正性、人文性、关爱性、合规性”工作要求，较好地完成各项工作，实现各类群体“无舆情、保稳定”工作目标。

截至2022年末，人资中心离退休服务部共服务离退休人员74530人（其中离休干部92人、公司级老领导27人）、工私亡遗属732人、精简下放人员221人、北营占地农民352人、退养（含离岗）职工806人、退养遗属18人；管理离退休人事档案32721卷、退养（离岗）人事档案676卷，同时协助本钢关工委及老科协开展工作。

【离休干部服务管理】　2022年走访慰问离休干部700余人次，协助去世干部家属完成32人丧葬处理，为居住异地离休干部办理医疗费报销，为老干部订阅报刊，开展“四级分类”管理及“一人一策”服务。组建人资中心党总支第六党支部，全年收缴党费4902元，为49名离休干部党员发放“援疆物品”。组织离休干部关注“离退休干部工作”“摇篮鞍钢”和“本钢新闻”微信公众号。做好西宁钢厂易地安置离休干部管理。

【公司级老领导服务管理】　2022年完成各类走访慰问97人次。组建人资中心党总支第八、第九党支部。组织召开“同心庆七一，喜迎二十大”支部党日活动，开展退休干部“建言二十大”调研活动，组织部分退休老领导集中收看党的二十大开幕式。开展老领导“一人一策”服务，召开迎新春座谈会，开展支部党日集中学习活动和老领导健康疗养等工作。

【退休干部服务管理】　管理原本钢集团级经理助理9人。组建人资中心第七党支部，共有党员11人（含2名原处级干部，现居住国外），按照人资中心党总支要求开展党员活动。

【退养（离岗）职工服务管理】　服务管理退养职工620人（含各级别工伤78人，病残46人，精神残43人）、离岗人员186人、保留劳动关系2人、中止劳动合同1人。组建人资中心党总支第四党支部，共有党员216人，收缴党费6.3万元。按节点完成生活费领取资格认证工作，对失联、判刑职工及时办理停发生活费和解除（中止）劳动合同手续。按政策落实统筹外待遇（遗属生活费14.76万元）。按时完成人员异动变更及保险欠费补费工作。精准救助242人次，救助资金2.4万元。完成退养（离岗）职工联络员换届交接工作。

【统筹外待遇落实】 严格管控统筹外费用。2022年发放统筹外费用3.73亿元，其中工龄补贴等费用1.99亿元，采暖费补贴1.74亿元。完成退休人员大额医疗补助保险扣缴69758人753.39万元。发放退休工伤统筹外费用356.39万元。完成精简下放人员生存认证225人、工私亡遗属生存认证1514人。按月准确维护本钢离退休人员及失信人员信息。

【新增退休人员接收】 2022年新增退休人员3076人，死亡人员1467人；应接收新增退休人员档案7390卷，其中已接收3748卷、待接收3642卷。

【社会化管理移交】 本钢已实行社会化管理77539人（含外埠企业）。5月31日，参加2022年本溪市国有企业退休人员社会化管理集中移交会议，移交本钢退休人员1262人、人事档案1262卷、党员组织关系288人。

【信访稳定】 全面完成离退休人员、退养（含离岗）职工的舆情管控及信访稳定工作。完成各时点矛盾隐患排查及“五位一体”包保落实。完成信访重点人建档立卷。开展新《信访条例》宣贯。完成网上投诉的解释和反馈。完成提前退休人员原市政府门前阶段性集访稳控。完成本钢机关门前控访任务。牵头完成1—4级退休工伤群体集访化解。牵头并协调建设公司、实业公司完成兴安占地招工人员采暖费诉求稳控工作。2022年，离退休、退养（离岗）群体无越级访或极端事件，信访工作取得较好成绩。

【派驻工作】 本钢集团派驻本溪市各街道（社区）协管人员34人，其中派驻明山区27人、南芬区1人、平山区及溪湖区各3人，另向本溪市人资中心借驻8人。派驻人员在本钢退休人员社会化管理、疫情防控、信访稳定等工作中均发挥出较好作用，各项工作开展内容丰富、成效明显，分别在中国冶金报、明山微宣、本钢日报、本钢公众号等媒体上宣传报道。（姜　昕）

栏目编辑　赵　伟

本钢年鉴 2023

鞍钢集团 ANSTEEL 本钢集团有限公司 BENSTEEL GROUP CORPORATION LIMITED

党群工作

组织工作

【概况】 本钢集团组织管理工作由党委组织部组织实施。本钢集团党委组织部主要负责基层组织建设、党员教育管理、领导人员管理、人才队伍建设等工作。截至2022年12月末，本钢党委下设直管党委21家、基层党委49家、党总支76个、党支部758个，共有党员22555人。

【召开本钢第二次党代会】 2022年12月24—25日，本钢集团召开第二次党代会，明确今后五年工作的指导思想，提出依托"两条主线"、坚持"三个引领"和实施"三步走"战略，选举产生本钢新一届"两委"委员，其中党委委员21名、纪委委员15名。12月26日，召开"两委"二届一次全会，选举产生本钢第二届"两委"常委和书记、副书记。各直管党委、基层党委将换届与深化市场化改革紧密结合，同步规范开展党委换届及组建工作，建强基层组织、选优"两委"班子，确保党组织作用充分发挥。

【党建工作责任制考核评价】 全面建立党建工作责任制三级考核评价体系，各级党委分别出台对所属党组织党建工作责任制考核评价办法，推动党建工作考核与经营业绩考核有效联动。扎实开展2022年度直管党委党建工作责任制考核评价，通报考评情况，逐一反馈评价意见。考评结果纳入领导班子和领导干部综合考评，实现考评结果与干部任免、薪酬、奖惩紧密挂钩。

【全面从严治党】 出台2022年党建工作要点，明确重点任务，逐步构建"大党建"格局。围绕鞍钢集团对本钢集团党建工作责任制考核评价反馈意见，制定13项整改措施，各项问题均已整改完成。召开党委书记抓基层党建述职评议会，对21名直管党委书记进行评议，被评定为"好"的10人、"较好"的2人，其余9人任职时间较短，不评定格次。各级党委组织开展所属党组织书记述职评议考核，被评定为"较好"以上占比98.8%。召开本钢集团有限公司领导班子2021年度民主生活会，鞍钢集团党委副书记栗宝卿同志出席会议并作点评讲话。各级党委均按要求高质量召开年度民主生活会。

【基层党支部建设】 深化党支部"达标创先、晋位升级、示范引领"三大工程建设，3个党支部命名为鞍钢集团党支部工作示范基地、7个党支部命名为鞍钢集团"样板"党支部。组织三大板块组织部门和基层党支部书记到鞍山钢铁和鞍钢矿业党支部示范基地对标交流，汲取先进经验。全力推进党支部基础建设，2022年新建和改造支部阵地143个，健全完善党支部内部制度，深入开展党员目标考核和承诺践诺活动，党支部建设水平不断提升，板材热连轧厂轧辊党支部在本钢集团党支部建设研讨会上作现场经验交流，板材冷轧总厂三冷酸轧党支部、北营炼铁总厂烧结二党支部作书面经验交流，充分发挥示范基地和"样板"党支部的孵化作用，全年培养"准样板"党支部20余个。

【党员教育管理】 积极推进"万名党员进党校"培训工程，完成18900名党员参训计划，获评本钢集团优秀组织人员39人、优秀学员103人。组织党员领导干部和基层党支部书记1050人参加十九届六中全会培训班，组织52人参加党委副书记履职能力提升研修班。开展“习近平总书记重要指示批示精神再学习再落实再提升”，实现党组织和党员全覆盖。严格发展党员程序，完成290名党员发展工作。组织开展党支部组织生活会和“双评”工作，严格评定标准，对23个未达标党支部和33名不合格党员提出限期整改处置意见。落实党建工作联系点制度，本钢集团领导班子成员“七一”前夕深入联系点上专题党课。春节和“七一”前夕，下拨专项党费124.4万元，走访慰问困难党员、老党员、老干部1706人。下拨专项党费150万元，用于慰问战斗在疫情防控斗争第一线的基层党员和干部职工，体现组织关怀。

【党建工作与生产经营深度融合】 围绕生产经营，深入开展“喜迎二十大、建功新鞍钢”主题实践活动，定期总结活动成果，6项创新案例纳入鞍钢集团基层党建创新案例选编，7项共产党员工程荣获鞍钢集团一、二、三等奖，择优推荐鞍钢集团级红旗党员责任区和最佳党员先锋岗各25个。本钢技术中心党建引领科技创新工作典型经验在鞍钢集团专题座谈会上作现场交流。积极推进鞍钢党建网上线运行，实现全覆盖，进一步提升本钢集团党建信息化水平。调整党建工作经费核定比例，由上年度职工工资总额0.5%调整为1%。新修订党费制度，明确本钢集团各级党委留存和上缴比例。组织各级党委开设党费专户，推进手机交党费试点普及，及时为基层党组织工作和活动开展提供经费保障。

【本钢集团领导班子和领导人员调整及考核】 4月21日，鞍钢集团党委、鞍钢集团决定高烈同志任本钢集团有限公司董事、党委副书记，不再担任本钢集团有限公司副总经理职务；赵忠民同志不再担任本钢集团有限公司董事、党委副书记、党委常委、党委委员职务；曹爱民同志不再担任本钢集团有限公司党委常委、党委委员、副总经理职务；张彦宾同志不再担任本钢集团有限公司党委常委职务。5月19日，鞍钢集团党委、鞍钢集团决定亢建民同志任本钢集团有限公司党委常委、副总经理。6月20日，鞍钢集团党委、鞍钢集团决定韩永德同志任本钢集团有限公司党委常委、副总经理。10月26日，鞍钢集团党委、鞍钢集团决定王战维同志任本钢集团有限公司党委常委、总会计师；齐振同志任本钢集团有限公司党委常委、副总经理；霍刚同志任本钢集团有限公司党委常委、副总经理；杨成广同志不再担任本钢集团有限公司党委常委、党委委员、副总经理职务；张景凡同志不再担任本钢集团有限公司党委常委、党委委员、总会计师职务。12月9日，鞍钢集团党委、鞍钢集团决定王殿贺同志任本钢集团有限公司董事、党委副书记；徐家富同志任本钢集团有限公司党委常委、副总经理；高烈同志不再担任本钢集团有限公司董事、党委副书记、党委常委、党委委员职务；亢建民同志不再担任本钢集团有限公司党委常委、党委委员、副总经理职务。12月20日，根据鞍钢集团党委的统一安排和部署，积极配合鞍钢集团考核组对本钢领导班子和领导人员进行2022年度考核。

【领导班子配备和领导干部调整】 鞍本重组以来，按照“全体起立，重新聘任”原则，采用自上而下、选竞结合的方式，逐层级开展D级以上人员重新聘任工作，已有493名领导干部聘任到D级及以上岗位（不含托管单位及工程技术、研发、采销岗位序列领导干部），竞聘上岗占比达50.7%，参加竞聘落聘或未参加竞聘待岗累计78人。同时，本钢集团积极畅通“上”和“下”的渠道，提拔使用至本钢集团直管领导干部岗位（领导人员及二级总监岗位序列）63人，进一步使用19人，其中2022年提拔使用26人，进一步使用18人；累计退出领导干部岗位163人，其中降级使用11人、免职待岗4人、解除劳动合同5人。切实优化班子结构，选准用好干部。

【深化市场化改革】 全面推行管理人员“两制一契”管理，对纳入任期制和契约化管理的76家单位、159名经营层成员，组织完成聘用合同签订及录入鞍钢绩效考核评价系统工作，完成率100%。推进职业经理人选聘，对落实董事会职权试点企业以及其他符合改革试点条件企业的经营班子成员推行市场化选聘职业经理人。本信公司、北营铸管事业部、恒泰公司、矿建公司、高远实业公司等5家公司已完成职业经理人选聘工作，实现职业经理人企业户数占比不低于10%，完成年度考核目标。

【年轻干部选用】 以竞争性选拔领导干部为契机，进一步加大年轻干部选用力度，壮大年轻干部队伍。通过公开竞聘和选聘，共有147名45周岁及以下年轻干部走上领导岗位（不含托管单位及工程技术、研发、采销岗位序列领导干部），占比29.8%，对比改革前增长39人（11.8%），其中50名42周岁及以下年轻干部已聘任到各子企业领导班子中（含分厂厂长），占比17.4%，对比改革前增长29人（10.3%），超额完成鞍钢集团考核指标，逐步实现各级领导班子“老中青”梯次配备。

【领导干部日常管理与考核】 为深入贯彻本钢“大干100天，冲刺四季度”决策部署，积极落实“务实高效、攻坚克难、精准精细、少说多做”的工作要求，对重点子企业及主体厂矿开展无任用调研，充分了解掌握各单位“军令状”签订和指标分解落实、实现目标举措、工作作风建设以及领导干部履职担当情况。为进一步加强对本钢集团直管领导班子和领导干部队伍的管理和监督，制定《本钢集团领导班子和领导人员综合考核评价办法》和实施方案，对本钢集团机关部门、直属单位和直管子企业领导班子和D级及以上人员（含专业职能、工程技术等其他岗位序列）进行考核评价，共计42个领导班子、295名领导干部，其中被评价为“优秀”领导班子7个，占比16.7%；被评价为“优秀”领导干部46人，占比15.6%。组织召开本钢集团干部大会，通报考评结果及四季度“军令状”完成情况，总结2022年选人用人工作，对排名靠后的领导干部进行点评，同时，围绕2023年生产经营任务，对各级领导干部提出了新要求。

【领导干部培训】 为进一步提升各级领导干部政治理论水平和业务能力素质，与市委党校签订框架协议，成功举办四期领导干部轮训班，共计培训领导干部179人，其中新提职干部73人，占比41%；年龄在45岁及以下干部54人，占比30%。严格跟踪培训效果、把控成绩验收，评选出40名优秀学员和40篇优秀论文，为促进新提职干部和年轻干部迅速打开工作局面，不断提升能力素质和管理水平提供坚强保证。

【省人大代表】 按照省级人大换届选举工作总体部署，全面组织做好人大代表推荐、审查、考核及公示等各项工作，严格遵守各项纪律规矩，强化人选“四必”审核，经本钢集团党委反复酝酿，党委常委会审议推荐8名本钢籍省人大候选人建议人选报市委组织部。经本溪市第十七届人民代表大会第二次会议选举，最终产生2名本钢籍省人大代表。

【人才队伍建设】 编制本钢集团“十四五”人才发展规划，建立人才工作运行机制。印发加强和改进技能人才工作实施方案，实行技能人才津贴、技能提升补贴发放机制。加大人才引进力度，提高毕业生安家费标准，实行协议工资，引进轴承钢研发领域成熟人才1名、全日制本科及以上学历高校毕业生22名、“订单班”岗位实习生331名、柔性引才9名。实施“本钢英才计划”技术（技能）领军人才、拔尖人才评选，开展“双碳”人才培养。优化职工教育培训体系，举办培训班244个，实施领导干部及专家上讲台三年行动计划，评选优秀培训项目22项。开展职工技能竞赛，组织承办了省级、鞍钢集团级、市级技能竞赛，共28个工种，获得各级竞赛状元21个。建立工程技术等级序列，通过3轮公开竞聘选拔首席工程师48名。出台关键人才和青年人才中长期激励机制，积极推荐“兴辽英才”计划人才14名，成功申报国家级、省级技能大师工作站2个，宣传优秀人才典型事迹48人，进一步激发科技人才的创新创造活力。

（朴永鹏　武佩剑）

宣传工作

【概况】 本钢集团宣传工作主要由党委宣传部、鞍钢新闻传媒中心本钢记者站组织实施，主要包括思想建设、理论教育、意识形态工作、形势任务教育、精神文明建设、法治宣传、国防教育、“法轮功”教育转化、对内、对外新闻宣传等方面工作。

本钢集团党委宣传部（统战部、企业文化部、团委）下设宣传统战处、企业文化、团委三个职能单元。主要包括宣传思想、统战、企业文化、共青团、新闻宣传等方面工作。2022年末，在籍人员12人，其中部长1人、副部长2人、职能单元负责人3人、高级经理3人、经理2人、专项工作1人，高级技术职称5人。

鞍钢集团新闻传媒中心本钢记者站（以下简称本钢记者站）为宣传部直接领导的业务机构，负责相关业务的具体实施，下设记者室、编辑室、新媒体工作室、舆情监控室4个内设机构。在籍人员37人，其中管理人员4人（含专项工作1人）、专业职能序列9人、编采序列17人、操作岗2人、赋能5人，中级以上职称（含中级）29人、初级职称6人，女职工21人，中共党员33人。

【党史学习教育常态化长效化】 一是下发《本钢推动党史学习教育常态化长效化实施方案》，开展党史学习教育评估、归档工作，召开党史学习教育总结会议，鞍钢集团第一巡回指导组对本钢党史学习教育给予充分肯定。二是在各基层单位开展“四史”常态化学习、革命传统教育，持续推进党史学习教育常态化长效化。

【学习型党组织建设】 一是承接修订《本钢集团有限公司党委理论学习中心组学习实施细则》，下发《2022年本钢集团有限公司党委理论学习中心组学习安排》和《专题学习计划》，本钢集团领导班子全年共开展党委理论学习中心组学习10次，提高了学习的规范性、针对性和实效性。其中，习近平总书记重要指示批示精神再学习再落实再提升专题学习研讨，采取“上下联动学”的形式，得到了鞍钢集团通报表扬。二是下发《关于开展党委理论学习中心组列席旁听工作的通知》，成立由党委宣传部、组织部等部门联动的列席旁听组，列席旁听19家直管党委中心组学习，覆盖率95%；按季度下发《各单位党委理论学习中心组学习抽查情况通报》，促进基层单位学习质量不断提升。三是把党委理论学习中心组学习情况纳入党委党建责任制工作考评和政治监督检查内容，加强对日常学习、学习情况报告等学习过程的常态化检查；对习近平总书记关于国有企业改革发展和党的建设的重要论述、国企改革三年行动首要任务学习进行专题部署，做到学用结合，防止出现学用“两张皮”现象，进一步推动中心组学习规范化制度化。

【宣传思想工作】 深入开展2022年思想政治工作课题论文征集评选活动，总结推广来自基层的思想政治工作经验和做法。对征集的37家单位77篇论文进行评选，共评选出一等奖5篇、二等奖10篇、三等奖15篇、优秀奖16篇，并推荐6篇优秀论文参加鞍钢集团2022年思想政治工作优秀课题评选，获一等奖1篇、三等奖3篇，同时，参加全国冶金政研会举办的“全国冶金行业思想政治工作优秀论文评选”，获一等奖1篇、二等奖1篇、三等奖2篇，创历史最好水平。

【意识形态工作】 一是及时转发鞍钢集团《党委意识形态工作责任制实施细则》《落实党委网络意识形态工作责任制责任分工方案》《鞍钢集团党委关于迎接党的二十大确保意识形态安全的工作方案》，并组织实施，调整本钢集团意识形态工作分析研判小组，压实工作责任，为意识形态工作提供制度保障。向鞍钢集团党委、本溪市委报送本钢集团意识形态工作报告。本钢集团党委常委会2次专题研究意识形态工作，审核各基层单位2022年意识形态工作报告。二是各基层单位党委切实把意识形态工作作为党的建设的重要内容，纳入重要议事日程，纳入党建工作责任制、领导班子、领导干部目标管理，与生产经营工作和党建工作紧密结合，一同部署、一同落实、一同检查、一同考核。各直管党委每年向本钢集团党委书面报告一次本单位意识形态工作情况。三是加强舆情管控，有效引导舆论。本钢及时更新65个微信公众号平台和7个网站微博抖音平台信息、表述准确，受到了市委网信办的肯定与好评。围绕本钢集团三项制度改革和“大宣传”工作格局，对网络舆情进行24小时监控，确保思想舆论及网络舆情环境总体平稳。四是做好2021年度报刊出版单位社会效益评价考核工作，实现社会效益和经济效益相统一。

【形势任务教育】 印发《本钢2022年形势任务教育工作方案》，下发《务实高效 攻坚克难 精准精细 少说多做 凝心聚力迎挑战 奋楫扬帆赢未来》形势任务教育宣传提纲，加强职工思想正面引导。同时，通过实施五级网格化管理、四级网评员队伍建设和“本钢深改在线”平台体系，使广大职工充分认清了企业发展的形势和任务，形成了“上下同欲者胜，同舟共济者赢”的良好舆论氛围。

【学习宣传贯彻党的二十大精神】 一是2022年10月16日，通过上下联动的方式，组织各基层单位相关人员同时观看党的二十大开幕盛况。二是11月17日至18日，参加鞍钢集团学习宣传贯彻党的二十大精神研修班，本钢集团各级党委理论学习中心组成员、相关部门负责人代表、基层单位负责人代表作交流发言，鞍钢集团纪委书记闫立兵对本钢集团研讨交流给予充分肯定。三是12月4日，下发《本钢集团有限公司党委学习宣传贯彻党的二十大精神工作方案》，细化专题学习、主题宣讲、主题培训和新闻宣传工作具体实施方案，指导各基层单位抓好落实。各直管党委结合本单位实际，分别制订落实方案，开展相关工作。四是10月25日至26日，举办了2022年本钢集团宣传统战干部及党外人士培训班，邀请市委党校特聘教授刘晓方作党的二十大精神专题辅导。12月15日，举办本钢集团学习宣传贯彻党的二十大精神专题辅导暨专题宣讲报告会，邀请省委党校副校长黄莉作题为《新时代新征程坚持和发展中国特色社会主义的政治宣言和行动纲领》党的二十大精神专题辅导。本钢集团领导作党的二十大精神专题宣讲。本钢集团党委领导班子成员及D级以上各岗位序列人员、党群部门负责人及相关工作人员、团委负责人、党总支（支部）书记代表、党员代表、先进模范、团员青年、各民主党派及党外知识分子代表分别在主、分会场聆听了报告会，分层次、有侧重地抓好基层党员干部和普通党员学习教育。下发《本钢集团党委开展学习宣传贯彻党的二十大精神巡回宣讲的通知》，组建宣讲团，深入板块公司、厂矿，开展学习宣传贯彻党的二十大精神巡回宣讲活动；利用“青马学堂”引导团员青年学习党的二十大精神，确保党的二十大精神全覆盖。

【精神文明建设】 2022年是本钢立足新起点，锐意改革、勇毅前行的一年，也是本钢发展史上极为重要、极具挑战意义的一年。本钢集团党委以习近平新时代中国特色社会主义思想为指导，把培育和践行社会主义核心价值观作为主线，贯穿到鞍本重组整合融合及各项生产经营工作当中，通过弘扬社会主义核心价值观，落实《新时代公民道德建设实施纲要》，深入推进精神文明建设，为实现本钢集团高质量发展提供了强大的精神力量和丰润的道德滋养。

【文明单位创建活动】 积极探索新形势下精神文明建设工作融于企业生产经营实际的有效途径。一是持续开展文明单位创建活动，组织开展争创文明单位、争做文明职工等群众性精神文明创建活动，发动更多单位、职工参与其中，营造良好文明氛围，巩固本钢“辽宁省文明单位标兵”优秀成果。二是紧紧围绕中央、省、市文明办工作部署，结合本钢实际，有效开展精神文明建设各项工作。加大先进典型选树宣传及向上级推荐力度，深入开展“本钢好人”评选活动，形成人人学习典型、人人争当典型的浓厚氛围。

【典型选树及宣传】 加大国家级、省市级先进典型的挖掘培养选树宣传力度，进一步扩大本钢先进典型的知名度和社会影响力。一是组织开展“中国好人”“辽宁好人”“本溪好人”的推荐宣传工作。机械制造公司刘希岩荣获2022年度“辽宁好人”称号并作为唯一个人代表荣登“辽宁好人 最美人物”颁奖台；机械制造公司刘希岩、本钢浦项吴长发2人荣获2022年度本溪市道德模范称号。二是组织做好2022年度辽宁省学雷锋志愿服务“四最”先进典型、“本溪好人·最美志愿服务团队（志愿者）”的推荐宣传工作。本钢志愿服务队荣获2022年度辽宁省学雷锋最佳志愿服务组织称号；设备维护检修中心姚荣溪、板材废钢厂姜宝生2人获得“本溪好人 最美志愿者”称号。三是组织做好本溪市“雷锋号”的推荐宣传工作。本钢板材特殊钢事业部炼钢作业区、北营物流中心车务作业区雷锋调车组、矿业北台铁矿过滤作业区3个单位荣获本溪市2022年度“雷锋号”称号。四是走访慰问道德模范和“本钢好人”，礼遇先进。走访慰问板材铁运公司赵秉言等13名市级以上道德模范、人力资源服务中心赵杨等2名“本钢好人”，增强道德模范和“本钢好人”的荣誉感，营造尊敬、学习、关爱先进典型的浓厚氛围。

【本钢好人评选及宣传】 深入开展“本钢好人”评选活动，影响力实现历史突破，成为展示本钢职工道德建设丰硕成果、发挥先进典型示范引领作用的成熟实践项目，本钢精神文明建设的经典品牌，是本钢集团高质量发展中不可或缺的重要力量。一是作为庆祝党的二十大胜利召开系列活动亮点之一，2022年11月19日，在本钢文化中心隆重举行“本钢因你而精彩”第二届“本钢好人”年度盛典。盛典受到本钢干部职工和社会各界的广泛关注，现场观摩人数及直播点击量突破3万人。市委宣传部副部长刘海洋出席盛典。党委书记、董事长杨维为11名年度好人颁奖并发出倡议。二是印刷《本钢好人》一书。书中重点收录了2021年40名季度、11名年度“本钢好人”的先进事迹，全面记载了本钢集团第二届“本钢好人”年度盛典实况，回顾了2021年“本钢好人”评选活动的基本进程及其所产生的初步社会效应。三是按照从严把关、优中选优的原则，2022年共评选出敬业奉献、诚实守信、助人为乐、见义勇为、孝老爱亲5大类40名季度“本钢好人”（含10名年度“本钢好人”）。评选活动成为引领企业文明发展的“风向标”。四是大力宣传本钢好人精神，传播向上向善正能量，在《本钢日报》、本钢集团官方公众微信号和《今日本钢》电视特别开设“本钢好人”专版专栏，对2022年40名“本钢好人”进行专题报道，共同见证“好人精神”在本钢集团开花结果，传播致远。

【学雷锋志愿服务活动】 志愿服务队伍日益壮大，服务范围和社会影响力日益扩大，有效推动新时代志愿服务事业持续健康蓬勃发展。注册队员达到3686人，常态化志愿服务项目12个，累计开展志愿服务活动总时长15795小时。根据服务对象和服务范围下设电气维修、爱心献血、社区便民等11个直管支队，板材公司、北营公司、矿业公司等20个直属支队及32个直属分队。一是服务队秉承“本钢志愿者 温暖本钢人”“立足本钢 奉献社会”的理念，开展了系列特色常态化志愿服务活动。参加本钢花园式工厂建设启动仪式，开展“生态山城·美丽本钢”“保护母亲河 共创生态城”“文明出行我先行”“献血，我为生命续航”“疫情防控 有你有我”等服务项目。二是组织开展2022年本钢首期志愿服务专题教育培训。通过理论培训和到抚顺雷锋纪念馆参观学习，全面提升本钢志愿服务制度化、专业化的管理水平，增强本钢志愿者服务意识和综合素养。三是组织开展本钢2022年“最美抗疫志愿服务组织（志愿者）”宣传推选活动，共评选出31个先进集体和99名先进个人。通过表彰先进，充分展示本钢各志愿服务组织和本钢志愿者的责任和担当。四是在全国“学雷锋纪念日”前夕，组织50名志愿者代表、“本钢好人”代表到鞍钢走进“郭明义爱心工作室”与郭明义老师面对面交流学习，参加辽宁省学雷锋活动启动仪式，并参观鞍钢博物馆和鞍钢雷锋纪念馆，深入推进鞍本两地文化深度融合、交流。五是在纪念“3·5”学雷锋活动当日，利用《本钢日报》等多媒体开展以“把雷锋精神代代传承下去”为主题的学雷锋志愿服务主题宣传活动。六是组织开展“承使命担当，为生命续航”本钢应急献血志愿服务活动，共完成10个批次采献血，2243人采血，1522人献血，415100毫升全血，35个血小板治疗量的任务，极大地缓解了本溪血库的紧急状态，得到市政府牟傲风副市长的高度评价，市电视台及《本溪日报》均在核心栏目及重点位置报道了本钢的这一担当善举。七是本钢志愿服务队荣获2022年度辽宁省学雷锋志愿服务“四最”最佳志愿服务组织奖。

【法治宣传】 坚持“依法治企”和“以德治企”相结合，全面推动本钢法治宣传工作的深入开展。一是通过多种形式学习宣传相关法律法规。将相关法律法规纳入各级党委理论学习中心组学习重要内容。二是以“学习宣传贯彻党的二十大精神，推动全面贯彻实施宪法”为主题，组织开展2022年“12·4”国家宪法日“宪法宣传周”系列宣传活动。在《本钢日报》开设专版，编发相关单位法治建设工作的具体做法和典型经验，以此推动各单位树立依法治企、合规经营理念。三是2022年是全面实施“八五”普法规划和决议的关键之年。根据《本钢集团有限公司关于开展法治宣传教育的第八个五年规划（2021—2025年）》相关要求，深入开展全员普法和法治宣传教育，引导职工树立法治信仰，督促引导领导干部带头尊法学法守法用法，扎实推动本钢法治宣传工作走深走实。

【国防教育】 以纪念《中华人民共和国国防教育法》颁布实施21周年为契机，进一步加强国防教育，开创新时代本钢国防教育新局面。一是将《中华人民共和国国防教育法》的学习教育纳入依法治企普法宣传教育的主要学习内容中，加大对全体职工国防知识宣传教育的力度和广度。二是在《中华人民共和国国防教育法》颁布实施纪念日当天，会同保卫中心（武装部）在《本钢日报》开辟专版，以“维护忠诚核心、矢志奋斗强军”为主题，宣传国防知识、基层单位经验做法和先进个人典型事迹，推动本钢集团国防教育活动深入开展。三是会同保卫中心（武装部）按季度为基层民兵、专武干部发放政治教育学习活页，进行专项宣传教育。以此增强国防观念，凝聚本钢法治建设的强大力量。

【“法轮功”教育转化】 按照省、市防范办的统一部署，在广大干部职工中深入开展“崇尚科学、反对邪教、珍爱生命、共享和谐”的社会主义核心价值观教育。重点做好敏感节假日期间“法轮功”重点人“零平安报告”的防控接续帮教维稳工作。

【新闻宣传概况】 本钢新闻宣传工作由党委宣传部（统战部、企业文化部、团委）、本钢记者站共同实施。2022年，主要负责《本钢日报》出版、《今日本钢》电视播出和本钢新媒体宣传以及网络舆情监控、对外宣传等工作。本钢自有媒体包括《本钢日报》《今日本钢》电视、本钢集团官方微信、微博、抖音、今日头条等新媒体推送平台。

【《本钢日报》概况】 《本钢日报》创刊于1948年12月。立足本钢，面向全国公开发行，国内统一刊号：CN21-0031，为对开四版周二刊，每周一、周四出刊。2022年，《本钢日报》围绕鞍钢本钢重组深化整合融合、深化市场化改革、生产经营、疫情防控、科技研发、绿色发展等重点工作，全年共出版报纸93期，372个版面，刊发文字约186万字，为本钢高质量发展提供了强有力的精神动力和舆论支持。

【新闻宣传亮点】 一是全天候跟进本钢集团重要会议和领导工作调研等报道，围绕鞍钢集团“7531”战略目标和本钢集团“1357”工作指导方针，及时传达鞍钢、本钢重要工作部署和工作要求。二是紧密围绕本钢集团中心工作，大力宣传企业改革发展和生产经营突破性成果，重点围绕2022年以来持续深化市场化改革，激发企业活力，保持稳产创高产、科技攻关、产品研发、能源环保、数字化智能化建设等方面工作成果进行宣传报道，并组织系列深度报道，挖掘各主要生产单位提产创效工作成果和经验。三是围绕党的二十大胜利召开，策划并完成会前、会中、会后系列报道，报纸开设“喜迎二十大 建功新鞍钢”“学习宣传贯彻党的二十大精神 加快推进新本钢高质量发展”等多个专版专栏，与企业生产经营实际紧密结合，通过综述、评论、见闻、党员心声、图片专版等多种形式，形成有影响力传播力的报道格局。四是深入基层挖掘典型，开设“榜样”“先锋模范”“党建阵地”“人才之窗”“本钢好人”等专栏、专版，报道各级各类先进人物，大力弘扬劳模精神、劳动精神、工匠精神，集聚发展正能量。

【《今日本钢》概况】 2022年共编播《今日本钢》电视节目133期，播发新闻947篇，处理文字57万余字。以党的二十大召开为契机，提高政治站位，坚守新闻宣传主阵地，开展一系列党的二十大新闻宣传活动，紧密围绕鞍本重组整合融合等企业改革发展重点工作，把握主题、突出主线、发挥特色。开设“喜迎二十大 建功新鞍钢”专栏，动态报道本钢集团各单位为喜迎二十大举办的各类活动以及生产经营等重点工作领域取得的新成绩；鞍本重组整合融合一周年成果报道；本钢集团典型基层党委、党支部宣传报道。开设“深入学习贯彻党的二十大精神·建设新鞍钢 奋进新征程”专栏，报道本钢集团党委及各级党组织深入学习贯彻党的二十大精神，以高昂的斗志、饱满的热情投身高质量发展新鞍钢、新本钢建设的报道。积极融入鞍钢集团大宣传格局，充分发挥鞍本重组协同效应，立足央企平台，对标鞍钢集团电视新闻宣传工作，对工作流程、业务链条进行重新梳理。强化业务学习、交流，进一步提高了工作效率和工作质量，新闻宣传传播力、引导力、影响力、公信力得到极大提升。

【新媒体建设】 2022年，“本钢集团”微信公众号共发布微信推送1375条，微博1308条，今日头条、抖音短视频、微信视频号共104个，各类原创作品80余个。全年“本钢集团”官方微信公众号阅读量达到150余万次，增加粉丝量1.8万人。其中，8月在全国钢铁企业微信公众号综合排名中位列第四，实现历史性突破。新媒体及时准确把握本钢集团重大事件和主要领导的重要指示精神，紧扣企业以效益为中心的改革发展工作脉搏，在鞍本重组整合融合、三项制度改革、要闻会议、党史学习教育、专项工作、稳产高产、降本增效、科技创新、产品研发、节能环保、工程建设、企业管理、疫情防控、先进典型、党的建设等主要工作上下功夫，分层次了解掌握重要信息，下基层挖掘精彩事件，报道本钢集团及各基层单位改革发展、生产经营和党建工作成果，以及各条战线上涌现出来的先进典型，收到了良好的宣传效果。本着当天发生、当天报道的原则，发挥新媒体快、新的优势，充分利用微信、微博等平台，第一时间对本钢集团重要会议、重要事件、重要来访等要闻进行及时报道，对本钢集团党政主要领导的重要新闻做到当天发生、当天微信推送，彰显了新闻时效性。对微信推送内容进行栏目化设置，推出要闻、深改同期声、喜迎二十大 建功新鞍钢、红色引擎、大干冲刺、板块动态、科技之光、降本创效、创新增效、数字本钢、绿色本钢、工程速递、先锋、多元发展、实事送暖、民生工程、重要评论等50多个栏目，并精心制作栏目封面图，使微信推送主题更加鲜明，促进了阅读量的提升。同时，发挥新媒体互动性强的优势，创新手段，丰富微信推送的表现形式和手法，在制作中多使用图片、视频、音频，对报纸和电视新闻进行二次编辑制作，以更加新颖、直观的形式表现新闻内容。

【对外宣传】 围绕企业中心工作，不断加大对外宣传力度，塑造本钢高质量发展形象。2022年，在外部媒体刊发稿件达200余篇。在新华网、《人民日报》《光明日报》、学习强国、今日头条、《中国冶金报》《中国法制报》《辽宁日报》等省级以上主流媒体刊发转载《缔造“实力名片”永葆基业长青》《战略领航，奋楫扬帆向未来——本钢集团推动“1357”工作指导方针落地落实综述》《整合融合高效推进 动力活力持续迸发鞍本重组实现“1+1＞2”》《给“有为”者搭“赛道”让落聘者有出路——剖析本钢三项制度改革的解题之道》《本钢高端齿轮钢首次走出国门》《让本钢的原创产品更有技术含量》等重点报道，契合了企业生产经营与改革发展的中心工作，增强了宣传效果，提升了本钢集团企业形象，在社会上影响广泛。

【新闻宣传综合管理】 一是深入贯彻落实习近平总书记对新形势下做好党的新闻舆论工作的要求和关于媒体融合发展重要讲话精神，在鞍钢集团新闻传媒中心的具体指导下，在本钢集团党委宣传部的直接领导下，全体编采人员以新观念、新气象，攻坚克难，全力创作优秀新闻作品，树立本钢新形象，推广本钢品牌。二是本钢记者站党支部开展了“转作风、提能力、树形象，讲好本钢故事”主题实践活动。切实转变工作作风、严肃工作纪律、树立崭新形象，进一步强化纪律意识，体现担当精神，恪守职业道德，讲好本钢故事，为新本钢各项工作开展提供强有力的舆论支撑。三是充分发挥鞍本重组协同效应，立足央企平台，对标鞍钢集团新闻传媒中心工作流程、业务链条进行重新梳理，进一步提高了工作效率和工作质量，新闻宣传传播力、引导力、影响力、公信力得到提升。

四是舆情管控工作以“第一时间发现、第一时间研判、第一时间应对”为工作原则，以维护本钢全体职工的正当权益为己任，最优化地释放舆情监控职能，为本钢营造健康、平稳的网络舆论环境提供了坚强保障。

（顾春明　朱　丹　杨　勇）

纪检监察工作

【概况】　本钢集团有限公司纪委职责是切实加强对本钢领导班子及其成员、党委管理领导人员的监督，督促党委履行好全面从严治党主体责任。按照党章规定，积极协助党委推进全面从严治党、加强党风廉政建设和反腐败工作，为党委履行主体责任提供载体和平台。

党政督查办（党委巡察办）的主要职责有：推进大监督体系建设；负责全面从严治党主体责任日常工作、党委专项治理、专项整治工作；协助党委巡视整改工作；组织开展巡察相关工作；对重大决策指令进行督查；对“三重一大”决策抽查监督情况进行督查；负责本钢职工违规处理工作的实施和管理。

本钢集团有限公司纪委、党政督查办公室、党委巡察工作领导小组办公室合署办公。本钢纪委（党政督查办、党委巡察办）下设综合管理室、纪律审查室、案件审理室、党政督查办（党委巡察办）四个职能单元。截至2022年末，在籍人员26人（不含纪委书记），均为中共党员，其中在岗14人、改做专项工作12人，在岗人员中管理F级1人、管理E级2人、管理D级3人、管理C级5人、管理B级3人，研究生学历7人、大学学历7人，副高级职称5人、中级职称6人、初级职称3人。

【整合融合】　严格落实《鞍钢党委关于推进纪检监察体制改革实施方案》工作部署，紧扣节点目标，强化工作责任，围绕“要素管控＋管理移植”，全面推进鞍本纪检工作体系对接和制度对接。指导各直属党委建立纪委筹建组，符合条件的成立纪委。组织推动20家直属党委全面贯彻落实鞍钢集团纪检工作制度体系，进一步增强了纪检工作的系统性、规范性、协同性。截至2022年末，按时保质保量报送了包括案管数据在内的各项工作数据，及时完成鞍钢集团纪委督办案件的办理工作。

【廉洁宣教】　大力弘扬党的光荣传统和优良作风。在春节、劳动节、国庆节等重要时间节点，及时下发廉洁提醒和纪律要求，组织各级纪检组织开展监督检查310次，纠正各类苗头性、倾向性问题和行为。加强对领导干部的廉洁教育，组织开展新提任领导干部岗前教育，进一步增强新提任干部的党性观念、纪律观念和廉洁自律意识。规范领导干部配偶、子女及其配偶经商办企业行为，对662名D级及以上领导人员和5500名关键重要敏感岗位人员按照专项整治内容进行了认真自查，对5名瞒报漏报进行调查。举办廉洁教育活动，组织开展党规党纪教育活动730次，参加131349人次；组织开展警示教育活动538次，参加96709人次。依据鞍钢集团纪委主题活动方案要求，组织开展“重温两书、坚守初心”党性教育活动、“赓续红色血脉，建设廉洁文化”主题读书活动以及“以案为鉴、警钟长鸣”读书警示教育活动，以廉为范，永葆清正廉洁本色。建立领导干部和重要关键敏感岗位人员廉政档案，使之成为干部任免和监督、管理的重要参考依据。积极组织基层纪委向鞍钢集团《每月一鉴》投稿，同时注重用好廉洁教育资源，学好廉洁文化，教育引导干部职工筑牢廉政思想防线。

【协同监督】 落实党中央、省市和鞍钢、本钢重大决策部署，统筹各类监督主体协同开展监督。紧盯全面从严治党主体责任落实、“三重一大”决策过程和巡察反馈意见整改落实，坚持推进依法依规治理企业。做好选人用人监督，坚持“凡提必审”，避免“带病提拔”，坚决做到从选人用人的初始酝酿阶段参与研究，并对选人用人工作全过程进行监督。严把“党风廉政意见回复”关，回复组织人事等部门党风廉政意见592人次。推进监督资源整合，提高监督效果。不断推动党内监督、职能监督和管理监督的深度融合。在保证部门监督相对独立的基础上，注重协同与联动，把握监督的主动权与权威性。充分发挥审计工作重要“排雷”作用；推动安全环保部把握好管理与监督的关系；找准法律合规部监督的关注点；注重发挥工会职代会的民主监督作用，拓宽监督的深度和广度。初步形成党委主抓、纪委专责、有关部门配合、基层组织和党员干部参与的上下联动、左右协同的监督工作合力，切实增强了监督的针对性和有效性。

【党政督查】 对标鞍钢集团党政督查工作，承接制定《本钢集团有限公司党委构建大监督体系的意见》等5项制度文件，进一步完善制度体系建设。制定《本钢集团有限公司职工罚则（试行）》，运用该制度实施政纪处罚。并结合“安全风暴”、疫情防控等专项整治行动，针对“形式主义、官僚主义”问题，发现一起、处理一起，做到有案必查，有错必纠，查处率100%。加强督查督办工作，2022年，对厂区内临建房和库房清理、不规范劳动关系管理规范等工作进行督查督办。在督查督办过程中采取下发督查督办通知、现场沟通落实、电话督促提醒、月节点进度跟踪等方式进行跟踪督办。2022年，组织开展了“影子公司”“影子股东”问题等专项整治工作，为企业堵塞漏洞，补齐短板，营造了良好环境。

【党委巡察】 促进监督全覆盖，发挥巡察利剑作用。党委巡察机构在政治巡察“四个落实”的基础上，透过“经营”看“政治”，形成政治监督和企业管理“双管齐下”的监督模式，紧盯重点问题和“硬骨头”难题，推动一体整改、集成整改。2022年，先后启动了第七轮和第八轮巡察工作，对板材公司炼铁总厂、机械制造公司等32家基层单位党组织开展了常规巡察，实现巡察“全覆盖”。同时，对党委第四轮、第五轮巡察开展巡察整改落实“回头看”，做好做实巡察整改“后半篇文章”。积极配合鞍钢集团党委提级巡视和专项巡视工作，保障巡视工作顺利开展。编制刊发《巡察小故事汇编》，用鲜活案例进一步引导党员干部知敬畏、存戒惧、守底线。本钢纪委坚持以日常监督为主要形式、以项目监督为重点抓手、以巡视巡察为工作利剑，综合运用监督手段，为企业生产经营保驾护航。

【纪律审查】 严格按照“事实清楚、证据确凿、定性准确、处理恰当、手续完备、程序合法”二十四字办案基本要求开展纪律审查工作。以提升案件审查规范为目标，推动办案安全与办案质量双管齐下，“两手抓两手硬”。坚持零容忍反腐惩恶，有力减存遏增，2022年，接收检举控告类信访举报153

件、处置问题线索209件、立案133件、结案105件，分别给予党纪处分105人、政纪处罚76人、采取组织措施216人。严格依规依纪行使职权，坚持严管与厚爱结合、激励与约束并重、贯通纪法与情理。精准监督执纪，坚持“三个区分开来”，通过监督执纪的正确导向，激发干部担当作为正能量。深化运用“四种形态”，强化日常监督执纪，2022年，运用“四种形态”处理396人次，其中“第一种形态”206人次、“第二种形态”159人次、“第三种形态”1人次、“第四种形态”30人次。

【以案促建】 紧紧围绕企业中心工作，加强监督检查。健全完善约谈机制，明确约谈情形，主动约谈459人次。发出建议书10份，推动建章立制12项。严查不良网络舆情，给予党纪处分和组织处理11人、政纪处罚1人，扭转网络舆情被动局面，为企业改革发展保驾护航。开展“案件质量规范年”专项工作，依据评查标准对2021年以来的138卷案卷进行了逐卷排查。针对评查组提出的问题逐条落实、立整立改、举一反三。强化以案促教工作，在鞍钢集团纪委审理室的指导下，完成《蜕变人生》专题警示教育片拍摄工作，并在鞍钢集团党风廉政警示教育大会中播放，通过以案为鉴，深化思想认识，真正起到查办一案、教育一片、治理一域的综合效果。

【自身建设】 锤炼真本领、锻造好作风，坚持以选促增，以检促改，以学促升，以清促正，不断提高纪检干部的业务能力和队伍的纯洁性。以“案件质量规范年”专项监督检查反馈意见整改工作为切入点，规范标准、查找偏差、及时整改，全面提升案件质量。不断强化专兼职纪检干部纪检业务培训，强化实战练兵，组织开展纪检业务培训78次，警示教育工作会1次，培训1380人次。相继选配纪检干部172人，通过“以案代训”培训基层纪检干部8人次，选派4人次业务骨干到鞍钢集团纪委、辽宁省纪委历练，收到较好效果。健全完善内控机制，持续防治“灯下黑”，及时对3名“不适宜、不适合、不适应”纪检干部进行岗位调整。（翟利彬）

统一战线工作

【概况】 本钢集团党委统一战线工作由本钢集团党委宣传部（统战部、企业文化部、团委）具体组织实施。2022年，深入学习贯彻习近平总书记关于加强和改进统一战线工作的重要思想，贯彻落实《中国共产党统一战线工作条例》文件精神，宣传贯彻党的统一战线的路线、方针、政策以及上级党委统战工作会议精神；负责围绕企业改革发展和生产经营中心工作，夯实基础，丰富载体，创新思路，充分凝聚党外各界人士，调动统战成员积极性，努力发挥统战工作在企业高质量发展中的作用；负责省、市、区政协委员及党外人大代表的推荐、考核和管理工作；负责协调指导本钢各民主党派和无党派人士、党外知识分子以及民族、宗教、对台、侨务等统战各项工作。

【统战活动】 一是印发《2022年本钢宣传思想文化和统战工作要点》，指导各基层单位在凝聚思想共识、加强党外代表人士队伍建设、加强统战主题活动组织等方面开展工作。二是加强统战工作基础建设，承接《鞍钢集团有限公司统一战线工作管理办法（试行）》，修订《本钢集团有限公司统一战线工作经费实施办法》；及时调整了本钢集团党委统一战线工作领导小组成员，为统战工作提供制度保障。加强基层统战干部队伍建设，举办基层统战干部培训班，进一步提升业务能力和服务水平。三是加强统战管理考核，把统战工作纳入本钢集团党委的重要议事日程和党建工作责任制考评，党委常委会专题研究1次统战工作，定期考核各直管党委统战工作开展情况，并与绩效考核挂钩，形成党委统一领导，统战部门牵头协调，各有关部门和基层党委各负其责的“大统战”格局。四是结合鞍本整合融合要求，加大对统战成员的宣贯力度，通过邀请民主党派、无党派人士列席本钢第二次党代会、本钢集团学习宣传贯彻党的二十大精神专题辅导暨专题宣讲报告会等形式，坚持正确引导，传递正面声音，广泛凝聚整合融合、支持改革的思想共识。五是推动统战工作理论创新，高质量完成了题为“强化‘三项抓手’搭建‘三大平台’努力建设本钢党外知识分子人才库和蓄水池”的统战实践创新项目；辽宁省统一战线研究课题党外知识分子建言献策课题“关于加快数字辽宁、智造强省建设的对策研究——关于人才及发展创新环境的建议”。

【政协工作】 一是配合市委统战部开展省政协委员换届工作，推荐2名党外人士担任省政协委员；配合市、区委统战部开展政协委员、常委资格条件情况调查摸底工作，34名党外人士担任市、区政协委员，其中常委5名。二是积极促进本钢籍政协委员建言献策，履行参政议政职能，全年向市政协提交提案13件，被采纳10件。

【民主党派工作】 一是支持民主党派自身建设，按照《本钢集团有限公司统一战线工作经费实施办法》，为各民主党派开展特色活动提供经费保障。二是以围绕庆祝党的二十大胜利召开，开展“矢志不渝跟党走，携手奋进新时代”政治交接主题教育活动，利用《本钢日报》等媒体，宣传7个民主党派的典型事迹，充分发挥引领示范作用。

【党外知识分子工作】 一是结合企业生产经营中心工作，充分调动统战成员工作热情，深入开展了“爱本钢、献良策、做贡献”等活动。2022年，开展课题立项51项，经过评审，共评出一等奖3项、二等奖6项、三等奖9项，并择优报送鞍钢集团，获鞍钢集团一等奖1项、二等奖2项、三等奖3项。二是疫情防控过程中，号召本钢广大统战成员结合岗位实际，积极参与本单位抗疫保产工作中，广大党外人士积极参与本钢志愿服务队疫情防控活动，吃住在单位，解决生产、设备、销售、工程等环节的突发状况，确保本钢生产经营稳定顺行，为坚决打赢防疫保产攻坚战贡献统战力量。三是推荐2名党外人士与鞍钢集团领导班子成员结对子，推荐9名党外人士与本钢集团领导班子成员结对子，领导班子成员均与党外人士开展了谈心谈话。推荐13名本钢籍归侨侨眷为本溪市第八次归侨侨眷代表大会代表，其中，马俊挺当选市侨联第八届常委，林庆峰当选市侨联第八届委员。推荐10名本钢籍无党派人士为本溪市党外知识分子联谊会理事及会员人选，刘宏亮当选为副会长，杨旭、惠国东、郑莹同志当选为理事，进一步扩大本钢统战成员的影响力。

【民族宗教工作】 一是认真开展中央民族工作会议精神学习宣贯工作，及时转发《本溪市人民政府办公室关于回族等少数民族“开斋节”放假的通知》，广泛开展宣传教育，增强实效性，扩大覆盖面，纳入职工思想政治教育全过程。二是按照央企标准，组织各单位对少数民族职工、信教职工等方面进行摸底调查，做到情况清、底数明，为本钢集团下一步开展统战工作打下了比较坚实的基础。

【对台侨务工作】 关心本钢台胞政治生活，推荐1名本钢台胞代表辽宁省台胞参加全国台胞代表大会，进一步助推本钢台胞成长，提升政治待遇。同时，发挥统战部门职能作用，解决台胞代表实际困难。

【本钢各民主党派概况】 本钢集团现有“民革本钢支部、民盟本钢总支、民建本钢委员会、民进本钢总支、农工党本钢支部、致公党本钢支部、九三学社本钢委员会”7个民主党派，共有基层委员会（总支）、支部（社）等组织29个，民主党派成员322人；无党派代表人士40人；党外知识分子8177人；归侨侨眷、三胞眷属38人；归国留学9人；市级党外人大代表8人；党外政协委员22人；基层兼职统战干部60人。民革本钢支部下设3个支部，现有党员51名，市、区政协委员3名；民盟本钢总支下设8个支部，现有盟员75名，市、区级人大代表、政协委员7名；民建本钢委员会下设4个支部，现有会员61名，市、区级人大代表、政协委员6名；民进本钢总支下设3个支部，现有会员46名，市、区级人大代表、政协委员4名；农工党本钢支部现有党员5名，市、区级政协委员2名；致公党本钢支部现有党员15名，市、区级政协委员3名；九三学社本钢委员会下设5个支社，现有社员69名，市、区级人大代表、政协委员6名。一是理论学习方面。党外人士通过“鞍钢e学”直播平台，参加十九届六中全会精神培训班，10月16日，各民主党派组织成员收听收看了党的二十大开幕式，参加2022年本钢集团党外人士培训班，巩固本钢统战成员的共同思想基础。各民主党派通过线上线下专题学习、录制网络文艺演出活动、观看爱国主义影片、参观本溪大冰沟爱国主义教育基地等形式，不断提升“矢志不渝跟党走，携手奋进新时代”政治交接主题教育活动的政治性、传承性、针对性和实效性。二是组织建设方面。民盟本钢总支加强班子建设，定期召开支委会，研究部署支部工作，增加新盟员1人；民建本钢基层委员会定期开展形式灵活多样的组织活动，增加新会员3人；九三学社本钢委员会通过召开班子会议，由各支社主委报告工作并作定期总结，组织发展了新社员5人。三是参政议政方面。民盟本钢总支完成盟中央开展的《民盟基层组织建设的现状及对策》的调研；向市政协报送议案、提案7件。民建本钢委员会向各级政协组织提建议和提案4件，参与社会调研、视察活动16人次；1名会员分别担任市、区各级特邀参政议政监督员；1人入选市政协专业技术人才库。农工党的提案《大力推动旅游高质量发展》得到了农工党市委的肯定。九三本钢委员会围绕本溪市经济和社会发展中的重点、焦点和热点问题，组织社员开展调查研究，对本溪市废钢产业建设发展情况专题调研，向各级政协组织提建议和提案8件，其中机关支社主委吕原鑫同志2022年度执笔的《关于推进我市废钢产业发展的提案》获得2022年度政协好提案的荣誉。四是特色活动方面。民盟炼铁厂、歪头山铁矿、北营支部围绕超低排项目节点目标、绿色矿山、后备矿山增量、对标“双跑赢”开展攻关。民建本钢基层委员开展“先进并不遥远，榜样就在身边”的经验交流活动，营造比、学、赶、帮、超的浓厚氛围。民进本钢总支组织会员举办了迎新年羽毛球友谊赛活动，得到了民进市委会和广大会员的认可。九三本钢委员会组织社员开展党史和社史学习以及快问快答活动，在党建主题公园开展庆祝建党百年红色教育主题活动。五是社会服务方面。民进本钢总支举办了走访困难会员、重阳节走访慰问退休老会员等活动。民盟本钢总支组织盟员积极参与市盟梦源书屋的运行和管理，盟员捐款捐书，为社区建设加油助威。农工党本钢支部利用业务时间组织党员和身边的群众开展登山捡垃圾环保工作，践行了绿水青山就是金山银山的发展理念。致公党组织支部党员参加致公党中央定点帮扶活动，通过致公党“西好物”线上购物平台，扶贫购物2000余元。六是岗位建功方面。民革厂区、综合、北营支部推广落实“卓越计划”“领军计划”等管理制度，为提高企业现代化管理水平想点子、提建议，取得新突破。民盟本钢总支主委赵兴涛当选为民盟辽宁省科技委委员；盟员王娜被推荐为全国人大代表、民盟辽宁省科技委委员、鞍钢集团三八红旗手标兵；单斌当选为民盟辽宁省经济委委员；姜咏梅当选为本溪市政协港澳委台侨委委员。民建本钢委员会被评为民建本溪市委先进集体。民进会员白刚获2021年度本钢科技论文征评活动一等奖。九三学社本钢委员会主委徐海涛“爱献做”项目获鞍钢集团和本钢集团一等奖；技术学院支社李胜兰撰写的《物联网背景下人工智能机器人的发展趋势》发表于中国科技期刊；技术中心支社王亚芬撰写的论文《热镀锌无铬钝化板涂装性能不合分析》获得省金属学会一等奖；机关支社胡迎桥申请三项实用新型专利并获得通过，为钢铁企业的生产顺行带来了极大的经济效益。（顾春明）

工会工作

【概况】 本钢集团有限公司工会委员会（简称本钢工会）在本钢党委和上级工会的领导下，依照法律和工会章程独立自主地开展工作，下设劳动经济工作单元、组织民管保障单元、宣教文体（综合）单元。截至2022年末，共有职工10人，直管工会委员会21个、厂矿级工会委员会58个、作业区级工会571个、工会小组3377个。

【职工思想政治引领】 认真宣传贯彻党的二十大精神，牢牢把握工会工作正确政治方向。把学习宣传贯彻党的二十大精神和学习贯彻习近平总书记关于工人阶级和工会工作的重要论述精神结合起来，召开“全面学习贯彻党的二十大精神为新鞍钢新本钢高质量发展建功立业”主题宣贯会议，通过多种形式引导广大职工和工会干部深刻领悟“两个确立”的决定性意义，增强“四个意识”、坚定“四个自信”、坚决做到“两个维护”，把党的二十大的新部署新要求贯彻落实到谋划和推动工会工作中，全面兴起学习宣传贯彻热潮。充分发挥先进典型示范引领作用。对先进事迹广泛宣传，编辑出版《匠心筑梦——罗佳全》劳模书籍，用劳模精神、劳模故事、劳模智慧激励广大职工不懈奋斗，营造劳动光荣的企业风尚和精益求精的敬业风气。以增强工会组织政治性、先进性、群众性为目标，持续加强职工文化引领，汇聚建设新本钢的精神力量，广大职工精神面貌焕然一新，凝聚力、向心力和影响力持续提升。召开本钢文体协会启动大会，成立新媒体、棋牌、足球、网球、篮球、乒乓球6个协会；组织开展“喜迎二十大 建设新本钢 支撑新鞍钢”职工书法美术摄影征集评选活动，共征集书法美术摄影作品154幅，择优上报鞍钢集团工会114幅；在鞍本重组纪念日举办“喜迎二十大、冲刺双跑赢、美丽本钢接力赛”活动，以昂扬斗志投身“大干100天、冲刺四季度”的攻坚战。

【“我为群众办实事”重点民生项目】 全力以赴推进“我为群众办实事”工作，促进企业持续增进民生福祉。深入推动党史学习教育常态化，按照鞍钢集团民生实事总体工作要求，聚焦企业改革发展任务，聚焦职工“急难愁盼”问题，认真谋划民生实事项目，确定“特钢电炉升级改造工程项目”等13项民生实事作为鞍钢集团2022年重点民生项目。下发《本钢集团2022年度“我为群众办实事”重点民生项目计划》，将鞍钢集团民生实事项目中的本钢子项目作为本钢重点民生实事项目落实推进。13个项目已全部完成，其中，“北营300㎡烧结燃料破碎除尘系统改造”“板材特钢电炉改造”“板材冷轧无人行车”和“镀锌机器人”的投入使用，实现超低排放，改善岗位环境，进一步提高劳动生产率；235.5公顷矿山复垦项目的实施，恢复了矿区土地功能，使荒山废地变成绿水青山；全面完成4个食堂和3个浴池的维修改造工程；开展金秋助学活动，为考入大学职工子女发放助学纪念品1200余件，其中的困难职工发放助学慰问金每人2000元。发布“关爱民生 人本为怀”2022年本钢“我为群众办实事”民生工程纪实宣传册和宣传片，充分展现本钢党委实施高质量、有温度民生项目的责任和担当。

【劳动经济工作】 以劳动和技能竞赛为抓手，推动工会工作在服务大局中展现新作为，充分激发职工劳动热情，全面提升职工技能水平。深入开展“当好主人翁、建功十四五、建设新本钢”主题系列劳动竞赛，不断增强竞赛的针对性、实效性和可操作性。组织与效益关联度高的重点岗位、重要工序开展“保产保供”“降本增效”等劳动竞赛，对达标竞赛发放奖励款27.37万元；充分发挥子公司竞赛组织的主体作用，审定各子公司对标挖潜、提质增效、成本攻关等劳动竞赛方案4项，达标竞赛预计使用奖励费用23.04万元。围绕“大干100天、冲刺四季度，全面实现‘双跑赢’”开展专项劳动竞赛。2022年，承办9个本溪市职工技能大赛工种、10个鞍钢集团“群英赛”工种、举办9个本钢级工种，参赛选手达1890人，在省级技能大赛中2名选手夺得状元。以一线操作岗为主体，召开群众性创新创效攻关活动启动会，发布《群众性创新创效攻关项目管理办法（暂行）》和《关于开展群众性创新创效攻关活动的通知》，发动和引导广大职工主动创新、敢于创新、科学创新，让每一个岗位都能成为企业效益的增长点和管理优化的工作站。13家创新创效试点单位，共征集到8352个项目，经所在单位财务部门认证，已创效3602万元，发放奖励20.9万元。不断完善劳模（职工）创新工作室规范化建设，发挥技术创新、项目攻关、培训交流、传承技艺等引领作用。开展创新工作室及工作室联盟年度申报、评选、考核等工作，获得省劳模（职工）创新工作室2个和省创新工作室联盟2个；组织参加鞍钢创新工作室联盟，推进创新工作室分基地建设。

参加中国机冶建材工会职工技术创新成果展示活动，荣获职工技术创新成果一等奖1个、三等奖2个。

【企业民主管理】 推进企业民主管理，指导推动各级企业履行好市场化改革相关民主程序。承接鞍钢集团职代会管理办法，修订并下发本钢职代会管理办法。先后召开本钢一届十二次、十三次、十四次职代会，审议通过有关职工切身利益等各类重大事项，审议率100%。牢牢把握本钢全面深化改革总体进程，通过调研座谈、专题培训、业务讨论等多种方式，深度指导各直属单位工会规范职代会程序，按照市场化改革进度，确保涉及三项制度改革等有关方案100%履行民主程序。不断优化提案管理流程，提升提案质量。征集本钢职工代表提案21条，经主办部门评估，立案14条，提案呈报分管领导签批意见后，形成督办单进行督导落实。关于“提高住房公积金缴存比例”和“提高女职工卫生保健费标准”两项提案使职工住房公积金缴存比例从10%提高至12%，女职工卫生保健费由每人每月10元提高至30元，受到广大职工的一致好评。组织2022年度集体合同检查，召开本钢集体协商会议，优化集体合同期限，从一年一签变为三年一签，新增女职工权益保护专项集体合同，拓宽了保障范围，增强了保障力度。强管理、重民生、知民情、解民意，下发《关于建立党委书记、董事长联络员工作制度的通知》，经过自下而上层层推荐，结合岗位特点在一线职工中选聘44名联络员。全年召开三次联络员恳谈会，形成责任清单工作任务68项已全部办结，拓宽了企业民主管理渠道，推进了民生实事的有效落实，促进了企业管理水平的不断提升。通过恳谈会面对面的“直通”交流，有效传递来自一线的声音，职工迫切关注的普遍问题得以快速落实解决，开启职工与企业共画蓝图、共谋发展的“新途径”。充分发挥民主监督职能，按照董事长关于职代会重点工作任务分解和责任分工的重要批示精神，按季度统计汇总责任部门完成情况，通过召开调度会等方式及时协调督办，促进本钢一届十二次职代会各项任务得到全面贯彻落实。

【职工权益保障】 积极践行“共享鞍钢”新理念，竭诚服务职工，不断提升职工获得感、幸福感、安全感。2022年，本钢“送清凉”活动发放洗衣机20台、落地扇1241台、水壶854个、冰柜440台、冰箱71台，并根据职工需求在“京东慧采”购买总价32.56万元物品予以补充，为一线高温、露天岗位职工送西瓜6.5万公斤。开展联检职工免费送餐活动，为参加板材公司联检职工提供免费“慰问餐”7306份。坚持全方位、精准化、可持续地做好困难职工帮扶工作，全年累计帮扶深度、相对、意外困难职工341人，下拨中央专项帮扶资金和省总配套资金共510万元；组织本钢集团领导结对帮扶，走访慰问困难职工（党员）24人，发放慰问金每人3000元；为困难职工购置粮油礼包投入17.5万元。开展常态化送温暖活动，为患重病、住院的职工发放慰问金94.65万元；推广“小药箱进班组”普惠活动，在车间班组设置小药箱3000余个；职工医疗互助保障持续全覆盖，全年理赔职工6394人，理赔金额735.59万元。本钢各级工会全年用于发放春节、端午节等传统节日礼以及生日蛋糕礼、职工退休礼等职工集体福利支出3687.58万元。

【组织建设管理】 强化自身建设，夯实工作基础。在全面深化市场化改革的过程中，下发《关于对本钢集团有限公司部分工会组织调整的通知》，不断加强和调整基层工会组织建设，建立三级工会组织管理体系。举办工会组织建设专题业务培训，指导基层工会组建、换届等各项工作。组织65名基层工会主席和工会干部参加鞍钢集团工会举办的工会干部培训班。

【女职工工作】 关爱女职工身心健康，积极引导女职工培育和践行社会主义核心价值观。以“4·23”世界读书日为契机，开展“书香女性”系列读书活动，引导女职工多读书、读好书、善读书，促进女职工素质提升。开展女职工权益保护知识培训，组织参加“情系女职工，法在你身边”知识竞赛。关心女职工身体健康，投入25.11万元为6975名在籍女职工办理女职工特殊疾病保险；全年开展4期关爱女职工健康科普微信讲堂，增强女职工医疗保健意识，提高女职工健康素养；调整女职工体检标准，由每人110元增加到210元，增加HPV子宫癌筛查，2022年组织2790名女职工参检。

【抗疫保产工作】 齐心抗疫、奋力保产，彰显工会组织担当和作为。本溪市静态管控期间，本钢各级工会组织冲锋在前、扛责在肩。本钢工会第一时间发布《致本钢各级工会组织、工会干部和广大职工的疫情防控倡议书》，组织志愿者团队投身抗疫保产。克服静态管控期间采购难、运输难等问题，购买1771张行军床、1730张床垫、3827床被褥、1669个枕头等应急物品，全部送到奋战在抗疫保产一线的职工手中，满足职工休息所需。购买小型文体用品1000套，用于缓解职工长期在岗情绪压力。在疫情封控期间，各级工会累计投入600余万元，为保产保供职工提供后勤生活保障。各级工会干部分别下沉基层一线，担当抗疫志愿者第一人，包片督导各板块工会扎实做好抗疫保产各项工作。组织各级工会持续购买大量应急保障食品和物品，满足职工生活所需。公众号发布防疫保产文章53篇、防疫知识4篇，开展疫情期间职工心理健康讲座7期，组织各级工会对负面情绪较大职工进行关怀和心理疏导。对在抗疫保产工作中冲锋在前、恪尽职守、勇于担当、无私奉献的立功者，授予二等功10人、三等功5人；授予“2022年度抗疫保产标兵”15人。落实鞍钢党委对本钢一线职工抗疫期间的慰问工作，发挥桥梁纽带作用，当好职工的贴心人、暖心人和娘家人。（肖　林）

共青团工作

【概况】 本钢集团共青团各项工作的组织推动与实施由本钢集团团委负责，承担团组织建设、青年思想教育、青工安全、青年文化建设以及青年人才培养等职责。截至2022年末，本钢团委下设直属团委14个、基层团委20个、基层团（总）支部374个（含技术学院211个）。

【青年思想引领】 紧紧围绕迎接和学习宣传贯彻党的二十大精神这一主线，深入开展“学习二十大、永远跟党走、奋进新征程”主题教育实践活动，各级团组织累计开展主题团日、专题学习会、专题组织生活会3700余次，完成智慧团建5个专题学习录入；结合庆祝建团百年，落实鞍钢青年精神素养提升第一课、第二课，召开五四优秀青年座谈会，组织 100 名青年走进鞍钢、交流实践；举办本钢首期“青马学堂”培训班，相关报道在中国共青团杂志公众号刊发；集中发放《论党的青年工作》等书籍 2570 套，实现团员、团干部全覆盖；组织开展学习党的二十大有奖答题活动 2 期，累计参与 3500 余人次；借助“青春本钢”微信公众号平台开展青年大学习 17 期，制作并发布《赓续红色血脉 传承奋斗精神》微视频。

【服务青年成长】 开展“我为青年办实事”专项活动，创建本钢首个“青年之家”，为 500 余名住宿青工提供交流平台；举办“情暖山城，缘系本钢”单身青年联谊活动，12 对单身青年牵手成功；中秋国庆前夕，在严格落实疫情防控要求的基础上，成功举办第十四届青年大学生趣味运动会，参与青年 1000 余人；开展“大干 100 天 冲刺四季度”主题实践活动，深入挖掘选树典型，表彰建功集体 5 个、“务实高效、攻坚克难、精准精细、少说多做”青年先锋共 20 个；选树荣获辽宁省青年五四奖章集体 1 个、鞍钢级以上荣誉 122 项。

【青年创新创效】 安全月期间，联合安环部举办主题为“遵守安全生产法 当好第一责任人”安全大讲堂活动，培训青工 600 余人；围绕青安杯竞赛、青安岗创建等工作开展了 2021 年度先进集体、先进个人评选表彰，成功举办“青安杯”竞赛表彰会议；荣获省级青安岗和青年文明号 3 个、市级青安岗和青年文明号 13 个；联合规划科技部成功举办“青创杯”本钢第二届青年创新大赛，82 名青年参与比赛，表彰优秀项目 30 项；推荐参与鞍钢集团创新登高“金牌项目”、第一届数字化创新大赛评选，获奖 4 项；开展“跟着郭明义学雷锋”青年志愿服务活动，下拨疫情防控专项团费 38681 元，组建疫情防控青年突击队 28 支，累计组织青年参与防疫工作 3000 余人次。

【全面从严治团】 认真落实党建带团建制度，全面承接鞍钢集团团委核心制度 5 项，开展集中学习宣贯 4 次，完善本钢共青团制度体系；建立本钢级党建带团建联系点 7 个；全面落实共青团工作经费制度，为基层提供经费保障机制；完成“智慧团建”网上平台“团支部对标定级”“团员先进性评价”“我与先辈比奋斗”各专题及团员发展的录入工作；完成本钢团委组织关系划转；推动本钢板材等 5 家直管单位成立团委筹备组，取消保卫中心等 10 个团委建制，有序推动各级团组织换届；以智慧团建建设评比为抓手，加大对各基层团组织的考评力度，发挥正向激励作用，持续推动团组织建设规范化，累计表彰 50 个团支部。

（王鹏飞）

人民武装工作

【概况】 本钢集团的人民武装工作由本钢集团武装部负责管理和组织实施。主要职责是在本钢集团党委直接领导下，负责本钢集团民兵预备役、人防和优抚工作。本钢集团武装部与保卫中心（信访部）合署办公。截至 2022 年末，在籍职工 8 人，其中业务岗 3 人（一级经理、二级经理、业务主管各 1 人）、操作岗 5 人，本科学历 3 人、专科学历 5 人，中级职称 2 人、初级职称 1 人。本钢集团共 51 家基层单位设立武装机构，专武干部均为兼职。

【国防教育工作】 通过开展“军事日”、国防知识竞赛、国防教育实践活动等多种形式，强化职工国防观念。结合纪念建军节、国防教育日，在《本钢日报》开辟专版，宣传部分优秀退役军人代表的先进事迹。每季度向专武干部、基层民兵发放国防政治教育学习活页进行政治教育学习，2022 年累计发放政治教育活页 4000 多份。9 月 30 日烈士纪念日抽调部分专武干部、民兵参加向本溪市烈士丰碑敬献花篮仪式活动。各单位坚持重点教育与普及教育相结合，特殊时段运用电子显示屏、网站、微信、QQ 群等多种媒体加大宣传力度，强化职工群众国防观念，激励广大职工立足本岗做贡献，教育引导广大职工坚定信仰，继承和发扬党的光荣传统和优良作风，将红色基因深植灵魂，增强全体职工的国防意识。

【国防动员工作】 根据辽宁省国防动员委员会及本溪市国防动员委员会要求，为加强国有企业民兵规范化建设，促进国有企业国防动员工作有序开展，全面梳理本企业国防动员潜力调查相关数据，武装部结合企业实际，协调相关单位及部门，对特钢、热轧、冷轧、高速线材等产品基本情况进行统计，并对国防动员潜力情况进行详细说明，分阶段高质量完成辽宁省国防动员委员会开展的年度国防动员潜力统计调查、国有企业人民武装动员潜力核查、重点企业潜力核查及本溪市国防动员委员会应急物资储备统计工作。扎实开展民兵组织整顿工作，按照本溪军分区编组要求，调整本钢 2022 年基干民兵编组计划，做好复转退伍军人登记统计，摸清底数，掌握分布情况。按考评标准完成本钢集团 780 名基干民兵及 110 名预编民兵信息采集，重点对专业对口、各项指标数据、编建标准等对照考评标准进行逐项落实，对 780 名基干民兵及预编人员按户籍区域划分进行政治审查，党员、退役军人、驾驶员岗位分别到市委组织部、退役军人事务局、公安交警支队进行信息审核工作，组织 780 名基干民兵分批次进行健康体检，合格率达 100%。同时，继续抓好军地通用装备物资、后勤保障能力、军队与地方对口专业技术人才的登记统计与核对工作，充实、完善国防动员潜力数据，为战时提供有效的资料依据。

【军事训练工作】 坚决贯彻落实习近平强军思想，坚持按纲施训，围绕练精兵、争标兵活动，强化军事训练。做到干武装、懂武装，本着专武干部、民兵干部带头训原则，提升专武干部、基干民兵的处突应变指挥能力。完成年度联合实兵演训、军事训练、民兵教练员教学、防汛骨干集训、军分区“军事日”等任务。1 月 25 日，抽调民兵应急营骨干 30 人完成本溪军分区组织的冬季野营综合演练后勤保障及战场勤务等任务。7 月 25 日至 8 月 13 日，抽调 68 名应急营民兵配合某战区及某集团军联合完成“联合实兵演训”任务，演练结果得到了联指及配属参演部队的一致认可；其间北部战区及省军区首长先后到演训地视察本钢民兵的演训情况，并给予了高度评价。9 月 19 日至 30 日，抽调 30 家基层单位 100 名基干民兵参加为期 12 天的民兵应急分队、专业分队全封闭军事训练，高标准完成轻武器操作、巡逻执勤、搜索行动等 10 余个科目的训练任务。9 月 27 日，在参加本溪军分区岗位练兵创（破）纪录比武活动中，本钢民兵代表队获得了 6 个科目第一、3 个科目第二、团体总成绩第一的好成绩。

本钢应急分队民兵“联合实兵演训”（刘广军　摄）

【双拥工作】　本钢集团武装部认真落实上级党委、本钢集团党委工作安排，紧密结合企业实际，扎实开展双拥工作。一是积极参加退役军人、军嫂、拥军人物等各项评选活动。先后推荐罗佳全等人参加中共中央宣传部、退役军人事务部、中央军委政治工作部开展的2022年度“最美退役军人”“辽宁省模范退役军人”、本溪市“最美拥军企业、人物”“最美军嫂”等评选活动。本钢信息自动化公司胡晓航被评为本溪市第二届“最美军嫂”；武装部刘广军被评为本溪市“最美拥军人物”。二是协助本溪市退役军人事务局拍摄本钢参加辽宁省拥军企业宣传片评选工作。三是根据《本溪市春节走访慰问困难退役军人和重点优抚对象工作方案》的通知要求，春节期间各单位走访慰问部分困难退役军人，帮扶、慰问金额总计25万多元，并发放米、面、油等慰问品；“八一”前夕，本钢集团拨付40余万元对7000余名在职退役军人开展优抚活动。四是适时借助《本钢日报》《今日本钢》等媒体，开辟专栏宣传报道双拥工作，营造广大干部职工“学国防、想国防、爱国防”的氛围，通过活动的开展，增强了退伍军人的荣誉感，提高了立足本岗做贡献的主动性和积极性，增强了全体职工的国防意识和拥军意识。五是民兵组织整顿工作及军事训练任务。根据本溪军分区要求，本钢编组民兵780人、人民防空专业队伍315人，2022年完成军事训练和参加应急行动达350余人次。特别是在森林扑火、抗洪抢险救灾等急难险重任务中，本钢集团始终起到了“本钢先行、首战本钢、全程本钢、本钢必胜”的作用。2022年还利用业余时间共抽调民兵骨干80人次完成军分区的武器擦拭保养、应急装备物资整理、军事日保障等任务，为军民融合发展做出应有贡献。

【人防工作】　1.积极推进不动产产权登记办证工作。完成民兵训练基地等19处房产平面测绘、质量检测、消防验收三项基础工作；完成不动产办证相关土地的飞测及确权；完成欠缴的基础设施建设费计算，缴费工作按本钢集团规划科技部安排有序推进；准备齐全授权委托、确权等办证要件，有序推进了不动产产权登记工作。2. 按照年初的人防工程修复计划，对年久失修、有安全隐患的人防工程进行维修、加固。消除南地焦化厂坑道安全隐患，破旧的院落焕然一新；排除南地特钢地下室大量积水问题，室内设置两处积水坑，安装二台自动控制的潜水泵，解决了地下室长期积水、居民反映的夏季蚊蝇肆虐等问题，恢复人防地下室的战备功能；二铁厂坑道口上方浇筑混凝土棚，棚边加混凝土围墙，阻挡洞口上方山体落石，避免落石伤人；报社地下室安装自动排水装置。3. 积极落实租赁相关事宜。鞍本重组后，租赁政策也发生了改变，武装部人员同心协力研究相关政策文件，积极同其他单位共同探讨学习，捋清工作路径。按要求评估租金、申请资金、制订招租方案，共有7处人防工作得到有效利用，收取人防使用费21.6万元。4. 定期察看人防控制用地边界，按时检查人防工程的主体结构、设备设施，做好检查记录，确保工程安全，国有资产不流失。对所有警报器进行全面检查与维修，确保国防日试鸣时鸣响率达100%；对人防专业队进行编兵、整组工作，9月中旬，接受辽宁省人防办对编组在板材炼钢厂的“伪装防护专业队”30人进行现地整组抽查点验，受到省、市人防部门高度认可。

【应急战备管理工作】 修订完善应急预案，制定下发“本钢2022年民兵应急队伍防汛工作通知”，做好疫情防控、防火、防汛、重大节日、敏感时期、极易发生安全威胁时段的工作落实。严格执行战备物资管理的各项规章制度，完成战备物资春季保养、周保养和月检查，确保所有战备物资合理维护与保养，保持良好的技术状态，保证民兵队伍遂行训练的需要。2022年1月至9月共接待军警30余批次计2000余人使用靶场进行实弹射击；靶场人员严格遵守安全管理规定，履行安全协议，未发生一起安全事故。收发应急分队冬、夏两季总计发放，回收20多个品种2000余（件、套）装备物资。全体职工按照本钢集团和保卫中心党委疫情防控相关要求严格约束自己，积极做好疫情防控工作，做到战备物资装备库连续多年安全管理无事故。

（刘广军）

科协工作

【概况】 本钢集团有限公司科学技术协会（简称科协）（兼本溪市金属学会办公室）有兼职工作人员1人，高级职称。本钢集团共72个单位设立科协组织，专兼职科协干部140余人，科协会员10000余人。

【科技之家建设】 2022年10月18日，召开“本钢集团有限公司第一次科学技术协会代表大会”，明确科协章程、完成科协组织机构建设。会议选举杨维同志为本钢集团有限公司科学技术协会第一届委员会主席，王军同志、高烈同志为本钢集团有限公司科学技术协会第一届委员会副主席，蒋光炜同志为本钢集团有限公司科学技术协会第一届委员会秘书长，李广忠同志为本钢集团有限公司科学技术协会第一届委员会副秘书长。

【学术交流活动】 组织开展2021年度本钢科技论文评审工作，共征集论文438篇，根据《本钢集团有限公司科技论文管理办法》，经内审、网上检索查重后，提交给各专业专家进行初评、终评，评选出一等优秀论文10篇、二等优秀论文30篇、三等优秀论文90篇。组织3名科技人员参加中国金属学会主办的“2022年全国轧钢生产技术会议”，会议将围绕发展绿色智能轧制技术、提高钢材产品质量、优化产品结构、开发绿色产品、发展智能轧制技术、满足下游产业定制需求、提高用户服务等方面开展交流。

【科普活动】 夯实科学技术普及工作，不断推动企业产品研发、工艺技术进步、节能减排、资源利用、智能制造等相关工作，助力企业发展。本钢科协根据企业需求及上级部门的要求，有序开展了可续技术普及工作，取得了较好效果，共组织科普及学术交流活动10余次，包括“绿色制造节能减排降碳（炼铁工序）”系列讲座、“钢铁企业高效节能减排炼钢技术与发展趋势研究”培训会、“钢铁行业双碳实施路径与综合解决方案培训会”等，约500名科技工作者参加，有效提高本钢科技人员的专业技术能力和科技创新能力，为企业技术进步打下了坚实的基础。（王亚枫）

机关党委工作

【概况】 中共本钢集团有限公司机关委员会（简称机关党委）是本钢集团有限公司党委下设的直属党委，机关党委书记由本钢集团党委副书记兼任，日常工作由机关党委办公室组织开展。具体负责本钢集团公司机关党的组织建设、党风廉政建设、宣传、统战、工会、共青团、计划生育、科协、综合治理、武装等各项工作。截至2022年末，下设2个党总支、17个直属党支部、16个分支部、37个党小组，有正式党员1033人（女党员282人），研究生学历74人、本科学历466人、大专学历291人、大专以下学历202人。

【组织工作】 组织机关党支部开展“喜迎二十大、建功新鞍钢”主题实践活动，共产党员工程项目立项3项，其中财务部党支部《重建本钢融资管控体系，优化融资结构，降低财务费用》获评鞍钢集团优秀奖。2022年12月23日，机关党委完成换届，选举产生新一届机关“两委”班子。人力资源服务中心、规划科技部、安全环保部、运营管理部等9个党（总）支部按期完成换届，选优配强了支部班子，增强了支部工作力量。将财务部、纪委2个党总支改建为党支部管理，进一步提高了党建工作的规范性。抓好党员教育培训，组织245名党员参加鞍钢集团“万名党员进党校”培训，8名同志获评“优秀学员”奖，进一步提高广大党员的思想政治素养和工作能力。强化党建工作考核，促进机关党建工作与经营绩效互促互融，彰显党建工作的引领和保障作用。组织评选机关一、二季度旗帜党员，经过各支部推荐和组织审查，一季度评选旗帜党员19人、二季度评选旗帜党员19人，切实发挥先进典型的示范引领作用。开展困难党员走访普查工作，在春节前和“七一”前共慰问困难党员、老党员、老干部246人，发放慰问金14.7万元。组织机关各总支、支部开展2022年度党费收缴基数核定工作，并按月度做好机关各党（总）支部党费的收缴及上交工作。按机关党委年初发展党员计划，严格执行发展党员工作组织程序，2022年共发展预备党员2人。

【宣传统战工作】 组织参加2022年“爱本钢、献良策、做贡献”主题活动，获表彰先进个人3名、优秀组织奖1项；组织推荐参加“本钢2022年抗疫志愿服务先进集体和先进个人”评选，获表彰先进集体1个、先进个人11名；按照鞍钢集团党委统战部《关于开展台胞、台属、归侨、侨眷和归国留学人员信息统计工作的通知》要求，积极做好台胞、台属、归侨、侨眷和归国留学人员信息统计工作。

【党风廉政建设工作】 开展“以案为鉴警钟长鸣”读书警示教育活动，组织251人次参加“赓续红色血脉 建设廉洁文化”主题读书活动，156人次参加“重温两书 坚守初心”党性教育活动。建立机关重要关键敏感岗位人员廉洁档案279份，进一步聚焦“关键少数”，完善健全日常监督载体，督促廉洁从业。在清明节、端午节、春节等节日前夕，对党员干部和职工进行警示教育。深入开展形式主义、官僚主义问题专项整治工作，针对“安全风暴”“清廉工程”“备品备件采购及管理”等专项整治行动，实行有案必查，有错必纠，推动企业健康稳定发展。

【武装综治工作】 根据本钢集团武装部要求，及时做好机关退役军人优待证的申领工作；按照本钢集团公司人民武装部《2022年民兵组织整顿通知》要求，积极组织做好基干编组工作；开展2022年度信访维稳工作先进单位、先进个人和优秀信息员的推荐工作，推荐先进个人3名、自荐先进单位1个；开展退伍军人优抚工作，为机关27名退伍军人购买了慰问品。

【工会工作】 完成鞍钢集团、本钢集团2022年度先进集体和先进个人、“三八”红旗集体和红旗手评选推荐工作，评选推荐先进集体4个、先进个人31人；抓好民生项目，为职工发放节日普惠慰问品总计90余万元，发放金秋助学慰问品38件，购置安装热水器、微波炉、健身器材等改善职工休息和活动条件；扎实做好慰问帮扶，定期走访慰问困难党员和困难职工、重大疾病职工；抓好各类文体项目，为机关建设凝聚力量，组织参加“喜迎二十大 建设新本钢 支撑新鞍钢”本钢职工篮球赛、“板材储运杯”乒乓球赛、青年大学生趣味运动会等活动；为机关1272名职工续保职工互助保险，为机关363名女职工参保女职工特殊险，两项保费机关工会共计补贴9.54万元；组织机关女职工226名参加健康体检，关心关爱女职工健康。

【共青团工作】 组织机关团员青年50余人观看工业题材影片《钢铁意志》，引领青年发扬拼搏奋斗精神，在开创本钢高质量发展的新征程中走在前列、当好表率；选树青年典型，组织开展五四青年先进集体、个人评选推荐工作，向本钢集团推荐先进个人8人；组织3名优秀团员和青年参加本钢集团团员青年素质能力提升培训班，组织4名优秀青年参加2022年五四优秀青年素质拓展培训；组织机关团员青年16人参加本钢志愿服务队各项活动，到市府路北岗参与文明出行指挥交通，加强城市文明形象建设；挖掘推荐5名优秀青年参加本钢集团第1期“青马学堂”培训班。 （李维家）

栏目编辑 全英实

本钢年鉴 2023

鞍钢集团 ANSTEEL 本钢集团有限公司 BENSTEEL GROUP CORPORATION LIMITED

钢铁主业

本钢板材股份有限公司

【概况】 本钢板材股份有限公司（简称本钢板材）是本钢集团有限公司所属国有控股钢铁主业上市公司（股票简称：本钢板材，股票代码：000761、200761），注册资本41.08亿元。截至2022年12月末，总资产441.15亿元，固定资产248.36亿元，净资产193.74亿元。本钢板材下设办公室（党委办公室、董事会办公室、保密办公室）、规划科技部、安全环保部、财务部、党群工作部（人力资源部、宣传部、统战部、工会、团委、机关党委）、管理合规部、制造部（专项管理办公室）、设备工程部、审计部、纪委（党政督查室）10个职能部门，能源管控中心、质检计量中心、采购中心、市场营销中心、研发院、储运中心6个直属机构，炼铁总厂、炼钢厂、热连轧厂、冷轧总厂、铁运公司、废钢加工厂、特殊钢事业部7个生产制造单元及1家控股子公司——本钢浦项冷轧薄板有限责任公司。本钢板材现有在岗员工14788人，本科以上学历4094人，占员工总数的27.68%；中级职称2006人、副高级职称616人，合计占员工总数的17.73%；高级技师88人，技师1712人，合计占员工总数的12.17%；中共党员6382人，占员工总数的43.16%。

【主营指标】 2022年，在市场和疫情的双重考验下，实现营业收入626亿元；资产负债率完成52.09%（扣除分红因素），比预算降低0.44个百分点；实物劳动生产率完成714吨钢/人年，比2021年提高25.3%，超额完成提高15%的考核指标。生铁产量1000.3万吨，同比增产16.53万吨；粗钢产量1055.2万吨，同比增产11.7万吨；热轧板产量1328.74万吨，同比增产7.05万吨；冷轧板产量594.8万吨，特钢材产量44.34万吨。安全生产实现“零事故、零伤害”工作目标。

【安全与生产】 深入学习贯彻习近平总书记关于安全生产工作的重要指示批示精神，牢固树立安全生产的红线意识和底线思维。以创建安全一级标准化企业为根本，细化安全双重预防机制建设，严抓各级履职行为。创办《安全日历》，营造浓厚安全文化氛围，增强全员安全意识和安全技能。扎实开展“安全风暴”专项行动，强化隐患排查整治力度，7项挂牌督办任务提前完成，确保整改效果。加大安全生产投入，实施安全项目53项，投入资金4444万元，进一步提高本质化安全水平，安全生产工作局面持续稳定。紧密围绕鞍钢集团“7531”战略目标和本钢集团“1357”工作指导方针，全力打造以汽车板为引领极具国际竞争力的精品板材基地，产品和服务获得上汽乘用车等多家汽车制造商的高度认可。2022年生产汽车板231万吨，同比增长31%，创历史新高。打造明星产线，设备运行效率持续提升，各机组累计刷新各类产能纪录103次，其中炼铁总厂5号高炉连续四个月刷新月产量纪录，热连轧厂2300机组产能利用率达到110%，冷轧总厂3号热镀锌机组产能利用率达到115%。以“干到给到，即现即奖”的穿透式激励模式，激发全员对标提质降本的内生动力。全年实现吨钢降本262元，总降本额达到27.64亿元。细对标深挖潜，多项技经指标“鞍钢五地”领跑，其中吨钢综合能耗最优达到531.21公斤标准煤，灰耗最优达到 30.34 公斤 / 吨，负能炼钢最优达到 –11.94 公斤标准煤 / 吨，自发电比例最优达到 70.62%，均创历史最好水平。

【科技创新】 承接鞍钢集团发展战略，修订完善本钢板材“十四五”发展规划。坚持创新驱动，打造原创技术“策源地”。实施鞍本科技协同项目 9 项、辽宁省钢协产学研联盟创新合作项目 9 项、科研项目 203 项，累计创效 1.69 亿元。全年开发新产品 41 个牌号，热轧抗氧化免涂层热成形钢 CF-PHS1500 全球首发，达到国际领先水平；培育“宽幅热轧高强钢系列化产品”，国内首创独有极限宽幅（2000mm）薄规格高强罐体钢 550GT-TH，实现区域市场独家供货；成功开发热镀锌增强塑性成形性双相钢 CR330Y590T-DH，填补本钢镀锌 DH 钢研究领域空白。与中国金属学会、冶金工业信息标准研究院、冶金工业规划研究院、上海易碳数字科技有限公司在《钢铁产品生命周期评价》《轴承钢产品质量分级和评价方法》《齿轮钢产品质量分级和评价方法》等开展合作，参与行业标准制订及布局本钢典型产品生命周期评价。大力推进“数字鞍钢”建设，引入钢铁主业跨地域多基地的一体化运营模式以及多基地协同的“制造 + 服务”体系，鞍本信息一体化项目 12 月 31 日正式切换上线，实现业务创新及流程再造。炼钢厂“一键炼钢”获得行业肯定；铁前集控、能源集控和智慧制造项目均按计划推进实施，为公司可持续发展奠定坚实基础。

【公司治理】 始终坚持两个“一以贯之”，不断提高董事会科学运转效能。制订《本钢板材落实董事会职权实施方案》，并完善相关配套制度 6 项，进一步增强董事会的独立性和权威性，充分发挥董事会“定战略、作决策、防风险”作用。修改并审议通过《公司章程》《股东大会议事规则》《监事会议事规则》等基本制度，全面修订制定《董事会授权管理办法》《董事会决策事项清单》《董事会授权决策事项清单》及《总经理办公会决策事项清单》等专业制度 7 项、决策事项清单 4 项，深化梳理授权体系，明晰董事会、监事会、经理层职责权益，确保各项决策管理有章可循、有据可依。三会运作方面，全年召开董事会会议 11 次，监事会会议 11 次，股东大会 6 次，审议事项包括董事会报告、监事会报告、定期报告、年度投资框架计划、内部控制自我评价报告等。信息披露方面，完成上市公司信息披露 40 次，披露公告 76 份，披露文件 400 余份。投资者关系管理方面，认真贯彻执行监管部门要求，利用交易所投资者互动平台、股东大会、业绩说明会、投资者来访、证券行业会议、现场参观、电子邮件、电话沟通、媒体采访报道等形式回答投资者提出的各种问题 380 余次，增强了投资者的信心。本钢板材荣获董事会杂志社颁发的第十七届中国上市公司董事会金圆桌奖优秀董事会奖。

【企业改革】 牢固树立“向改革要效益，靠改革促振兴”的责任意识，国企改革三年行动高质量收官，被本钢集团评定为三项制度改革 A 档单位。推行揭指标竞聘，带契约上岗，实现领导干部聘任制、任期制、契约化以及员工劳动合同和岗位合同管理 100% 全覆盖。各级机构综合压减比例达到 42%；三职群优化比例 26%；优化在岗职工 3539 人、清理劳务用工 1335 人，市场化退出率达到 1.68%，超额完成全年 1% 的目标。顺利完成薪酬套改工作，员工人均月收入增加

483元；倒班员工夜班费人均增加508元/月，增幅447%。以“干到、算到、给到、得到”工作为导向，不断增强岗位绩效考核的精准激励作用。炼钢厂精炼作业区和热连轧厂一热生产作业区获得鞍钢集团全员岗位绩效考核优秀案例。实施“授权+同利”市场化改革，精准授权激活力。按不同赛道选取9家单位18个作业区作为市场化改革试点，生产经营指标持续向好。此外，按照韩国浦项模式，推进本钢浦项规范化运营，打造本钢改革发展的“特区”和“样板”，引领本钢板材公司向世界一流企业看齐。

【合规管理】 贯彻落实鞍钢集团“合规管理强化年”的工作部署，结合上市公司特点及工作实际，构建以基本管理制度为基础，专业管理制度为主体，工作规范为支撑的本钢板材规章制度体系。公司层面现行有效规章制度430项（基本制度41项；专业制度210项；工作规范179项），涵盖战略规划、生产运营、财务管理等31项核心业务。成立合规管理委员会，建立由业务部门承担主责、合规管理牵头部门组织协调推进、纪检审计部门监督检查的合规管理防线。以风险管理为导向，完善内部控制体系，深入剖析各流程风险点，动态评价，实时管控。从“法人治理、行权规范、行权效能”三个维度构建全周期授权评价体系，涉及总部业务审批权限476项；核心业务权限261项；履职规范清单177项，确保权力放得下、接得住、行得稳。系统开展风险识别和评估，提炼出公司层面风险67项，建立风险控制预案，2022年未出现重大风险事件。

【能源环保】 秉持“绿水青山就是金山银山”的理念，紧紧围绕生态文明建设的战略目标，着力开展污染防治，加强生态环境治理，助力实现“双碳”目标。将低碳规划纳入公司中长期发展规划，确保战略方向、产业布局、重大项目协调一致。开展绿色低碳新技术、新工艺、新装备等碳减排技术研究应用，加快实施低碳节能项目建设，提升能源使用效率，降低碳排放量；完善检测、计量数据，确保2024年实现碳达峰目标。随着以CCPP发电机组、转炉煤气柜、焦炉脱硫脱硝和机侧除尘为代表的一大批节能环保项目陆续投入使用，本钢板材厂区以及周边环境得到大幅改善，能源利用效率持续提升，生产成本显著降低。同时，按照“AAA”级景区标准，推动“花园式工厂”建设，大力推进“拆废还绿”和临建房及库房专项清理行动。新增绿化面积5.76万平方米，绿化率10.19%；拆除建筑面积约3.77万平方米，还地面积约29.34万平方米，推动人、钢铁、环境的和谐共生，增强了本钢板材可持续发展能力。

【采购销售】 实施供应商动态管理，持续优化准入条件，对供应商提出质量、环境、职业健康安全等管理资质要求，根据供货品种，严格筛选新进供应商。评估标准由管理部门评价、采购部门评价、使用厂矿评价三个部分组成，结合综合评价项目（供应商资质、招标响应、实物质量、合同履约、服务等），给予供应商年度综合评分，并清理评价不合格供应商。推进鞍本协同采购快赢项目17项，降低采购成本6500万元。以客户需求为导向，建立和完善以QCDDS五要素为核心的一站式三级服务体系，成立12个重点客户技术服务团队，向客户提供“一对一”的技术支持和个性化服务。围绕新能源汽车领域，积极推进以2GPa热成形钢为代表的低碳系列化热冲压钢等汽车板产品的产业化应用，通过长城汽车、东风乘用车、合众汽车、理想汽车、爱驰汽车等主机厂认证。同时，积极拓展国际市场，成功开发出口比利时工程机械用钢、供德国变速箱齿轮用钢和供南美锚杆用钢等系列产品，品牌影响力显著提升。

【党群工作】 本钢板材党委牢牢把住鞍本重组后企业整合融合快速发展的新航向，明确提出了“十四五”时期的“136”发展战略，立下走在国内钢铁行业最前列的雄心壮志。以学习宣传贯彻党的二十大精神为主线，通过主题党课、专题研讨等方式，抓实两级班子和党员干部的政治理论和专业业务学习，使学习成为凝心聚力、攻坚克难的力量之源，成为服务群众和推动工作的根本保障。扎实推进党组织规范化建设，胜利召开第二次党员代表大会，指导基层党委换届工作；选优配强党群系统干部，落实党建责任制考核，由点及面深度开展“双创”活动，选树10个基层支部打造鞍钢“样板”党支部，推动基层党建工作全面提升、全面规范、全面过硬。坚持“人才兴企”战略，建立581人的公司级人才库；启动“星火计划”，第一期中有3名学员在公开竞聘中走到领导岗位。深化技术体系建设，新竞聘上岗首席工程师13人，倾力打造本钢板材自己的专家团队。坚持全面从严，筑牢底线防线。严格落实“一岗双责”，各单位党委书记约谈党员干部214人，纪检系统围绕本单位经营管理开展专项监督248项，提出整改意见43条。抢占舆论高地，全媒体讲好板材故事。开设本钢板材企业微信公众号和钢钢好信息资讯平台，发布稿件531篇，其中在省级以上新闻媒体刊发稿件78篇；制作提质降本、抗疫保产和劳模先进等视频专题片，提振员工精气神、传播企业正能量。聚焦主责主业，以赛代培，依托“群英赛”“工匠杯”等技能大赛提升岗位员工创新创效能力。实施28项“共产党员工程”，创效6200万元。开展“提质降本 献计出力”合理化建议征集活动，采纳建议1065条，创效6084万元。开展“奋斗正当时 大干一百天 决胜总目标”劳动竞赛，全民皆兵，共克时艰。以“与板材共成长”为主题，开展丰富多彩的青年建功立业特色活动，树立板材青年新形象，培养企业未来发展的主力军。建立“职工心声”直通车，常态化推进“我为群众办实事”，全年协调解决基层和职工关于生产生活保障等方面诉求244项，极大地增强了职工群众的归属感和幸福感。

【民生及社会责任】 深入贯彻落实习近平总书记“疫情要防住、经济要稳住、发展要安全”的指示精神，成立防疫专班，制订应急预案，实施最小单元网格化管控，夺取抗疫保产“双胜利”。积极落实属地政府和本钢集团疫情防控工作要求，在厂区设置5处常态化检测点和12处全员检测点，累计进行核酸检测55.28万人次，为职工提供了极大便利，确保岗位人员疫情防控无漏洞。坚持“扶贫济困、崇德向善”的公益精神，制定《本钢板材对外捐赠办法》，积极开展消费帮扶活动。分别采购新疆塔县、贵州盘州和本钢集团定点帮扶点桓仁县帮扶产品，2022年累计帮扶额度385万元。建立志愿服务支队，全年开展核酸检测、文明出行、卫生清理等志愿服务活动42次，1120人次参与，志愿服务总时长近600小时，为构筑和谐企业和社会贡献了板材力量。

（薛乃斌）

技术中心

【概况】 本钢集团有限公司技术中心（简称本钢技术中心）为国家级企业技术中心，与鞍钢集团钢铁研究院本钢技术中心、本钢板材股份有限公司研发院（简称本钢板材研发院）三个牌子一套班子，由板材公司代管。负责本钢集团的新产品研发、工艺技术改进及产品质量提升，承担鞍钢集团钢铁研究院的技术移植（技术落地），同时也向鞍山钢铁开展技术移植等业务。

截至2022年12月，本钢技术中心共有员工177人（研发人员126人），其中研究生学历74人、本科学历77人，教授级高工17人、高级工程师71人、工程师42人，国务院政府特殊津贴3人、省兴辽英才拔尖人才1人、省百千万人才中"百"层次人才12人。本钢技术中心拥有中试、化学检验分析及应用检测等大型设备共250余台，汽车板、高强钢、硅钢、棒线材等产品的研发能力始终处于国内一流水平。2022年，本钢技术中心以鞍本整合融合为契机，坚持"四个面向"，聚焦科技创新重点攻坚任务，锚定打造钢铁行业"CYD"战略目标，围绕板材公司"1+2+3"重点工作任务，充分发挥核心自主创新平台作用，抢抓科技发展先机，推动体制机制改革，在重要科研领域和成果转化中不断努力，取得创新突破。

【主营指标】 完成本钢级科技项目结题20项，科技降本4678万元，产品认证通过17项，转产产品26个牌号，重点新产品产量51万吨，鞍本协同创效1463万元；荣获省部级及以上科技奖6项，包揽本钢集团科技进步奖特等奖和一等奖。2022年实现较大生产安全责任死亡事故、较大火灾事故、重大设备事故"三为零"的安全生产工作目标。

【产品研发】 聚焦新研发，打造拳头产品。全年计划开发新产品38个，已完成开发40个，全部实现供货（＞500吨26个），完成全年计划105.3%。当年开发新产品供货合同量9.80万吨，增利2380万元。成功开发出口比利时工程机械用钢18CrNiMo7-6FPH（欧标）、供德国变速箱齿轮用钢21NiCrMo5H、供南美锚杆用钢Gr65-Nb、供缅甸螺纹钢MY400等21个牌号，出口量达4.66万吨。通过国际营销，更大范围地捕捉拓展市场，增强企业国际竞争力。鞍本协同成功开发薄宽规格专用钢AZF550，实测试验合格，订货量逐步增加，拓展了本钢热轧专项钢领域。以高破片率炮弹钢为主的专项特殊钢实现销售2797吨，同比增加127%。

【提质降本】 完善体系思维，树牢"精品增效"理念，稳步提升外板质量，强力推进汽车外板一贯制技术落实落地。针对影响外板质量的重点缺陷，积极进行检测、原因分析及整改措施落实，提高产品合格率。根据不同类型主机厂制定个性化表面检查放行标准，为产品质量提升提供技术保证。高等级外板合同量增加3.2倍，合格率同比提高5.78%。以工序生产稳定、经济化顺行为目标，依托产线深入开展优化配煤、配矿、炼钢、热轧、特钢等方面工艺研究和攻关工作，为企业降本增效提供支撑。优化调整钢种成分。对部分钢种内控和放行标准中磷、硫、铝成分进行优化调整，实现工序间成分控制的经济化运行，降本751万元。从生产计划排布、加热工艺优化、轧线温降等方面对

1700mm、2300mm 热轧产线工艺数据进行系统分析研究并制定措施，调整后两条产线出炉温度分别降低 38℃和 21℃，降本效果明显。坚持“现场”决定“市场”，探求“一所、一厂”工作思路，为当期特钢事业部生产经营、达产达效及构建本钢高等级轴承钢生产一贯制技术体系和管理体系，提供有力技术服务和技术支撑，努力把科技优势转化为产业产线竞争优势。

【项目管理】 结合外部科研优势资源，承接国家政府类课题。承担政府类课题 9 项，其中参与国家课题 3 项，顺利通过结题 1 项；负责省级课题 6 项，新增 2 项。《基于镀前马氏体高效生产工艺条件下 Nb 微合金应用技术研究》项目列入中信铌钢行业计划；《氢气竖炉内含铁矿物还原过程及多相传输行为研究》通过辽省科技厅博士科研启动基金项目审批。围绕“品种研发”“技术进步”和“质量提升”，开展科技项目 173 项，其中鞍钢重大科技项目 1 项、本钢集团级 10 项，子企业级 151 项，均按计划进度实施。同比增加 73 项，增加 73%。以目标为导向，以项目为载体，强化团队建设，培养领军人才，围绕生存指标、发展指标两个维度，“搭舞台、给项目、加压力”，锻炼培养团队，精准激励研发人员；围绕工序技术难题，着力推进院内摘牌项目实施。围绕本钢“十四五”科技发展规划，以解决工艺技术、产品开发方面“堵点”“难点”“痛点”技术难题为导向，依托辽宁钢铁产业创新联盟，深化协同创新，与社会优势资源精准对接。同香港大学、东北大学、大连理工大学等开展《热冲压钢 PHS2000 的延迟断裂问题研究》《PHS1500 热成形钢管高压气胀成形特性研究》技术合作开发，促进高校院所成熟科技成果向企业移植，推进本钢技术不断进步。

【科研成果】 延续本钢“热冲压钢特色系列产品”品牌优势。研究成果获得本钢特等奖。围绕热冲压技术在我国应用遇到的“涂层专利”和“碳中和”压力两项“卡脖子”技术，整合鞍钢和本钢优势资源，首次主持鞍钢集团重大科技项目，牵头开发具有“自主知识产权”实现“低碳排放”的全新一代热冲压产品。此外，成功转化通用技术，完成热冲压钢产品全球首发 1 项；打造“高品质镀锌双相钢及衍生产品”新方向，研究成果获得省部级科技进步二等奖、本钢科技进步一等奖。基于装备和技术优势，大幅度降低镀锌双相钢 DP780+Z 和 DP590+Z 成本，市场竞争力大幅度提高，产量增加至去年的 2.6 倍。成功开发热镀锌增强塑性成形性双相钢 CR330Y590T-DH，填补本钢镀锌 DH 钢研究领域空白；培育“宽幅热轧高强钢系列化产品”。国内首创独有极限宽幅（2000mm）薄规格高强罐体钢 550GT-TH，区域市场独家供货；推进企业科技成果转化，全年荣获省部级及以上科技奖 6 项，并包揽本钢集团科技进步奖特等奖和一等奖。“高品质经济型 Nb 微合金化汽车镀锌双相钢系列开发”荣获中信铌钢技术进步奖二等奖。荣获 2021 年度本钢集团科技进步奖 20 项，占比 57.14%；建立专利导航工作机制，借助 incoPat 平台，开展“热成形汽车钢”“轴承钢”“低碳冶金”等专利专题研究和布局。专利授权 33 件（发明 16 件），同比增加 175%。首次通过国际专利授权 1 件，推动全球首发产品海外专利布局，2 件专利通过 PCT 审核。确认申报专有技术 10 项；发表高水平论文 12 篇，EI 收录 1 篇、SCI 收录 2 篇。发布国家标准 2 项，参与制（修）

订国际标准2项、行业标准1项。

【市场推广】 围绕汽车用户关注的热成形钢，开展“GISSMO失效模型的PHS1500断裂行为”研究，突破GISSMO断裂失效卡片开发技术瓶颈，解决材料断裂卡片准确性问题，让汽车用户更深入了解本钢和本钢汽车用钢产品，引领用户使用本钢产品。围绕重点用户提供个性化服务。先后为主机厂提供73个钢种的冲压仿真mat文件，为主机厂轻量化选材提供数据支持。用优化超拉丁采样，进行寻优计算，为合众汽车提供优化方案：优化零件20个，轻量化3.3kg，降本34.3元。为日产、上汽乘用、理想汽车等用户提供27个钢种性能检测和实验室数据包。依托本钢—帕卡钢铁材料表面处理技术联合实验室开展环保型前处理试验和漆膜性能评估试验方法研究，适应汽车涂装新技术发展；联合东北大学焊接实验室开展中频和工频焊机对标试验研究，为主机厂提供不同类型焊机工艺窗口。融合市场，双向联动。通过产品认证17项、39个牌号，包括汽车主机厂7家、家电厂2家、其他厂家8家，完成拼搏目标。瞄准高端市场，为本钢产品打入国际市场奠定坚实基础，本钢历史上首次跻身国际一流汽车（奔驰）生产供货商平台，电镀锌4个牌号、冷轧3个牌号通过德国奔驰BQF认证，戴姆勒卡车实现整车供货127个零部件、供货4860吨。聚焦自主品牌，鞍本融合共同推进自主品牌龙头比亚迪汽车认证，汽车油箱专用电镀锌产品DC06E+Z在比亚迪基地累计供货超3000吨。布局生态发展，围绕新能源汽车领域，积极推进以2GPa热成形钢为代表的低碳系列化热冲压钢等汽车板产品的产业化应用，完成在长城汽车、东风乘用车、合众汽车、理想汽车、爱驰汽车等主机厂的认证。

【平台建设】 CNAS国家级实验室技术能力得到提升。物理检验完成6500件，报出分析数据45501个；化学分析4237件，报出分析数据12843个；准确率、及时率100%。立足CNAS国家级实验室检测平台，向奔驰、上汽等主车厂提供产品认证检验165批次1110件，检测结果获得车厂认可。实验室顺利通过CNAS现场复评审，实验室体系管理水平与技术能力得到评审专家肯定。在2022年度国家级技术中心评估中，本钢在全国钢铁行业排名中列第13名，全国排名558名，比上一次评价上升126名，企业创新形象和影响力进一步提升。《先进汽车用钢开发与应用技术国家地方联合工程实验室》通过年度审核，再次获得国家支持资金30万元。拓展校企合作新机制，创新人才培养新模式，与东北大学共建“辽宁省专业学位研究生联合培养示范基地”，指导东北大学在校研究生在“第五届全国大学生冶金科技竞赛中”荣获科技创新一等奖。热膨胀相变仪、高频疲劳试验机、X荧光光谱仪等8台套研发设施已经到位安装，部分设备投入使用；222JG027科研投资规划已经放行，新增投资423万元；一期搬迁工作有序完成，主体研发环境得到极大改善。

【管理提升】 一是整合区域优势资源，释放协同创新效应。聚焦鞍本区域核心研发机构优化设置和“一院多中心”运行模式，深化三项制度改革，实施“2+6”机构新模式，实现科研技术集中化、高效化。借鉴鞍钢，学习攀钢，深入推进制度移植，下发管理细则20余项。鞍、本、北研发机构一体化运作协同项目27项，取得明显成效。二是完善考核机制，实施“靶向激励”。锚定“7+3”组织绩效考核目标，构建新型绩效考核体系，实施“利润分享”。深化“授权+同利”，进一步体现考核激励精准化。优化分配政策，增强“创新动能”，提升绩效奖权重。新激励政策的实施，极大地调动了广大研发人员的积极性和主动性，激发了一线研发人员的潜能和活力，科研氛围日趋浓厚。

【党群工作】 深入贯彻习近平总书记关于党的建设重要论述，全面践行新时代党的建设总体要求和新时代党的组织路线。技术中心领导班子认真落实党委理论中心组学习制度，党委工作部下发学习计划及安排，提前部署，共组织6次集体学习，领导班子不断增强战略方向的领导力和内部管理的组织力，不断推进党建与科研生产的深度融合。认真组织学习贯彻习近平总书记“要下大力气推动钢铁、有色等传统产业优化升级”重要指示精神，编制了《本钢集团“十四五”汽车用钢专项规划及实施计划》，完善科技创新体系。推动共产党员工程项目与科研项目“摘牌”制紧密结合，将创新工作室融入党建“红色基因”，以劳模创新工作室为载体，深入推进党员研发攻关。聚焦鞍本区域核心研发机构优化设置和“一院多中心”运行模式，建立“鞍本北”党建联盟，组织郭明义讲党课和三地党建工作交流会议活动两次。以“党建+载体”为抓手，紧扣科研生产，“中欧班列集装箱用耐蚀钢系列产品的研发”等四项科技成果达到国际先进水平。制定下发《本钢技术中心党建工作责任制考核评价办法（试行）》，扎实推进“样板”党支部建设。紧紧围绕学习党的二十大精神主线，印发《关于开展“大干100天，冲刺四季度”党员承诺践诺评比活动的通知》，认真完成“万名党员进党校”培训工作。以“喜迎二十大 建功新鞍钢”主题实践活动为工作重点，切实抓好党员责任区、党员先锋岗、“献计出力 提质降本”专项劳动竞赛、“为职工办实事”等活动。党委领导班子成员自觉履行“一岗双责”。加强对党员干部和关键岗位人员的日常教育和监督管理，调查填写领导干部、敏感岗位人员经商办企业有关事项报告表53份，建立完善领导干部和敏感岗位廉政档案53份，组织开展备品备件采购及管理、工程建设领域“清廉工程”专项整治监督，发现问题3项；对疫情防控、“三重一大”决策、规范党内政治生活等进行常态化监督；组织领导干部参加“赓续红色血脉，建设廉洁文化”主题读书活动和“以案为鉴，警钟长鸣”读书警示教育活动。技术中心党委充分发挥对内对外宣传平台作用，2022年创建微信公众号——“本钢研发”，全年发布宣传稿32篇。在《本钢日报》等媒体发稿15篇。进一步健全意识形态工作的领导体系和机制，2022年未出现由于错误思想、观点和言论广泛传播造成社会影响情况。

（高　睿）

炼铁总厂

【概况】 本钢板材股份有限公司炼铁总厂（简称板材炼铁总厂）是隶属于本钢板材股份有限公司的一家集高炉冶炼、烧结、焦化、原料于一体的大型综合性生产单位。截至2022年末，板材炼铁总厂行政下设5个管理室和24个作业区，在岗职工3056人，其中管理岗71人、专业技术岗249人、操作岗2736人，硕士研究生31人、大学学历450人、大专学历1278人，高级职称65人、

新五号高炉出铁现场（赵东辉　摄）

中级职称326人、初级职称317人。党委下设46个党支部，党员1305人。

炼铁工序现有炼铁高炉4座，新一号高炉炉容为4747立方米，六号、七号高炉炉容均为2850立方米，新五号高炉炉容为2580立方米，年生铁产量1000万吨。烧结工序现有烧结机4台，年烧结矿产量1441万吨。焦化工序现有焦炉8座，其中6米60孔双联火道复热式焦炉4座、6米45孔双联火道复热式焦炉2座、7米60孔双联火道复热式焦炉2座、干熄焦5座，其中2座处理能力115吨/小时，2座处理能力150吨/小时，1座处理能力190吨/小时，年焦产量466万吨。原料工序主要担负着板材公司生产所需大宗原燃料仓储、管理和供给任务，占地面积72.5万平方米，最大存放能力约为200万吨。按生产需求及资源划分为煤、焦输送和含铁料、燃料、熔剂输送2条生产线。主要产品包括：生铁、烧结矿、焦炭、焦油、粗苯、硫铵等。

【主营指标】 2022年，生铁产量完成1000.29万吨，同比超产16.52万吨；烧结矿产量完成1410.15万吨，同比超产9.85万吨；冶金焦产量完成380.48万吨；焦油产量完成16.09万吨，同比超产0.25万吨；粗苯产量完成4.65万吨，同比超产0.14万吨；粗苯收率完成0.77%，同比超计划0.03%；燃料比完成529.5公斤/吨，同比降低5公斤/吨；吨钢成本完成131.82元/吨，其中9—12月合计吨钢降低206.18元，完成军令状目标。

【生产组织】 强化生产组织，完成生产任务。紧抓工序联动，坚持“以高炉为中心”原则。建立以4座高炉为主线、17个作业区参与的工序互保链，实施“工序倒逼、产线捆绑”一体化考核；五高炉矿石批重达到86t/ch，创出开炉以来历史最好水平；六号炉计划封炉38天，疫情静态管控期间一次开炉成功；新五号高炉生铁产量连续4个月突破历史最高纪录。烧结工序燃耗7、8月份连续2个月突破历史最好水平。一烧结6月及9月吨矿发电量、二烧结6月吨矿发电量均突破历史新高。

【设备管理】 强化设备运维管理，稳定运行有保障。设备基础管理制度化水平进一步提升，全年共排查整改各级设备隐患247项，完成一体化编制及新系统上线工作。主体产线定修模型进一步优化，高炉工序基本实现零故障、零影响；焦化工序环保项目逐项落实；烧结工序治理烧结机漏风取得良好效果，间接创效800万元；原料工序一次配料稳定率和设备运行效率不断提高。全年降低备件采购成本680万元；国产化替代节约采购资金466万元。推行烧结皮带无人值守、无功补偿装置修复、高耗能电机改造、变电所集控等措施，年创效益2000余万元。

【技改工程】 2022年克服各种困难完成技改工程11项，其中8号、9号焦炉酚氰废水异味处理、四号焦炉组机侧烟尘治理、净化一、二作业区VOCs尾气治理等项目提前竣工，焦化区域大气污染明显改观；六号、七号、新一号高炉焦粉仓项目投入运行后年降成本3000万元。铁区动态管控系统项目成功上线运行，积极推进铁前集控。强化项目前期管控，全年完成招议标计划额9.22亿元，降采率23.48%，节约建设资金2.16亿元。

【成本管理】 严格成本控制，提升经济效益。坚持对标挖潜提效益，全年配煤成本同比降低50679万元，配矿成本同比降低73489万元，烧结燃耗同比降低3702万元。坚持集智攻关增效益，制定下发降本激励制度，实施摘牌项目120个，获奖励75.17万元。征集群众性创新创效合理化建议1938条，上报公司17条创效450万元。坚持挖地三尺找效益，团山老煤场清底烧结配料7万吨，降成本4900万元；自主完成高炉热风炉集控操作，创效610万元；取缔炼铁总厂114个休息室供暖，降费用175万元。

【安全管理】 安全提升年夯实安全基础，筑牢安全防线。全力推进安全生产责任制落实，2022年实现轻伤及以上事故为零、火灾事故为零的目标，一举扭转2021年发生7起安全事故的被动局面。修订完善安全生产管理制度33项、应急预案11项，查处违章作业641项，危险源辨识1740个，安全管控能力不断提升。安全生产专项整治见实效，形成风险辨识清单14项，隐患和问题清单排查11项；形成“炼铁工序五号、六号及新一号高炉炉缸侵蚀模型”“焦化工序控制室操作室移出爆炸性危险区域”等6项有关安全预防措施的成果。全年安全投入费用3305万元，完成4项安措项目，其余4项按计划推进。

【能源环保】 积极开展环评、环保验收工作，全年污染物排放总量控制在排污许可证总量指标之内。加强环保在线监测设施规范化管理，焦化分厂环保问题整改1716项，极大改善感官污染问题；对重点防控部位采样750次，不断稳定送市政污水厂水质。2022年生活垃圾排放1100车；工程余土排放手续办理2990车；生产废弃物外排112车；绿化种植花卉7000平方米；绿化带清理40000平方米。

【三项制度改革】 通过三项制度改革，优化机构7个，优化率19.4%。在岗职工优化617人，优化率16%，其中三职群优化170

人，优化率34.7%；操作岗优化447人，优化率13.3%。外部用工优化417人，优化率50.1%。协商一致解除劳动合同44人，市场化退出率1.15%，超额完成目标任务。全员岗位绩效探索新经验，创新性开展党建与生产经营“双百分”考核，储二作业区“四到”工作得到集团公司、板材公司高度肯定。焦油精制作业区“授权＋同利”引领市场化改革，生产经营指标和职工收入实现同步大幅提升。

【党群工作】 领导班子带头落实组织生活制度，按期召开2021年度总厂党员领导干部民主生活会，进一步提升厂班子战斗力、凝聚力、向心力。深入开展党的二十大学习教育，积极开展“我为职工办实事”活动，厂班子为职工解决实际问题37项，炼铁总厂46个党支部办实事121项，重点解决部分岗位职工“洗浴、洗衣、饮水”难问题。深入开展“工序结对、互保共建”工作，发挥党支部的战斗堡垒作用，形成“高炉稳、人心顺、效益高、收入增”的可喜局面。创新推出暖心“树洞”网络互动平台，坚持“变堵为疏”方针，止面发声，受到职工的普遍欢迎。工会组织发挥“三个服务”职能作用，深入开展劳动竞赛，高质量举办本溪市及本钢集团职工技能大赛相关工种考试，激发了职工钻研技术的工作热情。（赵云峰）

炼钢厂

【概况】 本钢板材股份有限公司炼钢厂（简称板材炼钢厂）始建于1972年，是由我国自行设计、制造、安装的大型炼钢厂。1974年建成投产，1996年11月28日更名为本钢板材股份有限公司炼钢厂，是本钢板材股份有限公司所属主体生产厂矿，坐落于辽宁省本溪市平山区南兴路18号。截至2022年底，炼钢厂在籍在岗职工1814人，其中管理岗41人、专业技术岗121人、操作岗1652人。下设安全环保室、生产技术室、设备管理室、综合管理室4个职能室和原料作业区、炼钢作业区、精炼作业区、连一作业区、连二作业区、吊车作业区、运行作业区、回收作业区、精整作业区、自动化作业区10个作业区。主要拥有7台铁水预处理站、7台180吨转炉、5台RH真空精炼装置、5台LF钢包精炼炉、2台800—1600毫米双流板坯连铸机（1号、2号）、2台850—1750毫米薄板坯铸机（3号、4号）、1台470毫米矩形坯连铸机（5号）、1台1000—1900毫米双流板坯连铸机（6号）、1台1000—1900毫米单流板坯连铸机（8号）、1台1000—2200毫米单流板坯连铸机（7号）、1台铸坯表面火焰清理机等具有国际先进水平的技术装备。可生产汽车板用钢、石油管线钢、电工硅钢、集装箱用钢、冷轧深冲钢等10余个系列、600多个钢种。2022年产能1042.14万吨，创历史最高纪录，其中1号、2号铸机完成392.75万吨，5号铸机完成34.45万吨，3号、4号铸机完成58.70万吨，6号、7号、8号铸机完成556.24万吨。实现全工序负能炼钢。

【生产管理】 制定“快干长停，降本增效，杜绝浪费，精益求精”等一系列生产经营决策。充分发挥明星产线的领军带头作用，四季度完成产量293.56万吨，完成“大干100天、冲刺四季度”拼搏目标。科学组织生产，2022年各项生产指标屡创新高，11月日平均产量32602吨，创历史最好水平；各工序、各产线产量共破纪录52次。全面提高铸机产能利用率，其中6号、7号、8号铸机产能利用率同比提升20.28%、8.56%和10.7%；全力推进降铁耗工作，铁耗910公斤/吨。

【技术创新】 2022年废次降率为1.54%，对比考核指标降低0.01%。通过实施全系统氧管控、全系统温度管控、工艺参数窄幅管控、设备运行精准管控、经济运行系统管控等措施，推行一贯制生产技术，构建四级管理体系，产品质量稳步提升，特别是汽车板用钢质量取得较大进步，汽车内、外板合格率分别完成98.4%和95.2%，对比板材公司下达指标分别提高0.2%和0.9%。

【智能炼钢】 “一键炼钢”技术是实现转炉全流程智能化炼钢的核心技术，具有提高冶炼终点碳、温度双命中率，减少补吹次数、减少渣中含铁量、延长炉衬寿命、优化废钢熔化效率、实现管理信息化和作业标准化等优势；是实现转炉科学生产、稳定操作、降低消耗、减少排放、提高产品质量的重要保证；板材炼钢厂采用自主研发作为“一键炼钢”的主要手段，2022年4月21日初步实现全程自动化一键炼钢，实现“一键式”智能炼钢模型稳定运行。“一键炼钢”技术申报国家专利6项；获鞍钢集团专有技术奖，尤其是智能控枪系统，达到国际先进水平。

【设备管理】 设备管理实现新突破，铸机精度管理水平稳步提升。铸机接弧合格率比2021年平均提升19%，开口度合格率提升20%；铸机检修计划化整为零，从根本上提高了铸机的生产效率，保障产量任务的完成；开展利库工作，备件库存降低总额5148.39万元，超额完成全年指标；推进“检修工单”标准化管理，保证施工安全，提高检修质量，为高效生产提供保障。

【技改工程】 技改工程取得新进展。1号、2号、3号、7号转炉新建三次除尘系统，完成初步设计、土建开工、设备到货安装等重要工程节点，设备安装及建筑内装修工作正在有序推进中；完成3号转炉的一次除尘提标改造工作，7号转炉提标改造正在组织施工；转炉二次除尘改造已完成5000余条除尘器滤袋改滤筒工作；完成富余蒸汽向烧结265发电的功能，全年产生能源效益近1000万元。

【安全管理】 贯彻落实新《安全生产法》，签订各级安全生产责任状；定期开展现场安全综合检查，从源头上控制安全事故的发生，共查处隐患1957项，治理1943项，整改率99.3%；完成新2号、新3号倾翻机的新建、旧1号倾翻机的拆除及渣跨6台冶金铸造吊车的改造和安装工作，提前3个月完成“钢八条”重大安全隐患的整改治理；建立安全小程序，全面实现动火、高空作业等安全票证网上办理功能，提升安全标准化管理水平。另外，持续推进文明生产专项治理，同时按照6S管理“整理、整顿、清扫、清洁、素养和安全”要求开展工作，生产、生活、办公现场保持清洁，做到地面无污垢，物品摆放整齐有序、科学合理，工作效率、管理水平得到有效提升，全体职工自觉营造整洁、舒适、健康的工作环境。

【能源管理】 2022年成本同比降低7.62亿元。贯彻落实“零浪费”的成本管理理念，结合全员多维度成本管理体系的要求，推进全员成本管理，四季度降低成本 3.15 亿元，完成“大干 100 天、冲刺四季度”吨钢降本拼搏目标，实现“跑赢大盘、跑赢自己”。2022 年钢铁料降至 1087.3 公斤 / 吨，同比降低 3.8 公斤 / 吨，创造历史最好水平。钢铁料指标“五地”排名第二位，仅略高于北营公司。石灰消耗完成 34.41 公斤 / 吨，同比降低 6.29 公斤 / 吨，该项指标“五地”排名第一位。2022 年综合工序能耗完成 –9.78 千克标煤 / 吨，比 2021 年降低 7.09 千克标煤 / 吨，其中 12 月份完成 –11.94 千克标煤 / 吨，创历史最好水平，该项指标“五地”排名第一位。

【环保工作】 切实增强责任意识，强化责任担当。党委理论中心组召开专题研讨会，学习习近平总书记关于生态环境保护工作的重要讲话。进一步加大环保法律法规的宣传力度，建立完善生态环保责任制，制定环保责任清单和履职清单，明确履职内容、周期和要求。同时，修订和完善炼钢厂环保设施运行管理制度和考核办法，强化大气污染防治设施，加强重点领域环境风险防控，编制完成炼钢厂 VOCs 综合治理“一厂一策”方案；充分利用环境监测数据、在线监测数据对环保设施运行的监督作用，制订在线设施“一点一策”管理方案，建立在线数据超标、设施故障等突发问题的应急措施。排污许可管理、环保税核算管理、重污染天气应急管理、双碳规划项目实施等工作都取得阶段性成效。

【管理创新】 以项目摘牌、科技立项、合理化建议为载体激发职工创新创效活力。2022 年共实施摘牌项目 44 项，科技立项 7 项；共征集合理化建议 991 条，初步筛选可行性 173 条。通过实施创新驱动解决大量困扰生产的技术问题，复吹转炉运行整体平稳，1 号转炉复吹炉龄突破 10850 炉，取得历史性突破；出钢口更换时间由 90 分钟压缩至 65 分钟；8 号机在 1.5 米 / 分钟的拉速下实现在线调宽 100 毫米，用时 4 分 30 秒，调宽坯长 6.26 米，创本钢集团连铸机在线调宽最高拉速纪录，宽板铸机处国内同行业领先水平；转炉氧枪喷头夹角由 13 度降低至 12.5 度，吹炼时间缩短 0.17 分钟，吨钢氧耗降低 0.68 标立方米 / 吨，渣中全铁降低 0.13%。

【体系审核】 扎实推进板材公司汽车板“一贯制”质量管理体系建设，实现汽车板成为板材公司的代表产品，不断提升客户满意度。按照全面提升板材公司质量管理水平的总体要求，炼钢厂积极做好体系认证迎审准备工作。总结内审经验，针对不足按期整改。建立和完善内部审核组织机构，推进内审工作队伍建设，提升质量管理水平。配合板材公司积极做好 VDA6.3 及 IATF16949 质量体系认证工作，并通过北京国金恒信、莱茵公司及本钢集团内部的认证审核，确保质量认证体系的长期高效运行，为板材公司独立取证做好充分准备。

【三项制度改革】 精简组织机构设置。职能室由 5 个精简为 4 个，精简比例为 20%；作业区由 12 个精简为 10 个，精简比例为 17%。坚持公平、公正、公开原则，通过 12 轮的岗位竞聘优化职工队伍，其中“三职群”优化比例为 20.2%，操作岗优化比例为 17.5%，厂级优化比例为 17.8%。48 人协商一致解除劳动合同，4 人保留劳动关系，24 人息工创业，108 人“法三”离岗居家休息，市场化退出比例2.24%；试点推行“授权＋同利”的管理运营模式，将员工的业绩全部进行量化，按效益贡献度为班组、班员评分，分值与收入线性挂钩，职工收入差距由693元扩大到1445元，有效激活了职工创新创效的潜能。精炼作业区改革试点编入本钢集团公司市场化改革案例集，并在本钢集团改革大会上介绍改革经验；细化落实“干到、算到、给到、得到”工作理念，强化激励机制，设计不同的“赛道”进行正向精准激励，激发全员主动参与创效的积极性，让职工共享企业发展成果。

【党群工作】 发挥党委政治引领作用，强化思想政治建设，扎实开展党委理论中心组学习，严格落实“第一议题”制度，通过“三会一课”、主题党日等多种形式学习贯彻党的二十大精神；加大宣传力度，在本钢日报、鞍钢日报、辽宁日报、中国冶金报等媒体发稿56篇；围绕三项制度改革，抓好舆论引导、信访维稳、治安保卫工作，实现职工队伍、舆情、信访三稳定；落实全面从严治党主体责任，增强各级干部的廉洁自律意识，围绕备品备件采购、管理及工程建设领域，开展“清廉工程”专项整治工作。修订完善合金等贵重物资的防盗措施，优化管理流程，实现对重要生产资材的闭环管理；配合本钢集团党委第一巡察组开展巡察工作，做好巡察反馈意见的整改落实；召开炼钢厂第二次党代会，选举产生新一届“两委”委员，完成各党支部换届选举工作。推进党支部建设规范化、制度化，精炼作业区党支部被评为鞍钢集团样板党支部；推进党建工作与生产经营深度融合，围绕“喜迎二十大、建功新鞍钢”主题实践活动，扎实推进劳模创新工作室、劳动竞赛等活动，特别是成功举办“班组成本分析”大赛并受邀到板材公司进行经验介绍。在本钢集团命名的20项职工先进操作法中，炼钢厂有7项入选，其中2项被推荐参加鞍钢集团评选。群团组织充分发挥作用，工会积极组织开展劳动竞赛、职工文体活动，开展“职工代表巡视进食堂”专题活动等；共青团组织开展青工技术比武、拜师学艺等活动，转炉工艺创新创效攻关团队获“辽宁青年五四奖章先进集体”荣誉称号。

【防疫工作】 按照本钢疫情防控工作紧急部署，开展常态化核酸检测，制定并迅速启动疫情防控应急预案，储备防疫物资，连夜组织关键岗位职工进厂到岗，圆满完成两次驻厂保产任务，确保防疫生产两不误。

（郑第科）

热连轧厂

【概况】 本钢板材股份有限公司热连轧厂（简称板材热连轧厂）是一家以热轧板材为主要产品的现代化生产企业，产品广泛应用于冷轧基材、汽车制造、石油化工、船舶制造等多个领域。现拥有三套热轧机组、两套平整分卷机组，其中1700生产线有4台加热炉、3架荒轧机、7架精轧机、3台卷板机；1880短流程生产线有2台辊底式加热炉、2架荒轧机、5架精轧机、2台地下卷取机；2300生产线有4座步进式加热炉、1架定宽压力机、2架荒轧机、7架精轧机、3台卷取机；还配有1700、2250两套平整分卷机组。2022年热轧卷产出979万吨，其中2300线完成562.88万吨，双双刷新历史最高年产纪录。板材热连轧厂现有在籍职工1011人，其中管理岗26人、专业技术岗144人、操作岗841人，高级职称34人、中级职称185人、初级职称206人，高级技师15人、技师88人、助理技师23人。下设综合管理室、生产技术室、设备管理室、安全环保室4个职能室，一热生产作业区、一热设备作业区、一热精整作业区、二热轧作业区、三热生产作业区、三热设备作业区、三热精整作业区、轧辊作业区、吊车作业区9个作业区。党委下设1个党总支、13个党支部，党员462人。

【生产组织】 通过优化检修模型，实现双周检修。为减少连铸坯下线对于装料节奏的影响，通过攻关测试，实现1700生产线连铸坯直装。2300线自主开发精轧机“两块钢同时轧制”功能，轧制节奏较普通模式提高15秒。技术、工艺改进使热连轧厂在2022年8次刷新各项产量纪录，其中10月份2300线轧出优质卷板536003吨，再度刷新了2021年5月527198吨的月产纪录；10月28日轧出21202吨，是2300线自2008年11月投产以来首次日产超过21000吨。发货方面，10月29日，三热精整作业区单日发货778卷21216吨，再次刷新历史纪录。积极提升服务用户的能力，自主研发热轧产品合同进度跟踪管理系统和拳头产品监控分析软件，对重点合同如汽车板、酸洗板等拳头产品进行日执行合同数据管理，实现合同交付进度预警，增加生产调品的针对性和提前量，品种钢比例逐月攀升。

【质量技术】 大力开展以产品质量全面提升为核心内容的系列管理活动，让质量理念真正入脑入心：结合板材公司“产品质量全面提升管理风暴”工作发起主题为“开展专项攻关，攻克质量顽疾”的质量提升活动，紧盯缺陷率降幅50%目标，向六大质量难题发起“攻坚战”；梳理一贯制关键控制点，为后续系统上线参数维护奠定基础；通过组织工艺纪律检查，保证工艺过程稳定受控；组织编写设备精度保障方案，统一管理全厂设备精度，提升工艺技术指标命中率；厂领导挂帅专项攻关，优化生产工艺和过程参数，攻克质量顽疾；自制大数据统计系统，采取缺陷相关性分析，明确缺陷要因；推进工序联动、技术服务、定期考评、编制图谱等重点工作。2022年外部异议率0.14%。返修率3.79%，汽车板内、外板合格率分别达到99.2%、97.5%，均完成板材公司指标。全年申报国家专利申请15项、鞍钢科技进步奖2项；申报集团公司级项目1项、板材公司级项目11项；获得本钢集团专利奖励30项。完成IATF16949及VDA6.3等多项内、外审工作。

【设备管理】 以“稳定”和“精度”为核心任务，积极开展节点攻关、小改小革，全年设备运行总体平顺：1700、2300两线故障率由18.89‰，降低到14.96‰，小停时间降幅超过20%。两线定修模型优化到32小时/月，检修时间降幅14%。油耗攻关卓有成效，总消耗降低到2046万元，降幅达34%。对设备精度展开攻关，设备功能精度管理模式初步成型。三条生产线功能精度完好率达到96%。1700平整机组年修后精度明显改善，平整塌腰缺陷彻底解决。得益于功能精度提升，全年有10个月未产生设备因素废次降。

【降本增效】 推进成本精细化管理，深挖降本潜力。以吨钢降低32.3元为攻关目标，细化分解4大类21个子项，逐一开展降本攻关。借助自主研发的日清日结软件实施精细管控，对指标差异进行分析并梳理界面交互影响，进行PDCA循环优化，相关数据通过“日新”考核平台形成全员量化绩效实现指标与最小单元挂钩。2022年实现吨钢成本降低17.20元，全年共计降本1.38亿元的优异成绩，超额完成攻关目标，成本指标在“五地八线”对标中位居前列。

【安全环保】 紧紧围绕全员安全生产责任制，全面开展“反违章、查隐患、控风险”等安全生产大检查活动，强化职业健康和相关方安全管理，不断提高各项安全管理水平。层层签订“安全生产目标考核责任书”，成立安全生产提升年行动领导小组，在每月安全例会上将安全提升年工作与2022年安全工作要点、“安全风暴”专项行动、安全生产专项整治三年行动等重点工作进行专题汇报，对发现的问题进行曝光。重新修订各岗位规程、标准化作业卡，实现“不落一岗”“全覆盖”。2022年共开展16项安全专项检查，排查一般隐患1723项，整改率100%。组织开展防火、防汛、煤气等应急演练，开展“安全生产法”“风险辨识”“应急比拼赛”等竞赛。为助力提升安全生产管理的规范化程度，形成安全管理清单化、岗位作业标准化、安全培训常态化、安全警示目视化、安全文化多样化的安全“五化”工作法，安全管理水平稳步提升，实现轻伤及以上事故为零，火灾事故为零，千人负伤率为零。强化危废管理，依法在网上管理平台填报信息并通过市环保部门审批，全年完成废油桶42吨、废油25吨、废油漆1.8吨、废油漆桶1.2吨的处置清运工作。全年大气污染100%达到排污许可证要求，环境事故为零，危废管理处置达标率100%，完成2022年环境体系内审、外审和其他审计督导工作。

【能源管理】 2022年热轧工序能耗完成49.62kgce/t，同比2021年降成本8558.94万元。完成蒸汽并网、转供浦项等专项工作，蒸汽回收增收3216.97万元。通过摘牌攻关使用净化处理后的下机油品替代磨床托瓦油，不仅实现自身废油回收，还调剂废钢厂下机油品3吨，减轻公司废油处理压力，节省采购费用24.2万余元；大胆采用替代品对工作辊轴承进行润滑，月消耗量减少一半。

【三项制度改革】 扎实推进全面深化改革，实现机构设置、运营效率和市场化管理水平的全面提升。作业区级机构由18个压减到13个，作业区管理岗位由36个压减到21个，业务岗位由46个压减到29个；市场化退出15人，退出率达到1.2%；在岗职工优化率18.22%，超额完成16%的目标。开展全员岗位绩效考核工作，实现全员岗位绩效覆盖率100%。自主开发“日新”考核平台，科学制定全员岗位绩效考核指标，借助信息化手段达成“干到”后就能“算到”，实现“给到”公开透明，“得到”心中有数。自开展“双跑赢、破纪录”活动以来，共达标78次，奖励金额45.35万元。以两条平整机组为试点推广“授权+同利”，机组产能得到充分释放，质量得到有效管控，职工收入持续增长。2250机组10月份产量6.8万吨，实现历史月产最高产能。

【党群工作】 认真学习宣传贯彻党的二十大精神，让党的二十大精神落实落细。严肃组织程序，完成“两委”换届工作，以第十次党代会胜利召开为契机，优化组织设置，发挥“鞍钢集团党支部示范基地”辐射带动作用，让党支部建设更加规范，党组织保障更加有力，党员教育管理更加精准。全面加强“党建＋载体”工作，四季度围绕“大干一百天、决胜年目标”党员建功立业竞赛活动，支部的战斗堡垒和党员的先锋模范作用得到有效发挥。纪委围绕中心工作履行监督执纪问责重要职责。开展备品备件采购及管理、工程建设领域“清廉工程”“三项制度”改革、工作作风、劳动关系清理等多项专项监督；开展“小浴池、小食堂”、影子公司影子股东、违规经商办企业等专项排查；持续整治“四风”，建立党员干部和重点岗位人员廉政档案161份，组织各类谈心谈话60余人次。积极开展劳动竞赛，取得本溪市轧钢工竞赛第一名、辽宁省天车工竞赛第一名等优异成绩。开展群众性创新创效活动，收集职工创新创效项目31项，14个已评审项目创效金额达到1300万元/年。全年送清凉活动发放微波炉26台、冰柜11台、电扇58台、洗衣机10台，西瓜5000余公斤。团委开展“喜迎二十大、永远跟党走、奋进新征程”主题教育实践活动，热连轧厂团委、轧辊作业区团支部及多名职工获“本钢五四红旗团委”“本钢五四红旗团支部”“本钢青年五四奖章”等多项荣誉。

【防疫工作】 压实责任落实，采取有力措施，最大限度降低风险。制订《疫情防控应急预案》，建立疫情防控微信群，成立5个管控专班、37人组成的流调排查小组、设立36个隔离点，严格落实“消杀记录制度”，实行疫情防控“最小单元”网格化管理。全力做好本单位进、出厂人员的审批上报，方便快捷地为保产、抗疫打通便捷通道。做好职工的健康管理，为职工发放N95口罩。两次静态管控期间，设立3个采样点，成立志愿者服务队，合理安排各单位检测时间，做到“随到随采，不漏一人”。封控期间共计1200余人（含劳务人员）到厂参与抗疫保产，进行核酸采集26000余人次，发放各类水果、食品、健身器材价值10余万元。实现板材热连轧厂生产顺行、设备稳定、物流通畅、安全有序。（边　杨）

冷轧总厂

【概况】 本钢板材冷轧总厂（简称冷轧总厂）由原本钢冷轧薄板厂、本钢浦项冷轧公司和本钢板材第三冷轧厂于2018年1月整合而成，隶属于本钢板材股份有限公司。冷轧总厂有30条生产线，年设计生产能力595万吨。截至2022年末，在籍职工总数1510人（管理岗39人、专业技术岗250人、操作岗1221人），其中研究生学历27人、大学学历524人、大专学历717人，高级职称38人、中级职称227人。下设综合管理室、党群工作室、安全环保室、生产技术室、设备管理室5个管理科室（基建项目部设在设备管理室下），有一冷普冷生产作业区、一冷涂镀生产作业区、一冷设备作业区、硅钢生产作业区、硅钢设备作业区、三冷酸轧作业区、三冷调质生产作业区、三冷设备作业区、磨辊作业区、公辅作业区、运转作业区11个作业区。党委下设5个党总支、17个党支部、60个党小组，党员831人（含本钢浦项），党员人数占职工总人数35.5%。作为具备冷轧板、热镀锌板、电镀锌板、彩色涂层板、酸洗板、电工钢等多元产品生产能力的大型冷轧产品生产企业，核心技术和设备装备均达到世界先进水平。多元化优质终端产品广泛应用于汽车制造、家电、石油化工和建筑等行业。汽车板获得奔驰、日产、通用、一汽、上汽等知名汽车用户的青睐，家电板直供美的、格力、西门子等知名企业，并出口“一带一路”沿线50余个国家和地区。

【主营指标】 2022年，克服市场下行和突发疫情等不利因素影响，完成总产量594.8万吨；废次降率2.31%；产品异议率0.12%；综合成材率94.54%；实现销售收入268.88亿元，实现利润0.32亿元。安全生产实现“三为零”目标；各项环保指标达标可控。

【生产管理】 深入推进“深化对标管理，打造明星产线”专项活动，各明星产线以目标为导向，相互比拼，有力发挥明星效能。3#酸轧机组通过优化酸洗入口、轧机出口作业顺控时序，薄规格产品小时产能提高50吨，能够持续完成产能利用率指标，创造新的年产纪录；5#镀锌机组克服GA产品生产效率低问题，在品种钢、汽车板产品不断增量的情况下，9月份、10月份连续2次完成产能利用率攻关目标，并连创新的月产量纪录，首次达到设计产能。大力开展内部横向挖潜和外部对标工作。全面建立ABC三级联动对标体系，以全项对标为核心，借助现有鞍钢集团、攀钢集团、本钢集团对标平台，完成与鞍钢本部冷轧主要机组成本指标和鞍钢、宝钢加工成本、产能利用率的对比。针对废次降率等核心技术经济指标实施同类机组内部对标找差，关键指标进行周对比，周分析、周点评。进一步提升效率，创造效益，最终实现“系统＋精益＋极致”的对标工作目标。

【技术质量管理】 树牢“精品增效”理念，建立完善体系思维，强力推进一贯制管理落实落地，工序服从管理使生产流程更加顺畅。拳头产品创历史最佳，汽车板产能提升30.71%；品种钢比例达到60.96%，同比提高6%；汽车内外板质量控制进步显著。本钢历史上首次跻身国际一流汽车（奔驰）供货商平台，批量供货35个规格共计4832吨。首次实现CP980产品批量生产；先后完成上汽、比亚迪热镀锌外板认证料生产和PHS2000连续稳定轧制。本钢牌冷轧抗氧化免涂层热压成形钢新产品试制成功，对进一步提高本钢牌汽车板的市场竞争力，推动我国第三代汽车钢轻量化进程，助力国家实现“3060”双碳战略目标具有积极意义。全力组织合同生产和质量全流程管控，牢树异议率为零的理念。遵照《质量分级管理制度》，对质量分析要求进一步加严，对汽车板进行升级管理。针对12家主机厂直供用户迅速建立专属档案，一户一策，做好沟通和服务工作。坚守“质量是干出来”的信条，推进质量检查员实名制管理模式，奖惩并举，进一步提升质检人员的责任心和能动性。

【设备管理】 系统开展全过程精度功能对标管理。全年板材公司级精度管控项目76项，受控率100%；厂级精度管控项目1163项，受控率84.5%，总体管控效果良好。积极开展自营精密点检专项工作，共实施精密点检项目81项，发现隐患46项，即时解决32项、持续解决12项、列入改造计划2项；累计解决恢复设备功能87项。主体产线全部完成设备开动率计划指标，主体设备平均开动率达到95.34%，比计划提高2.02%。设备高效运行助力突破产量纪录30次。全年已申报国产化项目31项，预计可降成本

三冷分厂轧后库无人行车（郑洪涛　摄）

401万元。

【技改工程】　一体化项目有序推进。投入16名脱产骨干，38名厂内种子人员配合项目建设。先后完成流程差异分析、技术附件及代码手册审核和各机组的各项逻辑验证工作，确保项目按时保质投入运行。精准精细排布一冷轧改造项目工期，确保2023年3月15日开工，预计6个月时间1#酸轧机组出第一卷。完成一冷废水站改造EPC工程等项目的招标工作，总降采额3241万元，降采率16%。精心组织智能装备项目按期上线，不断寻求新的效益增长点。克服疫情不利影响，按期完成拆捆、捞渣、取样、贴标机器人及4台无人行车设备安装、调试和功能考核等工作。该项目上线预期可替换天车工16人，提高作业准确性，提升运行效率，降低锌耗，降低产品质量损失，实现产品质量提升，预期年直接效益300余万元。

【降本增效】　牢固树立“一切成本皆可降、人人皆可降成本”的理念，率先实现各产线、各品种规格的日清日结核算功能，构建完成上下贯通的提质降本网状监控分析体系。可每日以产量、锌锭消耗、成材率、能源计量数据为支撑，计算日成本实绩，并对不足项次进行跟踪分析。2022年累计实施降本项目82项次，同比实现降成本4.03亿元。以全员降本为核心，开展群众性降本专项工作，重点推进即时奖励，深挖一线降本金点子。组织进一步学习鲅鱼圈全员降本经验，通过差异对比，推进成本控制。进一步落实零浪费的管理思想，全面征集各单位浪费点112项次，明晰责任人、整改措施及时限，按周推进、分析、总结。结合厂内现阶段存在的主要痛点和堵点问题，建立内部摘牌管理制度。全面梳理涉及产品技术、质量、改善、提升方面等49个专项问题，各项目均按计划组织推进实施，效果显著，年度可实现创效950万元。同步建立同利共享、精准激励机制，专项设定提质降本措施“下到机台、下到岗位”的管控目标，不断提升和发挥员工干事创业的能动性和全员降本提质增效工作的引领带动功能。

【安全管理】 深入学习习近平总书记关于安全生产的重要论述，围绕国务院安委会安全生产专项大检查和标准化定级评审，积极开展“安全风暴”和安全生产专项整治三年行动。落实7个专项整治工作，检查整改问题306项。辨识危险源2645项，各级危险源均在可控范围。推进安全生产责任落实再提升，修订483个岗位安全生产责任制和完善342个岗位安全规程，完善岗位安全职责、履职清单和履职日志等内容。推进“四个专项领域”安全管控能力再提升。开展危险化学品、燃气安全、危险作业、有限空间作业安全专项整治，共查改问题91项。组织三级安全教育培训1954人次，扎牢安全工作的“根”和“魂”。

【能源环保管理】 强化环保履职管理。制定“冷轧总厂废水排放管控措施”，明确3个废水站外排废水管控指标。对氧化铁粉、锌渣、沉泥、除尘灰等一般固废储存场所设置标识、建立台账。完成42个废气排放源全年监测计划，及时上传辽宁省重点排污单位自行监测信息发布平台，合规上传率100%。结合打造“3A”级景区花园式工厂要求，共计拆除老旧建筑29处2645m^2、修复铺设通道38处580m^2、实施绿化1850m^2、粉刷美化16500m^2。重点推进汽车板产线感官污染源管控专项行动，通过对产线内外生产生活区域的整治，减少现场环境对产品质量的影响，改善提升工况环境，逐步实现产品质量和职工满意度双提升。

【企业管理】 深化本钢浦项合资公司优势，创新建立本浦“1+2+3”经营理念和“2+4+1”生产理念。完成合规运营授权等六项重点工作，用世界眼光找准工作坐标，与超一流企业共舞。将本钢浦项作为本钢集团探索企业改革发展的“试验田”和“特区”，以引领本钢集团其他板块，乃至鞍钢集团共同学习发展。建立冷轧总厂战略研究专班，按照董事长调研时提出的工作要求，围绕冷轧发展大局和主攻方向，定期进行讨论研究，建立标准、全流程闭环管控。

【人力资源管理】 一是如期平稳完成全部岗位竞聘工作。管理职群精减52%，组织机构精减32%，人均吨钢产量提升347.2吨。二是严把干部、人才管理关口，改变传统总分应用模式，初步调整为业绩和能力双维度的矩阵式制度评价。三是按照板材公司星火计划要求，重点做好年轻干部队伍建设工作。全年提职任用“80后”年轻干部42人，占提职人员总数的77.8%。按照“聚焦85后、关注90后”的工作方针，有针对性地开展挂职锻炼，积极搭建展示平台，努力营造干事创业的良好环境。四是进一步开展全员“1261”岗位绩效考核工作，使考核结果与个人收益有效结合。同岗位薪酬差异化最高达到1800元，工资差异系数最高达到2.01。强化守信践诺意识，共计签订各级责任状398份。创新开发全员绩效管理系统手机APP，高效助力“四到”“授权+同利”等专项工作。严格执行“两表上墙”制度，使职工每日能够直观了解个人收入情况，让职工享受到多劳多得的成果。

【党群工作】 以深入学习贯彻落实党的二十大精神为着力点，持续推进党建清单化专项工作，力求实现党建工作的清单化、简约化、易控化目标。创新三级联动学习长效机制，2022年开展中心组集体学习研讨13次，各党支部开展专项学习80余次。积极做好党委巡察全流程工作，着力打通全面从严治党的“最后一公里”。全面落实“十六字”工作作风要求，以“抓现场、促履职”为切入点，开展谈话提醒8人次。充分发挥监督、问责的震慑功能。高效发挥党建引领战略发展的互溶效能。持续深化“我为群众办实事”实践活动，同时围绕企业改革发展着力在解民忧上下功夫。全年慰问各类职工142人，发放慰问金5.45万元；为驻厂抗疫保产职工发放住宿用品及生活物资，累计17万元；修缮一冷分厂女职工浴池，更换更衣箱60余套。举办外地大学生座谈会和“喜迎二十大、永远跟党走、建功新时代”主题团日活动，为冷轧发展集思广益，引导后备力量成长成才，有力确保群团生力军的作用发挥。

【防疫工作】 深入贯彻执行本钢集团疫情防控指挥部的各项工作部署，压实各级人员工作职责。厂疫情防控督导组定期对生产现场、办公区、食堂和浴池等重点部位开展防疫检查，各区域均能够按要求实行常态化管理。严格执行本钢各项防疫措施，疫情静态管控期实现“零”感染，各工序产量实现“零”影响，保障了职工队伍稳定和生产经营顺行。及时启动疫情保产应急专项预案，分析研判疫情影响程度，打破常规，优化生产模式，多条产线创下历史最好纪录，其中硅钢分厂连续打破日（班）产纪录4次。全面夺取抗疫保产“双胜利”。（景博文）

本钢浦项公司

【概况】 本钢浦项冷轧薄板有限责任公司（以下简称本钢浦项）是本钢集团公司与韩国POSCO共同投资建设的合资公司，是国家“十一五”重点工程项目。2004年7月19日破土动工，2007年7月正式竣工投产，以生产高质量汽车面板和高档家电用板为主，设计产量190万吨。2022年，本钢浦项通过实行三项制度改革与规范运营，坚持“打造本钢浦项样板工程”为改革目标，学习韩国浦项先进的管理理念和技术，企业生产经营稳步前行。截至2022年末，在籍职工总数629人，其中研究生学历18人、本科学历262人，高级职称29人、中级职称115人。参照韩国浦项制铁所的先进管理模式，内设综合部、生产部、技术部、设备部、财务部，汽车板销售部、革新部7个职能部门。根据业务分工，职能部门内部分别设立10个Team，9个Part。党总支下设3党支部，党员218人，占职工总数的35%。

【主营指标】 2022年，本钢浦项完成总产量200.11万吨，折算产量213.37万吨，同比增加11.87万吨。实现利润1.76亿元，环比下降0.14亿元；营业收入利润率1.79%，环比上升0.12%；资产负债率37.22%，低于警戒线50%。2022年研发投入强度稳步提升，全年平均研发投入强度达到5.36%。全年累计降低工序成本1800万元。

【生产管理】 优化产线分工，实现高效生产。根据合同的品种规格和产线特点，科学排布生产计划，严格工序服从制度，实现高效生产。2# 酸轧机组产量 182.1 万吨，超设计产能 2.1 万吨，产能利用率 101%，3# 镀锌机组产量 47.5 万吨，超设计产能 6.3 万吨，产能利用率 115%；4# 镀锌机组预计产量 35.3 万吨，超设计产能 3.3 万吨，产能利用率 110%。突破日产记录 7 次，班产记录 3 次。

【技术质量管理】 健全质量管理体系，汽车板整体产量和质量水平创历史新高。汽车板产量突破 83.9 万吨，与 2021 年同期相比提升 9.96 万吨；奔驰首款国产化车型 ACTROS 实现量产，该车型 127 个内制件由本钢浦项独家供货，2022 年累计订货 6265 吨。完成上汽乘用车 EH32、EP33L、AS33 自制件网格试验和试模工作，实现三款新车型小批量订货，启动供上汽乘用车镀锌外板认证。与板材营销中心一起持续推进以零部件管理的方式参与汽车主机厂发包，确保供货份额稳步提升，截至 2022 年底新增零部件 154 个。制订下发《汽车板一贯制控制计划》，日统计、周检查、月总结的方式，对汽车板生产执行情况进行监控，分析影响汽车板质量的重点缺陷进行攻关，使汽车板内部合格率较去年提升了 0.77%。2022 年共收集专利 44 项，上报科技规划部专利 32 项，其余正在审核中。本钢浦项加磷高强度冷轧带钢荣获《金杯优质产品》证书。

【设备管理】 夯实设备管理，提升运行效率。开展精细化对标，不断细化各项降成本攻关措施，确保设备运行稳定、设备原因废次降明显降低。以成材率、锌耗、能源消耗等成本大户为突破口，抓大不放小，实施精准激励，能源降本及备件修旧利废降本相结合，较好地完成年初制定的降本工作目

2022 年 4 月，明星产线 3# 镀锌机组生产乙班达到 123% 的产能利用率，本钢浦项常务副总经理冯岗到生产现场颁发嘉奖令牌匾。（杨镇　摄）

标，为生产稳定提供有力保障。设备开动率96.51%，同比提高2.67%。推广浦项特色的My Machine活动。通过对比各项设备建设初期初始能力，对目前劣化和功能丧失的设备功能进行统计并分别开展改善活动。2022年开展QSS项目22项，创造效益350万元。摘牌项目《1#连退切边后去毛刺辊的稳定投入》创效益126万元，《3#镀锌机组切边增量》预计年效益344万元。3#镀锌机组发挥明星产线的引领作用，产能利用率连续实现115%，尤其是“明星班组”生产乙班达到123%的产能利用率，比肩国内领先水平。

【安全管理】 持续加强本钢浦项企业安全文化建设，营造良好的安全生产氛围。通过对标学习韩国POSCO先进的安全管理经验，将安全指示确认、TBM、QSS快速改善、安全十大铁律、可视化管理等融入到日常的安全工作中，变被动管理为主动管理，变要我安全为我要安全。本溪市生态环境局以及安环部检查中，酸再生酸泄漏应急预案演练受到市政府和板材公司的肯定。2022年实现人身伤害事故，一般火灾事故、重大设备事故“三为零”安全工作目标。

【能源环保管理】 深挖能源成本，做实环保管控。建立三级能源绩效考评体系，督促全员履职尽责。优化相关方用能管理，通过排查和梳理本浦相关方外转供用能单位15户，用能点51处，兼顾民生采取合理优化等方式，分两期进行压缩，共压减用能点27处。践行鞍钢集团和本钢集团“双碳”要求，打造“3A”景区花园和式工厂，组织“微爱心，大奉献”环保回收活动，助推本钢浦项绿色低碳发展。同时对环境风险点进行全面排查，全年实现检测计划执行率、危险废物合法处置率、达标排放率100%，重大突发环境污染事件为零。

【企业改革】 完善合规运营制度和运营授权。按照《本钢集团子企业董事会建设专项工作方案》的要求，修正、制定包括《本钢浦项章程》《本钢浦项董事会议事规则》等16项董事会制度。同步制定本钢浦项各业务相关制度100余项。为满足合规运营要求，本钢浦项进行独立权限相关审核。通过两个阶段的授权组织工作，现已承接授权132项。坚持“以效益为中心”的生产理念，学习韩国浦项先进的管理理念和技术，坚持开展学习浦项交流活动，借鉴消化浦项生产管理思路，学习借鉴浦项“三项日常活动，五条黄金法则，十大改善精神”和“POSCO八大浪费”内容，建立本钢浦项特色的“2+4+1”生产理念。即通过“2个抓手，推动4个维度，实现1个目标”。工序降成本比预算降低599.72万元，比上年降低24184.43万元。

【人力资源管理】 一是紧密围绕提升动力、激发活力、增长效率三大方面，开展深化劳动、人事、分配三项制度改革，完善MBO全员评价体系，充分激发经营活力和职工队伍的创造力。优化组织架构，借鉴韩国浦项管理模式，设计包含浦项元素的职务体系。为消除垂直管理架构中带来的低效率及专业混淆的问题，将原有8个管理室+7个作业区架构形式，优化整合为7个业务执行部门，形成大部制管理结构，管理机构数量同比压减12.5%、作业区机构数量压减100%。大部制组织架构，凸显专业化管理优势。二是开展浦项模式薪酬设计。本钢浦项在浦项中国指导下，形成配套自身管理特点的薪酬绩效体系，将个人绩效与组织绩效捆绑使用，个人绩效占60%，组织绩效占40%，按"1261"考核评价模式对职工进行业绩测评。每月对执行层员工按四个维度进行量化打分排序，以1:2:6:1为比例，分为卓越、优秀、骨干、一般四个层级，充分体现业绩贡献导向。绩效管理中利用穿透式激励的方式，降本提质效果显著。

【党群工作】 本钢浦项组织215名党员参加"万名党员进党校"网上学习，开通网上"双向直通车"为群众答疑解惑，共为群众办实事16件。设备党支部重点解决轧后库卫生间、镀锌厂房内9#门卫生间上下排水及卫浴设施老化问题，修缮总面积110平方米。对磨辊Part主操作室环境进行改善，更换外墙铝塑板及室内粉刷面积超过400平方米。新增酸轧厂房风机20台，基本解决酸轧厂房酸雾排放的问题。开展本钢浦项成立18周年庆典系列活动。印制书籍《正青春向未来》、制作宣传片《本钢浦项18周年的青春畅想曲》《生日祝福》及相关宣传活动。同时举办"我的初心"主题征文和功勋员工评选活动。丰富职工的文化生活，通过修整篮球场地、布置文化背景墙、乒乓室铺设地胶，给职工提供舒适的活动场地，举办"三八"妇女节插花活动。持续开展"送清凉"活动，为现场职工发放冰柜、电风扇等物品。有效改善工作和生活环境，提升广大职工的归属感。金秋助学，奖励子女参加高考的8名职工。本钢浦项关心关爱职工，激发企业活力，不断增强职工的获得感、幸福感、安全感和满意度。

【防疫工作】 凝聚合力，筑牢疫情防控屏障。两次疫情封控期间，本钢浦项与相关方单位每次组织900余人入厂抗疫保产，安排人员食宿，保证员工正常休息，现场连续生产，实现抗疫期间生产稳定运行。其间，生产部酸轧Part创造了3150吨班产记录。本钢浦项核酸检测点，平均每天检测1200人左右，有效地阻击了疫情的蔓延。（金　进）

特殊钢事业部

【概况】 本钢板材特殊钢事业部（简称特钢）隶属于本钢板材股份有限公司。特殊钢事业部始建于1933年，是东北地区第一家特殊钢生产厂，2005回归板材公司主线管理，实施"普特结合"发展战略。2021年鞍本重组后，组建特殊钢事业部，开启了发展新征程。下设综合管理室、营销管理室、安全环保室、生产技术室、设备管理室（项目部）5个管理室和炼钢作业区、铸钢作业区、轧钢作业区、精整作业区、吊车作业区、动力作业区6个作业区。截至2022年末，在岗职工1379人，其中管理岗26人、专业技术岗（含采销）124人、操作岗1229人，在岗职工平均年龄44.9岁；全日制研究生学历6人、大学本科学历104人，正高级职称3人、副高级职称27人、中级职称156人，高级技师9人、技师158人。主要设备包括日本SPCO新型废钢预热高效生态电炉1座、LF精炼炉2座、RH真空精炼炉1座、4机4流大方坯连铸机1套、6机6流中方坯连铸机1套、蓄热步进式加热炉3座、Φ1150mm/Φ850mm/Φ480mm系列轧机各1套。主要产品品种有轴承钢、齿轮钢、曲轴钢、石油用钢、高压气瓶钢、凿岩钎具钢、军工钢等。产品销往全国各地并出口韩国、马来西亚等国家和地区，广泛应用于汽车、铁路、石油、化工、机械制造、军工等行业。

2022 年，特殊钢事业部紧紧围绕鞍钢集团“7531”战略目标，不折不扣贯彻本钢集团“1357”工作指导方针，全面落实板材公司“1+2+3”重点工作，以降本创效为基础，坚定不移走“改造＋改革”发展之路，实现“三个历史性突破”：一是国内首套“SPCO”生态电炉工程顺利竣工并于 10 月 15 日成功实现热负荷试车；二是三项制度改革顺利完成；三是完成“事业部制”的搭建和 SBU 团队（战略职能单元）组建。

【对标降本】 全力推进工艺创新，工序成本持续降低。炼钢工序通过配加铁水预处理铁坨实现降本 821.9 万元；通过实施钢包加洁净废钢工艺，累计降本 85.18 万元；钢铁料完成 2959.40 元 / 吨，降低 70.23 元 / 吨，成本总额降低 705.72 万元。轧钢工序通过开展烧损、切损攻关，综合成材率完成 95.31%，比计划提高 0.15%，同比提高 0.9%，其中 6 月份综合成材率完成 95.86%，创历史最好水平。通过修复加热炉工艺设施，合理控制残氧值、降低出钢温度等措施，单炉生产期间煤气消耗创造历史最好水平。氧化烧损率完成 1.41%，同比降低 0.57%。自行设计并独立完成中棒锯改造项目，节省改造费用 532 万元，改造后实现自动调尺等功能，全年增加效益 601 万元。设备系统通过备件外委修复节约备件采购资金 545 万元；备件自修复 218 项 1056 件，降低采购资金 559 万元。劳资系统通过劳务清理节省费用 215 万元。生产系统通过压缩公路运费、运营承包费降成本，其中运营承包费比预算降低 160 万元。深入推进项目“摘牌制”，实施即时奖励。制定《板材特殊钢事业部降本创效项目管理办法》，确定降本创效项目 115 项，其中精准激励 19 大项（61 个分解项目）、摘牌项目 54 项，5—8 月份累计创效 2209 万元。

【协同创效】 认真落实板材公司亏损产线治理方案，匹配板材公司资源平衡，产线效率取得突破。5 月 17 日小棒日产 2874 吨，5 月 30 日包装班产 1106 吨，均创历史最高水平。6 月份以来，轧钢产线生产记录屡次刷新。6 月 11 日，中棒日产达到 3090 吨；6 月 19 日小棒日产达到 2885 吨，再次刷新生产纪录。践行以质量为基础的发展理念，全面开启“产品质量全面提升管理风暴”，产品质量指标和稳定性有所提升。废次降率完成 0.52%，比计划降低 0.32%；原品种一次合格率完成 98.38%，比计划提高 1.38%。全年累计成功开发新产品 25 个牌号，成功开发原料纯铁 ONSYB，实现 3N 级纯铁的工业化生产，填补了本特纯铁类产品的空白。电解铝阴极扁钢 DZ13 效益可观，将成为新的利润增长点；供江铃汽车齿轮用钢 21NiCrMo5H，出口齿轮钢 8CrNiMo7-6FPHH 等钢种首次试制成功，扩大了品种序列。

【基础管理】 以健全安全生产责任体系为核心，以三项安全标准化建设为重点，切实践行“三管三必须”“五清五杜绝”“四个一刻也不能放松”等安全管理理念，开展“安全风暴”和安全生产专项整治三年行动，安全生产实现“三为零”。推进设备技术经济指标提升、新设备维护队伍优化和点检定修模型建立的系统工作。建立健全三级点检管控机制，科学编排检修计划。结合一体化编制检修标准 12655 项；检测 A 级设备关键控制点 42 项；排查消除加热炉水梁等各类设备设施隐患68项；高质量完成轧机、矫直机、加热炉、退火炉等267项年修项目，为设备稳定运行和产品质量提升提供有效的设备支撑。认真落实“AAA”级景区花园式工厂项目建设，全面开展新老区环境整治，修缮道路19492平方米，粉刷墙体35000平方米，粉刷管道17000平方米，厂区面貌焕然一新，为推动绿色转型升级，建设环境友好型企业迈出坚实步伐。

【工程建设】 坚持贯彻落实新发展理念和供给侧结构性改革，全面高质量开展工程建设。在电炉升级改造项目中，高效协调25家参建施工单位，有序排布施工工序，科学优化施工现场管理，克服工程“非总承包”模式及永建工程量大幅增长等诸多困难。为保证项目按期投产，实行21：00召开工程例会，所有项目参建人员吃住在厂、夜以继日进行设备安装调试，及时解决调试中出现的燃烧系统自动化控制、水质改善、水量平衡等问题。8月底疫情封控期间，组织施工单位659人“参战”，保证工程进度有序推进。2022年10月15日，1#电炉系统、1#LF炉系统、自动上料系统、除尘系统单体热负荷试车顺利完成，标志着具有世界顶级水平的特钢电炉主体装备投入生产试运行。2022年10月31日，炼钢1#RH炉系统、大方坯连铸机单体热负荷试车成功。小棒轧机改造项目科学规划，分步实施，把对生产的影响降低到最小。从9月20日小棒轧线总停机开始，以12小时为一周期进行项目推进。小棒项目组与中冶赛迪一道克服困难，保证施工进度和施工质量。2022年10月25日小棒加热炉开始烘炉，2022年11月5日小棒轧线热负荷试车成功，共用时45天，比预计工期提前5天完成。2022年11月末、12月末相继完成了十辊矫直机线收尾和打包称重线等工程项目并按期投产，为精整作业区处理能力的提升创造了条件，特钢打赢了工程建设的冲刺“攻坚战”。积极推进无人值守、MES、集成控制等平台建设。MES系统6月30日切换上线，做到信息化建设“三同步”，为打造智能制造示范产线，提升生产经营效率迈出了重要一步。协同“数字本钢”战略推进，一体化信息管控系统上线运行。

【三项制度改革】 稳步推进三项制度改革，以重塑组织机构和调整优化职能体系为目标，机构优化21%，三职群优化30%，市场化退出45人，退出率达2.69%，清理劳务人员64人。结合岗位贡献度、组织绩效和岗位绩效，按照多劳多得、多贡献多得的原则，和KPI指标联动，层层签订“军令状”，大力推进岗位绩效考核，切实发挥绩效考核的“指挥棒”作用。落实“四到”的分配原则，真正建立以目标为导向的“优者上、平者让、庸者下”的市场化竞争机制。完成营销岗位竞聘上岗，做强做大营销队伍，充分发挥销售的龙头作用。以现有人员为基础，集合销售、研发和生产系统三部分人员，以轴承钢和汽车用钢为主攻方向，打造SBU团队，促进特钢产品与市场的有效契合，提高服务质量和客户满意度。

【事业部制改革】 依据板材公司发展战略规划、授权权限及年度预算，组建实施产销研一体化运行模式和集中一贯制管理，深化市场化改革，激发企业内生动力与活力。原特钢系统销售及产品研发所人员整建制划归特钢管理；10月23日，成功举行特殊钢事业部揭牌仪式，标志着“事业部”进入实质运行；2022年，主要绩效指标利润减亏13893万元，完成挑战目标；调品指数完成63元/吨，完成挑战目标；在岗人力资源优化完成263人；电炉钢比计划多完成1.56万吨；特钢材比计划多完成10.35万吨。

【党群工作】 加强党建引领，充分发挥企业党组织在深化改革、技术改造、经营发展工作中的核心作用。完善“三重一大”落实机制，规范党委会议事规则，明确党委会议事清单，党的全面领导得到加强。建立健全党建工作责任制、细化考核机制、强化意识形态管理，压实网格化舆情管控包保责任，为改革发展营造了良好稳定的舆论环境。夯实党建基础，高质量完成了特殊钢事业部第一次党代会换届选举工作。强化组织建设，积极推进“万名党员进党校”培训和星级党员评比活动。扎实开展党委理论中心组学习的同时，严格落实“第一议题”制度，确保上级决策部署第一时间在特钢落实落地。党的二十大胜利召开后，迅速制订宣贯方案，组织广大党员干部职工掀起了学习宣传贯彻党的二十大精神热潮。持续强化作风建设，认真落实“务实高效、攻坚克难、精准精细、少说多做”十六字工作方针，吹响“大干100天、冲刺四季度”冲锋号，跑出了建设特钢的加速度。以实际行动整治工作中存在的形式主义、官僚主义和“四风”问题，为企业发展打造风清气正的干事创业环境。巩固党史学习教育成果，建立“我为群众办实事”长效机制。弘扬和传承劳模工匠精神，组织开展“迎五一、战百日、显担当、勇作为”劳模誓师大会。承办市级工种职业技能赛事，得到本钢集团工会高度肯定。2022年下半年，在钢铁形势持续下行，新冠疫情反复冲击的不利局面下，特钢党委坚持改革、经营“两手抓、两手硬”，高效应对9月和11月本溪等地疫情形势，慎终如始做好常态化疫情防控工作并取得阶段性胜利。面对严峻的疫情考验，广大党员干部职工心系特钢，第一时间奔赴岗位，众志成城抗疫保产、保工程，以实际行动诠释了高度自觉的钢铁意志、奉献情怀、责任担当，实现了疫情对生产经营的“零”影响。释放改革红利，在行业下行压力和企业效益下滑的严峻形势下，确保了职工收入的增长。2022年3月份，职工夜班津贴人均增加170元/月，7月份再增加360元/月。持续开展常态化送温暖活动，发放节日福利；加大帮扶力度，推广普惠活动并为患病住院职工发放慰问金等，实现帮扶救助全覆盖。

（黎　伟）

铁运公司

【概况】 本钢板材铁运公司始建于1919年，1993年10月更名为本钢铁路运输公司。2001年3月，更名为本钢运输部。2006年9月，更名为本钢板材股份有限公司运输部。2018年1月，更名为本钢板材股份有限公司铁运公司（以下简称板材铁运公司）。承担着本钢板材厂区生产所需的原燃料到达货物运输，各厂矿工艺间货物运输，产品外发货物运输职能。机关办公楼坐落于钢铁路3号。截至2022年底，板材铁运公司下设安全环保室、运输管理室、设备管理室、综合管理室4个职能室，机务段、电务段、原料站、轧钢站、焦化站、炼铁站、工电段、列检段、车辆段、机车检修段10个作业区，78个班组。党委下设13个党总支（直属党支部）、14个基层分支部、46个党小组，党员721人。本钢板材铁运公司职工总数1569人，其中管理岗45人、专业技术岗98人、操作岗1426人，研究生学历5人、本科学历195人，正高级职称1人、副高级职称11人、中级职称85人、初级职称151人，高级技师1人、技师129人。固定资产原值11.36亿元，净值3.17亿元。主要设备：内燃机车49台、电力机车22台、铁道车辆856辆、铁道线路238公里、电力架线140公里、电动道岔884组、信号机1298架、区段1176处、铁路信号联锁控制系统14套、数字远程维护管理系统1套。2022年，板材铁运公司完成运输量5861万吨，货物周转量87316万吨公里，路局车在矿一次停时18.36小时。设备故障停机率0.58‰，机车工序能耗0.77公斤/吨，吨钢耗柴油0.32公斤/吨，吨钢耗电0.78千瓦时/吨。

【经营管理】 一是科学优化组织机构和岗位编制。作业区级单位由17个削减至14个，优化比例17%。在岗人员优化比例22%，三职群优化比例25%。二是在板材公司率先推进劳务置换退出工作。121名协力派工通过在籍职工置换，全部清退。三是全面推行“两制一契”“双合同”管理，科学定岗定编，规范组织竞聘，全体职工完成竞争上岗，真正意义做到“人岗相适、人尽其用”。四是全面推行差异化薪酬体系，按业绩导向发挥杠杆激励作用。五是建立人才赋能中心，激活人力资源优化配置和赋能流转功能。六是开展全员岗位绩效考核，以岗位价值设定系数，不断优化考核机制，以“四到”工作为抓手，职工队伍盯指标、比业绩，真正打破“大锅饭”。七是对职工倒班班制进行调整，由原四班两运转改为四班三运转，降低了每班职工工作强度。八是信访维稳、保卫武装、国安保密等工作有序推进，切实维护企业良好的内外部环境。

【运输组织】 一是坚持“以效益为中心”，优化运输组织，提高运输效率，强化各环节的有序衔接和车辆周转，完成大宗原燃料接卸和产品外发工作。二是科学运输、合理调配，加强厂内物料平衡，发挥鱼雷罐跟踪系统作用，提高运用效率，鱼雷罐周转率由日均2.27逐步提升至日均2.64。三是结合“两制一契”管理，以日清日结为抓手，稳步推进工序降本，四季度通过层层分解落实“军令状”指标，铁路费用压减37.43%，公路费用压减12%。四是强化路局车在矿管理，2022年外部铁路运费压降656.53万元。五是以优化岗位设置为抓手，推行机车单乘制，提高劳动生产率。

【设备管理】 一是对标行业先进，开展技术革新和自主攻关。运输调度指挥信息系统升级项目一期工程被评为“智造强省项目”，二期工程如期推进，炼铁站、焦化站、轧钢站已实现调度区域集中远程控制。二是自主研发铁路道口自动控制程序软件，对三冷3#道口、料仓道口进行区段控制改造，破解道口误报警难题；对原料站灰槽37/39#复交道岔和钢厂走行线大坡道隐患进行降坡改造，消除设备安全隐患。三是自主进行GK1C型机车防火技术改造，提高运用效率，降低运营成本，节约费用220余万元。四是转变铁道线路管理职能，把各车站铁道线路管理职能统一划归工电段，点检员全部并入工电段统一管理，集中力量提升铁道线路专业化管理水平。五是按期完成彩西废钢配套工程、特钢电炉升级改造配套工程。六是全年机旁库利库456.69万元，完成挑战指标。七是开展修旧利废活动，弥补备件缺口，累计修复备件77大项，节约费用49.64万元。八是全年上缴废钢2711吨，冲抵成本802万元。

【安全管理】 一是落实安全生产主体责任，健全完善规章制度，更新安全管理体系法律法规清单，补充修订各类安全管理文件26项，明确各岗位安全职责和履职清单335条。二是开展"安全风暴""三年行动""质量提升年"3个专项行动，重点强化推进机车监控、站场护栏安措项目，保证行车、检维修作业安全。三是扎实推进安全双重预防机制建设，全年整治现场安全隐患337项，现有533项危险源，措施有效，状态可控。四是深入推进"标准化企业建设"，将严抓"标准化"作为重点工作贯穿全年，结合安全互保制度连带责任考核，成立30个综合检查组，将各级管理人员编组划队，每日开展反"三违"及综合性安全大检查，2022年累计防止事故83起，配合查处闯道口车辆220台次。五是规范安全基础管理，扎实开展安全教育培训、消防安全、应急演练、安全月活动、职业健康等各项工作。全年开展各级专项安全培训15项，各类应急演练8次，整改消防设施缺陷3项，组织职业健康体检665人。六是推进绿色厂容环保建设，将文明生产工作与"花园式工厂"建设深度融合，开展"拆旧还绿"，改善现场作业环境。七是设立常态化核酸检测点，实施最小单元精细化管理，疫情封厂期间近800名职工进厂保产，全面完成上级"防指"下达的各项疫情防控工作。

【党群工作】 一是坚持把党的政治建设摆在首位，认真执行"第一议题"制度，全面落实党委"三议一报告一执行"决策机制。二是稳妥有序完成板材铁运公司党委换届各项工作任务。三是积极开展"党建+改革+运输+N"系列活动，累计创造经济效益180余万元。四是加强党建责任制考核，推进党支部标准化规范化建设，车辆段党支部被评为鞍钢集团"样板"党支部。五是坚守意识形态阵地，逐级压实包保责任，切实开展形势任务教育，以正向宣传为企业发展提供良好舆论生态。六是建立以公开平等、竞争择优为基本特征的干部选用机制，加强考核结果应用，推动干部能上能下。七是开展政治监督，强化廉政建设，召开任职干部集体廉政谈话会，实现警示教育全覆盖。八是各级群团组织充分发挥桥梁纽带作用。工会依托技术创新联盟，组织开展群众性创新创效攻关活动，评出获奖项目65项；开展劳动竞赛和技术比武活动，以赛促学、以考促培；维护职工权益，为抗疫保产职工提供民生服务。共青团组织发挥生力军作用，开展"青"力奉献系列活动。 （刘 嵩）

能源管控中心

【概况】 本钢板材股份有限公司能源管控中心（简称板材能管中心）是2021年12月由原本钢板材能源总厂、板材发电厂和板材能源环保部能源管理职能整合组建而成，主要从事各类能源介质的生产、转供和平衡工作，代行本钢板材能源管理职能。能管中心设6个管理室、19个作业区。党委下设22个党支部，95个党小组，党员925人。截至2022年末，在籍人数2287人，其中管理岗60人（含中心领导11人）、专业技术岗199人（含首席2人）、操作岗1671人、赋能人员318人、三长人员39人，研究生学历16人、本科学历364人，正高级职称2人、副高级职称69人、中级职称222人、初级职称208人，高级技师10人、技师289人（其中1人保留劳动关系）、助理技师77人。主要设备包括锅炉12台、汽轮发电机组14台、鼓风机组5台、燃气轮机1台、主变压器89台、电缆回路873条（电缆总长416.02千米）、架空线路127条线（线路总长325.48千米）、66kV铁塔785基座、固定电话包括窄带用户8803门、宽带用户576门、中继电路27个、核心交换机797台、制氧机组5台套、29万m^3高炉煤气柜1座、9万m^3焦炉煤气柜1座、15万m^3转炉煤气柜1座、8万m^3威金斯型转炉煤气柜2座、4套PSA制氢系统、高炉放散塔2座、焦炉放散塔1座、主体直供水泵221台、污水系统环保设备设施187台、供水管网300千米、下水管网40千米。固定资产原值77.39亿元，固定资产净值29.86亿元。主要产品包括鼓风、蒸汽、电、除盐水、余热水、高焦转煤气、氢气、氧气、氮气、氩气。

【主营指标】 2022年总发电量28.9192亿千瓦时，比计划超产0.9192亿千瓦时，吨钢综合能耗完成575.92kgce，低于计划4.08kgce，同比降低10.42kgce；外购能源成本完成168.96元/吨，低于计划18.14元/吨，同比降低30.58元/吨；自发电比例完成60.58%，高于计划6.58%，同比提高15.03%；吨钢耗新水完成2.4t/t，低于计划0.3t/t，同比降低0.28t/t；吨钢电耗完成518.98kWh/t，比计划降低13.02kWh/t，同比降低7.63kWh/t。2022年累计降成本19365万元，比计划16935万元降低2430万元，完成公司目标计划。

【生产组织】 以能源为中心，分解计划落实到作业区及班组，确保完成降本目标。发电分厂通过蒸汽管网优化降低动力煤消耗，全年降低28.2万吨，比上年同期降低13.66万吨，为板材公司节约购煤成本1.4亿元。充分发挥CCPP高效性，发电量屡创历史纪录，得到板材公司即时奖励，余能利用作业区566余热发电机组，吨矿发电量多次刷新纪录，得到板材公司破纪录奖励。氧气分厂优化制氧机运行模式，采用液氧返充开机新工艺缩短开机时间，每次开机节电10%左右；合理调整供炼钢7#转炉的氮气压力，每月节电30万kWh。燃气分厂力争转炉煤气应收尽收，三热轧由使用两混煤气改为三混煤气；采用煤气动态平衡手段，做好用户增减量调配工作；恢复焦炉煤气换炉制度，保证了高、焦炉煤气在不同情况下相互之间的能源补充。水处理分厂开展凌晨阶段性停生活水措施，减少外购水费；利用回水制除盐水成本代替外购地表水，在降低外购水费的同时，满足生产需求；对药剂包消耗单位加强监督，降低药剂成本；增加完善各主线厂排放口的在线监测设备安装，杜绝主线厂超标排放进入污水处理系统。供电分厂做好线路功率因数的预测，及时调整补偿装置的投入、停回，并结合发电机的运行防止大量无功倒送，确保线路功率因数到达0.9以上。从5月份开始实现奖励，累计受奖341万元。

【设备管理】 2022年设备可开动率99.56%；故障率0.035‰。故障台时31.42小时，未完成全年故障台时指标。主要产线检修8767项，检修时长42856.4小时。一是全力开展设备精密点检工作。精密点检小组检测设备1142台次，发现隐患173项，检修共创效726.02万元，CCPP项目攻关创效

119.22万元，圆满完成年度摘牌指标。“回转设备远程智能运维系统”运行以来，成功预判设备故障5次，合计创效54.6万元。二是发挥自控专业攻关小组作用。先后解决受雷雨天气影响CCPP机组燃机区域2#机电脑画面部分数据异常、天然气加压站与DCS系统的通信丢失等5项问题，确保CCPP机组稳定运行。利用报废机组下位机模块，在实验室搭建ABB控制系统简易实验台，自费购买录屏仪、摄像头、各种转接口等设备，用于ABB控制系统培训，为今后CCPP控制系统维护提供保障。三是精细库存管理，减少资金占用。备件库存由年初的8616万元，降至5586万元，利库35.1%，完成计划指标。四是加快推进能源集控项目建设。按周推进鞍钢管理系统全覆盖工作设备组（一体化）项目建设，设备系统于2022年12月31日平稳上线、高效运行。

【技改工程】 经过96小时试运行，CCPP燃气轮机发电机组于3月29日顺利正式投产，年发电量达到11.39亿kWh，年创效益达1.41亿元；历经216天施工建设的15万m^3转炉煤气柜9月25日正式投产，比合同工期提前97天，投产后做到转炉煤气应收尽收，成为新的效益增加点，2022年投产三个月共创效益2030.71万元；四加改造扩容工程5月30日具备投产条件；同时完成220kV变电所消防验收、高炉线迁移、特钢配套水源路改造、炼钢除尘配套工业水管道改造、薄板变电所改造并配套电缆敷设、滨河变电所改造管母线安装、中心变电所改造等多项工程。34号机组、厂区生活水自备项目、一冷改造配套开关站、汽鼓改电鼓前期场地拆除、供炼铁厂高炉用转炉煤气管线工程、板材厂区工业余热深度利用6个重点新建项目正在紧张施工中。

历经216天施工建设的15万m^3转炉煤气柜正式投产（朱子亮　摄）

【安全环保】 强化安全基础管理，加大现场安全监管，全年实现安全生产“三为零”工作目标。一是发挥专业优势，加强安全技术人才队伍建设。成立内部专家组，开展安全风险评估、安全技术诊断及标准化自评等工作，为安全生产提供保障。二是领导干部率先垂范，带头安全履职，不断提升安全基础管理水平。三是开展安全生产专项整治三年行动。依据安全风险双控机制，识别出较大安全风险8项，其中重大危险源装置设备类隐患2项，工艺控制类6项。四是开展安全管理提升年工作。组织安全教育培训，编制32起安全案例。实施安全风暴专项行动，共查处各项问题275项；集中治理危化品安全风险，发现问题14项，已全部整改。组织职工学习板材公司《安全日历》上的事故案例，深刻吸取教训，避免同类事故发生。五是积极开展“3A”级景区花园式工厂建设，环保设施运行平稳。组织制订厂容设施、景观和绿化提升改造具体实施方案，厂容环境整体提升。2022年大气污染物环保税实际纳税额195.76万元，比去年同期减少126.26万元；水污染物环保税实际纳税额12.2万元，比去年同期减少29.9万元。

【能源管理】 一是积极创新求变。2022年主要能源技经指标全部完成计划，其中吨钢综合能耗、自发电比例、吨钢电费、吨钢水费、氧气放散率、转炉煤气回收等14项指标达到了历史最好水平。高炉、烧结、炼钢、热轧年工序能耗都是近5年最低，多项指标进入“五地”前列，转炉煤气回收最优达到140.28m^3/t，负能炼钢最优达到-11.94kgce/t，自发电比例最优达到70.62%。二是外购能源费用大幅降低。2022年全年吨钢电费完成163.47元/t，比计划降低16.53元/t，同比降低29.38元/t；吨钢水费完成5.49元/t，比计划降低1.61元/t，同比降低1.2元/t。三是大力开展能源检查工作，充分发挥部门监督考核职能。开展节能“随手拍”专项工作，各单位共反馈各类问题130余项，累计发放红包3万余元。重点围绕不合理用能、能源介质质量、经济运行、小浴池清理整顿等开展各类检查380余次，考核200余项，处罚金额30余万元。对工序能耗超标进行处罚，2022年能源考核75.6万元。四是组织外转供用能点减量工作。共梳理出外部用能单位293户，涉及各类用能点706处，其中不缴费用能点517处。压减（停供）用能点253处，占不缴费用能点总数的48.9%。五是做好疏水器减量和板材厂区浴池压减工作。截至2022年末，板材各单位疏水器减量已达到1180台，减量占比22%以上。通过取消20人以下小浴池、浴池合并及改送热水等措施，已压减浴池25个。六是解决热轧、炼钢蒸汽长期放散问题。2022年3月份完成一热饱和蒸汽并入发电管网项目，小时节约蒸汽20t；4月份完成三热饱和蒸汽送二冷项目，节约30t/h；8月份完成炼钢饱和蒸汽送265烧结发电并汽项目，节约12t/h。七是顺利通过省、市节能监察中心对板材公司的节能监察工作。2022年12月板材公司被授予“双碳最佳实践能效标杆示范厂培育企业”荣誉称号。

【三项制度改革】 率先实施机构压减、精干机构编制、优化岗位设置。将14个管理室和1个职能处室整合为6个管理室；25个作业区整合为19个作业区；30个党支部和1个总支优化为22个党支部，机构压缩38%。引入“赛马”机制，实现干部能上能下，原有三职群人员377人参加竞聘，244人上岗，133 人落聘，落聘率达 35.3%。科学定岗定编，推行全员竞聘上岗，操作岗上岗 1691 人，优化 282 人，优化率达到 14%；实施“双合同”管理，竞聘人员合同签订率 100%。推行差异化薪酬，实现“贡献决定薪酬”，突出价值导向，促进收入能多能少，打破“大锅饭”，构建以效益为核心的薪酬体系和绩效考核评价体系，完成薪酬套改，重新测算绩效奖金系数，调整固浮比。开展“授权＋同利”试点，余能利用作业区、加压作业区 2 个作业区得到板材公司奖励。实施“四到”工作，加压作业区三加压站受邀到板材公司介绍经验。建立赋能“中转站”，实现赋能流转，成立 5 个赋能工作组，确保有工作意愿、有工作能力的职工“零失业”，发挥赋能中心蓄水池作用，提高职工技能。三项制度改革工作实现生产经营、职工队伍稳定，得到板材公司、本钢集团公司、鞍钢集团公司关注、认可和肯定，为其他单位提供可借鉴的宝贵经验。

【人力资源管理】 开展全员岗位绩效考核工作，将月度绩效考核作为每月奖金分配的依据，同时也作为年度排名的依据。按照“四到”工作要求，组织各单位将指标分解到每天、每班，制定详细的打分标准，进行绩效分值测算，明晰每日的绩效奖金收入。以提高职工基本操作技能和实现对用户的“零影响”为目的，提高管理技术人员的综合素质为重点，强化职工培训工作，2022 年共举办各类培训班 146 个，培训人员 3751 人次共计 1108 课时，职工培训率达到 90% 以上。能管中心开展多个重点特色培训项目，并参加本钢集团优秀培训项目评选，其中“星火计划青年干部培训”“能源管理体系培训”被评为优秀奖。聘请工学院老师开展四期关于有限空间及高处作业的安全培训。2022 年对全中心范围内的安全员、班站长及新转正职工共计 144 人开展四期安全培训。全面实施电子考勤制度，规范电子考勤工作程序，不断加强劳动纪律管理。

【党群工作】 充分发挥党委“把方向、管大局、促落实”作用，推进党建工作与生产经营工作深度融合。大力实施“人才兴企”战略，助力中心发展，为有志有为青年搭建有利于成长和发展的平台。党建工作与生产经营结合更加紧密，创建党员责任区 57 个，党员先锋岗 151 个。大力开展“立项攻关摘牌”“群众性创新创效”“群众性合理化建议”等活动，动员各方力量，为中心发展献计出力。持续开展“我为群众办实事”活动，修缮职工浴池、卫生间，改善职工生产生活环境，为一线班组购置冰柜、洗衣机、微波炉等用品。疫情封控期间，深入开展思想政治工作，疏解在岗保产职工情绪。购买生活防疫物资，满足职工生活需要。精神文明建设成果丰硕，2022 年在各种宣传媒体发表稿件 146 篇，编辑能管中心月报 12 期、专刊 1 期，推荐本钢好人 2 名，重新组建 22 个基层党支部，召开能管中心第一次党代会，健全两级班子。群团组织发挥作用明显，工会举办第一届职工足球比赛、拔河比赛；先后承办本溪市职工技能大赛暨全市钢铁行业技能大赛，鞍钢集团“群英赛”技能大赛和班组对抗赛，举办锅炉运行值班员、变电站值班员 2 个工种比赛，不断提高职工技术素质；开展提质降本专项劳动竞赛和提合理化建议活动，共征集合理化建议 1126 条，采纳 864 条，奖励金额合计 34930 元，预计可创价值 240 万元。团委组织团员青年开展“青安杯”竞赛、志愿者服务等活动，发挥共青团的生力军和突击队作用。主动开展工作、积极化解矛盾，在信访稳定、武装保卫、综合治理、档案管理等工作中，多次受到板材公司的肯定与表扬。

【防疫工作】 迅速传达并落实本钢集团疫情防控会议精神，坚决筑牢疫情防控屏障。督促职工接种疫苗加强针，接种率91.49%；在全市静默期间，组织职工全员参与核酸检测，实施“最小单位”网格化管理。能管中心工会多管齐下，为驻厂保产职工积极采购药品、食品、水果、日常用品等，确保职工无后顾之忧。多名职工积极参与到防疫保产工作中，实现防疫、保产两不误。

（孙秀春）

板材废钢厂

【概况】 本钢板材废钢加工厂（处）（简称板材废钢厂）是本钢板材股份有限公司下属主体厂矿之一，为本钢集团双重职能单位，代行本钢集团内部废钢铁回收管理职能，主要承担板材公司炼钢生产所需废钢铁的接收、加工、仓储、供应工作及本钢集团内部废钢铁回收管理工作。生产工艺为火焰切割、冷剪加工、打包压块及精料加工。下设3个职能室（综合管理室、生产技术室、设备管理室），3个工区（生产工区、点检维护工区、保卫分车工区）和1个彩西特钢供料站（尚未竣工投产）。党委下设4个党支部，党员112人。截至2022年末，在籍职工总数232人，其中管理岗8人、专业技术岗19人、操作岗170人、居家休息等人员35人，研究生学历2人、本科学历41人、大专学历76人，副高级职称4人、中级职称25人、初级职称14人，高级技师1人、技师5人。主要生产设备39台，其中废钢液压打包机1台、液压剪切机1台、液压抓钢机16台、桥式起重机13台、龙门起重机6台、开卷矫平剪切机1台、布袋式除尘设备1台。固定资产原值24690.69万元，净值10297.46万元。

【指标情况】 2022年废钢铁调入量154.18万吨，其中外购96.47万吨，内部回收57.71万吨。废钢铁供应量152.52万吨，其中供应板材炼钢厂131.21万吨，供应特殊钢事业部6.06万吨，供应其他单位15.25万吨。综合能耗0.65千克标煤/吨。

【生产组织】 紧密围绕板材炼钢厂生产需求，牢固树立服务意识，践行保供天职。一是按照板材公司“多吃废钢降铁耗”的工作部署，多措并举，制订废钢铁保供方案和应急预案，同时逐级签订军令状，压实责任、明确后果，全面实现优质保供“零影响”。二是狠抓生产组织，不断刷新各项生产纪录。9月19日装卸废钢量14000吨，超单日供料计划4000吨，创历史最高纪录；11月18日装配直供料斗193斗，创年度最高纪录；11月14日实现鱼雷罐加废钢95罐共计1425吨，创历史新高。三是努力克服环保管控影响，通过夜间延时切割、周末出勤等一系列措施，有效提高废钢加工量，减少待加工库存。2022年共计加工废钢16.57万吨，其中切割11.8万吨，打包压块4.72万吨，剪切量0.05万吨。四是积极组织开展“内回废钢日清日结现场清零”工作，加大板材公司内部废钢回收稽查力度，帮助各单位解决上交内回废钢存在的诸多困难，全面实现内部废钢应收尽收，2022年非生产回收废钢10.44万吨，同比完成150%，创历史最好水平，为本钢集团节约大笔采购资金。五是通过调整鱼雷罐加废钢料型、改进装料设施等措施重新梳理各流程环节，实现废钢平均加入量1000吨/日，实现降低铁耗30kg/t以上，全年实现鱼雷罐加废钢9562罐共计12.01万吨。

【设备管理】 设备管理水平稳步提升，设备实现由维修向点检定修的转变。一是全面推进点检定修制改革，增加点检周期频次，有效缩短抢修时间。二是坚持“预防”为主理念，不断强化专业点检力度和提升检维修质量，实现生产设备开动率99.68%；设备事故、故障停机率0.0065‰；设备完好率100%。三是根据设备点检定修实施情况，进一步完善专业点检员管理办法，明确点检员工作任务，强化点检基础管理工作。四是通过与鞍钢集团资源储运中心对标，组织专业人员进行技术攻关，对5台吊车大车电磁盘进行技术改造，吸取物料能力由0.35t/次提升至0.45t/次。五是按本钢集团要求完成废钢厂固定资产拆分整合工作，重新梳理后的固定资产为132项，处理问题固定资产40项。

【成本管理】 强化成本管控意识，落实降成本措施，实现生产各环节成本费用压降。一是坚持“以效益为中心”经营理念，将生产经营指标层层分解，落实各级管理责任，深挖内部潜力，变动成本压降775万元，完成板材公司下达的奋斗指标。二是采取大件废钢集中接卸、检修工程车辆合用等方式，公路运费、运营承包费和精料加工费等方面降低成本459万元。根据炼钢厂生产节奏调整直配料装车场地，减少二次倒运费用50余万元。三是面对柴油单价大幅上涨的不利因素，对柴油用量进行两级管控，纳入厂绩效考核指标，通过加强管理，柴油用量同比下降0.02kg/t。实行各场地电单耗周点评、总量月考核措施，通过强化管理，电指标下降0.10kWh/t。四是按板材公司降本增效要求，推进备件修复包消耗工作，2022年共完成12块电磁盘修复工作，可降低备件采购成本17万元。五是积极推进备件国产化工作。专业技术人员将进口备件和国产备件各项技术指标对比分析后，采用国产双联油泵替代进口油泵，每台成本从2.5万元降低至0.5万元，2022年替代7台油泵，节约备件费用14万元。

【安全环保管理】 夯实基础工作，强化主体责任，全面提升安全环保管理水平。一是坚持以“安全第一、预防为主”为方针，以落实企业安全生产主体责任为主线，以增强安全意识和提高安全技能为手段，把住作业现场管理重点环节，不断强化安全管理，落实生产责任，2022年实现安全生产“五为零”的工作目标。二是以开展“安全生产专项整治三年行动”为契机，对各项工作取得成果进行整理，及时更新数据，明确工作完成时限，为安全生产奠定了坚实基础。三是深入开展安全风险分级管控和隐患排查治理双重预防机制，形成了风险、隐患人人查的良好氛围。共识别根源性危险源186项，其中一般风险41项，低级风险145项。四是组织各级各类人员970余人次参加岗位安全生产责任制、安全规程、职业健康安全等8项专项教育培训，强化员工安全意识与防范能力，实现“要我安全”到“我要安全”的转变。五是完善应急预案，组织开展应急演练，提高应急处置能力，全年121人参加应急预案培训和演练工作。同时厂安委会以全国第21个“安全生产月”活动为契机，重点开展空气呼吸器、胸外心肺复苏术等应急装备和急救常识的培训和演练，提高了员工应对突发应急事件的应急处置能力和逃生自救能力。六是切实开展安全提升年工作，提高思想认识，压实安全责任，制定下发《板材废钢厂安全生产提升年行动工作方案》，结合实际按工作任务清单明确5大方面19个专项整治任务45项工作，全部完成。七是面对三次疫情的冲击，废钢厂干部职工以责任和担当筑起疫情防控的堤坝，逆行驻厂保产，全厂划分为9个最小单元进行管控，圆满实现疫情防控和安全生产“两不误”，夺取了抗疫保产“双胜利”。八是积极推进“花园式工厂”建设工作，多次开展环境卫生大规模整治行动，先后对作业现场、四号门外道路及两侧、变电所周围、八号场地综合楼四周等卫生死角进行彻底治理。2022年春季，在废钢厂四号门外道路两侧、机加间外侧、变电所周围等部位栽种苗木56640株；其中各类树木240株，丁香等灌木24600株，荷兰菊30000株，萱草1800株。

【综合管理】 深化三项制度改革，充分发挥绩效考核效用，激发企业内生动力。一是作为板材公司扁平化改革的唯一试点单位，通过穿透式宣贯，引导职工理解改革、赞同改革、参与改革，稳妥推进三项制度改革走深走实。实现组织机构由5个职能室压减为3个，优化比例40%；作业区由3个压减为1个，优化比例66.7%；三职群人员由36人压减到27人，优化比例25%；操作岗由226人压减到177人，优化比例21.7%。市场化退出7人，退出比例2.67%，远远高于1%的硬性指标。二是全面建立具有废钢特色的“3+N”绩效考核评价体系，“3”——组织绩效考核评价、岗位绩效考核评价、专业考核评价；“N”——多维度的考核评价方面。通过科学精准的考核评价体系，真实反映职工主观努力对完成工作指标的贡献，提高考核的精准性，激发活力，释放潜力。三是以“四到”工作为导向，不断增强岗位绩效考核的精准激励作用。以“多劳多得”为原则，将薪酬与业绩有机结合，激发职工主动性和创造性，实现“要我工作”到“我要工作”的转变，进而提升企业核心竞争力。劳动生产率由5800吨/人·年提升至6500吨/人·年。四是坚持以人为本原则，在做好供料保产工作的前提下，通过问卷调查的方式了解职工心声，最终确定根据生产节奏采取灵活倒班的方式，进一步提升职工的幸福感。

【党群工作】 以政治建设为统领，扎实推进党组织规范化建设，不断夯实基础工作。一是通过创新党建工作思路，采取职能室与其相关度最大的工区联合建支部的方式，由职能室主任担任联合党支部书记，工区长担任支部委员，进一步提升支部建设和党员素质建设，把部门直管班组、直管党小组的工作思路真正落到实处。二是加强思想建设，切实提高思想认识。强化理论学习，2022年组织废钢厂党委理论中心组学习13次，为开好民主生活会和组织生活会打下坚实的思想理论基础。三是强化网格化管理，加大舆情管控和政策宣贯力度，变引力为聚力，确保职工队伍的稳定。四是编制“废钢厂党委2022年工作要点”“板材废钢厂基层党建工作责任制考核评价办法”，促进企业管理规范化。组织党员参加鞍钢集团“万名党员进党校”培训，50名党员培训合格。五是积极开展“喜迎二十大、建功新鞍钢”主题实践活动，2022年共上报践行新鞍钢内涵心得体会文章7篇、“钢花奖”党员教育电视片1部、优秀党课教案1篇、基层党建创新案例1个、党建课题成果论文1篇。六是贯彻落实上级纪委专项整治工作要求，先后对《板材公司强化大监督体系工作机制建设，专项整治形式主义、官僚主义工作方案》《板材公司关于开展备品备件采购及管理、工程建设领域“清廉工程”专项整治实施方案》等专项监督工作进行安排部署，坚持把纪律挺在前面，营造废钢厂风清气正的政治生态环境，时刻约束权力正确运行，把全面从严治党融入到废钢厂各项生产经营工作中。（代　旭）

质检计量中心

【概况】　本钢板材股份有限公司质检计量中心（简称板材质检计量中心）是本钢板材股份有限公司的直属机构，主要承担板材公司外购原燃料、过程产品采制化及产成品质量检验、计量管理和一二级计量设备管理与维护、物资计量检斤、电气设备绝继保试验等工作。下设机关管理室5个、作业区11个，党委下设12个党支部。截至2022年末，在籍职工总数1016人，其中管理岗33人、专业技术岗123人、操作岗860人，大学本科及以上学历283人、大学专科学历414人，副高级及以上职称27人、中级职称177人。2022年，板材质检计量中心完成物资计量检斤1.02亿吨；实现进厂原燃料（含辅料）检验率100%、检验准确率和及时率100%，实验室认可体系有效运行；绝继保计划完成率100%，计量仪表稳定运行率100%，计量设备周期检定率100%，外进外发物资检斤率100%，测量管理体系有效运行。

【创新创效】　坚持“以效益为中心”，全力挖潜降本求实效。一是强化外进物料管理，2022年全面取消让步接收和质量折价共计1.78亿元。二是积极组织开展外购大宗原燃料重车停留工作，严把外购物料计量入口关，精准计量，2022年累计重车停留3247车，总计差量9271.26吨，差量索赔进账金额1322.29万元。三是持续开展矿山专组超吨平量工作，提高运输效率，2022年共平量6.3万车，合计净重6.5万吨，避免专组返矿3761组，节约费用1437.89万元。四是积极贯彻落实“授权+同利”经营理念，制定改革试点方案，提做并奖，精准同利。中心电力试验作业区和能源计量作业区对板材公司外部单位进行电力试验及计量器具检定等工作，全年创收230万元。五是积极开展利库、降库存、修旧利废等工作，节约成本。开展贵重金属铂铑丝外委带料加工工作，比新购置价格节约近70万元。六是加强电能计量管理，通过管理创效，严查电能违规情况。2022年板材质检计量中心通过梳理异常电量数据、现场跟踪检查等方式追补电量105.86万千瓦时，挽回经济损失93.71万元。

【检化验管理】　一是持续加强和完善煤、废钢、合金、矿粉等外购重点物料的验收管理机制，修订下发《质检计量中心外购生产用物料质量验收管理办法》《质检计量中心异常信息反馈管理办法》等4项管理制度。二是配合本钢集团公司、板材公司相关部门完成外购物料抽检，比对板材公司和北营公司外购物料3502批（其中煤1905批、矿粉

810批、矿石60批、合金395批、辅料及其他332批），均与原检验结果相符。三是落实“应检尽检”原则，积极开展板材炼钢厂新进品种铝渣球、石墨球、RH超低碳脱硫剂、新型精炼钢水助溶渣以及外购矿粉中氧化锌、二氧化钛的检验工作，截至2022年底，除铝渣球正在试验中外，其他项目均已具备检验能力，提升了检验技术水平。四是按板材公司的要求，与鞍钢集团积极开展全流程、全方位对标。2022年，板材质检计量中心完成5项管理类项目全部对标后正式承接板材公司水质检验工作，已具备10个水系统36个指标的检验能力。6—12月份检验6249个水样、5.7万个指标，其中1636个水样2856个指标不合格。五是围绕高炉顺产重点开展原料和铁水质量抽查比对工作，增加检验频次，烧结矿由原来4h/次改为2h/次，烧结用石灰石检验频次由原来8h/次改为4h/次。六是围绕产品质量及外发工作积极配合产品研发和销售服务，增加汽车板波纹度、均匀延伸率检验；对板材冷轧总厂三冷轧分厂生产过程介质碱液中油、铁进行每班次两次检验，工作量增加7倍，为板材公司高产运行提供有力的检验保障。七是持续对标鞍钢集团，持续积极开发检验能力，组织修订《铌铁钛含量的测定 变色酸光度法和二安替比林甲烷光度法》和《硼铁 硅含量的测定 高氯酸脱水重量法》两项国家标准，于2022年11月12日通过国家标准审定。以科技项目、专利技术为依托自主研究检验方法，全面提高本钢集团在全国钢铁行业检验领域的知名度。

【计量管理】 一是积极开展对标挖潜，板材公司计量衡器远程集中管理度由原来的10.83台/人提升至15台/人，流体和电能计量信息化采集率分别达到95%和100%，远超目标值。二是推进板材公司标准替代物建标工作，协调在线厂对替代物进行加固翻新处理，使用基准秤对板材各单位共计34个标准替代物进行建标赋值（其中新建10个），对名称、编码和标准量值进行规范喷涂，实现标准替代物量值真实可靠，确保贸易衡器日常标定工作的实效。三是积极推进板材公司各厂矿日清日结产线823块电能表联网工程，截至2022年末已联网533块，其中可以完整出量的产线21个。进一步规范电能计量统计周期，为板材公司各厂矿日清日结能耗分析提供及时、准确的计量数据。四是积极推进测量管理体系有效运行，重新修订完善1个测量管理体系管理手册和17个程序文件。顺利完成各项体系认证审核和迎审工作，其中包括本钢集团公司质量、环境、安全、能源、两化融合（五体系）内审、聘请外部机构开展本钢板材五体系外审迎审、内审及补充审核、16949汽车板外审工作，均无不符合项及重大问题项。

【设备管理】 一是深入推进质检计量“自动化、智能化、信息化、数字化”升级改造建设，特钢快分项目改造后将原来5分钟的检验周期，缩短至3分30秒内完成，杜绝各个工序上人为出错因素，实现特钢熔炼成分快速分析，保证检验分析的及时性和准确性；板材质检计量中心与本钢高远公司合作，自主设计研发4台新型全自动矿粉采样器，通过计算机实现远程自动控制和手动控制模式的随意切换，实现机器替代人工采样工作，首批4台全自动矿粉采样器全部启用，使用效果良好，预计每年为板材公司节约创效880万元。二是加强设备基础管理工作，编制修订设备管理规章制度24个、点检标准6402个、设备规程249个，组织设备基础培训300人次；完善设备基础台账、故障台账、检修模型、检修档案等设备基础资料。推行全员设备管理理念，以专业点检带动岗位点检，全面提高点检、维护水平。三是通过开展专项措施执行和推行设备预维修、备件预更换。转变管理思路，推行设备分级管理，责任落实到人。根据“三管三必须”和“五清五杜绝”的安全管理要求，2022年共开展检修项目890余项，开展设备预防维护、保养80项，检修后所有设备运行状态良好，实现设备运行“零影响”、检验数据“零差错”。

【安全管理】　牢固树立“安全发展”理念，坚持安全生产“红线”意识和底线思维，全年实现安全生产“三为零”工作目标。重点开展春季安全生产大检查、“安全风暴”专项检查、季度安全评价检查、特殊时段安全检查、节假日安全检查，以及秋冬季安全生产大检查等活动，2022年共计开展安全专项检查33次，排查安全隐患223项，整改率100%。承接转换板材公司安全管理制度15项，自行组织编制质检计量中心安全管理制度15项；完成11个作业区73个岗位的安全操作规程修订编制工作；修订标准化作业卡524项。深化全员安全培训工作，提高安全技能，2022年完成集中培训25次，培训3769人次；各级安全管理人员培训235人次、一线职工3222人次；特种作业人员33人次，持证上岗率100%。加强安全管理基础工作，签订安全生产责任状16份、修订安全管理制度38个，检维修作业严格落实“五清五杜绝”“一图三表”要求，确保安全措施落实到位。

【人力资源管理】　平稳、圆满完成三项制度改革岗位竞聘工作。通过改革，作业

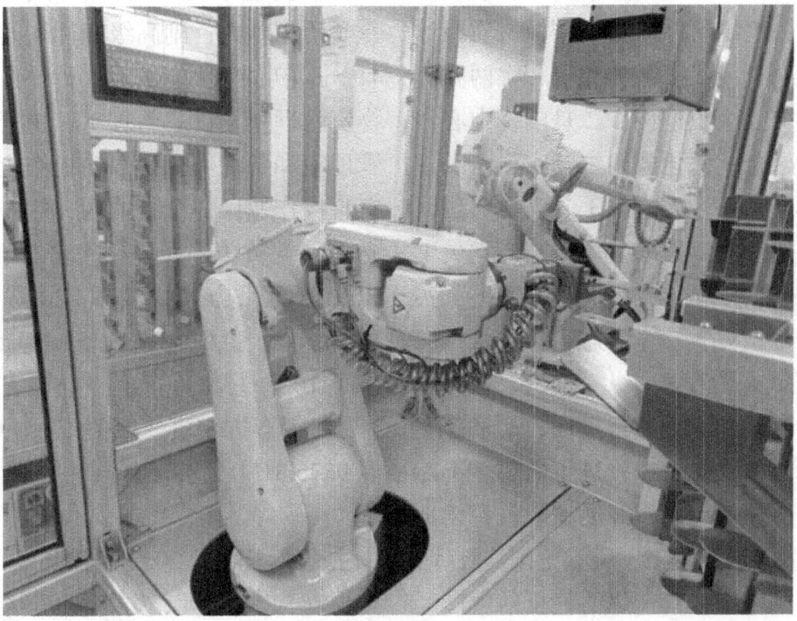

炼钢检验作业区机械手臂（邢书博　摄）

区机构压减31%、“三职群”岗位编制减少49%；除纪检岗位人员选聘外，其余岗位全部公开抛岗竞聘，竞聘率达到97.7%；80后年轻干部57人，占三职群总数41.6%；全日制大学本科及以上学历57人，占比41.6%。实现人员优化、机构精简，提高了劳动生产率。积极贯彻落实“契约化”管理，做好“四到”工作，根据不同的指标权重，制定不同的考评细则，所有作业区全部做到职工多劳就会多得，每日收入心中有数；梳理规章制度132项，提高合规化、规范化管理水平；推行全员绩效管理，带指标上岗，建立“271”排序和退出机制，排名末位进入赋能中心培训学习，实现全员“契约化”管理。

【党群工作】 突出党建引领作用，党建群团工作展现新作为。一是坚持和加强党的全面领导，把政治建设放在首位，把准政治方向，抓好政治监督，要求党员干部时时从政治高度考量、处处以规矩要求自律、事事在大局下行动。组织召开中共本钢板材质检计量中心第一次党员代表大会和第一次两委全会，进一步加强组织建设。二是围绕中心党建经营深度融合，深化党内主题实践活动，为生产保驾护航，共建立13个攻关项目，其中2项被列为本钢集团公司“共产党员工程”项目；持续推动“我为群众办实事”实践活动，党委办实事5件，党支部办实事52件。三是全面从严治党向纵深推进，认真履行党委主体责任和纪委监督责任，严格落实“一岗双责”，构建一体推进不敢腐、不能腐、不想腐的长效机制，开展廉政教育培训讲座，教育中心干部职工不碰党纪国法红线，不破职业道德底线，营造风清气正的生产经营环境。 （吕东芪）

储运中心

【概况】 本钢板材股份有限公司储运中心（简称板材储运中心），前身为2007年6月成立的板材物流中心，2011年5月将大宗原燃料的仓储业务划出成立板材原料厂，同年11月板材物流中心更名为板材储运中心；2018年2月本钢集团委托板材公司储运中心对北营公司和矿业公司的储运业务统一管理；2021年12月板材储运中心拆分，分别成立板材储运中心、矿业储运中心、北营储运中心，业务及人员按原所属区域进行划拨。板材储运中心主要负责板材公司小原料、辅料及备件的验收、仓储、配送工作以及各厂矿机旁库物料监管、大宗原燃料监管和板材公司及多元板块废旧物资回收工作。截至2022年末，在籍职工282人，其中管理岗19人、专业技术岗30人、操作岗233人，研究生学历7人、本科学历78人、大专学历100人，副高级职称4人、中级职称41人、初级职称40人。下设综合管理室、物资管理室、设备管理室、物资回收室4个管理室和备件作业区、辅料作业区、合金辅料直拨作业区3个作业区；党委下设5个党支部，党员166人。有库房34座，仓储面积9.75万平方米，油罐220立方米。设备178台套，主要在用设备：起重机29台、叉车10台（含K车）、电梯2台，加油机5台。拥有固定资产原值17251.08万元，净值9875.31万元。

【主营指标】 2022年储运中心共收入各类物资51.37亿元，发出53.96亿元。库存4.3亿元，比年初下降2.6亿元，利库工作收效显著。全年废旧物资销售12527万元，同比增长12.7%。2022年储运中心费用指标为1048万元，实际发生675万元，降成本373万元，降本比例为35%，全面完成提质降本增效工作。

【验质管理】 严把物料质量关，强化质量验收工作。制定《质量验收奖励办法》，建立质量验收激励机制，完善专业抽查、纪检监察和责任倒查管理机制，有效杜绝不合格品入库。2022年退、换、补、赔异议103笔，涉及金额788.25万元。拉入黑名单5家，停止招标选厂、供货资格26家、警告4家、约谈供货商167次。

【仓储管理】 强力推行降库存工作，对标鲅鱼圈管理方式，配合公司相关部门，积极推进辅料零库存及降一级库存工作，实现降低备件、辅料、小原料库存2.57亿元。以“库区无杂草、库内无积灰、物料摆放整齐”为标准，建立分区网格化管理模式，责任到人，指标到人，推进库区环境整治，同时不断强化仓储基础工作，2022年，储运中心账、物、卡一致率实现奋斗目标，物料先进先出率实现挑战目标。强力推进信息一体化建设工作，多次召开专题会议，进行各功能节点测试，沟通、协调、解决存在的问题，确保信息化系统运行顺利。大力发挥监管职能，利用无人机盘点的方式对厂内外的大宗物料进行监管，发现超期港存费57笔，合计1425万元。抽调47人，连续奋战42天，盘出账外新品备件2.89亿元、辅料0.51亿元，循环品、自修和待修备件6.8亿元，非生产性废钢4437万元，全面完成板材公司各厂矿成品库、半成品库、废钢和机旁库的盘点工作，为板材公司决策提供依据。

【配送管理】 实现生产保供“零影响”。坚持以保产保供为第一要务，做好日常及联检期间物料保供工作的同时，强化防疫措施落实，最大程度降低疫情传播风险。制定《紧急物料配送预案》，以厂矿需求为令，实行调度集中配送计划制度，24小时全天候保供，满足应急状态下的保供需求。板材公司推行网采工作以来，储运中心积极做好德邻优采、欧贝网购物料的接货工作，2022年接收网采到货4.9万件共计1979万元。防疫驻厂期间，克服人员少、工作急等各种困难，承担集团公司、板材公司防疫物资的存储和发放工作，驻厂职工不分昼夜、连续作战，完成了床、被褥、食品等50.4万件防疫物资的收发工作，为板材公司防疫民生保障做出了突出贡献。

【物回管理】 建立分期分域促销机制，克服疫情影响。采取分期、分类、分区域、利用影像资料等措施，组织客户看货，促进销售。开展分时分段储备工作，深入厂矿生产现场掌握废旧物资存储状态及分布情况，督促产废单位及时上报计划，提高回收、销售效率，实行分级分类管理，新建239平方米的废蓄电池库，满足板材厂区废旧电池的临时存储，解决各厂矿存放危险废旧物资的风险问题。

【安全设备管理】 在安全管理工作上，规范体系运行，建立健全《储运中心安全规程》等安全管理制度42项。坚持开展“三个持续”不动摇，排查特种设备及构筑物等安全隐患216项、油品储存设备设施、押运等涉油安全隐患15项，整改完成率100%。强化安全培训。开展新安全法、全员安全生产责任制等安全培训11个班次，培训人员322人次，考试合格率100%。组织各级领导干部上讲台12次，培训人员202人次，考试合格率100%。组织开展安全月活动，为244名员工制作安全提示卡，开展企业负责人致全体员工家属一封安全家书等活动。持续开展安全技能比武大赛、消防应急演练等活动，安全管理措施得到有效落实。在设备能源管理工作上，实行维修作业全程监管，设备管理由“事后维修制”转变为“点检定修制”，实现将设备故障修复时限从两个工作日压缩到八小时内。落实节能降耗全员参与，对水、电等重要指标细化分解，实行日跟踪、周通报，通过多种方式优化用能、节能改造，年降低能源消耗费用20万元。

【三项制度改革工作】 坚持政策宣贯纵深化，落实精准化解读，实现政策宣贯全覆盖。坚持高效化流程再造，机构设置由10个精减为7个，精减比例为30%。坚持人员配置科学化，人力资源优化144人，市场化退出4人，双合同签订率100%，全员岗位绩效实现全覆盖。坚持岗位评估精准化，完善三项制度改革闭环管理，开展岗位写实，建立工作推进小组，制订工作推进方案。同时以“授权+同利”为契机，合理授权放权，发挥作业区主观能动性。

【党群工作】 以习近平新时代中国特色社会主义思想为指导，不断夯实党建基础，压实主体责任。一是完善组织制度建设。严格履行组织程序，规范完成储运中心党委换届和纪委组建工作。坚持抓好党员队伍建设，按时完成党员发展、划转等工作。建立党建工作责任制考核体系，促进支部党建工作提升。二是打造思想建设高地。分层级、分领域组织开展“二十大”精神解读和学习。用活用好《储运月报》宣传阵地，引领发展方向标。开展“党员1+N+7包保责任区”活动，结对帮扶、释疑解惑、化解矛盾，确保生产经营和改革发展稳定顺行。三是拓展党建活动载体。创新开展“四个争创”和“四抓四赛大干一百天”党员建功立业竞赛活动，进一步发挥党员的先锋模范作用。完善支部阵地建设，创新性把党建阵地建在库房，打造党建与生产经营“合金”效应。四是构建廉洁守纪阵地。树立红线意识，建立健全纪检监察制度体系。设立廉政专线和邮箱，畅通信息渠道。通过明察暗访、发放告知书和二维码等方式，开展影子公司和影子股东等专项督察20项，监督、约谈275人次。五是搭建职工温暖工程。关心爱护职工，切实维护职工权益，为职工解决急难愁盼问题16项，发放小药箱30余套，疫情期间为职工购买防疫物资及食品3万余元。开展职工拔河比赛及趣味运动会等活动，丰富职工业余文化生活。

（王远航）

辽阳球团公司

【概况】 本溪钢铁（集团）矿业辽阳马耳岭球团有限公司系本钢矿业有限公司全资子公司（简称矿业辽阳球团公司），位于本溪市与辽阳市交界地带，坐落于辽阳灯塔市柳河子镇米家沟村。球团矿生产线始建于2007年6月，2009年4月30日竣工投产，采用链算机—回转窑氧化球团工艺，年生产能力200万吨氧化球团矿。2022年10月20日，本钢板材辽阳球团公司资产由板材公司划拨到矿业公司，同步更名。现设有综合管理室、生产技术管理室、设备工程管理室、安全环保管理室4个职能科室和原料、焙烧、除尘、检化验计量中心4个作业区；党委下设5个党支部，党员169人。截至2022年末，在籍职工516人（含2022年检化验计量中心作业区划拨到球团公司30人），其中管理岗18人、专业技术岗26人、操作岗472人，高级职称5人、中级职称28人、初级职称35人，技师21人、助理技师5人，研究生学历1人、大学（本科）学历47人、大专学历174人。

【生产管理】 以均衡稳定、稳产高产为原则，精细组织生产，强化产品全过程质量控制。狠抓工艺操作纪律，持续优化配矿模型实验，加强配料、混合、造球、主控操作，保证生球质量。严格执行热工制度，优化热工参数，延缓回转窑结圈周期；加强现场巡检和设备维护运行管理，控制生产事故发生，减少小耽误影响，不断提高设备作业率和日平产量。积极克服冬奥会期间环保管控、三次疫情封控驻厂保产和细粒级铁精矿不足等不利因素影响，主动作为，及时采取调整定修时间、改变生产组织方式等一系列应急措施，降低环保管控、疫情防控对生产的影响；积极跟进原料条件变化，动态调整配矿比例及操作参数，保证全年长期稳产高产；在“大干100天、冲刺四季度”期间，与科室、作业区层层签订军令状，压实责任链条，球团广大干部职工，上下同欲，努力拼搏，守信践诺，取得了后四个月完成球团产量74.38万吨，超“军令状”目标0.38万吨，2022年完成球团产量235.12万吨，再创历史新高，实现“双跑赢”。

【设备管理】 设备系统牢固树立“安全、稳定、高效、经济”运行管理理念，强力推行两次定修无故障考核管理，2022年非计划停机管控发放绩效奖金7.96万元；组织开展检维修四大标准全面修订完善专项工作；严格执行点检员设备管理月评价、考核、通报制度，充分发挥经济杠杆作用，及时消除设备隐患，避免设备故障停机；全年累计嘉奖1.15万元，调动了全员参与设备管理的积极性。利库工作成效显著，全年备件、辅料利库金额为435万元，完成全年目标110%；严格执行领新交旧审批制度，废钢铁应交尽交，全年累计上交废钢532吨，超计划302吨，完成计划的231%。创效174万元。废旧物资应收尽收，全年废旧物资回收创效376万元。组织优化检修模型，精准制订检修方案，全年定修由4次优化为3次，10月份在工期压缩3天情况下，克服疫情、施工队伍人员短缺等诸多困难，提前13.5小时优质高效完成定修任务。自主开展回热风机、主抽风机、增压风机动平衡检测工作，年节省外委检修费用11万元，经济效益显著。全年设备可开动率完成93.95%，比计划提高0.95%，故障率2.76‰，比计划降低2.95‰，均创历史最好水平。

【成本管控】 在全面预算管理的基础上，按照总量控制、目标分解、分层落实，责任明确的原则建立成本指标体系。深入开展定额对标攻关、日清日结、单机台考核等降本工作，锚定全年降本奋斗目标要求，全力组织增产降本、定额攻关活动，全年提高产量、优化工艺流程和技经指标、提高设备效率、压缩可控费用、降低定额消耗5项硬性措施得到全方位落实，2022年降成本1987万元，较奋斗目标多降156万元；两项主要定额指标实现新突破，膨润土单耗完成8.21kg/t，比公司计划指标9.74 kg/t降低1.53kg/t。生产煤单耗完成16.99kg/t，比公司计划指标17.21kg/t降低0.22kg/t。

【安全管理】 深入贯彻落实习近平总书记关于安全生产重要论述、指示批示精神和新《安全生产法》有关要求，全面承接鞍钢集团安全管理理念，牢固树立安全底线思维和红线意识，共组织专题培训2次、观看专题片2次。集中学习新《安全生产法》6期，安全月期间组织领导干部开展专题培训8场次。全年共组织开展厂级教育培训9期，累计培训4570人次。深化双重预防体系建设，持续推进“安全风暴”专项行动，开展全流程风险辨识、评估和隐患排查治理工作，全年组织安全专项及综合检查共计57次，累计下发安全通报54期，排查各类事故隐患1106项，均落实整改；持续开展“事故隐患随手拍”活动，累计上报隐患问题249项，发放专项奖励0.49万元；以安全标准化建设为抓手，管理重心下移，制作安全标准作业卡93项，规范安全基础管理；组织完成《生产安全事故综合应急预案》的编制，已在辽阳市应急局完成备案。制定厂级、作业区级应急处置卡287个；实现安全生产“六为零”。对标鞍钢集团，安全体系建设日趋完善，为生产经营活动顺利开展提供安全保障。

【环保管理】 树牢环保理念，持续推进绿色低碳发展。重点项目按时间节点有序推进。一是完成脱硫脱硝改造项目可行性和专家评审及投资计划工作，项目招标已完成。二是完成料场封闭改造和汽车衡、采样机及矩阵式皮带秤项目可行性研究并通过专家评审，计划2023年完成项目招标及建设工作。三是组织制订“3A”级景区花园式工厂建设实施方案，截至2022年底已完成“花园式工厂”项目一期施工，绿化、美化、亮化工程协同推进，明显改善厂容厂貌和办公环境。四是加大与属地政府协调力度，积极争取助企纾困政策。加强固废和危废日常管理；完成脱硫在线监测间扩容、废油间接引箱等工作；转移危废6.94t；积极协调柳河镇政府投资23万元为球团修筑沥青道路760米，改善职工通勤条件；污染物排放量减排330吨，减免环保税76万元；协调辽阳生态局帮助办理超低排中央环保项目补助金，已备案并获取资格；在矿业公司、辽阳市政府、省环境厅的帮助下，完成“钢铁长流程企业”变更，实现重污染天气管控由停产变减产的历史性突破，彻底解决了环保管控的痛点问题。

【三项制度改革】 平稳有序完成全员岗位竞聘、薪酬套改、全员岗位绩效考核，完成人员优化和劳动生产率提升目标。2022年通过竞聘，三职群上岗33人，落聘14人，落聘率31%；科室由5个缩减为4个，科室缩减比例20%。推进优化班组设置，将原来72个班组缩减为22个，班组压缩率达69%；为强化管理人员契约意识，深入推行“揭指标竞聘，带契约上岗”，全年及四季度按照考核指标，与经理层、科室、作业区层层签订“两制一契”考核责任书及“军令状”，层层压实责任，切实激发管理人员的活力；组织建立健全全员岗位绩效管理体系，实现每名职工“每日收入、心中有数”，落实“四到”和“271”分配模式，侧重骨干及苦脏累险岗位收入提升，职工浮动工资差异系数达到1.2以上，最大限度地激发职工积极性。实现了企业效益和职工收入同步增长，共享改革发展红利。被评为本钢集团改革“价值化”先进典型单位。

【公司治理】 全面落实“两个一以贯之”要求，完善现代企业制度。全力配合本钢集团以股权转让的形式将球团公司从板材板块划拨矿业，正式冠名为本溪钢铁（集团）矿业辽阳马耳岭球团有限公司。完成工商备案，完成“党建入章”，实现党委书记和执行董事“一肩挑”，确保党建工作在公司治理中的法定地位。其次，为进一步保障党委会、经理层依法依规行使治理权责，制定实施党委会和经理会议事规则、议事清单，明确党委会定方向、经理层抓落实的运行机制，确保了企业治理体系权责清晰、依法合规。

【党群工作】 聚焦生产经营和企业改革两大中心任务，紧紧围绕“两制一契”和“双跑赢”任务目标，充分发挥党委“把方向、管大局、促落实”的核心领导作用。以党建与中心任务深度融合为切入点，强化品牌工程，以开展“喜迎二十大、建功新鞍钢”主题实践活动为载体，全年建功立业15项，“我为职工办实事”20件，切实解决职工吃水、洗浴、休闲娱乐、出行等一系列急难愁盼问题。面对3次疫情驻厂的严峻考验，厂党委班子与广大干部职工共克时艰，确保生产经营顺行和队伍稳定。完成党委换届工作，迎接本钢集团党委巡察工作，开展正风肃纪警示教育活动，聚焦生产经营重点领域和关键环节，围绕从严治党、改革、防疫、工程项目等重点工作开展政治监察，营造廉洁自律的从业环境。加强意识形态管控，压实厂内三级舆情管控责任。围绕三项制度改革、冲刺四季度开展形势任务专题教育，加强正面宣传引导，筑牢《球团在线》、矿业公司微信公众号等宣传主阵地，2022年征集82条新闻，拍摄《启航》《坚守的人》《回家》等主题短片，弘扬正能量，鼓舞干群士气。工会、共青团组织充分发挥桥梁纽带作用，开展劳动竞赛、技术比武、群众性创新创效活动、青年创新大赛，促进生产经营绩效的提升，其中“锅炉经济运行并合理利用余热锅炉蒸汽”获本钢集团创新创效二等奖。深化扶贫帮困工作，慰问救助困难职工11人，发放救助款4000元。2022年办理互助医疗保险理赔37人，理赔款27353元；积极组织开展文体活动、参加两级公司各类竞赛，激发职工健康向上的进取精神。综合治理开展“靠钢吃钢”专项整治等活动，信访、法律合规、档案、国安保密等业务部门创新性开展工作，构建和谐稳定的发展大环境。

【防疫工作】 抗疫保产“两不误”，取得驻厂保产全面胜利。2022年球团公司启动三次疫情防控应急预案（Ⅱ级）响应，全厂职工驻厂保产历时64天，600余人次逆行保产，全公司上下“舍小家”“保大家”，取得了抗疫保产两不误的佳绩。特别是3月18日，本溪市政府【26】号文要求停止跨市通勤，球团班子面对突发情况，精准研判，果断决策，第一时间启动应急预案，采取两班24小时生产组织模式，实现39天驻厂抗疫保产阶段性胜利，同时为后续抗疫保产提供了宝贵经验，球团公司被推荐为本溪市“抗疫保产先进集体”。 （王　宇）

不锈钢丹东公司

【概况】 本钢不锈钢冷轧丹东有限责任公司（以下简称不锈钢公司）是本溪钢铁（集团）有限责任公司的全资子公司，坐落于辽宁省丹东市振兴区本钢街1号。截至2022年末，不锈钢公司在籍职工205人（含息工创业19人），其中研究生学历3人、本科学历89人、专科学历100人，副高级职称6人、中级职称59人、初级职称81人。下设制造部、营销部、综合部、财务部4个部门；党委下设机关、生产、设备3个党支部，党员86人。产品品种：以304、316L为代表的AISI300系和以430、409L、410、439代表的AISI400系的不锈钢冷轧产品，表面等级为2B/2D，带钢厚度0.20 ~ 3.0mm，带钢宽度970 ~ 1350mm，钛冷轧产品。主要工艺设备：1条准备机组、2台20辊森吉米尔轧机、1条冷带酸洗退火机组、1条平整机组、1条重卷拉矫机组和磨辊间设备及起重运输设备等。2022年销售收入9763万元；利润总额-2.2551亿元，同比减亏2449万元；全年产量3405吨，其中钛冷轧产品183吨（含代工）；不锈钢常规产品综合成材率93.99%；研发投入强度5.5%，同比提升3.5%；安全生产实现“三为零”。

【生产组织】 一是薄规格不锈钢产品生产工艺技能提升。结合轧制工序、退火酸洗工序以及精整工序各设备情况，逐步优化生产工艺，确保薄规格不锈钢产品生产质量、效率双提升。轧制工序通过调整擦拭器压力参数，执行梯次升降速的操作制度方式，确保钢卷轧制运行平稳，预防钢卷在轧制过程中跑偏所导致板型不良缺陷。退火酸洗工序结合薄规格不锈钢产品，进一步优化炉子段、酸洗段、出口活套张力值设定，从而降低因板形不良和张力不匹配产生褶皱缺陷的风险。二是首次成功生产半硬态不锈钢产品，结合半硬态钢产品合同对硬度性能的特殊要求，生产工艺技术人员围绕轧制工序的板型、硬度控制及退火酸洗机组张力控制等方面开展多项工作，其中轧制工序通过下调成品道次边降工艺参数，并确保ASU齿条合理分布，实现边浪缺陷的合理控制；退火酸洗工序通过合理的炉温工艺设定，确保产品硬度控制在产品性能要求范围内。围绕不锈钢硬态产品生产开展轧制板形攻关工作，进一步优化调整二中间辊惰辊凸度及一中间辊锥度，攻关组在9—10月份期间共完成3个阶段侧攻

2号二十辊轧机薄规格钛板稳定轧制中，实现批量生产（张健 摄）

关轧制测试并取得阶段性成果，通过采用优化后的轧辊辊系配置，板形质量大幅提升。

【设备管理】 2022年各机组总体运行稳定，强化点检定修管理，完善设备功能。一是强化设备备件管理，抓好备件质量和降库存等工作，全面提高设备运行效率。全年各机组综合开动率98.2%，故障率1.58%，10月份钛板生产期间首次实现设备零故障率。二是落实点检工作，夯实设备基础。制度管理方面，根据三项制度改革实际情况，重新修订设备管理相关规章制度，其中修订内部制度32项、外部制度13项；细化制度考核项并严格落实执行；按期完成涉及机械、电气、防腐、炉窑、磨床、空压机等专业的维护项目共计214项，其中重点项目19项；所有特种设备均按照检定周期完成检验。三是设备功能精度管理。针对1#轧机板型问题，更换操作侧齿条2#液压缸，恢复ASU机构径向调节功能；组织各区域专业点检员和技术人员共同研究解决退火酸洗机组入口活套跑偏、重卷机组0.2mm不锈钢焊机调试和功能恢复等问题。

【成本管理】 2022年，不锈钢公司把深入贯彻落实全面预算管理理念作为提升管理水平的核心任务。一是面对严峻的不锈钢市场形势，坚持以效益为中心，以全面预算管理为指导，牢固树立“一切皆可降”“人人皆可降本，人人皆可增效”的理念，从一点一滴做起，降低生产成本，压降各项费用。通过对标鞍钢联众找差距，深入挖掘自身存在的问题，分解挖潜降本工作目标，制定生产运行、采购降本、能源动力3个方面的降本措施，层层落实到具体责任人。二是通过躲峰生产，制订非生产期间设备运行方案，降低设备空载电能消耗，同比2021年空载期间降低日电量750千瓦时；通过本钢集团直购电代理中心完成直购电预估并签订协议，降低电价，节约用电成本19.12万元；通过优化供暖周期，密切关注环境温度，严控煤气消耗，降低煤气成本35.6万元。三是通过优化采购模式，采取招标、集团年标和网购相结合的比价方式降低采购价格，降低各类胶辊及拉矫辊等修复价格10%，全年节省采购费用14.57万元。通过在公司内设立“用户辅料库”，即用即结，实现定额“零”库存，同时优化备件最小库存量，减少资金占用。

【安全管理】 坚持以习近平总书记关于安全生产工作的重要指示批示精神为引领，牢固树立安全发展理念，强化安全责任落实，下发安全管理文件43个，以实际行动践行“四个一刻也不能放松”和“五清五杜绝”工作要求，深化电子化安全履职日志管理，推进安全标准化建设。以推进“安全风暴”专项整治行动为切入点，不断健全双重预防机制，深入开展隐患大排查，细化隐患防控措施，累计排查隐患54项，全部完成整改。加大“反违章”查处力度，树立严抓严管思维，增强全员安全红线意识，累计查处“双违”行为46人次，培育先进的安全文化；扎实推进危险源辨识、风险评价和风险控制工作，共计辨识三、四、五级危险源506项，以网格化管理的有效实施确保对危险源点的管控。

【企业管理】 一是完善法人治理结构。实现董事会应建尽建和外部董事占多数制度，建立健全董事会相关配套制度16项，进一步厘清董事会、党委会、总经理会权责边界，逐级建立差异化授权体系，强化权利规范运行，不断提升公司治理效能。二是三项制度改革取得显著成效。精简机构、压缩管理层级、取消作业区，推行扁平化管理，实行厂部直管班组，内设机构由9个压减至4个，压减比例56%，班组由32个压减至6个，压减比例81%；通过全员竞争上岗，人员进一步优化，在岗职工由2021年末220人优化到186人，压减34人，在岗人力资源优化率15.45%；原三职群人员由48人压减至31人，压减比例35.42%，管理岗人员由16人压减至8人，压减比例50%；进入赋能中心比例9.78%，市场化退出率5.08%，外部劳务全部清退；全面实施鞍钢集团薪酬体系套改，提高夜班津贴标准，让职工享受改革红利；推行"两制一契"和"双合同"管理，全员签订岗位合同，制定差异化考核指标，强化职工契约意识；坚持"授权+同利"和业绩贡献导向，落实部门、班组考核分配自主权，落实兼岗作业凭贡献多收入激励政策，持续优化绩效考核"四到"方案，精准精细激励和考核，不断激发企业内生动力和活力。

【市场开发】 2022年，不锈钢公司坚持深化企业改革，构建科学采购新模式。积极尝试择机采购，为实现采销两端增效打好基础。原料采购方面：采取竞价和长协采购相结合的方式降低采购成本，开发并签约合作7家原料供应商，其中与新疆湘润公司签订2023年上半年钛热轧酸洗原料长协采购的1000吨，比市场零采价低4425元/吨；产品销售方面：积极跑市场、找客户，开发合作用户10家，其中400系汽排用户2家、0.2mm精密带用户2家、钛冷轧产品用户6家，另有合作意向用户17家。2022年末与国鑫箔材新材料有限公司达成了钛冷轧产品长协销售合作意向书。大力推进钛冷轧新产品自主经营和代工合作，2022年钛冷轧产品销售85.565吨，这标志着不锈钢公司高附加值产品实现重大突破，将成为不锈钢公司2023年新的效益增长点。同时为沈阳中铝代工钛板65.609吨，实现销售收入21.8万元，增加效益16.2万元。

【党群工作】 一是深入贯彻落实"第一议题"制度，认真学习贯彻习近平总书记重要指示批示精神。通过党委会、理论中心组学习"学思践悟"，理论指导实践研究部署生产经营和改革发展各项工作，坚决贯彻落实民主集中制和"三重一大"决策制度，严守组织程序和换届纪律，完成党委换届和纪委组建工作；机构精简重新规划支部设置，夯实支部基础管理，加强党员教育与培养。通过参加本钢集团轮训、"万名党员进党校"等培训形式，进一步锤炼党员的党性修养，筑牢党性根基；坚持优中选优的原则发展新党员3人，11名预备党员转正；以"喜迎二十大，建功新鞍钢"主题实践活动为契机，加强党建与生产经营深度融合，积极推进共产党员工程、党员责任区、党员先锋岗活动，充分发挥党员在生产经营和疫情防控各项工作中的先锋模范作用。二是积极配合本钢党委第八轮巡察做好政治体检，聚焦中心工作，强化政治监督，组织开展"清廉工程""备品备件采购与管理"、违规经商办企业、影子公司影子股东等专项整治；针对重要节日节点，"精准投送"节日提醒，抓早抓小、防微杜渐，持之以恒纠"四风"、树"新风"；加强廉洁警示教育，组织新任职干部开展集体廉政谈话，通过观看警示教育片和通报典型案例，筑牢拒腐防变思想堤坝，一体推进"三不腐"。三是认真谋划民生实事，充分发挥工会职能作用，积极组织办好职工健康体检、职工互助保障、提高生日福利标准、夏日送清凉等民生实事；面对2022年丹东地区疫情肆虐，工会投入资金2.34万元先后4次组织慰问驻厂职工，为公司职工购买食品、洗漱用品、被褥等生活物资，确保职工住在厂里、暖在心里。不锈钢公司积极发挥职工创新工作室示范引领效应，高维才劳模工作室被评为“辽宁省职工创新工作室”称号。

【防疫工作】 严格执行国家、省市各项疫情防控政策，坚决落实本钢疫情防控新30条内容。积极配合属地政府和本钢集团，严格执行常态化疫情防控各项措施，做好人员扫码、测温、登记等工作，加强食堂、办公室、宿舍、通勤车辆等重要场所的消毒通风，执行出市审批报备制度。持续开展对接送货、后勤服务、驾驶员、门禁管理等关键岗人员的核酸检测工作，共进行核酸检测25830人次；组织开展全员新冠疫苗接种工作，截至2022年底，除1人因禁忌病无法接种外，其他正式职工、劳务人员、外协单位全体人员均完成两针以上疫苗接种，接种率99.51%。（卢云峰）

栏目编辑　刘　欣

本溪北营钢铁（集团）股份有限公司

【概况】 本溪北营钢铁（集团）股份有限公司（简称北营公司）位于本溪市平山区北台镇，为本钢集团有限公司的控股子公司，成立于2002年4月5日，注册资本60亿元。截至2022年末，设置机关部门8个：综合管理部（党委办公室、保密办公室、董事会办公室）、规划科技部、安全环保部、财务部、党群工作部（人力资源部、宣传统战、工会、团委、机关党委）、制造部、设备工程部、纪委（党政督查室、审计部），生产单位5家：炼铁总厂、炼钢厂、轧钢厂、铸管事业部、资源再生公司，直属机构6个：经营中心、能源管控中心、物流中心、设备维护检修中心、质检计量中心、生活服务中心。在岗职工13317人。拥有烧结、焦化、炼铁、炼钢、轧钢、铸管、发电、公路、铁路运输等完善的钢铁工业生产系统。具备年产生铁780万吨、钢坯800万吨、钢材850万吨（含代管产能）、球墨铸管25万吨的综合生产能力，是东北地区最大的线材生产基地，国内大型球墨铸铁管生产企业。

【主营指标】 2022年，实现营业收入296.6亿元；利润总额6.09亿元，同比增加10.45亿元，增幅240%；净利润6.08亿元，同比增加10.45亿元，增幅240%；销售利润率2.05%，同比增加3.19个百分点，增幅280%；资产负债率70.69%，比年初降低2.4个百分点；实物劳动生产率734.59吨/人·年，同比提升18.75%；全员劳动生产率30万元/人·年，同比提升92.56%；研发投入强度3.5%，同比提升2.72个百分点。年产生铁686万吨、粗钢699.6万吨、商品材689.8万吨、铸管4.8万吨。

【生产经营】 以预算管理为主线，构建闭环成本管控体系，多措并举打赢扭亏“翻身仗”。一是紧盯市场，严控供销两端。在供应端，增加年标采购比例，扩大包消耗采购品种，稳步实施择机采购，合规处置呆滞库存，有序拆除闲置库房，库存资金由46.97亿元降至31.45亿元，比年初降低15.52亿元，降幅33.05%；在销售端，全面实施“6+2+1”销售模式，新开发直供用户16家，直供用户比例由24%提升至48%，东北区域产品投放量120万吨，占有率41%，产线调整增效9963万元，出口增效1.18亿元。二是严控三项费用，建立“一切增收皆效益、一切支出皆成本、一切节支皆利润”的理念，锚定预算，对三项费用层层分解挖潜力，借助鞍本协同平台，抓住企业经营向好的有利时机，科学规划和调整贷款结构。实现综合贷款利率3.42%，较年初4.35%下降21.38%；实施资金分类管控，2022年实现经营活动现金净流量30.9亿元，融资规模与年初持平，资金管理水平显著提高。三是构建全流程、全方位对标管理体系，实施“ABC”对标法，严控五大工序降本，深挖工序降本潜力，打造极致成本优势，全年累计吨钢降本247.5元，比预算多完成95.5元。紧盯原燃料端市场变化，及时优化配煤配矿结构，持续推进“利用存量、控制增量、创新驱动”的管控措施，钢铁料消耗全年完成1070.69kg/t，同比降低5.46kg/t；引入OEE指标衡量评价法，狠抓轧钢产线运行效率，推进产线分工优化，全年各产线产能利用率均创历史最好水平；建立“大能源”管理体系，提升能源管控能力，主要技经指标连续刷新历史纪录；科学规划物流路径，合理分配铁路、公路运力资源，拓展销售物流方式，强化港存管理，有效降低物流成本。

【企业改革】 坚持以问题、结果、目标为导向，全面推进北营公司市场化改革方案，打造“合规+授权+同利+精益”管理模式，多点突破决胜改革“攻坚战”，实现国企改革三年行动计划完美收官。一是建立健全市场化合规管控体系，坚持党的全面领导，把完善党的领导和北营公司治理有机融合，厘清治理主体权责界面，建立决策事项清单，实现规范有效运行；坚持精干主业，整合铁运公司、公运公司和储运中心，组建物流中心，整合炼铁总厂、炼钢厂、轧钢厂、能源管控中心4家单位维修作业区，组建设备维检中心，承接原北营生活服务中心业务和人员，组建生活服务中心；在资源再生公司等4家单位实施工区制改革试点，推行扁平化管理；坚持亏损企业治理和法人压减相结合，完成北营设计院注销，完成北方轧钢吸收合并其他三家子公司（北方第二轧钢、北方高线、北台高线），推进北营铸管事业部市场化改革和职业经理人选聘；坚持深化放权赋能，首次建立“权力清单—履职规范—行权评价—动态调整”的全周期授权管理体系，将88类、138项具体核心业务权力逐级下放，激发微观主体活力。二是高效推进三项制度改革，引入“赛马”机制，打破“铁交椅”，推进领导人员竞争性选拔常态化，自管85名领导人员公开竞聘54人，公开竞聘率63.53%，实施“两制一契”，弘扬契约精神，“两制一契”签订率为100%；建立市场化用工制度，打破“铁饭碗”，全员竞聘上岗，实施双合同管理，岗位合同签订率100%，建立赋能“中转站”，规范赋能转岗培训和返岗竞聘，赋能人员置换劳务634人，推进劳务清理，主营岗位劳务置换比例100%，推进员工市场化退出，全年员工市场化退出率1.49%；完善市场化薪酬机制，打破“大锅饭”，真正实现“业绩升薪酬升、业绩降薪酬降”；2022年，全员劳动生产率30万元/人·年，同比提升92.56%，主业实物劳动生产率734.59吨/人·年，同比提升18.75%，职工浮动工资差异系数达到1.33。三是健全市场化激励约束机制，建立“以效益为中心”的绩效考核体系和“以双跑赢为目标”的经营者考核机制，坚持正向激励、动态调整、差异化考核；聚焦关键指标，探索实施“四三转换”，全面推进“四到”工作，实现指标清晰化、任务指标化、岗位绩效具体化；坚持以价值创造为标尺，实施成本“五地”对标，将固定目标“打靶”变成动态“赛马”，激发奋斗者的积极性、主动性和创造性；落实“大干100天，冲刺四季度”工作部署，签订“军令状”，冲刺“双跑赢”。

【科技创新】 一是建设科技创新体系，推进科技项目立项，2022年累计完成北营公司级科技立项93项、各单位自管项目15项，共计108项；申报鞍钢集团科技成果奖项目1项；申报产学研联盟项目4项；申报省产教融合技术需求项目1项；申报辽宁省科学技术奖6项，首次获得三等奖2项。二是以首席工程师为主体，建立技术创新人才体系，为北营公司发展注入新的人才支撑，共聘任24名首席工程师，涵盖炼铁、炼钢、轧钢等多个领域。三是积极加大科研投入，完成研发投入强度3.5%，同比提升2.72%；产品增利累计实现1187.18万元；积极实施《北营炼钢钢种磷硫含量的经济型控制攻关》等科技项目，累计实现工艺降本1012.55万元；推进拳头产品认定，棒线材、板材、铸管共计20个系列产品，认定为北营公司“拳头产品”。

【基础管理】　一是建立健全安全管理体系，落实安全生产主体责任，始终把安全生产放在第一位，持续开展安全生产专项整治行动，安全防疫管理取得新成效，全年整改安全隐患5523项，完成2个单位二级安全标准化复审工作，实现安全生产“三为零”，同时积极有效应对疫情冲击，实现疫情对生产经营零影响。二是全面导入“精益＋五制配套”管理理念，“精益＋”管理取得新突破，引入异常管理（EMBP）数字化系统，自建创新创效数字化平台，试点区域初步达成“现场有改变、管理有标准、全员有改善”工作目标，通过开展降本课题，全年实现降本增效6500万元。三是以恢复设备功能、提升设备功能精度为重点，强力推进点检定修制，设备管理取得新成果。全年定修计划实现率97.8%，完成连铸机、轧机功能精度改善项目59项；以施工费挖潜为核心，强化采购计划管控，年标采购占比60%，同比提升21.8%；外委转自营项目60项，降低施工费3219万元。四是以合规管理为主线，狠抓工程进度及投资完成率，重点工程项目取得新成绩。炼钢一区产能置换、焦炉大型化改造等重点基建技改项目及超低排放项目进度节点共设置120个，完成118个，节点完成率98.3%；投资计划完成率100%，超低排放项目开工23项，2022年计划17项全部按内控节点提前完工，一体化提升及配套支撑项目测试，按进度正常推进。

【党建工作】　一是加强政治建设，全面引领企业高质量发展。坚持用习近平新时代中国特色社会主义思想武装头脑、指导实践，坚持“两个一以贯之”，确保党的各项方针政策和鞍钢、本钢的工作部署落实到位。严格执行“第一议题”制度，强化党委理论学习中心组学习效果，2022年组织中心组理论学习11次。充分发挥党委（筹建组）领导作用，落实党委前置制度，制定党委、董事会和总经理议事规则及配套决策事项清单。深入推进党建工作与企业生产经营的深度融合，开展“学先进、比业绩、创一流”建功立业和“我为党旗添光彩 争先创优促发展”主题实践活动，深化学习党史主题教育的常态化、常效化。二是强化组织建设，健全完善组织体系，全面落实党建工作责任制，逐步构建“大党建”格局。狠抓履职促责任压实，对北营公司9家基层党委书记进行评议，被评为“好”的2人、“较好”的7人。夯实党建制度基础，制定并下发《北营公司党委筹建组2022年党建工作要点暨全面从严治党重点任务清单》。夯实支部建设促基础，规划基层党支部建设提升年活动，以炼铁总厂烧结二作业区党支部鞍钢级党建示范基地建设为拉动，深入推进党支部内外对标交流，汲取先进经验。以“红旗党委”评比为抓手，促进落实党建工作责任制。三是坚持党管干部，全面打造高素质人才队伍。以强化干部考核为契机，以“授权＋同利”为核心，完善选拔任用机制。强化年轻干部选拔，推进班子结构优化，注重内部人才梯队培养，制订《北营公司人才培养方案》，建立各类后备人才库，524人纳入人才库管理。加强培训体系建设，着力培养复合型人才队伍，建立技术人才体系建设，完成24名首席竞聘上岗。四是突出思想宣传，加强宣传阵地建设，牢牢把握意识形态主动权。北营公司党委高度重视意识形态工作，召开专题会议研究意识形态工作，成立意识形态工作分析研判小组，落实“一岗双责”。加强企业文化建设，全面推进鞍钢企业文化的植入和融合，规范企业文化标识。创建“我爱我家”系列品牌活动，实现企业文化和“花园式”工厂建设完美融合。深入开展志愿服务，组建北营公司志愿服务支队，推选季度“本钢好人”5人，北营公司共有1708名注册志愿者，开展各类志愿服务活动23次。五是加大执纪力度，压实管党治党主体责任。强化廉洁宣教，筑牢拒腐防变的思想防线。召开廉洁从业警示教育大会，累计参加208人，开展警示教育活动73次，参加人数32564人次。压实管党治党责任，加强制度建设，承接、转化《北营公司纪委筹建组重大事项请示报告办法》等43项，初步形成了以积极防范为核心、以强化管理为手段的北营公司纪检制度体系。狠抓正风肃纪，加固中央八项规定精神堤坝，深入开展形式主义、官僚主义问题专项整治，有案必查，有错必纠。运用“四种形态”，敢于动真碰硬，勇于担当负责，保证办案质量。累计立案审查7人、给予政纪处罚及组织处理45人。

【民生工作】 扎实办好民生实事，启动“AAA”级景区花园式工厂建设，按季开展“我爱我家”系列活动，完成本溪市最大配餐中心、最大露天停车场建设、点对点客车通勤等16项重点民生项目，涉及改革的17项制度全部履行民主程序。加大帮扶力度，实现对困难职工100%帮扶，共计发放送温暖资金9.34万元。释放改革红利，累计为职工发放效益奖7341万元，夜班津贴人均增加364.35元/月，下拨防疫专项资金116.25万元，抗疫保产期间免费送餐到岗，累计投入近600万元。弘扬劳模精神、劳动精神、工匠精神，开展职工技能竞赛和劳动竞赛，累计发放奖励资金542.57万元，选树先进典型，让奋战在各条战线上的劳动模范、技术能手大显身手，为企业发展提供新动力。

（潘玉红）

炼铁总厂

【概况】 本溪北营钢铁（集团）股份有限公司炼铁总厂（简称北营炼铁总厂）于2021年1月15日由原北营炼铁厂、北营焦化厂、北营原料厂合并成立，由炼铁、烧结、焦化、原料四个分厂组成，隶属于本溪北营钢铁（集团）股份有限公司。截至2022年末，下设5个管理室、16个作业区，在籍职工3967人，其中管理岗57人、业务岗100人、技术岗97人、操作岗3713人，副高级职称及以上23人、中级职称188人、初级职称414人，研究生学历15人、本科学历325人、大专学历967人。党委下设党总支4个、党支部25个，中共党员1154人，共青团员64人。主要设备有炼铁高炉5座（9号、10号、11号高炉容积为530立方米，新1炉、新2炉高炉容积为2850立方米）、喷煤中速磨7台、烧结机3台（300平方米、360平方米、400平方米烧结机各1台）、75万吨球团系统生产线2套、焦炉6座（6m–50孔焦炉2座、4.3m–65孔焦炉2座、4.3m–72孔焦炉2座）、配套干熄焦系统3套、煤气净化系统3套、RH–FJ–110翻车机1台、FKJ—3A型翻车机2台、FZ1—10B型翻车机2台、双螺旋单侧卸料机2台、DQLK1100/1200.27.5型斗轮堆取料机5台。固定资产总值163.41亿元，固定资产净值102.72亿元。主要产品有炼钢生铁、冶金焦、烧结矿、球团，副产品有高炉水渣、煤气、脱硫石膏、焦油、粗苯、硫铵等。

【主营指标】 2022年生铁产量完成686.04万吨，铁水合格率100%，高炉有效利用系数2.36吨/立方米·天，入炉焦比实现391.2千克/吨，喷煤比141.0千克/吨，燃料比532.2千克/吨；烧结矿产量完成931.15万吨，烧结矿品位稳定率99.79%，烧结矿合格率99.54%，烧结有效作业率97%；球团产量完成166.61万吨，球团抗压强度2621N/个球；TRT发电量30795.53万千瓦时；焦炭产量完成236.66万吨，焦炭合格率99.67%，干熄率98.67%；化产品硫铵回收率0.72%，粗苯回收率0.82%，煤焦油回收率2.65%。

【生产组织】 以满足高炉需求为生产组织主线，贯彻以高炉为中心的生产经营理念，实施物料精准保供，建立物料倒查可追溯制度，确保物料信息及时性、准确性。制订焦炭、烧结矿、球团矿质量异常时的物料应急保供方案，确保高炉使用原燃料质量合格，稳定提高高炉的利用系数，实现生铁的稳产高产。全年完成生铁产量686.04万吨、烧结矿产量931.15万吨、球团产量166.61万吨、焦炭（冶金焦）产量233.63万吨。主体工序大中型检修计划制订生产组织及物料平衡方案，全年制订各类生产计划、物料平衡计划、检修平衡计划等共47份。根据疫情形势和特点，制订原辅料发运进厂及应急替代保产预案，保证主体工序连续性生产。2022年4月20日，配合焦炉大型化改造，有序组织焦化三区5#、6#焦炉停产。

【技术质量】 调整优化高炉热制度及造渣制度，提供优质铁水，2022年高炉铁水一级品率78.29%，铁水内控合格率99.29%，铁水[Si]稳定率94.86%，比2021年铁水质量大幅提高。开展配矿经济性测算，在烧结矿质量满足炼铁生产要求的前提下，提高经济矿超特粉消耗，超特粉单耗完成128kg/t，澳矿粉单耗完成148.4kg/t，全年降低配矿成本38886万元。通过对入炉锌、碱金属、磷等有害元素测算，优化回收料结构，提高回收料消耗，降低配矿成本及库存物资资金占用，回收料单耗完成95.48kg/t。克服粗颗粒沉泥水分大，下料困难等不利因素，消耗粗颗粒沉泥库存，粗颗粒沉泥单耗完成38.8kg/t。

【设备管理】 一是以提升设备功能精度拉动产线创效，全面诠释设备系统的“务实高效”。高炉炉前除尘风机增加变频器控制改造，实现年节约用电1800万kWh，年创效1206万元。二是“攻坚克难”，以设备隐患整改为抓手，优化检修组织，实现设备稳定运行。消除大高炉水渣粒化塔烟囱腐蚀坍塌重大设备隐患，利用外委修理费更换2个烟囱；针对焦化二区回收硫铵饱和器出口煤气主管道腐蚀泄露煤气重大安全隐患，组织细化检修方案，带煤气对该管道进行玻璃钢包补，彻底消除隐患并节省一次48小时停煤气鼓风机扫线检修作业，直接创效145万元。三是对标找短板，精准精细做实设备工作。找出制约主体产线年修、定修模型优化的关键环节，带着问题走出去对标学习，重点攻关延长高炉年修间隔、缩短高炉定修时长、延长干熄炉耐材年修间隔，为增产降本奠定基础。四是建立设备精密点检体系，精准判断设备状态。设备精密点检体系已初见雏形，已拥有精密点检仪器7类、14台套，专业精密点检人员5人。五是坚持逢修必改设备理念，提升设备功能。历时8个月完成大、小高炉热风炉煤气切断阀改造，实现突发停电事故时煤气切断阀自动关闭，确保热风系统运行安全，有效防止次生事故，在2022年9月22日北营厂区受电业局大停电事故中得到验证。北营炼铁总厂大高炉热风炉煤气切断阀，将原双电控制改为单电控制，9月22日大停电时热风炉煤气切断阀自动关闭，有效切断煤气供应，消除重大安全风险。

【工程建设】 推动装备升级，优化环境治理，为建设花园式工厂持续接力。全年技改及专项工程共14项，总投资38.2亿元，已完工9项，在建5项。300平烧结燃料破碎除尘系统改造、高炉煤粉制备系统改造等超低排放项目共13项，总投资4778万元，已全部投用。大高炉配套新建一套制粉系统工程，对高炉生产降本增效起到关键作用。煤气净化系统温度参数达标改造提高化产品收率工程，为环保和降本增效工作创造有利条件。400平方米烧结机烟气治理及脱硫脱硝改造工程，总投资17000万元，项目按计划有序推进，为实现“花园式工厂”奠定基础。智能化料场项目一期正在按计划进行，新料场集自动化、智能化于一体，作业模式达到超低排放标准，实现集中控制无人值守，提高劳动生产率，降低炼铁成本。北营焦化二区、三区焦炉大型化改造工程是本钢集团“十四五”期间实施的超低排放改造项目，2022年4月1日开工，总投资286200万元，对实现本钢集团碳达峰、碳中和目标，建设“绿色本钢”“绿色鞍钢”，城企共融共生具有积极意义。

【成本管理】 通过挖潜降耗降成本，围绕铁矿粉市场价格变化，实行周价格经济性排序，适当降低入炉品位，实行经济配料方针，超特粉多消耗62.4万吨，回收料多消耗38万吨，2022年烧结配矿降低成本2.75亿元。开展降低烧结固体燃耗摘牌奖励，制订燃耗攻关方案，通过优化配矿结构、烧结

北营焦化二区、三区焦炉大型化改造工程奠基仪式（关锋　摄）

厚料层操作、严格控制烧结返矿率、选择合理的烧结矿亚铁含量等措施，烧结燃耗降低成本4313元。在北营公司开展“大干100天、冲刺四季度”期间，成立配煤、配矿等6个降本增效攻关小组，四季度实现成本压降174.43元/吨钢。2022年全年实现降本4.77亿元。

【**安全管理**】 按照本溪市政府和本钢集团关于做好“国务院2021年度对省级政府安全生产和消防安全延伸考核”迎检工作的重要指示，组织召开专题会议，对照考评标准逐项核对，顺利完成迎检工作。4月26日，国家暗访组对新2炉作业区、小高炉作业区现场管理开展检查，总体检查结果较好。现场检查出2项问题，均整改完毕。根据《北营炼铁总厂安全生产专项整治三年行动实施方案》，认真落实2个专题和7个专项整治实施方案，落实“四个清单”（安全风险清单、安全隐患和问题清单、安全生产专项整治三年行动任务和措施清单、安全生产专项整治三年行动成果清单）。通过开展三年行动实施方案，明确安全风险清单33项（重大风险9项、较大风险24项）；落实安全生产隐患和问题清单58项，整改58项；明确安全生产专项整治三年行动任务和措施清单39项；落实安全生产专项整治三年行动成果清单39项，均已完成。

【**能源环保**】 以焦化二区、三区焦炉大型化改造为起点，全面开启环保超低排放改造工程，对全厂环保设备设施有步骤、有计划地进行超低排放改造。炼铁工序完成16台除尘器超低排放改造，改造后颗粒物排放浓度≤10mg/Nm^3；焦化工序1#焦炉烟气脱硫脱硝工程完工，颗粒物排放浓度≤10mg/Nm^3、二氧化硫浓度≤30mg/Nm^3、氮氧化物浓度≤150mg/Nm^3，达到超低排放要求；原料工序随着双四百储煤场地环保改造环评报告表审批完毕，逐步推进料场环保设施的提标改造，为完成超低排放评估打下坚实基础。为实现清洁生产、节能环保核心任务，炼铁工序完成清洁生产强制审核，焦化、原料工序随即开展非强制性清洁生产审核。推进碳达峰、碳中和战略决策，实现能源双控、节能减排，对大高炉出铁场除尘风机进行变频改造。改造取得了良好的节能效果，年节约用电2152.79万kWh，降低成本约1442.37万元，减排二氧化碳7143.61吨。在全国重点大型耗能钢铁生产设备节能降耗对标竞赛评审交流会上，2#大高炉出铁场除尘风机变频节能改造荣获“创先炉”荣誉称号。

【**科技成果**】 积极开展科技项目和技术合作，同中钢集团鞍山热能研究院有限公司合作开展2022年辽宁省“揭榜挂帅”重点科技项目——“中大型高炉低碳冶炼用焦及其数字化配煤应用研究”。“焦化废水零稀释零排放集成创新技术及应用”获2022年度鞍钢集团科学技术三等奖。2022年，授权专利28项、受理专利47项，其中发明专利12项。全年征集科技论文30余篇，王光亮撰写的《本钢北营新2号高炉快速休风操作实践》等8篇论文在第十一届中国金属学会青年学术年会大会上宣讲交流。

【**创新管理**】 通过推广精益管理，构建全流程的精益管理模式，坚持不懈引导全员参与，建立可持续的精益改善机制，以目视化、标准化、数据化为抓手，将精益管理纳入到日常业务管理体系中，共2449人次参加培训，作业区级培训覆盖率达100%。为迅速转化学到的精益知识，利用创新创效系统平台征集创新创效项目4893项、设立改善课题17项，创效5003.27万元。在新2炉区域积极推进EMBP数字化异常处理工具软件，深挖触发异常发生的根源，降低异常处理周期，提报异常问题617项，响应处理完成594项，关闭率96.27%，大大提高异常管理效率，构建"准、快、短、低、优"的智能管理模式，使精益管理与数字化工具深度融合。

【人力资源管理】 落实鞍钢集团"7531"战略目标，执行本钢集团"1357"工作指导方针，锚定"授权+同利+精益"改革目标，充分发挥党组织的领导政治核心作用，推进三项制度改革。推进体制机制优化调整，管理室由7个优化至5个，作业区由28个优化至16个。通过全员岗位竞聘，三职群由412人压减至254人，压减率38.35%，压减后占在岗人数7.99%。通过6个通道优化590人，其中自愿离岗休息529人、息工创业28人、协商解除劳动合同31人、保留劳动关系2人。梳理特岗档案830卷，整理特岗材料上报1288份，为职工特岗退休做好基础工作。全面承接鞍钢集团薪酬管理体系，编制《北营炼铁总厂薪酬管理办法》《北营炼铁总厂劳动纪律与职工行为规范管理办法》等文件，实现薪酬管理标准化，推进薪酬管理工作有序开展。

【党群工作】 1.发挥基层先进党组织模范引领作用和党员示范作用，以点带面推动"共产党员综合服务阵地"建设。2022年4月份，烧结二作业区党支部被鞍钢集团党委授予"党支部示范基地"荣誉称号；2022年10月份，在北营公司三季度红旗党委评比中，炼铁总厂党委获得第一名。2.推动党建工作与生产经营工作深度融合。开展党委"一带四"建功立业和"党建+"品牌创建活动，这些载体有效推动了基层党支部和广大党员在安全生产、疫情防控、提质增效、服务群众等方面发挥积极作用；开展"党员建功立业、保高炉顺行、抓降本增效"主题实践活动；结合生产实际制订实施方案，以"降本增效、党员先行"为主题开展党日活动，通过抓好降库存、"两金占用"等群众性活动，把工作内容践行到实际工作中去。3.开展青年人才培养及梯队建设工作。建立了3类人才储备库，召开9场青年人才座谈会和4场专业知识培训课，最终建立了83人的青年人才库；制订下发《北营炼铁总厂党委关于青年人才"星火"计划实施方案》，着力打造"全能型"青年人才队伍，为高质量发展提供人才支撑。4.为切实解决基层实际问题，党委班子成员直插现场一线，实施开门找问题，出门抓整改，上门解难题。在深化"我为群众办实事"实践活动中，党委班子完成办实事20项、各党支部完成办实事273项；工会组织承办了本溪市、鞍钢集团、北营公司3个工种的技能大赛，有效促进员工的技能水平的提高。群众性创新创效攻关活动成果显著，共征集1796条项目，已实施555条，18项推荐上报北营公司评审。疫情期间投入40余万元，解决驻厂职工的衣食住行问题，确保生产有序开展，增强了职工群众的获得感、幸福感。（吴　蕾）

炼钢厂

【概况】 本溪北营钢铁（集团）股份有限

公司炼钢厂（简称北营炼钢厂）是北营公司主体生产单位之一，产品涵盖低合金钢、优质碳素钢、爆破用钢、焊接用钢、绞帘线、冷镦钢、弹簧钢、胎圈钢丝、冷轧用钢、预应力钢丝等30多个系列，500多个品种，年产能达到800万吨。截至2022年末，下设4个管理室，分别为生产管理室（安全环保室）、技术质量室、设备工程室、综合管理室；8个作业区，分别为炼钢一作业区、炼钢二作业区、连铸一作业区、连铸二作业区、原料作业区、动力作业区、吊车作业区、设备点检作业区。在岗员工2176人，其中厂班子成员6人、首席工程师3人、专务1人、管理岗29人、业务岗41人、技术岗59人、操作岗1593人、赋能中心444人，研究生学历4人、本科学历89人、大专学历212人，正高级职称2人、副高级职称8人、中级职称74人、初级职称220人，高级技师2人、技师17人。党委下设12个党支部、47个党小组，共产党员560人。现有固定资产原值49.93亿元，净值17.70亿元。拥有50T转炉4座、120T顶底复吹转炉3座、板坯连铸机3台、方坯连铸机6台、120T-LF精炼炉3座、RH双线双工位精炼炉1座、转炉副枪装置3套、铁水预处理系统3套、40T单线双工位倒罐站1座、135T双线双工位倒罐站1座。

【主营指标】 2022年共计生产钢坯699.62万吨，其中方坯342.35万吨、板坯357.27万吨；吨钢成本同比降低92.71元，降本6.48亿元；对比预算降低74元，降本5.18亿元，完成基本目标；钢铁料消耗完成1070.69千克/吨，同比降低4.88千克/吨；耐火材料消耗完成28.97元/吨，同比降低6.85元/吨；合金消耗完成106.66元/吨，同比降低21.96元/吨；白灰消耗完成36.36千克/吨，同比降低3.14千克/吨；全工序能耗完成-3.43公斤标煤/吨，完成-1.5公斤标煤/吨基本目标。

【对标工作】 坚持以问题为导向，针对企业发展过程中难点、痛点、堵点问题，主动对标先进，深入查找差距，通过分析竞争对手和行业先进企业典型做法，找差距、补短板、强弱项，坚持系统思维，树立贯穿整个生产价值网络的降本理念，开展全生命周期的成本分析，动态结合市场，制订降本增效专项工作方案，取得显著成效。钢铁料、耐材消耗、熔剂消耗、转炉终点氧等19项跑赢2021年同期水平。其中耐材消耗成本、造渣料成本、钢坯加工成本“五地”排名第一，取得历史突破。

【生产管理】 坚持“集约高效”的生产组织模式，全面梳理制约高效的关键环节，组织专人破解难题。以效益最大化为原则分配资源，始终保持上下工序高效联动，精准计划排查，对全流程过程控制能力进行充分评估，确保了铁钢平衡、物流平衡，为实现新突破创造了条件。突出重点，紧盯短板，抓住高节奏下分配跨吊车碰头、快节奏下炉机匹配困难等影响环节，炉前通过精准调配铁水运行物流编排保节奏，炉后通过高效组织、精细管控时间，实现了系统高效运行。2022年铸机累计打破27次班产纪录；精炼比实现新突破，其中10月份方坯精炼比完成93.5%，创历史最高；两区连铸机单中包连浇炉数均创历史新高。

【技术质量】 实行从产品顶层设计、标准管理、过程控制到质量提升、用户服务、成本控制的全流程、全工序的产品、质量“横纵交错”管理方式，加大新品种钢的研究和开发，开发预应力钢绞线、优质制丝钢和高成型低碳热轧盘条用钢等10个系列、30个牌号钢种，研发成功率100%。制定完善设备状态的“准入、叫停”标准，细化铸坯分级管理，不断提高铸坯质量。开展底吹与炉龄同步攻关，转炉终点碳氧积由0.0029降至0.00175，降幅40%，达到行业先进水平。采用少渣冶炼，降低造渣料消耗，2022年石灰消耗和白云石消耗均创历史最好水平。顺利通过钢绞线、螺纹钢产品的CARES产品认证审核，标志着北营公司成为国内第二家具备该资质高碳线材产品生产企业，其高碳线材产品取得了通往欧洲市场“绿卡”。

【设备管理】 坚持以效益为中心、以问题为导向，持续深化“管理、点检、维修”三支队伍建设，夯实点检定修制度，从基础、专业、区域角度全面实施设备精准管理，实现“改造、增效、提质”。坚持“逢修必改、逢改必提升”，完成转炉本体下悬挂、结晶器在线调宽装置、钢包底吹氩连接装置改造项目及倒罐站增设测温取样装置，全面促进设备功能精度提升，扇形段对弧合格率由年初的70%提高至85%以上，改善铸坯表面质量。对标行业先进企业定修模式，推进精密点检，严抓检修质量，转炉定修周期由21天延长至28天，与攀钢钒钛相同，优于鞍钢五地其他厂矿。2022年实施转炉、连铸机主体产线设备年修及专项改造15台次；完成设备定修367次，定修执行率97.6%，完成控制目标；检维修项目立项实施38项，完成全部项目决算；北营公司级设备事故共发生6次，影响时间27.16小时，完成30小时的奋斗目标；转炉和铸机可开动率完成94.31%，较计划指标提升0.16%；备件成本完成22.8元/吨钢指标，实现设备维护费用指标历史最低；完成移交库利库、储运库利库1637.91万元，超额完成全年1353万元的备件利库指标。

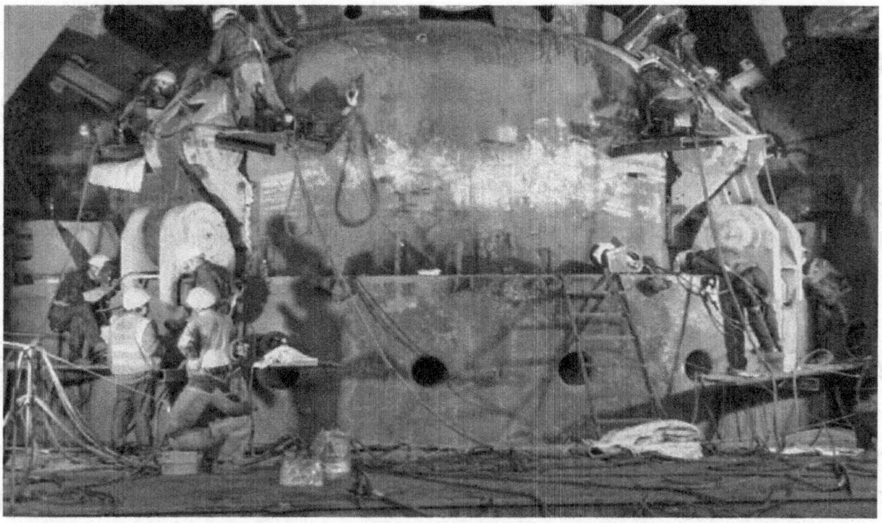

北营炼钢厂转炉本体下悬挂改造（刘全生　摄）

【工程项目】 积极推进一区产能置换项目，建立施工网络计划。2022年计划完成投资3.67亿元，完成形象进度45%，实际完成投资5.94亿元，完成形象进度75%。合同签订共计使用资金17.2亿元，占比89.85%；支付资金约9亿元，占比合同额53%；施工图设计完成99%。现场施工进度，完成土建工程85%、钢结构工程75%、安装工程40%。北营炼钢二区生产提效改造工程，板坯连铸机结晶器调宽改造项目完成4台结晶器在线调宽改造，并组织试车成功。

【成本管理】 持续推进“利用存量、控制增量、创新驱动”管控措施，钢铁料消耗完成1070.69千克/吨，降低成本1.49亿元，达到历史最好水平。通过少渣冶炼、铸余回收、全炉役复吹、单中包连浇炉数攻关、合金减量化等多项措施，炼钢工序降本工作实现新突破。创新实施“碳脱氧”“铁脱氧”“弱脱氧” “硅铁+铝粒”复合脱氧等工艺，年降本增效2400余万元。通过实施多维度系统降本举措，品种盈利能力和市场竞争力显著提升。

【安全管理】 深入贯彻习近平总书记关于安全生产重要论述精神，牢固树立“人民至上、生命至上”的安全发展理念，坚守安全生产红线意识和底线思维，深入开展《安全风暴专项行动》，以落实全员安全责任制为抓手，打造本质化安全。完善22项安全管理制度；结合三项制度改革岗位调整，修订《北营炼钢厂全员安全生产责任制》。开展11期安全教育培训，累计培训骨干人员260人次，组织2095人次参加持证上岗专项培训，提升职工队伍安全技能。开展隐患排查治理活动，采取专项与日常检查相结合方式，共计排查整治1421项问题。落实主体责任，完成老区钢包热修位及新区钢包冷修位迁移改造，消除现场安全隐患；践行相关方“一体化”管理，在转炉炉役、连铸机中修、产能置换三类施工中，对36个子项目、22个施工单位跟踪检查，督促整改130余项问题。

【能源环保】 全工序实施“精益能源流管理”，通过二级计量仪表安装完善（16处）、管道架空、煤气专项攻关、内部蒸汽替代氮气、除氧器加热方式改变、能源管理“随手拍”等措施，实现了工序能耗的不断降低，全工序能耗对比计划目标降低1.93公斤标煤/吨。践行绿色炼钢理念，积极推进超低排改造项目，组织完成9个超低排项目可研的初步编制；积极办理合规性手续，2022年年初完成排污许可证的延续工作，有效期至2026年12月6日；炼钢一区产能置换工程的环境影响报告书已获得辽宁生态环境厅批复，合规合法；层层落实环保管理责任，强化环保在线检测装置维护，防止污染物超标，全年环保在线装置数据传输率100%、排放达标率100%；共计排查环保设施运行问题268项，全部整改完毕。完成北营辅路、厂部及作业区办公楼的粉刷及动力煤气区域岗位亮化面积约19000平方米；新栽绿植85棵，绿化带养护清理900平方米；春、夏对绿植病虫害各进行系统消杀1次；清理细河河道840余米，平整土方800余立方米，清理垃圾约80吨。

【三项制度改革】 以“授权+同利”为核心，按照业务相近、工序协同的原则，推行“大室制”，实现职能“集中一贯”管理；创新设立倒班指挥长，负责全厂倒班班组的全面运行，与作业区级形成横纵交叉的生产管理模式。2022年8月末，北营炼钢厂科室由6个优化至4个，优化率33.3%，基层作业区由15个优化至10个（含整体划拨设备维护检修中心2个），优化率33.3%；通过全员竞聘上岗，三职群由原212人减至129人，压减83人，压减率为39.2%；两职群由原143人减至70人，压减73人，压减率为51%；操作岗抛岗2180个，竞聘成功2093个；共计优化545人，超额完成岗位优化挑战目标486人，劳动生产率实现4378吨/人·年，同比提升25.7%。同步实施薪酬套改工作，完成职级插入、宽带薪级评定、夜班津贴及班组长津贴调整，1—12月份浮动工资差异化系数1.23。

【基础管理】 全面推进"两制一契"管理，自上而下在经营层、中层全面实行任期制和契约化管理，建立完善的考核指标体系，实现市场化优进劣退；以加大宣传力度、强化全员"四到"意识、打造样板试点单位、系统调研验收等多维度开展"四到"工作，并于本钢集团专题会议进行经验分享；以"大干100天，冲刺四季度"为契机，围绕"抓管理、降成本、提产量、增效益"主题，采用强激励、硬约束考核方式开展班组长以上人员签订"军令状"265人次，各项技经指标对比1—8月份持续向好，吨钢成本在同比降低80元的基础上再降60元；铁耗完成918千克/吨，实现增产11.07万吨；精炼比由76.7%提升到93.9%，品种增产30.76万吨；综合调品指数由-450元/吨提升至-376元/吨。结合业务结构分工，精益导入项目、技能，搭建精益管理"双向"工作平台，开展精益降本改善课题，一期课题完成5项，创效约1000万元，二期课题增加至16项，参与课题人员由33人增加至90人，增幅超过100%；通过"一传十，十传百"的转训、"一把手讲改善"的引领，共收集改善提案636项，完成236项。积极有效应对疫情冲击、加大保产保供力度，实现疫情对生产经营零影响。

【科技成果】 申报"RH智慧一键炼钢功能的实现""北营炼钢厂降低连铸坯角部清理率""北营炼钢厂连铸机降低水耗攻关"等科研项目24项，申报"降低RH冷轧品种钢转炉终点温度""4#、5#铸机结晶器调宽功能的实现""北营炼钢厂连铸机综合性能提高"等首席工程师项目9项，均按计划推进实施；确立"涌动式微损扒渣系统开发及应用""高品质绞帘线提产提质连铸工艺优化控制的研究""基于镁处理的帘线钢非金属夹杂物调控关键技术开发"等辽宁省钢铁产业产学研创新联盟合作项目5项；申报专利及专有技术18项，其中"一种板坯中碳钢采用RH冶炼的工艺""一种高强度抗震钢筋及其制备方法"2项已受理，其余项目正在评审中；征集科技论文27篇，被"第十一届中国金属学会青年学术年会"录用7篇，其中《板坯连铸机生产粘结漏钢原因分析与控制》《复合喷吹法铁水脱硫设备的分析》在年会上予以宣讲。

【党群工作】 一是履行全面从严治党主体责任，召开第二次党员代表大会，选举"两委"委员各5人；调整全面从严治党主体责任领导小组，明确成员分工；组织年度党支部书记抓党建工作述职，落实党支部年度组织生活会和"双评"工作，着力推进党建工作责任制考核评价体系。二是落实"喜迎二十大、建功新鞍钢"主题实践活动，提报共产党员工程项目6项，增效创效3410万元；进一步完善“筑堡垒、践承诺、争先锋”主题实践活动，以“一带一”“一带多”的模范先锋引领，促进经济责任制和技经指标的高效完成。三是加强组织建设和干部人才梯队建设，通过竞聘上岗，正式聘用三名后备干部；在炼钢、连铸主体作业区设立轮值助理5名，解决基层班组技能与专业管理瓶颈问题。四是加强党风廉政建设，全面落实杨维董事长“十六字”工作作风建设新要求，推进“整、严、树”和“靠钢吃钢”专项治理工作，营造风清正气的政治生态环境。五是持续推进“我为群众办实事”，完成新区浴池水箱扩容新建、减少老区供连铸机钢水温降、疫情期间物资保供等厂级办实事项目21项、作业区级办实事项目130余项。六是全年发表文章于《中国冶金报》3篇、《鞍钢日报》11篇、《鞍钢视讯》2篇、《本钢日报》29篇，在本钢新闻媒体、北营公司、北营炼钢厂公众号推送报道246篇。七是承办“2022年度本溪市职工技能大赛暨全市钢铁行业技能大赛——炉外精炼工竞赛”和“北营公司首届职工技能大赛暨青工技术比武——板坯连铸工竞赛”，均荣获大赛第一名；荣获本钢板材杯“2022年鞍钢集团‘群英赛’——板坯连铸工竞赛”第二名；取得北营公司“能管杯”羽毛球比赛团体第五名、篮球比赛第六名、排球比赛第七名；姚明、孟庆辉提报的“北营炼钢厂连铸机综合性能提高”“RH智慧一键炼钢功能的研究与应用”分别获得2022年度本钢集团“爱、献、做”活动一等奖和三等奖；刘艳庆获得“本钢第二届青年创新大赛”第九名，北营炼钢厂获得优秀组织奖荣誉；北营炼钢厂志愿服务队获得北营公司“最美抗疫志愿服务组织”称号；吊车作业区张帅、连铸二作业区包志成获得“本钢最美抗疫志愿者”称号；“高振崇劳模创新工作室”被本溪市总工会命名为“本溪市劳模创新工作室”，“侯铁刚劳模创新工作室”被北营公司工会授予“北营公司劳模创新工作室”。（杨丽颖）

轧钢厂

【概况】 本溪北营钢铁（集团）股份有限公司轧钢厂（简称北营轧钢厂）是隶属于北营公司的生产厂。下设生产管理室（安全环保室）、设备工程室、技术质量室、综合管理室4个科室和热轧生产作业区、二高线作业区、三四高线作业区、棒材作业区、设备点检作业区、生产准备作业区、运转作业区7个作业区。在籍职工2134人，其中管理岗31人、业务岗50人、技术岗62人、操作岗1991人，研究生学历8人、本科学历199人、大专学历742人，副高级以上职称11人、中级职称115人、初级职称348人，高级技师2人、技师84人、助理技师1人。党委下设3个直属党总支、14个基层党支部，党员530人，共青团员144人。拥有3条棒材生产线、3条高速线材生产线和1条1780热连轧生产线，年生产能力在850万吨以上，其中棒材150万吨/年、线材300万吨/年、热轧卷板400万吨/年。

【经营指标】 2022年北营轧钢厂产量689.8万吨，突破原675.9万吨纪录，其中线材产量260.3万吨，突破原258.9万吨纪录（二高线94.7万吨，突破原89.7万吨纪录；四高线80.9万吨，突破原76.1万吨纪录）；板材产量352.2万吨，突破原348.1万吨纪录。突破月产纪录4次、突破日产纪录20次、突破班产纪录17次，4—10月，1780线双加热炉运行期间，日平产量10281吨，突破历史纪录。剔除待料等因素影响，轧钢厂各产线产能利用率分别为二棒材154.7%、三棒材132.8%、二高线95.5%、三高线101.9%、四高线80.9%、1780线96.3%，均为历史最好水平。

【生产组织】 受疫情影响，2022年生产组织难度大于往年。北营轧钢厂以“务实高效、攻坚克难、精准精细、少说多做”为工作方针，以“战略引领、价值导向、稳健发展”为原则，以“双跑赢”为目标，以“对标找差、精益管理”为手段，以“日清日结”为基础，重点做好提升产能利用率、提升成材率、降低能耗、降低质量成本损失、降低备件材料非计划消耗等攻关工作。重新梳理、完善生产计划评审、排布、执行及外发闭环管理全流程，编制应急预案，强化岗位操作，规避失误，保证合同交付。牢固树立“以效益为中心”的生产经营理念，围绕1780线、四高线两条明星产线，以实现1780线388万吨、四高线90万吨为目标，组织开展生产工作。

【技术管理】 修订专业质量管理办法和生产岗位工艺技术规程和岗位操作规程，明确责任，确保各个质量关键点得到有效管控，保证产品质量稳定。2022年实际质量非计划0.04%，完成计划指标0.06%。全年陆续通过IATF16949汽车板体系外审、建筑材生产许可证换证扩证审核、英标CARSE螺纹钢和钢绞线产品线上审核、普利司通帘线钢二方审核、四体系联合外审、自愿性产品审核，配合营销中心通过中国石油螺纹钢供应商线上评审。全年长材开发新牌号28个、板材开发新钢种4个，延伸了产品链条，拓展了盈利空间，客户反馈良好。征集科技论文49篇、申报专利19项、申报专有技术6项、申报科技项目25项，科技项目中《开发优质出口中高碳钢盘条》《北营1780线主电机诊断与预知维修模型研究》《1780线R2轧机轴向窜动攻关》项目被选为北营首席项目，其余为北营公司级项目。

【设备管理】 引入“TPM、OEE”管理理念，设备管理多项指标取得历史最好水平。完善点检系统，配备142名点检员，实现设备全覆盖，更加明确职责分工，形成了三级点检系统，设备产能有效提升，点检员人均吨钢达到4.62万吨。备件消耗费用完成10437万元，降耗374万元，完成计划指标。全年合同签订率96.31%，到货率91.2%，计划准确率94.7%。设备故障率1.7‰，同比降低2.65‰；设备综合开动率96.73%，同比提高1.88%，达到了历史最好水平。全年定修时间完成567小时，同比下降37小时，达到历史最好水平；定修项目执行率98.69%，完成计划指标。长材产线定修与换规格检修结合，板材系统与工艺换辊相结合，针对设备进行周期维护，大幅降低定修时间。2022年定修项目共计4818项，其中处理设备隐患334项、安全隐患33项、恢复功能258项、提高精度23项、常规项目4170项，检修工作取得良好效果，保障了设备稳定运行。全年年修时间完成53.6天，同比下降12.4天。通过“五地”对标，制订年修模型优化方案，严格落实年修时间，优化整体项目及人员排布，为保证工期，各级参检人员24小时组织检修，加强检修工序衔接扁平化管理，四高线、1780产线实现历史性突破。

【降本增效】 以效益为中心，以提高设备精度、稳定设备运行、确保产品质量、全面释放产能为主要工作方向，持续扎实开展“日清日结”活动，夯实三级成本管理体系基础工作，推进降本增效工作；通过开展全流程、全方位对标攻关，从成材率提升、能源管控、热送等方面查找差距，有针对性地采取措施开展降耗工作。2022年比预算节约成本9486万元。

【安全管理】 紧紧围绕本钢集团安全工作任务，以“五清五杜绝”“四个一刻也不能放松”“三管三必须”的安全理念，实施全面从严管理。制定《北营轧钢厂2022年安全生产工作重点措施》，以强化安全生产责任体系落实、强化事故易发多发环节的管控、强化依法依规管理夯实基础、强化推进双重预防机制建设、强化安全生产标准化建设、强化消防系统精细化管理为重点工作，进一步提升安全管理水平。组织开展安全风暴专项行动、安全生产标准化一级企业评审和重点时段安全管控工作；全面开展起重设备、煤气系统、电气系统、消防系统、相关方等安全专项检查工作；逐级签订安全生产责任状，确保安全责任到位、安全投入到位、安全培训到位、安全管理到位、应急救援到位。全年千人负伤率0.3‰、安全培训率100%、职业健康体检率100%。消防工作始终坚持预防为主，防消结合原则，落实消防安全责任制，不断提升消防安全管理水平。更新厂级各类消防规章制度和应急预案，测试消防自动报警系统感烟感温探头，组织开展煤气泄漏、火灾救援、细水雾自动喷淋等应急救援演练活动，坚决遏制火灾事故发生。

【能源环保】 一是各项能耗全面下降。2022年综合工序能耗50.28kgce/t，完成计划指标55kgce/t。煤气成本同比降低3.60元/吨，降成本2276.39万元；水耗成本同比降低0.16元/吨，降成本98.07万元；蒸汽回收同比降低1.55元/吨，降成本983.12万元。二是强化土壤污染防治规范化管理，落实土壤及新污染物污染防治要求。制定土壤管理制度，开展土壤地块调查及自主监测工作，并完成轧钢厂一区土壤和地下水自行监测布点方案报告及检测报告。严格按照规范要求，开展自行监测工作，结合本钢集团监测计划，做好点位、频次、因子各项指标对照，确保自行监测计划合规。同时，对监测过程中发现的问题，快速落实整改。三是继续推进危险废物管理合法化。开展危险废物合规处置工作，强化危险废物贮存管理。

【党群工作】 一是完善企业党委议事前置程序，建立“三重一大”制度、党委议事决策清单等重大事项决策程序和内容，重大事项均经党委会前置研究讨论，围绕企业生产经营开展工作，把党的政治优势转化为企业发展优势。二是深入学习贯彻鞍钢集团基层党建工作典型经验做法，对标推进党支部标准化规范化建设，制定《北营轧钢厂党建工作责任制考核评价办法》和《北营轧钢厂红旗党支部评比办法》，强化对基层党支部建设情况的日常监督。三是为解决党员分散、集中开会难的问题，创新开展“微党课”等形式召开党员大会和党小组会，积极探索党建工作新途径，丰富支部“主题党日”活动形式内容。全年组织开展“喜迎二十大、建功新鞍钢”主题实践活动，深入开展“我为党旗添光彩、提质增效创一流”共产党员工程活动，建立共产党员先锋工程5个；收集整理党员践行新鞍钢内涵体会文章15篇；完成“我为群众办实事”主题实践活动典型案例2个、基层党建创新案例2个，其中二高线党支部典型经验被收录2022年度《鞍钢集团党委基层党建创新案例选编》。统筹做好各类别党员参加鞍钢集团党委组织的“万名党员进党校”培训工程，全年共有598名党员培训合格。四是持续开展“我为群众办实事”实践活动，全年完成办实事项目55项，共投入87万元，解决了职工洗浴、卫生间、操作间、会议室改造等重点项目。为确保疫情防控与企业生产两不误，在两次抗疫保产静态管控期间，厂党委和行政采购16.05万元的保障物资和食品，各产线多次创造班产和日产记录，实现封控期间的抗疫保产“双胜利”。五是针对鞍本重组、三项制度改革、钢铁市场变化、企业提产降耗、降本增效等工作任务，有针对性地开展形势任务教育和宣传思想政治工作，把意识形态纳入党委年度重点工作。建立北营轧钢厂三级网格化管控体系，设立作业区级网格8个、班组级网格83个。制订《北营轧钢厂百日思想政治工作暨百日形势任务教育“双百”活动方案》，切实加强改革关键期的职工思想政治工作。六是坚持开展党支部书记“日走访、月接待”制度，及时解决改革发展过程中职工反映强烈的难点问题。坚持党管干部和严把选人用人关，制定了《北营轧钢厂后备干部推荐选拔工作方案》《关于大力发现培养选拔年轻领导人员的实施意见》，在全厂大专以上人才库基础上，建立后备干部备选人才库185人，按程序选拔推荐后备干部22人。七是开展“五小”群众性创新创效活动，承办了鞍钢集团职工技能“群英赛”棒材轧钢工技能竞赛和北营公司2022年“工匠杯”棒材轧钢工技能大赛；依托劳模创新工作室和技能大师工作站，积极开展科技创新和技术攻关，解决现场工艺技术难题100余项。厂团委以“青安杯”竞赛为载体，广大青工提建议、查隐患、反三违，安全意识得到显著提升，荣获2022年本钢集团“五四红旗团委”荣誉称号。

（张　丹）

铸管事业部

【概况】　本溪北营钢铁（集团）股份有限公司铸管事业部（简称铸管事业部）是由北营钢铁（集团）股份有限公司、中国信达资产管理股份有限公司、长春燃气股份有限公司、中国三冶集团有限公司和天津五矿进出口有限公司五家股东组成的股份有限公司，2021年组建北营铸管事业部，主要经营球墨铸铁管及配套管件的制造、销售安装等。注册资本52789.866万元，拥有年产50万吨的生产能力，是国内目前同行业设备最先进、规模最大、产品规格最齐全的球墨铸铁管生产厂家之一。下设3个管理室（综合管理室、生产技术室、销售室）、3个生产工区（浇铸工区、精整工区、外发质检工区）。在籍职工647人（女职工15人），其中管理岗12人、业务岗31人、技术岗15人、操作岗589人，研究生学历2人、本科学历45人、大专学历142人，副高级职称4人、中级职称34人，高级技师2人、技师26人。党委下设6个党支部，党员232人。2022年完成产量4.76万吨，销售5.16万吨，实现报表利润316.31万元。2022年完成落地生铁9万吨（其中球墨铸铁0.4万吨），全面完成了北营公司下达的主要生产经营目标。实现了重大人身、设备、火灾事故“三为零”。

【生产组织】　在铸管生产组织方面，坚持“两机精调整”为中心，提高产品内外在质量，降低残次品。通过“精益+生产销售管理”，推进上下道工序由推动式向拉动式过渡；通过“精益+现场管理”，推进实施定置管理和目视管理；通过“精益+仓储管理”，重点解决积压库存、资金周转率低等痛点。从生产工艺革新和生产效率提升入手，抓住生产线用工不足所衍生的诸多制约产量、质量的拦路虎为切入点，重点破解生产线产能“倒金字塔”的瓶颈问题，同时以销售发货节点为据，倒排工期抢时间。根据月度合同量的波动，有计划地进行集中检修、集中生产。通过综合算账，以特殊规格、高附加值品种为主，筛选效益好的合同品种，实现规格、品种优化生产。在铸铁生产方面，树立“铸铁第一、大局为重”的观念，确保钢铁链条稳定顺行，始终把上级领导关于保铸铁的指示精神落到实处，保证了下炉役阶段的翻铁工作，2022 年完成翻铁 9 万吨。根据北营公司的总体安排，积极组织铸铁生产线改造，将原来生产炼钢生铁的 2# 铸铁机产线改建成铸造生铁产线，并于 10 月底生产出商品铸铁 4000 余吨，为“人参铁”品牌回归贡献应有力量。做好球墨铸铁生产加工与质量管控，对接铁系统进行改造，增加扒渣工序，保证铸造生铁表面质量。

【产品质量】 在质量管理过程中，强化质量管理，严格落实质量缺陷追责，保证有限的铁水生产高质量产品。对出现的质量问题采取倒查方式，从源头查找质量漏洞，问题出现在哪个环节、哪个人，都一查到底，严格处罚。严控表面质量，持续开展工序质量考核，坚决执行工序间自检、互检，提高工序间产品交接质量，提高辅助岗位操作水平。对重点工序实行 24 小时视频监控，质量问题大幅度降低，全年外销产品未发生质量异议。保持“本钢牌”铸管的新、特品牌地位，积极组织新产品开发，抓好高附加值产品的市场开发，巩固本钢牌铸管市场品牌地位。2022 年销售 PU 管、顶管等高附加值特殊品种管 1.2 万吨，占销售总量的 35%，吨管增利 400 元 / 吨，提高了产品盈利能力。

唐山 DN1200mm 特殊防腐 PU 管（赵宇　摄）

【设备管理】 克服疫情影响，精心组织，确保环保超低排放项目按期投产。2022 年 3 个超低排放项目全部比计划工期提前完工。10 月 30 日，精整清理打磨区域环保改造项目提前一个月竣工投产。11 月 18 日，铸铁区域环保改造实现热负荷试车成功，提前 12 天竣工。12 月 15 日，涂漆区域环保改造项目顺利实现热负荷试车。根据专业设备维保人员严重短缺的现实情况，重新梳理重点设备、重点保障部位，加强点检定修管理，重复故障要加重考核，通过强化管理，主体设备可开动率大幅提升。在完成铸管 MES 系统上线运行之后，重点推进精整打磨机器人项目，计划投资 124 万元。中大管精整线、特大管精整线增加两套打磨机器人，替代现有人工打磨，降低劳动强度，减少 8 个操作人员。

【安全管理】 积极开展“安全风暴”专项行动，持续深入推进“反三违”工作。深刻吸取近年来各类事故教训，深挖事故背后的根源性问题，从安全履职、安全教育、隐患整改等九个方面深入开展安全整治工作，全年共排查治理安全隐患 436 项，其中厂级安全隐患 123 项、工区级安全隐患 313 项，及时消除物的不安全状态。严格落实违章扣分、连带责任考核、不带薪培训措施，加强督导检查和责任倒查，推动各级领导干部和业务部门主动反违章，全年厂级纠违 20 人次、工区级纠违 120 人次，及时消除人的不安全行为。

【产品销售】 一是实现销售机构优化并岗，抓好销售系统全员竞聘，裁撤低效岗、取消福利岗，销售系统从业人数从 62 人优化至 30 人，优化率达到 51%。同时，对销售系统进行大刀阔斧的改革，进一步完善销售员提成奖励办法，重新优化提成标准。二是以业绩为标尺，重新划分销售区域，使用能力强的区域负责人。打破传统区域负责制，实施项目小组制，让业绩好的销售员挑起组长大梁。三是再次打通投标和分期付款销售渠道，回归主流市场。1—12 月份，销售 PU 管、顶管等高附加值特殊品种管 1.2 万吨，占销售总量的 35%，提高了盈利能力。11 月份，北安项目中标实现投标项目五年来零的突破，为明年打开招投标项目渠道奠定了有力基础。

【改革创新】 1. 引入“赛马”机制，推行任期制和契约化管理。以三项制度改革为契机，引入职业经理人，充分授权，招聘经营班子成员，组建经营团队。按照“业绩与薪酬双对标”原则，合理设定产量、利润总额和风险管控等指标，突破了传统思想束缚，突出了业绩导向，强化责任、风险、利益“三绑定”，严格“以绩效论英雄”。2. 全力推进三项制度改革，建立“机构精简、责权明晰、流程简洁、协同高效”的运营管理体系。通过深入推进三项制度改革，持续优化管理流程。实施工区制，原作业区管理岗、业务岗均变为操作岗。优化后三职群人数压减 45%、三职群岗位压减 19%、管理干部压减 53%、管理室压减 62%，在岗人员压减至 663 人，优化率达到 16.7%。3. 优化薪酬分配机制，按照“谁管人、谁考核、谁分配”的原则，强化工区和班组自主分配权，薪酬达到 500—1000 元以上差异水平。4. 落实“四到”，助推效率提升。多次组织专题会研究组织绩效指标和各级负责人 KPI 考核体系，实现一人一表，指标对应，基本形成“形式表格化、结果数据化、评价分值化”。人人有指标、人人明确指标，让员工了解自己当日工作完成情况，对应工资考核系数，清楚可以挣多少钱，调动员工的积极性。

【党群工作】2022年，铸管事业部党委围绕市场化改革，充分发挥党委“把方向、管大局、促落实”作用，从公司治理、授权放权、“两制一契”、绩效考核、干部队伍建设等方面发力，有效促进了企业各项工作顺利开展。一是发挥思想引领政治优势，激发职工干事创业热情。持续加强两级党组织的政治理论学习，积极组织全体党员开展对习近平总书记重要指示批示精神再学习再落实再提升活动，主动践行新鞍钢内涵，通过强化理论学习，强化自身建设，提振干事创业的精气神。二是夯实党建基础工作，提升党的基层组织建设水平。强化党建责任制工作考核，完善考核评价体系，进一步规范了组织建设；着力抓好“样板”党支部创建工作，确定了外发质检工区党支部和生产技术室党支部两个支部规范化建设样板支部；抓好党员教育管理，实现党员教育常态化，丰富学习内容、创新学习形式、提升学习效果，全员参加鞍钢集团“万名党员进党校”等在线学习，完成32课时的学习任务目标。三是着力打造“党建+生产经营管理”的党建工作新模式，积极调动了全员工作积极性，不断激活内生动力。开展了“学先进、比业绩、创一流”建功立业和“我为党旗添光彩争先创优促发展”主题实践活动，以典型示范推动党建工作与生产经营一体运行。深入开展共产党员先锋工程活动，创建各类别党员示范岗62个、党员先锋队7个、党员责任区12个、党员攻关组6个、党员活动室1个。党员先锋队组织开展活动42次，创效9.5万元；提合理化建议36项，采纳并实施13项，创效24万余元。党员攻关项目半自动切割机和打磨机等多项工装小设备，彻底解决了特殊防腐管质量瑕疵，提高了效率，还清除了安全隐患问题。四是创建“党建+服务”新模式，把服务理念贯穿于企业经营各环节。各部门改进干部工作作风，发挥管理、协调、服务的职能，深入生产一线，为作业区、班组业务指导、解决问题；工会及各分会做好防暑降温工作，为职工发放电风扇、冰柜等防暑设备，改善了职工洗浴环境，解决了饮水难、洗衣难问题；各党支部通过在重点区域增设护栏和标识，安装照明灯等措施，消除现场安全隐患，为基层服务办实事。五是党风廉政建设方面，坚持“严”字当头，严格落实“两个责任”，进一步强化廉政教育工作。结合企业实际，在铸管事业部范围内开展备品备件采购管理领域专项治理工作。5—10月份，开展备品、备件专项检查活动10次，排查发现存在风险与漏洞3件，已制定整改措施3件，挽回经济损失8万元。六是示范引领、促进经营、激发干劲，发挥好群团组织的作用。工会积极围绕助力企业生产经营开展工作。9月份，铸管事业部承办了本钢集团球墨铸管离心机工的技能大赛；团委积极发挥团结青年，鼓舞青年的组织作用，全年组织两次主题团日团建活动，召开了团员青年座谈会，活动让广大青年在寓教于乐的同时提升团队协作凝聚力，彰显出广大青年朝气蓬勃的活力。

【防疫工作】 坚决贯彻党中央、省市疫情防控工作文件精神，将疫情防控管理制度落到实处，担负起国有企业的政治责任、经济责任和社会责任，全面部署疫情防控工作，启动联防联控机制，规范疫情防控应急处理，细化疫情防控措施。一是严格落实本钢集团疫情防控30条文件内容，将佩戴口罩、整理场所卫生和消杀等工作落实到位、日常检查到位、相关事宜记录到位。二是强化健康排查按网格化管理，以健康接龙形式每日报平安。三是加强返溪人员和接触相关人员信息排查及健康跟踪，细化人员行程信息，确保出行人员全程信息可追溯性。2022年对459人次执行了居家隔离或在岗观察等管控措施，完成员工疫苗接种100%。（许永春）

资源再生公司

【概况】 本溪北营钢铁（集团）股份有限公司资源再生公司（简称资源再生公司）隶属于本溪北营钢铁（集团）股份有限公司。2022年6月，根据国企改革的需要，北营公司将北营冶金渣公司更名为北营资源再生公司。公司占地面积10.6万平方米，负责北营炼铁厂产生的水渣的外发、仓储及现场管理；北营公司内部废钢组织回收切割加工及外部采购废钢的仓储、倒运；对运输铁水的鱼雷罐进行扒渣处理；对炼钢厂钢渣焖制筛分加工处理，回收的含铁物料供炼钢厂、炼铁厂使用；厂内废旧物资的回收及销售；北营部分厂区和北台街道办事处居民区的冬季供暖热源调控管理等工作。设置生产技术室（安全环保室）、设备工程室、综合管理室3个管理室和废钢加工工区、水渣工区、钢渣工区、物资回收工区、点检工区5个工区。2022年末，在籍员工368人，其中管理岗7人、技术岗4人、业务岗20人、操作岗337人，研究生学历4人、本科学历35人、专科学历63人，中级职称14人、初级职称42人，高级技师1人、技师5人，高级工58人、中级工49人、初级工109人。党委下设6个党支部，党员119人，占职工总数的30%。拥有固定资产原值10265.51万元，净值6066.96万元。

【经营管理】 一是加强废钢回收，为北营公司节省采购资金9000余万元。二是通过自建产线提质增效，磁选粉品位从28%提升至40%，提高炼铁烧结工序回收料配比，降低生铁成本2600万元。三是通过精益管理，强化现场废钢定置摆放，2022年实现挑拣轻型废钢压块1.4万吨，降低热加工损失约700吨，创效190万元。四是自主设计施工建成鱼雷罐皮带上料系统，在1#高炉鱼雷罐运输沿线增设废钢加注平台，提升鱼雷罐运行效率减少过程温降，实现降铁耗40kg/t。五是结合市场需求，不断优化调整废旧物资回收品种范围，对入库废不锈钢、废铜芯电缆进行分拣，分类销售，提升销售价值。全年废旧物资销售1817万元。

2022年主要产品产量和成本完成情况

单位：万吨

指标项目		2022年完成量
含铁物料	复用废钢	4.94
	回炉铁	4.68
	脱硫渣块	2.05
	大块废钢	2.39

续表

指标项目		2022年完成量
含铁物料	粒钢	7.79
	小计	21.85
加工废钢	切割废钢	7.56
	北营压块	2.10
	小计	9.66
转供废钢	合格废钢	50.7
钢渣加工		108.45
外发尾渣		39.63
外发水渣		294.09
回炉铁筛选物		46.67
降本增效额		1519万元

【生产组织】 2022年下半年，钢铁市场持续下行，北营公司面临着巨大生存挑战，资源再生公司落实责任，主动作为，从提产、提质、创新等方面开展工作。一是提升各工序产品产量。自主筹建矿山磁选粉两条产线，优质磁选粉日产量由400吨提升至1000吨；持续跟踪北营厂区及厂区外关联单位的废钢回收，压实责任，做到应收尽收；优化考核机制、强化过程管控，水渣外发量节节攀升，最高日发量达1万吨，实现历史性突破。二是优化工艺流程，提升产品质量。矿山磁选粉产线建成后，组织技术力量，对产线进行工艺优化，调整设备参数及工艺流程，将磁选粉品位由28%提升至40%，提高炼铁烧结工序回收料配比。

【设备管理】 一是加强设备管理，保障设备高效经济运行。根据检修模型、设备运行状况，制订定修计划112项，计划定修时间377小时，实际完成112项，实际定修时间355小时，设备定修率100%，全年无失修、过修；全年设备安全管理专项检查整改隐患问题145项。二是建强信息化建设，提升信息处理及管理能力。按照本钢集团信息化建设总体工作计划，资源再生公司围绕资源、设备、工程、物流等专案组工作安排开展信息化建设。资源综合管理、生产调度、财务成本、设备管理、工程管理、物流管理系统等多系统齐头并进，编写基础数据6389项，校对初期数据2871项，参与审核流程77项。三是促强环保管控，使资源再生公司向绿色低碳发展转型。对废钢铁坨除尘废气排放口进行技术改造，为倒渣间鱼雷罐加废钢增加除尘罩，提升粉尘污染管控能力，实现环保管控目标，危废的合规处置率、除尘器同步运行率、废气达标排放率均达100%。同时为绿色低碳发展转型，大力推进钢渣处理环保改造及综合利用项目、废钢切割环保改造项目。2022年已完成铁路及厂房扩建施工图设计，大包渣工程完成电子版施工图设计，废钢切割环保改造项目完成可研、总图布置及概算的编制工作。四是提升科技创新能力，增强产品创效能力。2022年资源再生公司研发费用512万元，主要用于抓钢机抓瓣磁盘一体化研究及应用、焖渣改造工程、矿山场地低品位磁选粉提纯研究。完成《金刚石绳锯加工钢砣》专有技术1项、完成专利交底书6项、申报北营公司级科研项目《低品位磁选粉提纯研究》1项。围绕服务炼钢，以稳定产品质量为重点，以提高含铁物料回收比例、含铁物料零损失为目标，确保产品质量，提升产品创效能力。

【安全管理】 强安全管理，树大局意识，严抓规范整治。2022年实现轻伤事故、火灾事故、较大设备事故“三为零”工作目标，完成了千人负伤率＜0.3、主要风险受控率100%工作指标。签订安全管理责任状34份，岗位员工之间签订安全互保协议375份。贯彻落实北营公司和资源再生公司双1号文件精神，落实“安全风暴”专项行动中相关方管理活动专题。全年整改安全履职、电子化安全履职“两清单、一日志”各类问题34项；查处安全隐患问题214项，整改完成213项，健全4个清单；查处各类“三违”问题148项；现场安全检查整改各类问题34项；加强封闭物入厂控制，挑拣处理各类封闭物477个；风险辨识和评估现有危险源数量195项；开展安全生产专项整治三年行动工作，完成清单178项；安全月组织开展安全竞赛考试，42人次参加竞赛；应急演练活动5次，80人次参加演练。

【三项制度改革】 积极推进以“管理人员能上能下、员工能进能出、收入能增能减”为核心的三项制度改革。一是推进社会劳务“清零”及协力人员退出工作，2022年12月31日，建设协力21人全部退出；赋能中心共计39人，其中自愿离岗32人、息工创业4人、劳务置换1人、赋能培训2人。二是8月开始，全面实施全员岗位绩效考核，根据资源再生公司工作实际，拟推进以“授权＋同利”为准则，以“计件制＋承包制”为核心，实现精准激励，多劳多得，深化落实“干到、算到、给到、得到”，提高劳动生产率。水渣工区实行计件工资，按照水渣产量计奖，12月正式实施；钢渣工区矿山产线实行包干制，承包方案已形成，通过全员岗位绩效考核推行，真正实现了“多劳多得”。由“要我干”向“我要干”的转变，激发微观主体动力和活力，提升了职工获得感、满足感。三是全部采取竞聘上岗模式，竞聘上岗完成率100%；管理人员末等调整和不胜任退出12人，退出比例达到63%；有3名85后走上二级经理岗位，占比27%；协商一致解除劳动合同7人、违纪解除3人，退出率2.3%；聘任上岗人员岗位合同签订率100%；职工浮动工资差异化系数1.36。四是针对临时性工作实行“抢单制”，鼓励职工利用自身技能，在非工作时间内完成，给予相应分数奖励。

【党群工作】 一是完善党建制度体系建设，推动全面从严治党向纵深发展。资源再生公司党委结合生产经营实际情况，制定下发了《北营资源再生公司党委2022年党建工作要点暨全面从严治党重点任务清单》，完善党建制度体系建设，不断推动全面从严治党向纵深发展。二是加强党员干部及重点岗位人员的警示教育。党委聚焦“两个维护”强化政治监督，坚持党中央重大决策部署到哪里，政治监督就跟进到哪里。通过集中组织学习观看《零容忍》《蜕变人生》警示教育片、通报违纪典型案例、典型问题等，做好警示教育工作。三是在元旦、春节、国庆等关键时间节点，认真落实中央八项规定精神，大力开展纠“四风”树新风工作，巩固落实中央八项规定精神成果。深化运用违纪违法人员忏悔录和典型案例，教育引导党员干部知敬畏、存戒惧、守底线。四是党委书记与各党支部书记签订了《党风廉政建设目标责任书》，按照《北营公司纪委筹建组廉洁档案管理和使用暂行办法》，建立资源再生公司党员干部廉政档案，持续强化廉洁从业教育。五是组织有子女参加高考的党员干部和重点岗位人员开展座谈会、签订承诺书，确保不违规操办升学宴。六是在各物料接卸场地，设置了“服务公约”及举报电话，防止推诿扯皮、“吃拿卡要”等败坏本钢形象问题的发生。七是召开北营资源再生公司第一届第十次职工代表大会及总结表彰大会，树立典型，表彰先进，为资源再生公司的发展奠定坚实基础。（刘有方）

物流中心

【概况】 本溪北营钢铁（集团）股份有限公司物流中心（简称物流中心）于2022年3月19日由原北营公运公司、北营铁运公司和北营储运中心三个单位合并而成，是集铁路、公路、仓储为一体的综合性企业物流，主要职能是承担北营公司进厂大宗原燃料接入、厂内物料倒运、铁水调运、产品外发、辅料备件验收、仓储配送、职工通勤、工程机械服务等工作任务。2022年9月1日开始，以生产物流管控为主，以采购物流、销售物流为两端向外延伸，全面履行北营公司物流管理职能。下设5个管理室（生产技术室、安全环保室、设备工程室、物流管理室、综合管理室）、10个作业区（客运作业区、货运作业区、工程机械作业区、原燃料运输作业区、车辆检修作业区、机务作业区、车

北营资源再生公司第一届第十次职工代表大会（刘有方　摄）

务作业区、工电作业区、车辆作业区、储运作业区）。截至2022年末，在籍员工2006人，其中管理岗47人、业务岗52人、技术岗31人、操作岗1876人，研究生学历1人、本科学历126人、专科学历463人，高级职称5人、中级职称98人、初级职称243人，技师36人，高级工414人、中级工531人、初级工925人。党委下设11个党支部、43个党小组，中共党员560人，共青团员28人。固定资产10.17亿元，累计折旧5.99亿元，净值4.18亿元。主要设备设施有GK1C型内燃机车15台、GKD1A型内燃机车20台、DF10D型内燃机车6台、63T轨道吊车1台、普通冶金车辆276辆、鱼雷型混铁车34辆、铁道总延长110公里、微机联锁系统5套、电动道岔325组、信号机555架、各种公路车辆472台（运行398台，其中工程机械设备86台、运输车辆312台）、1000m^3储油罐2个、5000m^3储油罐2个、各类起重机24台、叉车和吊车10台、加油机4台等。

【对标管理】 对标同行业先进管理理念及指标，推进精细化管理，制定、完善对标工作机制，精准对标、科学对标、补齐短板，提高管理水平和标准。引进高锰钢辙岔焊修工艺，年节约成本22万元。研讨柴油机自修方案，11月18日，6240ZJD型柴油机首次中修落成试车成功，降低外委修理费13万余元。提升设备管理，内燃机车故障停机率对比计划下降3.62‰，内燃机车可开动率超计划0.58%；公路运输车辆故障停机率对比计划下降1.45%，车辆可开动率超计划6.07%。制定智能项目建设、岗位优化、机车运用三方面规划，确定建设专业化、现代化的大物流目标纲要。围绕鱼雷罐周转率对标行业先进，严格执行区间运行时间，加强工序配合，减少温降损失，逐步压减线上

6240ZJD型柴油机首次中修落成试车成功（吴健　摄）

鱼雷罐运行数量，鱼雷罐周转率单日最高达3.80次/罐日。

【生产组织】 1.公路运输、铁路运输资源整合后，公路与铁路运力得以相互补充和替代，实现运输效率最大化。2022年完成港口大宗原料回运578万吨；产成品外发88740车，计划兑现率99.87%；铁路运输完成总量2890万吨，超计划358万吨；公路运输完成总量1217万吨，超计划74万吨。2.执行“预确报”制度，推进信息共享，严格控制自备车、自翻车空检作业频次，调整进厂车流，保证接、交车组织顺畅，实现机车上线经济运行。机车台日牵引量完成4233.5吨/台日，同比增长23.27%，9月8日机车台日牵引量高达5432吨/台日，高出行业标杆单位指标1132吨/台日，创历史最好水平。3.分流到达局车，局车实现“快接、快配、快卸、快交”。一次作业时间完成16.17小时/车，同比降低13.25%，6月17日一次作业时间低至10.81小时/车，创出历史最好成绩。4.以“保高炉生产”为中心，采取走行换乘、现场交接、调整配罐方式等措施，机车运行效率有效提高。鱼雷罐周转率完成3.14次/罐日，同比增长13.4%，12月6日鱼雷罐周转率高达3.8次/罐日，创历史新高。

【设备管理】 1.夯实设备基础管理，全面实施设备精准管理。2022年春、秋季大检查中，共计查处问题52项，整改52项，整改率100%，物流中心获得2022年北营公司春季大检查小组第一的成绩。2.强化设备点检定修管理，推进精密点检，开展鱼雷罐管壁温度在线监测、铁路线路钢轨内部探伤等工作，排查整改设备隐患，降低设备故障率。2022年点检计划执行率100%，其中铁路运输设备专业点检28385台次、公路运输设备专业点检16005台次；2022年设备定修计划执行率100%，其中内燃机车检修137台次，冶金车辆检修107辆，铁路线路检修193.5公里、道岔496组，车辆一级维护4775台次，车辆二级维护867台次，车辆总成检修266台次。3.做好生产运输计划量、机车台日产量等生产能力类指标异常管理与分析，对于产生的非计划运量进行周分析，对于异常数据形成分析报告，及时向北营公司和相关单位预警并提出管控建议。4.加强消耗类指标的管理，严格落实机旁库计划，全面掌握物流中心备件消耗情况及机旁库、备件库存，严格控制计划采购，全年节约采购成本21万元。5.推进功能精度管理，建立内燃机车设备“一名录一明细三清单”台账，轮缘厚度每3个月测量一次，分析劣化倾向，形成月度评价，对轮缘磨损现象较明显的机车予以重点关注。

【工程建设】 推进超低排放、信息化项目建设，提升智能服务水平。铁路运输方面：安装新1#高炉、新2#高炉及小高炉入口区域测温点位3个，保证鱼雷罐的在线安全运行和及时预警；完成12台内燃机车AI视觉系统、20台内燃机车安全监控系统的安装，机车安全监控系统全覆盖。公路运输方面：推进铁路MES和物流运输系统等信息一体化项目，先后完成北营厂区车号识别设备的安装与调试以及240套车载终端设备采购工作。物流仓储方面：完成储运作业区44个点位视频监控系统及北营厂区7个点位软隔离设备安装与调试，储运作业区治安防范实现互联网远程监控。

【仓储管理】 发挥物流链条优势，仓储管理效率显著提升。对库房实施搬迁及整合，提升库容利用率，原有19个储运库房整合为10个，库房压减47%。加强计划性管理，呆滞物料处置加快，积压备件利用率提升，物流库存得到全面降低，2022年实现降库存2190万元、盘活账外物料9294万元。严把质量关，累计判定质量异议41笔、拉黑供货商2家、取消供货资格8家、不予处理8家、约谈18家，挽回经济损失965万元。强化物流配送及时率管理，优化配送方案，细化配送流程，合理安排车辆、人员进行装卸，2022年配送物资4758车，配送完成率100%，完成运输成本计划指标。

【成本管理】 树立“全流程物流管控降本”理念，先后承接北营制造部的物流管理职能、港口一级库及部分港口费用管理、铁路外发请车、铁路运费结算等业务，向采购和销售领域拓展了业务，物流管理权限得到不断完善，更好地参与北营公司物流成本控制。2022年，采购物流降费用3279万元：管控物料运输计划，提高回运速度，降低超期堆存费126万元；港口矿粉享受铁路运价优惠政策，降低运费1905万元；降低鲅鱼圈北至北台区域运价，节省运输费用39万元；回运港口清底料冲减成本1209万元。生产物流降费用2828万元：提高局车周转率，降低铁路延占费241万元；上缴废钢8092吨，冲减成本1912万元；组配运力，优化运输线路，节约柴油828吨，降低成本557万元；轮胎、能源消耗，动力费下降118万元。销售物流降费用148万元：利用国家降低货物港杂费等政策，降低钢材物流费用110万元；与铁路深化合作，最大限度争取铁路运价一口价下浮优惠，新增北台区域至军粮城、新港和汉沟镇等到站运价下浮，节省运费12万元；与北营经营中心沟通，开发水铁联动模式，降低物流成本1万元；保障钢支架、草之垫等加固材料，提高装车质量，降低运输费用15万元；压缩局车在厂一次作业时间，降低外部铁路运费10万元。

【安全环保】 强化“红线意识”“底线思维”，以贯彻新安全生产法为主线，明确职责，落实措施，强化管理，2022年实现各类生产安全事故为零、千人负伤率为零、职业健康体检计划执行率100%及安全管理人员、特种作业人员持证上岗率100%。严格落实鞍钢集团“三管三必须”“五清五杜绝”“四个一刻不放松”的工作要求，完善规章制度17项，明确作业标准，签订第一责任人安全倡议书1758份，形成了一级对一级负责、层层抓落实的安全生产责任体系。注重双重预防体系建设，以问题为导向，针对季节性危险源及厂内施工，深入现场开展施工改造侵限、埋道，线路上方栈桥通廊破损等隐患排查工作，隐患问题闭环管控。大力开展整治职工“三违”行为，严控相关方安全准入，与18家相关方签订检修施工协议，严格执行现场监督管理流程。组织开展职工通勤车事故应急救援、道路危险品运输事故应急救援等演练26场，提高职工应对突发事件的应急处置能力。积极推进美好、亮化环境建设，清理铁路、公路沿线垃圾14.2吨，粉刷亮化2600m^2，清理绿化带2000m^2，室内卫生750m^2，清理道路卫生1200余米。

【三项制度改革】 压减机构优化人员，运行效率明显提升。由原来三个单位的23个作业区、15个管理室压减为10个作业区、5个管理室，机构压缩率61%。优化人员

422 人，员工市场退出率 1.6%，主业实物劳动生产率从 7355 吨 / 人提升至 8601 吨 / 人，提升率 16.94%。优化干部梯次配备，领军动力得到提升。物流中心三职群全部实行竞聘上岗，原三个单位三职群 166 人，实聘 109 人，管理人员末等调整和不胜任退出 57 人，退出率 34%。加大对优秀年轻干部的选拔力度，12 名优秀大学生成功竞聘到上一级岗位，充实了改革前行的力量。实施精准激励，发展动能得到提升。以经营业绩考核为核心，综合管理与党建考核为两翼，通过“四三转换”法，将组织绩效分解落实到每名职工，明确目标任务和奖励标准，通过推进“算到、干到、给到、得到”的“四到”，收入分配实现能增能减，职工收入得到提高，工作干劲显著提升。改革前，2021 年月平均工资 6282 元 / 人，改革后，2022 年月平均工资 7173 元 / 人，人均增资 891 元，收入提升 14.18%。

【党群工作】 1. 深化理论武装，牢牢把握政治方向。坚持把深入学习贯彻习近平新时代中国特色社会主义思想和党的二十大精神作为重要政治任务，严格落实“第一议题”制度，持续在学懂弄通做实上下功夫，用好“三会一课”、线上线下等各种形式载体，引导全部党员干部增强“四个意识”，坚定“四个自信”，做到“两个维护”。2. 夯实基础建设，努力做到“全面过硬”。选举产生中共北营物流中心第一届委员会、第一届纪律检查委员会，明确物流中心重大事项决策党委直接决策事项清单、党委会前置审议事项清单、“三重一大”事项清单，健全完善议事规则和程序，使党委会议与主任层治理主体形成各司其职、各负其责、协调运转、有效制衡的治理机制。根据物流中心行政业务作业区调整，同步优化基层党支部设置，原 18 个党支部调整为 11 个，重新划分 43 个党小组，制定下发基层支部规范化建设基础工作台账模板 21 项，推进支部标准化建设工作清晰规范。3. 围绕物流中心大局，深化党建与业务融合。坚持把党建工作与生产经营业务工作同研究、同部署、同检查，落实党建工作责任制考核评价办法，开展“喜迎二十大，建功新鞍钢”主题实践活动、“学先进、比业绩、创一流”建功立业实践活动和形式多样、主题鲜明的“主题党日”活动，促进党建工作融入生产经营。4. 坚持全面从严治党，抓实党风廉政建设。贯彻落实中央八项规定及其实施细则，持续纠正“四风”，围绕本钢集团提出的“务实高效、攻坚克难、精准精细、少说多做”十六字作风要求开展研讨，以问题为导向整顿干部作风，深入开展“整、严、树”专项整治，从严监督执纪问责，构建了“三不腐”有效机制。5. 坚持以人为本，关心关爱职工生活。持续深化“我为群众办实事”实践活动，积极动员广大党员干部深入到生产一线、职工群众迫切需要的地方，努力为职工群众办实事、解难题，促进职工关注的难点问题（党委 12 项、基层党支部 54 项）全部落地见效。

【防疫工作】 坚持把职工生命安全和身体健康放在第一位，建立防疫管理体系，逐级落实职责，制订《北营物流中心疫情防控应急管理方案》《北营物流中心疫情防控网格化管理实施方案》等防疫制度 5 项。落实最小网格化建设，织密“战斗网格”，以作业区、管理室为单位设置网格员，建强“组织堡垒”。在组织实施的各轮集体核酸检测工作中，一个作业区、一个管理室作为一个网格，物流中心党政领导、全体党员干部靠前指挥，分工协作，组织保障有力，检测秩序井然，疫情防控和安全生产双落实。相关方、在籍职工核酸检测全覆盖，储运涉外、公路通勤、铁路调车进站等重点岗位219人，实施一周二检制。职工新冠疫苗接种，做到应接尽接，疫苗加强针接种率达95.44%。全力保障疫情防控静默管控期间职工防疫需求，规划休息场所40余处、购买并发放N95口罩2300个、测温枪5支、防护服100套、脱皮手套200盒、84消毒液490瓶、床111张、被褥355套，为打赢疫情防控提供了物资保障。

（季苏美）

能源管控中心

【概况】 本溪北营钢铁（集团）股份有限公司能源管控中心（简称能源管控中心）由原北营能源总厂、北营发电厂、板材公司能源环保部北营能源管理职能板块合并组成，履行北营公司能源系统生产指挥和各单位用能管控经营职能，担负着各类能源介质的生产、转供和平衡工作。下设5个管理室（安全环保、生产技术、能源管理、设备工程、综合管理）、14个作业区（发电一作业区、发电二作业区、发电三作业区、发电四作业区、制氧一作业区、制氧二作业区、变电一作业区、变电二作业区、变电三作业区、供电作业区、水处理作业区、煤压作业区、供水作业区、供气作业区）。截至2022年末，在籍职工1335人（女职工313人），其中管理岗54人、业务岗40人、技术岗45人、操作岗1196人，研究生学历6人、本科学历116人、大专学历365人，高级职称14人、中级职称104人、初级职称182人。拥有固定资产总值44.55亿元，净值24.61亿元。主要工艺设备：发电系统（发电机组13台、燃气锅炉10台、余热锅炉7台）、变电系统（主变压器26台）、燃气系统（煤气柜4座、电除尘6座、煤气加压机28台、脱硫塔9座、脱萘塔6座）、制氧系统（制氧机6套、气体储罐16座、液体储槽16座、空气压缩机22台）、供水系统（污水处理站1座、自制生活水设施1套）。

【主要经济技术指标】 2022年完成发电量15.57亿千瓦时，超2021年1.76亿千瓦时、超历史最好0.88亿千瓦时；自发电比例完成47%，超历史最好4个百分点；吨钢综合能耗降至616kgce，创历史最好水平，节能21.7万吨标准煤；全年预算75亿元，实际完成73.3亿元，降低成本1.67亿元（能源工序降低13427万元、发电工序降低3318万元）。

【对标工作】 结合北营能源系统实际，先后制定了《年度对标工作实施方案》和《能源对标管理提升行动落实措施》，对照行业先进、“五地”最优，从设备设施、工艺标准、指标数据、管控模式等方面展开全面对标对表，查找自身短板，放大自身优势。多次到鲅鱼圈、板材能源管控中心等企业进行现场全方位对标研讨，并与其建立对标联系制度和降耗措施落实制度，针对吨钢综合能耗、吨钢电耗、外购电费等指标和措施，分专业展开“靶向”对标，并总结对标成果，制订了2023—2025年中长期对标方案，确定了2025年末主要能源指标达到鞍钢“五地”中上游水平的“靶心”，在持续改善、提升中，不断向行业先进迈进。具体工作中以项目为牵引，落实节能减排创效工作。完成节能改造项目等10个，预计年收益达3000万元以上。通过优化运行、增发电、降消耗等项措施的协同落实，有效降低水耗、电耗，自发电比例连创新高；吨钢外购能源费用完成211.4元/吨，创历史最好；指标同比降低6.5元/吨，消化了电价升高造成的影响，同等价格比较，吨钢外购能源费用同比降低34元/吨，增效2.37亿元，其中电费增效2.3亿元、水费增效700万元。

【能源管理】 以建立“大能源”管理体系为依托，全面承接和转化鞍钢集团、本钢集团二级能源管理制度，形成统一完备的制度体系，快速构建北营公司能源管理构架。先后制定并下发7个程序文件，多次组织专项会议、不同范围的专题学习，完成了内审员体系贯标工作培训；4月份完成能源管理体系内审、7月份通过了现场外审，顺利取得能源体系认证证书。11月8日，顺利通过市节能监察中心现场核查，北营能源管理工作受到监察中心领导和专家的一致好评。坚持以效益为中心，落实“明职责定规矩、优运行严管理、广对标堵漏洞、推项目创效益”工作措施，建立能源例会制度，完善能源考核评价体系。抓好煤气、蒸汽系统优化运行，生产、设备、能源系统整体联动，逐项解决能源平衡和界面衔接问题，创新性提出了能源系统“1+1+N+M”经济运行模式；不断强化能源稽查人员责任意识和专业能力，从严规范用能单位违规用能行为和能源浪费现象。通过全员“随手拍”，发现并整改违规用能问题923项、工艺纪律执行违规问题438项。完成北营公司外转供能源单位全面检查梳理，发现并处理违规用能问题13项，停供整改1家；推进厂区白色水汽治理措施落实，严格监管厂区白色水汽排放情况。通过建立和完善“大能源”管理体系，北营公司能源系统主要技经指标连续刷新历史纪录。吨钢综合能耗降至616kgce，创历史最好水平，节能21.7万吨标准煤；自发电比例完成47%，超历史最好4个百分点。

【生产组织】 以“整合”为契机，打破传统厂际、工序、专业壁垒，全力推进原能源总厂、发电厂功能职能、人力资源、技术力量、企业文化、价值理念的快速融合，发挥发电生产、能源保供及能源管理各项职能的整合效能。各工序协调配合，通过合理调配、精准指挥、规范用能行为、共享优质资源等手段，建立起燃气、发电、供电系统联动机制。在现有装备基础上，通过跨专业协作、跨厂际协同，将有限的煤气资源向高效能机组倾斜，提升煤气利用效率。创新推行“生产+能源”管理，倒逼生产市场化，落实生产组织方式调整，确定最佳经济运行平衡点，制定执行运行方案和措施，督促各单位有效降低介质单耗，促进了能源系统整体管控能力增强。6、7、8月份自发电比例分别完成52.9%、54.1%、54.3%，连续打破历史最好水平。2022年北营公司总发电量达到18.62亿千瓦时（含TRT）、自发电比例达到47.04%，创历史最高纪录。

【设备管理】 积极推进设备一体化系统移植工作，形成专项工作方案，明确中心领导、分厂、管理室、作业区各级负责人、联络员。紧随设备专案组工作节奏，积极参与流程设计、系统测试、数据采集等工作。召开数据采集培训会、一体化推进会、流程设计研讨会40余次，采集设备编码、点检标准、检修定额等数据60余万条，为北营设备一体化切换上线打下基础。利用网采平台价格透明、物资图文信息参数清晰、采购周期短的优势，实现生产、检修急需物资快速采购到货。2022年，通过网采购入氮氧化物转换器、视频监控等物资总计454.05万元，备件到货率达100%。全年按“安全、优质、高效、经济”要求，完成北营公司级定修26项、能源管控中心内日常检修2565项、联合检修768项、投入检修人员1900余人次，通过检修处理设备隐患76项、安全隐患25项，保证了设备安全、稳定运行，为北营公司生产做好能源保供。同时，通过点检体系运行，及时发现多起重大设备隐患，设备室对发现的重大隐患积极组织处理，避免了重大事故发生，全年排查隐患127项，已完成整改101项，其余项目正在特护中，已制定防范措施，使设备设施处于受控状态。

【技改工程】 一是北营发电高温超高压机组工程，总投资31345万元，工程土建主厂房2022年4月1日开始桩基施工，截至12月末，设计和设备订货完成95%以上，总体施工进度70%，工程计划在2023年5月末调试投产。项目投产后，每年可新增供电量17048万千瓦时，按售电价0.5643元/千瓦时（含税价）测算，每年可新增售电收入为8513万元。二是新3.5万立方米制氧机工程，总投资3.8亿元，主要为解决淘汰五万立制氧机高耗能设备。工程从2021年3月开始设备安装，于2022年3月5日空分机组完成调试出氧，提前26天完成工程建设任务，多创效益338万元。三是北营生活水自备工程，总投资2557万元，在北营厂区内建具备处理产水能力500m^3/h生活水自备水站，实现北营厂区生活水自建自给。工程从2022年8月26日开工，于11月15日一次通水调试合格，年底正式投产。项目投产后，每年可节约水费约328万元。

【降本增效】 建立成本管控组织机构，按层级和归口费用纵向、横向分解指标。强化成本“日清日结”，通过厂级、作业区、班组三级管控，每日对重点指标进行统计和分析。每周一调度，每月一总结，对主要能耗指标、成本完成情况进行超降分析，并制定整改措施，形成成本闭环管理。同时，通过落实制氧电单耗、外购水费、发电量、基本电费和力率电费等重点管控措施，降低生产成本；通过快赢项目和技术创新手段实现降本增效。二电1#汽轮发电机组增加中压抽汽口改造项目投入运行，各项运行指标达到预期目标，每月可增加发电量100万千瓦时，创效50余万元；三焦两段进线电缆迁移工程由外委施工转为内部施工，年可创造效益900余万元；1780饱和蒸汽并入中压蒸汽管道、三冷轧热力配套改造6000发电机组等项目顺利投入使用，年创效益750万元。进入四季度后，认真贯彻落实“十六字”工作作风要求，层层签订“军令状”，以岗位扛指标、管理抓精益、系统讲协同、周期促提升为手段，冲刺“军令状”指标。四季度完成吨钢外购能源费用191.4元/吨，较“军令状”指标降低2.6元/吨，多增效625万元，液体销售等指标也实现了历史性突破。

【安全环保管理】 坚持绿色发展，牢固树立“人民至上、生命至上”理念，不断强化“底线、红线”思维，树牢风险防范意识，全面推行安全、环保合规管理，落实各层级安全生产、环保管理责任，突出重大危险源管控，严控减排降碳指标，为生产稳定顺行保驾护航。1.全员开展安全隐患排查，截至12月末，排查隐患1528项，全部已整改；完成鞍钢集团专家服务诊断的53项隐患和省、市两次重大危险源督导提出的12项隐患整改工作。2. 在节假日、党的二十大、疫情静态防控期间，能源管控中心领导亲自布置具体工作、带队值班值守、"四不两直"履职，完成特殊时期的安全管控工作。3. 以外排水、烟气排放为管控重点，对在线监测设备24小时实施监管，发现数据异常，第一时间组织运维人员处理，及时网上标定，有效保障了外排水、烟气达标排放。4. 对4处废物库房（制氧一区、三冷轧加压站、发电一区、发电二区）开展库房规范化建设，完善环保台账、各项制度上墙、双人双锁管理，落实防雨、防渗、防流失等措施，实现危废管理合规化。5. 全年实现轻伤及以上事故、职业病事故、一般火灾事故、重大设备事故、重大交通事故为零，环保污染事件为零。

【三项制度改革】 以效率为导向，落实国企改革三年行动方案，积极推进三项制度改革，实现机构精简、岗位优化、人员精干、管理高效。将原有的11个职能科室压减为5个、17个作业区压减为14个，在岗职工总数由1504人优化至1114人，职工平均年龄降至43岁，实物劳动生产率提升20%，完成挑战目标。以"四到"机制为标准，结合不同工序、岗位、工种实际，科学精准地核定岗位人员工作量。根据劳动强度、作业环境、安全风险、贡献度确定岗位系数，全面推行全员岗位绩效考核。同时，实施正向精准激励政策，对部分临时性工作实行明码标价"抢单"式奖励，组织开展"群众性创新创效攻关"等活动，充分调动干部职工生产工作积极性，基本实现"干到"指标明确、"算到"精准精细、"给到"公开透明、"得到"职工满意。

【精益管理】 以北营公司推行精益工作为始点，迅速消化精益管理知识，掌握精益"工具箱"和"方法论"，选派精兵强将组建精益管理机构，形成中心、作业区、班组三个层级组织推进，制定推进目标和改善计划，建立"五个统一"精益工作理念，打破固有观念，推进精益与工作高效融合，通过工序降耗和结构优化，制定经济运行、能源平衡、管控攻关等方案，将风、水、电、气各能源高效利用。截至2022年末，已改善课题7项、改善设备695处，创效1400余万元。

【党群工作】 以习近平新时代中国特色社会主义思想为指导，学习贯彻党的十九大、二十大精神，紧密联系工作实际将"我为群众办实事"活动落到实处。制定了《能源管控中心党委理论学习中心组学习方案》，严格执行第一议题制度。坚持把党的政治建设摆在首位，以红旗党委评比和党建责任制为抓手，强化基础工作，督促所属各党支部严格贯彻执行《中国共产党支部工作条例（试行）》。做好巡察整改工作，配合本钢集团党委做好省委巡视"回头看"工作，对本钢集团党委巡察整改反馈的问题督促相关管理室进行整改。认真开展"整、严、树"和"靠钢吃钢"问题专项治理工作，不断规范职工行为，加强干部作风建设，堵塞管理漏洞，维护国有资产安全。工会承办了北营公司2022年"工匠杯"锅炉运行工技能大赛。积极发挥"半边天"作用，在"全国巾帼文明岗"评比中，变电一区一号变电所获得"全国巾帼文明岗"称号。建立"能管中心供餐点"，可容纳136人同时进餐。共青团以"青安杯"竞赛为主线，积极组织团员青年围绕生产经营发挥青年生力军作用，组织青年志愿者在疫情防控、文明生产、文明出行等工作中发挥积极作用。信访维稳、保卫武装、宣传统战等群团组织，按照各自职责和使命，为能源管控中心高效完成生产经营任务做出贡献。

【防疫工作】 落实疫情防控各项规定，启动防疫应急保产预案，做好全员核酸检测和防疫保产保供工作。8月26日—9月8日、11月26日—12月7日两次静态管控期间，众多“逆行者”毅然返岗保产，干部深入一线、工人坚守岗位，后勤保障及时，共计发放抗疫保产物资50余万元，开展慰问、谈心、理发、文体及给职工过生日等多种活动调剂职工生活、稳定职工情绪，保证了生产设备运行稳定，实现了抗疫保产的最终胜利。

（韩立伟）

质检计量中心

【概况】 本溪北营钢铁（集团）股份有限公司质检计量中心（简称北营质检计量中心）于2021年11月由原板材检化验中心与原板材计控中心北营公司相关业务划拨组建而成，是北营公司的直属机构。主要承担北营公司外购原燃料、进出厂产品和工序产品计量检斤、质量检验、电气设备绝继保试验，以及信息化系统建设与运维等工作。下设7个管理室（综合管理室、信息化管理室、计量管理室、质检管理室、督查管理室、设备工程室、安全环保室）、6个工区（原料检查工区、原料化验工区、铁焦检验工区、钢轧检验工区、计量工区、维护工区）。截至2022年末，在籍职工568人，其中管理岗15人、业务岗19人、技术岗21人、操作岗513人，副高级及以上职称15人、中级职称55人、初级职称96人。党委下设7个党支部，党员178人。可控成本费用累计节支474.78万元；实现北营公司进出厂产品和工序产品计量、检验准确及时率100%；信息系统运行率99.5%。

【止损创效】 北营质检计量中心全年为北营公司止损创效1.79亿元。一是强化外进物料管理，全年外购物料全面取消让步接收和质量折价1.57亿元。二是对标鞍钢“五地”，强化质量控制，将矿粉水分检测优化为烘箱法，矿粉成分试样和水分试样分开制备，创效总额为669.44万元，其中烘箱法创效460.24万元、水分样和成分样分开制备创效209.20万元。三是推进“重车停留”闭环管理，为途耗客商索赔提供数据支撑，全年大宗原燃料重车停留9860车，客商索赔额1025万元。四是严抓外转供能源计量稽查，避免企业利益受损失，全年追补电量91.03万kWh，追缴电费87.45万元。五是夯实生活水损失率攻关，生活水损失率由2022年初的66%降低至12月份的25%，同比节约外购水资源费421.69万元，助力北营公司生活水降本创效工作再上新台阶。

【检化验管理】 一是夯实制度标准化建设，强化制度建设和规范体系文件。制定《质检计量中心工艺纪律管理办法》《质检计量中心外购废钢、生铁验收管理办法》等12项管理制度；组织完成实验室质量管理体系质量手册和26个程序文件的修订工作；组织起草、修改、完善、审核106个作业指导书和164个记录；完成164个国家标准/行业标准适宜性和有效性的确认工作，以体系管理为依托，进一步完善标准化作业流程，全面规范检化验管理。二是强化质量过程管控，严把物料质量关。外进物料检验严守质量红线，维护企业利益；工序检验以“保铁”为核心，通过质量控制图强化检验过程管控，为高炉顺行提供检验数据支撑；钢后工序以“产品”为中心，围绕高强钢市场开发、帘线钢检验比对、产品认证等方面开展工作，为生产单位提供检验保障。三是强化质量控制，优化检测方法。将矿粉水分检测由快水仪法优化为烘箱法；将焦炭焦末含量检测方式由手工筛分优化为机械振动筛分；将矿粉制样成分试样和水分试样分开制备；将石灰石粉检测方法优化为X—荧光熔片分析法，随着检验方式方法的不断优化，达到提高检验效率、提升检验精度的工作目标。四是对标“五地”先进，提升检化验管理水平。北营质检计量中心确定5项管理类对标项目，已全部完成对标任务，实现检验数据自动上传、缩短炼钢样品检验周期的工作目标，达到预期效果。尤其是检化验智能改造项目的顺利实施，实现北营公司外购汽运矿粉和火运炼焦煤真正意义上的“盲检”，开启了鞍钢“五地”外进物料的“盲检”时代。

【计量管理】 通过完善管理流程和管理制度、改造计量设备、加强计量数据监管等措施，实现按表按秤计量结算，为北营公司一体化上线稳定运行奠定了基础。一是计量管理制度建设方面，依据北营公司制度体系建设工作要求，组织对《本溪北营钢铁（集团）股份有限公司物资计量管理办法》等7项管理制度进行修订，建立健全计量管理体系，充分行使公司级计量管理职能。二是计量设备完善方面，组织对北营公司一、二级流体计量设备的整体布局进行重新规划、投资建设，将北营公司流体计量设备配置率从85%提升至97%。组织完成北营公司206台电能表计量数据自动化采集建设，将电能计量表联网率从78%提升至100%，进一步规范电能计量统计周期，为各单位日清日结能耗分析提供及时、准确的计量数据。组织完善北营公司高炉煤气发生量、自用量计量设备，解决高炉煤气发生量和自用量估量的问题，实现高炉煤气系统计量设备全覆盖，为北营公司煤气系统的改善决策提供数据支撑。组织完成北营公司各厂矿三级计量建设投资规划，项目完成后，可进一步完善北营公司各产线、各工序间计量，各单位可依据三级计量数据与外部先进企业开展同行业对标，查摆产线或工序上问题与不足，不断优化产线，提高生产效率，实现降低能耗的最终目标。三是测量管理体系建设方面，开展北营公司测量管理体系内部评审，提出30个问题并开具6个次要不符合项，均已整改，整改率实现100%。

【信息化运维管理】 一是严把信息化运维关，健全北营信息化管控体系，结合北营公司实际承接7项本钢集团管理制度，横向到边、纵向到底，确保北营公司信息化管理体系有序开展。二是推进信息化自主建设，自主开发北营公司生产模式决策支持系统、无线遥控焦炭布料装置、检验数据自动上传等3项系统建设，为北营公司决策提供技术支持，实现生产效益最大化。三是贯彻“业务主导、IT支撑”的理念，稳步推进钢铁产业一体化及配套支撑项目建设。相继完成北营区域主干光纤线路、网络设备改造等6个项目，信息化整体提升和配套支撑2个项目已进入测试阶段，计划在2023年3月31日上线投运。项目建成后，实现核心经营业务一体化协同运作、制造业务集中一贯管理；实现跨系统数据共享和数据资源整合，提升获取系统化知识的能力，全面提升服务客户能力；实现对内高效协同，对外快速响应，为提高客户价值、业务价值的能力提供坚实的系统支撑和数据支撑。通过数字化转型，数字化系统优势，把精益管理有效融入基层治理之中，实现“粗放式”管理向“精准化”转变。

【设备管理】　一是设备系统践行“筑基础、强管理”深化 PDCA 闭环管理体系建设，捋清工作程序，强化“三支队伍”建设，增强设备基础保障能力。二是加强固定资产实物管理，制定《北营质检计量中心固定资产管理办法》，规范固定资产实物闲置、调拨、报废等管理流程，严格落实相关责任，提高固定资产实物管理水平。三是深入开展设备状态评估，积极开展设备功能缺陷整治，制订设备运行预案，形成典型事故案例手册并组织培训，提升操作人员故障处理快速反应能力。

【安全管理】　坚守安全管理“红线意识”，不断完善安全制度，健全安全生产责任体系。加强各级领导干部安全履职情况督察，以推动落实“双重预防机制”为重点，坚持“三管三必须、五清五杜绝、四个一刻不放松”原则，建立健全安全管理体系，落实安全生产主体责任，持续开展安全专项整治活动。明确 54 个岗位的生产责任制，建立健全完善安全规章制度 34 项，梳理、完善安全风险点 240 个。全年下达隐患整改通知单 24 份，查处“三违”行为 31 起。规范各级安全责任人职责，将安全履职情况纳入安全管理绩效考核，确保安全措施落实到位。采取各种形式开展安全教育培训工作，组织对管理、业务、技术岗位人员开展安全知识培训和闭卷考试，2022 年职工安全教育培训率达 100%，实现安全生产“三为零”的工作目标。

【人力资源管理】　引入“赛马”机制，推进三项制度改革顺利实施。一是打破“身份”界限，实现干部能上能下。管理、专业、技术人员跨岗位序列竞聘上岗，实现“岗变薪变”，打破干部终身制，有效压减了三职群编制。二是推进工区制试点改革，实现机构能增能减。将原有 9 个作业区整合为 6 个工区，机构压缩率 33%。通过实施工区制改革，实现“管干分离，责任明晰”的管理运作要求。三是打通六种渠道，实现人员“能进能出”。全年实现在岗人力资源优化率 18.9%、市场化退出率 1.34%、双合同签订率 100%、全员岗位绩效覆盖率 100%。四是全面推进“四到”工作，实现“干到、算到、给到、得到”。完成全员岗位绩效考核体系建立，按照“关键绩效、岗位职责、日常行为”三个维度确定员工岗位绩效考核指标，通过计件等方式量化考核，使绩效考核更具有可操作性，实现干到明方向，算到有标准，给到守承诺，得到激活力。

【党群工作】　强化党建引领作用，坚持党的全面领导，发挥党组织的领导核心和政治核心作用。一是提高政治站位，加强理论学习，增强“四个意识”，坚定“四个自信”，做到“两个维护”，时时从政治高度考量，处处以规矩要求自律，把忠诚、老实融入日常学习和工作，确保政治立场不移、政治方向不偏，不断提高政治判断力、政治领悟力和政治执行力。二是发挥“把方向、管大局、促落实”的领导作用，夯实组织建设，严肃党内政治生活，充分发挥党建引领作用，积极推进“我为群众办实事”活动，2022 年共完成事项办理31项，其中民生类14项、生产类8项、改善环境类4项、关爱职工类5项。三是落实全面从严治党，扎实推进党风廉政建设，北营质检计量中心党委聚焦改革，履行党委主体责任，纪委发挥监督职能，以“严”的基调强化过程管控，实施“三项制度”改革方案制定及岗位竞聘的全过程监督，确保改革工作顺利实施。（孙　玮）

设备维护检修中心

【概况】 本溪北营钢铁（集团）股份有限公司设备维护检修中心（简称维检中心）于2022年4月成立筹备组，9月24日正式挂牌成立，由原炼铁总厂维修系统、炼钢厂维修系统、轧钢厂维修系统、能源总厂维修系统整合而成，是集冶金生产设备维护、日修、定修、年修为一体的专业化设备维护检修企业。截至2022年末，在籍职工1988人，其中管理岗40人、业务岗33人、技术岗49人、操作岗1866人，副高级职称2人、中级职称106人、初级职称372人，高级技师2人、技师176人。下设4个管理室（综合管理室、运维管理室、设备技术管理室、安全环保管理室）、10个作业区（炼铁维修作业区、焦化维修作业区、炼钢维检作业区、炼钢自动化作业区、烧结维修作业区、原料维修作业区、热轧维修作业区、长材维修作业区、能源维修作业区、备修检测作业区）。党委下设14个党支部，党员433人。2022年，完成检修1740小时，完成检修项目6555项，实现检修项目完成率及检修项目合格率100%目标，直接创效834.88万元。

【维护保产管理】 一是全面提升检修质量、提高检修效率。发挥整合优势，合理调配人员，实现区域间人员协同作业，精细制订检修方案，保障检修前期准备、过程管控、质量验收、检修评价等全链条有序开展，四季度检修计划用时缩减9.61%。二是强化状态管控、严控事故故障，提升应急管理能力。通过全面开展主体产线状态评估、产线区域承包、事故故障应急管理体系建立及事故故障网格化管理等措施，实现事故故障率有效降低，四季度北营公司主体产线事故故障率同比降低25.36%。三是发挥技术优势，全力开展“降本增效”。通过承接北营公司外委转自营项目、备件自修自制、劳务置换，直接创效834.88万元。四是高效完成北营公司第二次联检，圆满完成主线、辅线共2067项检修任务，实现了“安全、优质、高效、低耗”目标，为北营公司全面完成四季度生产经营目标打下基础。

【检维修管理】 坚持以效益为中心，践行“十六字”工作方针，克服维修系统改革压力及新冠疫情冲击，扎实推进保稳保产、增收创效工作，全面完成各项技术经济指标，以设备稳定高效运行支撑北营公司全年生产经营目标。2022年定修时间计划1145小时，实际用时1007.54小时，定修时间完成率87.99%；检修计划项目3457项，完成率100%。搭建创效技术攻关团队，由维检中心61名优秀技术人才组成的技术攻关团队，现已针对制约检修模型优化、影响设备精度及功能提升等瓶颈问题设定攻关项目23项。

【安全管理】 少说多做，扎实构建安全管理体系，严守“安全红线”。一是锚定安全管理工作目标，树立“人民至上、生命至上”

安全发展理念，成立维检中心安全生产委员会，建立全员安全生产责任制，完善安全管理体系，推进安全管理标准化建设。二是实施“穿透式”管理，多措并举狠抓落实，以安全生产责任制为中心，扎实开展各级人员安全履职检查、反违章排查、职工安全教育培训、安全专项整治及双重预防机制等活动，累计查处违章行为298项、安全隐患338项，实现安全生产工作“三为零”目标。三是直面疫情，打赢疫情攻坚战，构建党委挂帅、行政落实、群团发动、全员参与的抗疫局面，实现疫情零影响。

【标准化管理】 务实高效，筑牢基础管理及标准化管理体系基石，坚持以合规管理及标准化管理为主线，截至2022年末，已全面完成基础管理体系及标准化管理体系建设。一是规范建立制度体系。以“合规、全面、精准、务实”为原则，承接制定各类管理制度165项，实现全业务、全流程合规管理要求。二是建立设备管理体系。依据本钢集团及北营公司设备管理体系管理要求，在信息一体化系统全流程管理基础上，规范建立维检中心设备管理体系，实现体系高效运行。三是建立计划值管理体系，深入贯彻本钢集团计划值管理要求，对标鞍钢“五地”及宝武量化管理目标，实现精准考评及持续改进提升。四是以标准化引领为目标，完成检修标准化作业管理体系初步建设，编制及校准维修技术标准16类84项；以全面支撑铁、钢、轧、能管工序设备检修维护为目标，编制维修作业标准7886项，2022年末，实现各工序产线维修作业标准覆盖率80%以上，为安全、优质、高效运维提供支撑。

【三项制度改革】 1.全面完成三项制度改革目标，通过公开竞聘，完成1964名维修人员及125名三职群人员招聘，岗位公开竞聘率100%，维修系统人员优化比例19.96%，有效安置赋能人员114人。2.完成薪酬一体化改革工作落实，明确以岗位绩效工资制为基础的薪酬制度体系，实现4:6绩效工资固浮比，充分发挥薪酬激励作用；建立271差异化的绩效分配体系，实现差异化系数1.2以上，激发员工活力，提升全员工作效率。3.落实“四三转化”，实现精准激励。以“四三转化”原则为指导，将北营公司生产经营目标按照四个层级三个转化分解落实到岗位，做到一人一表，挂接绩效，实现薪酬量化考核。4.维检中心坚持以工单制管理为主线，推进维修系统工作量化改革，四季度共执行工单63679项，完成工时556476.5小时，工时完成率117.50%。5.设立工时完成率指标与作业区组织绩效挂钩，权重20%，并设置“阶梯式”两档三区间指标，按照完成情况实施奖罚，激励员工从“要我工作”向“我要工作”转变，积极主动承接工作任务。6.结合“四到”工作方案，做到工时效益日体现。以工单制管理为支撑，高效推进落实“一人一表”，通过建立绩效评价考核体系，实现员工、班组、作业区三级日绩效评价，做到职工收入每日心中有数。

【党群工作】 一是坚持以生产经营工作为中心，切实发挥党委领导核心和政治引领作用。维检中心党委认真执行党委理论学习中心组学习第一议题制度，深入学习贯彻落实党的二十大和习近平总书记系列讲话精神。自组建以来，开展中心组集体学习7次、开展专题研讨7次、学习习近平总书记系列讲话20余篇。二是充分发挥党委“把方向、管大局、保落实”作用，将党的领导融入维检中心各项工作。涉及安全生产、设备管理、技改技措、薪酬分配、职工福利、管理人员聘用任命、工程改造、意识形态等“三重一大”事项，严格履行党委在决策、执行、监督各环节的权责。2022年维检中心共召开党委会35次，审议通过下发文件、制度66个。领导班子经常深入基层调研走访，积极帮助解决基层职工生产生活问题21项。三是将“抓党建、促融合、强发展”理念贯穿党委全年工作。维检中心党政班子在“整、严、树”工作中，累计查找整改问题26项，制定落实整改措施36条。四是紧紧围绕企业高质量发展主线任务，明方向、强能量、精管理、重成效，深入开展“学先进、比业绩、创一流”建功立业实践活动，建立共产党员先锋队10支、共产党员责任区20个、共产党员先锋岗11个。五是充分发挥工会和群团作用，为企业发展助力。深入了解广大职工“急难愁盼”问题，做到知民情、解民忧、纾民怨、暖民心，增强职工的幸福感和满意度。积极解决了职工吃饭、洗浴、通勤、劳动保护等民生保障问题；第一时间解决了倒班职工吃不上热饭、工作服清洗难等问题；及时协调上级部门为相关作业区配备了微波炉、洗衣机、热水器等保障物资。积极协调工会办理互助保险，共为1915人次职工办理保险，保险金额18.19万元，全年共有27人次职工获得理赔，赔付金额3.59万元，缓解了职工因病住院造成的经济负担。慰问丧亡和帮扶困难职工4人次，累计发放资金3.6万元，为职工送去温暖，解了燃眉之急。六是驻岗抗疫保产期间，维检中心工会从衣食住行、心理健康等方面全方位关爱职工，多渠道购置防疫物资，先后为驻厂职工解决50张床、150套被褥，为驻厂职工及时送去生活必需品和药品，团结带领广大职工坚定抗疫信心。（刘士洁　高佳娜）

生活服务中心

【概况】 本溪北营钢铁（集团）股份有限公司生活服务中心（简称生活服务中心）于2022年3月，原生活服务中心划归本钢新实业公司管理的业务调整至北营公司，重新组建北营生活服务中心，为北营公司直属机构。截至2022年末，在籍职工368人，其中管理岗9人、业务岗24人、技术岗2人、操作岗333人，研究生学历4人、本科学历25人、大专学历66人，高级职称5人、中级职称20人、初级职称23人。下设综合管理室（经营开发室）、生活服务室（安全环保室）、设备工程室3个管理室和餐饮工区、物业工区、维修养护工区、康养工区4个工区。主要承担北营公司餐饮服务、物业管理、维修养护三大主业，代行北营公司部分行政管理职能。包括北营公司职工配餐、食堂经营管理、办公用品采购、宿舍管理、浴池管理、停车场管理、厂区环卫管理、公辅设施维修维护、农场运营管理，协助北营党群工作部具体负责档案馆日常运作、管理，协助综合管理部具体负责北营公司保卫建设、日常巡防、综合治理等工作，北营公司总部固定资产管理及维修工作，职工餐补、独生子女费、托费、计划生育费等业务。

【主要指标】 立足于优质服务天职，锚定市场化改革，打造服务与创效两条发展主线，充分发挥后勤服务保障作用。实现了营养配餐品类多样、洗浴环境干净整洁、公寓住宿温暖舒适、职工停车有序便捷、维修服务及时到位、厂区环境整体提升、多种经营创效增利、安全生产“三为零”目标。全年成本费用计划目标8069.28万元，实际发生管理费用7026.93万元，同计划指标相比降低1042.35万元。

【基础管理】 一是落实领导干部安全履职检查，抓好施工及作业现场安全管理；常态化开展人员密集场所消防安全检查；加强安全培训教育，组织开展各类理论和现场操作培训1000余人次；深化隐患排查治理，开展各类安全隐患检查50次，发现安全隐患220余项，已全部整改；建立安全网格化管理制度，形成闭环管理，确保安全生产形势总体稳定。二是以点检定修为基础，以设备故障分析为依据，抓好设备点检定修及维护保养，实现了厂内车辆检验48台次，合格率100%，创历史最好水平。三是制定了《北营生活服务中心机构编制管理办法》《北营生活服务中心薪酬管理办法》《北营生活服务中心全员岗位绩效考核方案》等制度文件，使三项制度改革工作有章可遵，有制可守；组织各类培训12次，参加培训300余人次。

【三项制度改革】 围绕提升动力、激发活力、提高效率、增加效益的目标，全面落实北营公司改革工作方案。3月份起，利用不到3个月的时间组织完成了机构及人员优化工作，管理室由5个压减至3个，压减率40%；取消原作业区管理层级，实行工区制，由原来的5个作业区压减至4个工区，压减率20%。实施全员竞聘上岗，共组织机关岗位4轮、操作岗位5轮竞聘工作，参加竞聘人员294人，上岗278人，公开招聘率达到100%，双合同签订率100%。通过竞聘，三名80后职工分别竞聘到了一级经理、二级经理及专业职能岗位。面向北营公司赋能中心组织竞聘3次，聘用上岗59人，为安置赋能人员做出积极贡献。8月份起，工资按套改后岗级、薪级及全员岗位绩效考核结果发放执行，职工充分享受到了改革带来的红利。

【民生服务】 一是创新配餐模式，满足职工就餐需求。全力推进配餐中心建设，积极组织人员对配餐中心各种设备进行调试优化，加快配餐中心工程遗留问题整改，6月28日配餐中心试运行，7月份北营配餐中心正式投入使用；不断丰富食品种类，将原一荤一素两道菜调整为两荤两素四道菜，并根据不同菜品搭配，推出5元、7元、10元三种套餐，同时增加主食品种，职工选择多样化。二是推进停车场建设，解决职工停车难问题。3号门停车场于6月24日起扩建改造，7月28日建成，8月4日正式投入使用，面积增至2.2万平方米，设置停车位727个；1号门停车场面积1.6万平方米，设置停车位462个，9月份，从治安防范角度，对一号门停车场进行整体封闭，并清除场内“僵尸车”，让1号门停车位得到有效利用；11月份，对大客队停车场进行整体规划，共设置62个停车位。目前生活服务中心管理三个停车场，共有车位1251个，基本满足了职工停车需求。三是公寓服务暖心，住宿环境温馨。通过开展座谈会了解住宿大学生所需，建立微信群与住宿大学生搭建沟通桥梁，为他们解决生活上的实际困难；通过实现网络与数字电视信号覆盖到每个住宿房间、设立健身室、阅览室等，丰富住宿大学生业余文化生活；通过开展日常安全检查，为住宿大学生创造安全的住宿环境，让住宿员工找到家的感觉。四是做好浴池服务，营造舒适洗浴环境。生活服务中心负责管理的北营公司机关浴池、双四百浴池、新区浴池，每日服务人数1000余人。为落实民生工程要求，4月份起，对机关浴池进行装修改造，对新区浴池和双四百浴池排风扇、地砖破损、瓷砖脱落等问题进行了整改，并通过开展浴池卫生大清理、大清扫活动，对浴池卫生死角进行清理，职工的洗浴环境明显改善。

【厂容治理】 以推进“花园式工厂”建设为契机，按照“总体规划、分步实施”的原则，制定“任务清单”，科学规划厂区绿化和道路环境整治工作，对道路及周边绿化带进行全面硬化和美化，对厂区公共设施进行全面升级管理，实现整体环境达标。一是做好67万平方米绿化带绿化养护工作。全年移植银杏树85棵、种植三叶草1200平方米、种植各种草木花卉1万余株、新增绿化面积5000平方米、补植绿化面积1000平方米，并做好绿化带的日常养护工作，绿化率达到11%，有效改善厂区环境。二是做好40万平方米厂区道路清扫工作。采取“机械清扫为主、人工清扫为辅”的作业方式，按照“定车、定线、定区、定人”的管理模式，合理规划清扫车行车路线，确保厂区道路干净整洁。三是及时完成厂区公共设施维护任务。共硬化厂区路面2.1万平方米、修复路牙石1万延长米、修补护栏及护网4000平方米、粉刷厂区道路两侧围墙2万平方米。

【经营创效】 积极实施市场化运作，开发多种经营创效项目，努力提升运营效率和经济效益，为北营公司创造新的利润增长点。一是打造微观市场主体，开展多种经营。主动探索多种经营模式，通过盒饭、桶装水销售、住宿服务等，创效81.32万元；在各食堂设置便民服务窗口，出售特色熟食，创效3.8万元；对多年闲置的部分大学生公寓楼进行装修改造后出租，创效60万元。二是推进“摘牌制”，激发创效活力。4月份起，生活服务中心合理调配人员，对原外委的24.5万平方米道路清扫和67万平方米绿化带养护业务进行承接，为北营公司节约费用142万元；承揽北营公司各单位部分外委检维修项目，为北营公司节约外委费用28.7万元。

【党群工作】 强化党建工作和生产经营的深度融合，以抓党建促生产为目的，以党建责任制考核为手段，以党支部标准化建设为目标，不断夯实党建基础，将全面从严治党工作做精做实，实现了党建工作和生产经营稳步提升的新局面。一是提高站位，强化引领，全面加强思想政治建设。通过完善中心组学习制度，把握正确政治方向，推动习近平新时代中国特色社会主义理论贯彻学习不断深入；党委成员按照联系点分工，定期到基层单位听取意见和建议，及时总结舆情管控工作情况，为三项制度改革和市场化改革的深入推进提供了思想保障；利用各种传媒平台和宣传阵地，加大对生产工作中先进典型的宣传和推优力度，先后推荐2名职工参加“本钢好人”的季度评选，为弘扬主旋律，培养职工奉献意识起到了“以点带面”的效果。二是认真学习，深入领会，全面开展“二十大”精神学习。将宣贯“二十大”精神和党史学习教育结合在一起，将落脚点放在为职工办实事上，协助北营公司先后完成了3号门停车场的启动、原公运二队停车场的改造、配餐中心的投入使用、北营红旗农场收割的主题党日活动等重点民生工程项目。同时，结合生活服务中心主责主业完成了厂区封闭工程、办公设施修复、大学生公寓供暖改造等职工关心关注的事项10余件，职工的获得感和满意度明显得到提升。三是精准施策，完善机制，不断提升党建基础。完成了4个党支部的组建工作，制定党群类制度8个，为党建工作高效开展奠定了组织基础；通过定期召开政工例会，下发工作计划，听取党务工作周汇报、月例会、年度党支部书记抓基层党建述职评议考核会的工作模式，达到党建工作任务系统化，党建任务精细化；在新冠疫情静态封控期间，发挥组织优势，在配餐、供餐的现场随处可见党员干部的身影，不仅保障了封闭期间厂区生产的顺行，还确保了厂区生活秩序的顺行。四是强化作风，压实责任，全面开展从严治党。严格落实各级领导干部“一岗双责”制度，进一步压实主体责任，完善监督责任，有效推动党风廉政建设工作的落实；结合北营公司纪委要求，进一步做好党员干部违规操办或参加“升学宴”工作，积极推动各级党组织负责人的廉政履职，进一步明确责任，强化落实；围绕采购经营过程中心风险点，结合“整、严、树”工作进行落实，定期开展专项督察8次。五是营造氛围、凝聚力量，全面强化群团力量。组织开展汽车驾驶员的技术比武活动，共有31名职工参赛，为生活服务中心选树和培育各类技能人才；组建“大师工作站”，发挥班组在企业管理中最基础的管理作用；为285名过生日的职工发放蛋糕卡；在疫情封闭期间工会为在岗保产职工购买各类药品、生活物资；在“送清凉”活动中为一线岗位职工购买绿豆、白砂糖、酸梅汤，使职工在工作之余享受到了组织的关怀；在第十四届本钢集团大学生趣味运动会上，取得了第五名的历史最好成绩，为进一步凝聚力量、创新生活、服务北营打下坚实基础。

【防疫工作】 持续抓好常态化疫情防控，落实食堂、宿舍、浴池等重点人员密集场所常态化、持续性消毒消杀工作，严格落实精准防控举措，坚持筑牢防疫防线；承接北营公司核酸采集点组织任务10次，共组织完成5000余人次的核酸检测；承担两次静态管控期间北营厂区生产保供工作，面对严峻复杂的疫情防控形势，认真贯彻本钢集团及北营公司疫情防控工作精神及相关工作要求，从疫情防控到民生保障，从物资采购到卸货搬运，从洗菜做饭到科学配餐，精准高效、严而又严、细而又细将各项措施落到实处，同时，实行最小网格化管理，从班子成员层层落实包保到每名职工，做到保供有责、保供负责、保供尽责。两次静态管控期间，完成每日9000余名驻厂职工的三餐供应，供餐量是平时的6倍，组织购买米、面、油等生活必要物资，确保静默期在岗职工的主副食供应。

（王翠波）

栏目编辑　全英实

本溪钢铁（集团）矿业有限责任公司

【概况】 本溪钢铁（集团）矿业有限责任公司（以下简称本钢矿业公司）是本钢集团的全资子公司。本钢矿业公司分布在本溪市、辽阳市两个地区，现有8个生产厂矿，分别为南芬露天铁矿、歪头山铁矿、南芬选矿厂、石灰石矿、贾家堡铁矿、北台铁矿、辽阳球团公司、炸药厂，1个直属机构为储运中心；8个机关部门，分别为综合管理部、党群工作部、纪委、生产部、财务部、安全环保部、规划科技部、设备工程部；根据后备矿山和重点工程建设需要，设置5个项目部，分别为重点工程建设项目部、贾矿地采和花红沟铁矿项目部、徐家堡子铁矿采选工程项目部、花岭沟和棉花堡子铁矿项目部、露天矿地采和大台沟铁矿项目部。截至2022年底，在籍职工8614人，其中研究生学历65人、本科学历1101人，正高级职称3人、副高级职称166人、中级职称718人，高级技师44人、技师813人。现有直属党委8个、直属党总支2个，党员3527人。拥有固定资产原值114.08亿元，净值52.4亿元。

【主营指标】 1.主要产品产量：铁精矿完成900.37万吨，同比增加81.37万吨，实现历史新突破，增量达到大中型矿山产量水平；生石灰完成143.84万吨，同比增长5.7%；球团矿完成235.12万吨，同比增长8.92%。2.主要经营指标（管理口径）：营业收入100.08亿元，全年实现利润29.81亿元，营业利润率29.79%，资产负债率56.08%，实物劳动生产率1187吨/人·年；“两金”占用2.69亿元，全年经营活动现金净流量36.63亿元，“两利四率”等经营指标全面完成计划，实现“双跑赢”。3.主要产品质量：南芬选矿厂铁精矿品位67.22%，稳定率完成94.90%；歪头山矿铁精矿品位68.20%，稳定率完成81.28%；贾家堡铁矿铁精矿品位62.57%，稳定率完成66.32%；马耳岭球团矿球团合格率65.13%；石灰石矿活性灰CaO含量90.22%，粉灰稳定率98.62%；北台铁矿粉灰稳定率67.47%。

【生产组织】 秉持“上道工序为下道工序服务”的原则，工序之间密切配合形成生产组织“一盘棋”。各厂矿主动攻难关、想办法、破难题，以“摘牌制”为抓手，实现科学高效生产组织。其中露天矿汛前抢采和堆存主采场中部优质矿石，提前为选矿厂雨季铁精矿生产做好准备，在保证选矿厂日产1.3万吨以上铁精矿产能的同时，“南矿北调”为铁精矿稳产高产提供原料保障。选矿厂在保证质量前提下实现产量、收率最大化，全年完成铁精矿产量481.95万吨，同比超产36.74万吨，创历史最好水平。歪头山铁矿克服生产和工程改造双线并行的压力，全力组织高压辊磨试生产及工程消缺，精矿由日产7500吨提升至8000吨以上。贾家堡铁矿做好采场末期的生产组织，积极实施平面扩界，铁精矿同比超产3.76万吨。北台铁矿通过挖潜土场矿石资源实现满负荷运转，优化工艺参数、恢复三段磨矿，精矿品位由63.16%提高到65%，2022年生产铁精矿22.13万吨。石灰石矿强化技术攻关和工艺操作，实现石灰石生产保供“零影响”。辽阳球团公司科学高效优化设备定修方案，提前转车13.5小时，为稳产高产创造条件。炸药厂加强对工艺技术和炸药质量管理，满足了矿山爆破需求。储运中心加大质检验收、物资回收和择机采购等工作力度，为稳产高产提供保障。

【设备管理】 夯实设备基础管理，提升设备管理水平。建立健全设备管理制度体系，全年发布各专业管理制度33项。借鉴宝钢及鞍钢矿业管理制度建立月度设备管理评价体系，完善绩效管理。全年主要产品磨机作业率完成96.37%，超计划值0.37个百分点，为本钢矿业公司2022年900万吨铁精矿的任务量完成奠定基础。完成WK-20电铲、WK-10电铲、KY310钻机、MT3700矿用汽车、600T/D回转窑、ф2736球磨机、ф5518自磨机及HP6圆锥破碎机等主体设备大修工作。结合矿业公司智慧矿山现状，修订"十四五"智慧矿山三年滚动规划，完成集控类、无人值守类、基础自动化升级改造类等项目10项，优化岗位人员79人。

【重点工程】 重点工程建设实现"三开工一见效"。2022年投资10.53亿元，其中技改工程49项，投资9.93亿元；专项工程10项，投资0.60亿元。重点工程歪头山铁矿低品位矿及废石辊磨干选资源综合利用工程于2022年3月15日投产试运行；花岭沟地下开采工程于2022年2月15日开工建设，年末主副井累计掘进完成70%；选矿厂精矿粉管道输送工程于2022年6月1日开工，年末完成主泵站主体结构，输送管道完成16km；南芬绿色矿山选矿提效及智能化改造（一期A段）工程于2022年7月15日开工，年末土建结构完成70%。

【降本增效】 按照"一切成本皆可降"的原则，秉承增产拓市"广开源"、降本增效"深挖潜"的经营理念，积极构建"公司、厂矿、作业区"三级穿透式降本管控体系。采取8方面30项降本措施，2022年完成降本3.69亿元，吨矿降本41元/吨，比年初基本目标20元/吨多完成21元/吨，开创降本增效的新格局。

【安全管理】 紧绷安全之弦，2022年实现安全生产"三为零"。一是深入学习贯彻习近平总书记关于安全生产重要论述精神，开展安全专项整改，全面承接落实本钢集团管理制度，建立完善31部安全环保规章制度，以"安全风暴"专项整治行动为抓手，进一步堵塞管理漏洞。二是安全生产专项整治"巩固提升年"圆满收官，专项整治三年行动完成422项任务，核减重大危险源9个，累计投入安全生产费用3.02亿元，健全完善重大风险监测预警系统6套。三是巩固双重预防机制建设成果，梳理辨识安全风险2288项，重大风险8项，累计查改隐患问题12130项，已整改12116项，整改率99.88%。四是层层压实各级安全管理责任，各级领导干部坚持"四不两直"方式深入基层履职检查。五是深化"三管三必须"管理，推进云安智联系统安全电子履职，建立完善全员安全责任清单和履职清单。六是开展安全整改"回头看"，促进各级安全管理人员主动履职作为。七是与鞍钢矿业和齐大山铁矿开展安全专项对标工作，明确"一心一意学鞍钢"的安全管理思路，制定整改措施。组织安全管理人员到鞍钢矿业眼前山铁矿进行地下矿山安全对标学习，形成对标学习成果，指导后备地下矿山安全管理。

【能源环保】 强化举措，加大环保管理

力度。全年通过污染物减排实现减免环保税76.89万元。一是通过组织开展矿区绿化、美化、道路硬化等“花园式工厂”建设项目，全面开展矿山复垦工程，为绿色矿山高质量发展提供坚强保障；同时按照“党政同责、一岗双责”的原则，建立责任制。二是制定《环境保护管理责任制》等12项环保管理办法，在建立完善环境保护管理制度体系基础上，建立完善环境风险防控体系，开展环境风险隐患调查评估、识别风险隐患等级、建立环境风险隐患排查责任清单，实施闭环管理。三是通过做好迎接省级环保督察的各项准备工作，以关键部位为着力点，顺利通过各项检查。四是通过主要能耗攻关、单机台单班能耗与绩效挂钩、经济运行、冬季大车用柴油经济配比等措施，铁精矿综合能耗完成44.18kgce/t，比计划降低3.62kgce/t。五是协调省、市生态环境局，将辽阳球团公司调整为“长流程钢铁联合企业”。

【财务管理】 持续推进降本增效、成本管控、对标提升等工作，转变思维、挖掘潜力、多维度提升财务管理水平。一是围绕预算管理和成本费用指标，建立全面预算管理制度，编制下发《本钢矿业公司加强全面预算管理工作实施方案》。不断完善三级成本核算，按时组织日清日结周汇报与月生产经营分析会，及时分析预算与实际完成的差异，防止出现预算编制和执行相脱节的现象。二是按照本钢集团“ABC”对标管理要求，围绕对标先进，明星产线建设开展全流程、全方位对标工作。2022年共组织实地对标考察18次，召开对标工作会议14次，下发《矿业对标简报》4期。同时，通过全方位对标学习辽宁首钢硼铁公司先进管理模式，各厂矿选取一个提升突破点打造“明星产线”，带动了文明生产、工作效率等全方位提升。北台铁矿选矿作业区二选产线，通过推行TPM目视管理模式，让老旧产线焕发了生机活力，在建设“明星产线”过程中旧貌换新颜。

【资源规划】 加强战略谋划，协调争取资源项目。一是打造鞍钢集团优质石灰石资源保障基地，完成5家矿山法律尽调。二是5个项目列入国家“基石计划”，为后备矿山矿权、用地等要件办理创造条件。三是花红沟铁矿、大台沟铁矿等矿权办理均取得不同程度的进展，为打造安全可靠铁矿石供应链提供有力支撑。

【后备矿山开发】 厚植发展潜能，“三个一批”全面提速。贾矿地采项目和徐家堡子铁矿采选工程即将于2023年开工建设，棉花堡子、南芬露天矿深部开采等后备矿山开发进度全面提速，南芬露天矿地采前期准备工作有序推进中，为后续提产做好充分准备。

【科技创新】 强化科技创新，提升高质量发展新动能。借助“辽宁省钢铁产业产学研创新联盟”平台审核通过合作项目5项。加强与高校合作，将科技项目转化成科技成果，其中《超近距离露天矿山大孔径低扰动控制爆破新技术》与《金属露天矿低碳生态化与智能开采一体化关键技术与应用》分获辽宁省科技进步一等奖。

【深化改革】 全面落实“1+2+N”系列改革方案，聚焦重点难点抓攻坚，激发微观活力、释放改革动力、提升管理能力。一是全面落实国企改革方案，完善合规运行新体系。组织制定《本钢矿业公司核心业务审批权限》，明晰权责界面，规范决策流程。完成4家超层级法人单位压减和7家亏损企业清零。承接北台铁矿、辽阳球团公司两家单位以及质检、计量和能源管理工作，形成“公司班子管理整体，八大部门服务基层，九家厂矿保产创效”的全新管理格局。二是聚焦制约“四能”机制的堵点痛点，深化三项制度改革，激发组织活力，提高运营效率，充分激活人的积极性、主动性和创造性，改革成效明显。2022年通过精干机构编制、优化岗位设置等举措，压减作业区级机构比例37%；压减班组比例30%；优化三职群比例35.5%。通过精准核定设置高技能岗位513个，激发高技能人才创新创造活力。参照“鞍矿东烧271和鞍钢股份鲅鱼圈E考核”等先进经验，全面推行“两制一契”，实现干部能上能下。按季度对领导干部进行考核，考核结果与薪酬联动，充分体现精准考核、即时激励，实施“摘牌制”奖励项目30项，创效4.03亿元。实行全员竞聘上岗及推行用工市场化，实现员工能进能出。通过精简岗位设置、全员岗位竞聘、畅通员工退出渠道，严格清理整顿劳动关系等举措共优化1374人，优化比例15%。推行组织绩效管理、全员岗位绩效管理、领导人员绩效管理“三位一体”差异化薪酬分配模式，实现收入能增能减。推动“四到”工作落实落地，实现工资比例同向增长，职工工资差异系数为1.25。

【党群工作】 坚持以习近平新时代中国特色社会主义思想和党的二十大精神为指导，在鞍钢集团党委和本钢集团党委的坚强领导下，锚定鞍钢集团党委“实现五个新突破，聚焦五个重点”的工作目标，认真贯彻落实“务实高效、攻坚克难、精准精细、少说多做”的工作作风要求。一是持续强化党建融入生产经营，建立健全党建工作责任制考核。召开本钢矿业公司第一次党员代表大会，选举新一届“两委”班子，指导8家直管党委和2家直管党总支完成换届选举工作；开展样板党支部建设，充分发挥基层党支部战斗堡垒作用；积极参加鞍钢集团“喜迎二十大、建功新鞍钢”主题实践活动，申报共产党员工程10个，党员责任区15个、党员先锋岗15个，增强了党组织的凝聚力和战斗力。二是学习贯彻党的二十大精神，统一组织观看党的二十大开幕盛况，邀请专家对党的二十大精神作了专题辅导；严格执行“第一议题”制度，加强理论中心组学习；落实网络舆情网格化包保责任，2022年共处理网络舆情94起，确保网络舆情安全可控；强化宣传工作，在鞍钢集团、本钢集团等上级平台发稿（视频）200余篇（条），部分视频作品得到省部级媒体转载。三是举办“提素质、强作风、树新风”大讲堂5期，组织2批共30人到鞍钢矿业眼前山铁矿学习地采先进经验和技术，举办新提职干部培训班，为27名新提职干部讲好任职“第一课”。四是围绕“责任、目标、结果”三个要素，将全面从严治党工作目标和工作内容与生产经营管理等工作同计划、同部署、同落实、同考核。通过5个方面开展政治监督，完善43项制度；开展“重温两书 坚守初心”党性教育活动，持续建设廉洁从业的文化氛围；紧盯关键领域，持续开展“整、严、树”和“靠钢吃钢”“靠矿吃矿”专项工作，取得良好效果；扎实开展警示教育，全年共开展警示教育活动87次，5054人次参加；全力配合鞍钢党委提级巡视，同时对巡视发现的55项具体问题全面对照检查，立行立改。五是工会组织积极开展走访慰问、劳动竞赛和职工乒乓球、“学习二十大、冲刺年目标”

竞走比赛等活动。开通“职工心声，‘码’上解决”平台，共收到349条职工心声，通过协调落实、电话解答等方式，让职工感受到企业的关怀与关爱。共青团围绕生产经营组织召开青年人才座谈会，为企业发展建言献策。科协组织召开科协代表大会，动员广大科技工作者努力攻关、无私奉献。民兵预备役组织25名基干民兵全程参加战区联合实兵演训任务。此外，信访维稳、国安保密、综合治理等各项工作也取得新成绩。

【防疫工作】 打好疫情防控攻坚战，高效统筹做好疫情防控工作。建立健全疫情防控制度体系，成立矿业公司新冠肺炎疫情防控指挥部，明确管理工作职责分工，制定工作调度、信息报送、合作互动、定期督查、追责问责5大方面联防联控管理机制，建立矿业公司疫情防控应急预案、保产预案，保障生产稳步运行；尤其在疫情封控期间，各厂矿组织两班职工、机关及作业区骨干驻厂保产，为解决驻厂职工吃住问题，协调新事业食堂储备米面粮油蔬菜等，协调本钢集团工会采购床、被褥等生活物资，同时全力协调解决防疫物资支援、生产保障、物流运输等问题，实现了抗疫保产“双胜利”。（陈丽晶）

南芬露天铁矿

【概况】 本溪钢铁（集团）矿业有限责任公司南芬露天铁矿（简称南芬露天铁矿）隶属于本钢（集团）矿业有限责任公司，是本钢重要的铁矿石产出基地之一。下设4个职能室，12个作业区。截至2022年底，露天矿职工总数1834人，其中管理岗37人、专业技术岗122人、操作岗1675人，研究生学历6人、大学本科学历173人、大学专科学历462人、中专学历61人、高中及以下1132人，高级职称17人、中级职称109人、初级职称24人，高级技师2人、技师142人。党委下设21个党（总）支部，80个党小组，党员720人。主要设备有：WK-10B电铲7台、295B电铲3台、WK-20电铲2台、9350E液压电铲1台、YZ55钻机6台、YZ35钻机3台、KY310钻机2台、KY250钻机1台、PV351钻机1台、MT3700电动轮汽车17台、MT3600B电动轮汽车6台、MT4400AC电动轮汽车4台、789C矿用汽车9台、TR100矿用汽车2台、倒装站系统1套、岩石站系统1套、矿石站系统1套。固定资产原值32.50亿元，净值11.25亿元。2022年发出矿石1460万吨，同比增长12%；剥岩9245万吨，同比增长27%；降低成本1.03亿元，比挑战目标多降1550万元。

【生产组织】 科学组织生产，推进定点储矿、2+3生产模式等措施，提高矿石产量和质量，保证选矿、北台、贾家堡、钢联四家的铁矿石供应。强化重点区域推采，积极组织上扩430水平以下靠帮、上盘202–190水平以及下盘190–130等部位的推采，大力推进下盘边坡治理削坡减载，完成削坡1910万吨，增加开拓矿量的同时，也为持续生产提供开阔、稳定的作业空间。优化设计扩容土场，制订4#土场排土方案；优化运输线路，缓解土场空间不足压力。加大排岩机供货强度，完成排岩机侧移工作，排岩机产量同比提高29%，实现经济排岩。加强沟通协作，与选矿厂联产铁精矿482万吨，共同创利8.97亿元。

【设备管理】 引进生产及辅助设备13台，

采场布局逐步优化（蒋忠敏 摄）

包括130吨吊车、民爆器材运输车、随车吊等，合计金额691.6万元。主体设备可开动率较计划提高8.51%，故障率比计划降低2.59‰，超额完成各项任务指标。全年上交废钢铁3054吨，超出计划任务854吨；废旧物上交完成226.50万元，超计划26.5万元。强化检修工程管理，完成工程20项，施工费总计875.64万元。提高备件管理水平，全矿库房从最初的148个机旁库点位降到42个；严格执行备件计划，计划合同签订率达到100%，修理费实际消耗比率101%；完成卡特789C后桥壳及295B电铲直流切换柜等备件的国产化替代改造；对复盛螺杆空压机冷却液进行替换，2022年降低采购成本约50万元；通过定额备件包消耗工作，降低消耗110万元。完成钻机GPS自动布控项目；推进GIS数字开采系统项目；组织GPS卡车调度升级项目的招标工作。科学管控能源，加强用电管理，峰谷比完成0.91；组织大车柴油经济配比工作，获经济效益541万元。

【重点工程】 按时完成采场排水工程相关管道敷设、水泵安装、箱变安装调试等工作，保证采场汛期生产安全；二号排土场治理工程，道路于12月31日投入使用；按时完成二号排岩系统边坡治理工程，保证排岩作业区检修、生产顺行；黄柏峪二期改河工程、矿山地质环境治理与土地复垦工程正在积极组织施工；完成1号公路、指挥中心及矿办院内黑色路面摊铺工作，降低矿区道路扬尘污染，解决下雨天道路积水，行走困难问题；完成汽修食堂改造工程，为职工创造良好的就餐环境。

【成本管控】 持续推进日清日结、对标挖潜工作，结合实际以效益为中心制定降本措施。通过强化大车装载量考核、扩大爆区规模等举措，有效降低成本消耗，柴油单耗由1274千克/万吨·千米，压缩至1228千克/万吨·千米，降幅3.6%；炸药单耗由3520千克/万吨，压缩至3165千克/万吨，降幅10%。坚持精细化管理，深化成本三级核算，实现精准管控，设备效率明显提升，大车效率提高18%、钻机效率提高10%、电铲效率提高1.5%，均达历史最好水平。

【安全管理】 强化制度和体系建设，承接转化安全制度25项，制定文件85个，全面实施鞍钢云安智联管控平台系统，完善安全履职网络，逐级签订安全生产责任状和承诺书，实现全覆盖履职管理。构建风险分级管控体系，现有重大风险1处，较大风险6处，一般风险110处及低风险129处，均有管控措施，处于受控状态。强化隐患专项治理，开展爆破、行车、用电专项整治，深化土场、边坡24小时监测、汛期专人巡查等专项管控工作。保证安全重点项目投入，在边坡部位增设应力监测16个点位，2#排土场增设5个GNSS监控点、2个视频监测点、1个雨量监控，为生产提供安全技术保障。加强职工安全教育，组织全员学习习近平总书记关于安全生产重要论述，开展“矿长安全大讲堂”等教育培训；组织应急救援处置演练26次，全面增强职工安全意识和能力。加强相关方安全一体化管理，对剥岩运输及工程施工严格管控，查处整改96项安全不符合项。圆满完成安全生产专项整治三年行动收口工作，安全生产实现“四为零”，千人负伤率为零，完成粉尘合格率等指标。

【环保绿化】 深化环境治理，组织排岩系统安装8个喷淋点位，碎矿圆筒矿仓安装喷淋装置，有效抑制二次扬尘；清掏庙沟河沉淀池，保证下游水质清澈；加强洒水喷淋设备、设施管理，保证除尘效果；落实公司要求，取缔全部燃煤锅炉；推进危废管理规范化，废油产生量和转移量完成目标计划；二氧化硫、氮氧化物、烟尘、粉尘排放量均完成污染减排目标。开展“花园式工厂”建设，完成生产指挥中心绿化改造、二号排土场部分区域果园建设等工程，栽植各类树木4000余株、花草、灌木近8000盆（株）；绿化面积达19万平方米，极大改善了矿山环境。

【企业管理】 深化“三项制度”改革，管理室压缩50%，作业区优化33.3%，班组缩减24.1%，实现机构精简化；三职群岗位削减28.6%，凸显出高学历、专业化、年轻化的新导向。全面贯彻落实“四到”分配机制，体现“五个倾斜”，有效发挥经济杠杆作用，职工收入明显提升，工作热情得到全面激发，全员劳动生产率完成5.94万吨/人，同比提高16%。

开展全员性植树绿化活动（蒋忠敏　摄）

【党群工作】 夯实党建根基，全面贯彻落实二十大精神；开展喜迎二十大系列活动；完成矿党委换届改选；制订矿党委未来五年规划；创建微信公众号“党建线上课堂”，普及党建业务知识；组织党员参加“万名党员进党校”培训；推进党员建功立业等争创活动，建立党员责任区66个，组建安全互保对子337个，实现党对国有企业政治上的领导和经营上的助推。深化意识形态工作，拍摄关于“大干一百天、冲刺四季度”“军令状”短视频11期；拍摄关于落实“务实高效、攻坚克难、精准精细、少说多做”系列报道“践行”7期；举行安全旗传递（升旗）活动。落实党委党风廉政建设主体责任，正风肃纪，组织专项检查4次，完成效能监察29次，为高质量发展保驾护航。发挥群团组织作用，助力生产经营。工会开展“并肩战疫情，攻坚夺高产，创新出佳绩”等劳动竞赛；承办鞍钢集团“群英赛”等技能大赛；组织以群众性创新创效为主的“五小”攻关等活动，完成226个项目；共青团开展“拜师学技”等活动；保卫相关部门开展“靠钢吃钢专项整治”；科协围绕效益中心，深化“讲、比”内容，全面助推生产经营。坚持以人为本关心关爱职工。完成93个班组的停车场、职工浴池、职工食堂等环境改造工作，全面改善职工工作和休息环境；开展“会员过生日”和福利发放等普惠活动，累计投入资金112.7万元；自主帮助困难党员34人（次）、救助职工16人（次），全面增强职工幸福感。加强矿山精神文明建设。创办《矿山风采》简报，刊发17期；创建“本钢矿业南芬露天铁矿”微信公众号；摄制《平凡》等视频宣传片，其中《这世界那么多人》MV被多家省级以上媒体官方微信平台转载，点击量超过2万；开展“劳模家属看矿山，携手建设新矿山”和“拧成一股绳全力创佳绩”职工拔河比赛等文体活动，以精神文明为支点为发展蓄势聚力。

【防疫工作】 按上级要求统一步调开展疫情管控工作，在静态管控期间，为驻厂保产职工购买行军床、热水壶、袜子等生活用品，以及罐头、蔬菜包等食品共计40余个种类，为职工送去组织的关爱和安全保障，职工满足感，认同感不断提升，圆满完成两次静态管控期的保产任务。（陈　亮）

歪头山铁矿

【概况】 本溪钢铁（集团）矿业有限责任公司歪头山铁矿（简称歪头山铁矿）隶属于本溪钢铁（集团）矿业有限公司，坐落于本溪市溪湖区歪头山镇铁矿街，1970年建矿，已有50多年历史，是一家集采、运、选为一体的综合性矿山。下设生产技术室、设备工程室、安全环保室、综合管理室4个职能室和采矿作业区、运输作业区、选矿作业区、汽车作业区、马选作业区、辊磨作业区、爆破作业区、精尾作业区、电讯作业区、工程作业区、汽车队作业区、运修作业区、矿产资源开发作业区13个作业区。党委下设5个党总支、12个直属党支部，党员964人。截至2022年末，在籍职工2214人（含赋能中心227人），其中管理岗45人、专业技术岗116人、操作岗1826人，正高职称1人、副高职称26人、中级职称160人、初级职称177人。固定资产原值26.09亿元、净值13.52亿元。主要设备有穿孔设备8台，其中YZ-35牙轮钻机7台、KY250D牙轮钻机1台；铲装设备19台，其中WK-4 4m^3

采场全貌（张家彬　摄）

电铲7台、WD-400 $4m^3$ 电铲7台、EC700B $4m^3$ 电铲1台、WD-500 $5m^3$ 电铲1台、WK-10B $10m^3$ 电铲1台、CAT6018 $10m^3$ 液压铲2台；汽车运输设备24台，其中TR50型号6台、TR60型号8台、SANY95型号2台、TR100型号8台；机车运输设备29台，其中150t电机车28台、GK1C铁路内燃机车1台；选别设备151台，其中自磨机11台、球磨机33台、分级机9台、磁选机98台。

【主营指标】　2022年铁精矿产量、采剥总量、矿石、岩石均超额完成计划，各项产量指标均创历史新高。其中铁精矿完成281.46万吨，超计划0.46万吨，同比增产27.06万吨，连续5年实现大幅度超产；采剥总量完成3736.58万吨，超计划396.58万吨；采场矿石完成736.51万吨，超设计产能236.51万吨；扩帮岩石完成2838.41万吨，实现扩帮区域连帮出矿400万吨。土场回收矿石完成259.69万吨，同比增产9.79万吨。

【生产组织】　以铁精矿需求为己任，以稳产、高产为目标，高效组织生产。采场矿石采取强采方式，重点部位快速推进，分穿分爆，全年主采场下降4个台阶；深挖土场潜力，土场矿石“能收尽收”，并采取二次筛选等方式确保土场回收矿石品位达到18以上；严格配矿，严把矿石质量关，保证入磨矿石质量稳定。强化采掘管理，加大扩帮剥岩力度，保证采场技术状况。采取横向开采方式，加大扩帮区南北部下降速度，扩帮剥岩量同比增加690万吨，有效缓解扩帮滞后的被动局面；重点抓好新水平开沟，增加开拓矿量；每周召开采掘和爆破现场会，精细组织采场推进采出工作；强化正规采掘，开展爆破攻关，采场台阶高低不平现象得到明显改观，采场技术状况取得有效改善。以铁精矿生产为核心，严抓辊磨、两选工艺操作，减少跑冒滴漏，全力组织铁精矿生产；主选作业区完成6台自磨机拆除、54台电振机及6条皮带改造工程，把自磨机拆除对精矿生产影响降到最低；主选全年铁精矿完成

182.69万吨，同比上年超产11.34万吨；马选作业区开展一段事故泵磁选机安装、新磁选柱安装等数十项技术改造，提高了生产工艺流程稳定性；马选全年铁精矿完成98.77万吨，同比上年超产15.75万吨；辊磨完成双系统上矿改造，实现日处理原矿2万吨的目标，为主选优质增产创造有利条件。围绕“大干100天，冲刺四季度”产量任务，采取强有力措施，逐级签订军令状，生产指标层层分解；全力组织辊磨系统完善及消缺改造工作，保证辊磨系统作业率75%。同时制定辊磨冬季保产措施，确保辊磨平稳运行；通过对铁精矿、采场矿石、岩石、穿孔等重点工作实行“摘牌制”，激发干部职工积极性，超额完成后四个月生产目标，为完成全年281万吨铁精矿生产目标起到决定性作用。

【设备管理】 提升设备技术状态、主动担当作为，服务保障生产。夯实设备基础管理，结合设备技术状态及检修实际，修订完善“设备规程”“四大标准”、检维修安全标准化作业卡共计68项；完成13项设备工程系统“学、练、用”新矿业制度转化；开展皮带岗巡检专业培训、电气两票安全操作培训、衡器自主维保技能培训、特种设备安全管理培训等，共参培97人次，各专业操作技能均有较大提升。开展自主维保、推行操检合一和攻关项目“摘牌制”，提高检修效率，节省检修时间，设备工程室完成攻关摘牌立项8项，共计创效1045万元。组织设备大修及更新，整体提升设备技术状态，全年完成11#牙轮钻机、322#电力机车等9项设备设施大修，逐步改变设备欠修导致故障率偏高的被动局面；更新磁选机、磁选柱等选别设备35台套，保证选别工序质量稳定率及金属回收率，为增产创造条件。以“智慧矿山、智慧选厂”为指引，矿山自动化建设又上新台阶，新建成投产的高压辊磨及尾矿干排项目全部实现同步集中自动控制。开展物资集中管控，提升物资存储安全，撤并机旁实体库房288处，重点组织老库存备件利库使用，全年实现利库1419万元。

【重点工程】 严格按照工程管理制度，积极推进工程进度。辊磨干选工程于2022年3月15日投产运行，经过半年的消缺完善，运行趋于稳定，实现达产见效，日处理原矿达2万吨。辊磨骨料场地已完成封闭。辊磨除尘系统正在改造中。新建的尾矿高浓度输送系统于1月26日签订施工合同，3月20日完成过滤厂房及浓密池基础施工。7月19日设备完成联动试车，9月份重负荷试车，10月末投入使用。

【降本增效】 以日清日结为着手点，全面开展对标挖潜，积极推进降本增效工作。本着既抱西瓜，又捡芝麻的原则，积极落实各项降本增效措施。铁精矿、铁矿石增产降本8663万元；推土机、铲斗、电机、自翻车轮对等修复，创效1031万元；废钢铁、废旧物资回收，降成本551万元；爆破工序采用多孔粒、间隔器，降成本70万元。积极开拓外部市场，岩石产品外销实现增效1448万元。2022年共计降成本8410万元，吨矿降本9.33元/吨，完成奋斗目标。模拟市场利润完成6.16亿元，增利1125万元。

【安全管理】 以“落实安全责任，推动安全发展”为主题，夯实安全基础。组织开展消防安全、行车安全、爆破安全、安全生产法培训，同时针对特种作业人员、安全管理人员开展“反三违”事故案例宣讲活动，全年累计培训4528人次。从实际出发，促进职工学安全技术，提升职工安全意识和操作技能。强化领导安全履职。结合新安法和鞍钢本钢重组的要求，按“三管三必须”的原则重新修订全员安全生产责任制（涉及555个岗位）。编制管理岗位安全履职清单，在全矿管理岗位人员中推行电子化安全履职日志，要求上级监督分管责任区下级履职情况，实施连带责任考核，提高整体安全履职效果。推进安全生产专项整治三年行动，聘请北京国信专家对我矿作业现场进行“会诊”，积极整改专家组提出的96项问题。安措项目专项投入1500万元，制作安装安全告知牌、风险分布四色图、警示牌等900多块；购进116至190胶带斜井阻燃型输送带1800米；完善高压室防火封堵、绝缘工具柜。实现4#、6#及马耳岭高压室的远程集中操作和控制，使值班人员脱离高压柜的盘前现场操作，提高安全性；开展小西沟尾矿库治理，新建排水沟260米，修复500米，加固尾矿库外坡1.7万平方米；改造选矿作业区老旧梯子、护栏2000多米；将177道口改造为固体道床；更新铁路封闭网5000余米；为6个作业区配备应急发电机。强化双重预防机制，以尾矿库、采场边坡、公路铁路行车、爆破作业等较大安全风险为重点，根据季节情况组织专项安全整治，1—12月份歪头山铁矿矿安委会共组织51次专项检查，整治高压线过低、采场下盘滑体等隐患210项，各作业区共查出不符合720项，下达隐患整改指令书56份。开展“安全风暴”专项行动，逐月实施专题整治任务，全面整治在安全履职、反违章、查隐患、安全培训等方面存在的形式主义、官僚主义作风，不断提升安全管理水平。召开相关方安全会议，制订下发专项整治工作方案，与15家相关方全部签订“强化安全管理承诺书”。强化日常监管，将每个相关方监管责任逐层分解落实到作业区、业务主管部门、安全监管部门的具体管理人员。加强辊磨、马选干堆工程建设项目安全隐患责任落实，专项检查相关方施工现场安全，下达隐患整改督办书43份，考核35000元。

【环保工作】 按照本钢集团环保工作总体部署，做好环保工作。2022年投资70万元购买防尘网100万平方米，对尾矿坝、骨料堆放场等区域进行苫盖；尾矿坝延长喷淋系统1800米；购进清扫吸尘车，为矿区道路清洁创造条件；完成岱金峪小河清淤、三水平衡泵修建拦水围墙工作，杜绝尾矿水外排；在中央环保巡视组、辽东环保督察局等各级环保部门检查中，对歪矿2022年环保工作成果给予了肯定和好评；顺利通过2022年度国家级绿色矿山验收。按照“花园式工厂”建设方案，完成阳光大道到矿区道路修复及两侧排水沟砌筑及供销院内停车场修建。开展厂容环境综合整治，对马选、主选作业区办公楼及厂房粉刷2万平方米；完成中心岗围墙砌筑、粉刷围墙、栅栏、建筑物外墙等1.9万平方米，管路防腐色彩亮化4000米，安装警示牌、宣传牌等100多处；汽车队发动职工利用工余时间完成作业区现场环境美化，职工工作和休息环境明显改善。完成年度复垦绿化任务，积极组织采场、土场、尾矿库绿化工作，种植苗木10万余株，绿化面积10万余平方米，矿区绿化率达到89.5%。

【人力资源管理】 严格按照矿业公司三项制度改革整体部署，完成机构整合和人员优化工作。职能部门由原来的8个整合至4个，作业区由原来的19个整合至13个，机构优化比例为37%；班组由原来的186个压缩至124个，班组优化比例为33%。开展人员优化工作，三职群由竞聘前的257人优化至161人，优化比例为37%，其中“80后”79人，占比47%，实现了干部年轻化；加大对不规范劳动关系人员清理力度，共清理49人。市场化退出计划26人，实际完成30人，超计划4人。按铁精矿计算劳动生产率从2021年末的1100吨/人，提高到2022年的1415吨/人，劳动生产率提升了28.6%。各作业区以全员绩效考核为抓手，认真落实公司“四到”考核要求，细化考核指标，量化考核结果，实现刚性兑现，极大地调动了职工积极性，尤其是采矿作业区和汽车作业区“四到”工作走在了各作业区的前列，得到了两级公司的认可。

【党群工作】 充分发挥党委“把方向、管大局、促落实”作用，以党建促生产。以党建责任制考核为抓手，定期对党支部开展5个维度综合评价，全面促进各支部党建质量提升。通过推进汽车作业区、爆破作业区“样板”党支部建设，健全完善党建工作长效机制。按照“四同步”“四对接”要求，全面整合基层党组织架构，58个党支部调整为37个（其中直属党（总）支部17个，非直属党支部20个），党组织设置更加规范。顺利召开第十二届党员代表大会，选举产生新一届“两委”委员，组织全矿各支部召开党员大会，完成38个支部换届工作；2022年组织680名党员参加“万名党员进党校”线上学习，完成率100%。纪委（筹建组）开展备品备件、清廉工程等9个专项监督工作，在门禁管理、绩效考核、合同管理、岩石产品销售等方面制定、督促完善7项制度；开展专项排查400余人次，廉洁教育750余人次，处理信访举报16起，较好地营造了风清气正的生产经营氛围。强化作风建设，落实“务实高效、攻坚克难、精准精细、少说多做”十六字工作作风要求。严抓劳动纪律，实行每周通报；成立督办组对重点工作进行督办，共下发督办通知13期，完成重点工作65项，切实改进党员干部工作作风。积极开展技术比武，承办鞍钢集团“群英赛”矿用汽车修理工和本钢集团电力机车司机技术比武，进一步激发职工学技术、比技能的良好氛围；聚焦“我为群众办实事”，完成职工停车场扩建、矿区路面修复、职工休息室修缮等“急难愁盼”的问题；开展群众创新创效活动，征集合理化建议412条，创效500万元；慰问困难党员和困难职工74人次，发放慰问金7.12万元；在本钢集团组织的职工篮球、排球比赛中均取得第一名的好成绩。加强信访稳定工作，积极协调化解矛盾，维护企业和谐稳定。

【防疫工作】 按照疫情防控总体要求，确保疫情不进厂，做到生产防疫两不误。封控期间，克服各种困难，发扬吃苦耐劳的矿山精神，主动返厂到岗，逆势而行。各作业区根据返岗人员实际情况，打乱原有生产排班，合理调整生产班组人数，保证生产有序进行；成立物资保供小组，密切跟踪备件制造进度，及时协调矿业公司和高新区办事处审批送货车辆。接送外来物资车辆486车次，保证生产应急物资应到尽到。歪矿志愿者主动承担后勤保障、物资发放、核酸检测等任务。志愿者团队荣获“本钢集团最美抗疫服务组织”称号。为解决职工在抗疫期间面临的困难，歪矿投资180万元为驻厂职工发放床、被褥等生活保障物品12000份。 （段　凯）

南芬选矿厂

【概况】 本溪钢铁（集团）有限责任公司南芬选矿厂（简称南芬选矿厂）隶属于本溪钢铁（集团）有限责任公司，是本溪钢铁（集团）有限责任公司分公司，是本钢的主要原料生产基地之一，主要产品为磁铁精矿。主要设备有碎矿机26台套、球磨机56台套、皮带机52台套。固定资产原值23.07亿元，净值9.74亿元。南芬选矿厂下设4个职能室、8个作业区。截至2022年末，在籍职工总数1305人，其中管理岗23人、专业技术岗101人、操作岗1181人，高级职称25人、中级职称103人、初级职称74人，高级技师3人、技师141人。党委下设党（总）支部17个、党小组65个，党员总数507人。

2022年，南芬选矿厂铁矿石处理量完成1360.99万吨，铁精矿产量完成481.95万吨，铁精矿单位成本完成591.56元/吨，实现销售收入43.29亿元，创利润14.83亿元。精矿品位完成67.22%，金属回收率实现80.35%。实现安全生产“三为零”目标。工业废水废气排放处理率为100%。

【生产组织】 以均衡稳定为出发点，以优质保供为目标，落实工序服从原则，严抓标准化操作，强化全流程管控。协调矿石配矿，合理控制磨机能力，杜绝跑冒滴漏，减少金属流失，实现产量、收率最大化。铁精矿产量同比超产36.74万吨，创历史新高。克服铁路专组运力不足，2022年组织汽运发出26.8万吨。加强用水管控，推进选矿厂降新水攻关工作，通过优化环水系统、稳定管网压力、恢复高位水池等措施，全年新水累计消耗0.85t/t，新水消耗创历史最好水平。

【技术改造】 2022年更换叠层筛21台、磁选机9台、脱水槽5台、磁选柱2台，进一步提高流程稳定性。通过优化完善三磨工艺，安装叠层筛及实现自动给矿等措施，进一步稳定精矿质量。完成7台细碎振动筛改造，提高上矿效率。推进三碎降粒度攻关，缓解细碎工序压力，实现碎矿保选别目标。全力组织尾矿泵站升级改造，满足尾矿输送需求。完善低粉回收恒液位控制系统，改进回收机卸料装置，低粉回收量再创新高，最大限度提高金属回收率。

【设备管理】 以设备平稳运行，对生产“零”影响为目标，加大设备点检定修管理力度，严抓标准化检修、标准化润滑。开展精密点检、设备隐患排查整改，消除设备隐患、降低设备故障，2022年磨机作业率96.97%，创历史新高。完成定修470项、扩大修10项、大修3项，提升设备技术状况。克服疫情等诸多不利因素影响，做好物资供应，备件材料到货率98.76%。2022年上交废钢铁3039吨、废旧物资228万元，超额完成计划指标。实施粗碎1#电磁站自主改造，完成三选57B、细碎139#等皮带架、四选检修平台钢结构腐蚀治理，消除安全生产隐患。完成铁路道口智能改造、铁路信号集中控制、细碎集控操作等信息化项目，优化岗位配置，降低职工劳动强度。实施红矿自磨机衬板功能价格承包，组织自有检修力量进行分级机组装、浓缩机大修、自翻车维修，有效降低修理费。

【工程管理】 选矿厂积极配合重点工程建设，先后成立大型化改造前期工作项目部和生产过渡项目部，充分发挥专业人员的实践经验和技术优势，为工程建设和新老系统平稳过渡献计献策。精矿粉管道输送工程首端主泵房结构完成90%，全线管路敷设完成10km，终端泵房桩基础施工完成。选矿大型化改造工程筛分干选等工艺厂房按计划有序施工，预计于2023年7月前完成新老系统过渡。26项在建工程完成率实现100%。

【成本管理】 以经济效益为中心，深入开展全方位、全流程对标，找差距、补短板、挖潜力、提指标，开展降选比、降电耗等技术攻关：通过完善低粉回收工艺、优化三磨工艺等措施，2022年选比完成2.817t/t，创历史最好水平。通过淘汰高耗能设备、提高尾矿输送浓度等措施，全年电耗累计完成84.39kWh/t，创近五年最好水平。2022年累计降低成本4374万元。

【安全管理】 以习近平总书记关于安全生产的重要论述为统领，以安全生产“零事故”为目标，强化红线意识，落实安全责任，夯实基础管理，加强隐患治理，实施风险管控，实现安全生产“三为零”。重新修订完善各项安全管理规章制度及全员安全生产责任制，落实“两清单一日志”管理模式，实现管理岗位电子化履职。开展三大规程对标，推行新版标准化作业卡，加强安全教育培训，提升职工安全意识和安全技能。完成安全生产专项整治三年行动各项巩固、提升措施。落实主管部门和属地化安全管理责任，强化相关方安全监管。履行工程建设项目“三同时”，完成大型化、精矿粉管输等项目安全预评价工作。加大隐患排查治理力度，重点开展安全生产大检查、“百日清零”行动，全年共排查安全隐患945项，全部落实整改。

【能源环保】 坚持向能源管理要效益，全面落实能源指标单班、单机台考核，考核结果与职工绩效挂钩，调动职工节能降耗的主

精矿粉管道输送工程EPC总承包项目施工现场 （吕志刚 摄）

动性和积极性。加速节能设备改造和节能项目推进，梳理制订高耗能电机更新计划，对现有432台30kW以上高耗能淘汰电机制订三年整改更新规划。利用大停车检修时间更换高耗能设备，降低能源消耗。此外，在确保正常生产的情况下，实行生产躲峰运行，安排用电峰期检修。增强环保意识，强化环保管理。贯彻落实环保法律、法规，编制新建危废库房可研报告，取得排污许可证，推进“花园式工厂”建设，顺利通过生态环境部东北督察组及国资委两轮环保督察。

【三项制度改革】 深入推进“三项制度改革”落地落实。本着“主辅分离、机构精简”的原则进行优化，机关部门由7个整合为4个，优化率43%；作业区由13个缩减至8个，优化率38%；班组由152个精简到97个，优化率36%。精准开展全员定岗、定编、竞聘上岗工作，2022年办理自愿离岗休息112人、协商一致解除劳动合同14人、息工创业1人。全年从业人员实物劳动生产率达到10638吨/人·年，较上年提高505吨/人·年。实施“两制一契”“双合同”管理、全员绩效考核，使职工收入与业绩、贡献挂钩，实现“干到、算到、给到、得到”，充分体现多劳多得，职工收入明显提高。

【科技工作】 围绕生产经营大力开展科技工作，2022年研发费用投入5962万元，申报专利17件、专有技术2项，完成本钢级合理化建议7项，申报2022年辽宁省企业技术创新重点计划项目2项。《南芬难选矿磨选流程关键技术研究及应用》项目被评为全国冶金矿山科学技术奖一等奖。

【党群工作】 继续推进“两学一做”学习教育常态化制度化，严格落实“三会一课”和“第一议题”制度，规范党内组织生活。巩固党史学习教育成果，开展“我为群众办实事”活动93项。组织推荐本钢、矿业公司党代表候选人，完成厂党委和基层党支部的换届选举工作。开展党建工作责任制考核评价，不断提高党建工作水平，三五选党支部被评为鞍钢集团“样板党支部”。开展“五推三保一提高”主题建功立业活动，查改安全隐患280余项，创效1400余万元。落实“十六字”工作作风要求，充分发挥党支部战斗堡垒和共产党员先锋模范作用，实现“大干100天，冲刺四季度”拼搏目标。2022年，党建与生产经营工作深度融合取得丰硕成果。认真履行全面从严治党主体责任，强化党风廉政教育，选矿厂开展《中国共产党纪律处分条例》和《选矿厂职工罚则（试行）》学习教育活动，增强了党员干部的党性修养和廉政意识。持续开展“整、严、树”和“靠钢吃钢、靠矿吃矿”专项治理，全年效能监察为企业挽回经济损失73.4万元。较好地完成鞍钢党委提级巡视和本钢党委巡察迎检工作。坚持党管意识形态工作的根本原则，落实网格化包保责任，强化思想引领，按照“九不准”要求，做好舆情管控工作。学习贯彻党的二十大精神，把选矿厂干部职工的思想、行动统一到生产经营工作中。2022年在《本钢日报》和《矿业公众号》发稿137篇，发送“魅力选矿”微信156条。1名职工被评选为“本钢好人”。工会组织深入开展劳动竞赛，发放竞赛奖励25.7万元。帮扶困难职工，发放慰问金2.35万元。发放普惠福利，全年支出96.31万元。抓好抗疫保产后勤保障，累计投入资金14万元。开展群众性创新创效活动66项，创效659万元。共青团组织开展“青安岗”建设，共查出各类安全隐患260余项。组织团员种植沙棘14000株。选矿爱心助学团队资助5名困难中学生。科协组织充分利用职工创新工作室平台，征集项目272个，确定挂牌项目91个、合理化建议110个，全年创效益800万元。全面推行合规管理，严格落实保密要求，完成特殊、敏感时期信访维稳工作，加强武装保卫、厂区治安防范和打击偷盗整治力度，积极协调化解矛盾，维护企业和谐稳定。

【防疫工作】 高效统筹做好疫情防控工作，两次疫情封控期间，选矿厂干部职工发扬“舍小家为大家”的奉献精神和不惧困难、抗疫在前的拼搏意志，积极驻厂保产，实现疫情防控和生产经营“两不误”。（王学思）

石灰石矿

【概况】 本溪钢铁（集团）矿业有限责任公司石灰石矿（简称石灰石矿）是集采矿、运输、破碎筛分和煅烧于一体的现代化冶金石灰基地。截至2022年底，下设综合管理室、安全环保室、生产技术室、设备工程室4个职能科室和采矿作业区、汽车作业区、采运作业区、碎矿作业区、粉磨作业区、白灰作业区、加工作业区、汽运作业区、协力作业区9个作业区。在岗职工989人，其中管理岗42人、专业技术岗55人、操作岗892人，研究生学历1人、全日制本科学历51人、专科学历80人，副高级职称7人、中级职称64人、初级职称23人，高级技师5人、技师88人。党委下设1个党总支、14个党支部，党员465人。固定资产原值8.29亿元。主要设备有600t/d回转窑2座、500t/d套筒窑1座、300t/d套筒窑1座、280m^3竖窑1座、250m^3竖窑4座、KQG150Y潜孔钻机7台、CL-315潜孔钻机1台、CED460-6型号挖掘机9台、BJZ3530等型号自卸式载重汽车21辆等。主要产品有成品石灰石、成品生石灰、活性石灰。2022年，完成采剥总量462.73万吨，其中明山矿区149.25万吨、阎家沟矿区313.48万吨；石灰石原矿297.4万吨，其中明山矿区137.37万吨、阎家沟矿区160.03万吨；生石灰产量115.6万吨，达历史最高；生灰稳定率98.62%，活性灰CaO含量90.23%，均高于本钢集团计划指标；累计降成本2161万元，降本总额完成挑战目标；安全生产实现“五为零”目标；粉尘达标排放，污染因子合格率达100%。

【生产组织】 面临严峻的钢铁行业形势及新冠疫情带来的冲击，全矿上下勠力同心、共同奋斗，强化技术攻关和工艺操作，加强与炼铁总厂、炼钢厂等用户单位的信息沟通，根据钢铁生产对石灰石、生灰的需求，科学组织合理安排炉窑检修方案，保证生产工序间的衔接顺畅，全面满足炼钢、炼铁的需求，实现保供钢铁“零”影响。在保供板材公司需求的情况下，为北营公司供应生灰4.69万吨，为本钢集团节省外购资金做出突出贡献。

【质量管理】 贯彻落实本钢集团质量工作方针，扎实做好技术质量管理基础工作，根据生产工艺优化和设备性能运行的实际情况，及时更新、修订工艺技术规程。狠抓产品质量管理，根据钢厂、铁厂的质量反馈情况，加强原矿质量管理和生灰煅烧工艺过程控制，确保质量管理体系运行的有效性，成品矿石、生灰质量稳定率稳步提升。

【设备管理】 紧紧把握板材公司联检、设备春秋季大检查等契机，针对矿属设备、设施运行开展全面、细致检查，掌握设备运行状态。充分发挥岗位点检第一道防线作用，把强化日常点检和专项检查落到实处，有效提升主体设备、设施技术状况，确保设备本质化安全。依据4#竖窑运行状况，经专家评审，取消其年度大修工作，改以定检、定修，该项工作既节省了检修费用，又有效延长了竖窑大修周期。顺利完成1#回转窑、2#套筒窑、2#回转窑、阎家沟矿破碎加工系统定修工作，完成1号回转窑大修、0-3粉灰系统检修以及除尘器防腐、防火封堵、工业建筑粉刷工作，为生产顺行提供设备保障。

【工程技术】 白灰生产炉窑中央集控项目、脱硫脱硝工程、土地复垦工程按计划时间节点逐步推进，其中炉窑中央集控项目于2022年12月30日上线运行，该项目彻底解决了白灰控制系统分散、决策指挥效率低下的问题，优化该岗位员工12人，降低生产运行成本。

【降本增效】 锚定全年降成本挑战目标，全面梳理各项降成本项目，逐项分解任务，压实责任，细化措施，实现降成本2161万元，降本总额完成挑战目标。多次与国内同行业单位进行对标，交流先进技术和运行方式，制定切实可操作的降本措施。在保证生灰质量的前提下，充分运用对标工作成果，借鉴鞍钢矿业东烧厂竖窑使用无烟煤作为燃料的现状进行工艺对比、可行性分析及效益测算。从8月份开始推进竖窑使用无烟煤替代小块焦炭的实验并取得成功，8—12月份累计使用1.12万吨无烟煤，同比焦炭降低成本810万元；同时，严控煤、焦综合消耗，2022年，煤、焦消耗完成98.68kg/t，创历史最好水平。

【安全管理】 全面落实安全生产责任制，强化隐患排查整治力度，实现安全生产“五为零”目标。坚决落实“党政同责、一岗双责、齐抓共管”的要求，重新修订石灰石矿安全生产责任制，进一步明确各级人员安全生产工作职责。强化安全生产履职考评，增强干部职工的安全责任意识。结合季节特点，扎实开展各类安全专项检查及整治工作，提升现场本质化安全水平，安全生产保持良好态势。重点组织安全生产1号文件的宣贯、学习、讨论共计1024人次；组织春、秋两季全员责任制及季度性安全规程培训及考试，三项制度改革后组织全员安全规程考试873人、安全生产责任制考试1003人，全部合格；组织举办两场次青年员工培训、相关方入厂前安全教育15场，参加培训289人；组织班组长安全教育培训，共计87人；组织科级干部安全管理知识培训，共计40人，通过培训、考试，有效增强了安全意识、提高了操作能力；2022年，班组自查整改安全隐患3222项，作业区自查整改安全隐患2637项；矿级检查各类隐患766项；开展33项安全专项检查，检查各类安全隐患4108项。

【环保管理】 有效结合国家标准、行业标准修订完善环境保护相关制度，依据中央环境保护督察和督察“回头看”、帮扶检查以及省级环保督察反馈问题，建立“一案一档”管理台账，以更强担当筑牢生态环境安全底线，建立健全环境安全应急体系，建立环保问题排查长效机制，不断推进“绿色矿山”项目和“花园式工厂”建设的实施，降低环境风险，营造良好人居环境。重点组织落实南山料场、料堆、运矿公路冬季抑尘防尘措施，推进在线监测合规化、固废（危废）标准化、敏感点位责任化等常态化管理，落实重污染天气减排措施等相关工作，形成较为完善的环保管理工作机制。

【后备矿山管理】 加大对本溪市周边优质石灰石资源的掌控力度，保障新鞍钢集团未来发展对石灰石原料的需求。继续对本溪市周边石灰石资源进行调研，按照矿石品质好、资源储量大、证照齐全、交通便利及易开采等条件进行前期的洽谈。

【人力资源管理】 积极推进三项制度改革各项工作，从压缩机构设置、精简管理人员、合并作业区及班组入手，三职群岗位同比缩减 45%、职能机构压缩 60%、作业区合并 40%，实现管理“高效化”，组织结构集约化；遵循市场化用工改革，持续治理不规范劳动关系，解除劳动合同 8 人，清退 4 人，全面完成市场化退出率指标；积极探索适合粘土矿的经营模式，通过加大人员流动、岗位重新布置和实行岗位绩效考核，极大地提高生产效率和职工积极性，彻底解决历史遗留问题，生产效益从亏损逐步趋于收支平衡；制订操作性强、适用性高的岗位绩效分配方案，签订岗位合同，实施“一人一表”差异化绩效分配考核机制。使职工收入合理拉开差距，鼓励职工多劳多得，使薪酬分配制度发挥激励和约束作用；扎实推进“四到”工作，激发职工想事干事的积极性。

【党群工作】 一是把学懂弄通做实习近平新时代中国特色社会主义思想、党的二十大精神作为首要政治任务，严格执行“第一议题”制度，扎实开展党委理论中心组学习 12 次，引导党员干部自觉用党的理论指导实际工作，有力提升党员干部的政治素养。二是在本溪市实施静态管控期间，矿各级领导班子带领全体职工严格落实“本钢疫情防控 30 条规定”，组织 157 名党员参加驻厂抗疫保产工作，最长驻厂时间 17 天。三是始终把生产经营中的难点作为党建工作的重点，积极创建党员责任区、设置党员先锋岗，大力开展建功立业活动，积极修改完善活动方案，深入开展“共产党员先锋工程”等主题实践活动，共设立 26 项共产党员工程，真正解决了生产经营工作中的实际困难。四是全矿 15 个党（总）支部完成了党支部换届、组建或委员补选工作，胜利召开石灰石矿第十三次党员代表大会，选举新一届“两委”委员。五是组织 10 名子女升学的党员干部签订“不举办升学宴”承诺书，并进行集体约谈；组织 7 名 D 级人员参加“赓续红色血脉 建设廉洁文化”主题读书活动。六是制订《矿业石灰石矿样板党支部建设方案》，确定采矿作业区党支部为“样板党支部”培养孵化对象。七是坚持党管意识形态，逐级压实意识形态工作主体责任。八是在矿业级以上刊物和微信平台发稿 47 篇，推出《石矿之窗》53 期，使新闻宣传工作真正起到内鼓士气、外树形象的作用。九是积极推进群众性创新创效活动，已累计搜集合理化建议 85 条，预计创效 300 余万元；十是矿团委不断加强自身建设，大力推进“青年安全生产示范岗”创建工作，成立疫情防控青年突击队，主动承担矿区防疫各项工作，充分发挥生力军作用。科协、保卫、信访维稳领导小组肩负起自身职责，全面完成各项工作任务，为生产经营顺行提供了保障。

（吴宇行）

辽阳贾家堡铁矿有限责任公司

【概况】 本溪钢铁（集团）矿业辽阳贾家堡铁矿有限责任公司（简称贾家堡铁矿）为法人独资企业，隶属于本溪钢铁（集团）矿业有限公司。2008年7月19日矿业公司成立徐家堡铁矿项目部（贾家堡铁矿前身），该项目部同时兼管大南山铁矿工作；11月20日矿业公司决定实行大矿带小矿的筹建模式，由南芬露天矿托管，成立贾家堡铁矿筹备组；12月3日生产建设工作正式启动。2014年6月，精矿管线全线贯通，基本完成选矿设备调试、技术改造等工作，具备正常生产条件，2014年10月尾矿管线全线贯通。2016年，完成精矿产量118.25万吨，达产达效。2022年三项制度改革后，贾家堡铁矿下设安全生产室、设备工程室、综合管理室3个职能科室和碎矿作业区、选矿作业区2个作业区。截至2022年末，在籍职工357人，其中管理岗11人、专业技术岗33人、操作岗313人。党委下设5个党支部，党员149人。管理设备756台(套)，其中主体设备124台（套），固定资产原值14.4亿元，净值11.8亿元。2022年，贾家堡铁矿完成采剥总量871万吨，其中矿石411万吨，岩石460万吨；剥采比完成1.12吨/吨。铁精矿完成114.83万吨；铁精矿单位成本完成436.98元/吨；完成利润指标24392万元，比计划指标增利4554万元；实物劳动生产率3588吨/人·年，同比增长19.60%。

【生产组织】 一是增大北部扩界的爆破频率，提高矿石贮量到20万吨以上。合理利用南芬土场回收矿石，2022年共调运矿石21万吨，在确保碎矿工序生产顺畅的条件下，稳定1:5配矿比，提高磨机能力。二是采掘布局上实现8#矿北部多台阶同时回采，增大深部8#矿的配矿量。强力回采7#挂帮矿45万吨，堆存黄泥矿及低品位矿石28万吨，处理含水矿15万吨，保证选厂矿源稳定。三是制定并实施8#矿北部扩帮境界优化，延长露天采场服务年限，灵活组织生产，增加岩石作业面，确保月超剥岩石10万吨以上，拓宽采场空间。四是加强对矿石的预判性，及时调整磨选岗位操作，确保磨机能力达到260吨/台时以上。

【设备管理】 以设备安全、稳定、高效运行为中心，以“逢修必改，逢改必升级”为工作重点，强化设备基础和点检定修管理，树立设备全员管理理念。一是制订采场北部8#矿114采场架线临时迁移方案，提前3个月完成扩帮推进，缩短岩石运距1公里、矿石运距0.8公里，3个月多运岩165万吨，运矿60万吨，节约运输成本362.10万元。二是制订循环水大修工程设计方案并施工，彻底解决设备隐患及能源浪费，确保生产供水稳定。三是清欠多年钢联废钢销售欠款12.50万元。疫情保产期间，克服运输困难、地区封控等不利因素，保证期间设备检修质量，实现设备稳定运行。全年磨机作业率完成95.97%；完成备件到货率96.32%。修理费1778.42万元，比计划节约4.78万元；2022年末两金占用完成846.01万元，比公司计划多利库101.75万元。

【安全管理】 深入学习贯彻习近平总书记关于安全生产重要指示批示精神，围绕防风险、保安全、喜迎“二十大”工作主线做好安全生产工作。建立消防安全隐患排查治理制度，有效消除事故隐患，确保安全生产工作平稳运行。强化安全教育培训，制定矿山重大事故隐患判定标准。开展矿领导上讲台讲安全活动，同时针对作业长、班组长、管理人员及相关方单位开展各类安全知识技能培训，全年矿级累计培训1792人次、作业区级1109人次，培训通过率100%。开展采场、土场、电气、防火等各项安全专项检查，全年共下达安全监督指令书7份，共排查出一般安全隐患581项，整改率达100%。地采建设项目安全设施设计方案获得国家矿山安全监察局批复，露天扩建项目安全设施设计方案获得省应急厅批复并取得安全生产许可证。

【绿色矿山】 按照创建省级绿色矿山的要求，结合本钢集团“花园式工厂”建设、打造一流明星产线的规划，贾矿在完善管理制度、推动全员学习培训、实施配套工程、改善厂区环境及提升企业文化等方面有较大突破。共完成评审清单整改问题53项，完成现场设施设备及环境包干整改27项，12月24日达标省级绿色矿山成功入库。

【财务管理】 树立“一切成本皆可降”理念，开展全员、全要素和全流程降本增效工作，构建“厂矿、作业区、班组”三级穿透式降本管控体系，严格执行增产降耗、节能降耗、优化工艺、优化采场运距、技术改造、对标先进6大项44小项具体降本措施，全年累计降成本1443万元。

【三项制度改革】 深入推进三项制度改革，实现企业效益、职工收入双提升。结合贾矿管理特点，组织机构从“5+4”整合为“3+2”，三职群岗位优化34个，优化率47.22%。开展劳动合同专项整治，解除劳动合同6人，市场化退出完成率150%；符合法定三年退休人员34人已全部办理自愿离岗居家休息，签订自愿离岗率100%。完成人员优化62人，优化率16.67%。为激发员工工作积极性和主动性，制定《贾矿绩效考核实施方案》《增量绩效奖金分配方案》《降本创效摘牌制管理办法》等制度，实现效益效率“双提升”，企业增效、员工增收的“双赢”目标。实现

国家矿山安全监察局辽宁应急局领导及专家莅临贾矿督查（史金海　摄）

工资总额同比增长10.98%。充分发挥绩效考核“指挥棒”的杠杆作用，坚持以全员绩效考核为突破口，实施岗位考核评价激励机制，实现“人人身上扛指标”，落实“四到”（干到、算到、给到、得到）工作，推动职工“每日收入，心中有数”工作顺利进行。

【文明生产】 强化文明生产管理理念，实现全员素质、全矿文明生产工作水平“双提升”。开展矿山文明生产整治行动，通过专项研究布置、检查、评比、整改形成闭环管理，有效地促进厂区、矿区的文明生产水平提升。全年粉刷厂房16500平方米，管道粉刷1600米、栏杆粉刷5700米、清理厂房内外垃圾140吨，生产现场环境显著提升。

【党群工作】 平稳有序地推进“两委”换届工作，8个党支部整合为5个。2022年14名预备党员如期转为正式党员，4名重点积极分子发展为预备党员，为党组织增添新鲜血液。组织全矿290名职工观看《钢铁意志》教育片，为扎实推进贾矿改革发展各项工作提供强大思想保证和精神动力。开展“我为群众办实事”活动，共征集办实事项目29件，完成率100%。开展廉政警示教育，建立《廉洁档案》，组织关键及重点岗位88人签订廉洁自律承诺书；制定《贾矿职工罚则》并印成小册子，人手一本。充分发挥劳模创新工作室及技能大师站平台引领作用，积极调动广大职工创新思维。大师工作站和创新工作室2名负责同志深入班组宣讲，开展22项群众性创新创效项目，获贾矿奖励22项。以职工创新创效活动为载体，“摘牌制”激励为手段，科协全年申报专利10项、推荐科技论文7篇、征集采纳应用合理化建议19条、推行摘挂牌创效项目27项，直接创效868万元，在矿石资源回收利用、提高磨机作业率、节能减排、三大规程修订完善等方面做出了较大贡献。2022年，贾家堡铁矿荣获鞍钢集团“红旗党员责任区”、选矿作业区团支部荣获鞍钢集团“五四红旗团支部”和“青年精英团队”、选矿作业区电气班荣获本溪市“青年安全生产示范岗”、安全生产室化验班荣获鞍钢集团“三八红旗集体”称号；安全生产室李远敏荣获鞍钢集团“三八红旗手”称号。（刘焕诚）

北台铁矿

【概况】 根据《本钢集团有限公司总部及主要子公司管理职能和机构优化调整改革实施方案》，北营矿业公司（除弗卡斯窑外）于2022年1月划归本溪钢铁（集团）矿业有限责任公司管理，更名为北台铁矿，资产划拨尚未完成。

截至2022年底，在籍职工878人（含赋能人员），其中管理岗31人、专业技术岗55人、操作岗792人，高级职称4人、中级职称33人、初级职称67人，高级技师3人、技师56人。党委下设9个党支部，党员255人。北台铁矿下设综合管理室、设备工程室、生产技术室和安全环保室4个管理室；选矿作业区、过滤作业区、铁矿作业区、采矿作业区、回转窑作业区、机加作业区、石矿维检作业区、石矿运输作业区和车队作业区9个作业区。主要设备有电铲、潜孔钻、挖掘机、推土机、运矿车辆、液压旋回破碎机、对辊式破碎机、球磨机、分级机、浓缩机、陶瓷过滤机、800吨环保回转窑等。固定资产原值6.91亿元，净值2.87亿元。安全生产实现轻伤及以上事故为零。

【主营指标】 2022年完成自产铁精矿22.13万吨，超挑战目标2万吨，是2021年的2.6倍；土场回收矿石37万吨，是2021年的4.2倍；回转窑生石灰完成28万吨，同比增长3.3%；采剥总量273万吨，石矿矿石168万吨，石灰粉70万吨，30—80mm窑石108万吨，满足下道工序需求；完成铁精矿粉加工量158万吨，对贾矿、北营炼铁总厂生产“零”影响；实现净利润4280万元，压降成本2518万元，完成挑战目标。

【产品与工艺】 主要产品有生石灰、石灰粉、30—80mm窑石、铁精矿粉。生产工艺主要有：石矿开采、石灰石破碎加工、生石灰生产、铁精矿过滤加工、土场矿石回收、铁精矿生产。石灰石矿矿岩穿孔爆破后，石灰石矿矿石由运矿车辆运输至机加作业区，经旋回破碎和二次破碎系统破碎筛分后，产出三个粒级产品，50—80mm粒级窑石供北营炼钢厂；30—50mm粒级窑石供800吨环保回转窑生产生石灰；30mm以下粒级窑石破碎成石灰粉供北营炼铁烧结。北台铁矿处于筹备露采延续及露采转地采工作阶段，从排土场对矿石进行磁选回收，对废弃资源进行充分回收再利用。选矿作业区二选产线恢复生产，通过对南芬矿和土场回收矿进行合理配矿，生产铁精矿；贾选过滤系统保证贾矿矿粉和自产铁精矿的过滤工作。

【生产组织】 坚持工序服从原则，提高产品质量。对磁选生产线安装一道筛分，土场矿石回收品位由15%提高至18%以上；优化选矿生产工艺，铁精矿品位由63.35%提高到65%以上；用小勾机代替电铲出矿，减少矿石的贫化与损失，同时加强配矿管理，原矿供矿质量提高1.8个百分点；严抓过滤生产工艺纪律，过滤水分控制到8.5%。积极组织铁矿矿源，及时调整土场磁选部位，土场日回收矿石量由700吨提高至1000吨以上；组织南芬矿石调运和配矿管理，细化生产组织，确保选矿生产顺行。对选矿设备进行技术改造，更换7台高磁场磁选机，尾矿磁性铁品位降至1%以下；安装两台回收机，尾矿品位降至8%以下；将二选一次球磨机衬板由条形衬板更换为波形衬板，球磨机给矿量提高20%；铁精矿日产量屡创新高，由一季度的每日511吨提高至710吨，增幅39%。学习辽宁首钢硼铁矿管理理念，

选矿作业区二选明星产线（叶彬 摄）

对标同行业先进技术，选取选矿作业区二选车间作为对标提升示范区域，制定现场整改计划和措施。开展“跑冒滴漏”专项整治，规范使用统一标识，彰显企业文化内涵，目视效果和现场环境得到全面改善；在矿业公司10月份、11月份明星产线中连续排名第一，受到本钢集团领导的充分肯定。

【设备管理】 强化设备点检定修，降低设备故障率。机加、回转窑、过滤、选矿等产线共计实施43项定修，实现两次定修期间“零故障”。2022年主要产线设备可开动率达到99%，磨机作业率98%。推进检修项目管理，优化5#浓缩池大修和回转窑季修检修项目，5#浓缩池大修比计划提前41小时完成；回转窑季修由4次调整为3次，提前完成施工计划。2022年检维修工程及投资类项目48项共计3519万元，项目完成率93.75%。强化物资闭环管理，降低库存资金。开展机旁库全面盘点、库存分析和利库工作，全年实现利库1220万元；上缴废钢铁1533吨，回冲成本418万元。积极配合评估公司对北台铁矿资产实物及证明资料进行现场核实工作，为资产划拨至矿业奠定基础。

【降本增效】 推进对标管理，坚持目标导向、问题导向、结果导向。按生产工序分别与其他企业开展对标，查找短板，制定改进措施，促进各项指标及管理水平稳步提升，实现降本增利。积极组织招议标，通过对物流运输公开招标，2022年降低运输费用200万元以上；通勤客车大大缩短职工通勤时间，增加员工有效作业时间3小时，提高员工工作业效率。控制定额消耗，通过提高装载量，推进柴油经济配比，运矿车辆柴油单耗同比降低163千克/万吨公里，降低10%；将铸球、铸锻改为轧制球、轧制锻，并改进球径，降低钢球消耗。通过开展过滤富余水回收利用、回转窑窑皮回收、恢复破碎生产线等摘牌项目，年创效约430万元。坚持市场化经营理念，积极开展石矿碎石及岩石外销业务，实现增收创效。

【安全环保管理】 落实新《安全生产法》和鞍钢安全管理理念，践行“三管三必须”，落实“五清五杜绝”“四个一刻也不能放松”的工作要求，与各管理室、作业区共签订安全责任状14份。落实对包消耗、维保、劳务、物料运输等相关方业主负责制，明确管理室及作业区职责，细化安全标准化作业，完善岗位标准化作业卡70余项。开展“五清五杜绝”、安全规程、事故案例分析等安全教育培训，累计培训员工2400人次；开展尾矿库、天然气泄漏事故、触电事故、火灾等应急救援演练；组织开展习近平总书记关于安全生产重要论述精神大讨论活动，全员安全意识有效提升。在“安全风暴”专项整治行动中，每天班前会对员工进行五态检查、血压测量等，保障员工以良好状态上岗；举办领导干部安全生产履职能力培训班。开展相关方单位专项检查16次；矿级排查安全隐患297项，查处违章行为21人次；作业区级排查安全隐患1053项，查处违章行为136人次，全部完成整改；组织全员参与“安全随手拍”活动，发现并整改隐患390项。强化疫情防控措施，启动疫情防控应急预案，两次封控驻厂保产人员累计830人次，并按“最小单元”网格化管理，实现安全生产稳定向好。强化对环保设施运行的监督检查及定修工作；封闭机加旋回投料仓，做好料场苫盖工作，增加道路清扫和洒水抑尘频次，矿区环境得到明显改善。

【矿山可持续发展】 推进北营铁矿矿权办理工作，北营铁矿露采矿权延续组卷材料已于2022年10月提报至省自然资源厅，经省厅审查通过后将给予发证。推进北营石矿矿权办理工作，北营石灰石矿深部扩界探矿权已完成上报，补充勘探待矿业公司经理会审议后进行招标工作。推进北营绿色矿山建设，从人、机、料、法、环等各方面推进绿色矿山建设，经市级第三方评估、部门联审、实地核查，北营石矿首次入选省级绿色矿山名录库。推进矿山环境综合治理和土地复垦，已治理复垦五个区域，总面积为32.5公顷，削坡10.7万平方米，客土1.3万立方米。

【三项制度改革】 流程精简，组织结构扁平化。以流程精简、工序优化、业务整合为重点，5个管理室精简为4个，优化作业区班组17个。岗位精简，三职群由109个岗位优化至76个，优化率30%。作业长兼任党支部书记，作业区不再设专职的劳资员、成本员、材料员。实施全体起立重新竞聘，竞聘率93%，原科级干部退出12人，协商一致解除劳动合同9人。选矿作业区和机加作业区实行岗位集中控制，铁矿作业区和石矿维检作业区看管岗位实行远程监控，通过这些可视化的小改小革，操作岗由836人精简至684人，优化率18%。精准激励，构建差异化绩效考核体系，重点抓住产量、成本、质量、技经等指标，实行“一人一表”，突出薪酬差异，体现多劳多得。倾斜技术岗位、艰苦岗位，实行即时奖励，在岗职工人均工资增长约600元，操作岗人均工资增长800元以上。在矿业公司三季度三项制度改革综合评价中，北台铁矿被评为A档；2022年度被评为本钢集团“改革规范化典型”单位。

【党群工作】 夯实党建基础工作，扎实开展学习教育。党委理论中心组坚持学习“四必学一必讲”，2022年党委理论中心组累计学习8次；观看影片《钢铁意志》《狙击手》等系列活动；开展样板党支部和班组标准化建设，完成北台铁矿“两委”换届工作。深度融合生产实际，开展品牌党建活动，其中党员“1+1”岗位创效和群众性创新创效活动，年创效130多万元；各级党组织为群众办实事9件；深入开展“整、严、树”和“靠钢吃钢”专项治理工作，自检自查问题49项，全部完成整改；开展职工思想动态调研和形势任务教育，抓好意识形态工作，做好舆情管控，保证职工队伍思想稳定。开展“赓续红色血脉 建设廉洁文化”主题读书活动；召开党风廉政警示教育大会，落实监督考核机制，党员干部全年未发生违规违纪行为。发挥群团组织优势，凝聚职工力量。工会开展劳动竞赛、徒步走、女职工“三八节”网上竞赛活动；慰问和关爱困难职工27人，发放慰问金2万元；发放职工生日蛋糕卡654张，为疫情保产职工购买生活必需品和药品，支出4.42万元；组织青年职工参加集团团委大学生趣味运动会。做好职工信访维稳工作，实现信访三个“不发生”目标。荣获本钢集团“2022年度先进单位”和矿业公司“2022年度先进单位”称号。

（栾立吉　董笑宇）

炸药厂

【概况】 本溪钢铁（集团）矿业有限责任公司炸药厂（简称炸药厂）隶属于本溪钢铁集团矿业有限公司。炸药厂是根据原国防科工委民爆行业“十一五发展规划”文件精神，于2008年2月26日组建成立。现有在岗职工139人，其中管理岗10人、专业技术岗13人、操作岗116人，高级职称4人、中级职称10人、初级职称17人，工人技师6人。党总支下设3个党支部、6个党小组，党员71人。下设3个科室、2个作业区，分布在南芬矿和歪头山矿。主要为南芬露天矿、歪头山矿、石灰石矿提供爆破所需炸药生产。2022年炸药产量较去年同期增加6833吨，创炸药厂历史新纪录；炸药质量100%稳定，满足矿山爆破需求；安全生产实现"五为零"。2022年12月25日，炸药厂顺利通过省专家组安全生产标准化一级达标考评，成为本钢集团第一家安全标准化一级达标单位。

【生产组织】 针对矿山高产运行，露天矿爆区分散、石矿送药、人员紧张、生产压力大等困难，全厂干部职工不讲条件、不打折扣，通过双休日出勤、延时加班等方式满足矿山爆破需求，2022年双休日累计出勤96次，连班加点抢修设备40台次；全力做好"二十大""国庆节"及"疫情防控"期间山西省和河南省硝酸铵的防疫保供工作，在严格执行防控政策闭环管理的基础上，共接卸硝酸铵车辆910台次2.92万吨，确保生产防疫两不误；处理完成困扰北台铁矿的33.45吨硝酸钠存货问题，为矿业公司节约采购成本10.78万元。

【质量管理】 严格按照《工艺技术规程》加强炸药全过程质量控制，强化对炸药原材料、半成品和爆区现场的日常质量跟踪及检测工作；加大现场检查力度，重点做好乳胶基质质量管控、爆区现场炸药质量管控、爆速测试和民爆设备运行维护，2022年炸药质量稳定，质量合格率100%，满足矿山爆破需求。

【设备管理】 加强民爆专用设备运行管理，完成月生产线、混装车安全连锁测试，保障民爆设备稳定运行；2022年完成设备定修项目351项，设备开动率保持在93%以上。加强修理费管控，采用革新、改代等方式，利库53.02万元；年完成修旧利废产值40.8万元。严格落实节能降耗的各项措施，通过劳动竞赛、建功立业等活动调动职工积极性，全年能源费用合计降耗33.5万元。

【安全管理】 9月份完成国家工信部组织的民爆企业安全生产专项检查工作，顺利通过专家组的检查验收，获得国家、省、市领导的好评；修订完善《安全生产责任制》《安全生产检查制度》等31项安全生产规章制度。开展"安全风暴""百日攻坚""冬奥会""二十大"等安全专项检查及日常安全检查33次，发现隐患问题197项，已全部整改。下发安全管理通报27期，考核29000元。

【对标科研】 确定炸药原材料采购单价、混装炸药车单车作业效率、炸药单位成本等5项重点技经指标，逐级分解到作业区、班组、机台，全方位推进精细化管理，硝酸铵采购价低于对标单位；优化库存结构、盘活库存资金，机旁库辅料、备件，在年初压降指标20%的基础上，超额完成35.35万元。科研工作完成专利10项，超年计划3项；完成专有技术认定1项，2项科研项目通过矿业公司立项评审。

【三项制度改革】 机构、人员编制进一步优化，5个职能科室优化为3个，优化率40%；3个作业区整合为2个，优化率为33%；14个班组优化为7个，优化率为50%；三职群人员由原来的35人优化到23人，优化率为34%；加大后备干部培养，2名85后走到管理B级以上工作岗位，7名85后走到工程技术岗位，3名“85后”走到专业职能岗位，分别占各职群的25%、87%、37%；积极推动人员优化，2022年进入赋能中心29人，超额完成定员指标。继续加大劳动纪律检查力度，作业区采取夜班看守岗位人员岗位三次拍照的汇报措施，全年共检查劳动纪律72次，考核8300元。打破大锅饭，强化绩效考核，在制定并下发《炸药厂全员绩效考核方案》《炸药厂薪酬管理考核办法》等文件的基础上，量化考核指标，做到“一人一表”，实施百分制绩效考核全覆盖。全面实施“四到”，激发职工积极性。通过绩效改革，职工收入获得较大提高，增加幅度达10.69%，同工种职工收入差近1884元，不同工种之间，通过奖金系数调整，奖金差1300—2000元。

【党群工作】 全面贯彻落实党的十九大历次全会和党的二十大精神，落实党总支主体责任，加强思想引导，教育广大党员干部在工作中履职尽责、担当作为，塑造求真务实的工作作风。按照矿业公司党委的安排和部署，按期进行炸药厂党总支换届选举和三个党支部的换届工作，完成歪头山作业区样板党支部党建阵地建设工作。加强舆情引导管控，严格落实意识形态主体责任，教育职工在思想上与集团公司改革保持统一。贯彻践行“十六字”工作作风要求，全力以赴推进各项生产任务完成。积极开展“我为职工办实事”活动，完成南芬作业区地面沥青摊铺工作，彻底解决作业区多年路面扬尘的难题，同时，工会为职工发放米面油等生活物资，共支出10.4万余元。2022年走访慰问困难党员、困难职工8人，发放慰问金4000元。

（侯明辉）

储运中心

【概况】 本溪钢铁（集团）矿业有限责任公司储运中心（简称储运中心）主要职能是各厂矿大宗原燃料、辅料及备件的验收、仓储、发放，废旧物资回收销售以及矿产品理化指标检测、检斤计量工作，同时负责矿业公司档案业务和原矿业汽运分公司退休人员管理。储运中心最初成立于2011年10月8日，由矿业公司各厂矿物资供应（销）部门和机动部门集中组建而成；2018年1月29日划归本钢板材储运中心；2021年11月23日本钢集团推进企业三项制度改革重新组建矿业储运中心，并将板材检化验中心和计控厂与矿业区域相关的检化验、检斤计量职能划拨至矿业储运中心。2022年5月13日检化验作业区歪矿区域职能及人员成建制划归本钢辽阳球团公司。2022年10月28日歪头山作业区石矿区域闫家沟班组（油库）人员、业务及职能划拨石灰石矿。矿业储运中心下设综合管理、物资管理、安全设备3个科室和南芬、歪头山及检化验3个作业区。职工总数197人，其中男职工135人、女职工62人，管理岗12人、专业技术岗20人、操作岗165人，研究生学历1人、本科学历33人、大专学历84人，副高职称2人、中级职称29人、初级职称20人，党员97人。在账固定资产204项，原值3307.85万元，净值557.05万元；在用库房38座，库容面积12500m²；拥有石油总库2座、加油站7座、在用油罐35个（总容积4460m³），起重设备、车辆（叉车）、涉油设备、计量设备等125台（套）。2022年储运中心坚持以市场为导向，以经济效益为中心，充分发挥仓储保供优势，积极拓展管控职能，紧密围绕矿业公司降本提产增效目标，在超额完成前三季度各项指标目标的基础上，落实本钢集团“大干100天，冲刺四季度”要求，坚持“五个要效益”工作思路，落实“五抓五保”工作措施，全年实现安全生产“三为零”、保供服务“零”影响，三项制度改革目标全面完成，多项经营指标创历史最好水平，累计降本创效2785.89万元。

【生产管理】 克服组建初期人员少、业务衔接纷繁复杂等困难，积极组织库房盘点和人员梳理，先后完成与板材储运、板材质检计量中心的资产调拨、业务切割、人员划转等工作。配合选矿厂大型化改造项目，实现检化验作业区整体搬迁与保产两不误。精准做好检验计量管理。加强对矿业公司各厂矿原矿、铁精粉、尾矿、土场回收矿，全铁、亚铁、水分、二氧化硅、硫值磁性铁等指标分析，做好外购原料的质量检验和计量工作，为厂矿生产组织提供准确数据，为下道工序生产提供参考。组织人员两次赴鞍钢矿业供销公司开展多维度对标，同时持续开展与板材储运中心对标交流，5项指标全部领先。有效应对疫情冲击。落实疫情防控保产预案，加大保产保供力度。积极与地方防疫部门协调，为燃油、物资到货提供保障。公路运输受阻燃油无法到货时，与铁路等部门沟通，打开铁路运输通道。本钢集团其他单位燃油断供时，跨板块为本钢多家单位转供柴油554吨，保证三次静态管控期间本钢集团生产“零”影响。加大审核力度，退回计划创历史新高。坚持“有存必退”原则，对厂矿提报计划进行严格审核。2022年退回厂矿计划292项，金额803.64万元，同比增加629.24万元，创历史新高。多举措把好质检验收关口。采取保管员、质检员交叉验收，作业长督导验收等方式，杜绝“让步验收”现象。对标行业先进，强化质检验收统计分析，增加金属分析、理化指标分析，清除人为干预因素，避免不合格物料流入矿山生产流程。累计确认异议125笔，退换补赔额290.17万元；网采累计退换货34笔，金额14.06万元；约谈57家，停码供货28家，拉入黑名单3家。

【设备管理】 编制特种设备台账、点检标准、三大规程等11项管理制度。开展设备状态评估，建立健全设备基础信息，实现网格化管理。新编制24台油泵、179个阀门台账并全部纳入重点管控。完成2022年度产线运营、专业运营项目，严格把控施工质量，确保按期决算。通过点检定修制有效实施，实现运营维修工作从临时性修理转入计划修理，提高检修工作效率及质量。作业区19台台秤和7台吊钩秤及马耳岭球团厂120吨汽车衡、闫家沟100吨汽车衡年检全部合格；根据国家特种设备管理条例，完成17台天车双限位安装；油库、加油站防雷检测发现27项问题全部解决，在矿业公司2022年春、秋季设备能源大检查复检中受到良好评价。开展固定资产清查，完成中心所有厂房、建筑物信息录入（APP），盘活租赁南芬作业区4座闲置储油罐创效；矿业基地信息化提升、“花园式工厂”和班组环境提升等项目按时完成验收、决算和挂账。

【成本管理】 从机关做起带头降本增效。

坚持“干毛巾也要拧出三滴水”的思想，除综合管理室外机关全部取消固定电话，撤销机关门卫，管理室人员轮值兼门卫岗，压减值守岗位3人；通过检维修项目招标节省修理费12.2万元；备件、材料采购计划上报坚持优先利库原则的同时大力推行网采，有效缩短周期、降低价格、保证质量、提升检修效率，2022年降低消耗20万元；根据生产节奏执行主体设备停机断电机制，电耗指标大幅下降。深入开展创新创效劳动竞赛活动。作业区组织职工发挥聪明才智，自主设计、制作气瓶手推车、登车平台跨梯等创效项目。基层班组开展加油机电路板、电磁阀自修，铜三联卡扣回收，加油机滤芯清洗重复使用，罐底柴油收集等节约创效2.2万元。注重细节做实降本增效工作。协调铁路部门，用自备罐运输燃油，累计5个月实现铁路延时费为零；严格落实备件全流程管控细则，推进下机物料“领新交旧”闭环管控，堵塞备件流失途径；加强修复备件返厂入库管理，年回收黄铜1吨。以市场为导向，紧盯价格走势，抢抓燃油价格调整“窗口期”，科学调整库存，全年择机采购柴油18186吨，节约采购资金489.8万元。完成矿业公司废旧物资ERP系统上线独立运行。扩大品种，应收尽收，并组织纪检、保卫等多部门现场监装，杜绝废旧物资流失，实现闭环管控。全年废旧物资回收销售1168.22万元，超计划指标341.22万元。

【安全环保】　密织网格压实主体责任。认真贯彻落实习近平总书记关于安全生产重要论述，坚持“人民至上，生命至上”思想。前移工作关口，下沉管控重心，克服疫情影响，将每月考核情况纳入组织绩效和岗位绩效重要内容。实施安全网格化管理，班子成员分片包保，作业区层层分解，将安全责任落实到班组、岗位，全中心重点场所、设施、设备的所有风险点位全部落实到人。有的放矢清除风险隐患。下发“四个清单”，领导班子分别带队进行检查，对查出的隐患和问题由作业区第一责任人挂牌整改。严格执行12项准入条件，加强相关方安全管理，落实业主监管责任，对动火、有限空间、临时用电、大型吊装等危险作业提级管理，严格执行审批报备手续，确保安全生产。争取政策资金和立项，开展“明星产线”“花园式工厂”和班组环境提升建设，加大绿化美化力度，种植苗木500棵（株）、挖运土方300多立方米，绿化面积600平方米，作业区进行介质管线、厂房地面及周边设施粉刷亮化，完成作业区路面硬化和平整场地近1000平方米，清理工业垃圾1200立方米。传达落实本钢集团事故通报，举一反三吸取事故教训，组织“大学习、大培训、大考试”，加强安全教育培训，让职工清楚作业流程及风险要点，掌握应急处置方案，提升安全素质。2022年开展综合性联合检查160余次，查出各类隐患304项，已全部整改完成。考核相关责任人13200元。

【三项制度改革】　与矿业公司率先同步开展三项制度改革，坚持精干高效原则，优化业务流程，压缩编制定员，取得显著成效。科室、作业区机构削减比例50%；基层班组压减率39%；三职群竞聘淘汰率47%，压减原有岗位编制人员38%，进入赋能中心人员比例达10%，市场化退出率完成1.5%，超额完成0.5%。通过三项制度改革，形成“赛马”机制，多家单位共22名三职群人员在矿业储运中心竞聘上岗，占三职群比例76%，管理人员“两制一契”“双合同”管理全面落实，有效促进干部流动、增强内部员工危机感、激发工作活力，达到“四能”效果。与储运中心初次成立时相比，人员精简60%以上。认真学习借鉴兄弟厂矿、作业区的优秀经验和成果，全新理解和认识实现“四到”的方式方法和有效途径。全员薪酬一体化、“四到”考核激励、“271”绩效分配机制有序推进。拉大分配差距，职工每日收入心中有数，达到从“要我干”到“我要干”的思想转变。针对作业区及班组点多、面广，库房分散、物料不集中等管控难题，制订《库房整合工作方案》，依据库房布局、地理位置、功能集中的要求，将87座在用库房整合至38座，清理库房面积6845.75m^2，整合率56%。深入持续开展在库物资清理。配合矿业公司财务部和设备工程部累计清理近10年辅料备件726件，有效促进在库物资周转，降低存货资金占用442万元。

【党群工作】 以习近平新时代中国特色社会主义思想为指导，深入贯彻落实党的十九大和二十大精神，用党的创新理论武装党员干部头脑、指导实践。精心准备和积极筹建，分别于7月2日和11月9日召开储运中心党总支和工会成立大会。结合三项制度改革，重新构建基层党支部组织架构，配齐党支部书记。打造南芬作业区党支部为样板党支部。开展思想政治理论课题研究，2篇党建论文获优秀奖，并获党建论文征集优秀组织奖。牢牢把握意识形态主动权，加强不稳定因素排查和舆情管控，形成逐级分工分头负责的网格化包保格局。以“整、严、树”工作为契机，持续开展“靠钢吃钢、靠矿吃矿”“靠油吃油”专项整治行动，与23名领导干部及关键重要敏感岗位人员签订《党风廉政建设目标责任书》。2022年在矿业公司以上媒体发稿（视频）52篇（条）。深入开展提合理化建议、安全巡查和群众性创新创效等活动。疫情封控期间，累计投入10余万元，为职工提供充足的后勤生活保障。结合三项制度改革和“十六字”工作作风要求，持续深化改进工作作风，树立储运中心全新形象。各厂矿和供货商通过电话、送锦旗和感谢信等方式对储运中心良好的工作作风给予充分肯定。储运中心1人被评为本钢集团先进个人、2人被评为矿业公司先进个人；储运中心被评为本钢集团和矿业公司先进单位；南芬作业区被评为矿业公司先进作业区；1人荣获集团公司统战“爱献做”三等奖；在防疫保产过程中还涌现出李春雨、王立升以及储运中心志愿者分队等抗疫先进个人和集体。加强厂务公开、职工代表巡查工作，确保奖金上墙、安全制度、劳动保护措施和环保、民生工程全面落实，完成作业区班组卫生间、浴池和机关办公楼改造；让职工分享企业效益和改革红利，在岗职工人均工资同比增长15%以上（含保险、公积金），安全感、获得感、幸福感持续提升。为贫困、患重病职工发放慰问金1万元，发放节日职工福利、推广“药箱进班组”普惠活动。组织开展“青安岗”竞赛和“优秀团员”评选等活动，激发团员青年爱岗敬业热情。武装保卫、国安保密、治安综合治理等方面根据业务特点和岗位实际积极对接两级公司部署，扎实有效开展工作，取得明显成效。（李　洪）

栏目编辑　刘　欣

本钢年鉴 *2023*

鞍钢集团 ANSTEEL 本钢集团有限公司 BENSTEEL GROUP CORPORATION LIMITED

多元产业

本钢集团国际经济贸易有限公司

【概况】 本钢集团国际经济贸易有限公司（简称本钢国贸）成立于1997年11月12日。1999年5月26日，本溪钢铁（集团）有限责任公司销售处与本钢集团国际经济贸易有限公司合并，实行一个机构两块牌子，保留本溪钢铁（集团）有限责任公司销售处和本钢集团国际经济贸易有限公司名称。2005年，本钢板材公司设立销售部，内贸销售职能由销售部履行。2022年9月前，国贸公司与销售中心一个机构两块牌子，统一管理。2022年9月，原国贸销售系统拆分为国贸公司、市场营销中心和北营经营中心，国贸公司成为本钢集团直属机构，承担本钢集团生产的各类钢铁产品、焦化产品、气体产品、各类钢铁副产品的国内外销售及设备、大宗原燃材料的进口采购，以及对外劳务输出、工程承包、技术引进等工作及本钢集团物流服务、反倾销等贸易救济案件的预警、组织与协调等工作。下设综合管理部、产品贸易部、原料贸易部、设备备件贸易部、物流事业部、长材贸易部、社会贸易与风控部、财务部8个部门；境内在天津投资设立1家钢材加工配送公司，在中国香港、欧洲、美洲、韩国、越南、日本设立6个境外贸易子公司，托管腾达公司和大连进出口公司。现有职工237人（含腾达公司），本科及以上学历135人、大专学历32人，高级职称31人、中级职称70人。

【出口工作】 加强市场研判。在本钢集团的正确领导下，抓住上半年国际市场价格大幅高于国内市场有利时机，4—6月抢签出口合同超70万吨，其中4月份在价格最高点时签约31.59万吨，是2022年签约量最大的月份。5—8月连续四个月高点放量结算，保证了集团公司效益最大化。9月以来抓住国际市场微涨机会，借助美元汇率由6.74升至7.17的契机，连续三个月签约量超过20万吨，实现集团利润最大化。1—12月份出口签约量200.48万吨，同比增长23.2%。结算量152.27万吨，平均高于内贸结算477元/吨；跑赢内贸、跑赢大盘。全年高点高于同期内贸结算价位1464元/吨，全年高于内贸结算。

【进口工作】 狠抓进口采购管理，不断拓展采购思路。一是在疫情形势下，保证进口设备备件保产保供，并完成2022年降本指标。2022年完成进口设备备件采购额27083.12万元（含税），签约额同比减少54%，比计划降本2155.95万元，完成降本考核指标。二是高效有序开展网内进口供应商审核工作。2022年共淘汰供应商65家，淘汰原因主要为多年无合作、代理资质到期、鞍本整合供应商后退出、开发原厂后淘汰代理商、年终考核不及格供应商等。2022年新增正式供应商5家，2022年度考核后进口设备备件合格供应商共455家，其中生产型270家（占比59.34%），代理型172家（占比37.8%），贸易型和电商13家（占比2.86%）。三是创新开展备品备件采购工作。坚持原厂采购原则，协议品牌及原厂直采1.66亿元，直采占比61%。与鞍钢集团协同采购LECHLER喷嘴、DIEPA钢丝绳、PALL滤芯等进口品牌产品，累计实现协同降本164.76万元，采购渠道由代理商优化为原厂直采。坚持应招尽招原则，充分利用本钢招标平台和欧冶采购平台进行公开采购，2022年通过公开招标竞价采购金额10398万元。四是进口大宗原燃料择机采购创效，降低配煤配矿成本。一季度正向择机采购78.9万吨进口矿粉到货消耗，累计择机效益降本1.7亿元，其中反馈给板材公司降低成本1.04亿元，反馈给北营公司降低成本6905万元。6—7月反向择机采购4船70万吨矿粉，效益达3300余万元。五是强化自主经营，社会贸易见成效。积极开发市场，开展进口原燃料转销贸易，共销售180.4万吨，利润1250万元。进口矿销售不仅提高盈利点，还在市场下行期为大量采购地矿创造了空间和机会，降低本钢总体配矿成本。六是续压降库存，降低资金占用。采用长协为主、现货为辅的方式进行采购，谨慎执行计划，确保库存量价贴近市场水平。密切跟踪市场和生产变化，调整订货节奏，确保经济库存由21天压缩到15天，海漂货物由60天压缩到40天，提高资金周转率。进口矿2022年年末库存同比降低72万吨。七是进口原燃料采购协同创效2307.54万元。与鞍钢国贸公司联合调整长协数量，巴西混粉长协量由120万吨调整为5万吨；卡粉由300万吨调整为190万吨，一方面为增加经济效益好的中品矿提供空间，一方面规避巴混限港销售带来的亏损风险。充分发挥本钢国贸公司保函担保最大效用，与鞍钢集团财务公司签订协议开展海关税款担保工作，累计减少资金占用9.05亿元，节省财务费用831.66万元。

【党群工作】 一是聚焦主责主业，着力实现党建与中心工作深度融合。2022年国贸公司因内外贸业务切割，由党委变更为党总支。国贸公司党总支始终全面落实本钢集团党委、本钢机关党委部署，对国贸公司重大事项进行集体研究把关，以党建引领推动经营工作高质量发展。二是认真落实本钢机关党委工作安排，着力提升党建工作水平。9月份国贸公司党总支并入机关党委以来，认

韩国专项组走访东国制钢（刘伟　摄）

真落实机关党委月度工作安排。实现“万名党员进党校”的培训工作全覆盖；学习贯彻党的二十大精神；开展“赓续红色血脉建设廉洁文化”主题读书活动。三是坚持融合发展，推进党建+业务工作深度融合。坚持工作思路融合、工作目标契合、工作资源整合，健全党建与业务一起研究、一起部署的工作机制，促进党建与业务目标同向、工作同步。落实“十六字”工作作风要求，全员发力，冲刺四季度，大干100天，锚定军令状目标，最终实现双跑赢，完成拼搏目标。四是三项制度改革工作有序推进。按照本钢集团三项制度改革工作要求和进度安排，经过三轮竞聘，国贸公司完成置换/空岗10%及预留岗位5%的工作目标；提职14人，其中80后、90后11人，年轻干部占比79%。（王丽莉）

本钢板材股份有限公司采购中心

【概况】　本钢板材股份有限公司采购中心（简称采购中心）是板材公司直属机构，代行本钢集团采购职能，主要负责本钢集团生产、基建、技改所需大宗原燃料、设备备件辅料等物资的采购经营工作。采购中心下设11个部门，分别是煤炭采购部、矿粉废钢采购部、原料采购部、金属建材采购部、电气化工采购部、生产备件采购部、工程设备采购部、技术商情部、供应商质量管理部、采购运营部和综合管理部。2022年末，采购中心在岗职工195人，其中管理岗8人、专业技术岗187人，研究生学历32人、本科学历133人、专科及以下学历30人，副高级及以上职称38人、中级职称127人、初级及以下职称30人。党委下设11个党支部，党员189人。

【采购经营指标】　2022年实现采购总值468亿元，比预算降低48亿元。保产保供实现“零影响”；质量、途耗、库存全部完成考核指标。

【保产保供】　面对复杂多变的市场形势，紧盯供需变化，及时调整采购策略，稳定供货渠道，实现保产保供“零影响”。大宗原燃料保供能力显著增强。一是在煤炭方面，紧跟集团公司生产经营节奏，尤其是在“春节”“国庆节”和党的二十大等特殊时段部分煤矿停产、限产以及运输受限等情况下，保产难度加大，采购中心快速制订各煤种的应急保供预案。通过加强国矿战略合作、调整配煤结构、安排人员长期驻守在山西协调发运等措施保供，2022年组织发运煤炭1284.83万吨，确保本钢集团生产稳定顺行。二是在地矿、鞍矿矿粉方面，以生产消耗为目标，制定适应市场变化的应急保产方案。通过与生产型供应商签订长协锁定资源、改变地矿定价模式增加采购量、掌控市场资源话语权等举措保供，全年采购368.66万吨，最大限度满足板块生产需求。三是在废钢方面，围绕本钢产能目标，进一步降低铁耗，积极开发新料型，部分料型开展“验质前移”工作。通过性价比招标和“鞍本建”协同定价两种方式提前锁定废钢资源量，全年采购废钢140.85万吨，完成保供目标。四是在合金方面，受疫情影响，合金实际产量和运输受到严重影响，尤其是下半年形势更加严峻。通过调整运输方式和实行品种替代保供，全年采购合金18.17万吨。资材备件供应能力明显提升。一是在生产物资方面，围绕各类油品、包装材料、轧辊等保障连续生产用物资，通过内接现场、外联市场，拓展供货渠道等应对措施，确保持续稳定供应。二是在工程技改方面，围绕特钢电炉升级改造等重点工程，密切跟踪工程项目计划时间节点，积极组织协调设备制造进度，为工程按期完工提供了有力保障。三是在联合检修方面，围绕本钢联合检修任务，积极落实所需资材备件生产制造、发运及到货情况，保证公司联检顺利完成。四是在应急物资方面，为保证重大节日期间危化品的供应，提前制定应急保供预案，确保硝酸盐、盐酸、液碱等危化品的供应。先后组织防汛水泵等防汛物资按期到货，确保本钢各生产单位安全度汛。2022年几次疫情形势异常严峻期间，采购中心第一时间打响抗疫保供攻坚战，广大党员干部“舍小家、为大家”，班子成员、部门经理带头，组织骨干人员24小时连续奋战在工作岗位上。一是紧急协调发运，板材公司焦煤一组的库存告急，北营公司高硫焦煤的库存较低，采购中心立即启动应急预案，积极与供应商、铁路部门协调沟通，发运2列焦煤一组和2列高硫焦煤，保证生产稳定顺行。二是畅通物流渠道，通过高效协调，及时办理通行证，安排专人接引车辆等措施，解决供应商生产、运输难题，确保无水炮泥、白云石、中间包耐材、脱氧及小原料、冷轧镀铬辊修复、钻头、钻杆和副枪探头等品种的及时供应，为“特殊时期”本钢集团生产稳定顺行保驾护航。

【降本增效】 2022年，受资源物资紧缺、市场波动、新冠疫情频发等诸多不利因素影响，采购中心多措并举精准施策，通过品种替代、以量换价、产线承包、鞍本协同采购等多项有力措施，全力降低采购成本。煤炭方面，在保产前提下，积极开发新资源进行品种替代、通过争取量价优惠政策等措施全力降低采购成本，通过提高焦煤国矿低价长协采购量实现降本2.58亿元。矿粉方面，通过增采周边地方矿粉、采购鞍钢矿粉替代进口矿等方式实现降本3.51亿元。辅料、备件方面，重点推进耐材、热轧轧辊、料场托辊等包消耗；测温探头、保护渣等通过提高年标比例以量换价；冷轧包装材料通过薄规格护圈替代厚规格等品种替代；开展备件修复、推进冷轧支承辊等设备备件国产化等措施降本，全年辅料、备件实现降本3.32亿元。协同采购方面，重点是联合推动鞍钢付款政策、采购鞍矿矿粉替代进口矿，汽柴油、煤炭、废钢、合金、液碱、盐酸等品种也实现协同采购，通过鞍本协同采购实现降本创效2.34亿元。

【三项制度改革】 按照本钢集团三项制度改革的总体部署，通过压减机构、竞争上岗等举措，高效推进三项制度改革工作。根据采购业务特点，将组织机构由14个调整为11个。管理岗位由43个调整为8个，其余岗位调整至采销序列和专业职能序列，实现机构优化、岗位优化。172个三职群岗位全部面向全公司公开招聘，邀请外部专家参与面试评分，纪委部门严格按程序全程监督，同时邀请职工代表现场监督，确保竞聘工作公平、公正、公开，圆满完成竞聘工作。引入外部优秀人才20人，其中硕士研究生9人。2022年，经本钢集团公司选聘、竞聘等共发生人员变动54人次，以年初总人数205人为基数，置换率达26.3%。

【党群工作】 党建规范化水平不断提升。一是加强政治理论学习。深入贯彻学习习近平总书记重要讲话精神，把习近平新时代中国特色社会主义思想和党的二十大精神作为中心组理论学习的重要内容和党委会议“第一议题”制度的重要学习内容，不断增强“四个意识”，坚定“四个自信”，做到“两个维护”。二是夯实党的组织建设。扎实开展换届选举工作，保障组织体系建设。在党的二十大召开前夕，采购中心组织召开党员大会，顺利完成“两委”换届选举，进一步增强采购中心的凝聚力和向心力。三是推进党建工作与采购工作深度融合。积极引导党员在各项工作中争先锋、做表率，带动全体职工切实将党建工作融入采购经营的各个环节。以“万名党员进党校”为主线，联合本钢党校开展各种形式的干部职工培训，将学习成果转化到实际工作中。四是开展党建交流活动。与山西华阳集团能源销售集团举办以“喜迎二十大、奋进新征程”为主题的党建共建交流活动，增强双方互信，下一步将围绕产业发展方向，创新合作模式，共谋长远发展大计，构建合作共赢的新格局。五是落实全面从严治党。中心党委与各支部签订《党风廉政建设目标责任书》，与全体员工签订《廉洁自律承诺书》。扎实开展警示教育活动，时刻提醒党员干部守住底线，不碰红线的敬畏意识。围绕采购主业，中心纪委加强日常监督检查，确保政令畅通、一贯到底。开展备品备件采购及管理专项治理、工程建设领域“清廉工程”专项整治，强化作风建设。六是维护意识形态安全。按照上级党委工作部署，做好正面舆论引导宣传和负面舆情监测管控，维护意识形态和网络意识形态阵地安全，中心意识形态总体形势向上向好。七是坚持关心关爱职工。聚焦职工急难愁盼的实际问题，为职工更换更衣箱损坏锁头 52 把、门把手 160 个；集中解决职工浴池、食堂设施修缮等问题；进入暑季，做好“关爱员工送清凉”活动，为中心职工发放防暑降温冰果、西瓜；做好“关爱员工金秋助学”工作；在“春节”“七一”前夕，走访慰问困难党员。通过关心关爱和帮扶活动，不断提升中心职工幸福感、归属感。此外，国安保密、科协、共青团、统战、

召开党员大会，顺利完成两委委员换届选举（程凯　摄）

信访维稳和综合治理等各项工作都取得了明显成效。（侯伟光 陈 亮）

辽宁恒基资产经营管理有限公司

【概况】 辽宁恒基资产经营管理有限公司（简称恒基公司）是本钢集团有限公司全资子公司，注册资本300万元人民币，主要负责对本钢集团授权的部分对外投资股权和外埠经营性房产的经营和管理。2022年末共有在职员工12人，其中本科学历12人，高级技术职称7人。设有综合办公室、经营管理、财务3个科室。

【公司内部治理】 按照不断完善国有企业法人治理结构的要求，本钢集团按规范为恒基公司配备董事人员（其中外部董事4人，监事1人），修订、制定《恒基公司章程》《董事会决策事项清单》《辽宁恒基资产经营管理有限公司授权经营体制方案》等18项制度，并严格按照相关制度执行。

【企业层级压减】 按照本钢集团压减企业处置工作要求，恒基公司主要任务是继续对本钢集团长春钢模厂实施清算注销。面对本钢集团长春钢模厂及所属分子公司的财务、印信等资料丢失，法定代表人无法说清楚相关情况等不利因素影响，恒基公司理清思路，积极协调税务、市场监督部门，认真细致开展工作。针对第三方审计对本溪经济开发区本钢上海工贸公司存货、货币资金、股东出资情况等问题，多次与第三方审计部门、银行沟通，找寻上海工贸原企业负责人和当事人询证，并及时向本钢集团主管部门进行书面汇报。本溪经济技术开发区本钢建筑施工部、本溪经济开发区本钢上海工贸公司已完成注销工作。针对本钢长春钢模厂清算注销涉税事宜，多次和长春市宽城区税务局沟通，因涉税年代久远，相关资料不全，涉税复杂，处理难度极大，通过公开招标的方式委托第三方审计机构对长春钢模板厂进行清算审计，待长春市税务局、本钢集团公司对审计意见通过后再进行工商注销。

【参股企业监管】 针对参股企业海南冶金矿山联合公司在自主清算和强制清算过程中存在个别清算组成员和强制清算负责人损害公司、债权人利益的行为，联合股东鞍钢矿业、攀钢矿业及海口腾宏联房地产咨询公司向海口市中级人民法院申请撤销强制清算。委托鞍钢矿业公司作为行动一致人，积极维护本钢集团权益。根据本钢集团的安排，与国务院国资委下属企业诚通国和公司签订海南冶金矿山联合公司的股权处置委托协议。针对北京中联钢电子商务有限公司2022年第一次股东会议提出的“宝武钢铁出售北京中联钢股权事宜”等事项进行深入研究，提出出资人意见，请示本钢集团后进行表决，按本钢集团要求对恒基公司持有的股权进行转让并在上海产权交易所挂牌。与鞍钢矿业、攀钢矿业保持联系，密切关注共同出资的深圳市冶金矿山联合公司的经营状况和法律纠纷案件。深入本溪高新钻具公司现场调研分红情况，以函告等方式促进企业规范经营并限期整改。

【参股企业退出】 按照本钢集团对参股企业的要求，恒基公司有11家企业需要处置。此类企业历史遗留问题多，恒基公司经过多方查找并提供相关资料，以“账消案存”方式完成本溪钢铁（集团）有限责任公司安图县长溪联营铁合金厂、北京爱德威金属杆交通照明有限公司、无锡梁溪冷轧薄板有限公司等 11 家企业的处置工作，委托律师事务所出具法律意见书，已提交本钢集团董事会审核通过，完成相关企业的“账消案存”工作。针对大连摩根公司的股权退出事宜，与大耐公司进行沟通，结合实际情况向本钢集团提出切实可行的方案，并密切关注该公司股权交易退出事项。

【外埠房产管理】 有效盘活外埠房产，做到应收尽收，应租尽租。根据市场行情，及时上调租金。针对疫情期间房产出租难的问题，积极找寻措施，外埠住宅性房产使用率提高至 75.6%。针对相关规定对小微企业、个体工商租户减免税收政策的要求，对符合条件的租户进行认真细致的审核并实施减免。按照鞍钢集团房屋出租管理办法，对正在出租和拟具备出租条件的房产进行房屋出租价格评估，并根据评估结果最终确定今后房屋出租价格。

【应对遗留问题及诉讼】 对原本钢集团丹东钢管有限公司离休干部吕昌奎医药费等问题，会同本钢相关部门共同研究相关政策，及时与家属沟通，此事已经得到妥善解决。积极配合本钢集团法务部、律师事务所应诉原海南东有实业公司原法定代表人主张“海口永南苑住宅”确权案及大连现代轴承债权合同纠纷案。

【党建工作】 恒基公司党委强化对汽运公司、电气公司、耐火公司和设计院 4 家改制企业党委的管理，指导 4 家改制企业基层党组织完成标准化规范化建设的基础性工作。制定恒基公司党委（支部）议事规则、“三重一大”决策制度等实施办法，认真贯彻落实本钢党委政工例会精神，强化国有企业党委在决策中的领导作用。2022 年 10 月，本钢集团党委做出撤销恒基公司党委的决定，恒基公司积极做好相关改制单位党务移交工作。

（东　风）

辽宁容大投资有限公司

【概况】 辽宁容大投资有限公司（简称容大公司）成立于 2009 年 8 月，是本钢金融板块的重要组成部分，是本溪市唯一一家集投资、典当、担保、物流和经济信息服务为一体的综合性准金融机构。容大公司注册资本 5.5 亿元人民币。下属全资或控股子公司有辽宁容大融资担保有限公司、辽宁容大典当有限责任公司、辽宁容大物流有限公司和辽宁容大经济信息服务有限公司 4 家。容大公司主要经营本钢商票质押典当、本钢商票融资担保、本钢财务公司电票质押典当、本钢上游应收账款质押典当、中小企业贷款、银行贷款担保和短期融资等业务品种。下设业务一部、业务二部、合规运营部、计划财务部和综合管理部 5 个部门。在籍职工 32 人，其中管理和专业技术岗 28 人、操作岗 4 人，本科及以上学历（含在职教育）28 人，中级职称 14 人，企业律师 1 人。

2022 年容大公司围绕本钢集团“1357”工作指导方针和北钢公司“130”工作目标，聚焦全年“1371”经营总目标，通过深入推进“主营业务规模化、创新业务市场化、行业合作紧密化、信息管理智能化、经营管理规范化、资产管理效益化、团队建设专业化”七项重点任务，全年操作业务 639 笔，业务额 7.25 亿元，实现业务收入 2652 万元，同比增长 7.5%；全年实现利润总额 135.75 万元，超额完成全年 100 万元挑战目标，圆满完成军令状 135 万元拼搏目标；容大公司典当和担保的业务规模名列省内前茅，连续 7 年不良业务率和经营风险双为零，实现双跑赢。

【市场开发】 基于本钢集团付款政策调整、商票付款锐减、供应链客户商票融资需求减弱等新情况，2022 年容大公司调整营销政策，大幅调低商票典当和担保的业务费率，以低利率抢占仅有的市场份额，以温情服务留住新老客户。为应对各大银行业务竞争，联合本溪银行推出年化费率 3% 的商票贴现业务，不仅提高公司业务市场竞争力，而且进一步平抑了本钢商票贴现市场价格，降低客户融资成本，提升本钢商票的商誉。关注客户新增需求和市场动态信息，不断拓展业务服务半径，承接并操作鞍钢股份、中铁建、海信等商票贴现业务 4993 万元，延伸供应链业务到鞍钢集团主体单位。针对本溪疫情静态管控实际情况，制定《容大公司居家办公期间业务操作审批规程》，通过钢钢好工作群传递审批指令，两次静态期间，操作业务 22 笔，金额 2108 万元。针对外省市客户不能现场办理业务的情况，修订相应业务操作规程，允许客户以电子邮件方式提交业务申请资料，客户经理履行业务审批和放款手续，保持外省市业务规模的稳定性。此外，容大公司推出本钢下游企业钢材订单融资担保和本钢下游企业贸易两个新业务品种。全年操作本钢下游钢材订单融资担保业务 7 笔，金额 1498 万元；本钢下游贸易业务执行合同 12 期，合同总量 2700 吨，总金额 1424 万元，垫款总额 1139 万元。同时，容大公司积极对接鞍钢天府惠融、鞍钢招标公司等单位，研发惠信典当、惠信担保、投标保函等新业务品种。

【行业合作】 与银行深入开展合作。为解决典当公司运营资金不足问题，在本溪银行成功办理第一笔典当公司贷款，金额 750 万元；在兴业银行办理典当公司贷款 1000 万元。朝阳银行、大连银行、盛京银行、锦州银行也明确了典当授信方案。担保公司充分利用品牌优势和已获取的 8 家银行共计 17.5 亿元担保授信优势，扩大供应链担保业务规模和影响力，2022 年操作担保业务 250 笔，金额 2.45 亿元。通过“核兴惠”供应链服务平台，担保公司与辽宁振兴银行合作开展本钢供应链担保业务 17 笔，担保总额 504 万元。积极对接上级行政主管部门，申报担保公司降费奖补资金，已获批省财政厅 2022 年小微企业融资担保降费奖补 24.4 万元，省融资担保集团再担保项目担保费补贴 15.2 万元。

【信息化建设】 经过近 10 个月的试运行，容大公司信息化平台（一期）项目于 2022 年 9 月正式上线运行，系统功能进一步完善提升，结束了业务线上、线下的并行模式。在日常运行维护过程中，及时采纳职工合理化意见建议，精简优化业务档案线下归档清单，与本信公司密切沟通配合，持续不断优化提升职工使用体验。未来将适时启动容大公司信息化（二期）项目建设，主要实现外网和移动端访问以及与本钢销售系统接口，进而安全、高效、规模化开展供应链金融服务。

【项目清收】 坚持“应诉尽诉、应执尽执、能售尽售、能租尽租”原则，容大公司对历史遗留案件所涉4笔衍生案件进行有效推动，已处于诉讼状态；12笔历史遗留疑难案件执行阶段取得明显进展；2022年清收现金回款786万元，其中哈尔滨华星案件清收200万元，四川内江案件清收586万元，内江公司已完成注销，正推动对担保人进行追偿。收取房产租金26.4万元。针对上海和平茶城房产出售事项，经本钢集团、本溪市国资委、鞍钢资产经营中心等单位批准于2022年底在大连产权交易所挂牌公示，通过楼体广告、房产中介、微信转发等方式，全面推介挂牌出售信息。同时，完成上海和平茶城小商户清场关门工作，为茶城出售扫清阻碍，并实现消防隐患整改销案。容大公司投入544万元办理完成沈阳龙城剩余21套房产、观山悦1套和广东清远1栋房产的过户工作。针对41套裁决房产开展出租出售的评估工作，通过招标方式选定评估公司。陆续进行现场评估并出具评估报告，为房产的出租出售做好准备。

【风险防控】 按照本钢集团要求，容大公司扎实开展“合规管理强化年”工作，组建合规运营部作为公司全面风险管理委员会日常管理部门，配备合规管理员，各部门作为实施部门，将合规管理和风险管理融入公司管理的各个环节。日常事务坚持审办分离，业务操作坚持审贷分离，充分发挥外聘律师团队的咨询服务和审核把关作用，建立合同“商务、法务、财务”三连审机制。承接落实鞍钢集团各条线管控制度，优化完善公司制度流程，制定《容大公司核心业务审批权限规范》等制度，坚持每周召开周例会，每月召开贷后会，规范档案管理。完成银行存单到期结转，保证担保公司资产结构的合规性。

【基础管理】 聚焦三项制度改革，通过北钢公司竞聘和选聘程序，配齐容大公司领导班子，优化班子年龄结构，形成老中青梯次配备。精简优化部门设置，内设部门由7个整合至5个，按照专业精干原则配备中层干部，搭建起公司管理的四梁八柱；职工总数由年初37人优化至32人，按照人岗相适原则，进一步充实壮大前台业务运营团队。聚焦“双合同”管理，公司班子成员逐级签订《聘用合同》和经营业绩责任书，在“大干100天，冲刺四季度”活动中立下“军令状”并圆满完成。倾力构建专业人才梯队，完善公司职称和学历奖励政策。调整薪酬结构比例和绩效考核力度，浮动工资占比达59%，职工收入差距1.34倍，进一步调动广大职工积极性。推动完成公司新址装修和迁址工作，容大公司拥有了新的独立办公场所。加强职工劳动纪律管理，实行刷脸考勤制度。完成职工退休、调离、党关系转接等手续。常态化抓好疫情防控工作，因时因势调整疫情防控方案，落实各类物资储备，有效应对疫情静态管控等形势。

【党群工作】 深入学习贯彻党的十九大、十九届历次全会精神和党的二十大精神，学懂弄通做实习近平总书记关于国有企业改革发展和党的建设的重要论述。坚决贯彻落实“第一议题”制度，定期召开支委会、党员大会、民主生活会和组织生活会；领导班子开展党史学习教育专题读书班；参加上级单位组织的联学会、培训辅导等，不断提高广大党员干部的政治判断力、政治领悟力、政治执行力。参加“万名党员进党校活动”，实现公司党员全覆盖。深入开展为职工办实事活动，完成全员健康体检，及时增加肺部CT检查。组织全体职工参观本钢文史馆，开展女职工厨艺美食分享活动。推动普惠福利，让职工医疗互助保障、夏季送清凉、小劳保用品、职工餐补、洗浴、节日福利等方面实现常态化精准化。此外，国安保密、舆情稳定、综合治理等工作也扎实开展，取得明显成效。（陈利军　姚孟娜）

机械制造有限责任公司

【概况】　本溪钢铁（集团）机械制造有限责任公司（简称机制公司）是本溪钢铁（集团）有限责任公司所属的全资子公司。其前身是始建于1910年的本钢第一机修厂，1998年正式挂牌运营，至今已有113年的历史传承。公司下设综合管理部、党委工作部、纪委（党政督查办）、计划财务中心、市场经营中心、生产运行中心6个管理和业务部室。下辖第一机修厂、矿山机修厂、第三机修厂三家专业化生产厂及全资子公司本溪爱科液压密封有限公司、与英国合资创办本溪威尔堆焊制造有限公司。机制公司占地43万平方米，拥有固定资产原值26869.75万元，净值4471.09万元。主要从事矿山、冶炼、轧钢、水泥、焦耐、液压、化工、运输等行业部分成套设备及备品备件的加工制作，是与本钢钢铁主业关联度最高的非钢企业之一。具备汽轮机汽缸、大型轧机轴承座、球磨机、自磨机、高炉冷却壁、环冷烧结机组、大板坯火焰清整、酸轧连退硅钢机组、高速棒材机组、堆取料机及矿山机械设备备件的全部或部分设计制造经验，具有较强的传统生产优势和历史成功经验。截至2022年底，机制公司在岗职工1240人，其中管理岗37人、专业技术岗168人、操作岗1035人，大专及以上学历136人，高级职称26人、中级职称94人、初级职称77人。机制公司下辖2个党委、党总支1个、党支部18个，党员463人。

2022年是机制公司历史上具有里程碑意义的一年。在鞍钢集团和本钢集团的正确领导下，面对严峻的疫情防控形势和复杂多变的市场环境，全体干部职工迎难而上，扭亏脱困取得巨大胜利，市场化改革取得巨大进展，三项制度改革取得巨大成效，“三大基地”建设成果丰硕，各项生产经营指标取得质的飞跃，扭亏脱困两年任务一年完成，一举摘掉连续十多年亏损帽子。

【企业定位】　坚持以效益为中心，以科技创新为引领，以深化改革为动力，结合本钢“1357”工作指导方针，全面贯彻“1+N”系列文件要求，落实本钢多元产业整合方案和“一企一策”改革措施，完成三项制度改革。坚持一张蓝图绘到底，以“重强抓”为手段，继续将“三大基地建设”和“打赢三大攻坚战”作为扭亏脱困的出发点和落脚点。重点解决本钢钢铁主业关键设备的装备制造、专项修复和产线装备综合服务等关键技术堵点，逐步从产品制造企业向集大型装备制造、服务为一体的综合服务供应商方向转型升级，打造本钢装备制造核心企业。

【主营指标】　2022年，利润总额和净利润：累计实现报表利润总额272.62万元，累计实现净利润78.2万元，均完成挑战目标；销售利润率：累计销售利润率0.22%，比预算高3.97%，同比提高7.74%；资产负债率：12月末资产总额5.77亿元，负债总额10.22亿元，资产负债率177.24%，比预算提高8.23%，比2022年初提高0.34%；全员劳动生产率：累计全员劳动生产率为12.81万元，比预算增加3.36万元，同比增加4.24万元。

【生产组织】 2022年完成产值4.22亿元，超基本目标2200万元、超奋斗目标200万元。克服特钢产业链钢水停供5个月不利影响，完成铸钢件产量5500吨。完成重点项目汽轮机壳体、宝菱轴承座、特钢钢锭模、特钢运输车、铁厂冷却壁、北营环冷框架、矿山耐磨件、钟斗、台车等项目的生产制造，重点项目完成率100%。调整经营模式，完成新产线——轧球轧段项目的试运行，启动消失模项目，增加了产值收入，优化生产工艺。全年各单位抢制急件、事故件1.23万件，总工时16.4万小时。完成板材热连轧厂成型辊、卸卷小车、铁厂布料溜槽、北营轧钢厂车架车体修复、炼钢厂压滤机滚筒修复等中修件3500余件，总工时4万余小时。矿山机修厂提前完成矿业公司全年备件计划量，第三机修厂确保板材及北营高炉钻头钻杆的保供需求。

【技术创新】 2022年，投入研发经费2815万元，完成13项新产品研发工作，实现销售收入3871万元，为机制公司创造了可观的经济效益。研发投入2.05%，完成集团公司2.01%考核指标。转发转化科技、知识产权管理制度10项，申报辽宁省科技进步奖，获三等奖1项。

【降本增效】 2022年，机制公司紧盯市场原料价格波动趋势，采取择机采购。常态化盘活存货，通过原材料改、串、代等降低采购成本680万元。能源降成本，一机修采取查改地下管网漏点、改变冬季供暖方式、转变浴池用水途径，矿机修采取电炉躲峰冶炼的措施，同比降低能源消耗310万元。资金管理降本增利：充分利用鞍钢集团金融资源盘活应收票据增利47.93万元；削减劳务

轧球轧段产线试运行（李伟奇　摄）

降本增效，劳务人员压减比例46%，全年节省支出180多万元。

【安全管理】 2022年完成安全生产责任制考核指标，实现重伤以上安全事故、火灾事故、重大设备事故“三为零”。全年转发、转化消防安全管理制度文件23项，堵塞了管理漏洞。贯穿全年开展“安全风暴”“反三违”等专项整治活动，检查问题503项，累计处罚2.9万元。信息化管理补充完善90个点位，实现安全管理重点部位全覆盖。

【科技引领】 提升ZGMn13cr2耐磨衬板2个月使用时效，效果显著；运用消失模铸造技术使衬板精度提高到CT7级；采用低氮呋喃树脂代替水玻璃提高大型铸钢件生产效率3倍以上；应用碱酚醛树脂砂工艺解决汽轮机缸体的气道问题，2022年科技创效同比增利260万元。

【市场拓展】 2022年，新增与中国一重、北方重工、西安重机、太原重工、西马克（北京）、威海天润、江苏博际、北京金自天成签订战略合作协议；与沈阳铸造研究所签署联合研发合作协议。全年以联合承制模式分别与长天重工、上海五钢、安徽紫朔、北京清新、沈阳远大、营口环境、山东康源等专业厂家在环保工程、设备制造及建设施工、产线维保等新创效领域开展合作，实现承揽3500万元，占总承揽额的10%；实现销售收入5000万元，占总营收的12%。

【党群工作】 2022年，机制公司两级党委共组织集中学习35次、“第一议题”理论学习65次，参加学习600余人次。主动对标鞍钢重机和攀钢鸿舰等行业先进单位，学习转化先进管理经验。深入开展形势任务教育，制定并下发改革简报10期；推进三项制度改革，建立3个两级改革接待室，使政策宣贯全员覆盖，引导广大职工认同改革、支持改革、参与改革，有效激发企业内生动力。积极掌握意识形态主动权，清理僵尸微信公众号2个。严格执行稿件预审机制，积极开展对外宣传，发稿71篇，其中鞍钢日报2篇、本钢报7篇、鞍钢微信公众号2篇、本钢微信公众号11篇、机制公司微信公众号49篇。691人参与“问需于民”网上专项问卷调查活动，根据对调查反馈信息的汇总、梳理，确定并落实整改5项，切实改善了职工厂内生活、工作环境。开展比效率，看谁劳动生产率高；比成本，看谁降低费用成本多；比效益，看谁创利润水平高等系列活动；同时开展保证安全、保证质量、保证工期的“三比、三看、三保证”劳动竞赛。通过对经营攻关指标完成情况进行考核兑现。不断推进“服务职工温暖人心”的工作体系创建工作，各级工会共投入54万元，用于传统节日职工集体福利支出，投入5万余元用于帮扶困难职工，进一步增强了职工获得感、幸福感、安全感。组织召开机制公司纪检专题会议，制定并下发《机制公司2022年纪检工作要点》《机制公司2022年政治监督工作方案》等制度，针对管理工作中存在的漏洞和薄弱环节，加强制度建设，推进源头防范治理。组织各级党员领导干部456人次学习“中共中央政治局‘一体推进不敢腐、不能腐、不想腐’第四十次集体学习”会议精神，贯彻落实习近平总书记重要讲话精神。有效发挥党委“把方向、管大局、促落实”的战斗堡垒作用，顺利实现企业扭亏为盈。

（李伟奇）

设备维护检修中心

【概况】 本溪钢铁（集团）有限责任公司设备维护检修中心（以下简称维检中心）是本溪钢铁（集团）有限责任公司的下属分公司，于2022年3月24日重新独立运行，是集冶金生产设备维护、定修、小修、机械电气维修的专业化设备维护企业。截至2022年末，企业在籍职工总数2638人（含赋能人员），其中管理岗56人、专业技术岗142人、操作岗2440人，副高级职称22人、中级职称139人、初级职称249人，高级技师31人、技师444人。下设5个科室[生产室、安全质量室、党群工作（人力资源）室、财务室、综合办公室]，9个作业区（炼铁作业区、烧结作业区、炼钢作业区、热轧作业区、冷轧作业区、焦化作业区、发电作业区、铁检作业区、特钢作业区）。党委下设9个党总支、1个直属党支部、41个分支部、78个党小组，党员900人。拥有剪板机、卷板机、立式车床、卷扬机等一系列检维修辅助机械设备。固定资产原值3033.99万元，净值164.88万元。2022年，实现维检费收入3.23亿元。可控费用发生1906.49万元，比计划降低316.23万元。实现安全生产“三为零”、保产“零影响”的工作目标。

【维护保产管理】 强化服务保产，确保集团公司主体设备安全稳定经济运行。维检中心坚持以服务钢铁主业为目标，以各生产厂设备安全稳定经济顺行为己任，以维护板材生产设备为核心，在抓好日常维保工作的基础上，2022年共完成日常定修694次，长周期定修79次，横向协作64次，为主体厂矿的设备顺行提供了有力保障。一是认真组织好联检工作。在板材公司第一次联检中，提前准备、科学组织、总体平衡施工项目，对于重点项目，责成专人现场跟踪以确保质量和进度，同步做好运行产线保产工作，共组织8个作业区参与，承担1078项检修任务，累计投入4081人次，共计节省113小时21分钟，最终在保安全、保质量、保工期的前提下顺利完成此次联检任务。在做好运行产线保产工作的同时，做到联检、保产“两兼顾”。二是实现疫情防控和服务保产“两不误”。8月末至9月初14天疫情封控期间，组织733名职工驻厂防疫保产，驻厂职工克服人员短缺、连续作战等各种困难，服从中心调度指挥，采取内部横向协作的方式，较好地完成各类检维修工作。由于疫情防控期间其他外部施工单位人员不能进入厂区，导致许多在建工程被迫停工，在生产厂求援时，维检中心充分顾全大局，组织协调炼铁、烧结、热轧、焦化等作业区，先后承接6号高炉炉前30个风口扒砖砌筑、3台热风炉烘炉管拆除砌筑、360脱硫脱硝改造、三热轧3号加热炉炉内砌筑灌浆、三热轧2300生产线17小时定修等外部协助工作32次，完成98项外协工作任务，累计投入410人，全部圆满完成工作任务。11月27日—12月7日封控期间，共组织长周期定修3次，日常定修18次，处理突发故障7次，共承担日常维修任务4080项，均按时完成，为生产厂设备稳定顺行做出了贡献，得到板材公司的好评，再一次在关键时刻展示出了召之即来、来之能战、战之能胜的良好精神风貌。

【质量管理】 加强质量管理，规范检维修标准。维检中心注重推进检维修标准化作业指导书的编制及修订，在原有857份检维修标准化作业指导书的基础上，重新梳理修订，共计3146份，其中A类41份、B类867份、C类2238份，实现保产区域全覆盖，职工持卡作业，严格实施检维修质量标准，促进维检中心整体检维修质量的提升。

【安全管理】 落实安全责任，确保职工生命健康安全。一是强化安全履职。按照本钢集团年初制定的全年总体工作目标，结合实际制定维检中心2022年1号文件、2022年安全工作要点和任务清单，与各基层单位签订《安全生产目标考核责任书》，建立全员安全生产责任制和三职群以上人员履职清单，对44名管理职群领导干部纳入电子履职管理，完成电子履职日志录入2897条，检查发现问题并督导整改完成209条，构筑“横向到边、纵向到底”的安全生产责任体系。二是深入推进双重预防机制，根据产线调整，重新梳理危险源。共辨识危险源4377项，进行分类分级管理，其中三级8项、四级1230项、五级3139项，全部落实安全防范措施。三是深入现场开展检查指导。积极推行旁站式监管，累计检查各类安全问题258项，开展安全防火专项整治“百日行动”，共排查各类建筑388间，发现防火安全隐患46项，通过“四不两直”方式现场安全检查152次，检查发现问题269项，均已全部整改完成。四是加大安全设施投入。购置防护网、安全带、监控摄像头、移动式一氧化碳和氧气测试仪等安全防护用品，保证职工作业安全。

【企业管理】 加强企业管理，促进维检中心快速步入良性发展轨道。一是规范建立管理制度体系。对131项管理制度进行梳理、修订、完善，其中承接本钢集团管理制度116项，建立完善15项。在此基础上，按照集团公司“学练用”规章制度要求，对59项规章制度进行宣讲，促进工作制度的应用和落实。同时，完成215项业务权限规范工作。二是加强财务、成本管理。认真贯彻本钢集团降本增效战略，做好预算控制与管理，切实增强费用的计划性和合理性，并将内控与内审相结合，进行自查、自检，逐步完善财务管理体系。加强存货及固定资产管理，各作业区建立存货、固定资产、低值易耗品以及安全工器具登记台账，中心定期对库存物资情况进行核查，确保库存物资的账账、账实相符，提高材料物资的利用效能。三是加强培训管理，不断提升职工综合素质。开展27项年度培训工作，开办内部培训班45个。组织参加特种作业培训1100人，参加技能等级认定52人。组织四期新型学徒制培训11人。组织技能骨干点检员岗位资格培训34人。维检中心将大师工作站培训作为解决特殊工种人员短缺的有效手段，完成起重工、焊工、电工等兼工种培训和实操技能提升培训150人次。四是持续推进实施“灰领计划”，加强青年人才培养。对选拔出的200人青年骨干队伍实施星级评比，评选出一星级青工58人、二星级青工78人、三星级青工64人，每月实行动态调整，兑现奖励津贴累计达24万元，有效调动青年职工“比学赶超”的积极性。截至2022年末，已有75人走上班长、值班长岗位，2人走上专业技术岗位。与辽宁科技学院建立校企联合学历提升计划，45人专科学历班在读、50人本科学历班在读，第一学期兑现奖学金67600元。由青年技术骨干负责的板材炼铁总厂高炉炉顶齿轮箱检修工程被誉为免检工程，该团队荣获“本钢集团青年精英团队”称号。五是开展“五地”对标，到朝阳钢铁厂和鲅鱼圈钢铁厂进行对标学习考察和借鉴，促进管理水平的提升。

【综合管理】 积极开展综合管理各项工作，为中心改革发展提供有力支撑。一是在信访工作中狠抓源头，想方设法解决上访职工实际困难，力争把问题化解在萌芽状态，防患于未然，并将具体工作要求形成维检中心的规章制度及考核办法。对于历史遗留的上访问题积极想办法解决。二是注重法律合规管理，对内开展合规管理培训，设立合规管理员、合规联络员，形成合规管理体系，开展合规风险排查，建立“三张清单”，并指导全员签订合规承诺书，助力企业生产经营依法合规开展。三是加强国安、保密管理，落实保密工作责任制，始终把国安、保密工作摆在重要的议事日程，建立以党委书记为组长，班子其他成员及部门长为委员的保密委员会，切实做到主要领导亲自抓、指定专人专管。

【企业改革】 持续深化改革，激发企业科学发展动能。一是深入实施三项制度改革。在本钢集团的指导下，多次召开改革工作专题会议，研究制定《本钢维检中心深化市场化改革方案》《本钢维检中心三项制度改革实施方案》等12个配套制度和方案。召开改革启动大会及宣贯会，领导带队分别到基层单位开展深度调研和宣贯督导，了解职工关切点，现场为职工宣讲政策、答疑解惑，确保此项工作全覆盖，使职工真正了解、支持和参与改革，保证改革工作顺利实施。改革后，维检中心职能部门由8个压减到5个，作业区由13个压减到9个，压减比例33%。班组级机构从352个压减为243个，压减比例31%。三职群岗位从196个压减至165个，压减比例16%。高技能岗位从212个压减至26个，压减比例88%。操作工岗位从2460个压减至2053个，压减比例17%。完成了四个序列岗位9个轮次竞聘，两职群人员占比降至4.8%，三职群人员占比降至7%，较好地完成了改革阶段性目标。竞聘结束后，所有作业区作业长均为70后，中心45岁以下年轻干部占比达到22.8%，其中35岁以下全日制本科大学毕业生中有4名竞聘到一级经理（作业长助理）和主任工程师岗位，6名竞聘到二级经理和主管工程师岗位，现有全日制本科大学毕业生职级晋升率达50%。此外，4名青工竞聘到业务助理和区域工程师岗位。二是深入开展绩效考核工作。以提效增收为核心，制定《维检中心各作业区2022年度组织绩效考核办法（试行）》，按照本钢集团“两制一契”考评机制要求，维检中心领导班子与本钢集团签订《本钢集团子企业领导班子年度目标责任书》后迅速成立推进组，明确责任分工，通过定义目标责任指标的落实方向和要求，传递压力、激发活力、提高效率，完成维检中心内部目标责任指标分解工作，并将目标责任指标落实到作业区层级，实现责任指标的体系化承接运行，完成9个作业区和5个部门的目标责任书分解、落实与签订工作。在此基础上，按照本钢集团“大干100天，冲刺四季度”工作要求，与各作业区签订“军令状”，层层压实责任。开展工时制考核，促进了职工工作效率的提升。维检中心重新独立运行以来，四项核心指标完成情况逐月提升，其中定修完成率达到99%以上，所承包区域故障台时完成率100%，在岗人数优化累计超出年度挑战指标13.6%，提升产值达到本钢集团考核要求。三是在各类职群竞聘上岗后，迅速启动岗位合同签订工作，进一步提高“岗位是资源，上岗靠竞争”意识，同时成立全员岗位绩效考核领导小组，按照“271”原则，深化“四到”精准激励，结合岗位业务、工作写实、履职情况，通过制定《本钢维检中心全员岗位绩效管理办法（试行）》《本钢维检中心全员岗位绩效考核工作推进方案》，制定切实可行的岗位绩效考核指标，使每名干部身上都“扛指标、压担子”，不断提高劳动生产率，充分调动三职群人员工作积极性。同时配合劳资、组织部门做好全体职工岗位绩效分解规范实施工作。按照本钢集团三项制度改革工作推进要求，经过测算比对确定维检中心三职群薪酬套档后奖金系数，指导基层单位操作职群奖金系数测算、确定工作。完成薪酬套档工作，按鞍钢集团新的薪酬体系、薪酬标准执行薪酬待遇。在岗职工人均增长548元，其中三职群人均增资107元，操作岗人均增资583元。

【党群工作】 强化党建工作，促进生产经营目标任务完成。维检中心党委着眼工作质量和效果提升，积极创新工作载体，坚持突出红色引擎的引领作用，促进党建与生产经营深度融合，起到“把方向、管大局、促落实”作用。一是认真组织以党委中心组学习为核心的各类政治理论学习，2022年开展党委理论学习中心组集体学习7次、党委会“第一议题”学习18次、支部“三会一课”专题学习140余次。二是在9月28日召开中共本钢设备维护检修中心第一次党员代表大会，圆满完成各项议程。指导基层9个党总支、1个直属党支部、41个分支部的党组织组建改选工作。维检中心纪委协助党委把严肃政治纪律、组织纪律和选举纪律贯穿于党代表选举全过程。三是践行“务实高效、攻坚克难、精准精细、少说多做”的十六字工作作风要求，切实加强党员干部队伍建设。以“喜迎二十大建功新鞍钢”主题实践为抓手，各级党组织和全体党员通过深化党史学习、设立主题党日等形式庆祝建党101周年，以优异成绩迎接党的二十大胜利召开。全年有828名党员参加“万名党员进党校”学习，94人次基层党支部书记参加党的十九届六中全会和党的二十大精神培训班，66名入党积极分子和发展对象参加党务知识学习。党员撰写践行新鞍钢内涵40篇，完成基层党建创新案例4个。围绕板材设备联检和两次职工驻厂保产工作，以“保安全、保质量、保效率”和“技术优、作风优、服务优”为主题，共建立党员突击队40个、党员先锋岗40个、党员责任区30个，上报本钢集团党委主题实践成果图片16张，较好发挥了党支部战斗堡垒作用和党员先锋模范作用。深入开展整治形式主义、官僚主义，加大对作风不实、履职不力等问题的查处力度。四是加强民主管理，组织召开维检中心第一届第一次工会会员代表大会，选举产生维检中心第一届工会委员会。在联检期间对职工进行现场慰问，开展劳动竞赛，评选出先进集体18个、先进个人140人。开展群众性创新创效申报评审工作，共上报40项，其中1项被本钢集团评为二等奖。积极参与防疫工作，共计花费39.03万元，为基层购买防疫物资。关心职工生活，做到精准扶贫，共计发放救助费4.4万元。走访慰问40名困难党员。职工住院医疗互助保障活动效果明显，理赔费用共计11.6万元。开展普惠制福利，为全体职工购买洗化用品，共支出26.58万元。五是加强后勤保障建设，完成发电、炼铁等作业区动迁房屋设施改造，完成中心各作业区相关房屋修缮等工作50余项，解决职工休息难的问题。此外，计划生育、统战、武装保卫等各领域也都为中心维护保产和改革发展提供了有力支撑。

【防疫工作】 严格落实防疫要求，扎实做好疫情防控工作。及时有效地完成市防疫指挥部、本钢防疫指挥部部署的相关工作；疫情封控期间每日上报维检中心各类基础信息；转发传达市防指、本防指疫情防控文件；同时，维检中心建立驻厂防疫临时指挥部，负责驻厂防疫全面组织工作。驻厂期间，疫情防控组对9个作业区分片部署，由专人负责驻厂干部职工的防疫工作，上下联动，快速形成横向到边、纵向到底的管控体系，并按照最小管理网格单元进行闭环管理，网格内实现防疫、安全、保产、生活独立运行，网格间避免交叉，最大限度地实现突发疫情可以在最小单元熔断的目的，从而为疫情防控工作最终胜利打下坚实的基础。（王丹昱）

设备工程有限公司

【概况】 本溪钢铁（集团）设备工程有限公司（简称设备工程公司）是本钢集团全资子公司，2022年3月由原本钢修建公司（前身本钢土木建筑工程公司，成立于1958年12月）和原本钢机电安装工程公司（前身中国人民解放军基建工程兵第三支队二十四团，成立于1983年5月）整合而成，拥有冶金工程总承包壹级和机电安装工程总承包壹级等多项高等级资质和行业许可证，是本钢集团子公司中唯一一家可提供基本建设、设备检修、产线运维、全产线、全体系服务的多元企业。本钢设备工程公司净资产1.3亿元，注册资本金5000万元。在籍职工1537人（含赋能人员154人），其中管理岗40人、专业技术岗181人、操作岗1162人，正高级职称2人、副高级职称17人、中级职称153人、初级职称143人，高级技师11人、技师176人，大专以上学历641人，国家一级建造师42人、二级建造师38人，注册安全工程师2人。2022年实现产值10亿元，实现利润3186万元，比计划增加186万元。

2022年3月24日，本钢设备工程公司党委筹建组成立，9月28日公司第一次党员代表大会胜利召开，公司党委和纪委正式成立。公司党委下设党总支7个、党支部28个，党小组45个，共有党员627人。下设综合管理部、计划财务部、纪委（党政督查办）、安全环保部、资材管理部、工程管理部（技术中心）6个机关职能部门，炼铁分公司、炼钢分公司、轧钢分公司、能源分公司、环保（节能）分公司、北营分公司、矿山分公司、外埠分公司、电仪事业部、炉窑事业部、液检制造事业部、综合事业部12个经营实体单位。

【主营指标】 2022年产值拼搏指标10亿元，实际完成产值10.05亿元，同比增长47.44%；利润总额拼搏指标3000万元，实际完成利润总额3186.93万元，同比增长400％。产值和利润均完成本钢集团下达的拼搏指标，人均产值6.75万元，全员劳动生产率17.37万元/人，市场化退出率2.71%，职工人均收入大幅提高。合同履约率100%；工程项目按时完成率100%；工程质量合格率100%；设备完好率95.5%、利用率86%，质量事故为零，实现“生产安全责任死亡事故、较大火灾事故、较大环境污染事故‘三为零’”的安全生产工作目标。设备工程公司全年参与议标工程项目155项，议标金额3.59亿元；参与正式工程项目投标96项，中标28项，中标率29%，中标金额6335万元。本钢外部工程项目中标3项，中标金额2782万元，实现外部市场新开拓。

【经营管理】 当好“主力军”“守护神”，扎实占领本钢内部市场。2022年设备工程公司共完成重点工程21项，其中板材公司15项、北营公司5项、矿业公司1项。板材特殊钢事业部轧机改造工程小棒分线改造项目于11月5日热负荷试车一次成功，是公司首次实施土建、机械、液压、电气等全专业一体化24小时不间断“饱和式”施工的成功典范；板材炼铁总厂老五号高炉拆除工程中将长74米、重263吨，距地面标高65米的主皮带通廊一钩拆除，创造本钢吊装史上“长、重、高”三个第一的历史记录。2022年本钢集团超低排改造项目中，设备工程公司仅用半年时间就完成组建环保分公司管理团队、技术团队，并第一时间沟通协力队伍、联系设备供货厂家，按时保质保量完成各项建设施工任务。以“疫”为令，抗疫保产勇毅坚守。2022年8月24日，第一次疫情暴发之际，设备工程公司及时启动应急保产预案，紧急调动1372人奔赴一线，其中产线维保、检修916人，技改456人。在历经抗疫保产的10余天里，平均每天在三个板块以及厂外待命人员均达到1600余人，仅板材厂区内就有1100人，确保三个板块运维产线的生产稳定顺行。致力打造“利益共同体”实现“双赢”目标。2022年，为更好地应对当前市场形势变化的客观实际，公司积极贯彻落实本钢集团联合体跟标、议标的相关政策，广泛开展对外合作，提升EPC承揽项目能力，大力推进技术更新和科技创新，实现合作共赢。与上海电气、中冶长天、沈阳远大等世界一流企业签署战略合作协议，并积极与上海宝冶、中冶京诚、苏州恒清等高端品牌公司对接合作，为推动设备工程公司全方位提升，加快打造本钢集团多元子企业顶端品牌做好“压舱石”。

【安全管理】 安全管理全方位，“旁站式”管理常态化。2022年，在夯实本钢集团下达的安全生产任务的基础上，完善安全管理方面规章制度22项、环保管理规章制度2项。全年共开展6次安全专项大检查，查处习惯性违章作业167人次、安全事故隐患62项，截至2022年末均已整改完成。为进一步激发各基层单位对安全的重视程度，公司强化安全考核制度，推进完善安全奖罚激励机制，全年对基层单位累计罚款4.64万元，奖励20.81万元。各基层单位自主考核61人次，考核1.87万元，通过持续不断的安全检查及隐患排查，有效地遏制了安全事故的发生。全年共开展57场次安全教育培训，累计培训1776人次。重点对劳务人员进行了入厂安全教育，达到安全教育培训率100%的工作指标，有效提升从业人员的安全操作业务水平及安全意识。通过强化现场监管，实施二级经理以上管理人员对施工现场的实时安全管理，发动安全员、技术员以及各班组长承担最小单元网格化安全管理工作，压实区域安全责任制，明确责任单位及“旁站式”责任人，为设备工程公司安全生产实现“三为零”目标提供了坚实保障。

【合规管理】 持续提升合规化管理，助力企业行稳致远。2022年是“合规管理强化年”。自新公司成立以来，始终追求科学长效的合规治理理念，通过建立三级组织体系架构：治理层（党委、董事会、经理层）、管理层和执行层完成总体部署。全面落实合规管理制度体系建设，包括公司章程、合规管理办法，承接、转化本钢集团259个制度文件，梳理完成设备工程公司15项核心业务流程，并组建公司保密委员会和国安保密领导小组。针对相应制度组织开展25场制度宣贯会、20次“学练用”专题培训，为公司高质量发展提供更有力的保障。全面预算管理初战告捷，资源供给有效保障。为提高资源利用效率，强管控、明职责，落实战略目标，公司全面预算管理小组组织编制年度业务预算、资本预算、财务预算。由上至下完成对分公司和事业部收入、利润的指标分解工作，为及时掌握市场信息、瞄准有利时机、抢占主导地位奠定坚实基础。为缩短施工用料招标采购周期，保障工程整体工期，降低各项成本费用，达到降本增效目的，公司循章守规，依据本钢集团公司新下发的管理规范，制订“本钢设备工程公司资材谈判采购方案”。执行“经评审的最低价成交法”，实现急用施工材料自行组织采购的合规管理。紧跟疫情态势，做好防疫应急预案的同时，通过线下供应商、线上网商等多渠道紧急采购各类型防疫口罩28000只、被褥1100床、棉门帘和防潮垫1000条、折叠床233张、消毒酒精以及喷壶等抗疫保产物资，满足各部门、各基层单位的抗疫保产需求。

【三项制度改革】 2022年3月，本钢集团观大势、谋全局，“一业一企”“一企一策”，组建本钢设备工程公司。整合和改革“两步并作一步走”，原修建公司与维检中心分离，原机电安装公司与建设公司分离；修建公司与机电安装公司融合成为本钢设备工程公司，重组与改革同步开展。根据本钢集团指导思想设立公司架构，按区域化和专业化设置8个分公司和4个事业部。将分公司和事业部作为经营实体，承担主体责任。精简机关三职群人员，减少管理费用支出。两家公司重组、磨合工作快速高效，没有影响奋斗目标的完成。通过“带指标竞聘、带契约上岗”实现“能上能下”，通过全员绩效考核实现“能增能减”，通过市场化退出实现“能进能出”。分公司经理揭指标竞聘，带契约上岗，实行聘期制和契约化管理。建立“摸高”机制，实行“双跑赢、三区间”目标管理。一级经理以下岗位按照“谁用人谁选人”的授权原则，加大基层党政领导评委的赋分比重及组建经营班子的决定权。推进公司机关职能转变，实现小机关大基层，推动基层利润中心建设做优做强。班组成员优化组合、班组长竞聘上岗，班组由原来297个精简至185个。全面推进用工市场化、完善市场化薪酬分配和以业绩为导向的绩效考核体系，建立健全聘期制、任期制和契约化管理，层层分解，逐级签订。通过五轮竞争性选拔，共压缩岗位81个，压缩率24.85%；两职群人员占比由15.5%降至10.8%，三职群占比由21.5%降至16%以下；精简机构21个，压减比58.13%；市场化退出率2.07%。本次竞聘职工参与率88%（1名外单位援乡干部成功竞聘管理C级），B级以上及同层级人员由原来平均50岁降低至46岁（最小32岁）。三职群人员由原来平均49岁降低至46岁（最小24岁），大学本科以上学历占91%（其中研究生学历

5人），中级职称以上人员占60%，一线班组长平均年龄38岁。

【党群工作】 立根铸魂，认真履行党建工作主体责任。公司党委始终坚持“把抓好党建工作作为最大政绩”，全面落实党建工作主体责任，把党建工作与业务工作同谋划、同部署、同推进、同考核、同奖惩。明确公司党建工作两个落脚点：一要立足于企业发展；二要立足于职工满意。2022年4月10日，在公司党委筹建组成立仅半个月之际就制定下发《本钢设备工程有限公司党委筹建组2022年党建工作要点暨全面从严治党重点任务清单》。6月6日，制定下发《本钢设备工程公司党委筹建组党建工作责任制考核评价办法（试行）》，公司上下形成党委履行主体责任、党委书记承担第一责任，专职党委副书记、纪委书记承担直接监督责任，班子其他成员承担“一岗双责”，职能部门牵头抓总、相关部门齐抓共管，一级抓一级、层层抓落实的党建工作格局，建立了主体明晰、责任明确、领导有力、运转有序、保障到位的党建工作机制。建强夯牢，基层堡垒更加坚实。2022年民主评议党员、党支部工作中，13个党支部评议为优秀，15个党支部评议为达标。在“我为群众办实事”实践活动中，设备工程公司妥善解决62件事关群众切身利益的“急难愁盼”问题，尤其是为修建方向864名职工补缴养老保险金432.06万元。立足实际，广泛开展建功立业活动。公司党委坚持将党内建功立业活动同“长子鞍钢、品牌鞍钢、创新鞍钢、数字鞍钢、绿色鞍钢、共享鞍钢”新鞍钢内涵以及公司“四新”理念有机结合。在日常检维修施工和抗疫保产中，以党员先锋岗为点、党员先锋队为线、党员责任区为面，共设立党员先锋岗13个、党员责任区31个、共产党员工程20个、党员创新工作室1个、深度融合示范区21个、深度融合示范岗8个。抢占精神高地，牢牢掌握意识形态主动权。在全面承接鞍钢集团企业文化基础上，公司党委经过凝练与总结，结合公司改革发展实际，提出“守信践诺，勇毅奋进”设备工程人精神。结合公司改革发展形势和时代要求，公司党委以“树立新观念、展现新形象、完善新管理、创出新成绩”为公司经营管理理念。2022年3月份开始，公司党委先后制作下发《三项制度改革专刊》6期，每期500份，共计3000份下发至所有基层班组，将公司各项改革政策和发展形势讲深讲透，赢得职工的理解与支持，增进全员参与企业改革发展的广度、深度和力度。9月13日，经本钢集团宣传部备案通过，“本钢设备工程”公众号创刊。2022年共计在《鞍钢日报》《本钢日报》和“本钢集团新闻公众号”“本钢工会公众号”等新闻媒体发稿69篇。坚持制度建设、紧盯关键领域，全面从严治党向纵深推进。设备工程公司纪委成立后，深化廉洁风险防控工作，构建廉洁长效机制。承接上级纪委（党政督察办）文件44个，编制起草纪检监察和审计制度性文件8个。成立纪委工作及党风廉政建设和反腐工作协调机制小组，形成统一领导，组织协调，各部门、各基层单位分别负责的工作机制。一年来公司共办理案件8件，其中自接线索1件、监督检查过程转办线索1件、上级交办6件（已全部办结）。给予党纪处分7人、政纪处分1人、组织处理14人，挽回经济损失2.62万元。公司工会扶贫帮困，做好“两送”工作。开展2022年本钢集团工会常态化送温暖活动，在6月21日至24日板材公司第一次设备联合检修中，给基层参战职工送慰问餐券共

第一次党员代表大会隆重召开（邓阳　摄）

2411份。组织完成175名在籍女职工健康体检及补检工作，共支出36750元。推广“药箱进班组”普惠项目，共设置小药箱83个。“送清凉”活动中，公司共送出落地扇50台、电水壶30个、冰柜15台、空调机6台、洗衣机21台、微波炉2台、电磁炉2台、西瓜7500斤。积极开展本溪市疫情静态管控期间厂区保产职工生活物资和急需药品保障工作，购买并发放各种急需食品、饮用水、药品等物资价值15.41万元。以党建带团建，夯基筑垒，凝聚力量。2022年7月25日，经设备工程公司党委讨论决定并致函集团公司团委备案，设备工程公司团委筹备组成立。根据本钢集团团委架构调整通知精神，对原本钢修建公司和原本钢机电安装公司团组织架构重新整合梳理，合并、撤销基层团支部7个，新成立团支部3个，转接团组织关系35人。（邓　阳）

建设有限责任公司

【概况】　本溪钢铁（集团）建设有限责任公司（简称建设公司）是隶属于本钢集团的全资子公司。下设矿山建设公司、检验检测公司2家子公司和矿山实业分公司、建筑工程分公司、金属结构分公司、路桥工程分公司、混凝土分公司、装修工程分工公司、设备供销分公司、市场经营分公司、协力分公司、青海分公司、深圳分公司11家分公司。主要拥有房屋建筑工程施工、冶金工程施工总承包一级，市政工程施工、矿山工程施工、机电工程施工总承包二级，钢结构工程、建筑装饰装修工程、基地基础工程、消防设施工程专业承包一级资质。截至2022年，企业注册资本3.2亿元。在籍职工2312人，其中管理岗79人、专业技术岗378人、操作岗1855人，中级以上职称376人，国家一级建造师94人、二级建造师165人，注册安全工程师15人。下设1个党委、8个党总支、5个直属党支部、34个基层党支部，党员957人。

【主营指标】　2022年建设公司完成产值19.6亿元，同比增长37.5%；实现外部产值4.89亿元，同比增长63.4%；完成净利润

3117万元，同比增长2557万元；完成集团公司下达挑战指标及“军令状”拼搏目标；营业收入利润率2.6%，比计划提高1.72%。

【管控运营】 一是加强全链条管理，助力降本节支、创新挖潜。承接鞍钢集团、本钢集团管理制度297项，建立各项管理制度37项，修订和优化合同、项目、资金、采购、工程等管理办法67项，全链条强化建设公司各项管理工作。以全面预算管理为抓手，着力改善财务指标，实现经营预算与资金预算、资本预算、财务预算并行；围绕“两金压控”指标，强化库存存货压降工作，完成本钢集团库存压降指标，实现三年以上库存全部清零的目标；通过严格执行应招尽招和大宗原材料集采、网采、择机采购等多措并举的采购措施，公开采购率达到95.64%，借助电子公开招标平台优势，打破局域限制，实施评标后再谈判再让利等招标降本措施，最大限度地降低采购价格，实现企业效益最大化；盘活存量、剔除不良资产，促进企业良性循环，共计资产处置1535项，盘活资产58项。二是市场开发全方位发力，布局优化成效显著。坚定实施“走出去”战略，不断激活外部市场，扩大活源，深入研判市场需求，强化效益目标，找准市场开拓切入点，市场开发效果显著。矿建公司主动出击，与辽宁冶金地质勘查研究院等单位共签订战略合作框架协议7份，为“借船出海、合作共赢”打下坚实基础；矿山实业分公司内外兼顾，勘察测算拓宽市场活源，利用一切可利用社会资源，广泛搜集外部工程信息，为抢占外部市场做好充分准备；路桥分公司有效发挥道路、市政等专业优势，面对市场压力和严峻的困难形势，不等不靠，积极拓展外部市场，实现逆境突围，市场驾驭能力有所增强；混凝土分公司在激烈的市场竞争中把握先机、深入探索市场，2022年外部市场签订销售合同再创新高，企业发展后劲持续增强；装修工程分公司“闯”字当头，瞄准设计施工一体化发展目标，不断提升项目管理能力，2022年努力克服疫情影响，积极参与外部竞争，不断扩大外部市场份额；青海分公司采取积极有效市场开拓模式拓展企业发展空间，先后与中国建筑一局（集团）有限公司、青海欣路建设工程有限公司等多家央企、大型私企单位签订了多项施工类、供销类合同，为建设公司西北市场增产创效。三是牢固树立全员合规、主动合规、实质合规的理念，优化合规管理体系，加强合规风险防控。市场经营分公司强化成本测算，推行实施全面预算管理，加强营销团队建设，在提高工程咨询业务能力上，实行业务人员注册管理，加强预算业务人员考核评价，努力尝试工程造价、工程咨询市场化运行，为建设公司全力开拓外部市场提供了法规、政策、业务等有效支撑。公司在强化合同管理上下功夫，有效管控法律纠纷，全年涉诉案件已结案25件，胜诉25件，有效避免企业经济损失。此外，进一步提高依法审计水平，确保审计程序和方式合规合法，全年共开展项目督查审计184项、其他专项审计项目6项、完善内控管理办法2项，实施专项审计单位3家。四是聚焦科技创新，赋能企业发展。建设公司取得国家专利1项、省级工法3项、本钢集团创新成果三等奖1项，申报省科技创新入库项目2项。金属结构分公司秉持“降本、提质、增效”理念，全员创新创效，加大科研投入，研发“2m至4m高度超大H型钢组立机装配方法”“数控多头火焰切割机改造试验”等项目，有力推进装配式钢结构建筑产业基地建设。五是精心干好本钢工程。建筑工程分公司秉持打造本钢精品工程，创新承包模式，联合中冶焦耐院、鞍钢工程技术首次尝试EPC总包项目，承建板材筒仓等重点工程，优质高效推进。“大干100天 冲刺四季度”活动中，建设公司各个参战单位在本钢板材炼铁总厂储一新翻车机室及煤筒仓工程、北营炼钢一区产能置换工程、南芬绿色矿山选矿提效及智能化改造项目建筑安装工程等众多本钢重点工程建设项目的施工现场，不畏艰险，面对施工道路不平整、作业面狭窄、生产与施工交叉作业、冬季施工等诸多不利因素，迅速出台方案，制订措施，明确职责，各级领导干部强化作风建设，下沉施工生产一线靠前指挥，大力弘扬务实高效作风，切实履行并完成所签订的节点目标任务“军令状”。

【企业改革】 贯彻落实两个“一以贯之”要求，坚定不移走现代企业制度发展之路。构建党委会领导、董事会决策、经理层执行的基本管理构架，明晰授权清单，厘清权责界限，推进各项工作系统全面高效运转。一是三项制度改革走深走实。子分公司副职一律实行无职级任用，矿建公司经理层实行职业经理人制度；撤销6家党委，取消D级以上干部级别11人，机构压减19.4%；三职群压减32%；竞聘比例95%；“两制一契”签订率100%；不胜任退出比例24.84%；采取市场化、差异化薪酬，真正实行差异化，职工薪酬固浮比达到4∶6，浮动工资差异系数达到1.34；市场化退出率达到1.87%。二是法人压减顺利推进。完成南京溪铁、丰华物业、天宇消防、工程检测、二建公司5家法人单位的合并、注销和推进诚通劳务、丰华房地产两家法人单位破产受理工作。三是亏损企业治理效果显著。建设公司及所属分子公司全部盈利，亏损企业同比减少5家，减亏1.69亿元。

【党群工作】 一是深入学习党的十九大、十九届历次全会以及党的二十大精神。围绕中心任务，开展形势与任务教育，引领广大

承建本钢板材筒仓工程（赵传东 摄）

职工认识改革、理解改革、支持改革、参与改革，切实增强危机意识、发展意识和创新意识。牢牢把握宣传舆论导向，充分发挥内外部媒体效能，内外宣传工作效果显著。完善党委中心组学习制度，不断强化理论武装，为建设公司改革发展注入强大的思想动力。二是召开了第四次党员代表大会，选举产生新一届党委会和纪律检查委员会，明确今后一个时期党委工作、纪委工作的总体要求、奋斗目标和重点任务。三是全面加强组织建设，落实党建工作“四个同步”“四个对接”工作要求，对原有党组织进行改建、撤销、合并等调整。积极推进党支部标准化建设，通过样板领航、调研座谈、对标学习等方式，打造党支部建设标准化模板，选树样板党支部4个。四是突出主旋律，坚持正确舆论导向，积极宣传报道改革举措、重点工程、典型引路等亮点工作，建设公司微信公众号发稿302篇，本钢及以上媒体发稿49篇，省部级以上媒体发稿3篇。五是工会组织全面开展帮扶活动，切实解决职工实际问题。建立“为群众办实事”常态化机制，真正听取职工群众需要。积极主动为职工做好大病医疗后续服务工作，累计233人次得到赔付，赔付金额32.24万元。全年发放各类慰问金及慰问物品16.8万元。疫情期间为坚守岗位的职工送去关心和关怀，为因疫情隔离在异地的180名职工购置牛奶、罐头等慰问品，为驻厂职工及返岗职工紧急采购被褥40套。六是着力打造廉洁型企业，深入推进反腐倡廉教育和廉洁文化建设，增强党员干部的廉洁从业意识，认真贯彻落实中央八项规定精神，持之以恒反对“四风”；开展备品备件采购及管理专项整治、工程建设领域“清廉工程”专项整治工作，多措并举构建专项整治长效机制。加强纪检干部培训，通过开展系列的党风廉政警示教育，树立树牢广大党员干部的红线意识，守住廉政底线。

（徐英凯）

辽宁恒通冶金装备制造有限公司

【概况】 辽宁恒通冶金装备制造有限公司（以下简称恒通公司）成立于2011年，是本溪钢铁（集团）有限责任公司全资子公司，其前身是本溪钢铁（集团）机械制造有限责任公司轧辊铸造厂。恒通公司坐落于辽宁省本溪市溪湖区东风路97号，是生产轧辊及铸铁异型件的制造企业，承担本钢及其他大型轧钢企业所需各种轧辊等备件生产和开发的主要任务。下设生产运营部、设备采购部、安全环保部、财务部、销售部、综合部6个职能科室和热轧辊作业区、轧辊热处理作业区、加工作业区、维检作业区、磨辊间运维技术服务中心5个作业区。截至2022年末，在籍职工（含赋能人员）319人（女职工48人），其中管理岗17人、专业技术岗33人、操作岗269人，高级职称5人、中级职称42人、初级职称33人，技师14人，助理技师12人。党委下设热轧辊、加工、维检、轧辊热处理及机关5个党支部，党员125人。

2022年固定资产原值为48548.72万元，净值为33831.36万元。固定资产总数量703台（套、条、座），建筑面积60012平方米。2022年实现净利润810万元，完成年度挑战目标；实现营业收入2.55亿元，比预算增加0.4亿元，增长18.6%；销售利润率高于行业平均水平，全面实现跑赢自身、跑赢行业的“双跑赢”目标；资产负债率59.59%，安全生产形势稳定，各项工作取得显著成效。

【经营模式转变】 全面落实“服务本钢+对外经营”双轮驱动战略，以深耕本钢内部市场为生存基础，培育核心竞争力，完成本钢内部四条热轧产线轧辊功能计价承包工作，同时与中钢邢机在1700、1780、2300三条轧线开展战略合作，高速钢轧辊上机率大幅提升到70%，全线轧辊供应充足。积极与在线厂进行深度合作，通过采取优化轧辊材质、调整立辊加工工艺等措施，不断提升服务质量，并为解决轧线安全隐患、提升产品质量、配合热轧轧线开展降本做了大量工作，每年可为本钢创效728万元以上。持续拓展外部市场，安阳、柳钢产线承包运营顺畅；柳州钢铁、沧州中铁、山东钢铁、新余钢铁高速钢轧辊市场已全面铺开；山钢集团2050轧机F5–F7工作辊独家供货；首钢迁安形成批量供货，首钢通钢供货量占其轧辊用量的60%；成功开发广西盛隆钢铁2250轧机研发的高铬钢轧辊市场。截至2022年底，内外销比例为60%∶40%；累计承揽外部合同9820万元；外部全年回款9014.67万元。

【产品结构调整】 恒通公司汇集本钢集团内外部高端技术人才，借助外脑，引入行业资深轧辊技术专家，以项目“摘牌制”为抓手，借助一贯制质量控制手段，组织最精干力量进行技术攻关，快速完成高速钢轧辊、大型中板轧辊研发并形成批量生产能力；高速钢轧辊综合合格率实现稳步提升，完成阶段性攻关目标。同时在平整机专用轧辊材质SPR攻关基础上制订优势明显、竞争力强的“拳头产品”研发方案，截至2022年底已经完成粗轧用高速钢轧辊科技项目立项工作。产品结构调整取得新成效，高速钢、高铬钢轧辊及大型中板辊等高附加值产品占比大于30%；9月下旬为汉冶4.3米轧机成功浇铸单重48t的大型中板轧辊，实现恒通公司轧辊单重再突破。

【生产组织】 首先，科学组织稳定生产，坚持以“提产、保供”为工作目标，实现产销联动，全面优化生产流程，创造最佳外部条件，尽最大能力减少生产瓶颈；深入落实“务实高效、攻坚克难、精准精细、少说多做”工作作风要求，积极做好“大干100天，冲刺四季度”各项任务，各层级全面签订“军令状”，以抓实抓细各项生产经营工作为重点，精准量化指标，制定工作清单，通过召开周例会倒排工期逐项落实；主要领导带队先后到河北邢台中钢邢机、德龙轧辊、西昌钢钒、内蒙古包钢等进行商务洽谈，企业发展后劲十足。其次，全力做好疫情封控期间各项工作，调动一切积极力量，打通产品市场外发“最后一公里”，全面保证产品外发及各种物资供应渠道顺畅，外发外部客户轧辊39支共计400余吨，在满足外部市场的基础上，积极组织本钢集团内部4条轧制线各类轧辊的生产。2022年，先后克服产品价格低迷、能源介质及生铁价格上涨、贵重合金料暴涨等不利因素影响，全面完成生产任务，企业一举实现扭亏为盈，2022年全面实现跑赢自身、跑赢行业的“双跑赢”目标。

【技术管理】 全面实施高层次人才梯队培养计划，先后完成本钢内部首席工程师的招聘以及引进国内轧辊知名专家1人，增强恒通公司在关键技术、核心技术方面的突破能力。持续提高研发经费投入强度，2022年研发投入达到2%，完成本钢集团下达指标。

截至12月30日，恒通公司拥有1项受理技术专利，1项正在公开阶段技术专利；2项本钢集团级科研项目正在实施，处评审阶段1项，科技创新已成为恒通高质量发展的重要动力源。

【精细化管理】 首先，按照“一切成本皆可降”的工作思路，全面加强预算管理，做到精准要料、精准配料、择机采购；实施“日清日结、精准配料”“废钢+增碳剂”、含镍生铁代替生铁、夜间熔炼铁水错峰用电等降本措施，2022年节约费用400余万元。其次，全力压降库存，盘活待处理轧辊，优化轧辊制造工艺，在保证轧辊质量的基础上，将轧辊工作层返回量由原来的25%—30%提升至40%，加快降低低价返回铁存量库存，盘活资金1000余万元。三是提高本钢内部市场四条线废旧轧辊循环利用水平，加大高铬铁轧辊热处理降耗项目攻关，积极开展轧辊附件循环利用，全力推进支撑辊改制及修复等工作，有效降低成本200万元。四是全面实行招标公司集中采购，2022年参与招采项目涵盖公司采购所有篇别，新增供货商3家，降低采购成本171万元。五是强化设备管理，持续做好设备点检定修和设备故障预知性维修工作，全年完成设备检修计划137项，完成率100%；设备故障停机率控制在1.27‰，总停机率1.27‰，设备开动率为99.8%。

【安全环保管理】 深入学习贯彻习近平总书记关于安全生产重要论述精神，深入开展“安全风暴”专项行动，全面开展安全隐患大排查及专业性检查、专项整治工作，检查整改隐患问题335项，安全绩效考核34360元。安全工作投入74.16万元，全年安全生产实现“三为零”；以超低排放改造为抓手，落实环保设施等同主体设备的管理要求，除尘设备开动率达100%。完成危废库建设、五台离心机安装除尘器、购买降尘雾炮等，共花费110万元。开展危废库房环评工作，召开验收会议并通过专家评审，全年未发生环境污染事件。

【深化企业改革】 2022年，恒通公司国企改革三年行动任务顺利完成，以董事会为核心的公司治理体系规范运转、公司资产质量持续提升，发展韧性和抗风险能力日益增强，资产负债率比年初下降2.89%。法人治理结构持续完善，坚持两个“一以贯之”，将党的领导融入公司治理各环节，修订公司章程，编制党委会、董事会、监事会和总经理办公会等议事规则和决策事项清单（共计16项），通过相关部门审核，均已正式发文，明确党委在法人治理结构中的法定地位。三项制度改革取得显著成效，机关部室由7个缩减为6个，作业区班组由32个压缩到20个；重新核定岗位编制，三职群人数占比由19.47%降至16.96%。全面优化人力资源，员工市场化退出率达到1.5%，息工创业、保留劳动关系、离岗休息、进入赋能中心人员等比例达到10.4%，全员劳动生产率同比提高88.37%。优化岗位绩效实施精准激励，全面承接本钢集团下达“两利四率”“两金”压控及“现金流为正”等关键性指标，经营层“两制一契”100%签订；全面实施“一岗一表”，公司管理岗、专业技术岗、操作岗281名职工全部“带契上岗”；聚焦关键岗位核心人才，完善“摘牌制”项目契约化、风险抵押金等分配机制，让“干得更好的人”得到更大的收益。以“授权+同利”为核心，推进薪酬分配差异化，公司对所属单位薪酬进行总量考核，产量、质量、成本等关键指标与收入总额直接关联，对各作业区的核心业务事项实现差异化薪酬激励。以“提高轧辊综合合格率”为核心，热轧辊作业区授权赋能提质降耗；以“提高加工产量”为目标，加工作业区实行计件工时制；突出业绩导向，销售部门实施外部市场销售区域承包制；精准的靶向有力激发出职工个人工作干劲，真正实现了职工多劳多得，使找活干、要活干、抢活干成为常态。

【党群工作】 恒通公司党建规范化水平明显提升，构建起齐抓共管的“大党建”工作格局。完善党建工作制度，承接形成恒通党建工作责任制考核评价体系；夯实党建基础，高质量完成公司基层党支部换届改选指导工作，顺利组织召开恒通公司第二次党员大会。党委议事程序实现规范化，严格落实党委会议制度和“三重一大”事项前置审议程序，规范集体决策、民主决策流程，实现党的领导与公司治理体系有机融合，党委“把方向、管大局、保落实”作用有效发挥。“第一议题”要求和党委理论学习中心组学习制度有效落实，确保习近平总书记重要讲话和重要指示批示精神、党中央重大决策部署第一时间在恒通落实落地。党的二十大胜利召开后，迅速制定宣贯方案，组织广大党员干部职工掀起学习宣传贯彻党的二十大精神热潮。组织建设和干部人才培养工作不断夯实，积极推进“万名党员进党校”培训工程，制订完成《恒通公司“十四五”人才规划》《高层次人才梯队培训计划工作方案》，为恒通公司发展提供人才支撑。宣传思想工作持续深化，严格落实意识形态工作责任制，加强网络意识形态管控工作，构建起三级网格化管理体系，有效助推公司生产经营建设稳定顺行发展。全面从严治党持续向纵深发展，着力开展备品备件采购及管理专项治理以及工程建设领域“清廉工程”专项整治，构建起专项治理长效机制，推进党风廉政建设和反腐倡廉工

胜利召开第二次党员大会（徐洪国 摄）

作全方位覆盖，有效提振干部职工干事创业的信心和士气。共建共享取得明显成效，落实"共享鞍钢"理念，聚焦职工急难愁盼问题，办好民生实事，完成"职工健康体检、职工互助保障、午餐补助、金秋助学"等民生项目。落实民主管理，公司涉及三项制度改革有关方案都履行了民主程序。维护职工身心健康，在疫情封控期间，累计投入23万余元，为保产保供职工提供后勤生活保障。持续加大职工集体福利保障力度，累计职工集体福利费用同比增长41%。释放改革红利，在外部市场竞争激烈严峻形势下，确保职工收入增长，在岗职工人均工资同比增长11%，职工群众获得感明显增强。加大帮扶力度，持续开展常态化送温暖活动，发放春节、端午节职工福利、推广落实"小药箱进班组"普惠活动，实现对困难职工100%帮扶，提升职工认同感。成功组织天车工技能大赛，加快培育岗位技术能手。（徐洪国）

辽宁恒泰重机有限公司

【**概况**】 辽宁恒泰重机有限公司（简称恒泰公司）是本钢集团有限公司多元板块的子公司，成立于1995年5月，由本钢矿建公司机修车间、大修车间合并组建而成，时名本钢起重机制造厂。1999年从矿建公司剥离，隶属于本钢建设公司，独立法人资格。2002年转制成立本溪钢铁（集团）起重机制造有限公司，2011年7月通过股权划转从本钢建设公司剥离并提格为本钢集团有限公司一级子公司，更名为辽宁恒泰重机有限公司。恒泰公司是集研发、设计、制造、安装、大中修为一体的起重运输机械设备制造企业。拥有国家A级特种设备（起重机械）制造、安装、改造、维修许可及建筑业起重设备安装工程专业承包一级资质、钢结构工程专业承包三级资质；拥有省级技术中心和市级研发中心。

截至2022年末，恒泰公司在籍职工331人，其中管理岗9人、专业技术岗44人、操作岗278人，副高级职称5人、中级职称41人、初级职称23人，高级技师2人、技师16人、助理技师4人。下设综合（党群）部、财务部、运行管理部、营销部4个部门、1个设计研发中心、3个项目部和9个维保班组。党委下设4个党支部、6个党小组，党员88人。

【**主营指标**】 2022年实现收入10046万元，比计划多完成46万元，较上一年增加3039万元；实现利润132.65万元，比奋斗目标（军令状超越指标）多完成12.65万元，较上一年减亏610万元；平安本钢工作完成上级考核指标；安全生产实现"三为零"。

【**公司法人治理**】 坚持党的领导融入公司治理，完善合规管控模式，完善法人治理结构，配齐董事会成员，规范董事会建设，实现外部董事占多数，理顺党委会、董事会、经理办公会权责界面和决策事项清单，进一步厘清治理主体的权责边界。扎实推进国企改革三年行动，高质量完成工作任务28项。按照本钢集团要求，完成职业经理人试点工作，经理层2名职业经理人通过竞聘上岗。积极推进"两制一契"指标签订，实现揭指标竞聘、带契约上岗，签订大干四季度军令状，经营层和管理层签订率100%。

【**市场销售**】 面对钢铁行业下行，本钢各板块公司大力削减起重机制作、检修、安装、改造项目的严峻形势，恒泰公司领导带队直面市场，主动出击，精心运作，对内全力开发并占领板材、北营、矿业公司等起重机制作市场，制作项目合同额同比去年提升24%；重新夺回炼钢厂维保项目，开发板材炼钢厂起重机专业包保业务，维保类合同额同比提升5%；基本垄断采购中心起重机备件修复项目，备件类合同份额同比提升96%。对外精准研判外部市场，走访开发鞍山钢铁和鞍钢股份鲅鱼圈分公司，推进同鞍山钢铁的关联协议签订工作，签订中冶华天设计院、鞍钢设计院、恩菲设计院吊车制作合同，外部市场签订合同额2124.82万元，同比提高514.5%。2022年共签订合同额10570.30万元，同比增加1711.61万元，同比提高19%。

【研发攻关】 加大研发投入，针对260t铸造起重机、板材冷轧厂无人行车项目定位、防摇传感器应用技术进行企业内部立项。积极推进产品结构创新调整，实现工埠GBM小车在废钢电磁起重机上的应用，并于11月取得该产品代理权。积极推进产品轻量化设计，完成260t起重机主体结构轻量化和主起升机构分体双减速设计优化，降低产品成本4.83%。

【生产组织】 优化以生产为中心的管控模式。物资采购、项目施工围绕生产指挥棒紧密衔接，强化合同的执行与考核，每周通报生产进度和未完成节点的单位，生产组织进度明显加快。转变经营思路，在板材炼钢厂推行起重机专业包保业务模式，实现以业主单位为中心的起重机维保、检修、备件包消耗等全方位、专业化运维。全力保证甲方现场“零影响”，尤其是在“8·24”疫情静态管控的13天，完成板材炼钢厂260t冶金铸造起重机的结构主体安装，2台50/10t吊车司机室移位改造项目和北营炼钢厂A0跨20+20t吊车小车拆除、安装、重新装配等项目同时施工，实现短期内效率和产能的历史最高纪录，受到甲方好评。2022年完成产品制作类产值5580.09万元，同比提高48.23%。检修安装类完成2168.27万元，同比提高48.33%。其他非主营业务完成222.36万元，同比提高74.96%。

【降本增效】 围绕“两利四率”目标要求，严控支出，节约管理及销售费用13万元；期间费用占比降低3.57%，营业利润率从2021年的–6.8%提高到1.32%，毛利率、期间费用占比及营业利润率均创近年最好水平。一是全方位开展工序降本工作，利用减速机、联轴器、电机等库存备件62件，利用库存大五金26吨，降低采购成本约55万元。二是大力推进采购降本，全方位引入有竞争力的优质供应商26家，拉入黑名单供应商2家，采购成本比预算降低3.76%，节省资金57.57万元。

【安全管理】 强化安全发展理念，狠抓安全生产责任制的落实。全面承接本钢集团各项管理制度，修订完善恒泰公司安全管理制度，实现安全管理制度全覆盖。强化安全发展理念，树立“红线”意识，强化底线思维，扎实开展“安全风暴”“大讨论”专项活动，建筑物安全防火专项整治“百日行动”、安全生产活动月活动，夯实安全基础管理。强化安全履职监督检查，加强设备和质量管理，整改安全隐患28项，保证安全生产态势持续稳定。扎实推进安全培训，2022年共组织安全培训596人次，各项安全管理制度和安全措施有效落实。

【合规风控管理】 加强顶层设计，建立健全公司合规管理工作体系，实现合规管理体系的从无到有。积极推进从全流程、全领域梳理企业风险点，完善公司12个方面的重点业务合规风险清单、岗位合规清单和流程管控清单，初步建立公司合规管理“三张清单”。扎实推进合规管理工作与生产经营相结合，全面加强制度的立改废释，进一步厘清管理界面，优化管理流程，2022年共修订完善管理制度219个。严格落实法律案件压存控增工作，完成结案4件。通过债务重组为企业挽回经济损失138.02万元。加强历史陈欠款的清欠工作，清回陈欠款20万元。完善回款机制，全年回款9474.48万元，同比增长1.19%。

【三项制度改革】 扎实推进机构、人员优化工作。撤销作业区级机构，形成公司直管项目单元（项目部、班组）模式，管理机构由11个压缩至5个，压减比例54.5%；精干干部队伍，封存C、B级干部级别4人，管理人员退出比例47%，三职群人员压减32.5%，实现机构扁平化管理；大力推进竞聘上岗工作，C、B级落聘率23.5%，机关人员落聘率24%，机关与基层人员交流比例5.09%，岗位变动率76%；89人次进入赋能中心流转，赋能中心流转比例26%；实现全员劳动生产率13.76万元/人·年，较上一年提高165%。深化“授权+同利”经营模式，按照项目单元最小化的模式建立“项目单元自由组队，竞价摘牌自行运营”激励机制，优化冗员24人，优化比例9%，鼓励赋能中心在职职工替换劳务职工，清退劳务39人。

【党群工作】 加强党的领导，不断深化思想政治建设。全面实施党建责任制考核落地落实，制定《辽宁恒泰重机有限公司党建工作责任制考核评价办法》，坚持党委书记亲自抓党建工作，每季度对各基层支部开展党建工作检查，推动党建工作落细落实。强化班子建设，按照本钢集团党委下发的《关于做好2022年基层党组织换届选举工作的通知》要求，研究制定选举工作实施方案，指导各支部进行规范有序的换届工作。9月末恒泰公司党委召开党员大会，选举产生新一届“两委”委员，顺利完成“两委”换届工作，完善党组织架构。持续深化理论武装，坚持学习贯彻习近平新时代中国特色社会主义思想，组织党委理论中心组集中学习研讨9次。严格规范组织生活。注重加强对各支部落实“三会一课”“党日活动”“两学一做”等制度的督促检查。积极组织4名支部书记参加集中轮训，74名党员参加“万名党员进党校”培训。深入贯彻“喜迎二十大、建功新鞍钢”主题实践活动，机关党支部书记带领第三党小组党员及业务骨干到炼钢厂240t铸造起重机安装现场义务劳动增援——铺设电缆。2022年累计报送践行新鞍钢内涵心得体会8篇，建立党员先锋岗4个、党员责任区7个，共产党员先锋工程立项5个。恒泰公司党委牢牢把握意识形态思想阵地，着重从理论学习上下功夫，在舆论宣传上做文章，努力抓好意识形态工作。实行三级网格化包保负责制，建立恒泰公司16人网评员队伍；积极开展“跟着郭明义学雷锋”志愿服务活动，组建恒泰公司志愿者服务团队21人。积极开展企业宣传工作，在《本钢日报》发表文章2篇、本钢集团公众号发表文章3篇、本钢工会公众号发表文章1篇。突出强化正风肃纪，纪委对三项制度改革工作全程跟踪与落实，改革方案100%履行民主程序，实现企业改革工作公开透明。组织班子成员观看《零容忍》电视专题片，组织召开纪委廉政大会，对新调整任用的17名副科级以上干部进行集体廉政谈话，进一步增强干部廉洁自律意识。坚持将企业成果惠及广大职工，在职职工工资同比增长11.89%；提高职工住房公积金缴存比例；全年发放餐补73.04万元；为职工办实事5件，缴纳互助保险18540元、缴纳健康体检费92550元，为42名女职工缴纳体检费8820元。法治管理、效能监察、武装保卫、信访维稳、科协工作等都积极对接本钢集团工作部署，各项工作取得明显成效。（王　红）

信息自动化有限责任公司

【概况】 本溪钢铁（集团）信息自动化有限责任公司（以下简称本信公司）成立于2003年11月27日，是本钢集团公司全资子公司，注册资金5000万元。2018年2月本信公司与本钢集团信息化管理部整合成立板材信息化中心，是生产经营单位，受信息化中心统一管理。2021年2月本钢集团机构重新调整，撤销板材信息化中心，本信公司划归多元板块，生产经营单位职能不变。本信公司下设市场工程部、计划财务部、商务协作部3个业务部门，规划科技部和党群综合部2个管理部门，信息化事业部、自动化事业部、智能物联事业部、数字化事业部4个事业部。党委下设5个党支部，党员113人。截至2022年末，在籍职工168人，其中管理岗15人、专业技术岗153人，工程技术序列人员占比77.4%；高级职称42人、中级职称47人，中级职称及以上人员占比53%，研究生学历20人、本科学历131人，本科及以上人员占比90%。本信公司是两家冶金行业央企IT“科改示范”企业之一，国家级高新技术企业，辽宁省计算机“双软”企业，辽宁省省级企业技术中心，辽宁省专精特新“小巨人”企业，辽宁省“瞪羚企业”，辽宁省“企业上云”综合服务商，中国软件诚信示范企业辽宁省五家企业之一，辽宁软件产业20年优秀企业。

2022年成功入围国务院国资委“科改示范企业”和辽宁省“瞪羚企业”，取得央企科改年度考核“良好”类第一名的好成绩；“辽宁省冶金工业智能物联专业技术创新中心”通过省科技厅认定；“5G无人行车网关设备”入选2023年度中央引导地方科技发展资金省级项目；“面向复杂工况的实时工业互联网融合感知技术及应用”荣获辽宁省科技进步一等奖；鞍钢集团数字产业化“智慧指数”首轮“三地”对标中位列第一；综合评价“A”级，被授予鞍钢集团、本钢集团“先进单位”称号；“矩阵式”党建工作品牌被收录鞍钢集团基层党建创新案例选编；改革实践成果入选2022年本钢集团市场化改革典型经验；板材基地一体化信息管控系统及配套支撑项目成功切换上线。完成销售收入3.09亿元，同比增长24.69%；实现利润总额2533万元，同比增长90.37%；实现净利润2180万元，同比增长79.52%；资产负债率为58%；收入利润率为8.02%；全员劳动生产率为43.17万元/年·人；实现研发投入强度20.29%，全面实现奋斗指标。

【经营管理】 围绕“数字本钢”建设，积极参与智能制造、数字化矿山、智慧料场、智能行车等重点领域项目建设。板材基地一体化信息管控系统及配套支撑项目、日清日结系统、三冷轧无人行车系统、南芬选矿厂矿仓自动布料系统和冷轧总厂三冷区域5#镀锌线机器人等项目按期投入运行。铁前集控、能源集控系统建设正在快速推进。全年实现项目按期完工率100%，自主完成率达到80.8%，项目一次验收合格率达到100%。通过与设计院、高科技公司合作开发外部市场，承揽山西晋钢智造科技实业有限公司3#高炉大修项目、珠海粤裕丰钢铁有限公司铁前集控自动化系统项目、福建大东海实业集团有限公司精品钢技改项目、宝钢金属科技管理系统等项目23个，签订合同总额2292.71万元，同比增长60.16%；实现外部收入2081万元，同比增长61.34%。以承接本钢集团“两利四率”“两金”压控及提质增效指标需要为导向，组织制定经营、资本和财务等专项预算管理办法，建立经营、采购、销售、科技、人力资源等预算指标体系，不断优化公司资源配置，改善经营效益。强化落实“党政同责”“一岗双责”安全生产责任制，全年组织安全专项检查277次，考核现场违规行为等问题43项，累计考核6560元；相关方黄牌2张，考核金额6000元。积极有效应对疫情冲击，实现疫情对经营管理的“零影响”。

【科改示范】 将“科改示范行动”作为首要任务，建立“党委书记抓总责、分管领导管细节、业务部门具体做”的“三层九级”科改责任体系及履职机制，实施“满分”“清零”和“倍增”三大行动，推动“科改”方案和工作台账落地落实。39项年度科改任务台账全部完成，其中26项考核指标有11项指标达到P75分位值，7项指标达到P50分位值，25项指标创历史最好成绩，实现“争优良、保合格”既定目标。将党委前置研究事项清单作为贯彻党的方针政策和党组织对国有企业管理意图落实的核心抓手之一，清单覆盖17类73项具体重大事项，清晰事项额度和标准，确保党委聚焦谋大事、议重点。2022年党委聚焦“四个是否”，前置研究讨论议题54个，充分发挥党委把关作用。重新组建新一届董事会，7名董事中外部董事4人，实现外部董事占多数。结合科技型企业特点，特别组建技术委员会，为董事会科技创新相关重大决策提供建议和支撑。率先完成经理层3名成员的职业经理人选聘，强化定量考核导向和“摸高”业绩机制，突出业绩目标设定、薪酬兑现规则、刚性退出和“科改不合格”一票否决条款，建立核心关键指标权重最大、个性化指标大于50%的年度和任期指标体系，形成“权利责任统一、激励约束并重”的市场化机制，经理层“两制一契”签订率100%。以授权改革为突破口，有效推动“管理型”向“治理型”转变。落实董事会全部六项职权，从行权方式和细化“三清单”事项内容入手，将一定额度的投资、重大项目建设、资产处置等17项权限授予经理层，经理层充分行使经营自主权，提高决策效率，有效释放市场主体活力。

【深化改革】 以市场化改革为导向，建立“客观量化赋分+民主考察测评+现场演讲答辩”的“三分法”竞聘赋分模式，形成有效的量化指标评价模型和竞聘模式指引，突出“实干、业绩、技术”导向，员工认可度高。管理岗竞聘上岗率100%，员工市场化退出率5.4%，赋能中心流转率5.7%，岗位合同签订率100%。根据《正向激励政策工具操作指引》和《国工创有科技型企业股权和分红激励暂行办法》规定，经鞍、本两级集团批复同意，本信公司正式享受工资总额单列和科研项目直接投入视同利润加回政策。结合科技型企业特点，以构建科技发展新动能为目标，从单一要素分配向多要素分配转变，成功申请岗位分红中长期激励政策，进一步激发科技骨干员工创效热情和活力，吸引高端人才，提升企业核心竞争力。纳入实施范围的科技人员36人，占科技人员总数的27.7%。以“双跑赢”“冲双A”为目标，以项目化管理和项目制考核为抓手，通过赋予一线技术研发带头人采购权和分配权等自主权限，进一步激发一线作战主体活力，提高工作效率，穿透式、差异化精准授放权效果明显，全员劳动生产率同比提升70.69%，职工浮动工资占比77.4%。

【科研创新】 打破职务职级行政化，设置首席工程师岗位7个。创新性设立资深主任工程师岗位，培养潜在首席选手。基本构建起以首席工程师为引领、以资深主任工程师和主任工程师为主力、以主管工程师和区域工程师为基础的金字塔型人才结构体系。结合经营发展需要，实施柔性引才战略，成功引进国家级人才3人、省级人才5人，提高人才引进的系统性、精准性和规范性。利用现有人员和技术资源，全力解决制约企业发展的关键技术短板，进一步突破发展“瓶颈”。视频叠加数采及轮询分析系统等5项科研项目取得重大突破，累计投入研发经费6273.16万元，科研投入同比增长268.24%。以市场为导向，推进专利布局和成果转化，形成一批具有核心竞争力的自主知识产权。获国家专利局受理专利12项。通过技术引进方式，办理转移转让发明专利14项。获得行业专有技术认定20项。完成23项软件著作权登记，申请软件产品登记10项。依托国家级高新技术企业、辽宁省企业技术中心和辽宁省“双软”企业等平台，利用自有资源设立PLC自动控制实验室，为职工研发创新、场景应用和工程服务创造良好环境。参与完成《工业互联网时间敏感网络需求及场景》等2项行业标准和3项团体标准的编制工作。

【党群工作】 结合公司“三项制度改革”专业整合实际，重新完成支部组建，编印《党支部规范化标准化建设工作指南》，夯实支部党建基础。推动“万名党员进党校”培训工程，完成20期101名党员培训，培训率、合格率实现两个100%。积极构建和推行业务、项目相结合的“矩阵式”党建工作品牌，围绕信息化配套支撑项目、白楼智能楼宇改造、粤裕丰铁前集控系统等重点项目和科改示范专项行动，组建“矩阵式”党员攻关项目11个，2022年顺利结项4个，创造经济效益500余万元。筹建本信公司纪委，完成纪检组织基本框架。建立党风廉政建设和反腐工作组织协调机制，形成齐抓共管工作格局。建立健全尽职免责、违规责任追究等制度，对尽职、合规的关键核心技术攻关投入和探索性实验等给予制度保障，保护经营主体和科技人员干事创业的积极性。积极发挥群团组织服务大局、服务群众和推进民主管理作用。落实“共享鞍钢”理念，持续优化“我为群众办实事”长效机制，解决员工加班免费供餐送餐到岗等问题，提升员工认同感。强化民主管理，涉及三项制度改革和中长期激励方案等都履行了民主程序。2人在辽宁省第一届职业技能大赛中获得物联网安装调试类别第二名，北方恒达物流园项目获第一届鞍钢青年数字创新大赛优秀项目。累计投

入5.54万元购买各类防疫物资，切实维护员工身心健康。（王大鹏）

实业发展有限责任公司

【概况】 本溪钢铁（集团）实业发展有限责任公司（简称实业公司）为本钢集团有限公司多元产业发展板块下属公司。下设8个职能科室、32个分（子）公司及生产作业区、后勤服务区。在籍职工总数1521人，在岗职工1192人，其中管理岗75人、专业技术岗226人、操作岗891人，研究生学历6人、本科学历234人、专科学历403人，高级职称47人、中级职称162人、初级职称123人。党委下设党支部31个、党小组68个，党员671人。主要生产及生活服务项目有：炼钢辅料、炼钢生铁、炼钢炉料、烧结配料、渣罐涂料、氧化锌粉、钝化镁粉、增碳剂、尘泥干粉、冶金渣加工处理、矿渣微粉、劳动防护工装、特种作业防护用品、防尘滤袋、印刷制品、工业水处理剂及冷饮制品、公路运输、设备维修、工业管道清洗、厂容绿化美化及厂区环境综合治理、防寒防汛工程施工、工程设备维修、厂区职工生活服务（食堂、浴池）、办公用品销售、媒体广告宣传、职工换购超市、职工公寓及物业管理、宾馆餐饮住宿及会议接待、幼儿管护及教育等。

【主营指标】 2022年，实现销售收入13.05亿元，利润6701万元，超计划2351万元。实现净利5374万元，超计划1374万元。营业收入利润率5.14%，比计划增加1.34%。全员劳动生产率20万元/人，研发投入强度1.2%，100%完成“军令状”任务，各项经营指标完成奋斗目标。安全生产实现“三为零”。主要产品完成情况：生产服务主要产品产量均超额完成计划，其中锌回收料产销量9.3万吨，氧化锌粉产销量0.86万吨，铁坨B、C产销量4.08万吨，增碳剂产销量1.4万吨，尘泥干粉产销量28.54万吨，低品位混合料产销量17.85万吨，铝粒铝线产销量0.75万吨，钝化镁粉产销量0.47万吨，废钢产销量2.99万吨，渣铁粒铁产销量21.3万吨，精矿粉B产销量33.97万吨，预处理铁坨铁粉产销量10.2万吨，矿渣微粉产销量38.1万吨。

【企业改革】 深化企业改革，激发企业活力。一是按照《本钢集团有限公司多元产业整合和改革实施方案》的通知要求，将产业链上下游、业务类别相同相似相近企业进行整合，搭建专业化平台，实现冶金渣公司与实业公司快速整合；以开拓精神与精细管理相结合，发扬经营意识、规范运营理念，形成优势互补的企业格局，提升干部职工生存意识，实现企业发展1+1>2。二是制定国企改革三年行动工作清单30项，2022年按照时间节点已完成改革29项，1项正在积极推进中。三是加大法人单位治理工作力度，年初纳入压减企业共计5家，8月末全部完成。四是与基层各单位签订“两制一契”合同，实现揭指标竞聘、带契约上岗，激发各单位创业激情。焦化分公司实施“两制一契”以来，班子勇挑重担，职工提升工作效率，当月实现扭亏。

【生产管理】 以保产保供、增量增供为主线，优化生产工艺，紧跟主业生产节奏，全流程管控生产，全面实现创效目标。开展生产岗位人员全员培训，对生产工艺实施分级管理，产品按质量标准进行检验，质量达标后外发。为减少停机停产时间，3#脱锌回转窑拉链机与脱硫塔项目安装同步进行，把原有机械排灰改为人工接灰，定时放灰，多生产锌粉500吨，创效300万元。焦化分公司盯紧厂矿水处理系统，中标板材炼钢厂4#、5#、6#转炉系统药剂承包系统，增加收入26万元。防冻液产品销售中标后，先后在南芬区和大连市开展防冻液生产设备的安装、调试、投产等工作，有效增加经营收入。炉料分公司实施点检制度，降低镁锭剩余切头损失率。通过与切削机设备厂家的沟通配合，通过调整设备运行情况来降低镁锭头形成率。汽水厂PET塑料瓶饮料生产线发挥最大产能，满足本钢内部市场和外部市场需求，共销售汽水767.6万瓶，冰果837.8万支。

【后勤服务】 生活服务分公司始终坚持以提升服务质量为重点，以提高职工满意度为目标，通过推行送餐到岗等靠前服务，解决部分职工就餐难的问题。圆满完成板材联检参战职工和疫情封厂职工的后勤服务工作，得到本钢集团及在线厂矿的一致认可和好评。食堂管理方面，严格落实标准化作业（6T）管理。食品监督管理部门重新修订和完善食品安全管理制度、考核细则和应急预案，推行食品安全网格化精细管理、分区包片，通过周检制使食品安全基础管理工作得到有效提升。严把食材源头关，加强食材进货验收工作，严禁购进进口食品和疫区食品，同时开展熟食加工环节专项检查，保障食品安全。住宿管理方面，物业分公司统一服务理念，持续做好鞍钢集团交流干部和应届毕业生入住公寓的接待工作。8月接待新生入住10人、技师学院订单班专科生20人，疫情期间接待歪矿—沈阳通勤的重点岗位员工23人，在二宿舍4至8楼每层投资改造一个浴室，7月5日正式投入使用，每个淋浴间可同时满足6人洗浴；8月9日本钢青年公寓洗浴中心投入使用，解决大学生洗浴难的问题。

【城市服务】 2022年，本钢食品专营店销售收入286.6万元，利润44.5万元；本钢宾馆圆满完成各项接待服务工作。春节期间，制作并销售年夜饭礼盒；金山宾馆主动承接本钢集团工会春节熟食礼盒团购任务，使宾馆餐饮产品形成一定的品牌效应和影响力；幼教中心制定切实可行的绩效考核方案，让职工做到每日收入心中有数，切实做到“干到、算到、给到、得到”。每月召开全体职工大会，对经营情况进行分析，找出存在的问题和不足，找准提升效益的措施。根据每个班组完成情况进行绩效考核，挖掘潜力，确保经营指标顺利完成；换购超市多措并举，通过举办“3·8”妇女节欢乐大酬宾和“5·1”劳动节加倍购欢乐送等活动提高知名度。活动期间接待顾客16000人次，营业收入增加35%，储值卡销售创收20余万。第一时间归还顾客丢失的物品，获赠“拾金不昧”锦旗，赢得顾客对超市服务工作的充分认可。

【设备管理】 制定并下发设备运行指标和管理指标，每月跟踪落实各单位指标完成情况。分析总结存在的问题，并制定具体整改措施，有效提升设备运行效率；实施三级计量数据统计、分析工作，实现对油、电、水、氧等能源介质成本有效管控；加强环保设施维护保养，确保设备良好运行，颗粒物达标排放。

【安全管理】 结合实际制定安全生产工作目标，签订责任书并分解落实。开展重大事故隐患“清零”、自建房、危化品等13项专项整治行动，查找并整改问题273项。与分（子）公司及作业区签订责任书，层层分解落实；持续开展安全管理互检互评，完善缺陷和不足。全年常态化开展人员密集场所如食堂、幼儿园、公寓、办公楼及高层建筑物等消防安全大检查。

【能源环保管理】 聚焦超低排放项目，强化环保项目推进，加快公司向绿色企业发展。一是东风湖公司利用地势特点，在脱锌料场低洼处建成2处集水池，收集地表和地下水循环利用，解决现场污水横流问题，每年可节约水费18万元；改变回转窑窑体排渣方式，将原窑渣直排入渣池改为利用斜板托料水循环冲渣入渣池，治理粉尘感官污染。二是回收分公司湿式旋流除尘器，7月5日完成整体更换并经检测机构验收，检测结果符合国家现行排放标准。通过多项超低排放项目的实施，环保成效显著。二氧化硫指标完成281.09吨，比计划降低158.71吨；氮氧化物指标完成26.43吨，比计划降低4.57吨；碳排放量指标完成18.38万吨，比计划降低29.62万吨。

【资产管理】 与中国石油天然气股份有限公司商讨股权转让相关事宜，工商手续已准备完毕。中国石油天然气股份有限公司择期召开董事会审核法律意见书及相关文件，审核通过后提交省公司进行后续相关工作，适时签订股权转让协议。

【财务管理】 建立月经营指标分析制度。通过成本费用分析找出超降原因，采取措施解决问题。积极推进债权债务清理，处理本钢内部差异债权和债务。通过现款与抹账协议减少部分债务、债权，共处理外部长期无动态债务4955万元，清欠外部债权回款356万元。利用税收优惠政策减税、退税、缓税，缓解资金流压力，资金实得应得比达223%；“两金”压控计划指标1.56亿元，预计“两金”完成指标1.2亿元，降幅23%。实现鞍钢财务共享中心NC上线运行，完成系统核算工作目标。

【采购管理】 坚持依法依规应招尽招原则，建立完善供应商管理体系和寻源开发机制。通过深入实地考察，直接与生产制造商对接，建立起合格的生产型供应商队伍。7、8月份，先后实现镁锭和铝杆两项大宗原料鞍钢平台招标，水处理药剂原料实现与生产厂家招议结合的采购模式。2022年，实业公司在物料采购方面实现降本1100余万元。

【人力资源管理】 全面贯彻落实三项制度改革，科学设置机构和岗位。将原有78个作业区整合为43个，压减比例44.9%；三职群人员压减比例34%；45岁以下年轻干部占比30.4%；制订竞聘工作方案，纪委和职工代表全程监督，共分八个轮次完成全部岗位竞聘工作，共计聘任上岗1192人；推进员工市场化退出工作，共办理协商一致解除劳动合同8人。依据赋能中心管理办法，2022年全年进入赋能中心99人；通过合并岗位、扩大岗位作业幅度、兼工种作业等手段，压减劳务用工，通过在职职工置换劳务工作，完成可置换岗位劳务置换50%的工作目标。完成薪酬体系套改，职工浮动工资差异化系数1.34%。

【党群工作】 建立健全党建工作责任制。细化考核机制，强化意识形态管理，压实网格化舆情管控包保责任，为改革发展营造和谐稳定的舆论环境。开展理论学习和形势任务教育，将思想政治工作与企业文化建设相融合。以“强党建 当模范 促融合 谋发展”为主题，开展基层党支部结对共建主题党日活动；围绕“三项制度改革”编发工作简报、宣讲成功案例提振改革信心；围绕“二十大”召开，组织开展“强国复兴有我”知识竞赛、书画摄影展、抗疫微视频大赛，技术比武等活动；围绕年度生产经营服务攻坚，发布降本增效倡议书、抗疫攻坚动员令、四季度冲刺方案，开展党员“建功新鞍钢”“群众性创新创效攻关”、青年“奋进新征程”和统战人员“爱献做”活动，持续推进党群业务与中心工作深度融合；承接本钢集团民生实事，全面完成板材厂区食堂、浴池改造和二宿大学生公寓浴池和外挂电梯建设；共享改革红利，在行业下行压力和企业效益增长减弱的严峻形势下，在岗职工人均工资实现与本钢集团同步增长；全心全意为职工送温暖，拨付专项资金，为职工购买健康保险、发放价值442.36万元的新春福利和生日礼包，配送防暑降温物资和防疫物品，设置小药箱等普惠活动，职工获得感、幸福感持续提升。

【防疫工作】 全面落实本钢集团疫情防控“30条”措施，进一步完善防控预案，坚决做好常态化疫情防控工作。落实食堂、宿舍、宾馆等重点人员密集场所“测温、扫码、戴口罩、少流动、少聚集、1米线”等疫情防控措施。同时，常态化、持续性开展消毒消杀工作，严格落实精准防控举措，坚持筑牢防疫防线，确保生产稳定顺行。面对本溪市2次突发疫情，生活分公司后勤工作人员全力克服困难、多渠道采购食材，多举措保障封闭在厂职工生活需求，食堂日均服务近5万人次，工作量超平时3倍；超市日均服务18小时，平均每天向生产一线单位运送6车约15吨各类生活物资，保障了非常时期厂区职工生活必需品供应，为全面打赢抗疫保产攻坚战贡献力量。 （金艳琪）

辽宁冶金职业技术学院

【概况】 辽宁冶金职业技术学院（简称职业技术学院）是经辽宁省人民政府批准、国家教育部备案的省属全日制普通高等学校，2010年实现首届招生。职业技术学院在职职工415人，其中管理岗46人、专业技术岗292人、操作岗77人，本科及以上学历324人，副高级及以上职称148人、中级职称140人。下设20个党支部，党员321人。内设机构22个，分别是机关职能板块5个、教学辅助板块5个、职业教育板块8个、职业培训板块2个、实习实训板块（高远公司和亿通公司）2个。

【教学管理】 争取项目资金，强化内涵建设。积极利用国家职业教育政策争取专项建设资金，通过申报兴辽卓越院校和专业群、数字校园示范校等建设项目获得辽宁省教育厅2022年现代职业教育发展资金745万元。申报国家级高技能人才培训基地和国家级技能根基工程培训基地建设项目，积极承接技工教育“十四五”规划重点任务，被评为全国技工院校工学一体化第一阶段建设院校。学院连续四年荣获钢铁行业优秀多媒体课件大赛和冶金行业论文评选活动优秀组织奖。学院获批省级劳动教育示范学校，6名教师荣获省职业教育兴辽专业带头人和骨干教师称号，标志师资队伍建设工作再结硕果。组织95人次参加各级各类培训，完成教科研项目36项，学院3本教材入选辽宁省职业教育“十四五”首批规划教材，1门课程获省职业院校课程思政教学典型案例，成功承办辽宁省第一届职业技能大赛起重工（天车）、机械设备点检赛项，本钢集团员工荣获两枚金牌和两枚银牌，大赛服务受到省市领导、参赛选手和教练的一致好评。在高职星级专业评估工作中，评为省级四星专业1个、三星专业6个，全方位提升教育教学能力。

【学生管理】 1. 加强辅导员队伍培训，提升辅导员职业能力。以易班为平台创新开展辅导员线上培训，培训效果明显。3名辅导员分别荣获省辅导员网络思想政治教育优秀工作案例、省高校辅导员职业生涯训练营活动三等奖、辽宁省高校辅导员理论宣讲优秀作品。2. 以校园文化为载体，为立德树人创造途径。以开学第一课为契机，开展以“喜迎二十大奋进新征程”主题实践活动。以新生军训为依托，培养学生爱国精神，进行吃苦耐劳教育。以武装工作为突破，强化学生爱国主义教育，学院被评为明山区武装工作先进单位。3. 健全学生资助制度，建设发展型资助体系。建立“助学·筑梦·铸人”常态化宣传教育机制，把解决学生学习生活实际困难与促进学生全面发展、健康成长结合起来。2022年完成高职奖助学金发放191万元，4人荣获国家级奖学金；中职助学金发放6.2万元，3人荣获国家级奖学金；减免16名孤儿学生的学费、住宿费8.04万元。

【招生就业】 1. 招生工作创效能力持续提升。将招生效益与学费收入挂钩，招生办公室更名为职业教育创效中心，把职业教育政策研究室纳入招生办公室管理，全面提升经营创效思维意识。2022年实现高职录取1337人，其中单招录取731人，统招录取606人；省外录取150人，实现历史性突破。学院影响力持续增强，学苗质量不断提升，92名考生达到本科录取分数线以上。中职招生克服没有本钢订单班的巨大压力，与龙新矿业、本溪市富虹集团、花溪沐集团等知名企业签订订单合作，新生报到602人，同比增加23.87%，招生规模进一步扩大，实现招生创效。2. 就业创业工作提质增效。就业办走访中天集团、新松机器人、吉利新能源汽车、中石化等具有行业影响力的领军企业30余家，满足毕业生对薪资待遇、专业对口等方面的就业需求，2022年实现毕业生就业率98%，位于省内同类院校前列。开展GYB创业培训9期，培训学生360人。组织学生参加“中国创翼”本溪赛区比赛，获得优秀奖1项、参与奖3项，学院荣获“优秀组织单位”称号。

【职业培训】 1. 聚焦企业战略全面服务集团。始终坚持职业教育与职业培训并重，与本溪市委党校签署战略合作协议，开展本钢集团四期领导干部培训轮训班，178名副处级以上领导参加为期两周的封闭培训；组织开展本钢集团专职董（监）事培训班，提升履职尽责工作能力；以党的二十大精神为核心，以历史脉络为主线，以红色教育为切入点，创新运用情景教学、体验教学等形式，开展“青马学堂”培训班凝聚青年力量，为企业的发展贡献智慧和力量。根据本钢集团三项制度改革需要，开展转岗赋能人员培训，使进入赋能中心人员通过多维度赋能培训，全方位提升其个人综合能力、岗位适应能力，以满足企业发展的要求和新的岗位工作需要。圆满完成本钢集团企业新型学徒制第四期培养班工作，2022年共培养中级工357人，涉及40个职业工种。2. 全面提升培训课程研发能力。加大培训课程研发力度，对标鞍钢集团培训体系，精益再造本钢培训课程体系。通过“摘牌领课”完成领导力、通用能力和专业能力培训课程129项，领课数量位列鞍攀本“三地”教育培训中心第一名；31名教师参与鞍钢集团一期、二期专业能力模型建设；38名教师承接82门鞍钢集团一期专业能力课程开发，涵盖20个专业类别，形成全院教师练内功、提素质、积极融入大培训的良好氛围。3. 外引内培，师资队伍实力显著增强。落实本钢集团培训要求，实施“名师名课工程”，培养品牌教师8人，开发品牌课程15项，研发新专题课程52项。注重发掘内训师，利用罗佳全、郭鹏、杨韬、于涛等技能大师工作站设置培训分站4个，发掘培养内训师101名。坚持开放办学，开展省委、市委和鞍钢党校的有机联动，引进外部培训名师54人，高效推动教学资源的整合利用。4. 筑牢“三严三评”教学评价体系。修订完善《本钢党校教学计划管理实施方案》《本钢党校教学质量管理实施方案》等16项管理制度。严把培训课程质量关，强化培训过程管理，规范考核结果，建立“逢培必考、逢考必评”机制，形成训前、训中、训后各关键环节评价的闭环管理，做好学员对授课教师的评价、做好需求方对培训效果的评价、做好学院对教师的评价。5. 双管齐下推进网络大学建设。依托自主研发建设的“e职学”培训综合平台，组织培训板材、矿业、北营主业板块和非钢多元板块企业30名新到岗兼职管理人员，实现网络大学闭环实效管理。目前，在线平台共有28类，236个工种，409门课程，10万道模拟试题库，充分满足线上培训需求。静态管控期间，紧密结合本钢广大职工能力提升的需求，开展公益培训直播课，全面助力本钢集团抗疫保产。截至2022年底，承接本钢培训计划51个，完成32个。培训班次618个，培训44475人，培训学时29287学时，其中党建类培训64个班次，培训22992人，重点班次培训满意度97.36%。6. 服务本钢，全力做好学历提升培训工作。围绕本钢集团员工学历提升的工作要求，走访调研北营、矿业板块等10多家子公司并开展学历提升宣传及报考咨询工作，确保每名有报考意愿的职工满意，真正服务企业，服务基层，实现函授专升本报名人数1600人，打造本钢集团终身学习品牌项目。7. 开辟外部市场，创新社会培训领域。与本溪市民政局和明山区就业局积极对接，自主开发新的培训项目和领域。先后组织两县四区90余家养老机构开展养老护理员线上培训1313人；与富虹房地产、晖翔企业商务、富虹国际饭店、龙山泉啤酒等七家公司开展职工线上安全知识培训1200人；与辽宁山水和华兴热力等公司达成企业新型学徒制培训合作协议。

【安全管理】 提升保障举措，完善安全管理制度，建设平安校园。充分利用安全履职平台进行履职监督和考核，积极开展“安全风暴”行动，落实“安全隐患清零”实施方案，全面修订安全规程，加强安全生产（实习）、防火、校舍、食品卫生等安全管理工作。开展师生安全和法制教育，做好信访稳定工作，持续强化校园及周边治安综合治理，全年实现校园重大安全故“五为零”的工作目标。

【技术服务】 1. 高远公司作为本钢职业经理人试点单位中唯一一个科级单位，克服压力，完成2名职业经理人选聘工作。以解决本钢集团生产中出现的难题为核心，承接板材炼铁厂中控室改造项目，研发基于视觉识别和机器学习自动化检化验画框系统，完成中天钢铁南通计量项目、大连特钢培训平台项目、市食药监局“明厨亮灶”项目。2. 亿通公司实行项目承包制，激发员工活力。主动深入厂矿争取本钢集团内部备件订单。组织技术人员研发厂区液压泵修复攻坚课题，开发螺旋给料器、加湿机等新产品，提升科技研发强度。静态管控期间，积极与本钢内容用户联系，精准掌握备件需求，确定送货时间，为本钢生产一线提供120余万元备件，全力抗疫保产。

【综合管理】 1. 全面提升内部治理能力。重新修订学院章程，并通过省教育厅审核备案。以规章制度“学练用”为契机，分层分类推进制度修订，梳理制度清单264项，逐步完善学院制度体系。深入开展全方位全流程对标工作，以内控工作为抓手，查摆问题10项，以督办形式跟踪落实。全面启动钉钉办公系统，发挥岗位写实效能，全面提高管理效率。2. 着力推进招标采购规范。严格落实本钢集团“应招尽招”工作要求，通过集团招标平台进行招标项目43个，已实现定标39项，降低采购成本344万元。建立标准价格平台和合格供应商清单，完善采购询比价程序，2022年累计节约采购资金13.9万元。采购成本比上年降低4.81 %，压缩利用库存2.5万元。修复消防管道全年节约水费12万元。3. 实施后勤精细化管理，全面提升服务能力。着力打造“三化”（绿化、净化、美化）工程，就近取材，绿化环境400平方米，山上校区被授予本溪市“园林式单位”荣誉称号。2022年通过优化水资源，成功获评辽宁省节水型高校。委托专业化餐饮公司——本钢新事业公司负责学院食堂和超市的管理，建立严格的监督管理机制，全面服务师生校园生活。疫情期间，增大食材和学生生活必需品库存量，全力保供食堂有序运转，食品安全事故零发生，学生食堂就餐率达80%以上。

【党群工作】 1. 深入推进全面从严治党，激发干事创业正能量。制定全面从严治党重点任务清单，承接转化本钢党委全面从严治党相关工作文件，调整学院党委履行全面从严治党主体责任领导小组成员。以党委工作巡察为契机，系统梳理党委工作，对巡察组反馈的37个问题，制定整改措施89项，认真研究，逐条对照确定整改方案，真正把巡察工作的成效运用到学院发展的实践中来。组织广大党员干部签订《党风廉政建设责任书》《廉洁自律承诺书》，积极营造风清气正的政治生态环境，以高质量党建引领保障学院高质量发展。2. 持续推进规范化建设，提升基层党组织的战斗力。制定学院《党建工作责任制考核评价办法》，细化考核指标69项，构建“明责履责、考责问责”党建工作责任体系，使党建工作标准化建设真正从“软指标”变成“硬约束”。各党支部在具体工作中强化政治功能，将课程建设、教材选用、学术活动等工作作为支委会重要议事内容，严把政治关。2022年，学院党委积极组织广大党员参加鞍钢集团“万名党员进党校”学习、组织基层党务干部通过鞍钢E学参加党建知识学习，不断提升党建工作水平。3. 全面贯彻新发展理念，服务构建新发展格局。开展2022年“最美抗疫志愿服务组织（志愿者）”宣传推选活动，号召党员师生积极主动地参与到疫情防控工作中。深入开展“喜迎二十大、建功新鞍钢”主题实践活动，通过“服务先锋岗”“钻研学习先锋岗”“改革发展先锋岗”“创新创效先锋岗”评选活动，将党建工作与行政工作有机结合，调动广大党员干部的工作积极性，在岗位上发光发热，充分发挥党员的先锋模范作用。4. 坚持党管干部、党管人才原则，建设高素质专业化干部队伍和人才队伍。学院党委坚持德才兼备，以德为先的选人用人导向，着力提高选人用人公信度。遵循干部成长规律，对有发展潜力的后备干部适时给位子、压担子，加速优秀年轻干部锻炼成长。2022 年提拔 16 名中层干部，有效提高干部队伍的整体协作效能，保持组织细胞的强大生命力。4. 完善机构设置，强化组织保障。强化大监督体系工作机制建设，提高监督效能，推动学院内部控制和风险管理系统不断完善。2022 年，结合班子调整实际，重新划分领导班子成员分片包干责任部门。根据《本钢集团有限公司多元产业整合和改革实施方案》要求，成立中共辽宁冶金职业技术学院纪律检查委员会筹建组，选举产生学院纪律检查委员会，为压实党风廉政建设“两个责任”，确保党风廉政建设各项工作落到实处提供了组织保障。学院纪委按照“应建必建、一人一档、统一标准、专人负责”的原则，建立学院党员领导干部和重点岗位人员廉洁档案，并实行年度更新、实时报备的动态管理。学院党委召开专题会议组织学习，贯彻落实“务实高效、攻坚克难、精准精细、少说多做”工作作风要求，各级党组织班子成员围绕十六字工作作风要求进行了问题查摆。5. 严格中央八项规定，以作风建设引领夯实队伍建设。开展“备品备件采购及管理”“清廉工程”等专项整治工作，深化“应招尽招”工作要求，防止出现腐败问题；在元旦、春节等重要时间节点重申纪律要求，坚决杜绝“节日腐败”。采取多项举措大力开展党风廉政宣传教育，把纪律和规矩挺在前面；建立党员干部办理婚丧喜庆等事宜登记台账，直面问题、抓到具体；开展党员干部子女升学情况统计，并进行集中教育；以定期考核、谈话诫勉、述职述廉等形式强化对干部的监督管理，打造对党忠诚、干净担当、清正廉洁的干部队伍。6. 严格执行民主集中制，坚持“三重一大”事项集体研究决策。2022 年组织召开党委会 75 次，针对重大决策开展调查研究、科学论证、风险评估，充分发挥党委“把方向、管大局、保落实”的作用。在加强集体领导的同时，认真落实个人分工负责制，支持和鼓励领导班子成员积极大胆、独立负责地开展工作。坚持原则，通过民主生活会开展批评和自我批评，在重点工作上面达成高度共识，充分体现班子成员善于集中、敢于担责的工作作风。

【防疫工作】 全面贯彻落实疫情防控总方针，科学动态调整疫情防控措施。建立完善应急预案保障机制，2022 年开展疫情防控应急演练 6 次。积极迎接各级疫情防控工作督导检查，不断提升疫情防控水平。学院教职工新冠疫苗接种率96.42%，全年核酸检测 8.4 万人次。邀请本溪市疾控中心专家到学院进行专项疫情防控知识培训和校园隔离工作指导，为校园疫情防控稳定奠定坚实基础。

（谭艳艳）

房地产开发有限责任公司

【概况】 本溪钢铁（集团）房地产开发有限责任公司（简称房地产公司）是本钢集团全资子公司。注册资金 5 亿元。是一家集房地产经营、开发、销售、工程建筑设计、工程建筑施工、产品生产、矿山开采加工及房产物业管理为一体的多产业、综合性房地产开发企业，具有国家房地产开发三级资质、房屋建筑安装施工二级资质、房产物业管理三级资质。截至2022年底，在籍职工共93人。下设综合办公室、财务管理室、企业管理室、工程管理室4个科室，有本溪市好佳民用建筑工程有限责任公司、桓仁满族自治县飞腾矿业有限公司、海口好佳坊房地产开发有限公司、本溪鑫和矿业公司、本溪市松树台铁矿公司、本溪鑫汇微细粉体公司、丹东好佳房地产公司、本溪好佳物业管理公司、本溪钢基矿业有限公司、本溪市东山农贸市场管理有限公司、本溪市好佳实业发展有限责任公司、本溪广厦房地产开发有限责任公司和经营分公司13家分（子）公司，其中本溪鑫汇微细粉体公司、桓仁满族自治县飞腾矿业有限公司、本溪鑫和矿业公司正处在破产清算阶段。2022年实现营业收入4961.99万元，利润-1387.63万元。安全生产实现“三为零”。

【经营管理】 2022年是房地产公司企业治理的重要一年，按照年初编制的生产经营计划，积极有效地组织各部门及分、子公司开展工作，保证各项指标按计划完成，确保经营工作顺利进行。房补工作：根据本钢集团工作部署，经营分公司负责本钢职工房补手续信息确认工作，全年共确认信息2731户。回迁安置工作：为落实回迁难问题，从年初开始对未回迁安置动迁户进行核实登记，同时制订回迁安置分配方案，办理进户手续。房屋租赁工作：严格按照本钢集团对于房屋租赁工作下达的文件执行，出租各类房屋20处，受疫情影响按政策减免部分房租，全年实收租金217万元。

【主业开发】 千金嘉合园在平山区政府地债建设资金未及时到位的情况下，施工进度举步维艰，好佳建筑公司克服资金困难等不利因素，在保证施工质量的前提下按照原定计划按期交房。2022年10月31日，千金嘉合园具备进户条件，11月18日开始办理进户手续，截至年底已办理188户；解决“办证难”问题是全市重点关注的工作，也是省委督办的重点工作之一，市委书记吴澜亲自主持召开了全市“办证难”专题工作会议，要求房地产公司两个月完成6000户办证任务。房地产公司领导亲自主抓办证工作，多次到各办证现场进行督办，亲自协调各区政府实现多方联动并提供多方面的后勤保障工作。针对某些住户办证意愿不高的情况，各现场工作组与各属地办事处和社区联动，积极配合其对未办证的住户通过电话、网格群和实地走访等方式进行催办。截至2022年底，已完成办证送件5238户，综合考虑各种因素影响，基本完成市委限定的考核指标。

【企业改革】 2022年房地产公司工作重点是企业处置、法人压减工作。本钢集团2022年下达的治理亏损企业考核指标为亏损企业4家，压减法人企业4家，亏损额不超过4200万元。在公司领导的统一协调、部门间的大力配合下，全年治理亏损企业9家，亏损额合计3328.81万元，完成8家企业（亏损额合计612.74万元）的处置工作，同比减少8家，减幅88.9%。无新增亏损企业，超额完成了全年的企业治理工作，得到了本钢集团的高度认可。全年法人压减工作计划完成13家（含本部），实际完成9家。

【多元产业】 好佳物业公司针对物业、车

场、电力稽查、房产监察统一合理安排维修、维护等工作，提高工作效率。完成亏损物业小区社会化3个，依据现存住宅小区特点，将原有6个物业处合并为4个房产管理维修站，强化维修职能。2022年收入423万元。好佳建筑公司财务审计招标工作于12月6日开标，本溪华丰会计师事务所有限责任公司中标，为2023年企业关闭退出打好基础。桓仁满族自治县飞腾矿业有限公司已于2021年11月全面停产。本溪鑫汇微细粉体有限责任公司对租赁的厂房及设备进行全面监管，督促汇鑫公司支付尚欠的租金。妥善处理松树台铁矿环境治理工作，完成中央环保督察组要求复垦489亩土地的工作任务，复垦工作得到东北督察局、市环保局和本钢安环部的高度肯定。扎实推进复垦验收工作，力争环保销号。

【信访维稳】 2022年是党的二十大召开之年，在本钢集团公司党委高度重视和正确的领导下，房地产公司信访工作紧紧围绕国家、省、市的统一部署，以“二十大”为契机，结合新常态下信访工作实际，不断创新群众工作方法，着力解决信访突出问题，全力化解矛盾隐患，房地产公司全面打造“责任信访、阳光信访、法治信访”，信访工作平稳运行。2022年受理网上信件39件，办结率100%；市长热线受理176件，办理回复率98%；计划自办积案6件，办结率100%；省交办信访积案12件，办结率100%；全年行风热线转办件132件，办结率90%；民心网102件，回复率100%；省巡视组到本溪巡视期间交本钢办信访事项5案，办结率80%。截至2022年12月末，房地产公司共受理案件61件，涉案金额约33357万元，其中2021年转年案件19件，涉案金额32920万元（主要包括乾易主诉案20678万元，华昕公司仲裁案8327万元，大连双菱公司仲裁案3536万元）。2022年新增案件42件，涉案金额437万元；未执行案件94件，涉案金额约20754万元（主要包括李明强执行案8800万元，华昕公司执行案约4200万元，嘉诚房地产公司执行案约1840万元，市人防办执行案约1100万元）。2022年共结案36件，案件减损额约1020万元。

【人力资源管理】 根据本钢集团公司要求，认真落实机构改革任务，明确改革目标方向。突出能力业绩导向和契约精神，打破传统用人模式，实现优化岗位编制、清晰岗位职责，逐级指标分解、强化合同意识、契约意识和担当意识，实现与指标考核刚性联动的改革目标，确保本钢要求的各项改革工作持续推动落实。一是三项制度改革。三职群人员由81人压减到43人，原科级干部落聘13人，原三职群人员落聘操作岗19人，实现三职群人员压减46.9%的目标；市场化退出率1.67%，超额完成1%的指标；加大机关与基层人员交流力度，共交流14人，交流比例达35%。二是全面推行两制一契管理。完成房地产公司董事长及经理层两制一契签订工作，并通过鞍钢集团公司的验收。三是强化全员岗位绩效考核。制定下发全员绩效考核管理制度及办法，并作为晋级、解聘和调整工作岗位的依据。

【党建工作】 深入贯彻习近平新时代中国特色社会主义思想和二十大精神，学习习近平总书记关于国企改革发展和党的建设的重要论述、对鞍钢“凤凰涅槃、浴火重生”重要指示精神，推动基层党组织和广大党员深刻领悟“两个确立”的决定性意义，增强“四个意识”、坚定“四个自信”、做到“两个维护”，促进党员领导干部进一步坚定理想信念、筑牢政治根基。全面落实上级党委决策部署，持续提升“把方向、管大局、保落实”能力，组织带领4个党支部、65名党员和全体职工群众顶住资金、疫情、复杂历史问题等各种不利因素的影响，充分发挥党组织在企业发展中的核心作用。把基层党组织建设成为有效实现党的领导的坚强战斗堡垒，加强党员教育管理，组织党员参加“万名党员进党校”等活动，激励广大党员发挥先锋模范作用；开展“大干四季度，冲刺一百天”主题实践活动，经过全体党员干部和职工的不懈努力，确保经营指标和重点工作按计划完成，取得突出成绩。（黄　卓）

热力开发有限责任公司

【概况】　本溪钢铁（集团）热力开发有限责任公司（简称热力公司）为本钢集团公司的全资子公司，是集工业余热开发、余热供暖和锅炉集中供暖为一体的专业化公司，供暖区域涵盖市内的南地、平山、东明区域，市郊的南芬、歪头山地区，2022年末供暖面积752.6万㎡，用户达10.32万户。下设生产技术室、设备工程室、安全环保室、财务管理室、党群工作室、人力资源室（组织部）、综合办公室7个职能科室；收费中心、客服中心、供暖稽查队3个双职能单位；发电、平山、中心、调峰、焦化、南芬、歪头山7个作业区级供热分公司。截至2022年末，在籍职工总人数433人（在岗职工317人），其中管理岗28人、专业技术岗31人、操作岗258人、居家休息116人，副高级职称11人、中级职称36人、初级职称45人。党委下设11个党支部、25个党小组，党员192人。2022年完成产值2.01亿元，利润776万元。

【生产管理】　2022年春冬供暖季，在“安全、稳定、高效”原则的指导下，充分发挥生产指挥平台作用。预判天气变化情况，加大热源供给量调控力度，最大程度地保持热源连续稳定；实时监控运行参数，动态跟踪管网运行状况，保证各条管网水力工况达到平衡状态；制订并落实保供方案和应急预案，高效组织抢修队伍，为生产安全、稳定运行提供保障。特别是在“两节”“两会”的重点供暖时段，热力公司把“保供暖、促稳定”作为重大政治任务，党政班子齐抓共管、靠前指挥，全体职工同心协力，高质量地完成各项供暖任务。

【经营管理】　全面推行预算管理，严格预算编制，坚持“预算法定”原则。厘清刚性支出与可控成本费用的核算范围，提高预算编制的精准度和有效性；严格预算执行，杜绝超预算或无预算支出，增强预算约束力；强化动态监控，按月组织召开经济活动分析会，及时通报预算执行情况和经济指标完成情况，对比分析找出存在的问题，制定并落实整改措施，提高预算管理的科学化、精细化水平。科学制定专项措施，加大陈欠取暖费收缴及债权清收力度，全方位保障企业生命线。在本钢集团财务部的指导下，合规利用阶段性闲置资金，增加现金流入，最大化提高资金使用效率。在“大干一百天，冲刺四季度”过程中，超常规采取“利润最大化、极限降成本、大幅度提高劳动生产率和保供暖质量稳定达标”保证措施，出台并实施《全员岗位绩效试行办法》《创效奖励实施方案》《“授权＋同利”绩效考评管理规定》，持续强化绩效考评工作，全面提高运营效率。推进节能降耗工作中，主动与同行业先进企业对标“找差距”，结合现状“找原因”，多维度思考“想办法”。开展技术、工艺攻关措施；优化能耗指标“日报表、日分析”流程；刚性兑现绩效奖励分配方案。全年重点能耗量同比均不同程度降低，其中水耗降低了 12.5%、电耗降低 1.12%、热源降低 2.5%、煤耗降低 2.4%。

【安全管理】 按照年初制定的《本钢热力公司安全生产工作要点》工作部署，深入学习贯彻习近平总书记关于安全生产工作的重要指示、批示精神，营造安全生产氛围；贯彻落实新安法，健全安全管理机构，完善安全管理体系，全面提升安全能力建设；推行安全信息化，强化履职落实，夯实基础管理，推进安全标准化建设；组织开展安全教育培训，提升全员安全素质；组建安全专业管理团队，完善风险管控机制，落实绩效考核管理，严格执行奖惩制度。杜绝形式主义，提升工作实效，厂级领导采取“四不两直”的方式查改违章行为 11 起、厂级部门查改 76 起、作业区级查改 572 起，相关方警告 26 人、黄牌 1 人、红牌清退 1 人。通过以上举措，实现 2022 年安全生产“三为零”的工作目标。

【销售管理】 承接鞍钢集团财务管理新要求，及时变更代理收费银行。与本溪市工商银行密切合作，积极为广大用户提供线下缴费服务。新冠疫情静态管控期间全员出动张贴收费公告，同时利用多媒体平台实现宣传联动，引导广大用户使用工行 e 支付、微信、支付宝、“微供热”生活缴费小程序等方式缴费，避免人员聚集风险，2022 年网络平台收缴采暖费占比提升到 36%。积极落实清欠工作要求，不断加大清缴陈欠采暖费工作力度，逐户走访欠费公建用户，向目标用户下达催款函 78 份，实现清缴陈欠采暖费 1202 万元目标。在开拓供暖市场方面，开发南芬露天矿矿区、平西动迁楼、市信访大厅、南芬润庭及欧洲城甲楼二期住宅楼共 5 个重点入网项目，新增供暖面积 21 万㎡，实现当年新增配套费和采暖费收入 1422.02 万元；在拓展热水销售方面，新开发本钢内部 4 家单位，月增加洗浴水销售量近 1000T，实现年度销售收入 368 万元，创历史最好水平；在盘活闲置资产方面，新盘活闲置房产 5 处，对外续租和新租房产共计 18 处，实现年收入 77.67 万元，同比增加 27.67 万元。

【工程管理】 坚持“降低能耗，保障设备和管网安全稳定运行”的原则，制定本钢热力公司 2022 年夏季检维修作业管理制度，下达 2022 年热力公司夏季检维修工作计划。成立由热力公司主管领导为组长的指挥机构和各专项检查组，高效完成夏季检维修的管理、监督和协调工作。夏季检维修项目共完成 1697 项，其中外委检修机械设备、电气仪表、土建、环保、管网 145 项，设备自检 872 项，生产管网自检 680 项。坚持“经济高效”原则，加大修理费压减工作力度，修理费计划额从年初计划的 1769 万元压减到 1409 万元，压减比例 20.4%。从实际效果看，修理费实际支出 1352.4 万元，比压减后的计划又节省 56.6 万元。2022 年，为在供暖前完成重点技改项目——南芬露天矿矿区供暖入网改造工程，专门成立热力公司改造工程项目部，按照“极限压成本、利润最大化”的工作要求，利用鞍钢集团公开招标平台，高效完成了物资采购、施工单位招标和合同签订等工作。施工过程中优先使用库存材料和备件，换热机组等主要设备也实现国产化替代，工程实际投资比预算节省 119 万元，每年可增收408.3万元，增加利润160.5万元。项目投运后，经过供暖初期精细调节，在较短时间内供暖系统就达到平稳运行状态，供暖质量也达到预期目标，同时关停露天矿 2 台 10T 燃煤锅炉，取得较好的经济效益和环境效益。

【服务管理】 客服系统秉承优质服务理念，充分发挥职能作用，当好企业和用户之间的桥梁和纽带，积极打造“一站式”服务平台。全体员工提高政治站位，强化责任担当，用心听取用户诉求，耐心解答用户咨询，细心提供服务信息，热心帮助解决难题，切实解决好用户“急、难、愁、盼”的问题，将客服中心打造成用户诉求的终点，努力提高用户的供暖体验、温暖指数。2022 年，继续保持投诉工单按时分转率、及时办结率、有效回访率全部达到 100%。在市民投诉中心接到的投诉件同比下降 35%，实现供暖服务质的提升，全面完成市政府制定的“六保六稳”的工作目标。同时，通过各类媒体平台，加大网络舆情的管控力度，持续强化“行风及服务”考评，最大程度地降低投诉率，助力供暖平稳运行，为山城百姓提供优质服务。

【国企改革】 全力推进国企改革三年行动收官工作。在企业制度体系建设方面，制定总部业务审批权限管理规定，下发 16 个法人治理文件，共承接本钢制度体系文件 204 个，在本钢集团多部门对子企业 24 项重点改革任务预考核评估中，热力公司取得 98.9 分的成绩。在三项制度改革方面，一是机构及岗位合理优化，其中组织机构由 20 个压缩至 17 个，压减 15%；“三职群”由 96 人优化至 59 人，压减 38.5%；作业区班组由 83 个压缩至 41 个，压减 50.6%。二是主要改革指标超额完成，其中市场化退出率 3.89%，进入赋能中心比例 6.04%，机关与基层交流比例 23.91%，管理人员退出比例 23.08%，管理人员竞争上岗比例 89.66%，全员岗位竞聘实现 100%。三是在岗职工实现全员岗位绩效考核，做到职责清晰、评价合理、按劳取酬、多劳多得，浮动工资差异系数 1.22，实现“四到”工作目标。四是劳动生产率大幅提高，在岗职工从年初 502 人减至 317 人，减幅 37%；劳务人员全部清零；维保人员从 185 人减到 114 人，减幅 38%；全员劳动生产率同比提升 179%。五是 121 名（5 人于 2022 年退休）“法三”人员自愿离岗休息。

【党群工作】 一是采取看视频、课件讲解、交流研讨等多种形式，把习近平新时代中国特色社会主义思想纳入党委理论学习中心组学习的重点内容，开展集体学习研讨 11 次，撰写研讨体会文章 24 篇；把习近平总书记重要讲话和重要指示批示精神作为党委会“第一议题”，共学习 16 次，形成 4 项任务分解台账；印发 10 篇党支部层面学习资料，党员撰写 145 篇学习心得体会。二是坚持党委前置程序，审议热力公司年度生产经营计划、预算管理、投资改造项目及“十四五”发展规划等重要事项，加强对企业发展前瞻性思考、全局性谋划、战略性布局、整体性推进，统筹处理好继承与创新、发展与安全等重大关系，注重防范化解在发展进程中的重大风险挑战，实现发展质量、结构、规模、速度、效益、安全相统一。三是在三项制度改革期间，重点加强舆情管控工作，保障岗位竞聘平稳进行；研究制订南芬和歪头山作业区职工重新归籍矿业公司的处置预案；按照保密工作要求，清理微信工作群83个，组织重点岗位16人签订《微信泄密专项整顿行动承诺书》。四是出台了《本钢热力公司党委党建工作责任制考核评价办法（试行）》，建立《本钢热力公司党委对所属党支部党建工作责任制考核评价指标体系》；每月按时召开政工例会，2022年下发政工例会纪要12期；组织80名党员参加了“党员进社区、创建文明城”主题党日活动；召开党员大会，选举产生热力公司新一届党委班子和纪委班子、选举产生3名出席本钢集团第二次党代会代表；按期为11名预备党员办理转正手续；按时完成基层党支部换届工作。此外，在春节前夕和“七一”期间组织走访慰问困难党员20人次。五是热力公司党委召开转作风建设专题研讨会，班子成员分别深入到11个基层党支部讲专题党课，在热力公司内部形成了转作风的浓厚氛围。六是热力公司纪委筹建组将党风廉政建设作为工作重点，开展清廉工程、备品备件专项整治工作和领导干部违规经商办企业清查工作，建立廉政档案84份，细化40项防范措施，突击检查7个作业区库房，查改问题1项；开展警示教育活动，组织撰写“每月一鉴”等内容，提醒广大党员干部警惕“风腐一体”问题，提升拒腐防变意识。七是热力公司工会积极开展为基层送温暖活动，先后组织职工参加本钢篮球挑战赛，组织举办职工羽毛球比赛、职工摄影作品征集等活动，征集反映热力公司职工精神风貌的摄影作品76幅。

（吕景慧）

北台钢铁（集团）有限责任公司

【概况】 北台钢铁（集团）有限责任公司（简称北钢公司）成立于1997年5月10日，坐落于本溪市明山区环山路36号，隶属于本钢集团有限公司，注册资本40.468亿元。截至2022年末，总资产21.35亿元，固定资产净值6.29亿元。北钢公司设综合管理部、党群工作部、运营管理部、财务部4个职能部门，下设辽宁容大投资有限公司、北台钢

热力开发有限责任公司召开换届选举党员大会（李丹　摄）

铁（集团）进出口有限责任公司、北台钢铁集团进出口（大连）有限公司、本溪北方工业装备有限责任公司、本溪北方机械重汽有限责任公司（以下简称北重公司）、北钢香港有限公司6个全资子公司，以及辽宁北方煤化工（集团）股份有限公司（以下简称辽煤化公司）、本溪北方钢管有限公司、辽宁北辰窗业有限公司3个控股子公司，在岗员工1489人。2022年，北钢公司聚焦鞍钢集团“7531”战略目标和本钢集团“1357”工作指导方针，坚持以效益为中心，全面打响治亏扭亏攻坚战，实现营收5.57亿元，亏损5576万元，同比减亏6569万元；实现税金2917万元；主要产品合成氨完成6.04万吨；安全生产实现“三为零”。

【经营管理】 多措并举减亏增效，经营业绩实现“双跑赢”。一是压紧压实经营主体责任。强化目标导向、业绩导向，引入“授权+同利”管理模式，以“两利四率”为抓手，推行全面预算管理，逐级签订领导人员“两制一契”任期和年度经营业绩责任书，推动“四到”，人人肩上扛指标，强激励、严考核、保成效，切实发挥考核“指挥棒”作用，激发干事创业内生动力。二是全面对接市场要效益。积极抢抓市场机遇，推动辽煤化公司焦炉气价格对照板材公司实现效益等量化结算，尽量满足焦炉气供应量，创造稳产高产条件；辽煤化公司紧盯液氨、氨水等产品市场高价，建立快速灵活调价机制，全年调整售价近50次，液氨、氨水售价对标周边同类企业高出5%以上，始终跑赢大盘。全年实现营收2.86亿元，同比增长21.55%；推动北重公司摆脱依赖，全力以赴扩展内外部市场，提升产值，增加新的创效增长点，全年实现营收1.94亿元，同比增长25.79%。三是精准对标降本创效。辽煤化公司对标同行先进企业，从产、供、销全过程设立减亏指标，9月份合成氨焦炉气单耗、电耗均创历史最好水平；北重公司通过压价外协采购、优化工艺设计、提高材料利用率、加强能源管控、减少废品和返工件等多项措施降本增效，提高毛利率。四是“大干100天，冲刺四季度”。聚焦年目标计划，围绕后4个月重点任务，重新调整“两制一契”指标，重签责任书，立下军令状，掀起大干热潮，巩固扩大全年工作成效。辽煤化公司实现后四个月持续盈利388万元；北重公司实现全年扭亏为盈，盈利58万元。

【安全环保】 深化安全环保管理，企业安全平稳运行。一是安全生产实现“三为零”。全面压实安全生产和消防安全责任，建立健全全员安全生产责任制，加大安全监管问责力度，深入开展“安全风暴”专项行动和安全生产月活动，全年安全隐患排查整改521项。二是强化生态环保工作。严格落实生态环保主体责任，对各单位在线设施、废水、危废及重点部位感官污染等环保风险开展排查，完成辽煤化公司污水处理站臭气治理重点项目和主控室安全距离过近隐患整改。三是有力防控新冠肺炎疫情。针对本溪上半年、“8·24”“11·24”等时段疫情多点散发实际，认真落实本钢集团各项防控措施，快速启动疫情防控响应，强化保产保供，实现防疫保产“两不误”，始终保持厂区“零感染”，完成第三针疫苗接种1046人。

【合规管理】 持续夯实管理基础，合规管理能力明显提升。一是扎实开展“合规管理强化年”专项工作，制订《北钢公司合规管理体系建设工作方案》，建立合规管理“三道防线”，系统承接转化鞍钢集团、本钢集团管理制度，2022年内控体系评价无重大缺陷。二是董事会运行规范高效。严格落实本钢集团决策部署，规范董事会建设，实现董事会在推进三项制度改革、加速所属企业处置、完善公司制度体系等重点工作中规范行权，发挥作用。2022年召开董事会11次，审议董事会议案14项。三是持续深化“整、严、树”及“靠钢吃钢”专项整治。严肃劳动纪律考核，清理不规范劳动关系，建立长效监督机制，彻底解决退出机制失灵、结构性冗员多、流动性差等用工问题。全年累计清理不规范劳动关系105人（含市场化退出）。

【创新驱动】 谋划推动转型升级，企业创新能力有效提升。辽煤化公司以“双碳”、氢冶炼为切入点，充分发挥化工工艺在钢铁主业中固碳、氢能开发中的优势，研究综合利用本钢焦炉气、高炉气、转炉气，钢化联产，推进产业补链、强链、延链，助力钢铁主业实现碳减排、碳中和目标。辽煤化钢化联产系列产品和改造方案得到本钢集团领导高度重视，2022年重点推进氨合成系统及制冷系统节能优化改造项目，10月份完成氨合成系统氨分离器、出入口管道等主体设备的安装调试，实现独立运行，效果良好。北重公司在大型成台套产品设计开发和对外合作创新上用心加力，完成承揽的225吨钢水罐、铁水罐、钢包过跨车、铁包过跨平板车等大型成台套产品设计开发工作，并在矿用卡车大修上取得突破，完成本钢歪头山铁矿2台TR100和2台TR60的大修工作，得到用户的好评。

【企业改革】 打破思想的“固化藩篱”，扎实推动三项制度改革。以“效益有改善、员工有获得感、企业发展可持续”为目标，认真落实本钢集团杨维董事长到北钢公司专题调研座谈会精神，推动《北钢公司三项制度改革指导意见》紧锣密鼓实施。一是重新设计机关职能部门和子公司机构设置，制发《北钢公司机构部门职能汇编（暂行）》，实现机构能增能减。改革后，北钢公司机关设处级部门4个；下属子企业（辽煤化公司、北重公司）设作业区级机构17个，压减比例37%。二是建立“竞争上岗、末位调整”制度，所有岗位全部竞聘上岗，两职群占比由13%降至8%，三职群占比由15%降至13%，其中北重公司两职群占比5.53%，压减比例53.4%；三职群占比8.3%，压减比例47.37%；辽煤化公司两职群占比5.74%，压减比例57.81%；三职群占比11.06%，压减比例31.58%。三是推行“双合同”管理，激活企业内生动力，北重公司、辽煤化公司劳动生产率提升不低于11%。

【企业处置】 全面落实托管协议，企业处置取得阶段性成果。落实《北钢公司改革及所属企业处置实施方案》总体部署，稳妥处置所属“两非”“两资”企业，清理低效、无效参股股权。2022年，退出北方轧钢、北方第二轧钢、北方高速线材、北台高速线材等北营公司下属4家子公司股权；注销北方钢管进出口公司、丝路通钢管公司、北晨建筑安装公司、内江世高置业公司4家“两非”“两资”企业；关停北辰窗业公司、钢管公司，6月份北辰窗业公司34名职工全部社会化安置，8月末钢管公司职工社会化退出62人，其余内部安置；清理吊销未注销各类分公司7家；10月末实现工业装备公司由本钢设备工程公司托管，推动重组整合迈出重要一步。

【党群工作】 守正创新汇聚合力，党建统领作用充分发挥。一是坚持政治统领，持续加强党的政治建设。坚决贯彻"第一议题"和党委理论学习中心组学习制度，推行"党建+"模式，深入推动习近平总书记重要指示批示精神再学习再落实再提升，建立起党建工作责任制考核评价办法，运用"两制一契"差异化授权，既有效保障党委"把方向、管大局、促落实"的领导作用得到有效发挥，又全面激发基层单位活力。二是立足强基固本，全面强化党的组织建设。以党委换届为契机，强化领导班子和干部队伍建设，加大"样板"党支部创建力度，深入开展"喜迎二十大、建功新鞍钢"主题实践活动，持续巩固党史学习教育成效，推进"万名党员进党校"培训工程，实现党建基础工作再上新台阶。2022年9月27日胜利召开北钢公司第五次党员代表大会。三是促进党建工作与生产经营深度融合。突出创新党建载体，深入开展"党员先锋岗""党员一帮一""双百竞赛"等建功立业活动，推动党建工作与生产经营一体运行。北钢公司各级党组织共设立党员先锋岗24个、党员责任区20个、组建志愿服务队14个。四是突出舆论导向，不断加强思想政治建设。严格落实意识形态工作责任制，坚持底线思维，围绕中心工作和三项制度改革等重点任务，构建深化市场化改革网格化管理体系，全年解决职工"急难愁盼"问题9项，职工的幸福感、获得感、安全感显著增强。五是扎实履行职责，狠抓党风廉政建设和反腐工作。坚持"严"的总基调，抓住本钢集团党委第八轮巡察第二巡察组巡察北钢公司党委契机，集中整治职工群众反映强烈的突出问题，严查在推进三项制度改革、"两非""两资"企业和长期亏损企业处置等重大改革中不担当不作为，以及重大安全环保、违规经商办企业专项治理等事项背后的形式主义、官僚主义问题；严查违反中央八项规定精神问题，突出重要时间节点廉政提醒，切实严明党的纪律，推进干部作风转变，加大曝光力度，让警钟长鸣，震慑常在。六是汇聚各方力量，充分发挥群

胜利召开第五次党员代表大会（赵晓东　摄）

团组织作用。北钢公司工会围绕中心广泛开展“安康杯”竞赛、职工技能比武、劳动竞赛、群众性创新创效项目攻关、劳模创新工作室“创建做”等活动，在疫情防控、保产保供中发挥作用。成功召开北钢三届五次、六次职代会和第四次会员代表大会，为企业生产经营与改革发展献计献策。强化帮扶体系建设和职工文体活动，19名困难职工建档立卡。在本钢集团乒乓球比赛中取得个人第3名的好成绩，持续开展送清凉、金秋助学、送温暖等常态化活动，得到广大职工的一致认可。　（白文泉）

栏目编辑　刘　欣

本钢年鉴 *2023*

鞍钢集团 ANSTEEL 本钢集团有限公司 BENSTEEL GROUP CORPORATION LIMITED

改制企业

本钢耐火材料有限责任公司

【概况】 本钢耐火材料有限责任公司（简称耐火公司）位于本溪市溪湖区彩北路59号，占地面积19.22万平方米，建筑面积6.7万平方米，是本钢酸性球团和耐火材料的重要生产基地。注册资本3269.24万元，国有资产占股比例为21.41%，其余78.59%的资产由564名参与改制职工的经济补偿金及经营者个人投资构成。2022年9月，党群组织隶属关系由恒基公司变更为北钢公司。下设生产动力科、技术质量科、质量检验科、劳动人事科、销售科、供应科、财务科、保卫科、办公室（党群工作部）、托管中心10个专业部室，球团厂、耐火材料厂、筑炉公司、机修厂4个生产分厂和本溪鑫钰冶金炉料有限公司、本溪南芬鑫和冶金炉料有限公司2个全资子公司（其中全资子公司之一——本溪南芬鑫和冶金炉料有限公司因环保问题仍处于关停状态）。截至2022年末，在籍职工467人（女职工40人），其中管理人员51人、专业技术人员12人、生产操作人员404人。党委下设5个党支部，党员163人。主要产品和服务项目有球团、耐火材料的生产销售、鱼雷罐整体承包。拥有固定资产原值24128.75万元，净值5121.75万元，净资产8804.79万元。2022年，耐火公司（不含子公司）完成球团52.83万吨，其中带料加工29.47万吨、商品化模式23.36万吨；耐火材料8961吨，其中不烧砖5744吨、不定型及散状料完成3217吨。全年共砌筑鱼雷罐53个，拆除53个，中修171个。实现销售收入39002.5万元。

【生产管理】 一是球团生产方面，由于本钢球团合同量减少，4—8月份没有安排球团生产计划，外销市场不稳定，导致球团生产时断时续，8月份球团基本处于停产状态，影响了耐火公司的整体效益，2022年产量同比降低11.65万吨。8月份出现严重的新冠疫情，职工连续半个月吃住在厂，全力保证本钢的球团需求。球团制煤系统克服冬季冻块多、含水量大、磨煤困难等因素，延长磨煤时间，千方百计保证煤粉供应。生产单位从原料抓起，利用天车倒料，尽量将冻块筛出，造球过程尽量利用返矿来综合原料水分，解决了冬季生产冻块多，窑内结圈过快问题，提高生球质量。耐火公司全资子公司——本溪鑫钰冶金炉料有限公司（简称鑫钰公司）全年共完成产量56.81万吨，同比减少5.24万吨，实现销售收入7418.5万元。全年产量不高原因是受市场影响，较长一段时间限产运行，全年停机历时94天。二是耐火材料生产方面，受疫情影响，原料价格和运输成本上涨，在资金短缺的前提下，采购难度越来越大。采购部门根据生产计划和资金状况合理组织进货量，尽力降低库存；及时掌握疫情信息，全力保证原料供应。技术部门利用旧黏土砖研制开发了鱼雷罐喷涂料，其性能指标完全满足鱼雷罐砌筑的要求，有效缓解了采购压力。2022年下半年，板材炼铁总厂鱼雷罐集中下线大修，砌筑任务急剧增加，生产单位加班加点，开动夜班，抓紧一切时间检修上罐，保证用户使用要求和鱼雷罐的安全运行。

【安全管理】 落实安全生产责任制，完善安全操作规程。把各级安全生产责任制的落实作为贯穿安全生产的一条主线，不断完善安全操作规程。加强安全教育，定期组织安全教育活动和安全生产总结会，认真落实新工人入厂三级安全教育制度，逐级分步进行教育培训，增强职工安全意识。加强重大危险源及隐患排查管理，根据重大危险源的评估，制订应急处理预案，定期进行应急演练，深入现场及时排查安全隐患。加强设备改造和增加辅助设备来降低事故发生概率，与现场工作人员积极沟通，为铁粉取样工配备随身携带的光电提醒装置和无线通信设备。对筑炉分厂龙门吊车电缆收放滚筒改为滑线拖缆方式，解决电缆经常磨损绝缘损坏问题。加强特殊工种持证上岗管理，定期组织职工到培训机构学习、考试、换证。全年共组织新工人厂级安全培训37人次，特种作业人员新办、复审培训65人次，安全管理人员资格培训7人次。

【质量管理】　加强耐材原料入厂的取样、外观检查工作，对有较大缺陷、主要理化指标不合格原料采取降级、退货的处理，防止不合格原料进入下道工序。对供货紧张的原料采取合理的工艺调整，选择替代品，在确保产品实物不受影响的基础上，满足耐材制品的生产需求。对硅微粉、金属铝粉、鱼雷罐喷涂料、水泥等关键原料进行重点控制。制定、完善了关于鱼雷罐整体承包的各种工艺技术文件，并在实际运行中经常进行监督检查，重点加强改进了大修鱼雷罐的砌筑工艺技术工作，确保大修后的鱼雷罐在使用初期，不发生钻铁、漏罐的现象。针对鱼雷罐使用周期的集中、大修的数量较多的矛盾和问题，技术质量管理部门切实加强了鱼雷罐的工艺技术标准的执行，随时进行现场检查、监督。要求鱼雷罐的检修、大修工作认真执行工艺纪律，并保证鱼雷罐所需耐火材料的质量稳定，尤其是对鱼雷罐砖的外形尺寸、喷涂料的理化指标方面，进行严格的要求，满足砌筑施工的工艺技术要求。生产单位在砌筑和检修维护方面严格按照工艺规程执行，高标准、严要求，抓好每个细节，保证用户的安全使用。加强与各部门协作，确保原材料的质量，不合格原材料严禁上罐；增强砌筑人员质量意识，提高砌筑技术水平，将新老职工结成对子，快速提高技术水平，保证砌筑质量；严格过程管理，一旦发现不符合要求坚决推倒重来，并对相关人员给予经济处罚，严肃处理。2022年，鱼雷罐平均使用寿命提高较为明显，其中北营炼铁厂使用寿命同比提高21次，板材炼铁厂使用寿命同比提高36次，整体承包的320吨、360吨鱼雷罐全年安全有效地在线运行。2022年8月22日，进行了质量管理体系现场审核认证工作，顺利获得质量认证体系证书。

【设备管理】　设备出现故障能够快速地做出反应，认真分析原因，迅速排除故障。对设备出现重大故障隐患及时与生产单位和设备厂家沟通协商，制订解决方案，安排在设备检修期间及时维修排除隐患；对耐材生产线高压配电室有烟雾的问题及时排查并维修；对球团环冷机磨损严重的轨道及时更换；对鱼雷罐砌筑过程使用的龙门吊车行走支腿损伤问题及时找厂家修复，防止故障扩大。实行设备计划检修，设备的故障抢修变为设备预知维修，最大限度提高设备利用率。将涉及人身安全、危险性较大的压力容器、提升设备、起重机械、厂内机动车辆等特种设备设施作为设备管理的重点，保障特种设备的安全运行，每年由特种设备检验所定期检测，做到应检尽检，发现问题及时检修、更换，进一步完善了特种设备检测管理台账。

【能源环保】 增强节能减排意识，不断完善节能管理制度，加大检查力度，对浪费能源的单位和个人进行处罚。建立高耗能设备台账，在资金允许的情况下，逐步改造淘汰高耗能设备和工艺。2022年高耗能的电动机、变压器、锅炉基本淘汰或更换为节能型，并不断摸索调整工艺，降低能源消耗。球团生产线二氧化硫达到了＜ $35mg/m^3$ 超低排放指标要求，粉尘达到了 $10mg/m^3$ 超低排放标准。氮氧化物超低排放指标要求为＜ $50mg/m^3$，在检测时已达标，实际在运行中还不够稳定，需进一步改进和完善。脱硫废水实现全部回收再利用，达到零排放。

【人力资源管理】 严格执行耐火公司有关工资类管理制度规定，监督检查各单位工资奖金分配情况，保证工资奖金发放到位。按照耐火公司考核小组考核情况，认真进行工资奖金核算，保证工资奖金数据的准确性。加强劳务管理，及时进行补充，满足生产岗位的需求。2022 年累计招聘劳务人员 18 人，其中 4 人按技校生管理。办理按技校生管理的劳务人员转正 6 人。为降低用工风险，为 40 名无法参加社会保险的劳务职工缴纳了意外保险，对 11 名年龄超过 60 周岁的劳务人员进行了清理，现在岗位上没有超过 60 周岁的劳务人员。及时上报工资总额和参保人员增减变动表，进行各项保险金额核定，按时足额缴纳各种保险费用。加强劳动合同管理工作，按照《劳动合同法》相关规定，新签订劳动合同 8 人次，续订劳动合同 11 人次，解除劳动合同 3 人。在籍职工人数比年初减少 26 人，劳务减少 17 人，共计精简 43 人。疫情期间争取稳岗补贴款 21.2639 万元。

【党群工作】 进一步加强党的组织建设，围绕企业的中心任务，发挥党的政治优势，化解矛盾，理顺情绪，凝聚人心，鼓舞干劲，结合当前企业存在的实际困难，引导广大党员在思想上、行动上以耐火公司的生存发展为中心，把智慧和力量凝聚到实现全年的生产经营目标和各项任务上来，全力维护企业的安定团结，保障企业生产经营活动稳步运行。在治理中加强党的领导，完善议事规则决策，针对法人治理结构不健全的问题，党委发挥统揽全局、协调各方的作用，暂时代行决策职能。在北钢党委的领导下，结合改制企业的实际情况，健全了基层党组织，严格按照组织程序，配备党支部负责人，顺利完成了“两委”和支部的换届改选工作。结合耐火公司的实际，围绕经营目标抓党建，推动企业经济发展，以党建带工建，以党建带团建，实现了党建工作围绕中心、贴近实际、融入经济的新突破。贯彻落实全面从严治党主体责任，推动党委履行抓基层党建工作主体责任、党委书记履行第一责任人职责、班子成员履行“一岗双责”。注重加强自身建设，严格执行领导干部廉洁自律的各项规定。树立问题导向意识和整改实效，积极配合党委第三巡查组的各项工作，通过联合检查和自查自检，准确查找短板弱项，推动各项工作再上新台阶。关注困难党员和困难职工的日常生活，2022 年走访慰问困难党员 14 人次，救助金额 9000 元；参加职工医疗互助 485 人，报销医疗费 59 人次，报销金额 72439 元；申请市级、本钢级困难职工救助 8 人次，救助金额 90168 元；温暖助学 8 人次，助学金额 3992 元；救助其他住院职工 15 人次，救助金额 6000 元。

【疫情防控】 耐火公司疫情防控工作领导小组统一决策、组织、指挥疫情防控应急行动，协调和协助各部门及地方政府开展应急处置工作。按照区疫情防控指挥部统一部署，在区疾病预防控制机构指导下开展排查管控工作。在封控期间，加强资金、人员、物资储备，全力保证吃住在厂职工的基本生产生活条件，实现疫情防控和生产经营“两不误”的工作目标。（陈树伟）

本钢汽车运输有限责任公司

【概况】 本钢汽车运输有限责任公司（简称汽运公司）是以承担本钢生产、基建、生活等公路运输为主，对外运输为辅的专业运输企业，具有铲、吊、装、货运、客运、修理、机械加工、备件供应综合配套作业能力以及进出宽敞便利的仓储运输能力。汽运公司总部位于解放路南端，总占地面积84759平方米，房屋建筑总面积20182平方米。截至2022年末，在籍职工523人，劳务用工224人。下设党群工作部（与劳资科合署办公）、办公室、生产科、安全科、机动科、供应科、计划财务科7个机关科室和客运队、货运队、机械化队、土石方队、检修车间5个基层单位。客运队拥有大客、中客、危货及5吨以下小型车，主要负责本钢职工通勤、日常工作联系及主体厂矿的油料、危险货物运输；货运队主要是10吨以上货车，专门负责本钢三冷轧各类生产用车；机械化队主要是挂车、吊车，负责本钢卷板等大型物件的运输；土石方队主要是铲车、自卸车，负责本钢主体厂矿球团、碎石、渣粉等货物运输；检修车间负责本钢各主体厂矿的车辆维保、各种工程机械的大修及联轴器制造加工等。公司共有各类机动车辆293台；2022年货运量1224万吨，周转量5045万吨公里。

【运输服务】 继续以保证板材、北营、矿业三大板块用车为主，及时高效为本钢生产服务。并根据活源类型、地点、路况及现场作业条件配置可供生产需求的车辆，积极组织协调，竭力挤占本钢运输市场，克服招标造成的丢活和降价的不利影响，千方百计增产增收。客运队克服公交进厂运行造成退车及疫情防控静态管理等因素，加强零派车管理、服务好短期用户，强化安全管理，挖潜降耗，多措并举，2022年实现产值1323万元。土石方队在保证固定驻在活源的前提下，积极组织二次派车，提高单车作业率，主动出击，不等不靠，多渠道组织货源，全年组织抢运马球、北重焦炭、二铁硫黄膏、原料及废钢倒运实现产值920万元，全年实现产值1588万元。机械化队面对交警路面治理力度加大及本钢限产、降价等不利条件，根据其活源多点运输的实际情况，车队班子靠前指挥，统筹安排，高效运输，竭尽全力扭转车队产值收入减少的态势，全年实现产值4113万元。货运队主要承担冷轧厂运输废次材工作，2022年完成三冷突发的紧急抢运任务及日常的保产保供，实现产值469万元。检修车间积极寻找本钢车辆维保及机加的活源，强化安全管理，实现产值345万元。

【设备管理】 汽运公司设备分为机械设备和动力设备。1. 设备管理。严格执行车辆三检制度，发现隐患及时整改；建立车辆技术台账，做好日常检查、维修、保养、记录工作；加强二级维护保养，保证车辆安全技术

汽运公司设备种类分布

序号	类别	种类	小类
Ⅰ	机械设备	金属切削设备	车床、铝床、刨床、磨床、铣床、镗床、插床、滚齿床、锯床、数控车床、数控铣床
		锻压设备	液压机、锻锤、剪板机、滚筒机等
		起重运输设备	各类汽车、牵引车、自卸车、铲车、挖掘机、桥式吊车、电动客车、油槽车、灰罐车等
		木工铸造设备	木工刨床、锯床
		其他机械	光鼓机、骑马螺栓拆装机、电动轮胎搬子
Ⅱ	动力设备	动能发生设备	空压机、水泵
		电气设备	地沟举升机、充电机、变压器、电焊机、发电机、清洗机、启动器等
		其他动力设备	潜水泵、高压泵试验台、发动机磨合机等

状况，做到车辆不带病运行。2. 车辆运行管理。贯彻落实车辆运行管理制度，充分利用GPS管理平台，强化车辆运行的动态监管，对超速驾驶、违章行车、下线运营等行为及时纠正；加强车辆的日常管理，提高车辆利用率，生产指挥上下联动，产值收入日清日结。3. 油耗管理。各基层单位对自用车、驻在车和零派车均采取不同的加油方式，定额加油、实测里程或百元产值比等限油控油，努力减少燃油流失现象。但由于燃油涨价、国家治理限超限载、只能拉一个卷，效率低，使得油耗水平上升。4. 备品备件管理。严把采购关、严格备件领用，实行交旧领新、修旧利废、报告审批程序，坚持日清日结、梳理供应商资质等措施，进一步强化水、电、风、气管理，堵塞各种跑冒滴漏现象。

【安全管理】 强化教育，降低企业经营风

“两客一危”消防应急逃生演练（郑希　摄）

险，开展多样化的安全教育活动，着重增强全员的安全意识和事故防范能力。对新入职的53名职工进行三级教育；2022年对车辆、消防、压力容器等专项检查12次，排查出隐患15余处，整改率100%；加强“两客一危”应急预案和消防应急预案演练，提升对突发事件的应急处理能力。安全管理上真抓实干，不留死角，2022年事故总数同比下降14%。全年安全形势总体平稳。

【财务管理】 定期召开经济活动分析会，努力提升内外资金管控水平；加强货币资金支出管理，以保生产、保职工工资等刚性支出为中心，千方百计清欠并按月结算；掌握税收优惠政策，保证疫情期间国家对交通运输行业的补贴落袋为安；进一步规范会计基础工作，完善财务管理内控制度，为经营决策提供依据，开源节流，紧缩支出，确保生产经营运行的资金链条不断。财务管理工作本着开源节流、紧缩支出的原则，精细测算单车成本，为决策层确定市场导向提供数据。加强财务指导和监审，发现问题及时进行查处和纠正，为汽运公司正常的生产经营提供保障。

【人力资源管理】 一是加强日常考勤管理，准确核发工资额。在收入分配上，做到奖惩分明，奖勤罚懒，鼓励多劳多得，不断提高广大职工的工作积极性和能动性。二是严格新职工录用的准入制度，实际操作、安全教育、健康体检，层层把关。三是鼓励兼工种作业，减少用工成本。四是完善业务流程、规范基础工作、强化日常考核，规避各类劳动用工风险，完善招、用、退等各环节的程序。2022年，从劳务人员中择优录取42人与汽运公司签订劳动合同，有效缓解用人紧张的状况；按规定解除1名员工；按时为27名职工办理退休手续。

【职工福利】 2022年，维修机械化队、土石方队自来水管道、院内供暖管网等投资约12万元；为全体职工按时足额缴纳各项保险及住房公积金约950万元；职工住院医疗互助保障参保6万余元；春节及端午节期间发放粮油及鸭蛋27万余元；二次疫情防控出勤职工加奖约80万元；全年加奖及发放福利620余万元；取暖费暗补变明补，年约增加51.8万元。

【动迁还建】 2022年院内高铁还建综合楼手续办理工作无进展。汽运公司多次协调市交通局、征迁办及有关部门，沟通还建工程消防设施和主体建筑物进行竣工验收的相关收尾工作以及新建加油站的选址、建设工作，由于土地隶属于本钢集团公司，至今无法办理。

【党群工作】 以迎接“二十大”召开为契机，围绕稳定和谐发展，加强思想政治工作。认真学习习近平系列重要讲话和二十大报告精神，教育职工转变观念，认清形势，降本增效，诚信服务，为实现生产经营目标营造氛围。汽运公司党委积极推动“两学一做”学习教育，坚持领导班子每月一次学习制度；按期发展3名党员；2022年走访慰问困难党员20人次，发放慰问金10000元；发放新冠防疫物资合计6700元。工会救助住院及家庭困难职工60余人次，发放救助金2.2万余元。尽力做好职工所急、党政所需、工会所能的事。

【防疫工作】 汽运公司高度重视疫情防控工作，成立防控领导小组，并根据省、市及本钢集团关于当前疫情防控工作的要求，制定应急预案，及时转发关于“加强车辆及司乘人员疫情防控”文件及通告，严格配合流调，全力保障全体职工的身体健康与生命安全。3月27日，本溪市市长吴世民到汽运公司检查疫情防控工作落实情况。对保供本钢生产的运油车辆出市驾驶员实行集中隔离、闭环管理。二次疫情静态管理期间，根据本钢生产要求，汽运公司迅速反应，第一时间安排职工赶赴各厂矿作业现场，在缺乏食品、药品及休息场地等条件下，克服各种困难，保证本钢生产顺行。（李玉萍）

本钢电气有限责任公司

【概况】 本钢电气有限责任公司（简称电气公司）是本钢集团公司参股的有限责任公司。承接各种型号交直流电机、冶金阀门、电气备件、变频器检修和各类电力、电炉变压器修造以及冶金炉料、铝制品生产、销售业务，具有设备维修、配电、电力变压器制造资质。截至2022年末，在籍职工334人，其中管理岗66人、技术岗5人、操作岗263人，高级职称2人、中级职称25人、初级职称8人，助理及以上工人技师18人。下设7个部室（财务部、技术部、机物部、经营部、生产部、综合部、党群部）、4个分厂（变压器、电机、机加、北营）、2个分公司（炉料、自动化）。党委下设6个党支部，党员109人。资产总额7621.6万元，固定资产原值5227.5万元，净值1146.9万元，净资产3846.8万元。

【主营指标】 2022年是专业运营承包模式的最后一年，除多元化板块外，电气公司同本钢其他三大板块签订检修承包合同额3384.27万元，承包范围以外合同额902万元。全年入厂检修电机、变压器、电焊机等检修品共8333台。2022年，受承包合同签订晚、结算滞后、加之疫情导致的有效工作日不足等因素影响，全年实现营业收入1.85亿元，同比减少6655万元，其中主营收入4305.5万元，同比减少2227.2万元；铝线（段）销售收入13828.23万元，同比减少4383.7万元；其他收入376.5万元，同比减少44.15万元。实现净利润387.49万元。

【生产组织】 紧跟市场变化，压实生产责任。坚持“四个到位”，即“思想到位、组织到位、责任到位、措施到位”，科学合理安排生产，圆满完成了板材发电厂25000kW汽轮发电机定子大修；邯郸金鑫轧钢厂F2、F4、F5轧机现场光车换向器、转子抽芯检修施工；板材能源总厂40000kVA变压器施工。9月份，疫情封控期间，为满足本钢集团电机保产需求，电气公司紧急动员广大职工踊跃报名，短时间内迅速集结驻厂职工56人。面对疫情防控的严峻形势，主管部门积极与用户沟通，认真梳理重点工程，为本钢集团生产做好设备应急准备。

【多元化产业】 在铝线（段）生产上，继续发挥从业人员经验丰富、责任心强的优势，精心组织，合理分工，不断提高设备利用率。1—10月份，生产铝线（段）7180吨，完成了全年生产经营目标。面对全市静态管理，在外市无法供货的情况下，炉料分公司4名党员坚守岗位，夜以继日加班加点，生产铝线（段）200多吨，确保了板材公司、北营公司生产急需用料的供应。在变频器修复上，2022年7月，面对板材辽阳球团公司一台高压辊磨软启动柜遭雷击，造成柜内元件损坏导致停产，电气公司自动化施工单位立即组织抢修队伍第一时间到达故障现场，经过6天的奋力抢修，实现上机试验一次性通过。由于电气公司变频器修复技术成熟，靠前服务意识强，修复质量高，并多次出色完成本钢集团现场抢修及产品修复任务，2022年，电气公司被本钢集团确定为变频器等电气传动备件定点修复单位。全年共完成厂内检修811台件，其中变频器等410件、电机152台件、电焊机78台件、其他171台件，销售收入实现360万元，为电气公司增利137.2万元。

【安全管理】 安全工作始终是电气公司的工作重点，将安全生产纳入日常管理工作之中。按照电气公司安全一号文件精神，在6月份开展的全国安全月活动中，做到活动有主题、有组织机构、有内容、不走过场。通过以前发生的事故案例，增强职工安全意识，监督、警示现场职工，举一反三，避免类似事故发生。在本钢集团联检前，组织各单位进行施工前安全教育，并把相关安全告知、安全交底及时下发分厂组织学习。对厂内现场发现的安全隐患及时整改，并在施工现场、浴池设置安全警示标语，增强职工自我保护意识，确保安全生产。2022年实现了安全生产“五为零”目标。

【技术质量】 为适应形势的需要，及时提升质量管理要求，狠抓厂内过程质量控制，制定了《电气公司质量责任追究考核办法》，加大质量事故的考核力度。2022年初计划返修率为2%，实际完成返修率1.96%。2022年5月，正式组建成立设备状态在线检测，现有人员6人，他们通过认真观察设备的振动趋势，仔细分析每个异常数据的频谱图、时域图、瀑布图，再结合现场的实际状况，设备运行的原始参数，认真分析，发现异常及时、快速反应，杜绝设备安全事故的发生。现场检测北营公司的电机1600余台，其中隐患电机86台、出具故障诊断报告16台、本厂检测及分析电机60余台、现场叶轮做动平衡1台，减少了因设备故障停产事故20余起，为北营公司设备长周期稳定运行奠定了坚实的基础。

【人力资源】 一是夯实基础管理，建立稳定协同的劳务用工机制，对2021年劳务派遣的7名新员工进行了实操和测评工作，根据考核结果进行提前转录，激发了劳务派遣人员内生动力，多次在重大工程和保产工作中发挥重要作用。二是积极在本溪市、溪湖区的人才网上发布招聘信息，2022年由于疫情组织面试一次，共3人，成功招聘2人。三是贯彻落实《人力资源社会保障部财务部关于全面推行企业新型学徒制的意见》有关要求，深化产教结合、校企合作，全面推行企业新型学徒制。2022年共组织129名员工参加了新型学徒制职业技能等级培训。

【民生工程】 为了给全体职工营造一个安全、整洁的工作环境，对现场、休息和办公区域进行了全面改造、施工。一是供暖锅炉改造，由原来的外部燃煤供暖改造为内部燃气供暖。二是改造女工浴池管道，确保所有淋浴头可以正常使用。三是拆扒并重新修砌电机分厂的烧线炉，确保使用安全。四是对电气公司原有大门进行改造，避免大门因年久老化表面脱落伤人的安全隐患。五是现场院内沥青路面铺设及边砖铺设工程，结束原来的脏乱差的环境。六是设计施工自行车停车棚，解决原来车棚漏雨的状况。七是进行现场休息室外墙喷刷涂料及现场大门喷漆亮化工作。八是厂区围墙外路面用钢渣铺设，确保了出入厂区运输活件道路畅通。

【党群工作】 一是按照本钢集团党委要求，认真完成本钢集团党委安排的各种材料上报工作。积极配合第三巡察组对电气公司的巡察工作，按时向巡察组提供材料。二是坚持从严治党，不断加强党风廉政建设，2022 年签订《党员干部党风廉政建设目标责任书》98 份，提高党员干部的政治免疫力和自觉性。三是在“二十大”召开之际，以具体工作实践向党的二十大献礼，组织党员观看《榜样的力量》《高山清渠》《二十大代表风采录》等专题节目；开展二十大学习研讨会，督促检查各党支部“三会一课”情况、组织生活会情况及相关记录；高质量发展党员，做到成熟一个发展一个，2022 年新发展党员 2 名、预备党员转正 2 名。四是 2022 年发放生日礼包支出 5.17 万元；为退休会员购置纪念品、会员会费集体福利、帮扶困难职工等共支出 3 万元；全年互助医疗二次报销 16 人次；为全体在职在岗女职工 58 人投保健康险；组织开展向生产一线岗位及职工“送清凉”活动，工会、行政发放盐汽水合计 7700 元，发放防暑降温费用 3.7 万元。

【防疫工作】 面对不断调整的疫情防控政策，电气公司积极应对，不断强化疫情监测，严格应急值守。下发《防疫重要通知 10》《本钢电气公司对新型冠状病毒感染肺炎疫情防控工作应急方案》等通知，征集疫情防控志愿者 46 名以备特殊时期需要，配合社区属地管理进行全市静态核酸检测。同时，还加强了物资储备，采购口罩、消毒液、洗手液、额温枪、行军床、被褥等物资，做好后勤保障准备。面对全市静态管理，电气公司高度重视疫情防控工作，积极组织、周密部署、迅速行动，协调办理疫情期间职工和车辆通行证事宜，驻厂职工实行闭环管理，全力做好驻厂职工就餐等后勤保障工作。

（王 茹）

本钢设计研究院有限责任公司

【概况】 本钢设计研究院有限责任公司（简称设计院）是本钢集团参股企业之一。2022 年 3 月 30 日，根据本钢集团公司要求，设计院更名为宏大工程技术（辽宁）有限公司。2022 年末，注册资本 1667.0345 万元，本钢建设公司占股比例为 7.3049%，本钢机械公司占股比例为 7.3049%，江苏宏大特种钢机械厂有限公司占股比例为 85.3902%。拥有冶金行业甲级、建筑行业建筑工程甲级、市政行业（给水工程、排水工程、城镇燃气工程、城镇热力工程）专业乙级、勘察行业岩土工程专业乙级、压力管道、工程总承包、工程咨询、监理乙级等多项资质。下设四个管理部门（综合管理部、财务部、经营部、工程部）、五个专业设计室（总图规划室、工艺室、环保动力室、自动化室、工民建室）和三个子（分）公司（监理公司、岩土公司、检测公司）。在籍职工 117 人，其中高级职称 39 人、中级职称 56 人，本科及以上学历 74 人、专科学历 32 人。党委下设三个党支部，有党员 55 人。

【经营管理】 新冠疫情对企业运营带来巨大冲击，设计院在常态化疫情防控的同时，精心组织设计生产，经全体员工共同努力，各重点工程均在12月末前基本完成。本着以矿产资源和节能减排项目为市场目标，以氧化球团项目为重点突破的经营理念，由经营部统一协调，认真梳理，明确任务，落实责任，实施市场开拓和回款及清欠工作常态化管理。依靠宏大公司遍布全国的销售服务网络，在工程部、各专业科室及管理部门的配合下，已赢得一定的市场地位和口碑。沙钢长协及大中新能源项目，有效地缓解了生存压力，市场覆盖辽宁、江苏、山西、河北、内蒙古、安徽、湖南等省。截至2022年末，新签订设计合同27项，合同金额2670万元；全年回款总额1758万元，其中设计费回款额980万元，总包工程回款额778万元；实现营业收入2760.32万元，实现营业外收入8.7万元。2022年管理成本费用为2027万元，同比减少37.52万元。子（分）公司产值近200万元。

【工程管理】　工程部和各专业室强化设计工期进度管理，推出重点项目周计划，使设计院的设计生产在进度、工期上得到了保障，工作效率进一步提高，产品质量较为稳定。2022年共发出施工图13638张，折合7437.5A1，工作量同比略有下降。全年完成河北唐银球团、山西代县球团、东方硅基等项目的设计任务64项，其中可研7项、初设（含专篇）6项、方案12项、施工图39项。持续提高设计人员奖金收入，全年工程奖达到300万元。

【质量管理】　针对作为设计院主业的球团项目在施工、调试、运行过程中反映出的部分质量问题，特别是2022年度相对集中的唐银、乾福、硕丰球团，设计院分别在院、专业室两个层面，以院技术会议、专业技术交流与业务建设两种方式进行了问题剖析与纠正或改进。同时，依据设计院相关文件规定，对乾福球团项目进行了设计质量问题的量化考核，进一步强化了一线设计人员的整体设计质量意识。

【企业管理】　投入近12万元用于专业软件升级、硬件升级、耗材采购，有效地保证了设计生产效率的提升。考核小组及时有效地完成独立承包单位的绩效考核工作，重点突出，量化指标到位，真实地反映出各部门经营状况。监理、岩土和图文出版等单元，面对不景气的市场和残酷竞争的局面，部门领导和广大职工勇于拼搏，乐于奉献，抓住机遇，开拓进取，2022年完成产值近200万元，为全公司经营做出了贡献，其中岩土单元表现较为突出。外出公务人员订票285人次，耗资17.59万元；为外埠工程邮寄图纸及文件345件次，耗资2.3万元。

【党群工作】　设计院党委全面抓好基层党建工作，推动设计院各党支部标准化规范化建设，加强思想政治引领，强化政治担当。把学习贯彻党的二十大精神作为首要政治任务，强化党委中心组理论学习制度，主持制定党委中心组理论学习要点，增强班子成员的政治意识。全面贯彻党章和《条例》要求，贯彻落实新时代党的建设总要求和新时代党的组织路线，以学习贯彻《条例》为主线，规范设计院基层党组织工作，推进党建工作与生产中心工作融合发展。加强党员的队伍建设，严格党的组织生活制度。提升领导班子民主生活会、各党支部“三会一课”、组织生活会和民主评议党员等组织生活质量，持续开展“党员过政治生日”“重温入党誓词”等党日活动。做好党员发展工作，严格按照程序发展党员，不带病发展党员，2022年转正党员1人。坚持集中培训和经常性教育相结合。抓好党风廉政建设主体责任的落实，认真执行好中央、省委、市委和本钢集团党委有关从严治党的决定，采取切实可行的措施在预防和惩处党员干部违纪违法行为方面做好自己应做的工作。配合完成本钢集团审计部的调研工作和本钢集团纪委巡查工作。组织签订集体合同，制定全年预算，开展工会组织和工会会员信息管理系统的信息维护及录入工作，上缴2022年职工互助保险，发放春节、妇女节、中秋节、“十一”福利和员工生日卡，办理特种疾病保险和会费回拨。（李　锋）

栏目编辑　全英实

本钢年鉴 2023

鞍钢集团 ANSTEEL 本钢集团有限公司 BENSTEEL GROUP CORPORATION LIMITED

统计资料

工业总产值及主要产品产量完成情况

产品名称	计算单位	2022 年实际	2021 年实际	同比增减 %
一、工业总产值	万元	7378407	8580671	-14.01
二、工业增加值	万元	1601442	1824396	-12.22
三、主要产品产量				
1. 生　铁	吨	16863295	16769317	0.56
板　材	吨	10002942	9837735	1.68
北　营	吨	6860353	6931582	-1.03
2. 钢总计	吨	17556055	17459631	0.55
板　材	吨	10552410	10438295	1.09
北　营	吨	6996197	7010335	-0.20
机　总	吨	7448	11001	-32.30
电炉钢	吨	138417	261383	-47.04
板　材	吨	130969	250382	-47.69
机　总	吨	7448	11001	-32.30
转炉钢	吨	17417638	17198248	1.28
板　材	吨	10421441	10187913	2.29
北　营	吨	6996197	7010335	-0.20
3. 钢材商品量	吨	16833798	16759739	0.44
板　材	吨	13453828	13490177	-0.27
北　营	吨	3376662	3261167	3.54
丹东不锈钢	吨	3308	8395	-60.60
板材特钢材	吨	443459	622502	-28.76
热轧板生产量	吨	13287398	13216924	0.53
板材热轧厂	吨	9765879	9736161	0.31
其中：一热轧	吨	3615827	3575163	1.14
二热轧	吨	542267	1007941	-46.20
三热轧	吨	5607785	5153057	8.82

续表

产品名称	计算单位	2022 年实际	2021 年实际	同比增减 %
1780 热轧机组	吨	3521519	3480763	1.17
冷轧板生产量	吨	5951213	6116266	-2.70
其中：一冷轧	吨	1690115	1870103	-9.62
二冷轧	吨	2001139	2015338	-0.70
三冷轧	吨	2256651	2222430	1.54
不锈钢	吨	3308	8395	-60.60
北营：钢　筋	吨	774113	911827	-15.10
线　材	吨	2602549	2349340	10.78
4. 铁矿采剥总量	吨	150983571	122099167	23.66
南　芬	吨	104910996	83662448	25.40
歪头山	吨	37365840	32422414	15.25
贾家堡	吨	8706735	6014305	44.77
北　营	吨			
5. 铁矿石	吨	23936328	21791684	9.84
南　芬	吨	12464941	11043606	12.87
歪头山	吨	7365080	6536762	12.67
贾家堡	吨	4106307	4211316	-2.49
北　营	吨			
6. 铁精矿	吨	9206403	8160131	12.82
南　芬	吨	4831804	4422199	9.26
歪头山	吨	2814567	2543847	10.64
贾家堡	吨	1148334	1110706	3.39
北　营	吨	221309	83379	165.43
委外加工	吨	190389		
7. 人造富矿	吨	29449147	29359390	0.31
板　材	吨	14101425	14002990	0.70
马　球	吨	2351218	2158741	8.92
带料加工球团（耐火厂）	吨	222917	538171	-58.58
北　营	吨	12773587	12659488	0.90

续表

产品名称	计算单位	2022 年实际	2021 年实际	同比增减 %
8. 焦炭	吨	7193087	7661081	-6.11
板　材	吨	4484645	4502022	-0.39
北　营	吨	2708442	3159059	-14.26
9. 石灰石采剥总量	吨	7354617	7436014	-1.09
矿　业	吨	7354617	4358931	68.73
北　营	吨		3077083	-100.00
10. 成品石灰石	吨	4630351	4733268	-2.17
矿　业	吨	4630351	2948505	57.04
北　营	吨		1784763	-100.00
11. 发电量	万千瓦时	459313	380383	20.75
板　材	万千瓦时	331739	250648	32.35
北　营	万千瓦时	127574	129735	-1.67
12. 水　渣	吨	6449283	6260505	3.02
板　材	吨	3890210	3853031	0.96
北　营	吨	2559073	2407474	6.30
13. 工业水	万吨	83893	86571	-3.09
板　材	万吨	79008	80713	-2.11
北　营	万吨	4885	5858	-16.61
14. 氧　气	万立方米	168421	168635	-0.13
板　材	万立方米	97605	100700	-3.07
北　营	万立方米	70816	67935	4.24

主要技术经济指标完成情况

指标名称	单位	2022 年实际	2021 年实际	同比增减
1. 剥采比	t/t	5.31	4.60	0.71
露天矿	t/t	7.42	6.58	0.84
歪头山	t/t	4.07	3.96	0.11
贾家堡	t/t	1.12	0.43	0.69
北台铁矿	t/t			
2. 选矿实际金属回收率	%	78.41	78.70	–0.29
选矿厂	%	80.35	79.48	0.87
歪头山	%	80.53	80.93	–0.40
贾家堡	%	69.84	72.73	–2.89
北台铁矿	%	61.14	57.27	3.87
3. 高炉利用系数	$t/m^3.d$	2.4336	2.5142	–0.08
板　材	$t/m^3.d$	2.3005	2.3708	–0.07
北　营	$t/m^3.d$	2.6577	2.7503	–0.09
4. 转炉日历利用系数	t/ 公称 t.d	26.22	25.89	0.33
板　材	t/ 公称 t.d	22.66	22.15	0.51
北　营	t/ 公称 t.d	34.23	34.30	–0.07
5. 转炉平均炉龄	炉 / 次	9020	7718	1302
板　材	炉 / 次	8407	7595	812
北　营	炉 / 次	9510	7817	1693
6. 板材特钢成材率	%	95.2	94.45	0.75
7. 热轧板成材率	%	97.57	97.86	–0.29
板材连轧厂	%	97.52	97.73	–0.21
一热轧	%	97.59	97.78	–0.19
二热轧	%	96.4	96.41	–0.01
三热轧	%	97.59	97.95	–0.36
北营 1780 轧机	%	97.69	98.13	–0.44

续表

指标名称	单位	2022 年实际	2021 年实际	同比增减
8. 板材一冷轧成材率	%	94.68	93.11	1.57
9. 板材二冷轧成材率	%	95.73	95.28	0.45
10. 板材三冷轧成材率	%	94.66	94.81	-0.15
11. 不锈钢成材率	%	94	96.04	-2.04
12. 北营钢筋综合成材率	%	101.68	101.16	0.52
13. 北营线材综合成材率	%	98.01	98.04	-0.03
14. 冶金焦率	%	85.36	85.72	-0.36
板　材	%	84.84	85.22	-0.38
北　营	%	86.22	86.44	-0.22

主要产品质量完成情况

指标名称	计算单位	2022 年实际	2021 年实际	同比增减
1. 生铁合格率	%	100.00	100.00	0.00
板　材	%	100.00	100.00	0.00
北　营	%	100.00	100.00	0.00
2. 生铁一级品率	%	82.12	82.08	0.04
板　材	%	84.74	91.87	–7.13
北　营	%	78.29	68.18	10.11
3. 烧结矿合格率	%	97.45	97.33	0.12
板　材	%	95.90	95.69	0.21
北　营	%	99.54	99.54	0.00
4. 电炉钢合格率	%	99.83	99.93	–0.10
5. 转炉连铸坯合格率	%	99.92	99.91	0.01
板　材	%	99.91	99.89	0.02
北　营	%	99.95	99.95	0.00
6. 钢材合格率	%	99.70	99.60	0.10
（1）特钢材合格率	%	99.78	99.75	0.03
（2）热轧板合格率（连轧）	%	99.57	99.57	0.00
（3）热轧板合格率 (1780)	%	99.79	99.93	–0.14
（4）一冷轧合格率	%	99.75	99.47	0.28
（5）二冷轧合格率	%	99.74	99.77	–0.03
（6）三冷轧合格率	%	99.74	98.59	1.15
（7）不锈钢合格率	%	100.00	100.00	0.00
（8）热轧钢筋合格率	%	99.94	99.97	–0.03
（9）热轧线材合格率	%	99.88	99.96	–0.08
7. 冶金焦合格率	%	100.00	100.00	0.00
板　材	%	100.00	100.00	0.00
北　营	%	100.00	100.00	0.00

续表

指标名称	计算单位	2022 年实际	2021 年实际	同比增减
8. 冶金焦抗碎强度 M40	%	89.11	89.53	–0.42
板　材	%	88.77	89.24	–0.47
北　营	%	89.65	89.93	–0.28
9. 冶金焦耐磨强度 M10	%	5.96	5.79	0.17
板　材	%	6.00	5.83	0.17
北　营	%	5.89	5.75	0.14
10. 冶金焦灰份	%	12.66	12.63	0.03
板　材	%	12.67	12.62	0.05
北　营	%	12.66	12.65	0.01
11. 冶金焦硫份	%	0.90	0.90	0.00
板　材	%	0.90	0.90	0.00
北　营	%	0.91	0.91	0.00
12. 铁精矿品位	%	66.85	66.98	–0.13
南芬选矿厂	%	67.22	67.28	–0.06
歪头山铁矿	%	68.14	68.28	–0.14
贾家堡铁矿	%	62.57	63.10	–0.53
北台铁矿	%	64.72	62.54	2.18

主要消耗指标完成情况

产 品 名 称	计算单位	2022 年实际	2021 年实际	同比增减
一、铁矿采矿				
1. 铁矿采总耗火药	千克 / 万吨	3117	3132	–15
露 天 矿	千克 / 万吨	3138	3245	–107
歪头山矿	千克 / 万吨	3197	2958	239
贾家堡子	千克 / 万吨	2514	2509	5
北台铁矿	千克 / 万吨			
2. 采矿耗电	千瓦时 / 吨	0.82	1.01	–0.19
露 天 矿	千瓦时 / 吨	0.79	0.90	–0.11
歪头山矿	千瓦时 / 吨	1.01	1.40	–0.39
贾家堡子	千瓦时 / 吨	0.43	0.41	0.02
北台铁矿	千瓦时 / 吨			
二、铁矿选矿				
1. 处理原矿耗电	千瓦时 / 吨	32.17	33.96	–1.79
选 矿 厂	千瓦时 / 吨	32.94	34.87	–1.93
歪头山矿	千瓦时 / 吨	27.09	28.46	–1.37
贾家堡子	千瓦时 / 吨	40.27	41.32	–1.05
北台铁矿	千瓦时 / 吨	37.52	56.08	–18.56
2. 处理原矿耗水	吨 / 吨	10.99	11.57	–0.58
选 矿 厂	吨 / 吨	10.58	10.54	0.04
歪头山矿	吨 / 吨	13.43	14.61	–1.18
贾家堡子	吨 / 吨	7.54	7.95	–0.41
北台铁矿	吨 / 吨	6.68	13.56	–6.88
3. 处理原矿耗钢球	千克 / 吨	0.55	0.62	–0.07
选 矿 厂	千克 / 吨	0.6	0.62	–0.02
歪头山矿	千克 / 吨	0.1	0.21	–0.11
贾家堡子	千克 / 吨	1.39	1.47	–0.08

续表

产 品 名 称	计算单位	2022 年实际	2021 年实际	同比增减
北台铁矿	千克 / 吨	0.69	1.38	-0.69
4. 处理原矿耗铁球	千克 / 吨	0.66	0.66	0.00
选矿厂	千克 / 吨	0.84	0.85	-0.01
歪头山矿	千克 / 吨	0.68	0.67	0.01
贾家堡子	千克 / 吨	0.00	0.00	0.00
北台铁矿	千克 / 吨	0.81	1.63	-0.82
三、烧 结				
1. 烧结耗固体燃料	千克 / 吨	50.29	52.93	-2.64
板 材	千克 / 吨	49.9	52.35	-2.45
北 营	千克 / 吨	50.83	53.71	-2.88
2. 烧结耗电	千瓦时 / 吨	49.5	49.83	-0.33
板 材	千瓦时 / 吨	48.85	47.73	1.12
北 营	千瓦时 / 吨	50.39	52.65	-2.26
四、炼 铁				
1. 综合焦比	千克 / 吨	501	508	-7
板 材	千克 / 吨	500	509	-9
北 营	千克 / 吨	503	506	-3
2. 入炉焦比	千克 / 吨	360	362	-2
板 材	千克 / 吨	346	351	-5
北 营	千克 / 吨	380	377	3
3. 煤 比	千克 / 吨	136	141	-5
板 材	千克 / 吨	132	138	-6
北 营	千克 / 吨	141	145	-4
4. 电力消耗	千瓦时 / 吨	79.86	82.86	-3.00
板 材	千瓦时 / 吨	43.11	44.25	-1.14
北 营	千瓦时 / 吨	133.45	137.66	-4.21
五、炼 焦				
1. 吨焦耗湿煤	千克 / 吨	1380.48	1403.58	-23.10
板 材	千克 / 吨	1385.21	1395.69	-10.48

续表

产品名称	计算单位	2022年实际	2021年实际	同比增减
北　营	千克/吨	1372.65	1414.82	-42.17
六、电炉炼钢				
1. 电炉钢耗钢铁料	千克/吨	1232.06	1118.78	113.28
2. 电炉钢耗生铁	千克/吨	561.81	660.56	-98.75
3. 电炉钢耗废钢	千克/吨	628.11	458.23	169.88
4. 电炉钢综合耗电	千瓦时/吨	214.36	235.05	-20.69
七、转炉炼钢				
1. 转炉钢耗钢铁料	千克/吨	1043.25	1046.99	-3.74
板　材	千克/吨	1046.92	1054.20	-7.28
北　营	千克/吨	1037.78	1036.51	1.27
2. 转炉钢耗生铁	千克/吨	957.97	953.84	4.13
板　材	千克/吨	946.85	946.90	-0.05
北　营	千克/吨	974.53	963.93	10.60
3. 转炉钢耗废钢	千克/吨	85.29	93.15	-7.86
板　材	千克/吨	100.07	107.30	-7.23
北　营	千克/吨	63.25	72.58	-9.33
4. 转炉钢耗氧气	米³/吨	58.09	57.94	0.15
板　材	米³/吨	59.61	59.18	0.43
北　营	米³/吨	55.82	56.15	-0.33
八、转炉钢连铸				
1. 连铸比	%	100.00	100.00	0.00
板　材	%	100.00	100.00	0.00
北　营	%	100.00	100.00	0.00
2. 合格连铸坯收得率	%	98.65	98.74	-0.09
板　材	%	98.29	98.64	-0.35
北　营	%	99.18	98.90	0.28
3. 连铸机台时产量	吨/小时	195.88	182.83	13.05
板　材	吨/小时	235.77	210.73	25.04
北　营	吨/小时	156.46	153.33	3.13

续表

产 品 名 称	计算单位	2022 年实际	2021 年实际	同比增减
九、热轧钢材				
1. 钢材综合耗电	千瓦时 / 吨	83.6	82.36	1.24
板 材	千瓦时 / 吨	75.98	73.64	2.34
北 营	千瓦时 / 吨	115.57	95.77	19.80
2. 钢材耗轧辊	千克 / 吨	0.49	0.52	–0.03
板 材	千克 / 吨	0.58	0.64	–0.06
北 营	千克 / 吨	0.12	0.33	–0.21
十、冷轧钢材				
1. 钢材综合耗电	千瓦时 / 吨	118.89	120.13	–1.24
一冷轧	千瓦时 / 吨	107.06	117.41	–10.35
二冷轧	千瓦时 / 吨	112.91	117.80	–4.89
三冷轧	千瓦时 / 吨	126.14	119.98	6.16
不锈钢	千瓦时 / 吨	1016.99	889.31	127.68
2. 钢材耗轧辊	千克 / 吨	0.16	0.28	–0.12
一冷轧	千克 / 吨	0.02	0.26	–0.24
二冷轧	千克 / 吨	0.28	0.42	–0.14
三冷轧	千克 / 吨	0.15	0.22	–0.07
不锈钢	千克 / 吨	0.74	0.18	0.56

总能耗及工序能耗

指标名称	计算单位	2022 年实际	2021 年实际	同比增减
一、总能耗	万吨			
板　材	万吨	607.74	612.68	–4.94
北　营	万吨	431.08	453.71	–22.63
二、吨钢综合能耗	kg/t			
板　材	kg/t	575.92	586.34	–10.42
北　营	kg/t	616.16	647.2	–31.04
三、吨钢可比能耗	kg/t			
板　材	kg/t	496.68	517.44	–20.76
北　营	kg/t	516.85	540.42	–23.57
四、万元产值能耗	吨 / 万元	1.52	1.34	0.18
五、万元增加值能耗	吨 / 万元	8.48	9.09	–0.61
六、工序能耗				
1. 采矿工序	kg/t			
露天矿	kg/t	0.91	0.93	–0.02
歪头山	kg/t	1.19	1.18	0.01
北台铁矿	kg/t	停产	停产	
2. 选矿工序	kg/t			
选矿厂	kg/t	5.13	5.29	–0.16
歪头山	kg/t	3.48	3.58	–0.10
北台铁矿	kg/t	20.17	25.52	–5.35
3. 石灰石工序	kg/t			
矿　业	kg/t	1.17	0.95	0.22
北　营	kg/t	1.65	1.72	–0.07
4. 焦化工序	kg/t			
板　材	kg/t	101.58	90.03	11.55
北　营	kg/t	82.79	100.09	–17.30

续表

指标名称	计算单位	2022 年实际	2021 年实际	同比增减
5. 烧结工序	kg/t			
板　材	kg/t	46.15	48.13	−1.98
北　营	kg/t	49.26	51.12	−1.86
6. 炼铁工序	kg/t			
板　材	kg/t	350.90	360.11	−9.21
北　营	kg/t	382.44	386.40	−3.96
7. 电炉炼钢工序	kg/t	59.74	62.40	−2.66
8. 转炉炼钢工序	kg/t			
板　材	kg/t	−27.29	−21.22	−6.07
北　营	kg/t	−15.00	−11.40	−3.60
9. 连铸工序				
板　材	kg/t	5.03	4.69	0.34
北　营	kg/t	10.42	13.62	−3.20
10. 轧钢工序				
特钢厂	kg/t	93.20	92.40	0.80
热轧厂	kg/t	49.64	57.19	−7.55
一冷轧	kg/t	39.39	41.54	−2.15
二冷轧	kg/t	78.74	82.68	−3.94
北　营	kg/t	49.94	54.67	−4.73
11. 废钢加工工序				
板　材	kg/t	0.06	0.06	0.00
北　营	kg/t	0.14	0.14	0.00
12. 发电蒸汽煤耗				
板　材	kg/GJ	39.01	38.02	0.99
北　营	kg/GJ	39.95	40.11	−0.16
13. 供水吨钢能耗				
板　材	kg/t	3.87	4.23	−0.36
北　营	kg/t	3.15	3.24	−0.09
14. 供电能耗				

续表

指标名称	计算单位	2022 年实际	2021 年实际	同比增减
板　材	千克 / 万千瓦时	23.90	23.30	0.60
北　营	千克 / 万千瓦时	22.65	22.80	–0.15
15. 有效氧能耗				
板　材	kg/m^3	0.13	0.13	0.00
北　营	kg/m^3	0.12	0.11	0.01

主要钢铁工业产品产、销、存实物量

单位：吨

指标名称	年初库存	本年调入	本年生产	本年自用	本年销售		盘盈(+)/盘亏(-)	年末库存
					本年销售小计	其中：本年出口		
铁矿石原矿	21509		23936328	23957837				0
铁矿石成品矿	17641		9206403	9194072				29972
其中：铁精矿	17641		9206403	9194072				29972
烧结铁矿	45006		24589439	24631642				2803
板材公司	45006		14101425	14143628				2803
北营公司			10488014	10488014				0
球团铁矿			4859708	4859708				0
板材公司			2574135	2574135				0
马耳岭球团厂			2351218	2351218				0
带料加工（耐火）			222917	222917				0
北营公司			2285573	2285573				0
生铁	255		16863295	16861511				2039
板材公司			10002942	10002942				0
北营公司	255		6860353	6858569				2039
粗钢产品	156182		17556055	17570346				141891
板材公司	65327		10552410	10526397				91340
特钢厂	13079		130969	124620				19428
炼钢厂	52248		10421441	10401777				71912
机械制造			7448	7448				0
北营公司	90855		6996197	7036501				50551
其中：连铸坯	156182		17544337	17559269				141250
板材公司	65327		10548140	10522768				90699
特钢厂	13079		126699	120991				18787
炼钢厂	52248		10421441	10401777				71912

续表

指标名称	年初库存	本年调入	本年生产	本年自用	本年销售		盘盈(+)/盘亏(–)	年末库存
					本年销售小计	其中：本年出口		
北营公司	90855		6996197	7036501				50551
钢材	193209		16833798		16818874	1701503		208133
板材公司	183449		13453828		13444391	1314703		192886
北营公司	7498		3376662		3369609	386800		14551
丹东不锈钢公司	2262		3308		4874			696
棒材	11711		443459		443872	40147		11298
钢筋	452		774113		772712	3132		1853
线材	6591		2602549		2596897	383668		12243
冷轧薄板	1286		122994		122831	10768		1449
中厚宽钢带	102972		7681459		7672241	953024		112190
板材公司	102517		7681459		7672241	953024		111735
热连轧厂	46014		4459955		4432680			73289
1780 热轧机组	45780		2771817		2784520			33077
一冷轧	10723		449687		455041			5369
北营公司	455		0					455
冷轧薄宽钢带	47398		3256554		3267236	128234		36716
板材公司	45136		3253246		3262362	128234		36020
一冷轧	5751		594161		594081			5831
二冷轧	17947		851097		854628			14416
三冷轧	21438		1807988		1813653			15773
不锈钢	2262		3308		4874			696
镀层板(带)	22082		1819155		1810458	175498		30779
其中：镀锌板(带)	22082		1819155		1810458	175498		30779
一冷轧	1505		389758		386464			4799
二冷轧	15314		988280		981723			21871
三冷轧	5263		441117		442271			4109
涂层板(带)								0

续表

指标名称	年初库存	本年调入	本年生产	本年自用	本年销售		盘盈(+)/盘亏(−)	年末库存
					本年销售小计	其中：本年出口		
电工钢板(带)	717		133515		132627	7032		1605
焦炭	2822		7193087	7157627	30097			8185
板材公司	2822		4484645	4449185	30097			8185
北营公司			2708442	2708442				0

基层单位安全情况

序号	单位名称	千人负伤率‰	
		2022 年	2021 年
1	本钢集团合计	0.065	0.465
2	板材公司	0	0.549
3	北营公司	0.11	0.467
4	矿业公司	0.12	0.325
5	北钢公司	0	0
6	建设公司	0	0.281
7	机械制造总公司	0	0.638
8	修建（维检）公司	0.7	0.784
9	新实业公司	0	0
10	恒通公司	0	2.84
11	恒泰公司	0	0
12	热力公司	0	0
13	本钢冶金渣公司	0	0
14	信息自动化公司	0	0
15	房地产开发公司	0	0
16	辽宁冶金职业技术学院	0	0
17	丹东不锈钢公司	0	0

环境保护主要指标完成情况

指标名称	计算单位	2022 年实际
污染物综合排放合格率	%	100.00
板　材	%	100.00
北　营	%	100.00
矿　业	%	100.00
厂区降尘量	吨 / 平方公里・月	27.26
板　材	吨 / 平方公里・月	30.70
北　营	吨 / 平方公里・月	33.80
矿　业	吨 / 平方公里・月	17.30
大气中可吸入颗粒物浓度	mg/Nm^3	0.05
板　材	mg/Nm^3	0.03
北　营	mg/Nm^3	0.07
大气中一氧化碳浓度	mg/Nm^3	3.10
板　材	mg/Nm^3	2.10
北　营	mg/Nm^3	4.10
大气中二氧化硫浓度	mg/Nm^3	0.004
板　材	mg/Nm^3	0.005
北　营	mg/Nm^3	0.004
工业粉尘排放量	万吨	0.9698
板　材	万吨	0.4768
北　营	万吨	0.4379
矿　业	万吨	0.0551
工业粉尘回收量	万吨	92.7409
板　材	万吨	57.3479
北　营	万吨	33.8275
矿　业	万吨	1.5655
工业用水量	万吨	328077.31

续表

指标名称	计算单位	2022 年实际
集团厂区总计	万吨	313451.31
集团矿区总计	万吨	14626.00
板材厂区	万吨	206629.41
矿业矿区	万吨	14626.00
北营厂区	万吨	106821.90
新水量	万吨	5529.21
集团厂区总计	万吨	4433.21
集团矿区总计	万吨	1096.00
板材厂区	万吨	2532.61
矿业矿区	万吨	1096.00
北营厂区	万吨	1900.60
环水量	万吨	322548.1
集团厂区总计	万吨	309018.1
集团矿区总计	万吨	13530.0
板材厂区	万吨	204096.8
矿业矿区	万吨	13530.0
北营厂区	万吨	104921.3
厂区废水排放量	万吨	854.5234
板　材	万吨	826.8480
北　营	万吨	27.6754
达标排放量	万吨	854.5234
板　材	万吨	826.8480
北　营	万吨	27.6754
废气排放量	万立方米	33874548.60
板材厂区	万立方米	20725481.29
北营厂区	万立方米	13149067.31
厂区噪音		
昼间		
板　材	分贝 A	59.60

续表

指标名称	计算单位	2022 年实际
北　营	分贝 A	54.40
夜间		
板　材	分贝 A	49.70
北　营	分贝 A	43.80
厂区绿化覆盖率	%	
板　材	%	10.00
北　营	%	10.00
全年完成环境保护投资	万元	412184
板　材	万元	193162
北　营	万元	212981
矿　业	万元	5288
老本钢	万元	753

生产设备完好情况

设备名称	年末考核设备台数			在册完好设备台数		不完好	完好率
	合计	在用台数	封存台数	一级	二级	设备台数	%
烧 结 机	7	7	0	7	0	0	100%
板材公司	4	4	0	4	0	0	100%
北营公司	3	3	0	3	0	0	100%
高 炉	9	9	0	9	0	0	100%
板材公司	4	4	0	4	0	0	100%
北营公司	5	5	0	5	0	0	100%
转 炉	14	14	0	14	0	0	100%
板材公司	7	7	0	7	0	0	100%
北营公司	7	7	0	7	0	0	100%
电 炉	2	2	0	2	0	0	100%
连 铸 机	18	18	0	18	0	0	100%
板材公司	9	9	0	9	0	0	100%
北营公司	9	9	0	9	0	0	100%
棒材轧机	3	3	0	3	0	0	100%
线材轧机（北营）	3	3	0	3	0	0	100%
热连轧机	4	4	0	4	0	0	100%
板材公司	3	3	0	3	0	0	100%
北营公司	1	1	0	1	0	0	100%
冷轧薄板轧机	7	7	0	7	0	0	100%
一冷轧厂	2	2	0	2	0	0	100%
二冷轧厂	1	1	0	1	0	0	100%
三冷轧厂	2	1	0	1	0	0	100%
不锈钢厂	2	2	0	2	0	0	100%
焦 炉	14	14	0	14	0	0	100%
板材公司	8	8	0	8	0	0	100%
北营公司	6	6	0	6	0	0	100%

固定资产投资完成情况

单位：万元

项目名称	开工年月	计划总投资	自开始建设累计		本年完成投资合计														
			完成投资	新增固定资产		按构成分				按投资方向分									
						建筑工程	安装工程	设备购置	其他费用	铁矿采选	烧结	炼铁	炼钢			连铸	轧材	焦化	其他
														电炉	转炉				
甲	1	2	3	4	5	6	7	8	9	10	11	12	13	14	15	16	17	18	19
去年同期		3051533	2086920	931492	595783	159361	86891	283381	66150	117329	6691	59584	199400	119056	80344	7579	103809	30228	71163
合　计		2778564	1582505	200981	427881	147290	64067	179380	37144	74832	4778	58070	152437	70550	81887	965	63350	73449	
南芬矿扩帮延深（矿业）		322851	241772		2817	1238	506	489	584	2817									
北营炼钢一区产能置换工程	2019.09	215000	129562		69100	38183	8795	18613	3509				69100		69100				
特钢电炉升级改造工程	2019.09	220000	209169		51412	18411	13650	18617	734				51412	51412					
板材炼铁厂5号高炉产能置换工程	2017.12	150000	138968		968	389	571	4	4			968							
板材CCPP发电工程项目	2019.03	98827	96773		2252	46	711	1000	495								2252		
特钢轧机改造		90000	66306		16906	3905	4723	8210	68				16906	16906					
歪头山主采场扩帮延伸	2019.10	85313	51980		6694	3720	606	2006	362	6694									
一冷轧改造工程	2019.09	84000	22368		7748	873	154	6287	434								7748		
板材炼钢厂8号铸机工程	2019.03	65000	64992	64992	942		577	339	26							942			
歪头山铁矿采、选工艺优化改造	2020.04	60000	2039																
本钢矿业公司花岭沟铁矿地下开采工程	2021.05	56373	11450		7772	6218	345		1209	7772									
北营建设年产60万吨优质线材生产线	2019.09	55900	10460		7106			7106									7106		
北营能源总厂新建3.5Nm³/h制氧机	2019.09	38000	35695		1407	280	395	585	147			1407							
歪头山低品位矿及废石辊磨干选资源综合利用工程	2020.06	37500	37467	37467	3277		98	2979	200	3277									
北营发电厂高温超高压机组工程	2020.05	32128	20657		14236	4058	781	8687	710								14236		
板材220千伏变压站工程	2021.04	25862	25708	25708	811	252	497	60	2								811		
北营钢渣处理环保改造及资源综合利用	2019.08	25000	3305		455	95	110	230	20				455		455				
板材厂区转炉煤气回收提效改造	2020.11	17500	17496	17496	3796	300	551	2913	32				3796		3796				

续表

项目名称	开工年月	计划总投资	自开始建设累计		本年完成投资合计														
			完成投资	新增固定资产		按构成分				按投资方向分									
						建筑工程	安装工程	设备购置	其他费用	铁矿采选	烧结	炼铁	炼钢			连铸	轧材	焦化	其他
														电炉	转炉				
本钢废钢厂彩西特钢供料站	2020.05	12500	11268		2232	370	204	1606	52				2232	2232					
歪矿排土场加高	2019.10	11467	3574		110	84		26		110									
板材焦化厂新增一塔式脱硫改造	2019.11	10986	9937		598		500	45	53									598	
北营1780热轧提质调结构改造工程	2019.08	9900	7728		798		116	636	46								798		
板材焦化厂8、9号焦炉烟气脱硫脱硝改造	2020.12	9898	9894	9894	451	51	200	150	50									451	
本钢板材能源总厂硅钢变电所及线路改造	2021.07	9000	5058																
本钢北营炼铁总厂11号高炉改造	2021.11	8815	8310	8310	1700		1700					1700							
北营公司汽暖改水暖工程	2021.11	8750	5829		3169	1089	1093	976	11								3169		
本钢浦项冷轧提质完善改造	2019.09	7900	7239	7239	599			565	34								599		
本钢白楼修缮工程	2021.07	6568	6535	6535	4505	2027	1199	982	297								4505		
板材炼钢厂2#、7#铸机设备更新改造	2020.11	6372	6268	6268															
板材焦化厂净化二作业区脱硫系统改造	2020.11	6209	5844		566		10	454	102									566	
本钢矿业南芬露天矿2021年矿山维简	2021.11	6140	5244		3538		208	3330		3538									
冷轧厂（三冷工序）酸轧、连退镀锌机组功能完善改造	2020.11	6000	500	500															
北营焦化厂煤气净化系统温度系数达标提升化产品收率改造	2021.04	5998	5520		370		138	192	40									370	
本钢生产制造管理整体提升	2019.09	5600	4740																
冷轧厂（一冷工序）硅钢产线功能完善改造	2020.11	5320	500	500															
本钢板材炼铁总厂4炉组等焦炉机侧烟尘环保治理	2022.01	5250	3127		3127	357	573	2150	47									3127	
南芬选矿厂精矿粉管道输送工程	2022.01	35000	14138		14138	4883	3117	4244	1894	14138									
北营炼铁总厂400m²烧结机头烟气治理升级改造项目	2022.04	14147	7627		7627	363	141	7094	29			7627							
北营焦化二区、三区焦炉大型化改造	2022.04	286200	44047		44047	14875	3639	21695	3838									44047	
板材炼铁总厂烧结机烟气脱等硫脱硝改造	2022.04	51000	2780		2780	1000	680	1100			2780								

续表

项目名称	开工年月	计划总投资	自开始建设累计		本年完成投资合计	按构成分				按投资方向分									
			完成投资	新增固定资产		建筑工程	安装工程	设备购置	其他费用	铁矿采选	烧结	炼铁	炼钢	电炉	转炉	连铸	轧材	焦化	其他
板材炼钢厂 1#2#3#7# 转炉新建三次除尘系统改造	2022.06	12312	5641		5641	1175	1102	3222	142				5641		5641				
本钢板材基地本钢钢铁产业管理与信息化整体提升配套支撑	2022.06	7566	900		900		71	645	184			900							
板材炼铁总厂储一新翻车机及煤筒仓项目	2022.05	58600	19425		19425	13684	525	3828	1388			19425							
矿业歪头山铁矿尾矿输送系统改造	2021.02	5200	2270		2270	1022		1228	20	2270									
本钢板材炼铁总厂 4A 号等焦炉烟气脱硫脱硝改造	2022.04	18000	3546		3546	1303	356	1885	2									3546	
本钢北营鞍本重组信息化系统一体化建设项目	2022.7	13001	5281		5281				5281			5281							
鞍本重组信息化系统一体化建设项目（板材）	2023.7	23210	7987		7987			4229	3758			7987							
北营炼铁总厂料场环保改造——新建煤筒仓总包工程	2022.8	49000	10223		10223	8002		1146	1075									10223	
本钢集团钢铁产业管理与信息化提升配套支撑项目（北营基地）	2022.6	13745	5458		5458		101	1935	3422			5458							
南芬绿色矿山选矿提效及智能化改造	2022.7	144800	29520		29520	10683	5692	9615	3530	29520									
南芬卧龙沟尾矿工艺完善	2021.6	5633	19		19				19	19									
板材能源管控中心 1 号干熄焦升级改造项目新建 34 号机组工程改造	2022.7	9327	1576		1576	1089		365	122									1576	
50 万元 -5000 万元项目小计		209896	127785	16072	47981	7265	9632	27912	3172	4677	1998	7317	2895		2895	23	22126	8945	

续表

项目名称	其中：增加产能	增加新产品	改进工艺	节约能源（材料）	提高产品质量	保护环境	其他	本年新增固定资产	本年固定资产投资实际到位自筹资金	房屋面积（米²）施工面积	竣工面积
甲	20	21	22	23	24	25	26	27	28	30	31
去年同期	68840	156429	51670	31121	5690	77862	204171		595783		
合 计	14878	121602	59037	52801	27934	59967	91662	21782	427881	463970	150521
南芬矿扩帮延深（矿业）							2817		2817		
北营炼钢一区产能置换工程		69100							69100	121290	
特钢电炉升级改造工程		51412							51412	118569	
炼铁厂5号高炉产能置换工程			968						968	37462	35919
CCPP发电工程项目						2252			2252	15578	15578
特钢轧机改造					16906				16906	37514	
歪头山主采场扩帮延伸							6694		6694		
一冷轧改造工程			7748						7748		
炼钢厂8号铸机工程		942						942	942	46665	46665
歪头山铁矿采、选工艺优化改造											
本钢矿业公司花岭沟铁矿地下开采工程	7772								7772		
北营建设年产60万吨优质线材生产线	7106								7106		
北营能源总厂新建3.5Nm³/h制氧机							1407		1407	6865	
歪头山低品位矿及废石辊磨干选资源综合利用工程							3277	3277	3277		32760
北营发电厂高温超高压机组工程			14236						14236	8353	
220千伏变压站工程							811	811	811		
北营钢渣处理环保改造及资源综合利用						455			455		
板材厂区转炉煤气回收提效改造				3796				3796	3796		
本钢废钢厂彩西特钢供料站							2232		2232	18331	18331
歪矿排土场加高							110		110		

续表

项目名称	其中：增加产能	增加 新产品	改进 工艺	节约能源（材料）	提高 产品质量	保护 环境	其他	本年新增固定资产	本年固定资产投资实际到位自筹资金	房屋面积（米²）施工面积	竣工面积
焦化厂新增一塔式脱硫改造			598						598	866	
北营1780热轧提质调结构改造工程					798				798		
焦化厂8、9号焦炉烟气脱硫脱硝改造						451		451	451	979	979
本钢板材能源总厂硅钢变电所及线路改造											
本钢北营炼铁总厂11号高炉改造							1700	1700	1700		
北营公司汽暖改水暖工程			3169						3169		
本钢浦项冷轧提质完善改造					599			599	599		
本钢白楼修缮工程							4505	4505	4505		
炼钢厂2#、7#铸机设备更新改造											
焦化厂净化二作业区脱硫系统改造						566			566		
本钢矿业南芬露天矿2021年矿山维简							3538		3538		
冷轧厂（三冷工序）酸轧、连退镀锌机组功能完善改造											
北营焦化厂煤气净化系统温度系数达标提升化产品收率改造			370						370		
本钢生产制造管理整体提升											
冷轧厂（一冷工序）硅钢产线功能完善改造											
本钢板材炼铁总厂4炉组等焦炉机侧烟尘环保治理						3127			3127	289	289
南芬选矿厂精矿粉管道输送工程			14138						14138		
北营炼铁总厂400m²烧结机头烟气治理升级改造项目						7627			7627		
北营焦化二区、三区焦炉大型化改造				44047					44047	50939	
板材炼铁总厂烧结机烟气脱硫脱硝改造						2780			2780		
板材炼钢厂1#2#3#7#转炉新建三次除尘系统改造						5641			5641		

续表

项目名称	其中：增加产能	增加新产品	改进工艺	节约能源（材料）	提高产品质量	保护环境	其他	本年新增固定资产	本年固定资产投资实际到位自筹资金	房屋面积（米²）施工面积	竣工面积
本钢板材基地本钢钢铁产业管理与信息化整体提升配套支撑							900		900		
板材炼铁总厂储一新翻车机及煤筒仓项目						19425			19425		
矿业歪头山尾矿输送系统改造			2270						2270		
本钢板材炼铁总厂4A号等焦炉烟气脱硫脱硝改造						3546			3546		
本钢北营鞍本重组信息化系统一体化建设项目							5281		5281		
鞍本重组信息化系统一体化建设项目(板材)							7987		7987		
北营炼铁总厂料场环保改造——新建煤筒仓总包工程			10223						10223		
本钢集团钢铁产业管理与信息化提升配套支撑项目（北营基地）							5458		5458	270	
南芬绿色矿山选矿提效及智能化改造							29520		29520		
南芬卧龙沟尾矿工艺完善							19		19		
板材能源管控中心1号干熄焦升级改造项目新建34号机组工程改造			1576						1576		
50万元–5000万元项目小计		148	3741	4958	9631	14097	15406	5701	47981		

主要财务状况

指标名称	单位	本年	去年同期
一、期末资产			
流动资产合计	万元	2811780	5414691
固定资产原值	万元	13309017	12927067
累计折旧	万元	6443577	6125048
其中：本年折旧	万元	365889	424366
固定资产净值	万元	6865440	6802019
资产总计	万元	12358773	14793822
二、期末负债			
流动负债合计	万元	6104945	9708665
非流动负债合计	万元	3315004	1989342
负债合计	万元	9419949	11698007
三、期末所有者权益			
所有者权益合计	万元	2938823	3095815
其中：实收资本	万元	1895549	1895549
国家资本	万元	834042	882378
集体资本	万元	0	
法人资本	万元	1061508	1013171
个人资本	万元	0	
港澳台资本	万元	0	
外商资本	万元	0	
四、损益及分配			
营业收入	万元	7717012	9068672
其中：主营业务收入	万元	7467353	8748425
营业成本	万元	7105078	7675358
其中：主营业务成本	万元	6873649	7407390
税金及附加	万元	110755	124169

续表

指标名称	单位	本年	去年同期
其中：主营业务税金及附加	万元	110755	124169
其他业务利润	万元	14921	52278
销售费用	万元	14009	14176
管理费用	万元	261459	403143
财务费用	万元	232598	427788
投资收益（损失记“”）	万元	10076	–3120
营业利润	万元	77102	112508
营业外收入	万元	44275	22951
营业外支出	万元	47819	101097
利润总额	万元	73558	34362
所得税费用	万元	58899	123182
五、增值税			
应交增值税	万元	189087	316546
六、产值资料			
工业总产值（当年价格）	万元	7378407.4	8580671.4
工业销售产值（当年价格）	万元	7380100.9	8599982.6

产品销售利润构成

指标名称	销售量(吨)	销售收入（万元）	销售成本（万元）	销售费用（万元）	销售税金及附加（万元）	销售利润（万元）
铁矿石成品矿						
其中：铁精矿						
烧结铁矿						
球团铁矿						
生铁						
直接还原铁						
粗钢产品						
其中：连铸坯						
钢材	16914576	7136954	6594056	12956	83646	446296
铁道用钢材						
大型型钢						
中小型型钢						
棒材	444152	203432	192266	340	2196	8629
钢筋	771979	298255	266508	591	3818	27338
线材（盘条）	2556219	1017078	913827	1958	12641	88652
特厚板						
厚板						
中板						
热轧薄板						
冷轧薄板	535856	229672	219151	410	2650	7460
中厚宽钢带	7261621	2954670	2725668	5562	35910	187530
热轧薄宽钢带						
冷轧薄宽钢带	3342765	1450842	1404068	2561	16531	27683
热轧窄钢带						

续表

指标名称	销售量（吨）	销售收入（万元）	销售成本（万元）	销售费用（万元）	销售税金及附加（万元）	销售利润（万元）
冷轧窄钢带						
镀层板（带）	1868448	916433	811961	1431	9240	93801
涂层板（带）						
电工钢板（带）	133537	66571	60606	102	660	5203
无缝钢管						
焊接钢管						
其他钢材						
钢丝						
钢丝绳						
钢绞线						
铁合金产品						
焦炭						
炭素制品						
耐火材料制品						

劳动工资情况

指标名称	计量单位	代码	本年 全部人员	本年 主业人员	去年同期 全部人员	去年同期 主业人员
一、从业人员年末人数	人	1	47303	24312	57465	29660
其中：女性	人	2	5201	2662	6661	3603
其中：非全日制	人	3				
（一）在岗职工	人	4	47303	24312	57465	29660
（二）劳务派遣人员	人	5				
（三）其他从业人员	人	6				
二、离开本单位仍保留劳动关系的职工年末人数	人	7	9688	4387	3343	651
三、单位从业人员年平均人数	人	8	52006	26687	58257	28750
（一）在岗职工	人	9	52006	26687	58257	28750
（二）劳务派遣人员		10				
（三）其他从业人员	人	11				
四、离开本单位仍保留劳动关系的职工年平均人数	人	12	6858	2764	3449	635
五、从业人员变动情况	–	–				
（一）增加人数	人	13	3075	1368	9596	7753
1. 从农村招收	人	14				
2. 从城镇招收	人	15			25	1
3. 录用的退伍军人	人	16				
4. 录用的大专、中专、技工学校毕业生	人	17	505	330	595	444
5. 调入	人	18	44	2	5	1
其中：由外省、自治区、直辖市调入	人	19				
6. 其他	人	20	2526	1036	8971	7307
（二）减少人数	人	21	13237	6910	11955	9597
1. 离休、退休、退职	人	22	2021	790	2171	1088
2. 开除、除名、辞退	人	23	46	24	41	28

续表

指标名称	计量单位	代码	本年		去年同期	
			全部人员	主业人员	全部人员	主业人员
3. 终止、解除合同	人	24	524	316	140	71
4. 离开本单位仍保留劳动关系的职工	人	25	10506	5719		
5. 死亡	人	26	131	59	176	93
6. 调出	人	27	9	2	3	1
其中：调到外省、自治区、直辖市	人	28				
7. 其他	人	29			9424	8316
六、从业人员工资总额	万元	30	484010	256927	509123	286661
（一）在岗职工	万元	31	484010	256927	509123	286661
（二）劳务派遣人员	万元	32				
（三）其他从业人员	万元	33				
七、离开本单位仍保留劳动关系的职工生活费	万元	34	35682	19361	7403	1439

公有经济企业专业技术人才基本情况

项目		序号	合计	女	少数民族	中共党员	博士	硕士	港澳台及外籍人士	学历：研究生	学历：大学本科	学历：大学专科	学历：中专	学历：高中及以下	年龄：35岁及以下	年龄：36岁至40岁	年龄：41岁至45岁	年龄：46岁至50岁	年龄：51岁至54岁	年龄：55岁及以上	专业技术职务：高级	专业技术职务：正高级	专业技术职务：中级	专业技术职务：初级
甲		乙	1	2	3	4	5	6	7	8	9	10	11	12	13	14	15	16	17	18	19	20	21	22
总计		1	7699	1952	1286	5896	17	562		681	4901	1911	112	94	974	1245	1653	1798	1395	634	1487	72	3793	1781
其中：1.在管理岗位工作的		2	1429	119	230	1378	9	187		264	826	320	17	2	42	106	271	374	366	270	427	34	634	225
专业技术职称	高级职称	3	1487	472	239	1295	12	302		366	1049	68	2	2	33	132	308	410	378	226				
	其中：正高级职称	4	72	15	13	62	7	24		37	35					3	5	24	23	17				
	中级职称	5	3793	895	636	3009	5	206		256	2613	898	22	4	425	718	843	883	657	267				
	初级职称	6	1781	412	317	1169		41		46	999	642	69	25	443	297	356	361	236	88				
	未聘任专业技术职称	7	638	173	94	423		13		13	240	303	19	63	73	98	146	144	124	53				
专业类别	工程技术人员	8	6268	1119	1031	4846	7	491		593	3898	1597	89	91	837	1092	1345	1370	1098	526	1155	59	3045	1436
	农业技术人员	9																						
	自然科学研究人员	10																						
	哲学社会科学研究人员	11																						
	卫生技术人员	12	22	15	13	5		1		2	2	10	8			1	2	8	10	1	3	2	12	7
	教学人员	13	135	97	29	93		5		6	91	35	3		2	14	32	32	40	15	54		63	18
	经济专业人员	14	610	277	102	501		43		56	415	136	2	1	54	65	116	201	122	52	83	4	415	108
	会计人员	15	514	344	87	344		16		18	377	109	10		63	57	116	151	99	28	165	3	166	181
	统计专业人员	16	8	5	1	4					3	3		2			2	3	1	2			4	4
	翻译专业人员	17	34	29	6	19		4		3	31				7	6	9	7	4	1	12	3	11	11
	图书档案、文博人员	18	44	37	8	30		1		2	26	16			2	2	11	16	11	2	6		35	3
	新闻、出版人员	19	39	21	7	35					36	3			7	5	12	6	8	1	4	1	26	9
	律师、公证人员	20	12	2		11					10	2				1	4	2	2	3			11	1
	播音人员	21																						
	工艺美术专业人员	22	2	1		1					2				2									2
	体育人员	23	5	1	1	4		1		1	4					1	2			2	3		2	
	艺术专业人员	24	2	1		1					2					1	1						1	1
	实验技术人员	25	4	3	1	2					4						1	2		1	2		2	

中国钢铁工业协会重点统计钢铁企业排名

单位：万吨

粗钢			生铁			钢材		
单位	产量	名次	单位	产量	名次	单位	产量	名次
宝武集团	13183.48	1	宝武集团	11696.94	1	宝武集团	12704.09	1
鞍钢集团	5564.90	2	鞍钢集团	5357.24	2	鞍钢集团	5228.47	2
江苏沙钢集团	4145.39	3	北京建龙重工集团	3416.29	3	江苏沙钢集团	3890.54	3
河钢集团	3950.45	4	河钢集团	3365.15	4	河钢集团	3673.26	4
北京建龙重工集团	3579.42	5	江苏沙钢集团	3286.87	5	首钢集团	3305.62	5
首钢集团	3381.66	6	首钢集团	3183.62	6	北京建龙重工集团	3212.60	6
山东钢铁集团	2942.28	7	山东钢铁集团	2566.17	7	山东钢铁集团	2924.44	7
湖南钢铁集团	2642.50	8	湖南钢铁集团	2170.94	8	湖南钢铁集团	2656.68	8
德龙钢铁集团	2023.77	9	本钢集团	1686.33	9	德龙钢铁集团	2079.00	9
方大钢铁集团	1970.41	10	德龙钢铁集团	1672.96	10	方大钢铁集团	2012.67	10
广西柳钢集团	1821.35	11	广西柳钢集团	1642.09	11	广西柳钢集团	1777.92	11
本钢集团	1755.61	12	方大钢铁集团	1626.52	12	本钢集团	1683.38	12
日照钢铁集团	1563.08	13	日照钢铁集团	1537.00	13	日照钢铁集团	1521.59	13
中信泰富特钢集团	1502.63	14	中信泰富特钢集团	1449.49	14	河北新华联合冶金集团	1400.33	14
广西盛隆冶金有限公司	1420.97	15	河北新华联合冶金集团	1398.63	15	广西盛隆冶金有限公司	1386.43	15

（运营管理部　供）

栏目编辑　　辛　莉

鞍钢集团 ANSTEEL 本钢集团有限公司 BENSTEEL GROUP CORPORATION LIMITED

人事与机构

2022年本钢集团组织机构图

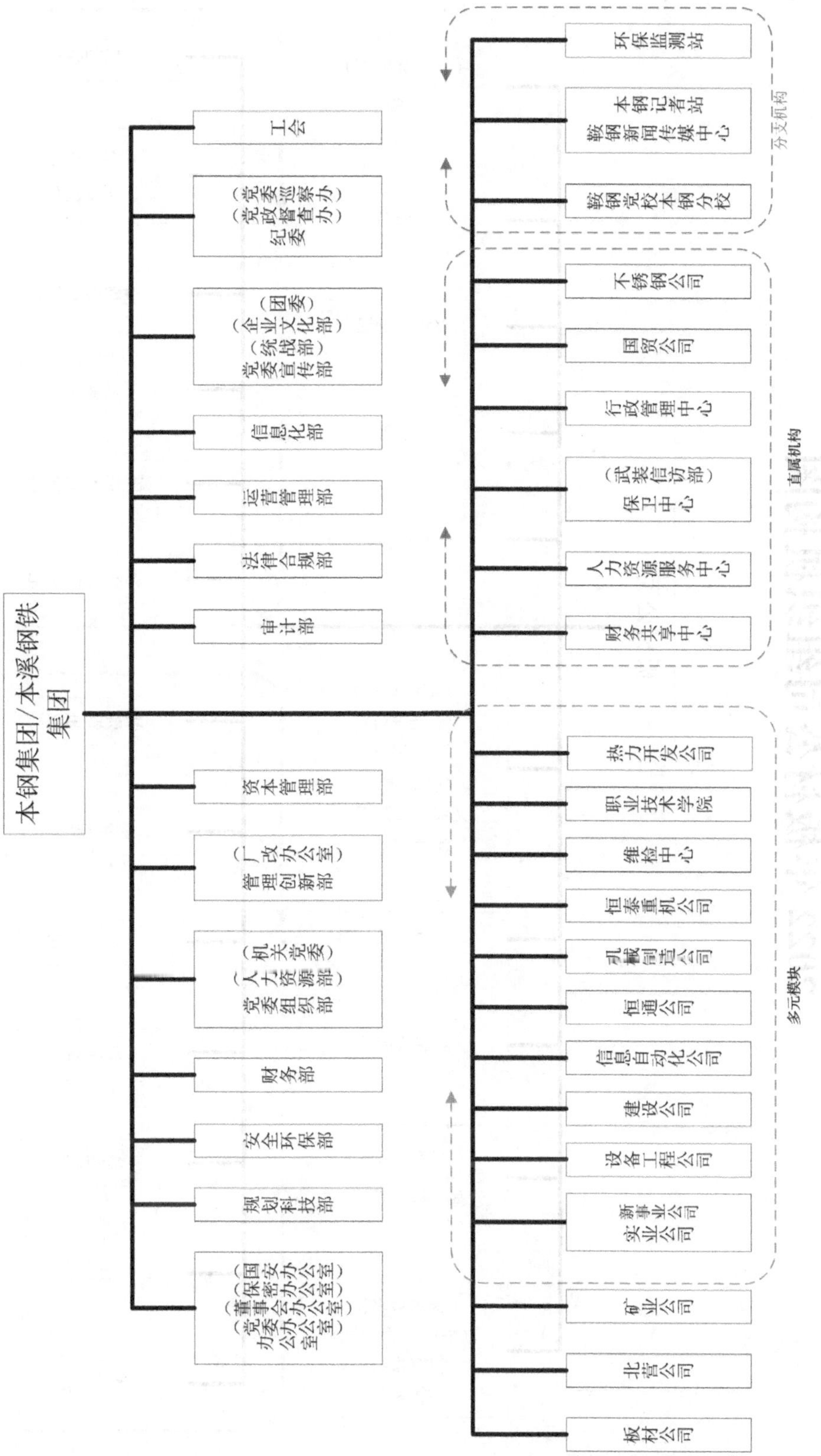
本钢集团/本溪钢铁集团
工会
纪委（党委巡察办）（党政督查办）
党委宣传部（统战部）（企业文化部）（团委）
信息化部
运营管理部
法律合规部
审计部
资本管理部
管理创新部（厂改办公室）
党委组织部（人力资源部）（机关党委）
财务部
安全环保部
规划科技部
党委办公室（董事会办公室）（保密办公室）（国安办公室）
分支机构
环保监测站
鞍钢新闻传媒中心
本钢记者站
鞍钢党校本钢分校
直属机构
不锈钢公司
国贸公司
行政管理中心
保卫中心（武装信访部）
人力资源服务中心
财务共享中心
多元模块
热力开发公司
职业技术学院
维检中心
恒泰重机公司
机械制造公司
恒通公司
信息自动化公司
建设公司
设备工程公司
实业公司
新事业公司
矿业公司
北营公司
板材公司

2022年板材公司组织机构图

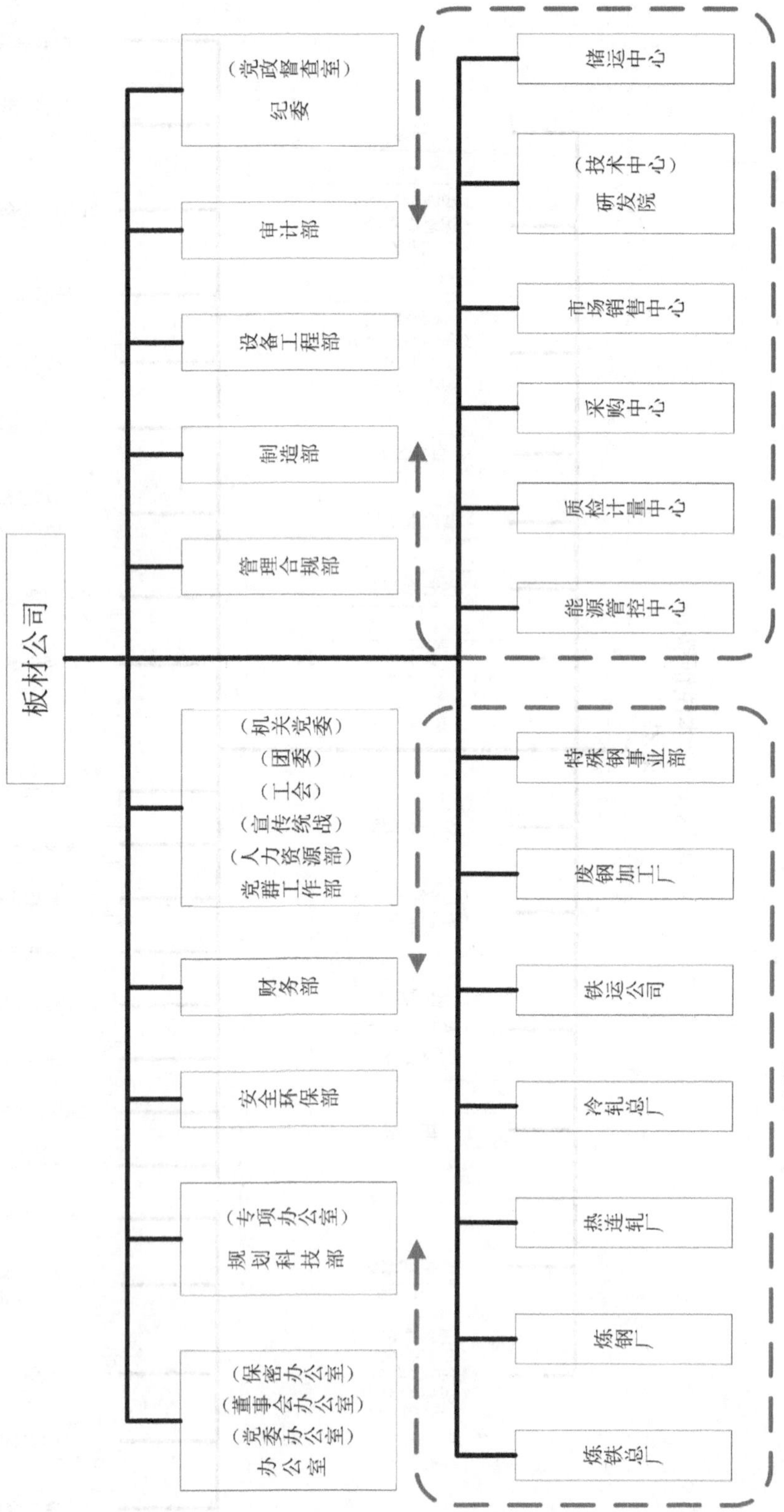
板材公司
纪委（党政督查室）
审计部
设备工程部
制造部
管理合规部
党群工作部（人力资源部）（宣传统战）（工会）（团委）（机关党委）
财务部
安全环保部
规划科技部（专项办公室）
办公室（党委办公室）（董事会办公室）（保密办公室）
直属机构
储运中心
研发院（技术中心）
市场销售中心
采购中心
质检计量中心
能源管控中心
生产单位
特殊钢事业部
废钢加工厂
铁运公司
冷轧总厂
热连轧厂
炼钢厂
炼铁总厂

2022 年北营公司组织机构图

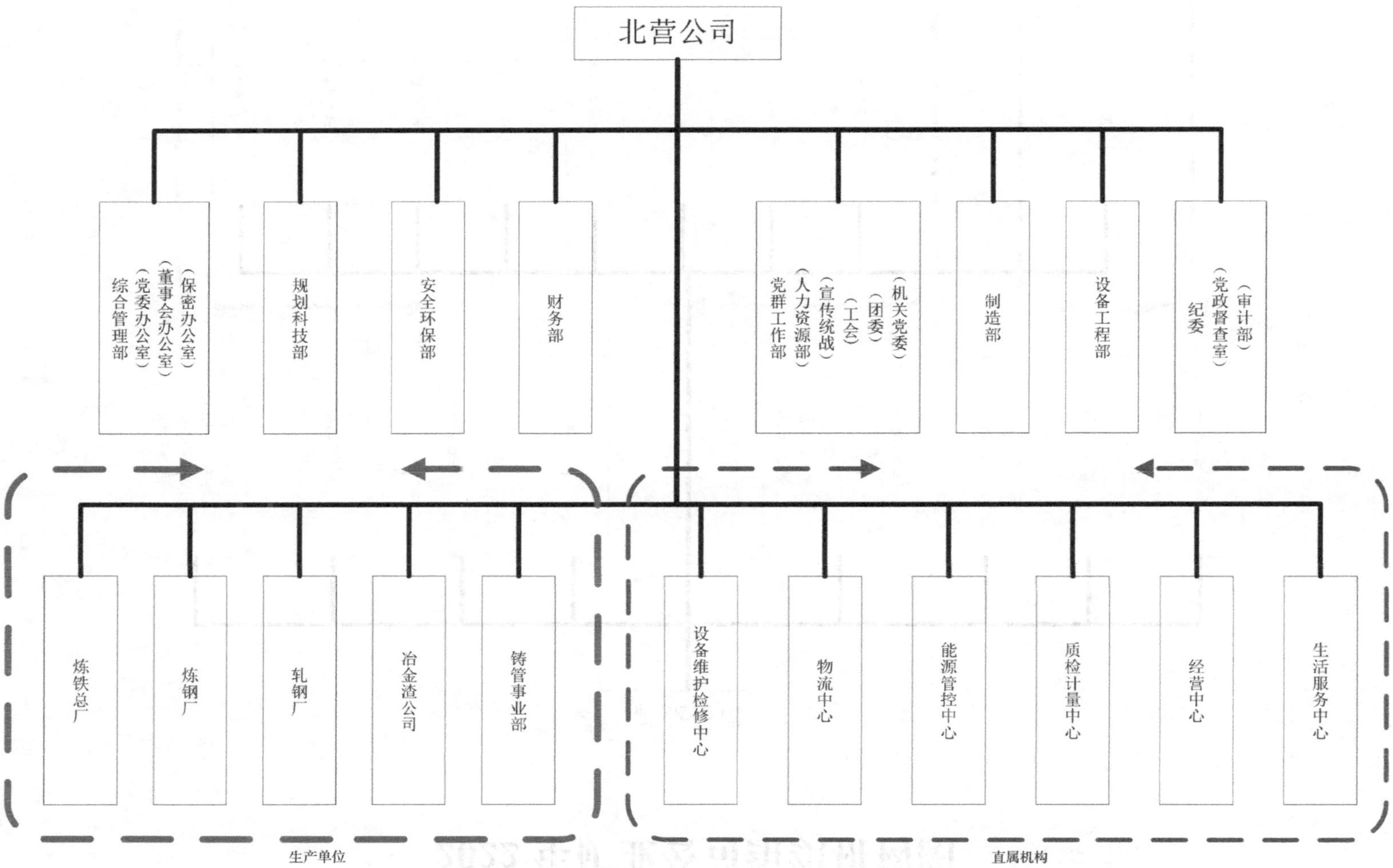

2022年矿业公司组织机构图

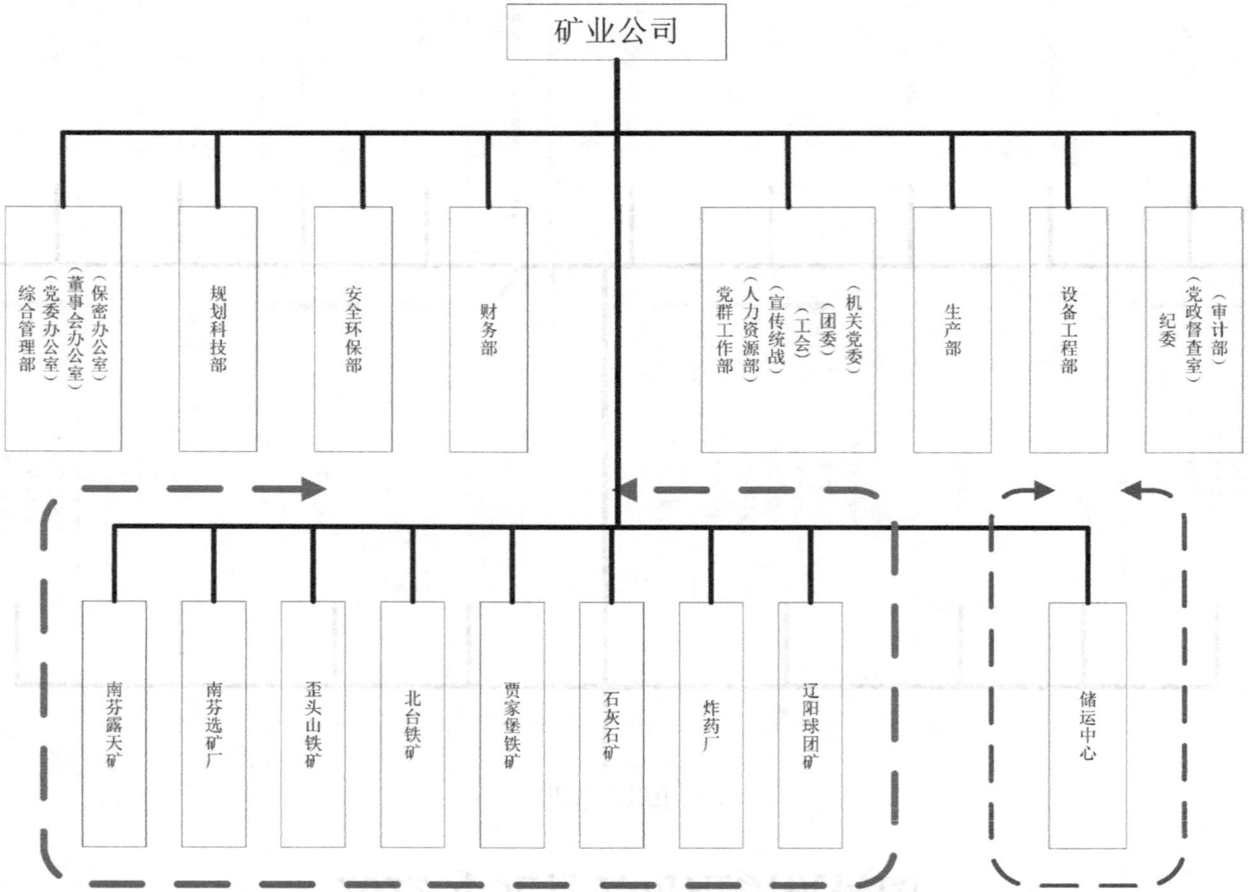

2022年本钢集团有限公司机构变动情况

为全面贯彻鞍钢集团改革总体要求和本钢集团市场化改革工作部署，深入推进国企改革三年行动，以本钢集团“1+2+N”市场化改革方案为指引，对板块机构进行调整，强化资源配置，捋顺管理链条，提高机构运行效率。

一、机构调整

（一）机关总部

运营管理部设立物流管理单元。

（二）板材公司

本钢板材辽阳球团有限责任公司转让给本溪钢铁（集团）矿业有限公司。

（三）北营公司

1. 成立维检中心。

2. 成立物流中心。

3. 北营冶金渣公司更名为资源再生公司。

4. 组建生活服务中心。

5. 市场营销中心更名为经营中心。

6. 撤销北营储运中心、北营公运公司、北营铁运公司。

（四）矿业公司

将本钢板材辽阳球团有限责任公司更名为本溪钢铁（集团）矿业辽阳马耳岭球团有限公司。

（五）多元子公司

1. 本溪钢铁（集团）检验检测有限责任公司协议转让至本溪钢铁（集团）建设有限责任公司后，吸收合并本溪钢铁（集团）工程质量检测有限公司。

2. 本溪钢铁（集团）修建有限责任公司更名为本溪钢铁（集团）设备工程有限公司，整合本溪钢铁（集团）机电安装工程有限公司。

3. 本溪钢铁（集团）设备维护检修中心独立运作。

4. 本溪钢铁（集团）机械制造有限责任公司整合内部资源，将矿山机修厂委托第一机修厂管理。

5. 本溪钢铁（集团）实业发展有限公司整合本溪钢铁（集团）冶金渣有限责任公司。

（六）法人压减（注销）

1. 本溪钢铁（集团）第二建筑工程有限公司

2. 本溪北营钢铁（集团）设计研究有限公司

3. 本溪计控电子仪表工业有限责任公司

4. 辽宁恒汇商业保理有限公司

5. 本溪北方第二轧钢有限公司

6. 本溪北方高速线材有限公司

7. 本溪北台高速线材有限公司

8. 长春本钢吉盛商贸有限公司

9. 烟台本钢商贸有限公司

10. 无锡本贸钢铁销售有限公司

11. 上海本钢国贸钢铁销售有限公司

12. 广州本钢建材销售有限公司

13. 本溪钢铁（集团）钢材加工配送有限责任公司

14. 辽宁恒宇物业管理有限公司

15. 哈尔滨本钢经济贸易有限公司

16. 南京本钢物资销售有限公司

17. 无锡本钢钢铁销售有限公司

18. 重庆辽本钢铁贸易有限公司

19. 广州保税区本钢销售有限公司

20. 本溪钢铁（集团）矿业弘贺实业开发有限公司

21. 本溪市福星现代建材有限公司

22. 本溪市铁山矿产加工有限公司

23. 本溪市恒昌铁矿石有限公司

24. 辽宁天宇消防工程有限公司

25. 丹东好佳房地产开发有限公司

26. 本溪钢铁（集团）工程质量检测有限公司

27. 本溪金路汽车运输有限责任公司

28. 本溪华源建筑材料有限责任公司

29. 本溪钢铁（集团）瑞丰农产品有限公司

30. 本溪钢铁（集团）实业发展机电安装有限公司

31. 本溪市好佳物业管理有限公司

32. 本钢集团招标公司

33. 本钢集团财务有限公司

34. 本溪经济开发区本钢建筑施工部

35. 本溪经济开发区本钢上海工贸有限公司

36. 本溪市东山农贸市场管理有限公司

37. 本溪市丰华物业有限公司

38. 本钢亨通实业公司

39. 本溪广厦房地产开发有限责任公司

40. 本溪市好佳实业发展有限责任公司

41. 本溪钢基矿业有限公司

42. 本钢科技经贸综合实业开发公司

43. 南京溪铁建设工程有限公司

二、职能调整

机关总部

运营管理部物流管理单元工作职责：

1. 负责公司物流管理，构建公司物流运行体制及模式，负责物流管理规则的制定与考核。

2. 负责统筹指导协调生产、采购、销售物流业务，负责子企业间物流业务的指导协调，负责与鞍山钢铁物流管理体系充分协同。

3. 负责牵头组织子企业与公路、铁路、港口、海运企业制定价格政策、获取资源；负责牵头组织子企业与内部物流企业制定港口业务代理价格。

4. 负责港口、铁路等物流业务对外联系业务。

（管理创新部　供）

领导干部一览表

本钢集团有限公司（董事会、党委会、监事会、经理层）

1	董事会	董 事 长：杨 维 副 董 事 长： 董 事：王 军 高 烈 董事会秘书：韩永德
2	党委会	党 委 书 记：杨 维 党委副书记：王 军 王殿贺 纪 委 书 记：曹宇辉 党 委 常 委：曹宇辉 王战维 韩永德 齐 振 霍 钢 徐家富
3	监事会	主 席：张连义 监 事：郑东林 崔 贺 王 勇 陶玉民（职工）
4	经理层	总 经 理：王 军 总 会 计 师：王战维 副 总 经 理：韩永德 齐 振 霍 钢 徐家富 总法律顾问：韩永德 首席合规官：韩永德 总 工 程 师：蒋光炜

本钢集团有限公司（部门）

1	总经理助理	蒋光炜
	总审计师	程　斌
	副总会计师	韩　梅
	副总工程师	赵铁林　戴法贞　王凤民
	首席信息官（CIO）	邵剑超
2	办公室	主　　任：高德胜 副 主 任：王海量
3	规划科技部	总 经 理：黄作为 副总经理：李广忠　庄权华
4	安全环保部	总 经 理：任瑞忠 副总经理：张国强
5	财务部	总 经 理：韩　梅 副总经理：刘铁成　赵　鑫
6	组织部 （人力资源部、机关党委）	部　　长：王运国 副 部 长：常　勇　董家胜
7	管理创新部	部　　长：刘慧玉 副 部 长：孙建益
8	资本管理部	总 经 理：瞿宏伟 副总经理：冯艳玲
9	审计部	总 经 理：白宇飞 副总经理：吴　强
10	法律合规部	总 经 理：周军杰 副总经理：闫洪斌
11	运营管理部	总 经 理：孙东升 副总经理：黄　涛　白晓明
12	信息化部	总 经 理：高秀敏 副总经理：
13	宣传部 （统战部、企业文化部、团委）	部　　长：陈　军 副 部 长：朱新宇　时圣海
14	纪委（党政督查办、党委巡察办）	纪委书记：曹宇辉 纪委副书记：张　戬
15	工会	主　　席：张彦宾 副 主 席：牛　力　陶玉民　王　丹

本钢集团有限公司（直属机构）

1	财务共享中心	主　　任：刘铁成 副 主 任：王　东　关文辉
2	人力资源服务中心	主　　任：董家胜 副 主 任：陈国辉　郝铁哲　赵　伟
3	保卫中心	主　　任：张庆党 党委副书记、纪委书记、工会主席：凌　然 副 主 任：李树清　刘　俐
4	行政管理中心	党委书记、主任：郭银辉 党委副书记、纪委书记、工会主席：吴　宪 副 主 任：刘明文
5	不锈钢公司	党委书记、董事长：徐利民 总 经 理：李传欣 党委副书记、纪委书记、工会主席：方　向 副总经理：赵　涛
6	采购中心	党委书记、副总经理：马忠岩 总 经 理：任　卓 党委副书记、纪委书记、工会主席：荆　波 副总经理：成耀武　王　剑　敬　党　谭　帅
	技术中心（研发院）	党委书记：张兴国 主任（院长）：刘宏亮 党委副书记、纪委书记、工会主席：宁玉涛 副主任（副院长）：崔　勇　吴　迪
	市场营销中心	党委筹建组组长：荆　涛 总 经 理：李志伟 党委筹建组副组长、纪委筹建组组长、工会主席：赵兴涛 副总经理：韩明旭
	经营中心	总 经 理：石玉海 副总经理：卢炳杰　于文爽
	北方恒达物流公司	执行董事、总经理：李　明 副总经理：费济溪　谢　辉
	国贸公司	董事长、总经理：林　东 副总经理：刘宇方　刘曾昊
	恒基公司	董事长、经理：张其明 副总经理：欧继胜　郭晓钢

本钢集团有限公司（分支机构）

1	鞍钢新闻传媒中心 本钢记者站	主　　任：时圣海 副 主 任：蒋振宇　夏　智
2	鞍钢党校本钢分校	校　　长：王殿贺 副 校 长：苑兴垚

板材公司（董事会、党委会、监事会、经理层）

1	董事会	董 事 长：霍　刚 董　　事：王世友　刘章满　孙　震（职工）　韩　梅　唐耀武　张肃珣　袁知柱　钟田丽
2	党委会	党委书记：霍　刚 党委副书记：王世友　孙　震 党委委员：荆　涛　郭玉伟　刘章满　李象君
3	监事会	主　　席：程　斌 监　　事：白宇飞　卢伟军　张艳龙（职工）　赵兴涛（职工）
4	经理层	总 经 理： 副总经理：王世友　荆　涛　郭玉伟　刘章满

北营公司（董事会、党委会、监事会、经理层）

1	董事会	董 事 长：韩永德 董　　事：李　岩　佟　伟（职工）黄作为　冯艳玲　仇大庆　高大鹏　乔　军　李云峰
2	党委会	党委书记：韩永德 党委副书记：李　岩　佟　伟 党委委员：吴华章　丛铁地　郑政利　张凤臣
3	监事会	主　　席：李乃明 监　　事：吴　强　赵　鑫　张金虎（职工）　王忠东（职工）　刘朝波（职工）　王　红　王晓军　姬文丽
4	经理层	总 经 理：李　岩 副总经理：吴华章　丛铁地　唐伟波

矿业公司（董事会、党委会、监事会、经理层）

1	董事会	董　事　长：吕学明 董　　　事：谭海生　钱振德（职工）　瞿宏伟　左占国　黄作为　白宇飞
2	党委会	党委书记：吕学明 党委副书记：谭海生　钱振德 党委委员：毛卫东　王东晖　李　明　蒋再贺
3	监事会	监　　　事：刘太斗
4	经理层	总　经　理： 副总经理：谭海生　王长波　毛卫东 总会计师：王东晖

本溪钢铁公司（董事会、党委会、监事会）

1	董事会	董　事　长：瞿宏伟 董　　　事：金　戈　代建刚　冯艳玲　高德胜　陶玉民（职工）
2	党委会	工会主席：陶玉民
3	监事会	主　　　席：李乃明 监　　　事：苑兴垚（职工）　张　星（职工）

北钢公司（董事会、党委会、经理层）

1	董事会	董　事　长：陈天猛 董　　　事：翁　宇　王统河（职工）　李乃明　代建刚　左占国
2	党委会	党委书记：陈天猛 党委副书记：翁　宇　王统河 党委委员：侯学亮　姚　强
3	经理层	总　经　理：翁　宇 副总经理：侯学亮　姚　强

（组织部　供）

辽宁省第十四届人民代表大会代表

王　军　冯琳琳

本溪市第十七届人民代表大会代表

王　军　王战维　韩永德　杨成广　程　斌　任瑞忠　付国龙
田　姝　王　娜　陈正林　李天会　吴云发　李宗娜　郑　滢
孟　伟　杨艳春　徐　强　王　萍　宋滋谭　关睿达　高君健
冯玉全　何文元　张颖辉　初玉宏　徐　斌

中国人民政治协商会议
辽宁省第十二届委员会委员

委　　员　郭永全

中国人民政治协商会议
辽宁省第十三届委员会委员

委　　员　刘宏亮　郭永全

中国人民政治协商会议
本溪市第十四届委员会常委、委员

常务委员　陈　军　郭永全　刘宏亮　刘惠生　徐海涛　赵兴涛
委　　员　郭　鹏　霍雪洁　王世明　李　明　何　武　吴忠刚
谭海生　宋　涛　关永久　王　克　王大勇　于江洋

吕原鑫	杨　旭	惠国东	黄玉成	姜永梅	张　冶
李从曼	陈　涛	文小明	李胜兰	王锡龙	陈　胜

（组织部　宣传部　供）

2022年本钢集团晋升高级技术职称人员名单

一、正高级

工程系列

高秀敏	正高级工程师	佟铁印	正高级工程师	王德顺	正高级工程师
张丽丽	正高级工程师	张伟勃	正高级工程师	赵　科	正高级工程师
吕学明	正高级工程师				

高教系列

冯阿强	教授	尤丽娟	教授	李雅男	教授	王　革	教授
李　秒	教授	穆　炜	教授				

二、副高级

工程系列

张国强	高级工程师	史国旗	高级工程师	孙秀杰	高级工程师
穆晓宇	高级工程师	邢振龙	高级工程师		

会计系列

王　东	高级会计师	刘　婧	高级会计师	石　昊	高级会计师
苏冬雪	高级会计师	石　蕊	高级会计师	边　疆	高级会计师
曲少飞	高级会计师				

经济系列

郑亚旭	高级经济师	闫洪斌	高级经济师	刘　宇	高级人力资源管理师

高校系列

康瑞芳	副教授	贾　琳	副教授	白　玉	副教授	葛胜梅	副教授
康元红	副教授	于瀛洋	副教授	罗媛媛	副教授	杨　杰	副教授
黄德良	副教授	冯　哲	副教授	孔祥国	副教授	王晓飞	副教授
李　洋	副教授	林　华	副教授	聂焱鑫	副教授	王秀敏	副教授
吴　洋	副教授	孙文海	副教授	张　伟	副教授	时永贵	副教授
杨旭艳	副教授	于景红	副教授	栾　云	副教授	徐　杨	副教授

李艳玲　副教授　　　金宇鹏　副研究员

技校系列

高　放　高级讲师

（人力资源服务中心　供）

栏目编辑　　辛　莉

本钢年鉴 2023

鞍钢集团 ANSTEEL 本钢集团有限公司 BENSTEEL GROUP CORPORATION LIMITED

人物与表彰

先进人物

辽宁省劳动模范

高立波 男，汉族，1980年10月出生，2005年9月参加工作，中共党员，高级工程师，现任本钢板材股份有限公司炼铁总厂六号高炉作业区冶炼工程技术专业工程师，曾获辽宁省五一劳动奖章、全国钢铁行业技术能手、辽宁省“振兴杯”高炉炼铁工技能大赛状元、本溪市五一劳动奖章、本溪市青年岗位能手、本溪市高炉炼铁状元、本钢优秀共产党员标兵等荣誉称号。

高立波同志积极践行习近平新时代中国特色社会主义思想，增强“四个意识”、坚定“四个自信”、做到“两个维护”，在思想上政治上行动上同以习近平同志为核心的党中央保持高度一致。多年来，该同志扎根炼铁事业，精通高炉各种疑难事故的处理，曾连续多年蝉联本钢技能大赛炼铁工第一名，先后荣获本溪市首届“创业杯”技能大赛冠军，辽宁省职业技能大赛高炉炼铁工冠军，两次参加全国炼铁工技能大赛均荣获“全国钢铁行业技术能手”称号。该同志在工作中展现出精湛的专业技能和丰富的工作经验，为本钢高炉稳产高产、节能降耗做出积极贡献。作为辽宁省劳模创新工作室的负责人，该同志与团队成员合力攻关，每年创效130余万元；在担任五号高炉值班工长期间，实现新老五炉安全平稳过渡，新五号高炉2021年3月份达产后，日产生铁一直保持在较高水平运行，6月份高炉燃料比实现515公斤/吨，跻身全国先进水平。

荣誉表彰

2022年获省以上荣誉称号先进集体名单

奖项名称	获奖单位	授奖部门	授奖时间
全国工人先锋号	板材冷轧总厂一冷酸轧作业区机械点检班	中华全国总工会	2022.5
全国巾帼文明岗	北营能源管控中心变电一区一号变电所	中华全国妇女联合会	2023.3
全国机械冶金建材行业工会经济技术工作先进单位	北营炼铁总厂	全国机械冶金建材行业工会	2022.3
2020—2021年度全国安康杯竞赛优胜单位	本溪钢铁（集团）矿业有限责任公司石灰石矿	中华全国总工会、国家应急管理部、国家卫生健康委员会	2022.8
2021年度财务结算价格工作先进单位	本钢集团有限公司	中国钢铁工业协会	2022.8
2022年度钢铁企业“对标挖潜”报送工作先进单位 先进单位和优秀信息员名单	本钢集团有限公司	中国钢铁工业协会 财务资产部	2022.12
2021年度财务决算年报工作先进企业	本钢集团有限公司	中国钢铁工业协会	2022.12
2020—2021年度辽宁省安康杯竞赛优胜单位	本溪钢铁（集团）矿业有限责任公司石灰石矿	辽宁省总工会、辽宁省应急管理厅、辽宁省卫生健康委员会	2022.2
2020—2021年度辽宁省安康杯竞赛优胜单位	本钢板材股份公司能源总厂	辽宁省总工会、辽宁省应急管理厅、辽宁省卫生健康委员会	2022.2

续表

奖项名称	获奖单位	授奖部门	授奖时间
2020—2021年度辽宁省安康杯竞赛优胜班组	本溪北营钢铁（集团）股份有限公司炼铁总厂原料分厂维检作业区铆焊班组	辽宁省总工会、辽宁省应急管理厅、辽宁省卫生健康委员会	2022.2
2020—2021年度辽宁省安康杯竞赛优秀组织单位	本溪钢铁（集团）信息自动化有限责任公司	辽宁省总工会、辽宁省应急管理厅、辽宁省卫生健康委员会	2022.2
辽宁省模范职工之家	本溪北营钢铁（集团）股份有限公司轧钢厂工会委员会	辽宁省总工会	2022.12
辽宁省劳模创新工作室	刘晓峰劳模创新工作室（本钢板材股份有限公司冷轧总厂）	辽宁省总工会	2022.11
辽宁省职工创新工作室	高维才职工创新工作室（本钢不锈钢冷轧丹东有限责任公司）	辽宁省总工会	2022.11
辽宁省创新工作室联盟	本钢电气仪表及自动化创新工作室联盟（本溪钢铁〔集团〕设备工程有限公司）	辽宁省总工会	2022.11
辽宁省创新工作室联盟	本钢机械专业创新工作室联盟（本钢板材股份有限公司炼铁总厂）	辽宁省总工会	2022.11
鞍钢集团先进单位	板材热连轧厂、板材冷轧总厂、板材铁运公司、北营能源管控中心、矿业辽阳马耳岭球团公司、辽宁恒通冶金装备有限公司、本钢信息自动化公司、板材采购中心	中共鞍钢集团公司委员会 鞍钢集团有限公司 鞍钢集团有限公司工会	2022.12
2022年冶金企业党建思想政治工作研究优秀论文一等奖	本钢集团有限公司	中国冶金职工思想政治工作研究会	2022.12
2022年思想政治工作研究优秀成果一等奖	本钢集团有限公司	鞍钢集团党委宣传部	2022.12
2022年中国企业文化与经营管理深度融合典型经验	本钢集团有限公司	中国企业文化研究会	2022.12
2022年度中国卓越钢铁品牌	本钢集团有限公司	中国冶金报社	2022.5

续表

奖项名称	获奖单位	授奖部门	授奖时间
钢铁绿色发展标杆企业	本钢集团有限公司	中国冶金报社	2022.6
辽宁省学雷锋志愿服务“四最”最佳志愿服务组织	本钢志愿服务队	中共辽宁省精神文明建设指导委员会办公室	2022.12
2022年全市宣传思想工作“创新项目”	本钢集团有限公司	中共本溪市委宣传部	2022.12
辽宁青年五四奖章集体	板材炼钢厂转炉工艺创新创效攻关团队	共青团辽宁省委员会	2022.5
辽宁省青年文明号	本钢国贸出口市场销售部	共青团辽宁省委员会	2022.6
鞍钢集团先进单位	板材热连轧厂、板材冷轧总厂、板材铁运公司、北营能源管控中心、矿业辽阳马耳岭球团公司、辽宁恒通冶金装备有限公司、本钢信息自动化公司、板材采购中心	中共鞍钢集团公司委员会 鞍钢集团有限公司 鞍钢集团有限公司工会	2022.12
鞍钢集团三八红旗集体	板材炼钢厂吊车作业区炼钢区域吊车女工小组、本钢浦项公司综合部女工小组、北营能源管控中心变电一区1#变电所女工小组、北营轧钢厂运转作业区1780天车操作丁班女工小组、矿业贾家堡铁矿安全生产室检化验班女工小组、矿业储运中心歪头山作业区歪矿材料班女工小组、人力资源服务中心档案管理服务部女工小组、矿建公司财务室女工小组、实业公司财务部女工小组	鞍钢集团有限公司工会	2023.3
辽宁省质量信得过班组三等奖	板材冷轧总厂电镀锌丁班、板材铁运公司机车检修段柴油机班、板材特殊钢事业部大棒作业区轧钢乙班、板材特殊钢事业部铸钢作业区连铸浇铸乙班、本钢浦项热镀锌机组乙班、板材炼钢厂炼钢作业区VD丁班、板材冷轧总厂老线2#镀锌生产乙班、板材废钢厂设备室点检组、板材炼钢厂2#LF炉丁班	辽宁省质量协会	2022.9

续表

奖项名称	获奖单位	授奖部门	授奖时间
辽宁省劳动教育示范学校	辽宁冶金职业技术学院	辽宁省教育厅	2022.8
第十一届钢铁行业职工培训和职业教育优秀多媒体课件优秀组织奖	辽宁冶金职业技术学院	冶金工业教育资源开发中心 中国钢协职业培训中心	2022.11
第十一届冶金行业论文评选优秀组织奖	辽宁冶金职业技术学院	冶金工业教育资源开发中心 中国钢协职业培训中心	2022.12
鞍钢集团五四红旗团委	板材冷轧总厂团委、矿业南芬露天铁矿团委、北营公司团委、辽宁冶金职业技术学院团委、板材炼钢厂团委、实业公司团委	鞍钢团委	2023.1
鞍钢集团五四红旗团支部	板材炼铁总厂干熄焦作业区团支部、板材热连轧厂轧辊作业区团支部、板材特殊钢事业部轧钢团支部、板材能源管控中心鼓风作业区团支部、板材铁运公司工电段团支部、北营炼铁总厂三炼焦作业区团支部、北营炼钢厂吊车作业区团支部、矿业歪头山铁矿运输作业区团支部、矿业南芬选矿厂三五选作业区团支部、矿业贾家堡铁矿选矿作业区团支部、设备维检中心炼钢团支部、自动化公司信息化事业部团支部	鞍钢团委	2023.1
鞍钢集团青年文明号	热连轧厂三热轧生产作业区丁大班、北营物流中心机务作业区 GKD1A352 机车、南芬露天铁矿爆破作业区爆破技术组、保卫中心板材警卫大队一中队、本钢新媒体网评舆情运维团队	鞍钢团委	2023.1
鞍钢青年安全生产示范岗	板材热连轧厂三热轧生产作业区、矿业贾家堡铁矿选矿作业区检修变电所	鞍钢团委 鞍钢安全环保部	2023.2

2022年获省以上荣誉称号先进个人名单

奖项名称	获奖人姓名	授奖部门	授奖时间
辽宁省劳动模范	高立波	辽宁省委、省政府	2022.6
辽宁省技术能手	张　帅	辽宁省人力资源和社会保障厅	2022.2
辽宁省技术能手	房　晋	辽宁省人力资源和社会保障厅	2022.2
辽宁省技术能手	周　军	辽宁省人力资源和社会保障厅	2022.2
辽宁好人	刘希岩	中共辽宁省委宣传部、辽宁省精神文明建设指导委员会办公室	2023,2
2021年度财务结算价格工作优秀信息员	于　浩	中国钢铁工业协会	2022.8
2022年度钢铁企业“对标挖潜”报送工作优秀信息员	宋　鹏	中国钢铁工业协会财务资产部	2022.12
全国机械冶金建材行业工会经济技术工作岗位能手	于　浩	全国机械冶金建材行业工会	2022.2
全国机械冶金建材行业工会经济技术工作岗位能手	方春刚	全国机械冶金建材行业工会	2022.6
全国机械冶金建材行业工会经济技术工作岗位能手	张　勇	全国机械冶金建材行业工会	2022.6
2020—2021年度全国安康杯竞赛先进个人	董志鹏	中华全国总工会、国家应急管理部、国家卫生健康委员会	2022.8

续表

奖项名称	获奖人姓名	授奖部门	授奖时间
2020—2021 年度辽宁省安康杯竞赛先进个人	董志鹏	辽宁省总工会、辽宁省应急管理厅、辽宁省卫生健康委员会	2022.2
辽宁省优秀工会工作者	杜春艳	辽宁省总工会	2022.12
鞍钢集团先进生产（工作）者	方　超　薛长江　徐林哲　王海建　李庆刚 周德宏　杨　钧　范吉刚　王海峰　杨东旭 高卫东　张义斌　崔　利　阮凯兴　张守喜 王泽昱　刘元博　柳维垚　卢　锐　杨广前 刘永胜　赵宏刚　张　亮　王　刚　李　泉 郭东升　范茂刚　六十一　陈朝斌　李晓龙 张　军　宋建成　李海宝　高佩宝　王彦明 丁　勇　张浩龙　宋春义　赵　刚　李　妍 李德星　谢文翰　郭政强　王　军　佟明海 马红俊　陈传湖　柏长虹　马士博　张喜超 孙　国　李洪宇　李永强　王　丰　霍云庆 刘　铎　刘长蛟　屈浩然　赵雅新　宋恩刚 孙　锋　王　俊　洪　岗　宋占利　兆廷伟 苗　隽　林广宇　高晶新　姚子健　高维才 高凤武　孙功宾　杨智明　尤丽娟　奚延忱 张佩琦　孙志洋　谢英朋　马　超　陈　涛 黄宝辉　刘加彬　孙立钢　尹宏宇　陈传伟 王爱平　徐蕴纲　李　忠　戴　兵　查道庆 张昌龙　张　铭　李　岩　吕学明　刘宏亮 邓振刚　魏春新　李佳良　赵　喜　孟庆辉 石玉海　王连禧　牟景春　张　丹　刘慧玉 王运国　韩　梅　史志勇　李志伟　杨　亮 姜延奇　张荣富　吴　刚　张　可　任　卓	中共鞍钢集团公司委员会 鞍钢集团有限公司 鞍钢集团有限公司工会	2022.12
鞍钢集团三八红旗手标兵	姜艳菲　石盛楠　高　媛	鞍钢集团有限公司工会	2023.3

续表

奖项名称	获奖人姓名	授奖部门	授奖时间
鞍钢集团三八红旗手	徐玲枝　赵　蕊　王　悦　冯琳琳　范　荟 司明霞　李明菊　康东妹　任冬梅　郑　滢 李远敏　冯　军　张　辉　郝金丹　王亚芬 蒋丽芹　刘晓霞　李天会　王甲玲　桑金玲 马　理　徐凤红　段　敏　李　蕾	鞍钢集团有限公司工会	2023.3
鞍钢集团优秀共青团干部	马克成　杨兴娇　崔煜东　王　灿　王　焕 李泽仁　宋建明　刘国秋	鞍钢团委	2023.1
鞍钢集团优秀共青团员	宿　杰　钟　宁　王　帅　刘浩明　梁苗苗 姜顺舰　刘芷源　王俊超　梁　璐　栾　健 李旭东　马晓龙　马阁阁　杨成明　任彦姣 庞少昆　关智远　关晓琦　王玥瑶　宋　波 魏成志　姜焕英　张明远　郭煜鑫　孟元龙 宋晓伟　张喜龙　秦子豪　赵志伟　牟　赋	鞍钢团委	2023.1
鞍钢集团青年岗位能手	房　鑫　刘　鹏　王　博　徐　文　李　哲 勾　旭　赵　博　衣延鹏　李永强　刘　闯 张　城　李云锋　王立鹏　张世佳　代俊鹏 李明桐　程　龙　于志军　高君健　庄　重 杨　朔　高明星　富丰晶　纪丰田　黄晶恒 张　亮　赵大鹏　陈　雄　崔瑞平　于海涛	鞍钢团委	2023.1
辽宁省高职院校“铸魂育人”思政教学典型案例	聂焱鑫	辽宁省教育厅	2022.3
辽宁省职业教育“十四五”首批规划教材	徐　铁　尤丽娟　李雅男	辽宁省教育厅	2022.3
辽宁省职业教育和继续教育教学成果一等奖	曲　涛　徐　铁　于　涛　常　烨　张迎征 李　伟　孔祥国	辽宁省教育厅	2022.4
辽宁省职业教育和继续教育教学成果二等奖	曲　涛　徐　铁　张迎征　常　烨　李　伟 冯阿强　王　琳　穆　伟　李国彬	辽宁省教育厅	2022.4

续表

奖项名称	获奖人姓名	授奖部门	授奖时间
辽宁省技工院校教师职业能力大赛三等奖	孟昭君	辽宁省教育厅	2022.9
第二十六届辽宁省教育教学信息化交流活动微课类二等奖	赵艳英	辽宁省教育厅	2022.10
辽宁省职业教育专业带头人	李雅男　郑勇志	辽宁省教育厅 辽宁省人社厅	2022.11
辽宁省职业教育骨干教师	王冠华　韩　瞧　雷党萍　吴　洋	辽宁省教育厅 辽宁省人社厅	2022.11
第十一届钢铁行业职工培训和职业教育优秀多媒体课件大赛一等奖	何　刚　徐　海	冶金工业教育资源开发中心 中国钢协职业培训中心	2022.11
第十一届钢铁行业职工培训和职业教育优秀多媒体课件大赛二等奖	徐　海	冶金工业教育资源开发中心 中国钢协职业培训中心	2022.11
第十一届钢铁行业职工培训和职业教育优秀多媒体课件大赛三等奖	吴　洋　康元红　牟作云　殷　宏　洪宗海 郑勇志　吴　洋　时永贵　张志宏	冶金工业教育资源开发中心 中国钢协职业培训中心	2022.11
第十一届冶金行业论文评选活动三等奖	高　放	冶金工业教育资源开发中心 中国钢协职业培训中心	2022.12
辽宁省普通高校毕业生就业工作先进个人	姜璐芳	辽宁省教育厅	2022.12

2022年度省级技能大师工作站名单

本钢板材炼铁总厂张守喜技能大师工作站

2022年度本钢集团先进单位

板材热连轧厂
板材冷轧总厂
板材铁运公司
北营能源管控中心
北营生活服务中心
北营矿业
辽阳球团厂
矿业储运中心
恒通公司
自动化公司
采购中心
技术学院
矿建公司
辽煤化公司

2022年度本钢集团先进作业区

板材公司

板材炼铁总厂新一号高炉作业区
板材炼钢厂连二作业区
板材热连轧厂三热轧生产作业区
板材冷轧总厂三冷酸轧作业区
本钢浦项设备部镀锌Part
板材铁运公司炼铁站
板材特殊钢事业部铸钢作业区
板材能源管控中心加压作业区
板材市场营销中心华东区域公司
板材储运中心备件作业区

北营公司

北营炼铁总厂烧结分厂烧结二作业区
北营轧钢厂生产准备作业区
北营资源再生公司水渣工区
北营铸管公司浇铸工区
北营物流中心车务作业区
北营质检计量中心原料化验工区
北营设备维护检修中心炼铁维修作业区

矿业公司

矿业南芬露天铁矿穿凿作业区
矿业南芬选矿厂三五选作业区
矿业炸药厂歪头山作业区
矿业歪头山铁矿爆破作业区
矿业石灰石矿采矿作业区
矿业贾家堡铁矿选矿作业区

多元板块、直属单位

设备工程公司环保（节能）分公司
维检中心特钢作业区
建设矿建公司电装工程作业区
建设矿山实业分公司维检作业区

建设金结分公司标准化金属结构作业区　机械公司第三机修厂二加工分厂
恒通公司维检作业区　实业公司板材机关服务区
北重公司劳务工程分公司

2022年度本钢集团先进生产（工作）者

板材公司

方　超　张守喜　王　刚　范茂刚　六十一　高福生　穆占飞　于　滨
叶雪锋　刘琳玮　张　莹　孙英群　薛长江　王泽昱　李　泉　毕恩君
从海涛　时玉基　孟庆闯　王　鑫　徐林哲　刘元博　张　策　董玉坤
何锡军　王海建　柳维垚　张　雷　李洪光　樊　攀　滕思炎　刘　峰
李庆刚　马　莉　王　硕　王海峰　杨广前　张　军　张万发　金　勇
赵贵胜　李胜达　周德宏　卢　锐　李森海　杨卫东　王春梁　赵伟涛
杨东旭　刘永胜　郭东升　孙发明　李　岚　孙亚君　于宗丽　柯忠男
高卫东　赵宏刚　魏艳冬　谢　玄　张义斌　张承武　范吉刚　杨　钧
崔　利　阮凯兴　张　亮　张小海　孙乐连　赵　喜　魏春新　史志勇
李志伟　李佳良　杨　亮

北营公司

陈朝斌　李晓龙　张　军　宋建成　宋富波　高国龙　弓大海　闫　凯
赵国福　孟　钢　孟祥钢　李海宝　高佩宝　杨和顺　刘　科　匡绍峰
丁　锐　刘　薇　王彦明　丁　勇　毛　伟　孔祥斌　许国柱　陈　壮
曲玉双　果先华　崔玉军　宋春义　赵　刚　李　妍　丁广智　张凤明
任小庆　李德星　陈佐忠　倪　新　韩　君　赵庆成　高　勇　张宏旭
张浩龙　宋　哲　谢文翰　李秀忠　郭政强　楻　君　王　军　佟明海
郑　朋　贾福亮　尹晓锐　袁志刚　滕照鑫　乌志海　马红俊　陈传湖
柏长虹　张秀林　李　岩　姜延奇　孟庆辉　石玉海

矿业公司

马士博　赵雅新　王　俊　朱孟宝　张　华　陈　涛　金贵财　丁国忠
谷　明　刘　铎　孙　锋　洪　岗　吴宝军　杨　旭　李雨亭　温国东
梁振锋　李云锋　吕　强　张喜超　宋恩刚　宋占利　毛忠君　高振有
张宏明　刘长蛟　屈浩然　王忠贵　吴建斌　李学波　曾朋毅　张　林
林德山　王　丰　李洪宇　兆廷伟　韩科章　孙　旭　霍云庆　李永强
孙　国　吕学明　王连禧　牟景春　张荣富

多元板块、直属单位

林广宇　王江晖　张忠辉　任　卓　苗　隽　苏崇涛　刘　娜　刘宏亮

高维才	张立立	高晶新	杨　军	李家锐	姚子健	周　威	高凤武
孙功宾	王高文	王立彬	李福东	黄明刚	杨智明	鞠秀峰	于立祥
周忠海	李明孝	郭　飞	钟　钢	奚延忱	张佩琦	吴　岗	孙立权
邹吉友	杜　刚	佟伟楠	孙志洋	谢英朋	于　杰	张　剑	唐荣煜
胡德辉	张景峰	马　超	潘宇舟	陈　涛	黄宝辉	孟　震	吴　刚
于　淼	张　涛	邓振刚	刘加彬	孙立钢	尹宏宇	王志波	高　嫄
张健伟	马志洪	陈传伟	刘鲁强	尤丽娟	张迎征	王爱平	田　磊
张　可	徐蕴纲	李　忠	赵家君	樊金汉	王志洪	白文泉	闫增辉

机关职能部门

戴　兵	查道庆	张昌龙	张　铭	白宇鹏	王彦哲	孙福程	朱常林
杨　朔	吕建勋	肖　林	王　涛	许海凌	刘　项	刘久艳	刘兰宁
赵少勇	曹　璨	高慧妹	张子龙	武默涵	刘慧玉	王运国	韩　梅
张　丹							

2022 年度本钢集团三八红旗集体

板材炼铁总厂检验作业区公辅班女工小组

板材炼钢厂回收作业区风机工段除尘班组女工小组

板材热连轧厂吊车作业区三热轧区域女工小组

板材冷轧总厂硅钢生产作业区成品甲班女工小组

板材特殊钢事业部动力作业区变电站女工小组

板材能源管控中心制氧作业区 8# 机变电所女工小组

板材铁运公司机关综合管理女工小组

板材质检计量中心炼铁检验作业区化学分析乙班女工小组

板材储运中心物资回收室物管核查班组女工小组

板材财务部一体化项目财务组女工小组

丹东不锈钢公司财务部女工小组

北营炼铁总厂三回收作业区水泵房班女工小组

北营炼钢厂吊车作业区新区成品乙班女工小组

北营能源管控中心制氧一作业区化验班女工小组

北营质检计量中心计量工区三四高线班女工小组

北营资源再生公司水渣工区 5# 场地余热水班女工小组

北营生活服务中心物业工区宿舍 C 班女工小组

北营矿业公司生产技术室化验班女工小组

矿业歪头铁矿生产技术室主选实验化验班女工小组

矿业辽阳球团公司检化验计量中心化学分析班女工小组
矿业储运中心检化验作业区化验班女工小组
矿业财务部会计税费室女工小组
本钢集团财务部会计税务管理单元女工小组
本钢集团财务共享中心费用报支部女工小组
国贸公司成套设备室女工小组
保卫中心监控指挥中心办证女工小组
行政管理中心综合办公室女工小组
建设公司混凝土分公司实验室女工小组
建设公司财务部女工小组
设备工程公司计划财务部女工小组
机械制造公司第一机修厂铸造分厂混合班女工小组
热力公司财务管理室女工小组
辽宁冶金职业技术学院政治理论教学部女工小组
实业公司东风湖化验班女工小组
新事业公司板材特钢服务区800食堂班女工小组
信息自动化公司视频会议保障班女工小组
恒通公司生产运营部质检班女工小组
辽煤化公司产品制造室质检区域女工小组
板材市场营销中心营销管理部运营改善室女工小组

2022年度本钢集团三八红旗手标兵

张　倩	陈必英	娄　颖	丁丽荣	王　颖	毛秀茹	南　华	李　娜
关　静	金秋红						

2022年度本钢集团三八红旗手

刘琳玮	王焕娜	田　丹	孙红军	周丽娟	刘　淼	金　琳	叶　莉
乔丹洋	李　闯	董　扬	李　凤	周嘉琦	孙　晖	孙　炬	马君兰
高　怡	王文澜	焦明伟	高　山	辛　艳	孙　雪	张　利	田艳玲
赵颖楠	李　妍	王铁华	李　岚	高春琴	关　莹	刘博亚	王　莲
赵海晶	李淑艳	谢丽丽	毛爱民	付　冰	杨玉琳	周　叙	蔡秋霞
刘佳新	许　杰	黄　爽	姚莉莉	李　夏	谢　婉	张　丹	左海霞

赵　新	黄春秀	柳　丹	赵晓丹	孟　乔	胡盛碧	张　敏	刘　颖
徐　晶	王　艳	聂焱鑫	王晓飞	郑冬妮	陈　曦	洪　霞	富靖萁
崔　玲	冯静静	吴　莹	叶建霞	赵永红	郑晓明		

2022 年度本钢集团五四红旗团委标兵

板材炼铁总厂团委	板材炼钢厂团委	板材冷轧总厂团委
北营炼铁总厂团委	矿业贾家堡铁矿团委	辽宁冶金职业技术学院团委

2022 年度本钢集团五四红旗团委

板材热连轧厂团委	板材特殊钢事业部团委	板材铁运公司团委
北营公司团委	北营炼铁总厂团委	北营炼钢厂团委
北营轧钢厂团委	矿业公司团委	矿业南芬露天铁矿团委
矿业南芬选矿厂团委	矿业歪头山铁矿团委	本钢设备维检中心团委
本钢实业公司团委	辽宁冶金职业技术学院团委	丹东不锈钢公司团委

2022 年度本钢集团五四红旗团支部

板材炼铁总厂焦二作业区团支部	板材炼钢厂连二作业区团支部
板材热连轧厂轧辊作业区团支部	板材冷轧总厂三冷作业区团支部
板材特殊钢事业部轧钢作业区团支部	板材能源管控中心鼓风余能作业区团支部
板材铁运公司轧钢站团支部	板材质检计量中心能源计量作业区团支部
北营炼铁总厂原料分厂团支部	北营炼钢厂吊车团支部
北营轧钢厂三四高线作业区团支部	北营能源管控中心第一团支部
北营物流中心机务段团支部	北营设备维护检修中心炼铁团支部
矿业南芬露天铁矿运矿团支部	矿业石灰石矿汽车作业区团支部
矿业炸药厂团支部	矿业储运中心团支部
矿业辽阳马耳岭球团有限公司团支部	本钢设备工程公司第二团支部
本钢设备维检中心冷轧团支部	本钢建设公司矿建团支部
本钢实业公司检修区域团支部	辽宁冶金职业技术学院自动化系团总支
辽宁恒通公司加工作业区团支部	

2022 年度本钢集团青年文明号

板材热连轧厂精益轧制攻关团队	板材铁运公司机务段 #636 青年文明号内燃机车乘务组
板材冷轧总厂 5# 热镀锌安全生产示范团队	北营炼钢厂炼钢二作业区 3# 转炉班组
北营物流中心 GKD1A352 车组	矿业南芬选矿厂三五选作业区生产四班磨矿岗
矿业石灰石矿白灰作业区机修电工仪表班	本钢设备工程公司赵英群技能大师工作室
板材营销中心市场开发认证团队	本钢集团信息化项目部

2022 年度本钢集团青年五四奖章

张弘弼　韩　博　刘　鹏　李永强　张浩龙　刘正楠　马士博　于海涛
富丰晶　庄　重

2022 年度本钢集团优秀共青团干部

马克成　钟德开　耿煜东　吴东傲　李　博　徐　文　刘　博　马　冲
李世博　吴　健　蒋云鹏　马冠群　吴佳夺　任晓行　毛新超　张宝民
吕彧鹏　宋　扬　喻金义　王　焕

2022 年度本钢集团优秀共青团员

王文鑫　孙永卓　邢宏晨　佟铭全　张允飞　张春雷　党予阳　甘　娜
李俊瑶　张　远　王思雨　高博俊　郑启蒙　王思远　赵呈祎　郝琦琦
景惠聪　孔德华　商　彪　杨宗谕　赵云凯　李玉琦　孙　浩　柏　厦
谢谦业　吕　杰　姜乐鹏　王家霖　刘冬辉　王默晗

2022年度本钢集团青年岗位能手

安　豪	房　鑫	刘元博	于梓涵	王瀚森	杨　砥	齐宇飞	丁　明
何长纯	陈茹林	庞少昆	张泽奇	陈　录	刘雁波	裴海涛	李明烜
陈　雄	史学超	冯　勇	白海洋	孟照君	张喜龙	张世矖	黄欣欣
李超群	杨德翰	袁明清	宋　鹏	刘佳璇	王晓禹		

2022年度本钢集团三好学生

王春洋	于海洋	李玉健	徐金杰	郭佳音	王　炀	马孝宇	邵思雨
张　翔	杨惠敏						

2022年度本钢集团抗疫保产标兵

包海军	袁业旭	李建华	安家锋	王　悦	虎雨涝	代晓曼	陈纪宇
周小舟	焦长虹	李春雨	陈开颜	徐琳琳	郭敬龙	朴永鹏	

（组织部　宣传部　工会　供）

科技奖项与专利

2022 年度获得科技进步奖名单

奖项名称及等级	成果名称	完成单位	授奖部门	授奖时间
中信铌钢技术进步奖二等奖	高品质经济型 Nb 微合金化汽车镀锌双相钢系列开发	本钢集团有限公司，东北大学，泛亚汽车技术中心有限公司，中国第一汽车股份有限公司	中信微合金化技术中心	2022.3
冶金科学技术奖一等奖	露天开采低碳生态化设计及无人智能采矿关键技术与应用	东北大学、西安建筑科技大学、本溪钢铁（集团）矿业有限责任公司等	中国钢铁工业协会 中国金属学会	2022.5
中国腐蚀与防护学会科学技术奖二等奖	低成本高强度陆运集装箱用耐蚀钢系列产品的研发	本钢集团有限公司	中国腐蚀与防护学会	2023.1
冶金矿山科学技术奖一等奖	南芬难选矿磨选流程关键技术研究及应用	本溪钢铁（集团）矿业有限责任公司，本溪钢铁（集团）有限责任公司南芬选矿厂，东北大学	中国冶金矿山企业协会	2022.10
冶金矿山科学技术奖三等奖	大型矿用汽车关键部件拆装机械平台研发及应用	本溪钢铁（集团）矿业有限责任公司，本溪钢铁（集团）矿业有限责任公司歪头山铁矿，辽宁科技大学	中国冶金矿山企业协会	2022.10
	南芬露天铁矿岩质顺层边坡临滑预警智能监测关键技术	本溪钢铁（集团）矿业有限责任公司南芬露天铁矿，中国矿业大学（北京）	中国冶金矿山企业协会	2022.10
绿色矿山科学技术奖二等奖	低品位磁铁矿石绿色开发技术	本钢集团有限公司、中国恩菲工程技术有限公司、塞尔姆（北京）科技有限责任公司	中关村绿色矿山产业联盟	2022.12

续表

奖项名称及等级	成果名称	完成单位	授奖部门	授奖时间
鞍钢集团科学技术奖一等奖	高品质汽车用热镀锌双相钢系列化产品研发及经济生产技术集成	本钢板材股份有限公司	鞍钢集团有限公司	2023.2
鞍钢集团科学技术奖三等奖	焦化废水零稀释零排放集成创新技术及应用	本溪北营钢铁（集团）股份有限公司，本钢集团有限公司技术中心，辽宁科技大学，无锡工源环境科技股份有限公司	鞍钢集团有限公司	2023.2
鞍钢集团科学技术奖一线工人奖	热轧厂轧机轧辊轴承座稳定性提升的研究	本钢板材股份有限公司	鞍钢集团有限公司	2023.2

2021年度企业管理创新成果获奖名单

成果名称	完成单位	奖项名称及等级	授奖部门	授奖时间
依托全员绩效管理激发员工潜能的创新与实践	本钢板材股份有限公司热连轧厂	本钢集团管理创新成果一等奖	本钢集团有限公司	2022.6
		辽宁省企业管理创新成果二等奖	辽宁省企业管理创新成果评审委员会	2022.9
		鞍钢集团管理创新成果三等奖	鞍钢集团成果管理办公室	2022.12
基于效益为中心，精准激励体系建立的实践	本钢集团有限公司管理创新部	本钢集团管理创新成果一等奖	本钢集团有限公司	2022.6
		辽宁省企业管理创新成果二等奖	辽宁省企业管理创新成果评审委员会	2022.9
颠覆性产品开发的院直属项目部制管理模式创新与实践	本钢板材股份有限公司研发院	本钢集团管理创新成果一等奖	本钢集团有限公司	2022.6
		辽宁省企业管理创新成果一等奖	辽宁省企业管理创新成果评审委员会	2022.9
		鞍钢集团管理创新成果三等奖	鞍钢集团成果管理办公室	2022.12
融合优化资源，构建绩效、成本一体化管理，提升总厂制经营效益	本溪北营钢铁（集团）股份有限公司炼铁总厂	本钢集团管理创新成果二等奖	本钢集团有限公司	2022.6
		辽宁省企业管理创新成果二等奖	辽宁省企业管理创新成果评审委员会	2022.9
销研产一体化管理推进高级家电用电镀锌耐指纹EGN5-YS开发	本钢板材股份有限公司研发院	本钢集团管理创新成果二等奖	本钢集团有限公司	2022.6
		鞍钢集团管理创新成果三等奖	鞍钢集团成果管理办公室	2022.12
交叉供料精细化成本管理的建立与实施	本钢集团有限公司信息化部	本钢集团管理创新成果二等奖	本钢集团有限公司	2022.6
		鞍钢集团管理创新成果三等奖	鞍钢集团成果管理办公室	2022.12

续表

成果名称	完成单位	奖项名称及等级	授奖部门	授奖时间
以合金市场价格为导向，推进“合金替代”工艺实施的低成本生产模式	本溪北营钢铁（集团）股份有限公司制造部	本钢集团管理创新成果二等奖	本钢集团有限公司	2022.6
		鞍钢集团管理创新成果二等奖	鞍钢集团成果管理办公室	2022.12
基于数字矿山电算化技术应用提高矿山剥岩计算精度	本钢板材股份有限公司制造部	本钢集团管理创新成果二等奖	本钢集团有限公司	2022.6
		辽宁省企业管理创新成果二等奖	辽宁省企业管理创新成果评审委员会	2022.9
搭建工序成本平台 达到日清日结高效管理	本钢板材股份有限公司冷轧总厂	本钢集团管理创新成果三等奖	本钢集团有限公司	2022.6
实施“1+21+3”精益管理新模式，推动产能水平有效提升	本钢板材股份有限公司冷轧总厂	本钢集团管理创新成果三等奖	本钢集团有限公司	2022.6
创造科学绩效考核体制 建立以人力资源为经济增长基础的核心优势	本钢板材股份有限公司热连轧厂	本钢集团管理创新成果三等奖	本钢集团有限公司	2022.6
采用“辊耗经济运行法”在成本挖潜中实践应用	本钢板材股份有限公司热连轧厂	本钢集团管理创新成果三等奖	本钢集团有限公司	2022.6
系统构建转炉提产增效的过程管控	本溪北营钢铁（集团）股份有限公司炼钢厂	本钢集团管理创新成果三等奖	本钢集团有限公司	2022.6
构建以高炉为核心的联动式绩效考核体系，实现管理新跨越	本钢板材股份有限公司炼铁总厂	本钢集团管理创新成果三等奖	本钢集团有限公司	2022.6
创新采购思维，打破竞争不充分瓶颈 建立欧冶e购及本钢电商采购平台	本钢板材股份有限公司采购中心	本钢集团管理创新成果三等奖	本钢集团有限公司	2022.6
发展装配式建筑助力施工企业绿色发展和转型升级	本溪钢铁（集团）建设有限责任公司	本钢集团管理创新成果三等奖	本钢集团有限公司	2022.6
以保密资格认定工作为核心的保密管理改革创新实践创新成果	本钢板材股份有限公司办公室	本钢集团管理创新成果三等奖	本钢集团有限公司	2022.6

续表

成果名称	完成单位	奖项名称及等级	授奖部门	授奖时间
品悟国学经典思想助力生产经营管理	本溪钢铁（集团）矿业有限责任公司南芬选矿厂	本钢集团管理创新成果三等奖	本钢集团有限公司	2022.6
开拓创新“12345”工作思路 打造优质“六型”选矿企业	本溪钢铁（集团）矿业有限责任公司南芬选矿厂	本钢集团管理创新成果三等奖	本钢集团有限公司	2022.6
优化生产过程管控和规范生产岗位操作的创新与实践	本钢板材股份有限公司制造部	本钢集团管理创新成果三等奖	本钢集团有限公司	2022.6

（管理创新部　供）

冶金产品实物质量品牌培育产品认定名单

奖项名称	获奖单位	授奖部门	授奖时间
金杯优质产品（冷轧低碳薄钢板和钢带）（DC04、DC05）	本钢浦项	中国钢铁工业协会	2022.12
金杯优质产品（冷轧低碳薄钢板和钢带）（DC06）	本钢浦项	中国钢铁工业协会	2022.12
金杯优质产品（连续热镀锌钢板及钢带）（DC51D+Z）	板材冷轧总厂	中国钢铁工业协会	2022.12

（板材制造部　供）

2022年度优秀六西格玛项目名单

奖项名称及等级	成果名称	获奖单位	授奖部门	授奖时间
优秀西格玛项目（国家级）	降低RH超深冲钢的冶炼周期	板材炼钢厂	中国质量协会	2022.11
	提高新2#高炉煤气利用率	北营炼铁总厂	中国质量协会	2022.11
辽宁省优秀质量管理小组三等奖	降低硅钢酸洗产品板形缺陷率	板材冷轧总厂头脑风暴QC小组	辽宁省质量协会	2022.7
	降低除盐水系统进膜前铁含量	板材能源管控中心制水作业区QC小组	辽宁省质量协会	2022.7
	降低1880线复合铸钢支承辊非计划辊耗	板材热连轧厂轧辊QC小组	辽宁省质量协会	2022.7
	降低液力传动内燃机车换挡故障次数	板材铁运公司机车检修段质量管理小组	辽宁省质量协会	2022.7
	降低RH生产用蒸汽消耗	板材炼钢厂精炼作业区质量管理小组	辽宁省质量协会	2022.7
	提高内燃机车燃油系统一次校验合格率	板材铁运公司机车检修段QC小组	辽宁省质量协会	2022.7
	提高板坯铸机连浇炉数	板材炼钢厂连一作业区QC小组	辽宁省质量协会	2022.7
	降低煤气硫化氢含量	板材炼铁总厂净化二作业区煤气硫化氢达标小组	辽宁省质量协会	2022.7
	提高七高炉炉温稳定率	板材炼铁总厂七高炉作业区QC小组	辽宁省质量协会	2022.7
	降低大棒材倒钢废品量	板材特殊钢事业部大棒QC小组	辽宁省质量协会	2022.7

（板材制造部　供）

2022年度授权专利明细

专利名称	申请号	专利类型	申请日	发明人单位	法律状态	授权日
一种高平直度冷轧带钢的生产方法	2021103563484	发明	2021.4.1	板材公司	有效	2022.7.8
一种冷轧带钢酸洗生产线	2021103563111	发明	2021.4.1	板材公司	有效	2022.6.7
冷轧带钢酸洗的漂洗系统及漂洗方法	2021103214248	发明	2021.3.25	板材公司	有效	2022.11.15
便于清洗的带钢酸洗槽系统及其清洗方法	2021100395735	发明	2021.1.13	板材公司	有效	2022.7.1
一种冷轧酸洗带钢拉伸矫直的改进方法	2020113526862	发明	2020.11.27	板材公司	有效	2022.11.15
一种热镀锌机组气刀控制装置及方法	2020100973618	发明	2020.2.17	板材公司	有效	2022.4.15
一种滤锌渣盛渣盒	2021211598033	实用新型	2021.5.27	板材公司	有效	2022.1.25
一种降低酸洗机组盐酸和脱盐水消耗的机构	2021221780691	实用新型	2021.9.9	板材公司	有效	2022.2.11
一种大型酸洗机组的增产机构	2021221759436	实用新型	2021.9.9	板材公司	有效	2022.2.1
一种延长酸洗槽托石使用寿命的机构	2021221780954	实用新型	2021.9.9	板材公司	有效	2022.2.18
一种用备用泵增产的酸洗机构	2021221780846	实用新型	2021.9.9	板材公司	有效	2022.2.11

续表

专利名称	申请号	专利类型	申请日	发明人单位	法律状态	授权日
酸洗槽间挤干辊的自动检测机构	2021221781020	实用新型	2021.9.9	板材公司	有效	2022.2.18
大紊流酸洗机构	202122176001X	实用新型	2021.9.9	板材公司	有效	2022.2.11
减少冷轧窄尺带钢数量的机构	2021222085892	实用新型	2021.9.13	板材公司	有效	2022.4.5
冷轧带钢快速穿带机构	2021222086039	实用新型	2021.9.13	板材公司	有效	2022.4.5
一种抑制带钢连续清洗机组清洗剂泡沫的循环槽	2021226893198	实用新型	2021.11.4	板材公司	有效	2022.4.12
防止冷轧带钢生产废边堆叠的导引装置	2021226626801	实用新型	2021.11.2	板材公司	有效	2022.4.5
一种酸洗挤干辊的气动系统	2021234452746	实用新型	2021.12.30	板材公司	有效	2022.8.23
一种用于铁水罐罐沿渣清理的喷涂方法	2019108901634	发明	2019.9.20	板材公司	有效	2022.9.9
一种液压开铁口机	2020114478936	发明	2020.12.9	板材公司	有效	2022.5.17
一种高炉加强型耐磨煤枪	2020111265213	发明	2020.10.20	板材公司	有效	2022.4.15
一种液压泥炮的泥缸的制备方法	2020108417850	发明	2020.8.20	板材公司	有效	2022.2.22
一种液压泥炮转炮液压控制回路	2021222219929	实用新型	2021.9.14	板材公司	有效	2022.2.11
一种高炉摆动溜槽浇筑模具	2021233498831	实用新型	2021.12.28	板材公司	有效	2022.7.19

续表

专利名称	申请号	专利类型	申请日	发明人单位	法律状态	授权日
用于高炉风口小套的拆卸及安装工具	2021233428203	实用新型	2021.12.28	板材公司	有效	2022.5.17
一种高炉十字测温查漏装置	2021233498812	实用新型	2021.12.28	板材公司	有效	2022.5.17
一种高炉风口小套快速查漏装置	2021233428222	实用新型	2021.12.28	板材公司	有效	2022.5.17
一种曼式煤气柜回收自动控制结构	2021207359843	实用新型	2021.4.12	板材公司	有效	2022.4.8
一种用于煤气管道拉杆式调节蝶阀紧急开闭调节装置	2021223388271	实用新型	2021.9.26	板材公司	有效	2022.2.22
一种三座转炉煤气柜三网交联运行系统	2021226797966	实用新型	2021.11.4	板材公司	有效	2022.4.12
一种打捆机用从动轮及与其配合导向板	2021209831415	实用新型	2021.9.10	板材公司	有效	2022.2.1
一种可重复再利用的离心复合式工作辊	2021222328470	实用新型	2021.9.15	板材公司	有效	2022.1.11
一种用于钢丝绳吊运重物过程中的护手工具	2021221928913	实用新型	2021.9.10	板材公司	有效	2022.2.1
一种树脂衬板加工用母版装置	2021221929117	实用新型	2021.9.10	板材公司	有效	2022.2.18
一种卷取机卸卷防偏检测装置	2021222328682	实用新型	2021.9.15	板材公司	有效	2022.2.1
一种轧机入口上挡水板	2021227850058	实用新型	2021.11.15	板材公司	有效	2022.7.5
一种快速处理钩头掉槽的装置	2021226746269	实用新型	2021.11.3	板材公司	有效	2022.4.12

续表

专利名称	申请号	专利类型	申请日	发明人单位	法律状态	授权日
一种立辊吊具存放的装置	2021226746254	实用新型	2021.11.3	板材公司	有效	2022.4.5
一种轧机导向块固定装置	2021228936978	实用新型	2021.11.19	板材公司	有效	2022.4.12
轧钢加热炉端部刮渣机构	2021230181872	实用新型	2021.12.3	板材公司	有效	2022.4.13
一种棒材等距分离装置	2021230194393	实用新型	2021.12.3	板材公司	有效	2022.5.17
一种基于互联网和云平台的轧辊温度监测系统	2021209902571	实用新型	2021.5.11	板材公司	有效	2022.1.11
一种型钢轧机孔型校验工具	2021223356177	实用新型	2021.9.26	板材公司	有效	2022.3.15
一种轧机推床导板收放装置	2021223392188	实用新型	2021.9.26	板材公司	有效	2022.2.22
提高低温冲击韧性的油套管用钢及其制备方法	2021107339100	发明	2021.6.30	板材公司	有效	2022.9.2
一种铁素体马氏体双相钢马氏体面积含量的金相测量方法	2021102688567	发明	2021.3.12	板材公司	有效	2022.6.17
一种利用微波外场辐射改质高炉喷吹煤粉的装置及方法	2021102840333	发明	2021.3.17	板材公司	有效	2022.8.26
一种高速拉伸试验数据曲线处理方法	2020100955588	发明	2020.2.17	板材公司	有效	2022.8.5
一种基于物理指导的机器学习算法的钢铁材料设计方法	2019106987397	发明	2019.7.31	板材公司	有效	2022.11.29

续表

专利名称	申请号	专利类型	申请日	发明人单位	法律状态	授权日
基于物理冶金学指导下机器学习的低活化钢的设计方法	2019106988544	发明	2019.7.31	板材公司	有效	2022.10.21
一种试样腐蚀用培养皿	2021211429957	实用新型	2021.5.26	板材公司	有效	2022.2.1
一种电偶丝固定装置	2021215325463	实用新型	2021.7.7	板材公司	有效	2022.2.1
一种立式螺旋细筛	2021221929329	实用新型	2021.9.10	板材公司	有效	2022.2.1
一种耐磨蚀汽车混凝土搅拌罐用钢及其制备方法	2021110330900	发明	2021.9.3	板材公司	有效	2022.4.8
一种易酸洗的高加工硬化指数热轧钢板及其生产方法	2021110279800	发明	2021.9.2	板材公司	有效	2022.4.22
一种高质量弹簧钢丝用钢及其生产工艺	2021112012283	发明	2021.10.15	板材公司	有效	2022.4.22
一种油气钻采防喷管用钢及生产方法	2021114150697	发明	2021.11.25	板材公司	有效	2022.9.13
低成本 1200Mpa 级冷轧高强马氏体钢及其制造方法	2021113923999	发明	2021.11.19	板材公司	有效	2022.10.18
一种将焊接钢板分开的装置	202122893284X	实用新型	2021.11.19	板材公司	有效	2022.5.10
一种用于退火炉的带钢快速冷却装置	2021228933912	实用新型	2021.11.19	板材公司	有效	2022.4.12
一种 1700MPa 级高 Cr-Si 薄规格热成形钢的热轧制备方法	2021114285745	发明	2021.11.29	板材公司	有效	2022.3.1
一种低碱度免涂层热成形钢连铸用保护渣	2021114387700	发明	2021.11.29	板材公司	有效	2022.2.22

续表

专利名称	申请号	专利类型	申请日	发明人单位	法律状态	授权日
一种高 Cr-Si 合金化热成形钢的罩式退火方法	202111438758X	发明	2021.11.29	板材公司	有效	2022.11.29
一种厚规格热成形钢的制备方法、热轧钢板及热成形钢	2021114276591	发明	2021.11.29	板材公司	有效	2022.2.22
一种免涂层热成形钢的合金加入方法	2021114387575	发明	2021.11.29	板材公司	有效	2022.4.22
采用 BGMC5 钢制造的冷轧工作辊及其热处理方法	2021114668600	发明	2021.12.3	板材公司	有效	2022.7.8
经济型焊丝钢 BZJ60-Ti 及其生产制备方法	2021114668583	发明	2021.12.3	板材公司	有效	2022.6.17
一种农用电机用无取向硅钢的生产方法	2021115100341	发明	2021.12.10	板材公司	有效	2022.12.13
一种 400MPa 级低碳胎圈拉丝钢 BT400BK 及其制备方法	2021116438637	发明	2021.12.29	板材公司	有效	2022.12.13
一种盛放高温熔融试样的装置	2021226571955	实用新型	2021.11.2	板材公司	有效	2022.3.22
一种铂坩埚冷却存放托	2021226572110	实用新型	2021.11.2	板材公司	有效	2022.4.5
一种固定容量瓶塞的装置	2021226586749	实用新型	2021.11.2	板材公司	有效	2022.5.6
一种钢中气体样品手动磨样器	2021226586753	实用新型	2021.11.2	板材公司	有效	2022.4.5
多功能金相试样夹具	2021230198924	实用新型	2021.12.3	板材公司	有效	2022.5.31

续表

专利名称	申请号	专利类型	申请日	发明人单位	法律状态	授权日
一种应用于90—200mm直径棒材二辊矫直机用的辊子	202121059683X	实用新型	2021.5.18	板材公司	有效	2022.11.8
一种应用于40—90mm直径棒材二辊矫直机用的辊子	202121061458X	实用新型	2021.5.18	板材公司	有效	2022.11.8
STEEL MATERIAL FOR HOT STAMPING, HOT STAMPING PROCESS AND HOT STAMPED COMPONENT	US11377703B2	发明	2016.9.8	板材公司	有效	2022.7.5
一种金属拉伸试验用试样料盘	2022202301111	实用新型	2022.1.27	板材公司	有效	2022.8.26
一种轧机主传动轴防水装置	2022202296378	实用新型	2022.1.27	板材公司	有效	2022.8.26
一种快速清理垫板和支撑辊铁屑的装置	2022202301107	实用新型	2022.1.27	板材公司	有效	2022.8.26
一种检修用提升装置	202220119865X	实用新型	2022.1.17	板材公司	有效	2022.7.5
一种高炉炉底结构	2022201759866	实用新型	2022.1.21	板材公司	有效	2022.9.9
一种高炉炉缸与炉底的连接结构	2022201746550	实用新型	2022.1.21	板材公司	有效	2022.8.23
一种多用途的手动折弯装置	2022203727982	实用新型	2022.2.23	板材公司	有效	2022.8.23
一种电阻点焊试验用金属板材夹具	2022206833292	实用新型	2022.3.25	板材公司	有效	2022.8.5
一种镀锌钢板逐层腐蚀锌层的实验装置	2022206795002	实用新型	2022.3.25	板材公司	有效	2022.9.13

续表

专利名称	申请号	专利类型	申请日	发明人单位	法律状态	授权日
一种低倍酸浸腐蚀试验装置	2022206833273	实用新型	2022.3.25	板材公司	有效	2022.8.5
一种防渗漏组合坩埚	2022210324789	实用新型	2022.4.29	板材公司	有效	2022.10.14
一种用于 GISSMO 失效模型的剪切实验装置	202221033800X	实用新型	2022.4.29	板材公司	有效	2022.9.16
一种磁场搅拌电阻点焊装置	2022210338103	实用新型	2022.4.29	板材公司	有效	2022.10.14
一种电阻点焊剥离装置	2022210324878	实用新型	2022.4.29	板材公司	有效	2022.10.14
一种电阻点焊压力控制装置	2022210338033	实用新型	2022.4.29	板材公司	有效	2022.10.14
一种电阻点焊剪切拉伸测试夹具	2022210338141	实用新型	2022.4.29	板材公司	有效	2022.10.14
一种用于金属板材的超声辅助电阻点焊装置	2022210338160	实用新型	2022.4.29	板材公司	有效	2022.11.8
一种电阻点焊焊点性能测试夹具	202221033818X	实用新型	2022.4.29	板材公司	有效	2022.11.8
一种冷轧带钢酸洗设备	2022212258584	实用新型	2022.5.19	板材公司	有效	2022.10.14
一种具有溢流槽的冷轧带钢酸洗装置	2022212258565	实用新型	2022.5.19	板材公司	有效	2022.10.14
一种旋转机械综合诊断模拟试验装置	202221241799X	实用新型	2022.5.19	板材公司	有效	2022.10.14
一种填料吸取的储存装置	2022212258688	实用新型	2022.5.19	板材公司	有效	2022.10.14
一种液压抓钢机	2022212258692	实用新型	2022.5.19	板材公司	有效	2022.10.14

续表

专利名称	申请号	专利类型	申请日	发明人单位	法律状态	授权日
一种车轴齿轮箱检修设备	202221224772X	实用新型	2022.5.19	板材公司	有效	2022.10.21
一种热轧输送辊道故障处理结构	2022211218147	实用新型	2022.5.11	板材公司	有效	2022.8.23
一种液压缸驱动的机架一体式钢卷塔形挤压装置	2022211218221	实用新型	2022.5.11	板材公司	有效	2022.8.23
一种钢中化学元素样品手动磨样器	2022211285917	实用新型	2022.5.11	板材公司	有效	2022.8.23
高炉炉顶下密封阀双液压缸密封驱动装置	202221119988X	实用新型	2022.5.11	板材公司	有效	2022.8.23
一种防异型坯装炉装置	2022211199540	实用新型	2022.5.11	板材公司	有效	2022.8.23
一种粗轧立辊更换吊具	2022211285531	实用新型	2022.5.12	板材公司	有效	2022.11.8
一种型钢轧机入口导卫延长组件	2022211758770	实用新型	2022.5.12	板材公司	有效	2022.8.23
一种用于钢包热修的罐砂引流装置	2022211286464	实用新型	2022.5.12	板材公司	有效	2022.9.13
一种电阻点焊辅助定位装置	2022213210243	实用新型	2022.5.30	板材公司	有效	2022.11.8
一种铁水沟自旋流高效脱硫、脱硅、脱磷的装置	2022213515557	实用新型	2022.5.31	板材公司	有效	2022.9.13
一种热镀锌设备	202221505329X	实用新型	2022.6.15	板材公司	有效	2022.10.14
一种用于冷轧带钢酸洗的清洗设备	2022215053158	实用新型	2022.6.15	板材公司	有效	2022.10.14

续表

专利名称	申请号	专利类型	申请日	发明人单位	法律状态	授权日
一种倒挂式载重车轮	2022215433636	实用新型	2022.6.20	板材公司	有效	2022.10.14
一种可快速改变酸洗液浓度的带钢酸洗设备及其使用方法	2022107010600	实用新型	2022.6.20	板材公司	有效	2022.10.14
一种化学分析酸碱废液处理装置	202221546222X	实用新型	2022.6.20	板材公司	有效	2022.10.14
一种坩埚取放杆	2022215462234	实用新型	2022.6.20	板材公司	有效	2022.10.14
一种化学分析实验用蒸馏水处理装置	2022215433814	实用新型	2022.6.20	板材公司	有效	2022.10.14
一种锥形瓶夹子	2022215462431	实用新型	2022.6.20	板材公司	有效	2022.11.15
一种空气压缩机联轴器检修装置	2022215462342	实用新型	2022.6.20	板材公司	有效	2022.10.14
一种大型带钢酸洗设备	2022215462427	实用新型	2022.6.20	板材公司	有效	2022.10.14
一种冷轧轧机传动轴的接轴支撑装置	2022215462840	实用新型	2022.6.20	板材公司	有效	2022.10.14
一种重卷机组活套设备	2022215463716	实用新型	2022.6.20	板材公司	有效	2022.10.14
一种辐射高温计测量装置	202221546374X	实用新型	2022.6.20	板材公司	有效	2022.11.15
一种混合煤气微调节装置	2022215979541	实用新型	2022.6.23	板材公司	有效	2022.10.14
一种点焊试样U形件的冲压模具	2022218677577	实用新型	2022.7.20	板材公司	有效	2022.11.8

续表

专利名称	申请号	专利类型	申请日	发明人单位	法律状态	授权日
一种实现熄焦车定点熄焦的装置	2021206408791	实用新型	2021.3.30	北营公司	有效	2022.4.8
一种提高篦条压辊使用寿命的新型装置	2021207418146	实用新型	2021.4.13	北营公司	有效	2022.5.31
一种高炉铁口泥套修理装置	2021223915871	实用新型	2021.9.30	北营公司	有效	2022.2.22
一种开高炉炉顶人孔的专用工具	2021224030574	实用新型	2021.9.30	北营公司	有效	2022.2.22
一种快速更换皮带托辊的装置	2021223903249	实用新型	2021.9.30	北营公司	有效	2022.2.22
一种好氧池消泡结构	2021224076968	实用新型	2021.9.30	北营公司	有效	2022.2.22
一种平流式二沉池及二沉池单元	2021223915848	实用新型	2021.9.30	北营公司	有效	2022.2.22
一种溜槽分料器	202122391573X	实用新型	2021.9.30	北营公司	有效	2022.2.22
一种机械化氨水澄清槽密封接渣装置	2021224845471	实用新型	2021.10.15	北营公司	有效	2022.4.19
一种高炉储铁式主沟的除尘装置	2021225594235	实用新型	2021.10.22	北营公司	有效	2022.6.3
一种高炉炉渣流向切换装置	2021229811113	实用新型	2021.11.30	北营公司	有效	2022.4.12
一种用于环冷机台车辊臂安装的装置	2021230438063	实用新型	2021.12.6	北营公司	有效	2022.4.12
一种减少污染的煤粉喷吹管结构	2021231956445	实用新型	2021.12.17	北营公司	有效	2022.4.26

续表

专利名称	申请号	专利类型	申请日	发明人单位	法律状态	授权日
一种用于SAE1006CrQZ钢种的直供控硅工艺	2020101847951	发明	2020.3.17	北营公司	有效	2022.2.8
一种储能式加油器	2021229140231	实用新型	2021.11.25	北营公司	有效	2022.6.3
一种大直径管体的切割装置	2021229140513	实用新型	2021.11.25	北营公司	有效	2022.4.19
一种铸管砸芯机	202123037368X	实用新型	2021.12.6	北营公司	有效	2022.8.23
一种抑制污泥泡沫的预曝气池	2022203739015	实用新型	2022.8.5	北营公司	有效	2022.8.5
一种旋转轴防漏油密封结构	202220372666X	实用新型	2022.7.5	北营公司	有效	2022.7.5
一种左右可互换型烧结风箱调节阀	2022203738313	实用新型	2022.8.5	北营公司	有效	2022.8.5
一种干熄炉水封槽	2022203715415	实用新型	2022.6.3	北营公司	有效	2022.6.3
一种对多相混溶气浮浮渣的深处理装置	2022203710591	实用新型	2022.8.23	北营公司	有效	2022.8.23
一种用于对线材表面裂纹进行检验的设备	2022206005795	实用新型	2022.7.15	北营公司	有效	2022.7.15
一种风冷线保温罩	2022206016605	实用新型	2022.7.15	北营公司	有效	2022.7.15
一种棒材分体式活套器	2022206016728	实用新型	2022.7.19	北营公司	有效	2022.7.19
一种高线轧机夹紧缸	2022206005827	实用新型	2022.7.19	北营公司	有效	2022.7.19
一种燃气锅炉蝶阀	2022206016840	实用新型	2022.7.19	北营公司	有效	2022.7.19

续表

专利名称	申请号	专利类型	申请日	发明人单位	法律状态	授权日
一种防止高炉喷吹煤枪堵塞的三通放散管	2022206016766	实用新型	2022.7.15	北营公司	有效	2022.7.15
一种高炉铁口喷淋雾化装置	2022206016770	实用新型	2022.7.19	北营公司	有效	2022.7.19
一种对焦油渣进行过滤的装置	2022206005780	实用新型	2022.7.19	北营公司	有效	2022.7.19
一种防止焦炉燃烧室砖煤气道发生窜漏的装置	2022206016751	实用新型	2022.6.14	北营公司	有效	2022.6.14
一种清扫焦炉集气管的装置	2022206016821	实用新型	2022.7.19	北营公司	有效	2022.7.19
一种除尘器输送装置	2022206016855	实用新型	2022.7.15	北营公司	有效	2022.7.15
具有加热功能的斗轮堆取料机	2022206016802	实用新型	2022.7.5	北营公司	有效	2022.7.5
电磁式除铁器	2022206005831	实用新型	2022.7.19	北营公司	有效	2022.7.19
一种处理焦化废水气浮浮渣的消泡结构	2022206376969	实用新型	2022.8.5	北营公司	有效	2022.8.5
一种粗中轧油气润滑控制装置	2022209963885	实用新型	2022.8.23	北营公司	有效	2022.8.23
一种高速线材中轧通用孔型	2022209575216	实用新型	2022.11.4	北营公司	有效	2022.11.4
一种除尘器冷却水交换控制装置	2022212916752	实用新型	2022.9.13	北营公司	有效	2022.9.3
一种高炉烧铁口的烧氧管连接装置	2022212896570	实用新型	2022.9.13	北营公司	有效	2022.9.13

续表

专利名称	申请号	专利类型	申请日	发明人单位	法律状态	授权日
一种卷取机活门液压缸防漏油装置	2022213056541	实用新型	2022.10.14	北营公司	有效	2022.10.14
一种高速棒材分线导板	2022213046376	实用新型	2022.10.14	北营公司	有效	2022.10.14
一种穿水冷却出口导向控制装置	2022213046408	实用新型	2022.10.21	北营公司	有效	2022.10.21
一种防止汽轮机调节汽阀拉杆弯曲的装置	2022213056734	实用新型	2022.10.14	北营公司	有效	2022.10.14
一种顶锻试验机支撑装置	2022213056607	实用新型	2022.11.15	北营公司	有效	2022.11.15
一种搅拌槽主轴支撑固定装置	2020111255067	发明	2020.10.20	矿业公司	有效	2022.8.5
一种工业数码电子雷管专用爆破母线快速连接装置	2021207369296	实用新型	2021.4.12	矿业公司	有效	2022.4.8
一种磁选机选箱清透装置	2021211150277	实用新型	2021.5.19	矿业公司	有效	2022.1.11
一种带自动纠偏装置的皮带传送机	2021216320452	实用新型	2021.7.19	矿业公司	有效	2022.3.8
一种选矿厂用铁矿尾矿自动采样装置	2021222349509	实用新型	2021.9.15	矿业公司	有效	2022.2.1
一种衬板垫胶减震结构的球磨机	2021222328875	实用新型	2021.9.15	矿业公司	有效	2022.2.1
一种用于分级机的十字头卡兰	2021222329187	实用新型	2021.9.15	矿业公司	有效	2022.2.18
一种渣浆泵用出口弯管	2021221902627	实用新型	2021.9.10	矿业公司	有效	2022.2.11

续表

专利名称	申请号	专利类型	申请日	发明人单位	法律状态	授权日
一种新型皮带溜固定器	2021221902720	实用新型	2021.9.10	矿业公司	有效	2022.2.11
一种直流电机转子大修扎带机	2021228934506	实用新型	2021.11.19	矿业公司	有效	2022.4.12
一种电缆保护装置	2021228895658	实用新型	2021.11.19	矿业公司	有效	2022.4.12
一种小块矿石预先抛尾干选装置	2021229162527	实用新型	2021.11.25	矿业公司	有效	2022.5.3
一种高散热性的电气设备防尘箱	2021223356302	实用新型	2021.9.26	矿业公司	有效	2022.2.22
一种水上光伏发电支架	2022203828930	实用新型	2022.2.24	矿业公司	有效	2022.7.19
一种矿用汽车车载灭火装置	2022206392618	实用新型	2022.3.22	矿业公司	有效	2022.11.8
一种尾矿回收机卸料装置	2022213699315	实用新型	2022.6.1	矿业公司	有效	2022.11.15
一种球磨机给料装置	2022213699207	实用新型	2022.6.1	矿业公司	有效	2022.12.13
一种露天采矿场自动加水装置	2022213680836	实用新型	2022.6.1	矿业公司	有效	2022.11.15
一种爆破测量尺	2022213680802	实用新型	2022.6.1	矿业公司	有效	2022.10.14
一种旋回破碎机防尘密封机构	202221387487X	实用新型	2022.6.1	矿业公司	有效	2022.11.15
旋回破碎机横梁主轴密封装置	2022213680978	实用新型	2022.6.1	矿业公司	有效	2022.11.15
一种可调节的墙板连接件	2021225803226	实用新型	2021.10.26	建设公司	有效	2022.5.6

续表

专利名称	申请号	专利类型	申请日	发明人单位	法律状态	授权日
一种冷床链条保护托架	2022224320603	实用新型	2022.9.14	本信公司	有效	2022.12.13
一种钢卷标签的识别系统以及无人行车的工作系统	2021219963317	实用新型	2021.8.23	本信公司	有效	2022.2.22
一种用于无人行车的通讯系统以及无人行车系统	2021220182012	实用新型	2021.8.25	本信公司	有效	2022.2.22
一种滚动式皮带拖放轴	2021226587116	实用新型	2021.11.2	维检中心	有效	2022.4.12
一种用于将塌芯钢卷放置到开卷机芯轴上的装置	2022203686605	实用新型	2022.2.23	丹东不锈	有效	2022.7.15
可拆卸式工业建筑用挡水板	2022203686821	实用新型	2022.2.23	丹东不锈	有效	2022.8.2
一种不锈钢冷轧生产线焊机焊头	2022204046767	实用新型	2022.2.23	丹东不锈	有效	2022.7.19
一种防止薄带钢在卷取机卷筒产生褶皱的橡胶套筒	2022203686874	实用新型	2022.2.23	丹东不锈	有效	2022.7.19
一种圆盘剪剪刃集中分类存放装置	2022203683594	实用新型	2022.2.23	丹东不锈	有效	2022.7.19
一种不锈钢冷轧机组收膜机	2022203686855	实用新型	2022.2.23	丹东不锈	有效	2022.7.15
一种用于冷轧生产线的吊具	2022203708036	实用新型	2022.2.23	丹东不锈	有效	2022.7.15
一种热连轧生产线提升冷轧原料质量的方法	2021102743668	发明	2021.3.15	本钢集团	有效	2022.6.3

（规划科技部　供）

栏目编辑　　辛　莉

鞍钢集团 ANSTEEL 本钢集团有限公司 BENSTEEL GROUP CORPORATION LIMITED

附　　录

2022 年度上级文件目录

发文单位	文件字号	文件标题
辽宁省委组织部	辽组通字〔2022〕23 号	中共辽宁省委组织部关于印发《省委管理领导班子和领导干部平时考核工作办法（试行）》《省委管理领导班子和领导干部专项考核工作办法（试行）》的通知
辽宁省委办公厅	辽委办发〔2022〕20 号	中共辽宁省委办公厅 辽宁省人民政府办公厅关于印发《辽宁省进一步强化安全生产责任落实防范遏制重特大事故若干措施》的通知
辽宁省委	辽委〔2022〕50 号	中共辽宁省委 辽宁省人民政府关于授予崔晓桐等 10 人辽宁省劳动模范称号的决定
辽宁省委	辽委〔2022〕53 号	中共辽宁省委 辽宁省人民政府关于表彰辽宁省劳动模范、先进工作者和先进集体的决定
省档案局	辽档函〔2022〕4 号	辽宁省档案局关于印发《2022 年全省档案宣传工作要点》的通知
省国资委		关于征求高德胜同志作为辽宁省国资委公开选聘兼职外部董事人库人选意见的函
省国资委		关于征求唐朝盛同志作为辽宁省国资委公开选聘兼职外部董事人库人选意见的函
辽宁省地质矿产调查院有限责任公司		关于确认是否继续推进大台沟铁矿项目股权收购事项的函
辽宁省省长质量奖评定委员会办公室		中国质量奖精准培育专家评审报告—鞍钢集团本钢板材股份有限公司三冷连退作业区 1630 机组甲班班组
辽宁省地质矿产调查院有限责任公司		关于是否同意辽宁省本溪市桥头镇花红沟铁矿详查探矿权自然废止的函
市委办公室		吴澜同志在本钢集团有限公司《关于清理地企债权债务推进“双本”合作共赢的函》上的批示

续表

发文单位	文件字号	文件标题
本溪市政府办公室	辽发改工业函〔2022〕7号	省发展改革委 省工业和信息化厅关于进一步做好钢铁去产能“回头看”整改有关工作的函
本溪市政府办公室	本政办请〔2022〕270号	关于恢复接续原本钢4家改制单位退休人员医保待遇的答复意见
华润健康辽健集团本钢总医院		关于本钢职业病防治所继续为本钢集团公司提供职业病防治相关服务的请示
本溪市工业和信息化局	本工信函〔2022〕1号	本溪市工业和信息化局关于商请提供本钢主要产品产量等有关数据的函
本溪市与本钢合作领导小组		关于协调解决本溪市长城电力器材有限公司供应本钢产品相关问题的函
本溪市卫生健康委员会		本溪市卫生健康委关于解决本钢集团公司所属集体企业独生子女父母退休补助费问题的函
本溪市卫生健康委员会		本溪市卫生健康委关于解决本钢集团公司所属集体企业拖欠独生子女父母退休补助费的建议
本溪市应急管理局	本应急发〔2022〕30号	本溪市应急管理局关于印发《全市非煤矿山安全生产大检查工作方案》的通知
本溪市工业和信息化局	本工信发〔2022〕21号	本溪市工业和信息化局关于印发《本溪市2022年有序用电方案》的通知
本溪市安全生产委员会办公室	本安委办发〔2022〕38号	关于立即消除本溪北营钢铁（集团）股份有限公司炼钢厂炼钢一区重大隐患的通知
本溪市信访工作联席会议办公室	本信联办发〔2022〕12号	关于本钢厂办大集体改革时点外人员垫付养老医疗保险费信访问题的反馈意见
本溪市工业和信息化局		关于请本钢集团协助完善关于本溪市工业博物馆调查的函
本溪市应急管理局	本应急发〔2022〕53号	本溪市应急管理局关于印发《全市非煤地下矿山安全生产专项检查方案》的通知

续表

发文单位	文件字号	文件标题
本溪市应急管理局	本应急发〔2022〕54 号	市应急管理局关于印发《本溪市制造业行业安全生产大排查大检查大督查百日攻坚实施方案》的通知
本溪市应急管理局	本应急发〔2022〕55 号	市应急管理局关于印发《本溪市非煤矿山安全生产大排查大检查大督查百日攻坚实施方案》的通知
本溪市应急管理局	辽应急危化〔2022〕21 号	辽宁省应急管理厅关于切实加强危险化学品企业从业人员安全技能提升工作通知
本溪市安全生产委员会办公室	本安委办发〔2022〕46 号	转发国家矿山安监局辽宁局 辽宁省应急管理厅关于开展非煤矿山安全生产综合督查的通知
本溪市安全生产委员会	本安委发〔2022〕16 号	市安委会关于印发《本溪市深化安全生产“打非治违”专项行动实施方案》的通知
本溪市根治拖欠农民工工资工作领导小组办公室	本治欠办督办〔2022〕16 号	关于督办本钢特钢厂电炉改造工程项目拖欠农民工工资问题的紧急通知
本溪市根治拖欠农民工工资工作领导小组办公室	本治欠办督办〔2022〕17 号	关于再次督办本钢特钢厂电炉改造工程项目拖欠农民工工资问题的紧急通知
本溪市工业和信息化局	辽工信发〔2022〕202 号	辽宁省工业和信息化厅关于印发《辽宁省制造业单项冠军遴选管理办法》的通知
本溪市工业和信息化局	辽工信明电〔2022〕93 号	辽宁省工业和信息化厅关于组织推荐 2022 年工业废水循环利用试点工作的通知
本溪市工业和信息化局		市工信局转发省工信厅《关于印发辽宁省软件产业集群发展培育方案》的通知
本溪市疫情防控指挥部		市领导对本钢集团有限公司《关于国家审计署赴本钢开展审计工作的请示》的批示
本溪市安全生产委员会办公室		本溪市安委会办公室关于转发《辽宁省生产安全事故通报制度》的通知

续表

发文单位	文件字号	文件标题
本溪市人力资源和社会保障局		《关于解决本钢厂办大集体改革部分人员补缴养老保险享受失业金待遇的函》的复函
中国钢铁工业协会	钢协科〔2022〕1号	关于组建中国钢铁行业环境产品声明（EPD）平台产品种类规则（PCR）专家委员会的通知
中国钢铁工业协会	钢协质标专〔2022〕2号	关于转发《工业和信息化部办公厅关于印发制造业质量管理数字化实施指南（试行）的通知》的通知
中国钢铁工业协会	钢协科创委〔2022〕1号	关于转发《工业和信息化部办公厅、银保会办公厅关于开展2021年度重点新材料首批次应用保险补偿机制试点工作的通知》的函
中国钢铁工业协会	钢协宣传委〔2022〕1号	关于落实《加强钢铁行业宣传 开展行业形象提升工程行动方案（2022—2023年）》重点工作分工的通知
中国钢铁工业协会	钢协信〔2022〕26号	关于对2021年度营销统计信息工作先进单位及优秀营销统计信息员表扬的通知
中国钢铁工业协会	钢协〔2022〕153号	中国钢铁工业协会关于表扬“2022年度信息工作先进单位”及“2022年度优秀钢铁信息员”的通知
中国钢铁工业协会	钢协财〔2022〕16号	关于对2022年度钢铁企业“对标挖潜”报送工作先进单位和优秀信息员给予表扬的通知
中国钢铁工业协会	钢协〔2022〕155号	关于公布2021年度“对标挖潜”主要产品制造、加工成本暨吨钢材利润前三名企业的通知
中铁六局集团有限公司		关于购买本溪钢铁（集团）矿业公司阎家沟排土场岩石的函
深圳市亿众鑫矿业投资有限公司、辽宁省地质矿产调查院有限责任公司		关于对《本钢集团关于大台沟铁矿项目〈战略合作意向书〉即将到期终止事项的复函》的复函
鞍钢集团有限公司	鞍钢政发〔2022〕2号	关于印发《鞍钢集团有限公司特困企业治理管理办法》的通知

续表

发文单位	文件字号	文件标题
鞍钢集团有限公司	鞍钢政发〔2022〕3号	关于印发《鞍钢集团有限公司投资管理规定实施细则》的通知
鞍钢集团审计部	鞍钢审发〔2022〕2号	关于印发《鞍钢集团有限公司内部审计工作质量评估管理办法》和《鞍钢集团有限公司投资项目效果评价实施细则》的通知
鞍钢集团办公室	鞍钢政办发〔2021〕13号	关于印发《鞍钢集团有限公司生产服务岗位员工人事档案管理办法》的通知
鞍钢集团科技发展部	鞍钢科发〔2022〕2号	关于印发2022年专利和专有技术考核评价指标的通知
鞍钢集团有限公司	鞍钢委发〔2022〕2号	关于印发《鞍钢集团有限公司直管领导班子和领导人员综合考核评价办法（试行）》的通知
鞍钢集团有限公司	鞍钢政发〔2022〕1号	关于印发《鞍钢集团有限公司2022年安全工作要点》的通知
鞍钢集团团委	鞍钢团发〔2022〕1号	关于命名表彰2021年鞍钢五四红旗团委 五四红旗团支部 优秀团干部 优秀团员 青年岗位能手 青年文明号的决定
鞍钢集团办公室	鞍钢政办发〔2022〕1号	关于表彰奖励鞍钢集团2021年国家级及冶金行业级管理创新成果的通知
鞍钢集团党委宣传部	辽思政〔2022〕1号	关于表彰2020—2021年度辽宁省思想政治工作优秀研究成果的决定
鞍钢集团办公室	鞍钢办发〔2022〕1号	关于印发《鞍钢集团有限公司2022年档案工作安排》的通知
鞍钢集团安全环保部		关于对本钢矿业公司歪头山铁矿“11·23”死亡事故内部调查报告的审核意见
鞍钢集团法律合规部	鞍钢法发〔2022〕1号	关于印发《鞍钢集团法治信息报送评价办法》的通知
鞍钢集团国家安全人民防线建设小组	鞍钢国安组发〔2022〕1号	关于印发《鞍钢集团有限公司2022年国安保密工作要点》的通知

续表

发文单位	文件字号	文件标题
鞍钢集团党委	鞍钢委发〔2022〕3号	关于命名表彰鞍钢集团有限公司2021年度先进单位和先进个人的决定
鞍钢集团办公室	鞍钢政办发〔2022〕2号	关于印发《鞍钢集团有限公司2022年度内部审计工作计划》的通知
鞍钢集团办公室	鞍钢办发〔2022〕2号	关于表彰2021年度鞍钢集团有限公司档案工作先进单位和先进个人的决定
鞍山钢铁法律合规部	鞍山钢法发〔2022〕3号	关于印发《鞍山钢铁集团有限公司2022年法治工作要点》的通知
鞍钢集团有限公司	鞍钢政发〔2022〕7号	关于下发《鞍本产业金融整合方案》的通知
鞍钢集团战略规划部	鞍钢战发〔2022〕21号	关于印发《鞍钢集团有限公司2022年治理亏损企业专项行动工作实施方案》的通知
鞍钢集团党委	鞍钢委发〔2022〕1号	关于印发《2022年鞍钢集团有限公司党委理论学习中心组学习安排》的通知
鞍钢集团管理与信息化部	鞍钢管信发〔2022〕3号	关于印发《鞍钢集团改革三年行动2022年重点任务安排》的通知
鞍钢集团党委办公室	鞍钢委办发〔2022〕1号	关于印发《鞍钢集团有限公司2022年信访维稳工作要点》的通知
鞍钢集团办公室	鞍钢政办发〔2022〕3号	关于印发《鞍钢集团有限公司资产与产权变动档案处置办法》的通知
鞍钢集团管理与信息化部		关于转发《工业和信息化部办公厅关于印发制造业质量管理数字化实施指南（试行）的通知》的通知
鞍钢集团有限公司	鞍钢政发〔2022〕8号	关于印发《鞍钢集团有限公司2022年度重大风险评估报告》的通知
鞍钢集团党委	鞍钢委发〔2022〕4号	关于印发《鞍钢集团领导班子党史学习教育专题民主生活会对照检查问题整改方案》的通知

续表

发文单位	文件字号	文件标题
鞍钢集团团委	鞍钢团发〔2022〕2号	关于同意调整本钢团委隶属关系的批复
鞍钢集团科技发展部	鞍钢科发〔2022〕3号	关于印发《鞍钢集团有限公司2022年科技工作计划》的通知
鞍钢集团管理与信息化部	鞍钢管信发〔2022〕6号	关于印发《鞍钢集团有限公司2022年网络安全与信息化建设工作要点》的通知
鞍钢集团党委组织部	鞍钢委组发〔2022〕8号	关于表彰“党旗在基层一线高高飘扬——以实际行动庆祝中国共产党成立100周年”、“七个一百”系列活动和党建课题研究成果的通知
鞍钢集团法律合规部	鞍钢法发〔2022〕3号	关于印发《鞍钢集团2022年法治工作要点》的通知
鞍钢集团纪委	鞍钢纪发〔2022〕5号	关于印发《鞍钢集团有限公司纪委“案件质量规范年”工作方案》的通知
鞍钢集团管理与信息化部	鞍钢管信发〔2022〕8号	关于发布本钢钢铁产业管理与信息化整体提升项目工作组成员名单的通知
鞍钢集团有限公司	鞍钢政发〔2022〕10号	关于下发《鞍钢集团加强全面预算管理工作实施方案》的通知
鞍钢集团人力资源部	鞍钢人发〔2022〕1号	关于印发《鞍钢集团有限公司教育培训体系优化指导意见》的通知
鞍钢集团有限公司	鞍钢政发〔2022〕11号	关于印发《鞍钢集团财务管理专业化整合总体方案》的通知
鞍钢集团纪委	鞍钢纪发〔2022〕6号	关于印发《鞍钢集团纪委（监察专员办）涉案财物管理办法（试行）》的通知
鞍钢集团法律合规部	鞍钢法发〔2022〕5号	关于印发《鞍钢集团有限公司“合规管理强化年”工作方案》的通知
鞍钢集团有限公司	鞍钢政发〔2022〕12号	关于印发《鞍钢集团专业化整合工作方案》的通知

续表

发文单位	文件字号	文件标题
鞍钢集团办公室		关于印发《关于进一步加强中央企业职工代表大会制度建设的指导意见》的通知
中共鞍钢集团纪律检查委员会	鞍钢纪发〔2022〕7号	关于印发《备品备件采购及管理专项治理工作方案》的通知
鞍钢集团党委宣传部	鞍钢委宣发〔2022〕4号	关于印发《2022年鞍钢集团宣传思想文化和统战工作要点》的通知
鞍钢集团教育培训中心		关于下发《鞍钢集团培训课程体系建设工作方案》的通知
鞍钢集团有限公司	鞍钢政发〔2022〕13号	关于印发《鞍钢集团有限公司2022年重大科研项目计划》的通知
鞍钢集团法律合规部	鞍钢法发〔2022〕6号	关于印发《2022年法治鞍钢建设工作协作组实施方案》的通知
鞍钢集团法律合规部		关于下发《鞍钢集团法律中介机构备选库（2022版）》的通知
鞍钢集团人力资源部	鞍钢人发〔2022〕2号	关于印发《鞍钢集团2022年重点项目及总部职能项目培训实施计划》的通知
鞍钢集团团委	鞍钢团发〔2022〕9号	关于印发《在共青团鞍钢一届五次全体（扩大）会议上的报告》的通知
鞍钢集团董事会办公室	鞍钢董办发〔2022〕4号	关于落实国务院国资委综合治理专项行动 进一步加强参股管理有关事项的通知
鞍钢集团审计部	鞍钢审发〔2022〕13号	关于落实国资委《中央企业2022年内部审计重点工作任务》的通知
鞍钢集团纪委	鞍钢纪发〔2022〕8号	关于印发《监督检查审查调查措施文书格式（试行）》的通知
鞍钢集团安全环保部	鞍钢安发〔2022〕9号	关于印发《鞍钢集团有限公司开展安全生产提升年行动工作方案》的通知

续表

发文单位	文件字号	文件标题
鞍钢集团管理与信息化部	鞍钢管信发〔2022〕13 号	关于印发《鞍钢集团有限公司 2022 年提质增效专项行动工作方案》的通知
鞍钢集团党委	鞍钢委发〔2022〕6 号	关于印发《鞍钢集团有限公司党委 2022 年党建工作要点暨全面从严治党重点任务清单》的通知
鞍钢集团党委组织部	鞍钢委组发〔2022〕16 号	关于印发《鞍钢集团有限公司党委组织部（人力资源部）2022 年工作要点》的通知
鞍钢集团纪委	鞍钢纪发〔2022〕10 号	关于印发《鞍钢集团直管单位纪委工作证管理办法》的通知
鞍钢集团工会	鞍钢工发〔2022〕7 号	关于印发《鞍钢集团有限公司工会第二届第一次会员代表大会报告》和《鞍钢集团有限公司工会 2022 年工作要点》的通知
鞍钢集团党委宣传部	鞍钢委宣发〔2022〕5 号	关于印发《2022 年鞍钢集团有限公司党委理论学习中心组专题学习计划》的通知
鞍钢集团法律合规部	鞍钢法发〔2022〕7 号	关于印发《鞍钢集团关于进一步深入开展民企挂靠国资问题综合整治的工作方案》的通知
鞍钢集团董事会办公室	鞍钢董办发〔2022〕6 号	关于下发《推进本钢打造多元治理样板企业工作方案》的通知
鞍钢集团党委组织部	鞍钢委组发〔2022〕19 号	关于印发《鞍钢集团有限公司 2022 年优秀年轻干部培养选拔重点工作安排》的通知
鞍钢集团人力资源部	鞍钢人发〔2022〕4 号	关于印发《鞍钢集团共享用工管理指导意见（试行）》的通知
鞍钢集团管理与信息化部	鞍钢管信发〔2022〕16 号	关于印发《鞍钢集团 2022 年专项考核细则》的通知
鞍钢集团管理与信息化部	鞍钢管信发〔2022〕17 号	关于印发《鞍钢集团改革三年行动完成情况及 2022 年重点工作安排》的通知
鞍钢集团有限公司	鞍钢政发〔2022〕15 号	关于印发《鞍钢集团科技创新重点攻坚工作实施方案》的通知

续表

发文单位	文件字号	文件标题
鞍钢集团有限公司	鞍钢政发〔2022〕14号	关于印发《鞍钢集团为服务业小微企业和个体工商户减免房租工作方案》的通知
鞍钢集团财务部		关于转发《关于中央企业加快建设世界一流财务管理体系的指导意见》的通知
鞍钢集团纪委综合室	鞍钢纪综发〔2022〕2号	关于印发《2022年纪检监察干部教育培训方案》的通知
鞍钢集团党委办公室	鞍钢委办发〔2022〕4号	关于印发《鞍钢集团有限公司各级领导干部包区域包案督导信访矛盾化解工作方案》的通知
鞍钢集团教育培训中心		关于印发《鞍钢集团内训师队伍建设实施方案》的通知
鞍钢集团人力资源部	鞍钢人发〔2022〕7号	关于印发《正向激励政策工具操作指引》的通知
鞍钢集团办公室	鞍钢办发〔2022〕7号	关于印发《鞍钢集团总部值班工作规范（试行）》的通知
鞍钢集团审计部	鞍钢审〔2022〕5号	关于本钢南芬铁矿扩帮延深等4项工程审计主要情况的报告
鞍钢集团办公室	鞍钢政办发〔2022〕6号	关于印发《关于成立“双核战略”工作专班的工作方案》的通知
鞍钢集团董事会办公室	鞍钢董办发〔2022〕8号	关于印发《鞍钢集团“控股不控权”问题专项整治工作方案》的通知
鞍钢集团党委办公室	鞍钢委办发〔2022〕6号	关于印发《关于进一步建立完善大宣传工作格局的指导意见（试行）》的通知
鞍钢集团纪委	鞍钢纪发〔2022〕12号	关于印发《关于处分违纪党员批准权限的规定》的通知
鞍钢集团审计部	鞍钢审〔2022〕10号	审计部关于鞍钢集团“两非”剥离专项审计反映事项阶段性进展情况的报告

续表

发文单位	文件字号	文件标题
鞍钢集团资本运营部	鞍钢资发〔2022〕6号	鞍钢集团关于开展国有产权管理问题专项治理工作的通知
鞍钢集团审计部	鞍钢审发〔2022〕17号	关于印发本钢南芬铁矿扩帮延深等4项工程三个审计报告的通知
鞍钢集团董事会办公室	鞍钢董办发〔2022〕11号	关于印发《鞍钢集团公司治理制度汇编》的通知
鞍钢集团人力资源部	鞍钢人发〔2022〕8号	关于印发《鞍钢集团人力资源服务中心转型升级实施方案》的通知
鞍钢集团有限公司	鞍钢政发〔2022〕18号	关于印发《鞍钢辽宁区域水渣资源整合工作方案》的通知
鞍钢集团安全环保部	鞍钢安发〔2022〕12号	关于印发《安全生产大检查工作落实推进计划》和《关于落实集团公司安全防火委员会紧急会议工作部署的通知》的通知
鞍钢集团管理与信息化部	鞍钢管信发〔2022〕18号	关于印发《鞍钢集团机构编制优化工作安排》的通知
鞍钢集团党委组织部	鞍钢委组函〔2022〕3号	关于同意召开中国共产党本钢集团有限公司第二次党员代表大会的批复
鞍钢集团党委办公室		关于印发《配合中央企业“稳增长、防风险、促改革、强党建”综合集中督促指导工作的方案》的通知
鞍钢集团有限公司	鞍钢政发〔2022〕20号	关于印发《鞍钢集团推进精益管理工作方案》的通知
鞍钢集团法律合规部		关于印发《鞍钢集团“讲合规、做表率、创标杆”活动实施方案》的通知
鞍钢集团党委组织部	鞍钢委组发〔2022〕28号	关于命名2021年度鞍钢集团党支部工作示范基地、“样板”党支部的通知
鞍钢集团党委办公室		关于领取《鞍钢集团有限公司党委开展“建功新时代，喜迎二十大”习近平总书记重要指示批示精神再学习再落实再提升主题活动工作方案》的通知

续表

发文单位	文件字号	文件标题
鞍钢集团资本运营部	鞍钢资发〔2022〕7号	关于印发《鞍钢集团有限公司关于加强投资者关系管理工作的指导意见》的通知
鞍钢集团纪委	鞍钢纪发〔2022〕14号	关于印发《鞍钢集团有限公司直管单位纪委书记履职考核评价办法》的通知
鞍钢集团管理与信息化部	鞍钢政发〔2022〕21号	关于印发《鞍钢集团2022年子企业负责人战略绩效评价考核办法》的通知
鞍钢集团团委	鞍钢团发〔2022〕17号	关于印发《鞍钢集团有限公司团组织书记述职评议考核办法》的通知
鞍钢集团董事会办公室	鞍钢董办发〔2022〕21号	关于本钢集团有限公司落实董事会职权实施方案的复函
鞍钢集团党委办公室	鞍钢委办发〔2022〕10号	关于印发《鞍钢集团“巾帼建新功 奋斗新征程”科技创新巾帼行动实施方案》的通知
鞍钢集团人力资源部		关于调整子企业负责人2022年度基薪标准的通知—本钢集团有限公司
鞍钢集团党委办公室	鞍钢委办发〔2022〕9号	关于印发《鞍钢党委2022年整治形式主义官僚主义、为基层减负工作要点》的通知
鞍钢集团管理与信息化部	鞍钢管信发〔2022〕20号	关于印发《鞍钢改革三年行动2022年工作台账》的通知
鞍钢集团办公室	鞍钢政办发〔2022〕8号	关于印发《鞍钢集团有限公司文书档案管理办法》的通知
鞍钢集团办公室		关于对鞍钢集团《关于鞍本重组半年取得明显成效的报告》的回复
鞍钢集团科技发展部	鞍钢科发〔2022〕9号	关于印发鞍钢集团打造原创技术策源地工作秘密、商业秘密目录的通知
鞍钢集团法律合规部		关于下发《鞍钢集团法律中介机构备选库》的通知

续表

发文单位	文件字号	文件标题
鞍钢集团党委组织部	鞍钢委组发〔2022〕33号	关于修订印发《鞍钢集团规范领导人员配偶、子女及其配偶经商办企业行为管理规定（试行）》的通知
鞍钢集团法律合规部	鞍钢法发〔2022〕9号	关于印发《鞍钢集团防止民企挂靠问题的“十个严禁”》的通知
鞍钢集团有限公司	鞍钢政发〔2022〕22号	关于印发《鞍钢集团2022年违规经营投资责任追究工作方案》的通知
鞍钢集团安全环保部	鞍钢安发〔2022〕14号	关于印发《房屋、厂房及建构筑物安全和防火专项整治方案》的通知
鞍钢集团团委	鞍钢团发〔2022〕19号	鞍钢集团团委关于颁授第一届鞍钢青年五四奖章的决定
鞍钢集团党委办公室	鞍钢委办发〔2022〕11号	关于印发《关于加强新时代鞍钢集团廉洁文化建设的实施意见》的通知
鞍钢集团党委宣传部	鞍钢委宣发〔2022〕6号	关于印发《鞍钢集团“强国复兴有我”群众性主题宣传教育活动工作安排》的通知
鞍山钢铁办公室	档发〔2022〕2号	国家档案局关于进一步加强档案安全工作的通知
鞍钢集团办公室	鞍钢政办发〔2022〕9号	关于对《关于鞍钢集团有限公司安全帽 工作服 劳保鞋视觉识别及穿戴管理规范的通知》的补充修订
鞍钢集团有限公司	鞍钢政发〔2022〕23号	关于印发《鞍钢集团研发机构一体化运作工作方案》的通知
鞍钢集团人力资源部	鞍钢人发〔2022〕12号	关于转发《经理层成员任期制和契约化管理 契约文本操作要点》的通知
鞍钢集团智库建设工作组	智库建设〔2022〕43号	关于印度提高铁矿石和钢材出口关税影响分析及对鞍钢集团建议的报告
鞍钢集团人力资源部	鞍钢人发〔2022〕13号	关于开展全口径岗位定员定额工作的指导意见

续表

发文单位	文件字号	文件标题
鞍钢集团安全环保部	鞍钢安发〔2022〕16号	关于印发《安全生产专项整治“百日清零行动”工作方案》的通知
鞍钢集团办公室	鞍钢办发〔2022〕8号	关于印发《鞍钢集团有限公司主要负责人议定事项督办工作管理办法》的通知
鞍钢集团战略规划部		关于落实《工业和信息化部办公厅关于协同做好稳定产业链供应链相关工作的函》的通知
鞍钢集团办公室	国企改办〔2022〕4号	关于推广“学先进、抓落实、促改革”专项工作第三批改革典型经验的通知
鞍钢集团办公室	国资产权〔2022〕198号	关于本钢集团有限公司国有股权无偿划转有关事项的批复
鞍钢集团有限公司	鞍钢政办发〔2022〕10号	关于印发《鞍钢集团有限公司企业文化和品牌建设管理办法》的通知
鞍山钢铁集团办公室	档办发〔2022〕5号	国家档案局办公室关于印发《企业集团数字档案馆（室）建设第一批试点单位名单》的通知
鞍钢集团审计部	鞍钢审发〔2022〕24号	关于印发《鞍钢集团有限公司境外“违规投资经营”专项整治工作方案》的通知
鞍钢集团法律合规部	鞍钢法发〔2022〕10号	关于印发《鞍钢集团有限公司法治工作考核评价办法》的通知
鞍钢集团有限公司	鞍钢委发〔2022〕10号	关于印发《鞍钢集团党委关于新时代加强和改进思想政治工作的指导意见》的通知
鞍钢集团安全环保部		关于印发《企业内部重大生产安全事故隐患排查指导细则》的通知
鞍钢集团有限公司	鞍钢政发〔2022〕25号	关于印发《鞍钢集团有限公司全面预算管理办法》的通知
鞍钢集团纪委	鞍钢纪发〔2022〕15号	关于印发《鞍钢集团纪检监察工作重要敏感舆情应对处置实施意见》的通知

续表

发文单位	文件字号	文件标题
鞍钢集团法律合规部	鞍钢法发〔2022〕11号	关于印发《鞍钢集团有限公司打击假冒国企专项行动工作方案》的通知
鞍钢集团党委办公室	鞍钢委办发〔2022〕14号	关于印发《鞍钢青年精神素养提升工程实施方案》的通知
鞍钢集团办公室	鞍钢办发〔2022〕9号	关于印发《鞍钢集团有限公司制止餐饮浪费工作分级落实方案》的通知
鞍钢集团安全环保部	鞍钢安发〔2022〕18号	关于印发《组建鞍钢集团有限公司安全技术专家队伍实施方案》的通知
鞍钢集团人力资源部	鞍钢人发〔2022〕16号	关于印发《鞍钢集团有限公司总部员工综合考核评价及薪酬分配管理办法》的通知
鞍钢集团科技发展部	国企改办发〔2022〕7号	关于支持鼓励“科改示范企业”进一步加大改革创新力度有关事项的通知
鞍钢集团党委组织部	鞍钢委组发〔2022〕38号	关于在全公司各级党组织中清查整治突出问题规范党务工作的通知
鞍钢集团有限公司	鞍钢委办发〔2022〕15号	关于印发《鞍钢集团有限公司党委信息办理工作管理办法》的通知
鞍钢集团法律合规部	鞍钢法发〔2022〕12号	关于印发《鞍钢集团有限公司合规管理员管理办法（试行）》的通知
鞍钢集团人力资源服务中心	鞍钢人力发〔2022〕9号	关于印发《鞍钢集团有限公司员工能力素质模型管理办法（试行）》的通知
鞍钢集团党委组织部	鞍钢委组发〔2022〕42号	关于印发《竞争性选拔工作流程操作指引》的通知
鞍钢集团党委组织部	鞍钢委组发〔2022〕43号	关于印发《落实董事会经理层成员选聘权子企业选聘经理层成员操作指引》的通知
鞍钢集团人力资源部	本钢政〔2022〕42号	本钢关于提高职工住房公积金缴存比例的备案报告

续表

发文单位	文件字号	文件标题
鞍钢集团审计部	鞍钢审发〔2022〕32号	关于印发《鞍钢集团历史遗留问题“双处理”工作机制》的通知
鞍钢集团战略规划部		关于发布《国别与企业报告之马来西亚与必和必拓》的通知
鞍钢集团办公室		关于印发《矿山领域中央企业安全环保专项整治督导检查方案》的通知
鞍钢集团审计部	鞍钢审发〔2022〕33号	关于印发《鞍钢集团主营产品（内贸）销售业务管理审计报告》的通知
鞍钢集团工会	鞍钢工发〔2022〕13号	关于印发《鞍钢集团有限公司关于开展职工合理化建议活动的指导意见（试行）》的通知
鞍钢集团纪委	鞍钢纪发〔2022〕18号	关于印发《纪检监察工作常用文书格式（试行）》的通知
鞍钢集团资本运营部	鞍钢资发〔2022〕12号	关于制定《提高控股上市公司质量工作方案》的通知
鞍钢集团有限公司	鞍钢政发〔2022〕30号	关于印发《鞍钢集团有限公司违规经营投资责任追究实施办法》的通知
鞍山钢铁办公室	鞍山钢办发〔2022〕18号	关于印发《鞍山钢铁集团有限公司办公室档案工作突发事件应急预案》的通知
鞍钢集团人力资源部	鞍钢人发〔2022〕21号	关于进一步做好鞍钢集团科技和技能骨干人才延迟退休工作的通知
鞍钢集团党委办公室	鞍钢委办发〔2022〕16号	关于印发《鞍钢集团有限公司党委贯彻落实〈中国共产党党委（党组）理论学习中心组 学习规则〉实施细则》的通知
鞍钢集团纪委	鞍钢纪发〔2022〕21号	关于印发《鞍钢集团纪检监察机构对外协作配合管理办法（试行）》的通知
鞍钢集团党委组织部		关于转发《关于补办入党志愿书有关问题的答复意见》的通知

续表

发文单位	文件字号	文件标题
鞍钢集团党委	鞍钢委发〔2022〕14号	关于印发《关于进一步加强和改进鞍钢集团技能人才工作的指导意见》的通知
鞍钢集团安全环保部	鞍钢安发〔2022〕22号	关于印发《鞍钢集团安全生产培训“走过场”专项整治督导检查工作方案》的通知
鞍钢集团有限公司	鞍钢政发〔2022〕32号	关于印发《鞍钢集团有限公司汽车钢产品营销服务协同工作管理办法（试行）》的通知
鞍钢集团法律合规部	鞍钢法发〔2022〕15号	关于印发《鞍钢集团有限公司法律纠纷案件管理细则》的通知
鞍钢集团工会	鞍钢工发〔2022〕16号	关于印发《鞍钢集团有限公司工会经费收支管理实施细则（试行）》的通知
鞍山钢铁资产经营中心	鞍钢资产函〔2022〕156号	关于本钢板材闲置备件出售结果的反馈函
鞍钢集团战略规划部		关于发放《鞍钢集团有限公司2022—2024年发展战略和规划》的通知
鞍钢集团党委组织部	鞍钢委组发〔2022〕50号	关于印发《关于鞍钢集团有限公司子企业优秀年轻干部到总部挂职锻炼的工作方案》的通知
鞍钢集团安全环保部	鞍钢安发〔2022〕23号	关于印发《鞍钢集团高层建筑重大火灾风险专项整治工作方案》的通知
鞍山钢铁集团	本钢函〔2022〕4号	关于推荐辽宁恒泰重机有限公司参与鞍山钢铁项目合作的函
鞍钢集团有限公司	鞍钢政发〔2022〕33号	关于印发《鞍钢集团有限公司子企业专职董监事薪酬管理办法》的通知
鞍钢集团团委	鞍钢团发〔2022〕27号	关于印发《共青团鞍钢集团有限公司委员会常务委员会委员分工》的通知
鞍钢集团党委	鞍钢委发〔2022〕15号	关于印发《鞍钢推动党史学习教育常态化长效化实施方案》的通知

续表

发文单位	文件字号	文件标题
鞍钢集团法律合规部	鞍钢法发〔2022〕16号	关于印发《鞍钢集团有限公司合规管理建设及运行评价指标体系》及《鞍钢集团有限公司合规管理体系评价工作指南》的通知
鞍钢集团办公室	鞍钢政办发〔2022〕14号	关于印发《鞍钢集团有限公司研发机构一体化运作指导意见（试行）》的通知
鞍钢集团财务部		关于本钢下属单位业务系统对接集团纳税、票夹等系统请示的复函
鞍钢集团安全环保部		关于印发《中央企业节约能源与生态环境保护考核细则》《中央企业节约能源与生态环境保护管理分类表》的通知
鞍钢集团党委组织部		关于进一步做好《中国共产党党徽党旗条例》贯彻落实工作的通知
鞍钢集团办公室	鞍钢政办发〔2022〕16号	关于印发《鞍钢集团有限公司职工创新工作室支持资金管理办法》的通知
鞍钢集团有限公司	鞍钢政发〔2022〕35号	关于印发《鞍钢集团有限公司关于推进职工创新工作室建设的指导意见》的通知
鞍钢集团编制委员会	鞍钢编字〔2022〕20号	关于设立鞍钢集团首席合规官岗位的通知
鞍钢集团有限公司	鞍钢政发〔2022〕36号	关于命名表彰2021年鞍钢集团职工技术竞赛技术能手的决定
鞍钢集团有限公司	鞍钢政发〔2022〕37号	关于下发《鞍钢集团财务共享中心专业化整合方案》的通知
鞍钢集团法律合规部	鞍钢法发〔2022〕19号	关于印发《鞍钢集团有限公司企业登记管理合规指引》的通知
鞍钢集团法律合规部	鞍钢法发〔2022〕20号	关于印发《鞍钢集团有限公司专用印章管理合规指引》的通知
鞍钢集团战略规划部		关于下发《鞍钢集团有限公司绿电发展指引》的通知

续表

发文单位	文件字号	文件标题
鞍钢集团审计部	鞍钢审发〔2022〕41号	关于印发《鞍钢集团境外项目佣金中介费管理情况专项审计报告》的通知
鞍钢集团法律合规部	鞍钢法发〔2022〕21号	关于印发《鞍钢集团有限公司企业字号合规管理办法（试行）》的通知
鞍钢集团新型冠状病毒感染的肺炎疫情防控指挥部	鞍钢新疫防指〔2022〕16号	关于印发《鞍钢集团国庆假期及二十大期间疫情防控工作方案》和《鞍钢集团国庆假期及二十大期间支持首都疫情防控方案》的通知
鞍钢集团人力资源部	鞍钢人发〔2022〕24号	关于本钢信息自动化公司岗位分红激励方案的批复
鞍钢集团有限公司	鞍钢政发〔2022〕40号	关于印发《鞍钢集团有限公司科研项目管理办法》的通知
鞍钢集团有限公司	鞍钢委发〔2022〕16号	关于印发《鞍钢集团有限公司统一战线工作管理办法（试行）》的通知
鞍钢集团人力资源部	鞍钢人发〔2022〕26号	关于印发《鞍钢集团有限公司职工教育经费管理办法》的通知
鞍钢集团财务部	本钢政〔2022〕54号	关于本钢集团北营公司提请解决下属两家单位财务共享平台上线事宜的请示
鞍钢集团人力资源部	鞍钢人发〔2022〕28号	关于修订印发《鞍钢人才公寓住宿管理规定》的通知
鞍钢集团纪委		关于对《鞍钢集团有限公司纪委廉政档案管理和使用办法》征求意见和建议的通知
鞍钢集团有限公司	鞍钢政发〔2022〕41号	关于下发《鞍钢集团有限公司子企业董事会和专职董事评价办法》的通知
鞍钢集团科技发展部	钢协科〔2022〕50号	关于转发《工业和信息化部规划司关于征集2022年度重点产品、工艺“一条龙”应用示范推进机构的通知》的通知
鞍钢集团法律合规部		关于下发《鞍钢集团有限公司建立法律纠纷案例库实施方案》的通知

续表

发文单位	文件字号	文件标题
鞍钢集团有限公司	鞍钢干发〔2022〕16号	关于鞍钢集团董事会秘书职务任免的通知
鞍山钢铁集团	鞍山钢政发〔2022〕58号	关于印发《废钢资源专业化整合工作推进方案》的通知
鞍钢集团管理与信息化部	鞍钢管信发〔2022〕38号	关于印发《鞍钢集团改革三年行动自查评估情况及下一步重点工作安排》的通知
鞍钢集团资本运营部	鞍钢资〔2022〕51号	关于下发《关于充分利用鞍钢集团金融资源激励考核实施细则（试行）》的通知
鞍钢集团纪委综合室	鞍钢纪综发〔2022〕7号	关于印发《2022年度鞍钢集团有限公司直管单位纪委书记履职考核评价工作方案》的通知
鞍钢集团纪委	鞍钢纪发〔2022〕24号	关于印发《鞍钢集团反腐败协调小组工作规则（试行）》的通知
鞍钢集团审计部	鞍钢审发〔2022〕48号	关于印发《鞍钢集团科技管理及新产品开发应用管理审计报告》的通知
鞍钢集团纪委	鞍钢纪发〔2022〕26号	关于印发《鞍钢集团有限公司纪委（监察专员办）受处分人员回访教育办法（试行）》的通知
鞍钢集团团委	鞍钢团发〔2022〕31号	关于印发《鞍钢集团有限公司共青团推优入党工作实施办法(试行)》的通知
鞍钢集团党委办公室	鞍钢委办发〔2022〕21号	关于印发《鞍钢集团建立尽职免责容错清单实施办法》的通知
鞍钢集团安全环保部	鞍钢安发〔2022〕32号	关于转发《国务院安委会办公室关于开展2022年消防宣传月活动的通知》的通知
鞍钢集团纪委	鞍钢纪发〔2022〕25号	关于印发《鞍钢集团有限公司纪委廉政档案管理和使用办法》的通知
鞍钢集团审计部	鞍钢审发〔2022〕49号	关于印发《鞍钢集团清理拖欠中小企业账款专项审计报告》的通知

续表

发文单位	文件字号	文件标题
鞍钢集团党委	鞍钢委发〔2022〕17号	鞍钢集团有限公司党委关于认真学习宣传贯彻党的二十大精神的通知
鞍钢集团有限公司	鞍钢政发〔2022〕43号	关于印发《鞍钢集团有限公司内部控制评价管理办法》的通知
鞍钢集团有限公司	鞍钢政发〔2022〕44号	关于印发《鞍钢集团有限公司经济责任审计管理办法》的通知
鞍钢集团审计部	鞍钢审发〔2022〕50号	关于印发《本钢板材公司特钢电炉产能置换项目投资缺口专项核查报告》的通知
鞍钢集团法律合规部	鞍钢法发〔2022〕22号	关于印发《鞍钢集团有限公司重大经营风险事件报告工作规则》的通知
鞍钢集团法律合规部	鞍钢法发〔2022〕23号	关于2022年8家子企业内控体系有效性检查评价情况的通报
鞍钢集团办公室	鞍钢政办发〔2022〕19号	关于印发《鞍钢集团有限公司对外借调人员管理暂行办法》的通知
鞍钢集团办公室	鞍钢政办发〔2022〕20号	鞍钢集团有限公司差旅费管理办法补充通知
鞍钢集团有限公司	鞍钢政发〔2022〕45号	关于印发《鞍钢集团有限公司股东会议事规则（试行）》的通知
鞍钢集团审计部	鞍钢审发〔2022〕51号	关于印发《鞍钢集团有限公司违规经营投资问题线索查处工作指引》的通知
鞍钢集团审计部	鞍钢审发〔2022〕52号	关于印发《鞍钢集团有限公司违规经营投资责任追究工作容错纠错实施办法》的通知
鞍钢集团管理与信息化部	鞍钢管信发〔2022〕40号	关于印发《鞍钢集团有限公司招标询比竞价实施细则》的通知
鞍钢集团有限公司	鞍钢政发〔2022〕47号	关于印发《鞍钢集团有限公司2022年度内控评价工作方案》的通知

续表

发文单位	文件字号	文件标题
鞍钢集团安全环保部	钢协〔2022〕134号	关于组织开展钢铁行业“双碳最佳实践能效标杆示范厂”培育工作的通知
鞍钢集团科技发展部	国资厅改革〔2022〕280号	关于印发《以科技型企业为主开展国有控股混合所有制企业骨干员持股操作指引》的通知
鞍钢集团团委	鞍钢团发〔2022〕33号	关于印发《鞍钢集团有限公司团委学习宣传贯彻党的二十大精神工作方案》的通知
鞍钢集团有限公司	鞍钢政发〔2022〕48号	关于印发《鞍钢集团有限公司合规管理办法》的通知
鞍钢集团有限公司	鞍钢政发〔2022〕49号	关于下发《鞍钢集团有限公司财务监管问题考核扣分实施细则》的通知
鞍钢集团有限公司	鞍钢政发〔2022〕46号	关于下发《鞍钢集团有限公司会计基础工作规范》的通知
鞍钢集团办公室	中国质协字〔2022〕321号	关于转发《关于公布2022年度中国质量协会质量技术奖项目奖结果的通知》的函
鞍钢集团党委组织部	鞍钢委组发〔2022〕69号	关于印发《鞍钢集团有限公司党委学习贯彻党的二十大精神培训工作方案》的通知
鞍钢集团有限公司	鞍钢政发〔2022〕50号	关于印发《德邻陆港与腾达公司整合方案》的通知
鞍钢集团公司	鞍钢政发〔2022〕51号	关于印发《鞍钢集团有限公司网络和信息系统安全管理办法》的通知
鞍钢集团党委	鞍钢委发〔2022〕18号	鞍钢集团有限公司党委关于进一步加强基层党建工作的实施意见
鞍钢集团战略规划部	鞍钢战发〔2022〕88号	关于落实鞍钢集团有限公司与辽宁省环保集团有限责任公司战略合作框架协议的通知
鞍钢集团党委	鞍钢委发〔2022〕19号	关于印发《鞍钢集团有限公司民主评议党员 民主评议党支部工作实施细则》的通知

续表

发文单位	文件字号	文件标题
鞍钢集团团委	鞍钢团发〔2022〕36号	关于表彰2021年度鞍钢青年创新登高“金牌项目”的决定
鞍钢集团团委	鞍钢团发〔2022〕37号	关于表彰第一届鞍钢青年数字化创新大赛“十佳项目”和优秀项目的决定
鞍钢集团党委	鞍钢委发〔2022〕20号	关于修订印发《鞍钢集团有限公司直管领导班子和领导人员综合考核评价办法（试行）》的通知
鞍钢集团党委办公室	鞍钢委办发〔2022〕23号	关于下发《新时代鞍钢宪法理论与实践创新研究的报告》的通知
鞍钢集团董事会办公室	鞍钢董办发〔2022〕34号	关于开展鞍钢集团子企业董事会及派出专职董事2022年度评价工作的通知
鞍钢集团党委办公室	鞍钢政办发〔2022〕21号	关于印发鞍钢集团对标提升行动自查评估情况及下一步工作安排的通知
鞍钢集团党委办公室	本钢政〔2022〕64号	关于本钢集团子公司本钢板材受让鞍钢财务公司股权议案被否决的报告
鞍钢集团安全环保部		转发省工信厅《关于开展燃煤电厂除尘器、脱硫及脱硝设备设施安全风险隐患排查整治工作的通知》
鞍钢集团管理与信息化部	鞍钢管信发〔2022〕42号	关于表彰奖励鞍钢集团2021年度管理创新成果的通知
鞍钢集团党委宣传部	鞍钢委宣发〔2022〕16号	关于表彰鞍钢集团有限公司2022年思想政治工作研究优秀成果的决定
鞍钢集团办公室	本钢政〔2022〕64号	关于本钢集团子公司本钢板材受让鞍钢财务公司股权议案被否决的报告
鞍钢集团管理与信息化部	鞍钢管信发〔2022〕44号	关于印发《鞍钢集团改革三年行动总体完成情况及下步重点工作安排》的通知
鞍钢集团办公室	鞍钢政办发〔2022〕22号	关于印发《鞍钢集团有限公司2022年档案工作总结》的通知

续表

发文单位	文件字号	文件标题
鞍钢集团党委组织部	鞍钢委组函〔2022〕8号	关于中国共产党本钢集团有限公司第二届委员会和第二届纪律检查委员会组成人员候选人预备人选的批复
鞍钢集团办公室		关于印发《中央企业岁末年初安全生产重大隐患专项整治和督导检查方案》的通知
鞍钢集团战略规划部	鞍钢战发〔2022〕96号	关于加强闲置和废旧物资处置管理工作的通知
鞍钢集团保密委员会办公室	鞍钢密办发〔2022〕13号	关于印发《2022年度鞍钢集团有限公司保密工作对标管理考核评价标准》的通知
鞍钢集团安全环保部		关于印发《中央企业岁末年初安全生产重大隐患专项整治和督导检查方案》的通知
鞍钢集团纪委综合室	鞍钢纪综发〔2022〕9号	关于印发《关于进一步加强纪律监督、监察监督、派驻监督、巡视监督统筹衔接的实施意见》的通知
鞍钢集团办公室	鞍钢政办发〔2022〕23号	关于下发《鞍钢集团成本核算规程编制专项工作方案》的通知
鞍钢集团办公室	钢协〔2022〕154号	关于2021年度冶金大中型企业财务决算年报工作情况的通报
鞍钢集团审计部	鞍钢审发〔2022〕60号	关于印发《鞍钢集团矿山维简费专项审计报告》的通知
鞍钢集团办公室	鞍钢办发〔2022〕15号	关于印发《鞍钢集团有限公司电子档案管理办法》的通知
鞍钢集团办公室	鞍钢办发〔2022〕16号	关于表彰2022年度鞍钢集团有限公司档案工作先进单位及先进个人的决定
鞍钢集团办公室	鞍钢财〔2022〕32号	关于攀钢2021年度财务决算工作未被中钢协评为先进单位情况的报告
鞍钢集团党委组织部	鞍钢委组发〔2022〕78号	关于转发《中共中央组织部关于推动基层党组织和党员在科学精准防控中更好发挥作用的通知》的通知

续表

发文单位	文件字号	文件标题
鞍钢集团办公室	鞍钢政办发〔2022〕24号	关于取消矿山维简费政策及调整采矿工序设备折旧年限的通知
鞍钢集团党委组织部	鞍钢委组发〔2022〕79号	关于召开2022年度党支部组织生活会和开展民主评议党员、民主评议党支部工作的通知
鞍钢集团安全环保部	鞍钢安发〔2022〕39号	鞍钢集团有限公司关于开展冬春消防安全专项整治工作的通知
鞍钢集团安全环保部	财资〔2022〕136号	关于印发《企业安全生产费用提取和使用管理办法》的通知
鞍钢集团党委办公室	鞍钢委办发〔2022〕24号	关于印发《鞍钢集团2023年度“我为群众办实事”重点民生项目计划》的通知
鞍钢集团党委	鞍钢委发〔2022〕21号	关于命名表彰鞍钢集团有限公司2022年度先进单位和先进个人的决定

（办公室　供）

2022年党委文件目录

发文字号	文件标题
本钢委发〔2022〕1号	关于转发《鞍钢集团公司民主评议党员民主评议基层党支部工作实施细则》的通知
本钢委发〔2022〕2号	关于表彰本钢集团有限公司2021年度先进集体和先进个人的决定
本钢委发〔2022〕3号	关于印发《本钢集团有限公司领导人员管理规定》的通知
本钢委发〔2022〕4号	关于同意共青团本钢集团有限公司委员会团组织关系划转的批复
本钢委发〔2022〕5号	关于印发《关于大力发现培养选拔年轻领导人员的实施意见》的通知
本钢委发〔2022〕6号	关于印发《本钢集团有限公司党委书记专题会议议事规则》的通知
本钢委发〔2022〕7号	关于给予申强开除党籍处分的决定
本钢委发〔2022〕8号	关于成立本钢人民武装委员会的通知
本钢委发〔2022〕9号	关于印发《本钢集团有限公司职工代表大会管理办法》的通知
本钢委发〔2022〕10号	关于调整本钢集团有限公司国家安全人民防线建设小组的通知
本钢委发〔2022〕11号	关于调整本钢集团有限公司保密委员会的通知
本钢委发〔2022〕12号	关于印发《2022年本钢集团有限公司党委理论学习中心组学习安排》的通知

续表

发文字号	文件标题
本钢委发〔2022〕13 号	关于印发《本钢集团有限公司领导人员选拔任用工作监督检查和责任追究办法》的通知
本钢委发〔2022〕14 号	关于调整本钢集团有限公司新冠肺炎疫情防控指挥部成员及职责的通知
本钢委发〔2022〕15 号	关于印发《本钢党委 2022 年党建工作要点暨全面从严治党重点任务清单》的通知
本钢委发〔2022〕16 号	关于下发《本钢集团有限公司党委常委会前置审议事项清单》的通知
本钢委发〔2022〕17 号	关于印发《本钢集团领导班子党史学习教育专题民主生活会对照检查问题整改方案》的通知
本钢委发〔2022〕18 号	关于印发《鞍钢集团反馈 2021 年度党建工作责任制考核评价意见整改方案》的通知
本钢委发〔2022〕19 号	关于印发《本钢集团 2022 年度“我为群众办实事”重点民生项目计划》的通知
本钢委发〔2022〕20 号	关于本钢集团有限公司部分党组织机构调整的通知
本钢委发〔2022〕21 号	关于调整中共本钢集团有限公司委员会统一战线工作领导小组的通知
本钢委发〔2022〕22 号	关于调整中国本钢集团有限公司委员会意识形态工作分析研判小组的通知
本钢委发〔2022〕23 号	关于给予关文辉开除党籍处分的决定
本钢委发〔2022〕24 号	关于给予李永全开除党籍处分的决定
本钢委发〔2022〕25 号	关于印发《本钢集团有限公司党委开展“功勋新时代、喜迎二十大”习近平总书记重要指示批示精神再学习再落实再提升主题活动工作方案》的通知

续表

发文字号	文件标题
本钢委发〔2022〕26号	关于印发《本钢集团有限公司各级单位主要负责人履行推进法治建设第一责任人职责规定》的通知
本钢委发〔2022〕27号	关于中共本钢集团有限公司第二次党员代表大会代表选举工作的通知
本钢委发〔2022〕28号	关于成立本钢集团有限公司第二次党员代表大会筹备工作领导机构及工作机构的通知
本钢委发〔2022〕29号	关于印发《本钢集团有限公司各级领导干部包区域包案督导信访矛盾化解工作方案》的通知
本钢委发〔2022〕30号	关于印发《本钢集团有限公司网络舆情管理规定》的通知
本钢委发〔2022〕31号	关于印发《本钢集团党委关于新时代加强和改进思想政治工作落实方案》的通知
本钢委发〔2022〕32号	关于开展第八轮巡察及第四轮、第五轮巡察整改落实“回头看”工作的通知
本钢委发〔2022〕34号	关于印发《本钢集团有限公司企业文化和品牌建设管理办法》的通知
本钢委发〔2022〕35号	关于给予吴忠刚同志撤销党内职务处分的决定
本钢委发〔2022〕36号	关于调整本钢集团有限公司国家安全人民防线建设小组的通知
本钢委发〔2022〕37号	关于调整本钢集团有限公司保密委员会的通知
本钢委发〔2022〕38号	关于成立本钢集团科学技术协会筹建领导小组的通知
本钢委发〔2022〕39号	本钢集团关于领导班子及副总师实行ABC角制度的通知

续表

发文字号	文件标题
本钢委发〔2022〕40 号	本钢集团有限公司境外腐败专项治理行动方案
本钢委发〔2022〕41 号	关于调整本钢集团关工委成员的通知
本钢委发〔2022〕42 号	关于本钢集团有限公司部分党组织机构调整的通知
本钢委发〔2022〕43 号	关于印发《本钢推动党史学习教育常态化长效化实施方案》的通知
本钢委发〔2022〕44 号	关于印发《本钢集团有限公司党委理论学习中心组学习实施细则》的通知
本钢委发〔2022〕45 号	关于印发《本钢集团有限公司领导干部选拔任用动议工作办法（试行）》的通知
本钢委发〔2022〕46 号	关于表彰本钢 2022 年抗疫志愿服务先进集体和先进个人的决定
本钢委发〔2022〕47 号	关于印发《本钢集团基层单位人民武装工作细则》的通知
本钢委发〔2022〕48 号	关于转发《鞍钢集团有限公司统一战线工作管理办法（试行）》的通知
本钢委发〔2022〕49 号	关于开展 2022 年度本钢集团有限公司先进集体和先进个人评选工作的通知
本钢委发〔2022〕50 号	本钢集团关于表彰护航党的二十大信访舆情安全保障工作先进集体和先进个人的决定
本钢委发〔2022〕51 号	关于印发《〈本钢集团有限公司核心关键岗位人员交流轮岗实施意见〉补充规定》的通知
本钢委发〔2022〕52 号	关于对本钢集团有限公司部分党组织隶属关系及干部人事管理权限进行调整的通知

续表

发文字号	文件标题
本钢委发〔2022〕53 号	关于表彰 2021 年度“本钢好人”的决定
本钢委发〔2022〕54 号	关于印发《本钢集团有限公司党委学习宣传贯彻党的二十大精神工作方案》的通知
本钢委发〔2022〕55 号	关于印发《本钢集团有限公司统一战线工作经费实施办法》的通知
本钢委发〔2022〕56 号	关于转发《鞍钢集团建立尽职免责容错清单实施办法》的通知
本钢委发〔2022〕57 号	关于印发《本钢集团有限公司企业文化和品牌建设工作经费实施办法》的通知
本钢委发〔2022〕58 号	关于表彰本钢集团有限公司 2022 年度先进集体和先进个人的决定
本钢委发〔2022〕59 号	关于加强巡查整改和成果运用的意见
本钢委发〔2022〕60 号	关于印发《本钢集团有限公司直管领导班子和领导人员综合考核评价办法（试行）》的通知
本钢委发〔2022〕61 号	关于命名表彰“2022 年度本钢集团抗疫保产标兵”的决定
本钢委干发〔2022〕1 号	关于薛向伟等同志职务任免的决定
本钢委干发〔2022〕2 号	关于张霖等同志职务任免的决定
本钢委干发〔2022〕3 号	关于张举东等同志职务任免的决定
本钢委干发〔2022〕4 号	关于孙华锋等同志职务任免的决定

续表

发文字号	文件标题
本钢委干发〔2022〕5号	关于迟宽平同志职务任免的决定
本钢委干发〔2022〕6号	关于张虹等同志职务任免的决定
本钢委干发〔2022〕7号	关于高烈等同志职务任免的决定
本钢委干发〔2022〕8号	关于唐伟波同志任职的决定
本钢委干发〔2022〕9号	关于李玉胜等同志职务任免的决定
本钢委干发〔2022〕10号	关于张其明同志任职的决定
本钢委干发〔2022〕11号	关于何延刚等同志职务任免的决定
本钢委干发〔2022〕12号	关于田野同志任职的决定
本钢委干发〔2022〕13号	关于林东等同志职务任免的决定
本钢委干发〔2022〕14号	关于许志中同志任职的决定
本钢委干发〔2022〕15号	关于凌然等同志职务任免的决定
本钢委干发〔2022〕16号	关于王统河等同志任职的决定
本钢委干发〔2022〕17号	关于常勇等同志职务任免的决定

续表

发文字号	文件标题
本钢委干发〔2022〕18号	关于董家胜等同志职务任免的决定
本钢委干发〔2022〕19号	关于朱新宇等同志任职的决定

（办公室　供）

2022 年党委文件目录（上行）

发文字号	文件标题
本钢委〔2022〕1 号	本钢集团党委 2021 年意识形态工作报告
本钢委〔2022〕2 号	本钢集团公司党委关于贯彻落实习近平总书记重要指示批示“回头看”情况报告
本钢委〔2022〕3 号	本钢党委关于《本钢领导班子党史学习教育专题民主生活会工作方案》的报告
本钢委〔2022〕4 号	关于本钢党史学习教育总结的报告
本钢委〔2022〕5 号	本钢集团有限公司党委关于郭晶档案审核有关问题的自查与检讨报告
本钢委〔2022〕6 号	本钢集团有限公司领导班子党史学习教育专题民主生活会报告
本钢委〔2022〕7 号	本钢集团党委关于 2021 年工作的报告
本钢委〔2022〕8 号	关于召开中国共产党本钢集团有限公司第二次党员代表大会的请示
本钢委〔2022〕9 号	本钢集团关于调换派驻凤城市红旗镇德奎村党支部第一书记的请示
本钢委〔2022〕10 号	关于本钢矿业公司改革发展情况的报告
本钢委〔2022〕11 号	关于杨成广同志内部兼职的请示
本钢委〔2022〕12 号	本钢集团关于对《本溪市信访工作联席会议纪要》（第 4 期）涉及有关问题的报告

续表

发文字号	文件标题
本钢委〔2022〕13号	本钢集团关于对《本溪市信访工作联席会议纪要》（第4期）涉及有关问题的报告
本钢委〔2022〕14号	关于鞍钢集团主要领导莅临本钢调研重要讲话精神落实情况的报告
本钢委〔2022〕15号	本钢集团关于调换派驻本溪市桓仁县黑沟乡石虎子村党支部第一书记（兼工作队队长）的请示
本钢委〔2022〕16号	本钢集团有限公司党委关于2022年上半年工作情况的报告
本钢委〔2022〕17号	关于延期召开中国共产党本钢集团有限公司第二次党员代表大会的请示
本钢委〔2022〕18号	关于成立本钢集团有限公司科学技术协会的请示
本钢委〔2022〕19号	本钢集团关于省人大代表候选人建议人选推荐情况的报告
本钢委〔2022〕20号	关于亢建民同志内部兼职的请示
本钢委〔2022〕21号	关于韩永德同志内部兼职的请示
本钢委〔2022〕22号	关于拟调整本钢欧洲公司经理岗位人选的请示
本钢委〔2022〕23号	本钢党委关于鞍钢党委第二巡视组巡视反馈意见整改方案的报告
本钢委〔2022〕24号	本钢集团关于开展政治监督自检自查情况的报告
本钢委〔2022〕25号	本钢集团关于全国人大代表候选人初步推荐人选情况的报告

续表

发文字号	文件标题
本钢委〔2022〕26号	本钢集团有限公司党委关于第二届纪委书记副书记候选人初步人选的请示
本钢委〔2022〕28号	关于邀请鞍钢集团党委领导出席中共本钢集团有限公司第二次党员代表大会的请示
本钢委〔2022〕29号	关于中国共产党本钢集团有限公司第二届委员会和第二届纪律检查委员会人事安排的初步沟通意见
本钢委〔2022〕30号	关于中国共产党本钢集团有限公司第二届委员会和第二届纪律检查委员会人事安排的请示
本钢委〔2022〕31号	关于鞍钢党委第二巡视组专项巡视反馈问题整改落实情况的报告
本钢委〔2022〕32号	本钢集团党委2022年意识形态工作报告
本钢委〔2022〕33号	本钢集团党委2022年意识形态工作报告
本钢委〔2022〕34号	关于中国共产党本钢集团有限公司第二次党员代表大会和中国共产党本钢集团有限公司第二届委员会 第二届纪律检查委员会第一次全体会议选举结果的报告
本钢委〔2022〕35号	中共本钢集团有限公司委员会关于领导班子分工调整的报告
本钢委〔2022〕36号	关于韩永德同志内部兼职的请示
本钢委〔2022〕37号	关于王殿贺同志内部兼职的请示
本钢委函〔2022〕1号	关于同意调整本钢团委团组织隶属关系的函
本钢委函〔2022〕3号	关于届中调整本钢集团有限公司团委书记的函

（办公室　供）

2022年行政文件目录

发文字号	文件标题
本钢政发〔2022〕1号	关于印发《本钢集团有限公司2022年安全工作要点》的通知
本钢政发〔2022〕2号	本钢关于抓实重点群体思想工作压实“三项制度改革”信访维稳责任的实施意见
本钢政发〔2022〕3号	关于印发《本钢集团有限公司推行管理人员“两制一契”管理实施方案》的通知
本钢政发〔2022〕4号	关于印发《关于本钢深化三项制度改革信访维稳保障工作方案》的通知
本钢政发〔2022〕5号	关于印发《本钢三项制度改革期间信访稳定应急处置预案》的通知
本钢政发〔2022〕6号	关于北方恒达物流有限公司机构编制调整的通知
本钢政发〔2022〕7号	关于印发《2022年本钢集团有限公司产品认证项目计划》的通知
本钢政发〔2022〕8号	关于转发《鞍钢集团有限公司国有资产评估管理办法》的通知
本钢政发〔2022〕9号	关于印发《本钢集团公司处理信访突出问题及群体性事件联席会议管理办法》的通知
本钢政发〔2022〕10号	关于印发《本钢集团有限公司信息化规划与项目立项管理办法》的通知
本钢政发〔2022〕11号	关于印发《本钢集团有限公司融资管理办法》的通知
本钢政发〔2022〕12号	关于印发《本钢集团有限公司纳税管理办法》的通知

续表

发文字号	文件标题
本钢政发〔2022〕13号	关于印发《本钢集团有限公司财产保险管理办法》的通知
本钢政发〔2022〕14号	关于印发《本钢集团有限公司财务报告管理办法》的通知
本钢政发〔2022〕15号	关于印发《本钢集团有限公司网络和信息系统安全、保密管理办法》的通知
本钢政发〔2022〕16号	关于印发《本钢集团有限公司信息系统运维管理办法》的通知
本钢政发〔2022〕17号	关于本钢实施一次性嘉奖的通知
本钢政发〔2022〕18号	关于印发《本钢领导干部接访下访及包案工作管理办法》的通知
本钢政发〔2022〕19号	关于印发《本钢集团有限公司研发费用管理规定》的通知
本钢政发〔2022〕20号	关于印发《本钢集团有限公司供应链金融管理办法》的通知
本钢政发〔2022〕21号	关于下发《本钢集团有限公司票据收款政策》的通知
本钢政发〔2022〕22号	关于印发《本钢集团有限公司企业秘密保护管理办法》的通知
本钢政发〔2022〕23号	关于印发《本钢集团有限公司代码与主数据管理办法》的通知
本钢政发〔2022〕24号	关于印发《本钢集团有限公司子公司利润分配管理办法》的通知
本钢政发〔2022〕25号	关于印发《本钢集团公司信访工作管理办法》的通知

续表

发文字号	文件标题
本钢政发〔2022〕26号	关于印发《本钢集团有限公司信息化项目建设管理办法》的通知
本钢政发〔2022〕27号	关于转发《鞍钢集团有限公司产权登记管理办法》的通知
本钢政发〔2022〕28号	关于印发《本钢集团有限公司涉密会议管理办法》的通知
本钢政发〔2022〕29号	关于下发《本钢集团2022年一季度利润及“两金”占用指标》的通知
本钢政发〔2022〕30号	关于印发《本钢集团关于推进各级子企业董事会应建尽建和外部董事占多数工作方案》的通知
本钢政发〔2022〕31号	关于印发《本钢集团有限公司职工技能竞赛实施办法》的通知
本钢政发〔2022〕32号	关于印发《本钢集团有限公司劳模（职工）创新工作室支持资金管理办法》的通知
本钢政发〔2022〕33号	关于印发《本钢集团有限公司班组建设实施办法》的通知
本钢政发〔2022〕34号	关于印发《本钢集团有限公司劳模（职工）创新工作室管理办法》的通知
本钢政发〔2022〕35号	关于印发《本钢集团有限公司技术中心机构编制优化调整方案》的通知
本钢政发〔2022〕36号	关于转发《鞍钢集团有限公司子企业董事会和专职董事评价办法》的通知
本钢政发〔2022〕37号	关于印发《本钢集团公司重特大群体性事件应急处置预案》的通知
本钢政发〔2022〕38号	关于印发《本钢集团有限公司先进操作法管理办法》的通知

续表

发文字号	文件标题
本钢政发〔2022〕39 号	关于转发《鞍钢集团有限公司子企业董事会工作规则（试行）》的通知
本钢政发〔2022〕40 号	关于印发《本钢集团有限公司会计档案管理办法》的通知
本钢政发〔2022〕41 号	关于印发《本钢集团市场营销及物流系统改革优化实施方案》的通知
本钢政发〔2022〕42 号	关于印发《本钢集团有限公司票据管理办法》的通知
本钢政发〔2022〕43 号	关于印发《本钢集团有限公司差旅费和出国经费管理办法》的通知
本钢政发〔2022〕44 号	关于成立本钢集团有限公司生态文明建设领导小组的通知
本钢政发〔2022〕45 号	关于印发《本钢集团有限公司担保管理办法》的通知
本钢政发〔2022〕46 号	关于印发《本钢集团有限公司资金集中管理办法》的通知
本钢政发〔2022〕47 号	关于印发《本钢集团有限公司关联交易管理办法》的通知
本钢政发〔2022〕48 号	关于印发《本钢集团改革三年行动重点改革任务评估考核实施办法》的通知
本钢政发〔2022〕49 号	关于印发《本钢集团有限公司泄密事件查处办法》的通知
本钢政发〔2022〕50 号	关于印发《本钢集团有限公司外汇资金管理办法》的通知
本钢政发〔2022〕51 号	关于印发《本钢集团有限公司科学技术奖管理办法》的通知

续表

发文字号	文件标题
本钢政发〔2022〕52号	关于印发《本钢集团有限公司科技发展规划管理办法》的通知
本钢政发〔2022〕53号	关于印发《本钢集团有限公司专有技术管理办法》的通知
本钢政发〔2022〕54号	关于印发《本钢集团有限公司专利管理办法》的通知
本钢政发〔2022〕55号	关于印发《关于本钢集团市场化选聘职业经理人工作的指导意见（试行）》的通知
本钢政发〔2022〕56号	关于印发《本钢集团有限公司知识产权管理办法》的通知
本钢政发〔2022〕57号	关于印发《本钢集团有限公司科研项目管理办法》的通知
本钢政发〔2022〕58号	关于印发《本钢集团有限公司子公司专职董（监）事薪酬管理办法》的通知
本钢政发〔2022〕59号	关于印发《本钢集团有限公司机关工作人员履职待遇、业务支出管理办法》的通知
本钢政发〔2022〕60号	关于印发《本钢集团有限公司子公司负责人履职待遇、业务支出管理办法》的通知
本钢政发〔2022〕61号	关于印发《本钢集团有限公司泄密事件查处办法》的通知
本钢政发〔2022〕62号	关于印发《本钢集团有限公司统计管理办法》的通知
本钢政发〔2022〕63号	关于印发《本钢集团有限公司关于建立实施工程技术岗位等级序列的指导意见（试行）》的通知
本钢政发〔2022〕64号	关于印发《本钢集团有限公司关于建立实施专业职能岗位序列的指导意见（试行)》的通知

续表

发文字号	文件标题
本钢政发〔2022〕65号	关于印发《本钢集团有限公司关于建立实施研发岗位等级序列的指导意见（试行）》的通知
本钢政发〔2022〕66号	关于印发《本钢集团有限公司对劳务派遣单位准入资格审查及评价管理办法》的通知
本钢政发〔2022〕67号	关于印发《本钢集团有限公司关于建立实施采购销售岗位等级序列的指导意见（试行）》的通知
本钢政发〔2022〕68号	关于印发《本钢集团有限公司关于建立实施高技能人才等级序列的指导意见（试行）》的通知
本钢政发〔2022〕69号	关于印发《本钢集团有限公司劳务派遣用工管理办法》的通知
本钢政发〔2022〕70号	关于印发《本钢集团有限公司国际标准管理办法》的通知
本钢政发〔2022〕71号	本钢集团有限公司2022年子企业负责人战略绩效评价考核办法
本钢政发〔2022〕72号	关于印发《本钢集团有限公司法律事务管理办法》的通知
本钢政发〔2022〕73号	关于印发《本钢集团有限公司全面风险与内部控制管理规定》的通知
本钢政发〔2022〕74号	本钢集团有限公司关于开展法治宣传教育的第八个五年规划（2021—2025年）
本钢政发〔2022〕75号	关于调整本钢集团有限公司安全生产（消防）委员会的通知
本钢政发〔2022〕76号	本钢2022年组织绩效评价考核办法
本钢政发〔2022〕77号	关于印发《本钢集团有限公司参加外部学会协会及费用管理规定》的通知

续表

发文字号	文件标题
本钢政发〔2022〕78 号	关于印发《本钢集团有限公司职工罚则（试行）》的通知
本钢政发〔2022〕79 号	关于印发《本钢集团有限公司节能管理办法》的通知
本钢政发〔2022〕80 号	关于印发《本钢集团有限公司对外注册网站及网费管理规定》的通知
本钢政发〔2022〕81 号	关于印发《本钢集团有限公司保密管理规定》的通知
本钢政发〔2022〕82 号	关于印发《本钢集团总部机关及直属机构、分支机构职能汇编》的通知
本钢政发〔2022〕83 号	关于印发《本钢集团有限公司薪酬管理办法》的通知
本钢政发〔2022〕84 号	关于转发《鞍钢集团有限公司资本运作管理办法》的通知
本钢政发〔2022〕85 号	关于转发《鞍钢集团有限公司金融投资管理办法》的通知
本钢政发〔2022〕86 号	关于印发《本钢集团有限公司 2022 年科技项目计划》的通知
本钢政发〔2022〕87 号	关于印发《本钢集团有限公司科研项目对外合作管理办法》的通知
本钢政发〔2022〕88 号	关于印发《本钢集团有限公司重大事项风险评估与合规审查管理办法》的通知
本钢政发〔2022〕89 号	关于印发《本钢集团有限公司重大经营风险事件报告操作规范》的通知
本钢政发〔2022〕90 号	关于印发《本钢集团有限公司会议费管理办法》的通知 [相关收文]

续表

发文字号	文件标题
本钢政发〔2022〕91号	关于印发《本钢集团有限公司薪酬体系一体化实施方案》的通知
本钢政发〔2022〕92号	关于印发《本钢集团有限公司职工福利费管理办法》的通知
本钢政发〔2022〕93号	关于启用鞍钢集团钢铁研究院本钢技术中心等印章及作废本钢集团有限公司战略规划部等印章的通知
本钢政发〔2022〕94号	关于印发《本钢集团有限公司财政专项资金管理办法》的通知
本钢政发〔2022〕95号	关于印发《本钢集团有限公司业务流程管理办法》的通知
本钢政发〔2022〕96号	关于印发《本钢集团有限公司治理亏损企业专项行动方案》的通知
本钢政发〔2022〕97号	关于印发《本钢集团有限公司资产减值准备管理办法》的通知
本钢政发〔2022〕98号	关于印发《本钢集团有限公司安全生产检查制度》的通知
本钢政发〔2022〕99号	关于印发《本钢集团有限公司职业健康管理办法》的通知
本钢政发〔2022〕100号	关于印发《本钢集团有限公司合规管理办法》的通知
本钢政发〔2022〕101号	关于印发《本钢集团有限公司法律纠纷案件管理办法》的通知
本钢政发〔2022〕102号	关于印发《本钢集团有限公司安全生产费用提取和使用管理办法》的通知
本钢政发〔2022〕103号	关于印发《本钢集团有限公司双重预防机制建设管理办法》的通知

续表

发文字号	文件标题
本钢政发〔2022〕104号	关于印发《本钢集团有限公司混合所有制改革实施办法（试行）》的通知
本钢政发〔2022〕105号	关于印发《本钢集团有限公司安全生产标准化建设管理办法》的通知
本钢政发〔2022〕106号	关于印发《本钢集团公司安全生产禁令及实施办法》的通知
本钢政发〔2022〕107号	关于印发《本钢集团有限公司全员安全生产责任制实施细则》的通知
本钢政发〔2022〕108号	关于印发《本钢集团有限公司相关方安全监督管理办法》的通知
本钢政发〔2022〕109号	关于印发《本钢集团有限公司安全防火职业健康管理考核办法》的通知
本钢政发〔2022〕110号	关于印发《本钢集团有限公司安全教育培训管理办法》的通知
本钢政发〔2022〕111号	关于印发《本钢集团合规经营综合治理专项行动方案》的通知
本钢政发〔2022〕112号	关于印发《本钢集团有限公司消防安全管理制度》的通知
本钢政发〔2022〕113号	关于印发《本钢集团有限公司综合应急管理办法》的通知
本钢政发〔2022〕114号	关于印发《本钢集团有限公司实物资产、土地使用权、矿业权和境内股权处置管理办法》的通知
本钢政发〔2022〕115号	关于印发《本钢集团有限公司土地资产管理办法》的通知
本钢政发〔2022〕116号	关于下发《本钢集团有限公司总经理办公会决策事项清单》的通知

续表

发文字号	文件标题
本钢政发〔2022〕117号	关于印发《本钢集团有限公司管理现代化创新成果管理办法》的通知
本钢政发〔2022〕118号	关于转发《鞍钢集团有限公司资金内部控制管理办法》的通知
本钢政发〔2022〕119号	关于印发《本钢集团有限公司参股企业整改处置工作方案》的通知
本钢政发〔2022〕120号	关于印发《本钢集团有限公司承接〈鞍钢集团有限公司关于优化科技管理提升创新能力的指导意见〉实施计划和工作任务清单》的通知
本钢政发〔2022〕121号	关于印发《本钢集团有限公司企业工商管理办法》的通知
本钢政发〔2022〕122号	关于印发《本钢集团有限公司合同管理办法》的通知
本钢政发〔2022〕123号	关于调整本钢集团有限公司违规经营投资责任追究工作领导小组的通知
本钢政发〔2022〕124号	关于印发《本钢集团有限公司人才引进管理办法》的通知
本钢政发〔2022〕125号	关于印发《本钢集团有限公司商业秘密涉密人员管理办法（试行）》的通知
本钢政发〔2022〕126号	关于印发《本钢集团加强全面预算管理工作实施方案》的通知
本钢政发〔2022〕127号	关于印发《本钢集团有限公司多元产业整合和改革实施方案》的通知
本钢政发〔2022〕128号	关于印发《本钢集团有限公司职称评审管理办法》的通知
本钢政发〔2022〕129号	关于印发《本钢集团有限公司“压减”工作方案》的通知

续表

发文字号	文件标题
本钢政发〔2022〕130号	关于下发《本钢集团有限公司奖励金管理办法》的通知
本钢政发〔2022〕131号	关于印发《本钢集团有限公司网络安全事件总体应急预案（试行）》的通知
本钢政发〔2022〕132号	关于下发《本钢集团2022年二季度利润及“两金”占用指标》的通知
本钢政发〔2022〕133号	关于印发《本钢集团有限公司人力资源规划管理办法》的通知
本钢政发〔2022〕134号	关于印发《本钢集团有限公司职业技能评价管理办法》的通知
本钢政发〔2022〕135号	关于印发《本钢集团有限公司国家秘密涉密人员管理办法（实行）》的通知
本钢政发〔2022〕136号	关于规范使用内部估价入账科目核算的通知
本钢政发〔2022〕137号	关于印发《本钢集团有限公司内部控制评价实施办法》的通知
本钢政发〔2022〕138号	关于印发《本钢集团有限公司经济责任审计实施办法》的通知
本钢政发〔2022〕139号	关于印发《本钢集团有限公司审计整改实施办法》的通知
本钢政发〔2022〕140号	关于印发《本钢集团有限公司投资项目后评价实施办法》的通知
本钢政发〔2022〕141号	关于印发《本钢集团有限公司固定资产投资管理办法》的通知
本钢政发〔2022〕142号	关于印发《本钢集团有限公司技改（大修）重点工程承包合同管理办法》的通知

续表

发文字号	文件标题
本钢政发〔2022〕143号	关于转发《鞍钢集团有限公司境外审计与后评价管理办法》的通知
本钢政发〔2022〕144号	关于印发《关于进一步深化北营公司市场化改革的意见》的通知
本钢政发〔2022〕145号	关于转发《鞍钢集团有限公司工程项目审计管理办法》的通知
本钢政发〔2022〕146号	关于印发《本钢集团有限公司管理审计实施办法》的通知
本钢政发〔2022〕147号	关于印发《本钢集团有限公司对外捐赠管理办法》的通知
本钢政发〔2022〕148号	关于印发《本钢集团有限公司环境保护管理办法》的通知
本钢政发〔2022〕149号	关于印发《本钢集团有限公司新设项目公司跟投管理办法（试行）》的通知
本钢政发〔2022〕150号	关于印发《本钢集团有限公司亏损企业（产线）治理管理办法》的通知
本钢政发〔2022〕151号	关于转发《鞍钢集团有限公司资产与产权变动档案处置办法》的通知
本钢政发〔2022〕152号	关于转发《鞍钢集团有限公司科学技术档案管理办法》的通知
本钢政发〔2022〕153号	关于转发《鞍钢集团公司档案工作规范》的通知
本钢政发〔2022〕154号	关于转发《鞍钢集团有限公司电子档案管理办法》的通知
本钢政发〔2022〕155号	关于印发《本钢集团有限公司多元子企业经营风险抵押金管理办法（试行）》的通知

续表

发文字号	文件标题
本钢政发〔2022〕156号	关于转发《鞍钢集团公司档案管理制度》的通知
本钢政发〔2022〕157号	关于转发《鞍钢集团有限公司重大活动和突发事件档案管理办法》的通知
本钢政发〔2022〕158号	关于印发《关于进一步深化本溪钢铁（集团）有限责任公司设备维护检修中心、市场化改革的意见》的通知
本钢政发〔2022〕159号	关于印发《关于进一步深化本溪钢铁（集团）房地产开发有限责任公司市场化改革的意见》的通知
本钢政发〔2022〕160号	关于印发《关于进一步深化辽宁恒泰重机有限公司市场化改革的意见》的通知
本钢政发〔2022〕161号	关于印发《关于进一步深化本钢设备工程技术公司市场化改革的意见》的通知
本钢政发〔2022〕162号	关于印发《关于进一步深化本溪钢铁（集团）机械制造有限责任公司市场化改革的意见》的通知
本钢政发〔2022〕163号	关于印发《关于进一步深化本溪钢铁（集团）热力开发有限责任公司市场化改革的意见》的通知
本钢政发〔2022〕164号	关于印发《关于进一步深化辽宁恒通冶金装备制造有限公司市场化改革的意见》的通知
本钢政发〔2022〕165号	关于转发《鞍钢集团有限公司境外投资监督管理办法》和《鞍钢集团有限公司境外投资项目负面清单》的通知
本钢政发〔2022〕166号	关于印发《关于进一步深化本溪钢铁（集团）建设有限责任公司市场化改革的意见》的通知
本钢政发〔2022〕167号	关于印发《关于进一步深化本钢实业公司市场化改革的意见》的通知
本钢政发〔2022〕168号	关于印发《本钢集团有限公司发展战略和规划管理办法》的通知

续表

发文字号	文件标题
本钢政发〔2022〕169号	关于印发《关于进一步深化辽宁冶金职业技术学院、辽宁冶金技师学院市场化改革的意见》的通知
本钢政发〔2022〕170号	关于印发《本钢集团有限公司境内合资企业监督管理办法》的通知
本钢政发〔2022〕171号	关于印发《本钢集团有限公司环境保护工作责任规定》的通知
本钢政发〔2022〕172号	关于印发《本钢集团有限公司境外投资企业股权及监督管理办法》的通知
本钢政发〔2022〕173号	关于印发《本钢集团有限公司内部审计管理规定》的通知
本钢政发〔2022〕174号	关于印发《本钢集团有限公司国际贸易管理办法》的通知
本钢政发〔2022〕175号	关于转发《鞍钢集团有限公司文书档案管理办法》的通知
本钢政发〔2022〕176号	关于印发《本钢集团有限公司 房产、土地租赁实施细则》的通知
本钢政发〔2022〕177号	关于印发《本钢集团有限公司全面预算管理办法》的通知
本钢政发〔2022〕178号	关于印发《本钢集团有限公司战略合作管理办法》的通知
本钢政发〔2022〕179号	关于印发《本钢集团有限公司章程》的通知
本钢政发〔2022〕180号	关于下发《本钢集团有限公司落实董事会职权实施方案》的通知
本钢政发〔2022〕181号	关于转发《鞍钢集团有限公司子企业监事会管理暂行办法》的通知

续表

发文字号	文件标题
本钢政发〔2022〕182号	关于印发《本钢集团有限公司派出子企业外部董事履职管理办法》的通知
本钢政发〔2022〕183号	关于印发本钢集团2022年定点帮扶工作实施方案的通知
本钢政发〔2022〕184号	关于启用本钢集团有限公司保卫中心等两枚印章和作废本溪钢铁（集团）有限责任公司保卫中心印章的通知
本钢政发〔2022〕185号	关于印发《本钢为服务业小微企业和个体工商户减免房租工作方案》的通知
本钢政发〔2022〕186号	关于印发《本钢集团落实鞍钢集团和国资委关于中央企业做好上半年稳增长工作要求的十项措施》的通知
本钢政发〔2022〕187号	关于印发《本钢集团治理主体履职保障工作方案》的通知
本钢政发〔2022〕188号	关于印发《本钢集团有限公司固定资产管理办法》的通知
本钢政发〔2022〕189号	关于印发《本钢集团有限公司高级管理人员等综合考核评价与薪酬管理办法》的通知
本钢政发〔2022〕190号	关于印发《本钢集团推进精益管理工作方案》的通知
本钢政发〔2022〕191号	关于印发《本钢集团有限公司"十四五"发展规划纲要》的通知
本钢政发〔2022〕192号	关于印发《本钢集团有限公司核心业务权限规范》的通知
本钢政发〔2022〕193号	关于印发《本钢集团有限公司总部业务审批权限规范》的通知
本钢政发〔2022〕194号	关于印发《本钢集团有限公司子企业董事会和专职董事评价办法》的通知

续表

发文字号	文件标题
本钢政发〔2022〕195号	关于印发《本钢集团关于充分利用“扎实稳住经济的一揽子政策措施”工作方案》的通知
本钢政发〔2022〕196号	关于印发《本钢集团有限公司安全生产目标责任管理办法》的通知
本钢政发〔2022〕197号	关于印发《本钢集团有限公司火灾事故管理办法》的通知
本钢政发〔2022〕198号	关于印发《本钢集团有限公司生产安全事故管理办法》的通知
本钢政发〔2022〕199号	关于印发《本钢集团有限公司群众性创新创效攻关项目管理办法（暂行）》的通知
本钢政发〔2022〕200号	关于印发《本钢集团有限公司董事会授权决策事项清单》的通知
本钢政发〔2022〕201号	关于印发《本钢集团有限公司董事会议事规则》的通知
本钢政发〔2022〕202号	关于印发《本钢集团有限公司董事会授权管理办法》的通知
本钢政发〔2022〕203号	关于印发《本钢集团有限公司董事会决策事项清单》的通知
本钢政发〔2022〕204号	关于印发《本钢集团有限公司股东会议事规则（试行）》的通知
本钢政发〔2022〕205号	关于印发《本钢集团有限公司领导人员环保责任追究办法》的通知
本钢政发〔2022〕206号	关于印发《本钢集团有限公司合理化建议和技术改进管理办法》的通知
本钢政发〔2022〕207号	关于印发《本钢集团有限公司专业监督规则》的通知

续表

发文字号	文件标题
本钢政发〔2022〕208号	关于印发《本钢集团有限公司科技领军计划管理办法》的通知
本钢政发〔2022〕209号	关于印发《本钢集团有限公司科技卓越计划项目管理办法》的通知
本钢政发〔2022〕210号	关于下发《本钢集团有限公司领导干部请假外出报备管理办法》的通知
本钢政发〔2022〕211号	关于印发《本钢集团有限公司董事会战略与投资委员会议事规则》的通知
本钢政发〔2022〕212号	关于印发《本钢集团有限公司董事会提名委员会议事规则》的通知
本钢政发〔2022〕213号	关于印发《本钢集团有限公司董事会秘书工作制度》的通知
本钢政发〔2022〕214号	关于印发《本钢集团有限公司董事会审计与风险委员会议事规则》的通知
本钢政发〔2022〕215号	关于印发《本钢集团有限公司董事会薪酬与考核委员会议事规则》的通知
本钢政发〔2022〕216号	关于印发《本钢集团有限公司科技创新项目效益评价及奖励管理办法》的通知
本钢政发〔2022〕217号	关于印发《本钢集团有限公司认证管理办法》的通知
本钢政发〔2022〕218号	关于印发《本钢集团有限公司新产品开发管理办法》的通知
本钢政发〔2022〕219号	关于印发《本钢集团有限公司印信管理办法》的通知
本钢政发〔2022〕220号	关于下发《本钢集团2022年三季度利润及“两金”占用指标》的通知

续表

发文字号	文件标题
本钢政发〔2022〕221 号	关于印发《本钢集团有限公司科技论文管理办法》的通知
本钢政发〔2022〕222 号	关于印发《本钢集团有限公司 科技类政府项目（课题）管理办法》的通知
本钢政发〔2022〕223 号	关于印发《本钢集团规章制度“学练用” 实施方案》的通知
本钢政发〔2022〕224 号	关于印发《北钢公司改革及所属企业处置实施方案》的通知
本钢政发〔2022〕225 号	关于印发《本钢集团有限公司债权和债务管理制度》的通知
本钢政发〔2022〕226 号	关于下发《本钢集团有限公司派出参股公司人员履职管理细则》的通知
本钢政发〔2022〕227 号	关于调整本钢集团有限公司安全生产（消防）委员会的通知
本钢政发〔2022〕228 号	关于调整本钢集团财务共享中心等单位机构编制的通知
本钢政发〔2022〕229 号	关于印发《本钢集团有限公司办公用品管理规定》的通知
本钢政发〔2022〕230 号	关于印发《本钢集团有限公司印刷品管理规定》的通知
本钢政发〔2022〕231 号	关于下发《本钢集团有限公司子公司负责人综合考核评价与薪酬管理办法》的通知
本钢政发〔2022〕232 号	关于转发《鞍钢集团有限公司国家秘密涉密人员管理办法》的通知
本钢政发〔2022〕233 号	关于印发《鞍本业务整合工作分工及流程》的通知

续表

发文字号	文件标题
本钢政发〔2022〕234号	关于调整本钢集团2022年9月份“两金”占用指标的通知
本钢政发〔2022〕235号	关于印发《关于四季度“军令状”的相关规定》的通知
本钢政发〔2022〕236号	关于印发《本钢集团有限公司接待工作管理办法》的通知
本钢政发〔2022〕237号	关于进一步加强本钢集团督办工作管理考核的通知
本钢政发〔2022〕238号	关于印发《本钢集团有限公司人口与计划生育管理规定》的通知
本钢政发〔2022〕239号	关于印发《本钢集团有限公司外事工作管理办法》的通知
本钢政发〔2022〕240号	关于印发《本钢集团有限公司2022年专业考核管理办法》的通知
本钢政发〔2022〕241号	关于印发《本钢集团有限公司存货管理办法》的通知
本钢政发〔2022〕242号	关于印发《本钢集团有限公司总图管理办法》的通知
本钢政发〔2022〕243号	关于下发《本钢集团2022年四季度利润及“两金”占用指标》的通知
本钢政发〔2022〕244号	关于印发《本钢集团有限公司集体协商规定》的通知
本钢政发〔2022〕245号	关于命名2021—2022年度本钢集团有限公司职工先进操作法的决定
本钢政发〔2022〕246号	关于印发《本钢集团有限公司关于建立实施研发岗位等级序列的指导意见》的通知

续表

发文字号	文件标题
本钢政发〔2022〕247 号	关于印发《本钢集团有限公司子企业专职董监事薪酬管理办法》的通知
本钢政发〔2022〕248 号	关于印发《本钢集团有限公司子企业董事会和专职董事评价办法》的通知
本钢政发〔2022〕249 号	关于下发《本钢集团有限公司财务监管问题考核扣分实施细则》的通知
本钢政发〔2022〕250 号	关于下发《本钢集团有限公司会计基础工作规范》的通知
本钢政发〔2022〕251 号	关于印发《本钢集团有限公司资产减值准备管理办法》的通知
本钢政发〔2022〕252 号	关于下发各单位 2023 年一季度利润目标的通知
本钢政发〔2022〕253 号	关于印发《本钢集团有限公司公务用车市场化运行实施办法（试行）》的通知
本钢干发〔2022〕1 号	关于孙建益等同志职务任免的决定
本钢干发〔2022〕2 号	关于杨继成同志职务任免的决定
本钢干发〔2022〕3 号	关于张东为等同志职务任免的决定
本钢干发〔2022〕4 号	关于高秀敏等同志职务任免的决定
本钢干发〔2022〕5 号	关于闫猛等同志职务任免的决定
本钢干发〔2022〕6 号	关于李井会等同志职务任免的决定

续表

发文字号	文件标题
本钢干发〔2022〕7号	关于周军杰等同志任职的决定
本钢干发〔2022〕8号	关于吴强等同志职务任免的决定
本钢干发〔2022〕9号	关于王洪枫等同志职务任免的决定
本钢干发〔2022〕10号	关于曹丽娜等同志任职的决定
本钢干发〔2022〕11号	关于杨成广等同志职务任免的决定
本钢干发〔2022〕12号	关于翁宇等同志任职的决定
本钢干发〔2022〕13号	关于张其明等同志职务任免的决定
本钢干发〔2022〕14号	关于侯伟光等同志职务任免的决定
本钢干发〔2022〕15号	关于李树清等同志职务任免的决定
本钢干发〔2022〕16号	关于李岩等同志任职的决定
本钢干发〔2022〕17号	关于林克强等同志职务任免的决定
本钢干发〔2022〕18号	关于刘章满等同志职务任免的决定
本钢干发〔2022〕19号	关于董明军等同志职务任免的决定

续表

发文字号	文件标题
本钢干发〔2022〕20号	关于吴宪等同志职务任免的决定
本钢干发〔2022〕21号	关于常勇等同志职务任免的决定
本钢干发〔2022〕22号	关于孙守礼等同志职务任免的决定
本钢干发〔2022〕23号	关于董家胜等同志职务任免的决定
本钢干发〔2022〕24号	关于吴迪等同志职务任免的决定
本钢干发〔2022〕25号	关于白晓明等同志任职的决定
本钢干发〔2022〕26号	关于亢建民等同志职务任免的决定
本钢干发〔2022〕27号	关于谭帅等同志任职的决定
本钢干发〔2022〕28号	关于许志中等同志职务任免的决定

（办公室　供）

2022年行政文件目录（上行）

发文字号	标　题
本钢政〔2022〕1号	关于报批本钢板材全燃煤气亚临界发电改造项目节能审查的请示
本钢政〔2022〕2号	关于2021年钢铁去产能“回头看”检查发现本钢炼铁、炼钢已开工建设项目未通过节能评估审查的整改报告
本钢政〔2022〕3号	关于本钢集团有限公司不动产登记工作的报告
本钢政〔2022〕4号	关于恳请协调辽宁省人民政府解决棉花堡铁矿探矿权协议出让的请示
本钢政〔2022〕5号	关于协调解决贾家堡铁矿安全设施设计报审工作相关问题的请示
本钢政〔2022〕6号	关于就恒基公司原职工杨凤海、王志东、张树玉合同纠纷案协议选聘律师事务所的请示
本钢政〔2022〕7号	关于本钢集团有限公司闲置实物资产清查及处置工作的报告
本钢政〔2022〕8号	本钢集团有限公司关于财务尽调发现问题整改情况的报告
本钢政〔2022〕9号	本钢集团有限公司关于对2019年10月31日清产核资专项审计、2020年10月31日财务专项审计结果进行账务处理的备案报告
本钢政〔2022〕10号	关于辽宁省省长到本钢考察情况的报告
本钢政〔2022〕11号	关于韩国驻沈阳领事馆总领事到本钢浦项公司考察的报告
本钢政〔2022〕12号	本钢集团有限公司关于申请环保奖励资金的请示

续表

发文字号	标 题
本钢政〔2022〕13号	关于为1名韩国经理签发邀请函的请示
本钢政〔2022〕14号	关于上报本钢板材与鞍钢集团、攀钢钒钛签订2022—2024年原材料和服务供应协议以及2022年日常关联交易额度的请示
本钢政〔2022〕15号	关于审核鞍钢集团本钢矿业歪头山铁矿“11·23”物体打击事故报告的请示
本钢政〔2022〕16号	本钢集团关于子企业董事会应建尽建范围调整的报告
本钢政〔2022〕17号	关于《推进本钢打造多元治理样板企业工作方案》回复意见的报告
本钢政〔2022〕18号	关于本钢集团股权二次无偿划转的请示
本钢政〔2022〕19号	关于落实3月17日谭成旭董事长到本钢调研时议定事项的报告
本钢政〔2022〕20号	关于本钢集团需要协调解决的问题
本钢政〔2022〕21号	关于本钢集团两厂区炼铁总厂焦化厂（分厂）排污许可证承诺整改方案的报告
本钢政〔2022〕22号	关于本钢集团商请需要协调解决相关运输问题的请示
本钢政〔2022〕23号	感谢信
本钢政〔2022〕24号	关于本钢负责人2021年年薪兑现情况的报告
本钢政〔2022〕25号	关于就乾易公司与本钢房地产公司、本溪钢铁公司相关案件协议选聘律师事务所的请示

续表

发文字号	标　题
本钢政〔2022〕26号	关于审定《本钢集团有限公司落实董事会职权实施方案》的请示
本钢政〔2022〕27号	关于本溪乾易房地产公司诉本钢房地产公司、本钢集团公司建设工程施工合同纠纷案件报告
本钢政〔2022〕28号	关于调整本钢非业财集成单位共享平台上线工作计划的请示
本钢政〔2022〕29号	本钢集团有限公司生态环境保护工作汇报
本钢政〔2022〕30号	关于本钢集团国际经济贸易有限公司员工赴日本开展工作的请示
本钢政〔2022〕31号	关于申请恢复接续原本钢4家改制单位退休人员医保待遇的函
本钢政〔2022〕32号	关于本钢集团有限公司“控股不控权”专项整治工作自查的报告
本钢政〔2022〕33号	关于为21名日本专家签发邀请函的请示
本钢政〔2022〕34号	关于副省长王健同志到本钢板材冷轧总厂三冷厂区调研的报告
本钢政〔2022〕35号	本钢集团有限公司关于申请环保奖励资金的请示
本钢政〔2022〕36号	关于本钢下属单位板材公司、北营公司对接鞍钢集团纳税管理系统的请示
本钢政〔2022〕37号	关于本溪钢铁（集团）有限责任公司南芬徐家堡子铁矿采选项目节能审查的请示
本钢政〔2022〕38号	关于本溪北营钢铁（集团）股份有限公司发电厂高温超高压机组工程节能审查的请示

续表

发文字号	标 题
本钢政〔2022〕39号	关于本溪钢铁（集团）矿业有限责任公司歪头山铁矿歪头山低品位矿及废石辊磨干选资源综合利用工程节能审查的请示
本钢政〔2022〕40号	关于本钢南芬绿色矿山选矿提效及智能化改造（一期）项目节能审查的请示
本钢政〔2022〕41号	关于本钢南芬选矿厂铁精矿管道输送项目节能审查的请示
本钢政〔2022〕42号	本钢关于提高职工住房公积金缴存比例的备案报告
本钢政〔2022〕43号	关于申请开通本钢集团外部董监事OA及钢钢好账号的请示
本钢政〔2022〕44号	关于审核本钢2022上半年四起轻伤事故内部调查报告的请示
本钢政〔2022〕45号	关于协调支持将本钢特钢电炉产量移出粗钢限产统计口径的请示
本钢政〔2022〕46号	关于报批本钢北营焦化二区、三区焦炉环保大型化改造工程节能审查的请示
本钢政〔2022〕47号	关于落实鞍钢集团外部董监事及董事会秘书一行到本钢调研意见的报告
本钢政〔2022〕48号	本钢集团财务管理专业化整合工作情况汇报
本钢政〔2022〕49号	关于本钢2022上半年四起轻伤事故的报告
本钢政〔2022〕50号	关于为1名韩国专家签发邀请函的请示
本钢政〔2022〕51号	关于配合存保公司开展尽职调查工作的请示

续表

发文字号	标　题
本钢政〔2022〕52号	关于本溪北营钢铁（集团）股份有限公司炼铁总厂焦化二区、三区焦炉环保大型化改造工程有关问题承诺的报告
本钢政〔2022〕53号	关于本钢信息自动化公司实施岗位分红激励的请示
本钢政〔2022〕54号	关于本钢集团北营公司提请解决下属两家单位财务共享平台上线事宜的请示
本钢政〔2022〕55号	本钢集团“控股不控权”问题专项整治工作报告
本钢政〔2022〕56号	关于本钢集团财务管理专业化整合框架方案的报告
本钢政〔2022〕57号	关于放行本钢矿业公司贾家堡铁矿露采转地采项目投资计划的请示
本钢政〔2022〕58号	关于本钢集团有限公司关于国有产权专项治理工作的总结报告
本钢政〔2022〕59号	关于报批北营公司汽暖改水暖工程节能审查的请示
本钢政〔2022〕60号	本钢集团有限公司关于王战维 亢建民同志选择配备公务用车的请示
本钢政〔2022〕61号	关于本钢板材公司超临界机组项目恳请本溪市人民政府协调辽宁省发改委尽快完成核准的请示
本钢政〔2022〕62号	本钢集团公司关于2022年度定点帮扶工作自评报告
本钢政〔2022〕63号	关于本钢集团有限公司财务共享中心专业化整合过渡方案的报告
本钢政〔2022〕64号	关于本钢集团子公司本钢板材受让鞍钢财务公司股权议案被否决的情况汇报

续表

发文字号	标　题
本钢政〔2022〕65号	关于修订“科改示范行动”综合改革方案和台账的请示
本钢政〔2022〕66号	关于召开本钢集团有限公司第一届董事会第二十一次会议（临时会议）及2022年第五次股东会的预通知
本钢政〔2022〕67号	关于北钢公司调入本钢公司11名同志的请示
本钢政〔2022〕68号	关于对北营公司“双四百”征地低龄人员进行安置的请示
本钢政〔2022〕69号	关于召开本钢集团有限公司2022年第五次股东会议的函
本钢政〔2022〕70号	本钢集团2022年度财务决算备案报告
本钢政〔2022〕71号	关于减免本钢无证房屋城市基础设施配套费的请示
本钢政〔2022〕72号	本钢集团关于对冶金工业工程质量监督总站本钢监督站进行复核验收的请示
本钢政〔2022〕73号	关于邀请鞍钢集团领导出席本钢一届十四次职工代表大会的请示
本钢函〔2022〕1号	关于恳请辽阳市林业和草原局出具北营铁矿不在各级各类保护区核查意见的函
本钢函〔2022〕2号	关于同意高德胜同志为辽宁省国资委公开选聘兼职外部董事入库人选的函
本钢函〔2022〕3号	关于本溪“生活秀带”示范区起步区域开发项目涉及本钢征收补偿事宜的函
本钢函〔2022〕5号	关于原本钢1—4级工伤人员纳入职工医保和四家改制单位退休人员医保待遇接续的函

续表

发文字号	标　题
本钢函〔2022〕6号	关于申请恢复接续原本钢4家改制单位退休人员医保待遇的函
本钢函〔2022〕7号	关于对原聚八方酒店及附近区域进行避险广场改造的复函

（办公室　供）

2022年部分社会媒体对本钢集团报道索引

媒体	标 题	日期
中国冶金报	本钢北营轧钢厂攻坚克难破“瓶颈”	2022.1.11
世界金属导报	国际领先！“热轧抗氧化免涂层热成形钢 CF-PHS1500 研制开发”项目通过中国钢铁工业协会科技成果评价	2022.1.16
搜狐新闻	国际首创！本钢集团热轧抗氧化免涂层热成形钢 CF-PHS1500 实现全球首发！	2022.1.16
北斗融媒	罗佳全代表：为高技能人才提供便捷通道	2022.1.16
中国炼铁网	本钢集团热轧抗氧化免涂层热成形钢 CF-PHS1500 实现全球首发	2022.1.17
同花顺财经	颠覆性创新打破国外垄断 新材料研发助力全球“减碳” 本钢集团热轧抗氧化免涂层热成形钢 CF-PHS1500 实现全球首发	2022.1.17
中国冶金报	本钢北营轧钢厂能源管理落在“刀刃上”	2022.1.18
中国冶金报微信	本钢：持续深化改革 加速整合融合	2022.1.19
中国冶金报	本钢热轧抗氧化免涂层热成形钢 CF-PHS1500 全球首发	2022.1.19
新华财经	【走进上市公司】本钢板材：行业弱周期下如何做精做强	2022.1.20
中国冶金报	北营炼钢厂以“亮眼”成绩辞旧迎新	2022.1.20

续表

媒体	标题	日期
辽宁日报	本钢免涂层热成形钢产品 实现国际首创	2022.1.20
中国冶金报	本钢首个 220 千伏变电站正式投入运行	2022.1.20
中国冶金报	点赞！严寒中的鞍钢人（本钢部分）	2022.1.20
北斗融媒	本钢集团首个 220KV 变电站投入运行	2022.1.21
人民日报客户端	“大工匠”是这样炼成的（逐梦）	2022.1.22
中国冶金报	两大钢铁航母战略升级（本钢部分）	2022.1.27
中国冶金报	本钢集团确保已竣工投产项目良好运行	2022.2.17
中国冶金报	本钢板材炼钢厂首次自主生产出取向硅钢	2022.2.24
当代工人	郭鹏：首席轧钢工，千锤百炼证此身	2022.2
中国冶金报	本钢板材焦炉烟气脱硫脱硝工程投产	2022.3.1
中国冶金报	本钢板材鱼雷罐周转率创历史新高	2022.3.2
辽宁卫视	《牢记嘱托 辽宁实践（下篇）：发扬斗争精神，厚植发展沃土》（本钢部分）	2022.3.3
中国冶金报	本钢板材 CCPP 发电项目进入设备调试阶段	2022.3.3

续表

媒体	标 题	日期
辽宁日报	摘取钢铁工业“皇冠上的明珠”	2022.3.3
中国冶金报	本钢板材炼钢厂锚定目标念好“四字经”	2022.3.22
中国冶金报	本钢北营轧钢厂以技术攻关助力降本增效	2022.3.29
中国冶金报	本钢高端齿轮钢首次走出国门	2022.3.30
中国冶金报	本钢：绘出绿色发展新画卷	2022.3.31
中国冶金报	忍不住“推销”的国际首创产品	2022.3.31
中国冶金报	本钢首期“青马学堂”培训班开班	2022.4.1
中国冶金报	本钢 0.2 毫米超薄规格 SUS304 不锈钢成功下线	2022.4.13
中国冶金报	本钢 CCPP 发电项目正式投运	2022.4.14
辽宁国企公众号	鞍本重组半年本钢生产经营稳顺向好	2022.4.15
辽宁日报《北国》新闻客户端	鞍本重组半年观察：“钢钢好”	2022.4.15
辽宁日报	鞍钢本钢重组半年 整合效应持续释放	2022.4.16
辽宁日报	升级“老字号” 本钢按下数字化“快进键”	2022.4.19

续表

媒体	标 题	日期
中国冶金报	本钢与多元子企业签订经营业绩责任书	2022.4.22
辽宁日报	本钢造高端齿轮钢首次打入国际市场	2022.4.26
北斗融媒	本钢拆除4.3米焦炉	2022.4.27
中国冶金报	为高质量发展贡献鞍钢力量——习近平总书记给北科大老教授们的回信在鞍钢广大干部职工中反响热烈（本钢部分）	2022.4.27
辽宁电视台《辽宁新闻联播》	鞍本重组释放聚合效能，一季度净利润创历史同期最好水平	2022.4.28
中国冶金报	“功勋机组”的守护人——记全国工人先锋号本钢板材冷轧总厂一冷酸轧作业区机械点检班	2022.5.1
中国冶金报	鞍钢集团本钢 缔造“实力名片” 永葆基业长青	2022.5.11
中国冶金报	本钢“十四五”拟实施112个超低排放项目	2022.5.13
辽宁国企公众号	本钢球墨铸铁管再添“双高”拳头产品	2022.5.13
中国冶金报社客户端	【品牌故事】鞍钢集团本钢：缔造“实力名片” 永葆基业长青	2022.5.15
人民日报客户端 中国冶金报	【品牌故事】缔造“实力名片” 永葆基业长青	2022.5.15
今日头条客户端 中国冶金报	【品牌故事】鞍钢集团本钢：缔造“实力名片”永葆基业长青	2022.5.16
学习强国客户端 中国冶金报	【品牌故事】鞍钢集团本钢：缔造“实力名片” 永葆基业长青	2022.5.16

续表

媒体	标 题	日期
今日钢铁客户端	【绿色智能】本钢板材质检计量中心：数字时代计量助推企业高质量发展	2022.5.30
中国冶金报	本钢北营设备维护检修中心花园式工厂建设活动启动	2022.5.31
中国冶金报	国内首次！电解铝阴极扁钢 DZ13 在本钢试制成功	2022.5.31
中国冶金报社客户端	利润创 10 年来最好水平后，脱胎换骨的新本钢又有新动向！	2022.5.31
学习强国客户端 中国冶金报	利润创 10 年来最好水平后，脱胎换骨的新本钢又有新动向！	2022.6.1
中国钢铁工业协会客户端	利润创 10 年来最好水平后，脱胎换骨的新本钢又有新动向！	2022.6.1
学习强国客户端 中国冶金报	深改同期声 I 伟大时代，重装启航，鞍钢本钢重组半年整合融合工作述评（一）（二）（三）	2022.6.2
学习强国客户端 辽宁学习平台	【振兴发展】本钢创新成果亮相大国工匠创新交流大会	2022.6.7
中国冶金报	鞍钢集团 厚植低碳沃土 赋能美好生活（本钢部分）	2022.6.7
中国冶金报	本钢：以实际行动探索“双碳”实现路径	2022.6.7
中国冶金报社客户端	本钢：树立全员营销意识 砥砺市场决胜之刃	2022.6.7
辽宁日报	本钢创新成果 亮相大国工匠创新交流大会	2022.6.7
冶金材料设备网	本钢集团深化市场化改革有序向纵深推进	2022.6.7

续表

媒体	标 题	日期
学习强国客户端 辽宁学习平台	【高质量发展】超低碳电解铝阴极扁钢在本钢试制成功	2022.6.8
今日钢铁客户端	【降本参考】本钢板材炼钢厂深化改革探索高质量发展路径	2022.6.8
中国冶金报社客户端	【走进绿色钢城】本钢：以实际行动探索“双碳”实现路径	2022.6.8
人民日报客户端 中国冶金报	本钢：树立全员营销意识 砥砺市场决胜之刃	2022.6.8
今日头条客户端 中国冶金报	【走进绿色钢城】本钢：以实际行动探索“双碳”实现路径	2022.6.9
学习强国客户端 中国冶金报	本钢：树立全员营销意识 砥砺市场决胜之刃	2022.6.9
中国冶金报	本钢集团超低排放改造项目平稳运行	2022.6.9
学习强国客户端 中国冶金报	【走进绿色钢城】本钢：以实际行动探索“双碳”实现路径	2022.6.10
中国冶金报	本钢“借智”聚力推动产业“登高”	2022.6.10
中国冶金报	强素质 练技能 长本领 促发展——鞍钢集团各级工会组织开展“建功‘十四五’ 奋进新征程”主题劳动竞赛侧记（本钢）	2022.6.15
学习强国客户端 辽宁学习平台	【奋斗者·正青春】鞍钢集团本钢板材炼钢厂转炉工艺创新创效攻关团队：练一身“比钢铁还硬”的科创本领	2022.6.19
辽宁日报	鞍钢集团本钢板材炼钢厂转炉工艺创新创效攻关团队——练一身“比钢铁还硬”的科创本领	2022.6.19
中国冶金报	描绘生态文明新画卷——本钢矿业绿色矿山建设工作纪实	2022.6.22

续表

媒体	标 题	日期
中国冶金报	“数字基因”为“老字号”发展赋能增效——本钢集团数字化转型升级全面提速掠影	2022.6.28
学习强国客户端 中国冶金报	本钢集团大力推进2022年定点帮扶工作	2022.6.28
学习强国客户端 辽宁学习平台	【基层人物】本钢板材股份有限公司炼铁总厂高立波：让“老高炉”烧出“新水平”	2022.7.1
北斗融媒	庆祝建党101周年，本钢矿业公司这首MV上线	2022.7.2
中国冶金报	南芬露天矿排岩作业区产线防尘喷淋系统改造完成	2022.7.6
学习强国客户端 辽宁学习平台	【一线实践】辽宁本溪：本钢将浇筑施工现场搬进工厂	2022.7.12
辽宁日报	本钢将浇筑施工现场搬进工厂	2022.7.12
中国冶金报	下好创新先手棋 打好改革攻坚战——本钢信息自动化公司成为“科改示范企业”记	2022.7.12
学习强国客户端 辽宁学习平台	【振兴发展】辽宁科技大学与本钢集团签署战略合作协议	2022.7.13
学习强国客户端 辽宁学习平台	【创·我的大学】辽宁科技大学与本钢签署战略合作协议 “产学研用”打造校企合作新典范	2022.7.18
学习强国客户端 辽宁学习平台	【企业一线】辽宁：技改创新 本钢铁匠用上绣花功夫	2022.7.18
今日头条客户端 中国冶金报	战略领航，奋楫扬帆向未来——本钢集团推动“1357”工作指导方针落地落实综述	2022.7.20
新华网客户端 中国冶金报	战略领航，奋楫扬帆向未来——本钢集团推动“1357”工作指导方针落地落实综述	2022.7.20

续表

媒体	标 题	日期
学习强国客户端 中国冶金报	战略领航，奋楫扬帆向未来——本钢集团推动“1357”工作指导方针落地落实综述	2022.7.20
中国冶金报	本钢牵手辽科大打造原创技术策源地	2022.7.22
中国冶金报	勇挑时代重担 镌刻“长子”荣光——看鞍钢集团如何弘扬劳模精神、劳动精神、工匠精神（本钢部分）	2022.7.22
学习强国客户端 辽宁学习平台	【企业一线】本钢吹响创新创效“集结号”	2022.7.28
中国冶金报	本钢：于变局中开新局 在奋进中向未来	2022.7.28
中国法制报法制网	鞍钢集团举办法治鞍钢建设学习与创新论坛 全面提升依法合规管理水平	2022.8.2
光明日报客户端	本钢集团提前完成全年考核目标	2022.8.2
中国冶金报	本钢矿业上半年实现“双跑赢”	2022.8.3
学习强国客户端 辽宁学习平台	【企业一线】本钢矿业生产防汛两不误	2022.8.5
辽宁日报	本钢矿业生产防汛两不误	2022.8.5
中国冶金报	本钢积极推进社会化管理协管员工作	2022.8.16
辽宁日报	激发内生动力 昂起振兴“龙头”——关于辽宁深入推进国有企业改革发展的报告（本钢部分）	2022.8.18
光明日报客户端	辽宁本钢集团深入推进三项制度改革	2022.8.18

续表

媒体	标 题	日期
辽宁日报	整合融合高效推进 动力活力持续迸发 鞍本重组实现“1+1 ＞ 2”	2022.8.21
辽宁日报	以生态优先打造讲格局讲境界讲品位的新本溪（本钢部分）	2022.8.24
中国冶金报社客户端	鸟瞰钢城——本钢集团	2022.8.25
学习强国客户端 中国冶金报	稳中快进，打造“双核”战略强劲引擎——本钢矿业公司上半年实现“双跑赢”工作纪实	2022.8.29
中国冶金报	给“有为”者搭“赛道” 让落聘者有出路 ——剖析本钢三项制度改革的解题之道	2022.8.30
中国冶金报	本钢板材厂负能炼钢再突破	2022.9.1
辽宁工人报	本钢集团 3.2 万余名干部职工带着行李战疫情保生产 防疫保产彰显硬核担当	2022.9.2
学习强国客户端 中国冶金报	本钢矿业南芬露天矿：绿化防尘提升矿山新“气”质	2022.9.2
央视网	本钢板材公司发起“集结号令”打响抗疫保产攻坚战	2022.9.4
学习强国客户端 中国冶金报	抗疫保产！鞍钢集团慰问本钢坚守一线职工	2022.9.4
北斗融媒	国企改革全面发力 昂起辽宁振兴“龙头”	2022.9.6
中国冶金报	“小网格”筑牢“大屏障”	2022.9.7
中国冶金报	本钢负能炼钢破纪录	2022.9.8

续表

媒体	标 题	日期
光明日报客户端	本钢集团：防疫保产两不误	2022.9.8
中国冶金报	三万本钢人 凯旋在子夜	2022.9.15
辽宁日报 北国客户端	新突破！本钢集团首次生产FD级别镀锌汽车外板	2022.9.15
中国冶金报	牢记嘱托 砥砺奋进新时代——鞍钢集团加强党建推动高质量发展工作综述（本钢部分）	2022.9.21
中国新闻网	本钢集团布局海外市场展现中国钢铁力量	2022.9.26
学习强国客户端 中国冶金报	本钢成为国产奔驰重卡白车身助力供货商	2022.10.8
辽宁日报 北国客户端	本钢成为国产奔驰重卡白车身助力供货商	2022.10.10
中国冶金报	“摘牌制”引领 “五维度”评价——本钢以科技创新打造高质量发展“引擎”侧记	2022.10.11
冶金信息网	海外布局加速！涉及宝武、本钢、河钢、德龙、敬业、普阳、八钢（本钢部分）	2022.10.11
中国冶金报	深化国企改革的鞍钢实践（本钢部分）	2022.10.13
中国冶金报	党建护航强根铸魂（本钢部分）	2022.10.16
中国冶金报	非凡十年·钢铁瞬间 产业结构调整篇（本钢部分）	2022.10.16
中国冶金报	钢企重组大潮涌神州（本钢部分）	2022.10.16

续表

媒体	标 题	日期
中国冶金报	钢铁“新”动引领高质量发展（本钢部分）	2022.10.16
中国冶金报	钢铁“智”变领先全球（本钢部分）	2022.10.16
中国冶金报	钢铁战疫凝聚伟力（本钢部分）	2022.10.16
泰科钢铁	国内首套！本钢日本 SPCO 电炉热试成功！	2022.10.16
中国冶金报	“奋进新时代”主题成就展：“钢铁亮点”振奋人心（本钢部分）	2022.10.18
辽宁日报	让本钢的原创产品更有技术含量	2022.10.18
辽宁日报 北国客户端	让本钢的原创产品更有技术含量	2022.10.18
学习强国客户端 辽宁学习平台	让本钢的原创产品更有技术含量	2022.10.18
中国冶金报	同庆盛会聚合力 踔厉奋发启新程——钢铁行业收听收看党的二十大开幕盛况（本钢部分）	2022.10.19
中国冶金报客户端	党员先锋：鞍钢集团本钢 张军（语音版）	2022.10.21
光明日报	曾经“看不见” 如今“看不够”	2022.10.22
中国冶金报客户端	党员先锋：鞍钢集团本钢 郭鹏（语音版）	2022.10.22
中国冶金报客户端	党员先锋：鞍钢集团本钢 罗佳全（语音版）	2022.10.25

续表

媒体	标 题	日期
辽宁日报	把党的二十大做出的重大决策部署付诸行动见之于成效——我省党员干部群众持续深入学习党的二十大报告（本钢部分）	2022.10.26
电炉炼钢	本钢板材SPCO生态电炉成功实现三炉次连浇	2022.10.28
辽宁日报 北国客户端	北方恒达产业园入选“中国首批物联网监管技术创新及应用”试点单位	2022.10.31
中国冶金报	本钢一项目获辽宁省自然科学基金资助	2022.11.8
北斗融媒	“数字营销”助力北方恒达物流园“加速跑”	2022.11.11
北斗融媒	加快工业互联网平台建设 赋能“辽宁制造”数字化转型	2022.11.12
辽宁日报 北国客户端	本钢集团节能降耗创效显著	2022.11.16
辽宁日报 北国客户端	本钢ISO标准预应力钢盘条通过产品CARES认证，获得通往欧洲市场“绿卡”	2022.11.17
中国冶金报	本钢多措并举开展节能降耗攻关工作	2022.11.17
学习强国客户端 中国冶金报	本钢集团第二届“本钢好人”年度盛典隆重举行	2022.11.22
中国共青团杂志公众号	凝聚“新”青年 点燃“心”梦想——本钢第一期“青马学堂”培训班第二阶段红色教育培训侧记	2022.11.23
学习强国客户端 中国冶金报	本钢集团2021年度“本钢好人”群像	2022.11.24
中国冶金报	南芬选矿厂11月份铁精矿产量创佳绩	2022.12.7

续表

媒体	标 题	日期
中国冶金报	本钢板材公司炼铁总厂五号高炉生产指标持续向好	2022.12.8
中国冶金报	光的力量	2022.12.9
北斗融媒	“数字本钢”全面提速 重构优势“智造强企”	2022.12.13
学习强国客户端 辽宁学习平台	【企业一线】“数字本钢”全面提速 重构优势“智造强企”	2022.12.13
中国冶金报	辽宁省钢铁产业产学研创新联盟年度工作会议召开 本钢牵手五家科研单位分别签约五项目	2022.12.15
辽宁日报	鞍本重组：一年深耕带来四大变化完成近六百项整合融合任务，实现从规模体量到质量效益的全面提升	2022.12.16
辽宁日报 北国客户端	首批 105 吨螺纹钢连夜送达本桓高速施工现场	2022.12.16
学习强国客户端 辽宁学习平台	【振兴发展】鞍钢本钢集团：改革一子落 企业满盘活	2022.12.17
辽宁日报	鞍钢本钢集团：改革一子落 企业满盘活	2022.12.17
学习强国客户端 辽宁学习平台	【企业一线】本钢高炉日产生铁创历史最好水平	2022.12.19
辽宁日报	本钢高炉日产生铁创历史最好水平	2022.12.19
北斗融媒	闯新路开新局抢新机出新绩 在高质量发展道路上坚定前行	2022.12.19
学习强国客户端 辽宁学习平台	【奋斗者·正青春】鞍钢集团本钢设备工程公司电气调试高级技师罗佳全：技术过硬的“电气医生”	2022.12.20

续表

媒体	标题	日期
辽宁日报	鞍钢集团本钢设备工程公司电气调试高级技师罗佳全——技术过硬的“电气医生”	2022.12.20
中国冶金报	本钢矿业南芬露天矿单月降本超千万元	2022.12.21
北斗融媒	本钢“借智”聚力推动产业“登高”	2022.12.22
中国冶金报	本钢集团推进超低排放改造和矿山复垦工作	2022.12.22
中国冶金报	巩固“稳”的基础 积蓄“进”的力量——鞍钢集团2022年扎实推动高质量稳增长工作综述（本钢部分）	2022.12.23
学习强国客户端 辽宁学习平台	【企业一线】本钢“借智”聚力推动产业“登高”	2022.12.26
学习强国客户端 辽宁学习平台	【一线实践】本钢首批螺纹钢驰援本桓高速项目	2022.12.27
辽宁日报	本钢首批螺纹钢驰援本桓高速项目	2022.12.27
当代工人	炼钢工的1500℃烤验	2022.9

（本钢记者站　工会　供）

栏目编辑　　辛　莉

本钢年鉴 2023

鞍钢集团 ANSTEEL 本钢集团有限公司 BENSTEEL GROUP CORPORATION LIMITED

索　　引

说　明

一、本索引采用分析索引方法，按索引款目第一个字的汉语拼音字母的顺序排列，音节相同时，按声调排列，声调相同时，按第二个字的汉语拼音字母顺序排列，以此类推。

二、类目、分目均用黑体字标示，条目用宋体字标示。

三、本索引编有“参见”系统，索引名称后面第二页码起为“参见”。

四、内容有交叉的款目，在索引中重复出现，以便检索。

五、索引标引词一般采用中心词或简称，请在检索时注意。

索　引

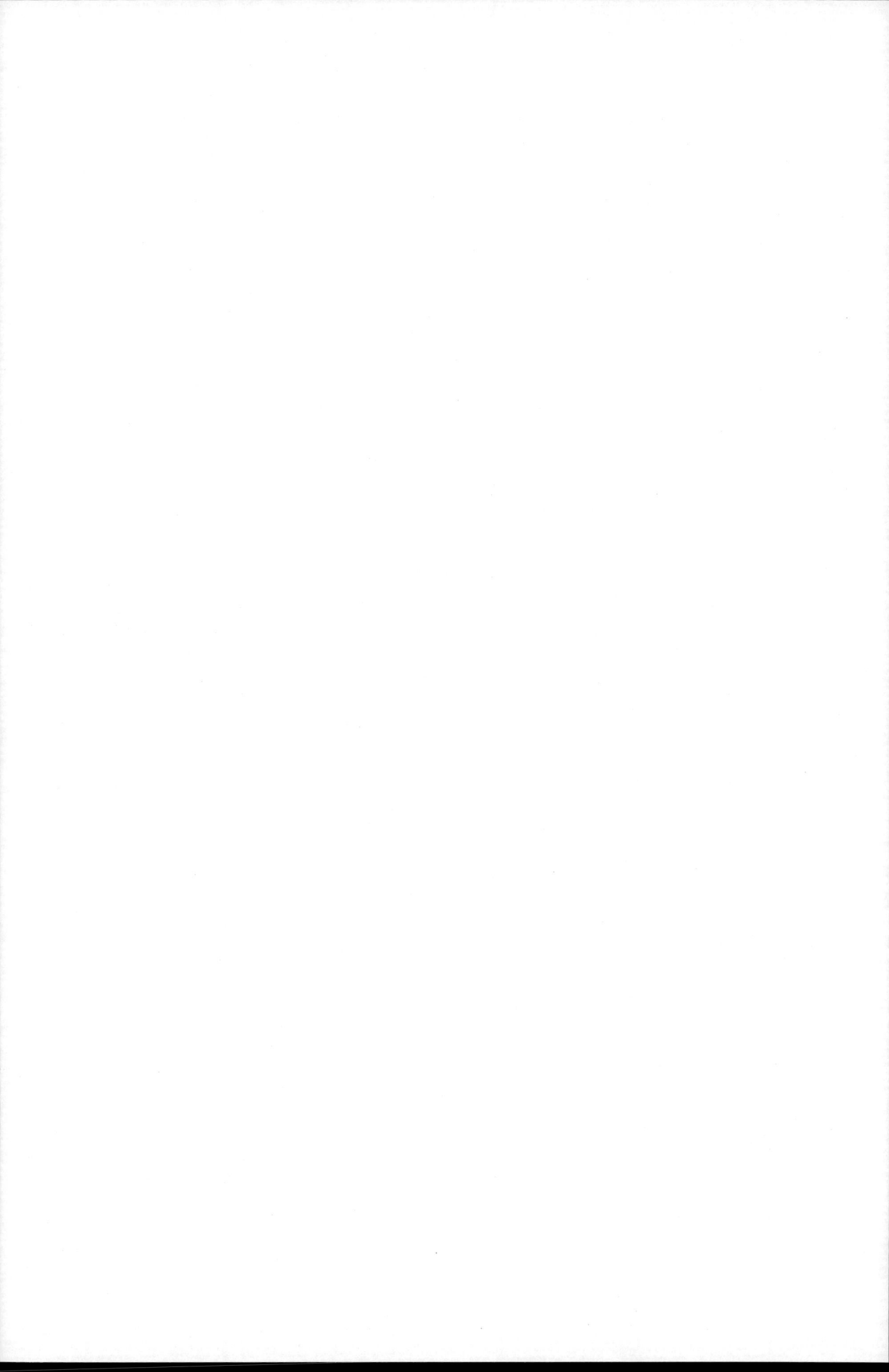